# 의료법령
## 5분대기조

# 의료법령
## 5분대기조

ⓒ 권형원, 2021

초판 1쇄 발행 2021년 8월 9일

지은이      권형원
펴낸이      이기봉
편집        좋은땅 편집팀
펴낸곳      도서출판 좋은땅
주소        서울 마포구 성지길 25 보광빌딩 2층
전화        02)374-8616~7
팩스        02)374-8614
이메일      gworldbook@naver.com
홈페이지    www.g-world.co.kr

ISBN    979-11-388-0103-4 (13360)

의료현장의 나침판 같은 길잡이

# 의료법령
# 5분대기조

권형원 저

「의료법 종결자」라 불리던 보건복지부 출신 의료법
유권해석 실무담당자가 쓴 의료법령 종합해설서

좋은땅

## 책머리에

우리는 길을 가다 길을 잃으면 한참을 헤매다 올바른 길을 찾곤 한다.
길을 헤매는 것은 답답하고 두렵고 다급하고 화나는 일이다.

의료현장에서도 간혹 위·적법 여부로 답답하고 두려운 상황을 마주치게 될 때가
있다. 하지만 혼자서 해결할 수 있는 일이 아닌, 상대가 있고 서로 해결해야 할
상황이 대부분이다. 이러한 상황을 피해 유연한 길로 걸어갈 수 있는 의료현장의
나침판 같은 길잡이가 늘 필요했다.
저자는 1987년 보건복지부 공무원이 되어 국립병원 근무 경험을 거쳐 쭉 보건의
료정책실에서 의료법령 유권해석, 의료민원 회신, 의료인·의료기관 지도 감독 및
행정처분, 의료관계 행정소송 수행, 비영리법인 지도 감독 등 퇴직 전까지 보건의
료정책부서에서 15여 년 실무를 담당해 오면서 2008년 「의료법령 민원질의 회신
사례집」을 처음으로 집필한 저자이기도 하다. 또한 저자는 중앙부처와 전국 지자
체 의·약무 담당 공무원들과의 업무협력, 소통을 위해 2006년 「전국 보건의료정
책 워크숍」을 제안, 수년간 개최하면서 지자체 공무원들로부터 큰 호응을 받고
친밀감을 유지할 수 있었다. 그 조직을 기반으로 2013년에는 전국의 모든 음식점,
카페, PC방, 호프집, 술집 등 공중이용시설의 전면 금연정책을 시행하면서도 어려
움 속에서 잘 정착시킬 수 있었던 것을 감사한다. 덕분에 그 공로로 재직 중 근정
포장을 수여 받기도 하였다. 요즘은 길어야 2, 3년이면 업무 담당자가 바뀌는 상
황이다. 저자가 보건복지부에 근무할 당시만 해도 의료법령 해석 및 각종 의료 관
련 민원을 혼자서 수년간 담당하며 거의 매몰되다시피 날들을 보냈다. 매일 우편,
유니모 메일을 통해 들어오는 수십 건의 질의 민원 말고도 날마다 걸려 오는 평
균 85건의 전화 통화 민원을 말끔히 해소시키는 것이 일이었다. 날마다 전국 254
개 보건소 담당자들과 호흡을 같이 하며 전국을 훤히 들여다보던 때였다. 의료계
와 한의계를 넘나들며 무딘 면을 확장하는 것도 중요했다. 당시는 정말 전화로 많
은 사람들에게 도움을 줬던 것 같다. 오늘에도 전화 통화는 우리 모두를 발전시키
는 척도임에는 틀림없다고 믿고 있다.

저자는 우리나라 의료법령은 시골집의 담벼락처럼 모진 비바람에도 쉽게 허물어
지거나 쓰러지지 않는 것에 비유한다. 언뜻 보면 의료법령이 흙과 돌로 세워진 담
벼락처럼 엉성하고 허술해 보여도 한 땀 한 땀 뜻과 의미가 채워져 다양한 직역
간 예봉을 피하며 70여 년간 국민의 건강을 보호하고 품위를 잃지 않고 그 자리
를 지켜 왔다고 본다. 바닷물로 가득 차 있던 순천만에 간조가 되면 개펄 위로 부

드러운 긴 물고랑이 생겨나듯 의료의 영역 또한 경험 많은 의료인에게는 바닷속 개펄 위의 물고랑처럼 선명한 형태로 보여 왔다. 그것은 우리가 살아가며 생각하는 시간을 주는 지혜로운 완충지대이며, 의료라는 생명의 혈액이 왕성히 흐르고 있는 곳으로 생각된다. 그 허술함은 모두에게 나름 역할과 보람을 주었고 그 역할은 희망으로 이어져 왔다. 사고 없는 세상은 없다. 의료현장이 겉으로 보기엔 흙돌담처럼 풋풋해 보이나 가까이 다가서면 언제나 숨 가쁘게 돌아가는 톱니바퀴이며, 주변에 있는 모든 종사자는 담장 위를 걷는 것과 같이 늘 긴장하며 걷는 것이 숙명이다. 분초를 다투며 돌아가는 의료현장에서 잠깐의 부주의나 방심은 사고로 이어질 수밖에 없다. 그러한 환경 속에서 더구나 코로나19라는 바이러스 유행으로 의료인들은 말로 표현할 수 없는 수고와 헌신을 쏟았다. 그 큰 사랑에 감사드린다.

본 책자는 의료인은 물론 의료 관련 민원을 담당하는 공무원, 의료기관에 근무하는 임직원, 의료 관련 법무 담당자, 보건의료계 학생 그리고 의료소비자, 환자, 보호자 등 모두가 실제로 알아야 할 내용을 알기 쉽게 써내려는 의도로 집필에 임했다. 하지만 집필 중 의료현장과 연계된 방대한 영역을 저의 능력과 재주로 적절히 담아내기에는 많은 어려움과 한계가 있었다. 그럴수록 공직에서 쌓았던 많은 실무경험과 의료현장에서 체득한 현실을 바탕으로 튼실한 종합적인 해설서를 써내야 한다는 스스로의 의무감으로 죽기 아니면 살기로 이 책 집필에 임했다. 오랜 기간 잘 들어맞고 탄탄한 길잡이가 될 수 있는 책을 늘 염두에 두고 이 책 집필에 임했다. 이 책을 통해 많은 사람들이 몰랐던 길을 쉽게 찾아갈 수 있기를 희망할 따름이다.
저자가 공직 근무 기간 동안 늘 철칙으로 외쳤던 말이 있다.
"가려운 데를 시원하게 긁어 주라. 어설프게 다른 데 긁지 마라. 민원인 화만 난다." 누가 물으면 시원하게 알려 주는 책으로 이용하기를 바란다.

살아오면서 맘으로 존경하고 있는 분들, 늘 마음의 고향 보건복지부의 수고 많은 직원들, 바쁜 현장의 지자체 보건의료 공무원들, 전국보건친우회 회원님들께 감사드린다. 현직 때 함께 많은 걸 이루시고 지금은 우리나라 의료관련 민원 및 건강보험청구 민원 분야에 우뚝 선 삼정행정사사무소 임종규 대표님의 늘 열린 포용에 감사드린다. 끝으로 아직도 힘겨운 결말로 가고 있는 3년 전 의료사고로 비명에 가신 누님 영전에 죄스럽게 이 책을 바칩니다. 밤낮 없는 책 집필로 남편 죽을까 봐 걱정하며 격려해 준 임지효 집사람께 살아남아 이 책을 건네며 감사한다.

저자 권형원 (법무법인 엘케이파트너스 전문위원)

※ 이 책 집필에 영혼으로 도움 주신 분들입니다.

법무법인 엘케이파트너스 이경권 대표변호사, 대전과학기술대학교 강창렬교수, 보건복지부 도혜진사무관, 정진영주무관, 대한병원협회 송재찬부회장, 김승열사무총장, 대한의사협회 이성민국장, 대한간호협회 구성자전문위원, 대한간호조무사협회 최종현기획이사, 원윤희사무총장, 건강보험심사평가원 김옥봉지원장, 대한병원행정관리자협회 정영권회장, 김도훈사무총장, 김인철서울시회장, 정용주대전·충남회장, 대한요양병원협회 김양빈부회장, 의)한국의료재단 문관식대표, 의)무등의료재단 일산현대요양병원 임동훈이사장, 조이엠지 명동섭대표, 비앤비메딕스 이영주부사장, 강요한대표, 법) LK PARTNERS, 재)베스티안재단, 재)동암의학연구소, 재)서울의과학연구소, 의)하나로의료재단, 보병산악회, 보사우정회 회원님 등

※※ 이 책지는 저지의 경험과 지식으로 의료법령의 해석 빙향을 제시한 책으로 서술한 내용이 모두 단정적 의미를 가질 수는 없다. 의료법령에 대한 정책이나 제도가 시대 상황 및 구체적 사실관계에 따라 그 결과는 달라질 수 있음을 일러두며, 기본 방향으로 참고할 수 있기를 권한다. (저자)

## 제3장 의료기관 … 212

## 제4장 신의료기술평가 … 347

# 서론  법의 단계

□ 법과 법률

법과 법률은 일반적으로 같은 뜻으로 사용되고 있다. 그 명칭이 다를 뿐 법적 지위나 효력 등에 있어서는 차이가 없다.

□ 국회 입법과 행정 입법

일반적으로 법률이라고 하면 국민의 대표자인 국회에서 제정된 법을 의미한다. 또한 국회로부터 입법권을 위임받은 행정부에 의한 입법을 행정입법이라 한다. 행정입법은 법률 우위의 원칙에 따라 법률이 위임한 규율대상과 복적의 범위 안에서 이루어져야 하는 것으로 대통령령, 총리령, 부령을 들 수 있다.

□ 법/시행령/시행규칙

법령이라는 것에는 법(국회)-시행령(대통령령)-시행규칙(총리령, 부령, 장관)으로 구성된다. 법에서는 세부적인 절차 및 요건들 등을 시행령으로 정할 것을 위임하게 되고 법의 위임을 받은 시행령에서는 해당 법 조항을 구체화 시키는 것들을 규정하게 되는 데 이와 같이 시행령을 만드는 것은 대통령이다. 국민의 위임을 받은 대통령이 시행령을 만들게 되므로 대통령령이라고도 한다. 그런데 대통령도 모든 것을 상세하게 정할 수는 없는 것이므로 법 또는 시행령에서는 국무총리나 각 부처 장관들에게 더욱 세부적인 사항들을 규정하도록 위임하여 국무총리나 각 부처 장관들은 시행규칙을 정하게 된다.

법이 정하지 않은 부분을 시행령이 다시 법과 시행령이 정하지 않은 부분을 시행규칙에서 정하게 된다. 이런 원리 때문에 법을 이해하면 시행령이 파악되고, 시행령이 파악되면 시행규칙을 쉽게 알 수 있게 된다.

여기에서는 의료법, 의료법 시행령, 의료법 시행규칙을 위주로 설명하였으며, 업무상 필요한 부분의 고시, 예규 등도 가급적 실어 도움이 되게 하였다.

# 제1장 총칙

| 의료법 | 제1조(목적) |
|---|---|

이 법은 모든 국민이 수준 높은 의료 혜택을 받을 수 있도록 국민의료에 필요한 사항을 규정함으로써 국민의 건강을 보호하고 증진하는 데에 목적이 있다.

| 의료법 시행령 | 제1조(목적) |
|---|---|

이 영은 「의료법」에서 위임된 사항과 그 시행에 필요한 사항을 규정함을 목적으로 한다.

| 의료법 시행규칙 | 제1조(목적) |
|---|---|

이 규칙은 「의료법」 및 같은법 시행령에서 위임된 사항과 그 시행에 필요한 사항을 규정함을 목적으로 한다. <개정 2015. 5. 29.>

◇ 의료법의 목적은 모든 국민이 수준 높은 의료혜택을 받아 건강을 보호하고 증진하는 데 그 목적이 있다. 우리나라 의료법은 1951년 9월 25일 「국민의료법」(법률 제221호)으로 제정 공포되어 현행 의료법의 모체가 되었으며, 1962년 3월 20일에 국민의료법의 명칭이 「의료법」(법률 제1035호)으로 개정된 이후 수차례 거듭된 개정을 통해 발전된 오늘의 의료법 체계를 갖추게 되었다.

| 의료법 | 제2조(의료인) |
|---|---|

① 이 법에서 "의료인"이란 보건복지부장관의 면허를 받은 의사·치과의사·한의사·조산사 및 간호사를 말한다. <개정 2008. 2. 29., 2010. 1. 18.>

② 의료인은 종별에 따라 다음 각 호의 임무를 수행하여 국민보건 향상을 이루고 국민의 건강한 생활 확보에 이바지할 사명을 가진다. <개정 2015. 12. 29., 2019. 4. 23.>

1. 의사는 의료와 보건지도를 임무로 한다.
2. 치과의사는 치과 의료와 구강 보건지도를 임무로 한다.
3. 한의사는 한방 의료와 한방 보건지도를 임무로 한다.
4. 조산사는 조산(助産)과 임산부 및 신생아에 대한 보건과 양호지도를 임무로 한다.
5. 간호사는 다음 각 목의 업무를 임무로 한다.
   가. 환자의 간호요구에 대한 관찰, 자료수집, 간호판단 및 요양을 위한 간호

나. 의사, 치과의사, 한의사의 지도하에 시행하는 진료의 보조

다. 간호 요구자에 대한 교육·상담 및 건강증진을 위한 활동의 기획과 수행, 그 밖의 대통령령으로 정하는 보건활동

라. 제80조에 따른 간호조무사가 수행하는 가목부터 다목까지의 업무보조에 대한 지도

| 의료법 시행령 | 제2조(간호사의 보건활동) |
| --- | --- |

「의료법」(이하 "법"이라 한다) 제2조제2항제5호다목에서 "대통령령으로 정하는 보건활동"이란 다음의 보건활동을 말한다. <개정 2009. 4. 20., 2011. 2. 14., 2016. 9. 29., 2016. 12. 27., 2018. 3. 6.>

1. 「농어촌 등 보건의료를 위한 특별조치법」 제19조에 따라 보건진료 전담공무원으로서 하는 보건활동

2. 「모자보건법」 제10조제1항에 따른 모자보건전문가가 행하는 모자보건 활동

3. 「결핵예방법」 제18조에 따른 보건활동

4. 그 밖의 법령에 따라 간호사의 보건활동으로 정한 업무

◇ '의료인'이라 함은 보건복지부장관으로부터 면허를 받은 의사·치과의사·한의사·조산사와 간호사를 말하며, 종별에 따른 임무를 수행하여 국민보건 향상을 이루고 국민의 건강한 생활 확보에 이바지할 사명을 가진다.

◇ 의사는 일정한 교육과정을 거쳐 국가시험에 합격하여 보건복지부장관으로부터 면허증을 발급받고 의사로서 숭고한 봉사와 헌신을 다짐하는 선서를 한다.

○ 의사들은 1955년부터 〈제네바 선언의 히포크라테스 선서〉를 한다.

이제 의업에 종사하는 일원으로서 인정받는 이 순간, 나의 생애를 인류 봉사에 바 칠 것을 엄숙히 서약하노라.

• 나의 은사에 대하여 존경과 감사를 드리겠노라.

• 나의 양심과 위엄으로서 의술을 베풀겠노라.

• 나의 환자의 건강과 생명을 첫째로 생각하겠노라.

• 나는 환자가 알려준 모든 내정의 비밀을 지키겠노라.

• 나의 위업의 고귀한 전통과 명예를 유지하겠노라.

• 나는 동업자를 형제처럼 생각하겠노라.

• 나는 인종, 종교, 국적, 정당정파 또는 사회적 지위 여하를 초월하여 오직 환자에게 대한 나의 의무를 지키겠노라.

• 나는 인간의 생명을 수태된 때로부터 지상의 것으로 존중히 여기겠노라.

• 비록 위협을 당할지라도 나의 지식을 인도에 어긋나게 쓰지 않겠노라.

이상의 서약을 나의 자유의사로 나의 명예를 받들어 하노라.

◇ 치과의사는 치과의사 윤리선언을, 한의사는 허준 선서를 하고 있다.

○ 간호사들은 1988년부터 통일번역문안을 마련, 숭고한 희생정신을 다짐하는 '나이팅게일선서'를 한다.

- 나는 일생을 의롭게 살며 전문 간호직에 최선을 다할 것을 하느님과 여러분 앞에 선서합니다.
- 나는 인간의 생명에 해로운 일은 어떤 상황에서도 하지 않겠습니다.
- 나는 간호의 수준을 높이기 위하여 전력을 다하겠으며, 간호하면서 알게 된 개인이나 가족의 사정은 비밀로 하겠습니다.
- 나는 성심으로 보건의료인과 협조하겠으며 나의 간호를 받는 사람들의 안녕을 위하여 헌신하겠습니다.

◇ 우리나라 의료인 현황(2021. 5.)

직종별 연간 배출인원을 보면 대략, 의사 3,200여 명, 치과의사 800여 명, 한의사 800여 명, 간호사 20,000여 명, 조산사 15명 정도이며, 활동 의료인 수는 대략 의사 110,100여 명, 치과의사 27,500여 명, 한의사 22,430여 명, 간호사 233,720여 명이며, 간호사와 중복면허 관계로 정확하지 않지만 신고된 조산사는 72명 정도로 추산하고 있다,

| 질의 내용 | 의료행위 |
| --- | --- |
| 해석 경향 | 의료법 제27조제1항에서 의료인이 아니면 누구든지 의료행위를 할 수 없으며, 의료인도 면허된 것 이외의 의료행위를 할 수 없도록 규정하여 무면허 의료행위를 엄격히 금지하고 있습니다. 따라서 의료행위는 면허 있는 의료인이 해당 면허 범위 내에서만 의료행위를 할 수 있으며, 의료인도 면허 범위를 넘어서는 의료행위를 할 경우, 무면허 의료행위에 해당되어 처벌받게 됩니다. 하지만 이러한 의료행위의 범위에 대해 의료법령에서 구체적으로 규정하고 있지는 못하며, 각 직역별 교육과정 등 사회통념에 비추어 판단되고 있습니다. 다만 의료행위의 정의에 대해 대법원 판례를 종합해 보면 '의료행위'라 함은 의학적 전문지식을 기초로 하는 경험과 기능으로 진찰, 검안, 처방, 투약 또는 외과적 시술을 시행하여야 하는 질병의 예방 또는 치료행위 및 그 밖에 의료인이 행하지 아니하면 보건위생상 위해가 생길 우려가 있는 행위를 의미하고 있습니다. |

| 질의 내용 | 의료행위의 정의 |
| --- | --- |
| 판례 경향 | '의료행위'라 함은, 의학적 전문지식을 기초로 하는 경험과 기능으로 진찰, 검안, 처방, 투약 또는 외과적 시술을 시행하여 하는 질병의 예방 또는 치료행위 및 그 밖에 의료인이 행하지 아니하면 보건위생상 위해가 생길 우려가 있는 행위를 의미하고, 여기에서 '진찰'이라 함은 환자의 용태를 듣고 관찰하여 병상 및 병명을 규명·판단하는 작용으로 그 진단 방법으로는 문진, 시진, 청진, 타진, 촉진, 기타 각종의 과학적 방법을 써 |

| | |
|---|---|
| | 서 검사하는 등 여러 가지가 있고 위와 같은 작용에 의하여 밝혀진 질병에 적합한 약품을 처방, 조제, 공여하거나 시술하는 것이 치료행위에 속한다고 했다(대법원 1974. 11. 26. 선고 74도1114 판결 등).<br><br>의료행위라 함은 질병의 예방과 치료행위뿐만 아니라 의학적 전문지식이 있는 의료인이 행하지 아니하면 사람의 생명, 신체나 공중위생에 위해를 발생시킬 우려가 있는 행위를 포함하는 것이다(대법원 1994. 5. 10. 선고 93도2544 판결 참조).<br><br>'의료행위'란 의학적 전문지식을 기초로 하는 경험과 기능으로 진찰, 검안, 처방, 투약 또는 외과적 시술을 시행하여 하는 질병의 예방 또는 치료행위 및 그 밖에 의료인이 행하지 아니하면 보건위생상 위해가 생길 우려가 있는 행위를 의미한다(대법원 2018. 6. 19. 선고 2017도19422 판결 등 참조). |

| 질의 내용 | 의사와 한의사의 업무영역 |
|---|---|
| 판례 경향 | 의료법 제2조제2항에 의사는 의료와 보건지도를 임무로 하고, 한의사는 한방 의료와 한방 보건지도를 임무로 규정하고 있다. 의사와 한의사 모두 배우고 익힌 이론과 경험에 따라 환자를 진료하고 처방하도록 의료법 제27조제1항에서 의료인도 면허된 것 이외의 의료행위를 하지 못하도록 규정하고 있다. 판례에서는 의료법에는 의사, 한의사 등의 면허된 의료행위의 내용에 관한 정의를 내리고 있는 법 조항이 없으므로, 구체적인 행위가 면허된 것 이외의 의료행위에 해당하는지 여부는 구체적 사안에 따라 의료법의 목적, 구체적인 의료행위에 관련된 규정의 내용, 구체적인 의료행위의 목적, 태양 등을 감안하여 사회통념에 비추어 판단하여야 한다고 판시하고 있다(대법원 2011. 5. 26. 선고 2009도6980 판결 등 참조). |

| 질의 내용 | 의사, 한의사 이원적 의료체계 규정 취지 |
|---|---|
| 판례 경향 | 구 의료법에서 의사와 한의사가 동등한 수준의 자격을 갖추고 면허를 받아 각자 면허된 것 이외의 의료행위를 할 수 없도록 하는 이원적 의료체계를 규정한 것은 한의학이 서양의학과 나란히 독자적으로 발전할 수 있도록 함으로써 국민으로 하여금 서양의학뿐만 아니라 한의학이 이루고 발전시켜 나아가는 의료혜택을 누릴 수 있도록 하는 한편, 의사와 한의사가 각자의 영역에서 체계적인 교육을 받고 국가로부터 관련 의료에 관한 전문지식과 기술을 검증받은 범위를 벗어난 의료행위를 할 경우 사람의 생명, 신체나 일반 공중위생에 발생할 수 있는 위험을 방지하기 위한 것이다(대법원 2014. 1. 16. 선고 2011도16649 판결). |

| 질의 내용 | 의사·치과의사·한의사의 업무범위 구체적 미 지정 의미 및 판단 |
|---|---|
| 판례 경향 | 판례(대법원 2016. 7. 21. 선고 2013도850 전원합의체 판결)에 의하면, 각 의료인에게 '면허된 의료행위'의 내용이 무엇인지, 어떠한 기준에 의하여 구분하는지 등에 관하여는 구체적인 규정을 두고 있지 아니하다. 즉 의료법은 의료인을 의사·치과의사·한의사 등 종별로 엄격히 구분하고 각각의 면허가 일정한 한계를 가짐을 전제로 면허된 것 이외의 의료행위를 금지·처벌하는 것을 기본적 체계로 하고 있으나, 각각의 업무 영역이 어떤 것이고 그 면허의 범위 안에 포섭되는 의료행위가 구체적으로 어디까지인지에 관하여는 아무런 규정을 두고 있지 아니하다. 이는 의료행위의 종류가 극히 다양하고 그 개념도 의학의 발달과 사회의 발전, 의료서비스 수요자의 인식과 요구에 수반하여 얼마든지 변화될 수 있는 것임을 감안하여(대법원 1974. 11. 26. 선고 74도1114 전원합의체 판결 참조), 법률로 일의적으로 규정하는 경직된 형태보다는 시대적 상황에 맞는 합리적인 법 해석에 맡기는 유연한 형태가 더 적절하다는 입법 의지에 기인하는 것으로 보인다.<br><br>이에 따라 대법원 역시 일찍이, 의료행위란 의학의 전문적 지식을 기초로 하는 경험과 기능으로써 진찰·검안·처방·투약 또는 외과수술 등을 하는 행위라고 판시한 이래(위 74도1114 전원합의체 판결), 구체적 사안별로 문제 된 행위가 의료법 제27조제1항이 정한 '무면허 의료행위' 또는 '면허된 것 이외의 의료행위'에 해당하는지를 판단하여 왔다. 즉 의사나 치과의사의 의료행위가 '면허된 것 이외의 의료행위'에 해당하는지는 구체적 사안에 따라 의사와 치과의사의 면허를 구분한 의료법의 입법 목적, 해당 의료행위에 관련된 법령의 규정 및 취지, 해당 의료행위의 기초가 되는 학문적 원리, 해당 의료행위의 경위·목적·태양, 의과대학 등의 교육과정이나 국가시험 등을 통하여 해당 의료행위의 전문성을 확보할 수 있는지 등을 종합적으로 고려하여 사회통념에 비추어 합리적으로 판단하여야 한다는 것이다(대법원 2014. 1. 16. 선고 2011도16649 판결 등 참조). |

| 질의 내용 | 치과의사의 업무범위 |
|---|---|
| 해석 경향 | 의료법 제2조제2항제2호에서 치과의사는 치과의료와 구강보건지도를 업무로 한다고 규정하고 있습니다. 구체적인 업무영역으로 구강(치아 및 구강조직), 턱관절, 악골, 잇몸 성형, 구강 및 악안면 부위 등 치아와 잇몸, 구강조직의 질병이나 상해 및 기능이상을 의학적으로 진단 및 치료하는 일을 주로 하는 의료인입니다. |

| 질의 내용 | 한의사의 처방·투약 |
|---|---|
| 해석 경향 | 약사법 제2조제4호에 "의약품"이란 "대한민국약전에 실린 물품 중 의약외품이 아닌 것, 사람이나 동물의 질병을 진단·치료·경감·처치 또는 예방할 목적으로 사용하는 물품 중 기구·기계 또는 장치가 아닌 것, 사람이나 동물의 구조와 기능에 약리학적 영향을 줄 목적으로 사용하는 물품 중 기구·기계 또는 장치가 아닌 것"으로 규정하고 있습니다. 「약사법」 부칙 제8조의 규정에 따라 한의사는 자신이 치료용으로 사용하는 한약 및 한약제제를 자신이 직접 조제하는 경우에는 약사법 제23조제1항 및 제2항의 규정에도 불구하고 이를 조제할 수 있도록 규정하고 있어 한의사가 자신이 직접 진료한 환자에게 자신이 직접 조제한 한약 또는 한약제제를 처방·투약하는 것은 가능합니다. |

| 질의 내용 | 의료기기의 사용 문제 |
|---|---|
| 해석 경향 | 의료기관을 이용하는 환자 등 의료소비자의 경우, 질 높은 의료서비스 즉, 가급적 빠르고 정확한 진단과 치료를 원할 수밖에 없으며 그 진단 방법과 치료법은 전적으로 담당 의사, 치과의사, 한의사가 판단하여 행하는 영역이라 할 수 있습니다. 한의사가 전통적으로 내려오는 의료기기나 의료기술 이외에 의료공학의 발전에 따라 새로 개발·제작된 의료기기 등을 사용하는 것은 한의사의 '면허된 것 이외의 의료행위'에 해당하는지, 관련 법령에 한의사의 당해 의료기기 등 사용을 금지하는 취지의 규정이 있는지, 당해 의료기기 등의 개발·제작 원리가 한의학의 학문적 원리에 기초한 것인지, 당해 의료기기 등을 사용하는 의료행위가 한의학의 이론이나 원리의 응용 또는 적용을 위한 것으로 볼 수 있는지, 당해 의료기기 등의 사용에 서양의학에 관한 전문지식과 기술을 필요로 하지 않아 한의사가 이를 사용하더라도 보건위생상 위해가 생길 우려가 없는지 등을 종합적으로 고려하여 판단하여야 하며, 주로 해당 의료기기의 특성 등 사안에 따라 법원의 판결에 의존하는 경향이 크다 할 수 있습니다. |

| 질의 내용 | 조산사의 업무범위 |
|---|---|
| 해석 경향 | 조산사는 조산(助産)과 임산부 및 신생아에 대한 보건과 양호지도를 임무로 한다. 조산사는 의료법 제33조제2항에 의거 조산원을 개설할 수 있으며, 지도 의사를 정하여 조산원 내에서 산모의 임신·분만·산후 처치를 보조하고 정상 분만을 유도하며, 신생아 및 산전·후의 산모의 간호를 주로 하는 의료인입니다. |

| 질의 내용 | 의사, 치과의사, 한의사와 간호사, 의료기사 등의 관계 |
|---|---|
| 해석 경향 | 의사, 치과의사, 한의사는 의료법 제2조제2항에서 규정하고 있는 업무범위 내에서 전반적인 의료행위를 자신이 판단하여 수행할 수 있습니다. 하지만 간호사, 의료기사, 간호조무사는 의사, 치과의사, 한의사(의료기사 제외)의 지도감독 하에 진료를 보조하는 일정한 범위 내의 업무를 행할 수 있습니다. 물론 의사, 치과의사, 한의사도 간호사, 의료기사, 간호조무사의 업무범위 내 진료 보조행위 등을 지시 감독하여야 하며, 간호사, 의료기사, 간호조무사 역시 각 업무 범위 내 진료 보조행위만을 수행함이 타당합니다. 이와 관련 의료법 제27조에서는 의료인이 아니면 누구든지 의료행위를 할 수 없으며, 의료인도 면허된 것 이외의 의료행위를 할 수 없으며, 누구든지 의료인이 아닌 자에게 의료행위를 하게 하거나 의료인에게 면허 사항 외의 의료행위를 하게 하여서는 아니 된다고 규정하고 있습니다. |

| 질의 내용 | 간호사의 업무범위 |
|---|---|
| 해석 경향 | 간호사는 환자의 간호요구에 대한 관찰, 자료수집, 간호판단 및 요양을 위한 간호와 의사, 치과의사, 한의사의 지도하에 시행하는 진료의 보조, 간호 요구자에 대한 교육·상담 및 건강증진을 위한 활동의 기획과 수행, 그 밖의 대통령령으로 정하는 보건 활동, 간호조무사 업무 보조에 대한 지도입니다. |

| 질의 내용 | 간호사의 진료보조 범위 |
|---|---|
| 판례 경향 | 의료법 제2조제2항제1호는 '의사는 의료와 보건지도에 종사함을 임무로 한다'라고 하고, 같은 항 제5호는 '간호사는 요양상의 간호 또는 진료의 보조 및 대통령령이 정하는 보건활동에 종사함을 임무로 한다'라고 규정하고 있는 점에 비추어 보면, 의사가 간호사에게 진료의 보조행위를 하도록 지시하거나 위임할 수는 있으나, 고도의 지식과 기술을 요하여 반드시 의사만이 할 수 있는 의료행위 자체를 하도록 지시하거나 위임하는 것은 허용될 수 없으므로, 간호사가 의사의 지시나 위임을 받고 그와 같은 행위를 하였다고 하더라도 이는 구 의료법 제25조제1항에서 금지하는 무면허 의료행위에 해당한다(대법원 2007. 9. 6. 선고 2006도2306 판결 등 참조). |

| 질의 내용 | 보건진료원(간호사·조산사)의 자격 및 업무범위 |
|---|---|
| 해석 경향 | 농어촌 등 보건의료를 위한 특별조치법 제16조제1항에서 보건진료 전담 공무원의 자격은 간호사·조산사 면허를 가진 사람으로서 보건복지부장 관이 실시하는 24주 이상의 직무교육을 받은 사람으로 지방직공무원으 로 특별자치시장·특별자치도지사·시장·군수 또는 구청장이 근무지역 을 지정하여 임용하며, 같은법 제19조에서 보건진료 전담공무원은 「의 료법」 제27조에도 불구하고 근무지역으로 지정받은 의료 취약지역에서 대통령령으로 정하는 경미한 의료행위를 할 수 있도록 규정하고 있습니 다. 같은법 시행령 제14조에서 규정하고 있는 보건진료 전담공무원의 의 료행위의 범위는 질병·부상상태를 판별하기 위한 진찰·검사, 환자의 이송, 외상 등 흔히 볼 수 있는 환자의 치료 및 응급조치가 필요한 환자 에 대한 응급처치, 질병·부상의 악화 방지를 위한 처치, 만성병 환자의 요양지도 및 관리, 정상분만 시의 분만 도움, 예방접종, 상기 의료행위에 따르는 의약품의 투여, 환경위생 및 영양개선, 질병예방, 모자보건 등에 관한 업무를 할 수 있습니다. |

| 의료법 | 제3조(의료기관) |
|---|---|

① 이 법에서 "의료기관"이란 의료인이 공중(公衆) 또는 특정 다수인을 위 하여 의료·조산의 업(이하 "의료업"이라 한다)을 하는 곳을 말한다.

② 의료기관은 다음 각 호와 같이 구분한다. <개정 2009. 1. 30., 2011. 6. 7., 2016. 5. 29., 2019. 4. 23., 2020. 3. 4.>

1. 의원급 의료기관: 의사, 치과의사 또는 한의사가 주로 외래환자를 대상 으로 각각 그 의료행위를 하는 의료기관으로서 그 종류는 다음 각 목 과 같다.

　가. 의원

　나. 치과의원

　다. 한의원

2. 조산원: 조산사가 조산과 임산부 및 신생아를 대상으로 보건활동과 교 육·상담을 하는 의료기관을 말한다.

3. 병원급 의료기관: 의사, 치과의사 또는 한의사가 주로 입원환자를 대상 으로 의료행위를 하는 의료기관으로서 그 종류는 다음 각 목과 같다.

　가. 병원

　나. 치과병원

　다. 한방병원

　라. 요양병원(「장애인복지법」 제58조제1항제4호에 따른 의료재활시설로

서 제3조의2의 요건을 갖춘 의료기관을 포함한다. 이하 같다)

　마. 정신병원

　바. 종합병원

③ 보건복지부장관은 보건의료정책에 필요하다고 인정하는 경우에는 제2항
　제1호부터 제3호까지의 규정에 따른 의료기관의 종류별 표준업무를 정
　하여 고시할 수 있다. <개정 2009. 1. 30., 2010. 1. 18.>

④ 삭제 <2009. 1. 30.>

⑤ 삭제 <2009. 1. 30.>

⑥ 삭제 <2009. 1. 30.>

⑦ 삭제 <2009. 1. 30.>

⑧ 삭제 <2009. 1. 30.>

**의료기관의 종류별 표준업무규정**

[시행 2020. 7. 1.] [보건복지부고시 제2020-140호, 2020. 7. 1., 타법개정]

제1조(목적) 이 규정은 의료법 제3조제3항에 따라 같은법 제3조제2항의 각 호에 따른 의료
기관의 종류별 표준업무를 정함으로써 의료기관의 의료서비스 제공과 환자의 의료 이용의
적정을 기하고 국민의 건강증진과 의료자원의 효율적 활용에 기여함을 목적으로 한다.

제2조(적용대상) ① 이 규정은 의료법 제33조에 따라 개설한 의료기관 중 의원, 병원,
종합병원(상급종합병원 포함)에 대하여 적용한다.

② 제1항의 의료기관 종류를 다음 각 호와 같이 구분하여 적용한다.

1. 의원

2. 병원 및 종합병원

3. 상급종합병원

제3조(정의) 이 규정에서 사용하는 용어의 뜻은 다음과 같다.

1. "표준업무"란 의료행위 등 의료기관에서 일반적으로 수행하는 기본적인 업무, 제공
　하는 기능과 서비스를 말한다.

2. "권장질환"이란 의료기관의 종류별 업무에서 특히 중점을 두는 대상 질환으로서 권
　장되는 질환을 말한다.

제4조(표준업무의 범위) ① 이 규정에서 정하는 표준업무에는 환자의 진료, 의료인 양
성이나 교육, 의료나 의학에 관한 조사 연구 등 의료기관의 업무와 기능, 서비스 전반
에 관한 사항을 포함한다.

② 제5조, 제6조, 제7조 및 제8조에 따른 의료기관의 종류별 표준업무 분류와 권장질환
예시에도 불구하고 질환의 중증도와 환자의 특성, 응급상황에 따라 표준업무와 권
장질환을 의료기관 종류별로 달리 적용할 수 있다.

제5조(의원의 표준업무) 의원은 주로 외래환자를 대상으로 하며 그 표준업무는 다음 각
호와 같다.

1. 간단하고 흔한 질병에 대한 외래진료

2. 질병의 예방 및 상담 등 포괄적인 의료서비스

3. 지역사회 주민의 건강 보호와 증진을 위한 건강관리

4. 장기 치료가 필요한 만성질환을 가진 환자로서 입원할 필요가 없는 환자의 진료

5. 간단한 외과적 수술이나 처치 등 그 밖의 통원치료가 가능한 환자의 진료

6. 다른 의원급 의료기관으로부터 의뢰받은 환자의 진료
7. 병원, 종합병원, 상급종합병원의 표준업무에 부합하는 진료를 마친 후 회송받은 환자의 진료

제6조(병원과 종합병원의 표준업무) 병원과 종합병원은 주로 입원환자를 대상으로 하며 그 표준업무는 다음 각 호와 같다.
1. 일반적인 입원, 수술 진료
2. 분야별로 보다 전문적인 관리가 필요한 환자의 진료
3. 장기 치료가 필요한 만성질환을 가진 환자로서 입원할 필요가 있는 환자의 진료
4. 당해 의료기관에 입원하였던 환자로서 퇴원 후 당해 의료기관에서 직접 경과의 관찰이 필요한 환자의 진료
5. 의원 또는 다른 병원, 종합병원으로부터 의뢰받은 환자의 진료
6. 제5조 각 호에 해당하나 합병증 등 다른 질환을 동반하여 당해 의료기관에서 입원, 수술 등이 필요한 환자의 진료
7. 상급종합병원으로부터 회송받은 환자의 진료
8. 장기입원이 필요한 환자의 진료

제7조(상급종합병원의 표준업무) 상급종합병원은 주로 중증질환자를 대상으로 하며 그 표준업무는 다음 각 호와 같다.
1. 수술, 시술 등 고난이도의 치료기술을 필요로 하는 중한 질병의 진료
2. 치사율이 높고 합병증 발생 가능성이 높은 질환을 가진 환자의 진료
3. 다수 진료과목의 진료와 특수 시설·장비의 이용이 필요한 환자의 진료
4. 희귀·난치성 질환을 가진 환자의 진료
5. 중증질환에 대한 전문진료 분야별 전문진료센터의 운영
6. 당해 의료기관에 입원하였던 환자로서 퇴원 후 당해 의료기관에서 직접 경과의 관찰이 필요한 환자의 진료
7. 의원, 병원, 종합병원 또는 다른 상급종합병원으로부터 의뢰받은 환자의 진료
8. 제5조 및 제6조 각 호에 해당하나 합병증 등 다른 질환을 동반하여 당해 의료기관에서 입원, 수술 등이 필요한 환자의 진료
9. 의료인 교육, 의료에 관한 연구와 개발 등 의료의 발전과 확산

제8조(의료기관 종류별 권장질환의 예시) 의료기관의 종류별 권장질환을 별표와 같이 예시한다.

제9조(적용) ① 각 의료기관은 제5조, 제6조, 제7조 및 제8조에 따른 의료기관의 종류별 표준업무 분류와 권장질환 예시에 부합하는 기능과 역할을 할 수 있도록 노력하여야 한다.
② 국가는 진료의 의뢰·회송, 건강보험, 의료자원 등 의료의 제공 및 이용 체계가 제5조, 제6조, 제7조 및 제8조에 따른 의료기관의 종류별 표준업무 분류와 권장질환 예시에 부합하도록 필요한 지원 노력을 하여야 한다.

제10조(재검토기한) 보건복지부장관은 이 고시에 대하여 「훈령·예규 등의 발령 및 관리에 관한 규정」에 따라 2020년 7월 1일을 기준으로 매3년이 되는 시점(매 3년째의 6월 30일까지를 말한다)마다 그 타당성을 검토하여 개선 등의 조치를 하여야 한다.

이 고시는 고시한 날부터 시행한다.

부칙 부칙<제2020-140호, 2020. 7. 1.>
(일몰기한 정비를 위한 69개 보건복지부고시의 일괄개정고시)
이 고시는 발령한 날부터 시행한다.

| 의료법 | 제3조의2(병원등) |
|---|---|

병원·치과병원·한방병원 및 요양병원(이하 "병원등"이라 한다)은 30개 이상의 병상(병원·한방병원만 해당한다) 또는 요양병상(요양병원만 해당하며, 장기입원이 필요한 환자를 대상으로 의료행위를 하기 위하여 설치한 병상을 말한다)을 갖추어야 한다. [본조신설 2009. 1. 30.]

| 의료법 | 제3조의3(종합병원) |
|---|---|

① 종합병원은 다음 각 호의 요건을 갖추어야 한다. <개정 2011. 8. 4.>

1. 100개 이상의 병상을 갖출 것
2. 100병상 이상 300병상 이하인 경우에는 내과·외과·소아청소년과·산부인과 중 3개 진료과목, 영상의학과, 마취통증의학과와 진단검사의학과 또는 병리과를 포함한 7개 이상의 진료과목을 갖추고 각 진료과목마다 전속하는 전문의를 둘 것
3. 300병상을 초과하는 경우에는 내과, 외과, 소아청소년과, 산부인과, 영상의학과, 마취통증의학과, 진단검사의학과 또는 병리과, 정신건강의학과 및 치과를 포함한 9개 이상의 진료과목을 갖추고 각 진료과목마다 전속하는 전문의를 둘 것

② 종합병원은 제1항제2호 또는 제3호에 따른 진료과목(이하 이 항에서 "필수진료과목"이라 한다) 외에 필요하면 추가로 진료과목을 설치·운영할 수 있다. 이 경우 필수진료과목 외의 진료과목에 대하여는 해당 의료기관에 전속하지 아니한 전문의를 둘 수 있다. [본조신설 2009. 1. 30.]

◇ 의료기관이라 함은 의료인이 공중 또는 특정 다수인을 위하여 의료·조산의 업을 하는 곳을 말하며, 의료법에서 규정한 인력과 시설을 갖추어 지자체장에게 신고 또는 허가를 받아 운영할 수 있다. 의료기관의 종류로는 주로 외래환자를 대상으로 의료업을 하는 의원급 의료기관인 의원, 치과의원, 한의원이 있으며, 조산사가 조산 등의 업무를 하는 조산원이 있다. 또한 30개 이상의 병상을 갖추고 주로 입원환자를 대상으로 의료행위를 하는 병원급 의료기관으로 병원, 치과병원, 한방병원, 요양병원, 정신병원, 종합병원이 있다. 병원급 의료기관 중 시설, 장비, 인력, 진료과목 등 그 규모와 진료환자 대상에 따라 그 구분은 달라진다.

◇ 종합병원은 100개 이상의 병상을 갖추어야 하고 300병상 이하인 경우에는 7개 이상의 진료과목(내과·외과·소아청소년과·산부인과 중 3개 진료과목, 영상의학과, 마취통증의학과와 진단검사의학과 또는 병리과를 포함)을 갖추고 각 진료과목 마다 전속하는 전문의를 두어야 하며, 300병상을 초과하는 종합병원에서는 9개 이상의 진료과목(내과, 외과, 소아청소년과, 산부인과, 영상의학과, 마취통증의학과, 진단검사의학과, 또는 병리과, 정신건강의학과 및 치과를 포함)을 갖추고 각 진료과목별 전속하는 전문의를 두어야 한다.

△ 제3조의3제1항 위반한 의료기관: 시정명령

◇ 우리나라 의료기관 현황(2021. 5.)

의원 33,589개소, 치과의원 18,440개소, 한의원 14,568개소, 병원 1,422개소, 치과병원 235개소, 한방병원 440개소, 종합병원 362개소, 상급종합병원 45개소, 전문병원 101개소, 요양병원 1,463개소, 정신병원 217개소, 조산원 18개소

| 의료법 | 제3조의4(상급종합병원 지정) |
|---|---|

① 보건복지부장관은 다음 각 호의 요건을 갖춘 종합병원 중에서 중증질환에 대하여 난이도가 높은 의료행위를 전문적으로 하는 종합병원을 상급종합병원으로 지정할 수 있다. <개정 2010. 1. 18.>
 1. 보건복지부령으로 정하는 20개 이상의 진료과목을 갖추고 각 진료과목마다 전속하는 전문의를 둘 것
 2. 제77조제1항에 따라 전문의가 되려는 자를 수련시키는 기관일 것
 3. 보건복지부령으로 정하는 인력·시설·장비 등을 갖출 것
 4. 질병군별(疾病群別) 환자구성 비율이 보건복지부령으로 정하는 기준에 해당할 것
② 보건복지부장관은 제1항에 따른 지정을 하는 경우 제1항 각 호의 사항 및 전문성 등에 대하여 평가를 실시하여야 한다. <개정 2010. 1. 18.>
③ 보건복지부장관은 제1항에 따라 상급종합병원으로 지정받은 종합병원에 대하여 3년마다 제2항에 따른 평가를 실시하여 재지정하거나 지정을 취소할 수 있다. <개정 2010. 1. 18.>
④ 보건복지부장관은 제2항 및 제3항에 따른 평가업무를 관계 전문기관 또는 단체에 위탁할 수 있다. <개정 2010. 1. 18.>
⑤ 상급종합병원 지정·재지정의 기준·절차 및 평가업무의 위탁 절차 등에 관하여 필요한 사항은 보건복지부령으로 정한다. <개정 2010. 1. 18.>
[본조신설 2009. 1. 30.]

상급종합병원의 지정 및 평가에 관한 규칙
[시행 2020. 6. 29.]
[보건복지부령 제738호, 2020. 6. 29., 일부개정]

제1조(목적) 이 규칙은 「의료법」 제3조의4에 따라 상급종합병원 지정·재지정의 기준·절차 및 평가업무의 위탁 절차 등에 관한 사항을 정하는 것을 목적으로 한다.
제2조(상급종합병원의 지정 기준) 「의료법」(이하 "법"이라 한다) 제3조의4제1항에 따른 상급종합병원의 지정 기준은 별표와 같다.

제3조(상급종합병원의 지정 절차) ① 보건복지부장관은 법 제3조의4제1항에 따라 상급종합병원을 지정하려는 경우에는 지정 예정일 6개월 전에 지정계획을 공고하여야 한다.
② 법 제3조의4제1항에 따라 상급종합병원으로 지정 받으려는 종합병원의 장은 별지 제1호서식의 상급종합병원 지정신청서에 다음 각 호의 서류를 첨부하여 제1항에 따른 상급종합병원 지정계획 공고일부터 1개월 이내에 보건복지부장관에게 제출하여야 한다.
 1. 별지 제2호서식의 시설 현황
 2. 별지 제3호서식의 장비 현황
 3. 별지 제4호서식의 의료인력 현황
 4. 삭제 <2014. 7. 1.>
③ 보건복지부장관은 제2항에 따라 상급종합병원 지정신청서를 제출한 종합병원에 대하여 제2조에 따른 지정 기준의 충족 여부에 대한 평가를 실시하여야 한다.
④ 보건복지부장관은 제3항에 따른 평가 결과 그 지정 기준을 충족하는 종합병원의 병상수가 보건복지부장관이 정하여 고시하는 진료권역별 소요병상수를 초과하는 경우에는 별표 제2호, 제3호가목, 제4호 및 제5호나목에 따른 지정 기준에 대한 상대평가를 실시하여 그 결과에 따라 상급종합병원으로 지정할 수 있다. <개정 2014. 7. 1., 2017. 2. 10.>
⑤ 보건복지부장관은 제3항 및 제4항에 따른 지정 기준에 대한 평가와 상대평가 내용의 사실 여부를 확인하기 위하여 현지조사를 실시할 수 있다.
⑥ 보건복지부장관은 상급종합병원 지정을 위한 평가를 실시한 후 그 결과를 지체 없이 해당 종합병원에 통보하여야 한다.
⑦ 보건복지부장관은 제4항에 따라 상급종합병원을 지정하였을 때에는 별지 제5호서식의 상급종합병원 지정서를 신청인에게 발급하여야 한다.
⑧ 제1항부터 제7항까지에서 규정한 사항 외에 상급종합병원의 지정에 필요한 세부 사항은 보건복지부장관이 정하여 고시한다.

제4조(상급종합병원의 재지정) 법 제3조의4제3항에 따른 상급종합병원의 재지정 기준 및 절차에 관하여는 제2조 및 제3조를 준용한다. 이 경우 "지정"은 "재지정"으로 본다.

제5조(상급종합병원의 지정 취소) ① 보건복지부장관은 상급종합병원으로 지정받은 자가 다음 각 호의 어느 하나에 해당하면 그 지정을 취소할 수 있다. <개정 2014. 7. 1.>
 1. 거짓이나 그 밖의 부정한 방법으로 지정을 받은 경우
 2. 상급종합병원 지정을 받은 자가 상급종합병원의 지정 취소를 희망하여 제3조제7항에 따른 상급종합병원 지정서를 반납한 경우
 3. 법 제3조의4제3항에 따른 재평가 시 제2조에 따른 지정 기준을 충족하지 못하는 경우
 4. 제2조에 따른 지정 기준을 충족하지 못하여 「의료법」 제63조에 따라 6개월 이내의 기간을 정하여 시정을 명하였음에도 불구하고 이를 시정하지 아니한 경우
② 상급종합병원의 장은 제1항제1호, 제3호 또는 제4호에 따라 그 지정이 취소된 경우에는 상급종합병원 지정서를 즉시 보건복지부장관에게 반납하여야 한다. <개정 2014. 7. 1.>

제6조(평가업무의 위탁) ① 보건복지부장관은 법 제3조의4제4항에 따라 제3조제3항부터 제6항까지의 규정에 따른 평가 및 평가에 수반되는 업무를 다음 각 호의 기관 또는 단체 중 보건복지부장관이 지정한 기관에 위탁할 수 있다. <개정 2012. 8. 31.>
 1. 「한국보건산업진흥원법」에 따른 한국보건산업진흥원
 2. 「국민건강보험법」 제62조에 따른 건강보험심사평가원
 3. 정부가 설립하거나 정부가 운영비용의 전부 또는 일부를 지원하는 의료기관 평가업무와 관련된 비영리법인
 4. 그 밖에 의료기관 평가에 관한 전문인력과 능력을 갖춘 비영리법인
② 보건복지부장관은 제1항에 따라 업무를 위탁한 경우에는 예산의 범위에서 그에 필요한

비용을 보조할 수 있다.

제7조(규제의 새검토) ①보건복지부장관은 나음 각 호의 사항에 대하여 다음 각 호의 기준일을 기준으로 3년마다(매 3년이 되는 해의 기준일과 같은 날 전까지를 말한다) 그 타당성을 검토하여 개선 등의 조치를 하여야 한다. <개정 2015. 1. 5.>
 1. 별표 제3호다목 중 중환자실 전담전문의 배치: 2015년 1월 1일
 2. 별표 제3호다목 중 신생아중환자실 전담전문의 배치: 2016년 7월 1일
 3. 별표 제4호나목에 따른 외래환자 비율: 2014년 7월 1일
② 보건복지부장관은 별표 제4호 및 제5호에 따른 질병군별 환자의 구성비율과 의료서비스 수준에 대하여 2015년 1월 1일을 기준으로 매 2년이 되는 시점(매 2년이 되는 해의 1월 1일 전까지를 말한다)마다 그 타당성을 검토하여 개선 등의 조치를 하여야 한다. <신설 2015. 1. 5.> [본조신설 2014. 7. 1.]

부칙 <제738호, 2020. 6. 29.>

제1조(시행일) 이 규칙은 공포한 날부터 시행한다.

제2조(질병군별 환자의 구성비율에 관한 특례) 별표 제4호의 개정규정에도 불구하고 2020년 12월 31일까지 상급종합병원의 지정 또는 재지정을 신청하는 자는 2018년 1월 1일부터 2019년 9월 30일까지의 기간 동안은 종전의 규정에 따른 질병군별 환자의 구성비율을 충족해야 하고, 2019년 10월 1일부터 2020년 6월 30일까지의 기간 동안은 같은 개정규정에 따른 질병군별 환자의 구성비율을 충족해야 한다.

제3조(지정 기준 변경에 따른 경과조치) 이 규칙 시행 당시 종전의 규정에 따라 상급종합병원으로 지정받은 자는 별표의 개정규정에 따라 지정받은 것으로 본다.

■ 상급종합병원의 지정 및 평가에 관한 규칙 [별표] <개정 2020. 6. 29.>

### 상급종합병원의 지정 기준(제2조 관련)

1. 진료기능
 가. 지정 신청일 이전 1년 동안 다음 진료과목 중 필수진료과목을 포함하여 20개 이상의 진료과목을 갖추고 각 진료과목마다 전속하는 전문의 1명 이상을 둘 것
  1) 필수진료과목(9): 내과, 외과, 소아청소년과, 산부인과, 영상의학과, 마취통증의학과, 진단검사의학과 또는 병리과, 정신건강의학과, 치과
  2) 선택진료과목(18): 진단검사의학과 또는 병리과, 흉부외과, 방사선종양학과, 핵의학과, 응급의학과, 신경과, 피부과, 신경외과, 안과, 재활의학과, 정형외과, 이비인후과, 비뇨의학과, 성형외과, 가정의학과, 예방의학과, 결핵과, 직업환경의학과
 나. 「응급의료에 관한 법률」 제25조·제26조 또는 제30조에 따라 중앙응급의료센터·권역응급의료센터 또는 지역응급의료센터로 지정받았을 것

2. 교육기능
「전공의의 수련환경 개선 및 지위 향상을 위한 법률」 제13조제1항 및 같은법 시행령 제4조제2항에 따라 레지던트 수련병원등으로 지정받았을 것

3. 인력·시설·장비 등
 가. 지정 신청일 이전 1년 동안 의사는 연평균 1일 입원환자 10명당 1명 이상, 간호사는 연평균 1일 입원환자 2.3명당 1명 이상을 둘 것
 나. 가목의 입원환자 수는 지정 신청일 이전 1년 동안 건강보험 및 의료급여 입원환자의 진료실적에 대하여 건강보험심사평가원에 요양급여비용을 심사청구한 입원 및 외래환자의 자료를 기준으로 한다. 이 경우 외래환자 3명은 입원환자 1명으로 환산하고, 의료인 수는 해당 기간 중 실제 근무한 개월 수를 연간으로 환산하는

방법(Full Time Equivalent)을 사용한다.

다. 「의료법 시행규칙」 별표 4 제2호에 따른 중환자실 및 신생아중환자실을 설치하고, 지정 신청일 이전 1년 동안 보건복지부장관이 정하여 고시하는 기준에 따라 근무하는 전담전문의를 각각 1명 이상 둘 것

라. 법 제38조제1항에 따른 특수의료장비 중 전산화단층촬영장치(CT), 자기공명영상촬영기(MRI) 및 유방촬영용장치(Mammography)는 「특수의료장비의 설치 및 운영에 관한 규칙」 제6조의2제1항에 따라 등록된 품질관리검사기관의 정기적인 품질관리검사에서 적합으로 판정받았을 것

마. 환자의 진료·검사·질환 또는 임상 등에 관한 정보교류를 위하여 보건복지부장관이 정하는 기준에 따라 정보협력체계를 갖출 것

바. 중증질환에 대한 고난이도 감염 관리의 전문성 강화를 위하여 보건복지부장관이 정하여 고시하는 기준에 따라 병문안객의 관리 및 통제 등을 위한 운영체계, 통제시설 및 보안인력 등을 갖출 것

4. 질병군별(疾病群別) 환자의 구성비율

가. 지정 신청일 이전 2년 6개월 동안 다음 표의 전문진료질병군에 속하는 입원환자의 비율이 해당 의료기관이 진료한 전체 입원환자의 100분의 30 이상이고, 단순진료질병군에 속하는 입원환자의 비율은 100분의 14 이하일 것

| 구분 | 분류 기준 | 질병의 종류 |
|---|---|---|
| 전문진료 질병군 | 희귀성 질병, 합병증 발생의 가능성이 높은 질병, 치사율이 높은 질병, 진단난이도가 높은 질병, 진단을 위한 연구가 필요한 질병 | 각 질병군에 해당하는 질병의 종류는 보건복지부장관이 정하여 고시한다. |
| 일반진료 질병군 | 모든 의료기관에서 진료가 가능하거나 진료를 하여도 되는 질병 | |
| 단순진료 질병군 | 진료가 간단한 질병, 일반적으로 진료의 결과가 치명적이 아닌 질병, 그 밖에 진료난이도 또는 진단난이도가 낮은 질병 | |

나. 지정 신청일 이전 2년 6개월 동안 보건복지부장관이 정하여 고시하는 질병에 속하는 외래환자의 비율이 해당 의료기관이 진료한 전체 외래환자의 100분의 11 이하일 것

다. 가목의 입원환자 수와 나목의 외래환자 수는 가목 및 나목에 따른 질병군에 대한 건강보험 및 의료급여 입원환자와 외래환자의 진료실적에 대하여 건강보험심사평가원에 요양급여비용을 심사청구한 자료를 기준으로 한다.

5. 의료서비스 수준

가. 법 제58조의3제4항에 따른 인증 또는 조건부인증을 받았을 것

나. 심장질환, 뇌질환, 암, 항생제를 사용하는 수술 등 보건복지부장관이 정하여 고시하는 평가 항목에 대한 법 제63조제1항제2호에 따른 건강보험심사평가원의 가장 최근의 요양급여 적정성평가 결과가 보건복지부장관이 정하여 고시하는 기준에 따라 산정한 점수의 2분의 1 이상에 해당할 것

비고: 제5호나목의 기준은 제3조제4항에 따른 상대평가에 대해서만 적용한다.

◇ 상급종합병원은 종합병원 중에서 중증질환에 대하여 난이도가 높은 의료행위를 전문적으로 하는 종합병원을 상급종합병원으로 보건복지부장관이 3년마다 지정하며, 지정되기 위해서는 20개 이상의 진료과목과 전속전문의, 전문의 수련기관이며, 보건복지부

령으로 정하는 인력·시설·장비를 갖추어야 하며, 질병군별 환자구성 비율이 보건복지부령으로 정하는 기준에 해당되어야 한다.

상급종합병원 제도는 2011년 처음 도입되었으며, 지정을 위한 평가 항목으로 진료기능, 교육기능, 인력·시설·장비, 질병군별 환자의 구성비율, 의료서비스 수준, 진료권역별 소요병상 충족도 등을 심사한다. 상급종합병원으로 지정되면 종합병원 대비 5%p 많은 30%의 가산수가를 적용받아 건강보험 요양급여상의 혜택을 받을 수 있을 뿐만 아니라 선도적인 의료기관으로 인정받는 부수적인 효과 등으로 인해 병원들이 상급종합병원 지정을 위해 노력하고 있으며, 제1기(2012~2014) 상급종합병원으로 44개 기관이 지정되었으며, 제2기(2015~2017) 상급종합병원은 43개, 제3기(2018~2020) 상급종합병원으로 42개 기관이 지정된 바 있다. 특히 제4기(2021년~2023) 상급종합병원 지정 평가에서는 45개 의료기관이 지정되었으며, △2019년 9월 발표된 「의료전달 체계 개선 대책」에 따라 강화된 중증환자 진료비율 적용 △전공의 교육수련환경 평가 반영 △중환자실 및 환자경험 평가 항목 추가 등 3기 평가보다 한층 강화된 기준이 적용되었다.

---

### 벌칙 · 행정처분

△ 제3조의4제1항 위반한 의료기관: 시정명령

---

| 질의 내용 | 상급종합병원의 지정 신청 |
|---|---|
| 해석 경향 | 상급종합병원은 중증질환에 대해 난이도가 높은 의료 행위를 전문적으로 하는 종합병원으로 진료권역별로 인력·시설·장비·진료 등 항목을 종합적으로 평가해 3년마다 지정하고 있다. 지정 절차는 보건복지부 장관이 새로운 지정일 6개월 전에 지정계획을 공고하며, 공고일로부터 1개월 내에 제출된 신청서와 자료를 건강보험심사평가원 건강보험청구 실적을 토대로 평가기준(진료기능, 교육기능, 인력·시설·장비, 환자구성 상태, 의료서비스 수준 등) 충족 여부를 평가한 후 연말에 지정하고 지정서를 발급한다. 상급종합병원으로 지정된 의료기관은 종별가산율 30%를 적용받게 된다. |

---

| 의료법 | 제3조의5(전문병원 지정) |
|---|---|

① 보건복지부장관은 병원급 의료기관 중에서 특정 진료과목이나 특정 질환 등에 대하여 난이도가 높은 의료행위를 하는 병원을 전문병원으로 지정할 수 있다. <개정 2010. 1. 18.>

② 제1항에 따른 전문병원은 다음 각 호의 요건을 갖추어야 한다. <개정 2010. 1. 18.>

1. 특정 질환별·진료과목별 환자의 구성비율 등이 보건복지부령으로 정하는 기준에 해당할 것
2. 보건복지부령으로 정하는 수 이상의 진료과목을 갖추고 각 진료과목마다 전속하는 전문의를 둘 것

③ 보건복지부장관은 제1항에 따라 전문병원으로 지정하는 경우 제2항 각 호의 사항 및 진료의 난이도 등에 대하여 평가를 실시하여야 한다.<개정 2010. 1. 18.>

④ 보건복지부장관은 제1항에 따라 전문병원으로 지정받은 의료기관에 대하여 3년마다 제3항에 따른 평가를 실시하여 전문병원으로 재지정할 수 있다. <개정 2010. 1. 18., 2015. 1. 28.>

⑤ 보건복지부장관은 제1항 또는 제4항에 따라 지정받거나 재지정받은 전문병원이 다음 각 호의 어느 하나에 해당하는 경우에는 그 지정 또는 재지정을 취소할 수 있다. 다만, 제1호에 해당하는 경우에는 그 지정 또는 재지정을 취소하여야 한다. <신설 2015. 1. 28.>

1. 거짓이나 그 밖의 부정한 방법으로 지정 또는 재지정을 받은 경우
2. 지정 또는 재지정의 취소를 원하는 경우
3. 제4항에 따른 평가 결과 제2항 각 호의 요건을 갖추지 못한 것으로 확인된 경우

⑥ 보건복지부장관은 제3항 및 제4항에 따른 평가업무를 관계 전문기관 또는 단체에 위탁할 수 있다. <개정 2010. 1. 18., 2015. 1. 28.>

⑦ 전문병원 지정·재지정의 기준·절차 및 평가업무의 위탁 절차 등에 관하여 필요한 사항은 보건복지부령으로 정한다. <개정 2010. 1. 18., 2015. 1. 28.>

[본조신설 2009. 1. 30.]

---

전문병원의 지정 및 평가 등에 관한 규칙
[시행 2020. 6. 3.] [보건복지부령 제728호, 2020. 6. 3., 일부개정]

제1조(목적) 이 규칙은 「의료법」 제3조의5에 따라 전문병원의 지정·재지정의 기준·절차 및 평가업무의 위탁 절차 등에 관한 사항을 정하는 것을 목적으로 한다.

제2조(전문병원의 지정 기준) ① 「의료법」(이하 "법"이라 한다) 제3조의5제1항에 따른 전문병원의 지정 기준은 다음 각 호의 구분과 같다.
1. 한방병원을 제외한 병원급 의료기관의 전문병원 지정 기준: 별표 1
2. 한방병원의 전문병원 지정 기준: 별표 2
② 제1항제1호에도 불구하고 다음 각 호의 구분에 따라 그 지정 기준을 완화하여 적용할 수 있다. 다만, 제1호 및 제2호에 따른 별표 1 제4호가목의 지정 기준의 완화를 중복하여 적용하지 아니한다. <개정 2017. 6. 29.>
1. 보건복지부장관이 정하여 고시하는 특정 지역에서의 전문병원 지정의 경우: 별표 1 제2호가목, 제4호가목 및 제5호에 따른 지정 기준의 30퍼센트 범위 내 완화

2. 보건복지부장관이 정하여 고시하는 특정 질환 또는 특정 진료과목 전문병원 지정의
경우: 별표 1 제4호가목에 따른 지정 기준의 30퍼센트 범위 내 완화

제3조(전문병원의 지정 절차) ① 보건복지부장관은 법 제3조의5제1항에 따라 전문병원을 지정
하려는 경우에는 지정 예정일 6개월 전에 지정계획을 공고하여야 한다. <개정 2017. 6. 29.>
② 법 제3조의5제1항에 따라 전문병원으로 지정 받으려는 병원급 의료기관의 장은 별지
제1호서식의 전문병원 지정신청서에 다음 각 호의 서류를 첨부하여 제1항에 따른 전
문병원 지정계획 공고일부터 15일 이내에 보건복지부장관에게 제출하여야 한다. 다만,
제4호의 서류는 전문병원 지정계획 공고일부터 6개월 이내에 따로 제출할 수 있다.
<개정 2014. 8. 13., 2017. 6. 29.>
  1. 별지 제2호서식의 시설 현황
  2. 별지 제3호서식의 인력 현황
  3. 별지 제4호서식의 전문병원 운영계획서
  4. 「의료법 시행규칙」 제64조의5에 따른 의료기관 인증서 사본
③ 보건복지부장관은 제2항에 따라 전문병원 지정신청서를 제출한 의료기관에 대하여 제2
조에 따른 지정 기준의 충족 여부에 대한 평가를 실시하여야 한다.
④ 보건복지부장관은 제3항에 따른 평가 결과 그 지정 기준을 충족한 의료기관을 대상으
로 별표 1 제1호, 제2호, 제4호 및 제6호 또는 별표 2 제1호, 제2호, 제4호 및 제6호에
따른 지정 기준에 대한 상대평가를 실시하고, 그 평가 결과 등에 관하여 제5조에 따른
전문병원심의위원회의 심의를 거쳐 전문병원으로 지정할 수 있다. <개정 2017. 6. 29.>
⑤ 보건복지부장관은 제3항 및 제4항에 따른 지정 기준에 대한 평가와 상대평가 내용의
사실 여부를 확인하기 위하여 현지조사를 실시할 수 있다.
⑥ 보건복지부장관이 제4항에 따라 전문병원을 지정하였을 때에는 별지 제5호서식의 전문
병원 지정서를 신청인에게 발급하여야 한다.
⑦ 제1항부터 제6항까지에서 규정한 사항 외에 전문병원의 지정에 필요한 세부 사항은 보
건복지부장관이 정하여 고시한다.

제4조(전문병원의 재지정) 법 제3조의5제4항에 따른 전문병원의 재지정 기준 및 절차에
관하여는 제2조 및 제3조를 준용한다. 이 경우 "지정"은 "재지정"으로 본다.

제5조(전문병원심의위원회) ① 다음 각 호의 사항을 심의하기 위하여 보건복지부장관 소
속으로 전문병원심의위원회(이하 "위원회"라 한다)를 둔다.
  1. 전문병원의 지정 및 재지정에 관한 사항
  2. 그 밖에 전문병원에 관한 주요 시책으로서 보건복지부장관이 심의에 부치는 사항
② 위원회는 위원장 1명을 포함한 11명 이내의 위원으로 구성한다.
③ 위원회의 위원장은 보건복지부 소속 고위공무원단에 속하는 공무원 중에서 보건복지부장
관이 지명하고, 위원은 다음 각 호의 사람 중에서 보건복지부장관이 임명 또는 위촉한다.
  1. 보건의료 수요자를 대표하는 사람
  2. 보건의료 공급자를 대표하는 사람
  3. 보건복지부 소속 3급 또는 4급 공무원
  4. 보건의료에 관한 학식과 경험이 풍부한 사람
④ 제1항부터 제3항까지에서 규정한 사항 외에 위원회의 구성 및 운영에 필요한 사항은
보건복지부장관이 정하여 고시한다.

제6조(전문병원의 지정 취소) ① 보건복지부장관은 전문병원으로 지정받은 자가 다음 각
호의 어느 하나에 해당하면 그 지정을 취소할 수 있다.
  1. 거짓이나 그 밖의 부정한 방법으로 지정을 받은 경우
  2. 전문병원 지정을 받은 자가 전문병원의 지정 취소를 희망하여 제3조제6항에 따른 전

문병원 지정서를 반납한 경우
　3. 법 제3조의5제4항에 따른 재평가 시 제2조에 따른 지정 기준을 충족하지 못하는 경우
② 의료기관의 장은 제1항제1호 또는 제3호에 따라 그 지정이 취소된 경우에는 전문병원
　　지정서를 즉시 보건복지부장관에게 반납하여야 한다.

제7조(평가업무의 위탁) ① 보건복지부장관은 법 제3조의5제6항에 따라 제3조제3항 및 제
　4항에 따른 평가 및 제5항에 따른 현지조사 업무를 다음 각 호의 기관 또는 단체 중 보
　건복지부장관이 지정한 기관에 위탁할 수 있다. <개정 2014. 8. 13., 2017. 6. 29.>
　1.「국민건강보험법」제62조에 따른 건강보험심사평가원
　2. 정부가 설립하거나 정부가 운영비용의 전부 또는 일부를 지원하는 의료기관 평가업무
　　와 관련된 비영리법인
　3. 그 밖에 의료기관 평가에 관한 전문인력과 능력을 갖춘 비영리법인
② 보건복지부장관은 제1항에 따라 업무를 위탁한 경우에는 예산의 범위에서 그에 필요한
　　비용을 보조할 수 있다.

■ 전문병원의 지정 및 평가 등에 관한 규칙 [별표 1] <개정 2020. 6. 3.>

전문병원의 지정 기준(제2조제1항제1호 관련)

1. 질환별·진료과목별 환자의 구성비율
　가. 다음 표의 구분에 따라 해당 병원이 진료한 전체 입원 연환자(특정기간동안 입원 환자
　　의 입원일수를 환자수로 환산한 연인원을 말한다. 이하 같다) 중 주요 진단 범위 또는
　　환자 유형에 속하는 환자의 구성비율이 각각 해당 기준 이상이어야 한다. 이 경우 질
　　병군별(DRG) 포괄수가제가 적용되는 진료과목에 대한 환자의 구성비율을 계산할 경
　　우에는 해당 병원이 진료한 전체 입원 실환자(특정기간동안 실제 입원한 환자의 수를
　　말한다. 이하 같다)로 할 수 있다.

| 구분 | | 주요 진단 범위(Major Diagnosis Category) 또는 환자 유형 | 환자의 구성비율 |
|---|---|---|---|
| 질환 | 관절 | MDC 'I' 근골격계 및 결합조직 질환 및 장애 | 45% |
| | 뇌혈관 | MDC 'B' 신경계 질환 및 장애(B05, B60 제외) | 30% |
| | 대장항문 | MDC 'G' 소화기계 질환 및 장애 | 45% |
| | 수지접합 | MDC 'I' 근골격계 및 결합조직 질환 및 장애<br>MDC 'X' 외상, 중독 및 약물의 독성 효과 | 45%(한 가지 주요 진단 범위에 속하는 비율) 또는 66%(두 가지 주요 진단 범위에 속하는 비율) |
| | 심장 | MDC 'F' 순환기계 질환 및 장애 | 30% |
| | 알코올 | MDC 'V' 알코올/약물 사용 및 알코올/약물로 인한 정신 장애 | 66% |
| | 유방 | MDC 'J' 피부, 피하조직, 유방 질환 및 장애 | 30% |
| | 척추 | MDC 'I' 근골격계 및 결합조직 질환 및 장애<br>MDC 'B' 신경계 질환 및 장애 중 B05, B60 | 66% |
| | 화상 | MDC 'Y' 화상 | 45% |
| | 주산기(周産期) | MDC 'O' 임신, 출산, 산욕(産褥)<br>1세 이하인 환자(정상신생아 제외) | 25%(각각) |

| | | | |
|---|---|---|---|
| 진료과목 | 산부인과 | MDC 'N' 여성 생식기 질환 및 장애<br>MDC 'O' 임신, 출산, 산욕(産褥)<br>MDC 'P' 신생아 | 45%(MDC 'N'에 속하는 비율 또는 MDC 'O'·'P'에 속하는 비율) 또는 66%(세 가지 주요 진단 범위에 속하는 비율) |
| | 소아청소년과 | 18세 이하인 환자 | 66% |
| | 신경과 | MDC 'B' 신경계 질환 및 장애<br>MDC 'C' 눈의 질환 및 장애 중 C61<br>MDC 'D' 귀, 코, 입, 인후 질환 및 장애 중 D61<br>MDC 'I' 근골격계 및 결합조직 질환 및 장애 중 I68<br>MDC 'U' 정신 질환 및 장애 중 U60, U65 | 66% |
| | 안과 | MDC 'C' 눈의 질환 및 장애 | 45% |
| | 외과 | MDC 'F' 순환기계 질환 및 장애 중 F06, F10, F15, F16, F64, F66<br>MDC 'G' 소화기계 질환 및 장애<br>MDC 'H' 간담도계 및 췌장 질환 및 장애<br>MDC 'J' 피부, 피하조직, 유방 질환 및 장애 (J67, J68, J69, J70 제외)<br>MDC 'K' 내분비, 영양, 대사성 질환 및 장애 중 K02, K03, K04, K05, K06, K65, K66, K67<br>MDC 'Y' 화상 | 45% |
| | 이비인후과 | MDC 'D' 귀, 코, 입, 인후 질환 및 장애 | 45% |

　나. 가목에 따른 환자의 구성비율은 지정계획 공고일 기준 전년도 1년간의 입원환자 진료실적을 기준으로 한다. 이 경우 「의료법」 제3조제2항 각 호에 따른 의료기관의 종류가 변경된 의료기관의 경우에는 변경 전후 동일성이 인정되는 해당 진료실적을 포함한다.

2. 질환별·진료과목별 진료량

　가. 해당 병원이 진료한 보건복지부장관이 정하여 고시하는 전문진료질병군 및 일반진료질병군(수지접합 질환이나 외과의 경우 단순진료질병군을 포함한다. 이하 같다) 또는 환자 유형에 속하는 입원 연환자가 전체 병원급 의료기관 중에서 백분위수로 상위 30분위 이내여야 한다.

　나. 가목에 따라 전체 병원급 의료기관의 입원 연환자를 산정할 때 다음에 해당하는 병원의 진료실적은 제외한다.

　1) 「의료법」 제3조의4에 따른 상급종합병원

　2) 보건복지부장관이 정하여 고시하는 전문진료질병군 및 일반진료질병군 또는 환자유형에 속하는 입원 연환자가 연간 10명 이하인 병원

　3) 「의료법」 제3조제2항제3호라목에 따른 요양병원

　다. 가목에 따른 진료량은 지정계획 공고일 기준 전년도 1년간의 입원환자 진료실적을 기준으로 한다. 이 경우 「의료법」 제3조제2항 각 호에 따른 의료기관의 종류가 변경된 의료기관의 경우에는 변경 전후 동일성이 인정되는 해당 진료실적을 포함한다.

3. 필수 진료과목

다음 표의 구분에 따라 질환별 또는 진료과목별로 필수 진료과목을 갖추어야 하고, 필수 진료과목마다 전속하는 전문의를 두어야 한다. 이 경우 필수 진료과목은 지정계획 공고일 기준 전년도 12월 31일을 기준으로 하고, 해당 필수 진료과목에 전속하는 전문의는 지정계획 공고일 기준 전년도 1년간의 근무실적을 기준으로 한다.

| 질환/진료과목 | | 필수 진료과목 |
|---|---|---|
| 질환 | 관절질환 | 정형외과, 내과 |
| | 뇌혈관질환 | 신경외과, 신경과, 재활의학과 |
| | 대장항문질환 | 외과, 내과 |
| | 수지접합 | 정형외과 또는 성형외과, 내과 |
| | 심장질환 | 흉부외과, 내과, 소아청소년과 |
| | 알코올질환 | 정신건강의학과 |
| | 유방질환 | 외과, 내과 |
| | 척추질환 | 정형외과 또는 신경외과, 내과 |
| | 화상질환 | 외과, 내과 |
| | 주산기질환 | 산부인과, 소아청소년과 |
| 진료과목 | 산부인과 | 산부인과, 소아청소년과 |
| | 소아청소년과 | 소아청소년과 |
| | 신경과 | 신경과 |
| | 안과 | 안과 |
| | 외과 | 외과, 내과 |
| | 이비인후과 | 이비인후과 |

4. 의료인력

가. 다음 표의 구분에 따라 질환별 또는 진료과목별로 전문의 인정 진료과목에 전속하는 전문의를 두어야 한다.

| 질환/진료과목 | | 전문의 수 | 전문의 인정 진료과목 |
|---|---|---|---|
| 질환 | 관절질환 | 8명 이상 | 정형외과 |
| | 뇌혈관질환 | 6명 이상 | 신경외과, 신경과, 재활의학과 |
| | 대장항문질환 | 8명 이상 | 외과 |
| | 수지접합 | 8명 이상 | 정형외과, 성형외과 |
| | 심장질환 | 8명 이상 | 흉부외과, 내과, 소아청소년과 |
| | 알코올질환 | 4명 이상 | 정신건강의학과 |
| | 유방질환 | 4명 이상 | 외과 |
| | 척추질환 | 8명 이상 | 정형외과, 신경외과 |
| | 화상질환 | 4명 이상 (응급의학과 전문의는 1명만 인정한다) | 외과, 응급의학과 |
| | 주산기질환 | 8명 이상 | 산부인과, 소아청소년과 |
| 진료과목 | 산부인과 | 8명 이상 | 산부인과 |
| | 소아청소년과 | 6명 이상 | 소아청소년과 |
| | 신경과 | 4명 이상 | 신경과 |
| | 안과 | 8명 이상 | 안과 |
| | 외과 | 4명 이상 | 외과 |
| | 이비인후과 | 8명 이상 | 이비인후과 |

나. 가목에 따른 의료인력은 지정계획 공고일 기준 전년도 1년간의 근무실적을 기준으로 한다.

5. 병상

다음 표의 구분에 따라 질환별 또는 진료과목별로 최소한의 병상 수를 갖추어야 한다. 이 경우 병상 수는 지정계획 공고일 기준 전년도 12월 31일을 기준으로 한다.

| 질환/진료과목 | 최소 병상 수 |
|---|---|
| 관절질환, 뇌혈관질환, 수지접합, 심장질환, 알코올질환, 척추질환 | 80 |
| 대장항문질환, 화상질환, 주산기질환, 산부인과, 소아청소년과, 외과 | 60 |
| 유방질환, 신경과, 안과, 이비인후과 | 30 |

6. 의료 질(質)
 가. 보건복지부 장관이 정하여 고시하는 바에 따라 질환별 또는 진료과목별로 환자의 재원일수, 합병증 발생률, 재수술률, 재입원율 및 치료 결과 등에 대하여 평가한 결과가 총 100점 만점을 기준으로 70점 이상이어야 한다.
 나. 가목에 따른 의료질 평가는 지정계획 공고일 기준 전년도 1년간의 실적을 기준으로 한다.
7. 의료서비스 수준
 「의료법」 제58조제1항에 따른 의료기관 인증을 받아야 한다.

■ 전문병원의 지정 및 평가 등에 관한 규칙 [별표 2] <개정 2020. 6. 3.>

---

한방병원의 전문병원 지정 기준(제2조제1항제2호 관련)

1. 질환별·진료과목별 환자의 구성비율
 가. 해당 병원이 진료한 전체 환자 수 중 보건복지부장관이 정하여 고시하는 주상병 또는 부상병에 속하는 입원환자 또는 외래환자의 구성비율이 45% 이상이어야 한다.
 나. 가목에 따른 환자의 구성비율은 지정계획 공고일 기준 전년도 1년간의 입원환자 또는 외래환자의 진료실적을 기준으로 한다. 이 경우 「의료법」 제3조제2항 각 호에 따른 의료기관의 종류가 변경된 의료기관의 경우에는 변경 전후 동일성이 인정되는 해당 진료실적을 포함한다.
2. 질환별·진료과목별 진료량
 가. 해당 병원이 진료한 보건복지부장관이 정하여 고시하는 주상병 또는 부상병에 속하는 입원 또는 외래 연환자(특정기간 동안 입원 환자의 입원일수 또는 외래 진료 건수를 환자수로 환산한 연인원을 말한다. 이하 같다)가 전체 병원급 의료기관 중에서 백분위수로 상위 30분위 이내여야 한다.
 나. 가목에 따라 전체 병원급 의료기관의 입원 또는 외래 연환자를 산정할 때 다음에 해당하는 병원의 진료실적은 제외한다.
  1) 「의료법」 제3조의4에 따른 상급종합병원
  2) 보건복지부장관이 정하여 고시하는 주상병 또는 부상병에 속하는 입원 또는 외래 연환자가 연간 10명 이하인 병원
  3) 「의료법」 제3조제2항제3호라목에 따른 요양병원
 다. 가목에 따른 진료량은 지정계획 공고일 기준 전년도 1년간의 입원환자 또는 외래환자 진료실적을 기준으로 한다. 이 경우 「의료법」 제3조제2항 각 호에 따른 의료기관의 종류가 변경된 의료기관의 경우에는 변경 전후 동일성이 인정되는 해당 진료실적을 포함한다.
3. 필수 진료과목
 다음 표의 구분에 따라 질환별 또는 진료과목별로 필수 진료과목을 갖추어야 하고, 필수 진료과목마다 전속하는 전문의를 두어야 한다. 이 경우 필수 진료과목은 지정계

획 공고일 기준 전년도 12월 31일을 기준으로 하고, 해당 필수 진료과목에 전속하는 전문의는 지정계획 공고일 기준 전년도 1년간의 근무실적을 기준으로 한다.

| 질환/진료과목 | 필수 진료과목 |
|---|---|
| 중풍질환 | 한방내과, 한방재활의학과, 침구과 |
| 척추질환 | 한방재활의학과, 침구과 |
| 한방부인과 | 한방부인과 |

4. 의료인력
  가. 다음 표의 구분에 따라 질환별 또는 진료과목별로 전문의 인정 진료과목에 전속하는 전문의를 두어야 한다. 다만, 한방부인과의 경우 전문의 인정 진료과목 중 한방부인과에 3명 이상의 전속 전문의를 두어야 한다.

| 질환/진료과목 | 전문의 수 | 전문의 인정 진료과목 |
|---|---|---|
| 중풍질환 | 4명 이상 | 한방내과, 한방재활의학과, 침구과, 한방신경정신과, 사상체질과 |
| 척추질환 | 4명 이상 | 한방재활의학과, 침구과 |
| 한방부인과 | 4명 이상 | 한방부인과, 한방내과, 침구과, 사상체질과, 한방소아과 |

  나. 가목에 따른 의료인력은 지정계획 공고일 기준 전년도 1년간의 근무실적을 기준으로 한다.
5. 시설 및 기구
  「의료법」 제77조 및 「한의사 전문의의 수련 및 자격인정 등에 관한 규정 시행규칙」 별표 2 제2호 전문과목별 기준 중 해당 전문과목별 시설 및 기구 기준을 충족하여야 한다. 이 경우 해당 시설 및 기구 기준은 지정계획 공고일을 기준으로 한다.
6. 의료 질(質)
  가. 보건복지부장관이 정하여 고시하는 바에 따라 질환별 또는 진료과목별로 환자의 재원일수, 합병증 발생률, 재입원율 및 치료 결과 등에 대하여 평가한 결과가 총 100점 만점을 기준으로 70점 이상이어야 한다.
  나. 가목에 따른 의료 질 평가는 지정계획 공고일 기준 전년도 1년간의 실적을 기준으로 한다.
7. 의료서비스 수준
  「의료법」 제58조제1항에 따른 의료기관 인증을 받아야 한다.

◇ 전문병원은 대형병원 환자 쏠림을 완화하고, 양질의 의료서비스를 제공하기 위해 병원급 의료기관 중에서 특정 진료과목, 특정질환 등에 대하여 난이도가 높은 의료행위를 하는 병원을 제4기부터 매년마다 보건복지부장관이 지정하고 있으며, 전문병원으로 지정받으려면, ▷특정 질환별·진료과목별 환자의 구성비율 등이 보건복지부령의 기준에 해당하고, ▷보건복지부령으로 정하는 수 이상의 진료과목과 각 진료과목마다 전속전문의가 있어야 한다.

이 제도는 시범기간을 거쳐 2011년에 시행되어, 지난 제1기 99개 전문병원 지정을 시작으로, 2기(2015~2017, 111개소, 질환별 71, 진료과목 40), 3기(2018~2020, 108개소, 질환별 71, 진료과목 37), 제4기 제1차년도(2021~2023)에는 10개 질환별 66곳, 5개 진료과목별 26곳, 한방 9곳 모두 101개소 의료기관을 지정하여 운영하고 있다. 전문병원 활성화를 위해 제4기부터는 전문병원 모집 주기를 3년에서 1년으로 단축해, 매년 신청을 받아 전문병원을 지정할 계획이며, 전문병원이 ▷거짓이나 그 밖의 부정한 방법으로 지정 또는 재지정을 받은 경우 ▷지정 또는 재지정의 취소를 원하는 경우 ▷전문병원으로서의 요건을 갖추지 못한 것으로 확인된 경우 중 어느 하나에 해당하면 그 지정 또는 재지정을 취소할 수 있다. 전문병원으로 지정된 기관은 지정일로부터 3년 간 '보건복지부 지정 전문병원' 명칭을 사용할 수 있으며. 명칭을 사용해 광고도 할 수 있다. 또 건강보험 수가도 지원받을 수 있다.

하지만 전문병원에 대한 역할과 기여에 비해 의료질 평가지원금과 종별가산금, 전문병원 명칭사용 등의 인센티브는 미흡하다는 의견이 많은 편이다.

---

**벌칙·행정처분**

△ 제3조의5제2항 위반한 의료기관 : 시정명령

---

| 질의 내용 | 제4기(2021~2023) 전문병원 101개소 질환별, 진료과목별 분류 |
|---|---|
| 해석 경향 | ○ 질환(66개소)<br>뇌혈관 4, 관절 20, 대장항문 5, 수지접합 4, 심장 1, 알코올 9, 유방 1, 척추 16, 화상 5, 주산기(모자) 1<br>○ 진료과목(26개소)<br>산부인과 10, 소아청소년과 2, 안과 10, 외과 2, 이비인후과 2<br>○ 한방(9개소)<br>한방중풍 1, 한방척추 8 |

| 질의 내용 | 미지정 의료기관 '전문병원' 명칭 사용 × |
|---|---|
| 해석 경향 | 의료법 제3조의5에 의해 보건복지부장관은 병원급 의료기관 중에서 특정 진료과목이나 특정 질환 등에 대하여 난이도가 높은 의료행위를 하는 병원을 전문병원으로 지정하고 지정받은 의료기관에 대하여 3년간 '보건복지부 지정 전문병원' 명칭을 사용할 수 있게 하고 있습니다. 따라서 보건복지부장관으로부터 전문병원으로 지정받지 아니한 의료기관에서는 '○○전문병원'이라는 명칭을 사용할 수 없으며, 이를 위반하여 전문병원 명칭을 사용할 경우, 의료법 제56조제2항제3호 '거짓된 내용을 표시하는 광고'에 해당되어 1년 이하의 징역 또는 1,000만원 이하의 벌금에 처해질 수 있으며, 1개월의 업무정지처분도 받을 수 있습니다. |

---

◇ 대한전문병원협의회(ksha2012@hanmail.net)
- 대표번호 02-702-7212 / 팩스 02-6234-0940
- 전국 전문병원으로 구성된 협의체로서 전문병원으로 지정된 의료기관 소개, 전문병원에 대한 교육 및 홍보, 회원병원의 의견을 수렴하여 주무부처에 정책건의 등

## 보리밭

心傳 권 형 원

표현하는 자유를 본다
가장 큰 소리는 휴식을 한 채
저 먼 바다로 가 있다

가끔 고기떼가
고래에 밀리 듯
바람이 가슴을 쓸며
옥빛으로 흘러간다

떠날 종달새 하늘에 있고
모든 친구들은 허리를 기대어
옥빛 반짝임으로 고개를 젓는다

4월
아직은 까칠하지 않은
대지는 청춘의 몸짓으로
아름답게 춤춘다.

(시사문단 2019-3월호)

# 제2장 의료인

---

| 의료법 | 제4조(의료인과 의료기관의 장의 의무) |

① 의료인과 의료기관의 장은 의료의 질을 높이고 의료관련감염(의료기관 내에서 환자, 환자의 보호자, 의료인 또는 의료기관 종사자 등에게 발생하는 감염을 말한다. 이하 같다)을 예방하며 의료기술을 발전시키는 등 환자에게 최선의 의료서비스를 제공하기 위하여 노력하여야 한다. <개정 2012. 2. 1., 2020. 3. 4.>

② 의료인은 다른 의료인 또는 의료법인 등의 명의로 의료기관을 개설하거나 운영할 수 없다. <신설 2012. 2. 1., 2019. 8. 27.>

③ 의료기관의 장은 「보건의료기본법」 제6조·제12조 및 제13조에 따른 환자의 권리 등 보건복지부령으로 정하는 사항을 환자가 쉽게 볼 수 있도록 의료기관 내에 게시하여야 한다. 이 경우 게시 방법, 게시 장소 등 게시에 필요한 사항은 보건복지부령으로 정한다. <신설 2012. 2. 1.>

④ 삭제 <2020. 3. 4.>

⑤ 의료기관의 장은 환자와 보호자가 의료행위를 하는 사람의 신분을 알 수 있도록 의료인, 제27조제1항 각 호 외의 부분 단서에 따라 의료행위를 하는 같은 항 제3호에 따른 학생, 제80조에 따른 간호조무사 및 「의료기사 등에 관한 법률」 제2조에 따른 의료기사에게 의료기관 내에서 대통령령으로 정하는 바에 따라 명찰을 달도록 지시·감독하여야 한다. 다만, 응급의료상황, 수술실 내인 경우, 의료행위를 하지 아니할 때, 그 밖에 대통령령으로 정하는 경우에는 명찰을 달지 아니하도록 할 수 있다. <신설 2016. 5. 29.>

⑥ 의료인은 일회용 의료기기(한 번 사용할 목적으로 제작되거나 한 번의 의료행위에서 한 환자에게 사용하여야 하는 의료기기로서 보건복지부령으로 정하는 의료기기를 말한다. 이하 같다)를 한 번 사용한 후 다시 사용하여서는 아니 된다. <신설 2016. 5. 29., 2020. 3. 4.>

| 의료법 시행령 | 제2조의2(명찰의 표시 내용 등) |

① 법 제4조제5항 본문에 따라 의료행위를 하는 사람의 신분을 알 수 있도록 명찰을 달도록 하는 경우에는 다음 각 호의 구분에 따른다.

  1. 명찰의 표시 내용: 다음 각 목의 구분에 따른 사항을 포함할 것

  가. 의료인: 의료인의 종류별 명칭 및 성명. 다만, 법 제77조제1항에 따른 전문의의 경우에는 전문과목별 명칭 및 성명을 표시할 수 있다.

나. 법 제27조제1항제3호에 따른 학생: 학생의 전공분야 명칭 및 성명

　　다. 법 제80조에 따른 간호조무사: 간호조무사의 명칭 및 성명

　　라. 「의료기사 등에 관한 법률」 제2조에 따른 의료기사: 의료기사의 종류
　　　　별 명칭 및 성명

　2. 명찰의 표시 방법: 의복에 표시 또는 부착하거나 목에 거는 방식 그 밖에
　　이에 준하는 방식으로 표시할 것

　3. 명찰의 제작 방법: 인쇄, 각인(刻印), 부착, 자수(刺繡) 또는 이에 준하는
　　방법으로 만들 것

　4. 명찰의 규격 및 색상: 명찰의 표시 내용을 분명하게 알 수 있도록 할 것

② 제1항에 따른 명찰의 표시 내용, 표시 방법, 제작 방법 및 명찰의 규격·
　색상 등에 필요한 세부 사항은 보건복지부장관이 정하여 고시한다.

③ 법 제4조제5항 단서에서 "대통령령으로 정하는 경우"란 다음 각 호의 어
　느 하나에 해당하는 시설 내에 있는 경우를 말한다.

　1. 격리병실

　2. 무균치료실

　3. 제1호 또는 제2호와 유사한 시설로서 보건복지부장관이 병원감염 예방에
　　필요하다고 인정하여 고시하는 시설 [본조신설 2017. 2. 28.]

| 의료법 시행규칙 | 제1조의2(입원 환자의 방문 기준) |
| --- | --- |

의료기관의 장은 법 제4조제1항에 따라 입원 환자를 보호하고 병원감염을 예
방하기 위하여 필요하다고 인정하는 경우에는 외부인의 입원 환자에 대한 방
문 기준을 별도로 마련하여 운영할 수 있다.
[본조신설 2016. 10. 6.] [종전 제1조의2는 제1조의3으로 이동 <2016. 10. 6.>]

| 의료법 시행규칙 | 제1조의3(환자의 권리 등의 게시) |
| --- | --- |

① 「의료법」(이하 "법"이라 한다) 제4조제3항 전단에서 "「보건의료기본
　법」 제6조·제12조 및 제13조에 따른 환자의 권리 등 보건복지부령으로
　정하는 사항"이란 별표 1과 같다.

② 의료기관의 장은 법 제4조제3항 후단에 따라 제1항에 따른 사항을 접수창
　구나 대기실 등 환자 또는 환자의 보호자가 쉽게 볼 수 있는 장소에 게시
　하여야 한다. [본조신설 2012. 8. 2.] [제1조의2에서 이동 <2016. 10. 6.>]

| 의료법 시행규칙 | 제3조의2(재사용이 금지되는 일회용 의료기기) |
| --- | --- |

법 제4조제6항에서 "보건복지부령으로 정하는 의료기기"란 다음 각 호의 의
료기기를 말한다.

　1. 사람의 신체에 의약품, 혈액, 지방 등을 투여·채취하기 위하여 사용하는
　　주사침, 주사기, 수액용기와 연결줄 등을 포함하는 수액세트

2. 제1호에 준하는 의료기기로서 감염 또는 손상의 위험이 매우 높아 보건복지부장관이 재사용을 금지할 필요가 있다고 인정하는 의료기기

[본조신설 2020. 9. 4.]

---

■ 의료법 시행규칙 [별표 1] <개정 2016. 10. 6.>

### 환자의 권리와 의무(제1조의3제1항 관련)

1. 환자의 권리
   가. 진료받을 권리
   　환자는 자신의 건강보호와 증진을 위하여 적절한 보건의료서비스를 받을 권리를 갖고, 성별·나이·종교·신분 및 경제적 사정 등을 이유로 건강에 관한 권리를 침해받지 아니하며, 의료인은 정당한 사유 없이 진료를 거부하지 못한다.
   나. 알권리 및 자기결정권
   　환자는 담당 의사·간호사 등으로부터 질병 상태, 치료 방법, 의학적 연구 대상 여부, 장기이식 여부, 부작용 등 예상 결과 및 진료 비용에 관하여 충분한 설명을 듣고 자세히 물어볼 수 있으며, 이에 관한 동의 여부를 결정할 권리를 가진다.
   다. 비밀을 보호받을 권리
   　환자는 진료와 관련된 신체상·건강상의 비밀과 사생활의 비밀을 침해받지 아니하며, 의료인과 의료기관은 환자의 동의를 받거나 범죄 수사 등 법률에서 정한 경우 외에는 비밀을 누설·발표하지 못한다.
   라. 상담·조정을 신청할 권리
   　환자는 의료서비스 관련 분쟁이 발생한 경우, 한국의료분쟁조정중재원 등에 상담 및 조정 신청을 할 수 있다.
2. 환자의 의무
   가. 의료인에 대한 신뢰·존중 의무
   　환자는 자신의 건강 관련 정보를 의료인에게 정확히 알리고, 의료인의 치료계획을 신뢰하고 존중하여야 한다.
   나. 부정한 방법으로 진료를 받지 않을 의무
   　환자는 진료 전에 본인의 신분을 밝혀야 하고, 다른 사람의 명의로 진료를 받는 등 거짓이나 부정한 방법으로 진료를 받지 아니한다.

---

◇ 의료법 제4조는 의료인과 의료기관장의 실천적 기본 의무사항을 규정하고 있다.
제4조제1항은 의료인과 의료기관의 장은 의료관련 감염을 예방하고 의료기술 발전으로 환자에게 최선의 의료서비스를 제공하기 위하여 노력하여야 하며, 제2항은 의료인의 불법 의료기관 개설·운영을 금지, 제3항은 환자가 가질 수 있는 권리를 의료기관 내에 게시할 의무, 제5항은 의료기관 내에 있는 의료인, 간호사, 의료기사 등의 명찰 패용 의무, 제6항은 의료인의 일회용 의료용품의 재사용 금지의무를 규정하고 있다. 아울러 입원환자를 보호하고 병원감염 예방을 위해서는 외부인의 방문을 규제할 수 있는 기준을 마련하여 운영할 수 있도록 하고 있다.

대한민국 헌법
전부개정 1987. 10. 29. [헌법 제10호, 시행 1988. 2. 25.]
제10조 모든 국민은 인간으로서의 존엄과 가치를 가지며, 행복을 추구할 권리를 가진다. 국가는 개인이 가지는 불가침의 기본적 인권을 확인하고 이를 보장할 의무를 진다.
제17조 모든 국민은 사생활의 비밀과 자유를 침해받지 아니한다.

보건의료기본법
[시행 2021. 3. 23.] [법률 제17966호, 2021. 3. 23., 일부개정]
제6조(환자 및 보건의료인의 권리) ① 모든 환자는 자신의 건강보호와 증진을 위하여 적절한 보건의료서비스를 받을 권리를 가진다.
② 보건의료인은 보건의료서비스를 제공할 때에 학식과 경험, 양심에 따라 환자의 건강 보호를 위하여 적절한 보건의료기술과 치료재료 등을 선택할 권리를 가진다. 다만, 이 법 또는 다른 법률에 특별한 규정이 있는 경우에는 그러하지 아니하다.
제10조(건강권 등) ① 모든 국민은 이 법 또는 다른 법률에서 정하는 바에 따라 자신과 가족의 건강에 관하여 국가의 보호를 받을 권리를 가진다.
② 모든 국민은 성별, 나이, 종교, 사회적 신분 또는 경제적 사정 등을 이유로 자신과 가족의 건강에 관한 권리를 침해받지 아니한다.
제11조(보건의료에 관한 알 권리) ① 모든 국민은 관계 법령에서 정하는 바에 따라 국가와 지방자치단체의 보건의료시책에 관한 내용의 공개를 청구할 권리를 가진다.
② 모든 국민은 관계 법령에서 정하는 바에 따라 보건의료인이나 보건의료기관에 대하여 자신의 보건의료와 관련한 기록 등의 열람이나 사본의 교부를 요청할 수 있다. 다만, 본인이 요청할 수 없는 경우에는 그 배우자·직계존비속 또는 배우자의 직계존속이, 그 배우자·직계존비속 및 배우자의 직계존속이 없거나 질병이나 그 밖에 직접 요청을 할 수 없는 부득이한 사유가 있는 경우에는 본인이 지정하는 대리인이 기록의 열람 등을 요청할 수 있다.
제12조(보건의료서비스에 관한 자기결정권) 모든 국민은 보건의료인으로부터 자신의 질병에 대한 치료 방법, 의학적 연구 대상 여부, 장기이식(臟器移植) 여부 등에 관하여 충분한 설명을 들은 후 이에 관한 동의 여부를 결정할 권리를 가진다.
제13조(비밀 보장) 모든 국민은 보건의료와 관련하여 자신의 신체상·건강상의 비밀과 사생활의 비밀을 침해받지 아니한다.
제14조(보건의료에 관한 국민의 의무) ① 모든 국민은 자신과 가족의 건강을 보호·증진하기 위하여 노력하여야 하며, 관계 법령에서 정하는 바에 따라 건강을 보호·증진하는 데에 필요한 비용을 부담하여야 한다.
② 누구든지 건강에 위해한 정보를 유포·광고하거나 건강에 위해한 기구·물품을 판매·제공하는 등 다른 사람의 건강을 해치거나 해칠 우려가 있는 행위를 하여서는 아니 된다.
③ 모든 국민은 보건의료인의 정당한 보건의료서비스와 지도에 협조한다.

△ 제4조제6항을 위반하여 일회용 주사 의료용품을 한번 사용 한 후 다시 사용하여 사람의 생명 또는 신체에 중대한 위해를 발생하게 한 경우: 면허 취소

△ 제4조제6항을 위반하여 일회용 주사 의료용품을 한번 사용한 후 다시 사용한 경우: 자격정지 6개월

◇ 제4조제3항에 따라 환자의 권리 등을 게시하지 아니한 자: 100만원 이하의 과태료

◇ 제4조5항을 위반하여 명찰을 달지 않을 시: 시정명령, 시정명령을 어길 시 100만원 이하의 과태료

| 질의 내용 | 의료인과 의료기관장의 의무 |
| --- | --- |
| 해석 경향 | 의료인과 의료기관의 장은 의료기관 내에서 환자나 환자의 보호자를 상대로 의료감염을 예방하고 우수한 의료기술을 통해 환자에게 최선의 의료서비스가 제공될 수 있도록 노력하여야 합니다. 따라서 의료기관 내에 환자의 권리를 환자나 환자의 보호자가 쉽게 볼 수 있도록 게시하여 공개하고 또한 의료기관 내에서 의료인과 의료기사, 간호조무사를 쉽게 알아볼 수 있도록 명찰을 패용하도록 하여야 하며, 입원환자의 건강보호 및 감염예방을 위해서는 입원환자의 방문기준을 별도로 마련하여 운영하고, 한번 사용한 일회용주사기 등 일회용 의료용품은 절대 재사용하여서는 아니 됩니다. |

| 질의 내용 | 의료법상 환자의 권리 |
| --- | --- |
| 해석 경향 | 의료법 제4조제1항은 "의료인과 의료기관의 장은 의료의 질을 높이고 병원감염을 예방하며 의료기술을 발전시키는 등 환자에게 최선의 의료서비스를 제공하기 위하여 노력하여야 한다"고 규정하고 있으며, 같은법 시행규칙 제1조의3 별표 1 '환자의 권리와 의무'에서 "환자는 담당 의사·간호사 등으로부터 질병 상태, 치료방법, 의학적 연구 대상 여부, 장기이식 여부, 부작용 등 예상 결과 및 진료비용에 관하여 충분한 설명을 듣고 자세히 물어볼 수 있으며 이에 관한 동의 여부를 결정할 권리를 가진다"고 규정하고 있습니다.<br>위 조항은 환자의 권리를 보호하는 측면이라 할 수 있으나, 의료인의 전문적인 지식에 의거 자율적으로 행해져야 할 부분입니다. |

| 질의 내용 | 헌법상 사생활의 비밀과 자유 보장, 자기결정권 |
| --- | --- |
| 판례 경향 | 헌법 제10조는 인간의 존엄과 가치를 선언하고 있고, 헌법 제17조는 사생활의 비밀과 자유를 보장하고 있다. 따라서 모든 국민은 자신에 관한 정보를 스스로 통제할 수 있는 자기결정권과 사생활이 함부로 공개되지 않고 사적 영역의 평온과 비밀을 요구할 수 있는 권리를 갖는다(대법원 1998. 7. 24. 선고 96다42789 판결, 대법원 1998. 9. 4. 선고 96다11327 판결, 대법원 2014. 7. 24. 선고 2012다49933 판결 등 참조). |

| 질의 내용 | 국민보건에 관한 권리 보호 |
| --- | --- |
| 헌재 결정 | 헌법 제36조제3항은 "모든 국민은 보건에 관하여 국가의 보호를 받는다"라고 규정하여 국가의 국민보건에 관한 보호 의무를 명시하고 있다. 국민의 보건에 관한 권리는 국민이 자신의 건강을 유지하는 데 필요한 국가적 급부와 배려를 요구할 수 있는 권리를 말하는 것으로서, 국가는 국민의 건강을 소극적으로 침해하여서는 아니 될 의무를 부담하는 것에서 한걸음 더 나아가 적극적으로 국민건강 및 보건의 양적, 질적 향상을 위한 의료 정책을 적극적으로 수립하고 시행하여야 할 의무를 부담한다(헌재 1995. 4. 20. 선고 91헌바11). |

| 질의 내용 | 수술 등 환자의 동의 |
| --- | --- |
| 판례 경향 | 환자의 수술과 같이 신체를 침해하는 진료행위를 하는 경우에는 질병의 증상, 치료방법의 내용 및 필요성, 발생이 예상되는 위험 등에 관하여 당시의 의료수준에 비추어 상당하다고 생각되는 사항을 설명하여 당해 환자가 그 필요성이나 위험성을 충분히 비교해 보고 그 진료행위를 받을 것인지의 여부를 선택하도록 함으로써 그 진료행위에 대한 동의를 받아야 한다(대법원 1994. 4. 15. 선고 92다25885 판결, 대법원 2002. 10. 25. 선고 2002다48443 판결 등 참조). |

| 질의 내용 | 환자의 동의, 자기 결정권 |
| --- | --- |
| 판례 경향 | 환자의 동의는 헌법 제10조에서 규정한 개인의 인격권과 행복추구권에 의하여 보호되는 자기결정권을 보장하기 위한 것으로서, 환자가 생명과 신체의 기능을 어떻게 유지할 것인지에 대하여 스스로 결정하고 진료행위를 선택하게 되므로, 의료계약에 의하여 제공되는 진료의 내용은 의료인의 설명과 환자의 동의에 의하여 구체화된다고 할 수 있다(대법원 2009. 5. 21. 선고 2009다17417 전원합의체 판결). |

| 질의 내용 | 환자의 진료 동의, 거절 판단을 위한 의료진의 설명의무 |
|---|---|
| 판례 경향 | 환자는 헌법 제10조에서 규정한 개인의 인격권과 행복추구권에 의하여, 생명과 신체의 기능을 어떻게 유지할 것인지에 대하여 스스로 결정하고 의료행위를 선택할 권리를 보유한다. 따라서 환자는 스스로의 결정에 따라 의료진이 권유하는 진료를 동의 또는 거절할 권리가 있지만 의학지식이 미비한 상태에서는 실질적인 자기결정을 하기 어려우므로, 의료진은 환자의 증상, 진료의 내용 및 필요성, 예상되는 위험성과 함께 진료를 받지 않을 경우 예상되는 위험성 등 합리적인 사람이 진료의 동의 또는 거절 여부를 판단하는 데 중요하다고 생각되는 사항을 설명할 의무가 있다(대법원 2010. 3. 25. 선고 2009다95714 판결 등 참조). |

| 질의 내용 | 의료진의 설명 내용의 정도 |
|---|---|
| 판례 경향 | 의료진의 설명은 의학지식의 미비 등을 보완하여 실질적인 자기결정권을 보장하기 위한 것이므로, 환자가 이미 알고 있거나 상식적인 내용까지 설명할 필요는 없고, 환자가 위험성을 알면서도 스스로의 결정에 따라 진료를 거부한 경우에는 특별한 사정이 없는 한 위와 같은 설명을 하지 아니한 데 대하여 의료진의 책임을 물을 수는 없다. 그리고 이 경우 환자가 이미 알고 있는 내용인지 여부는, 해당 의학지식의 전문성, 환자의 기존 경험, 환자의 교육수준 등을 종합하여 판단할 수 있다(대법원 2011. 11. 24. 선고 2009다70906 판결). |

| 질의 내용 | 진료계약 해지, 진료내용 변경 자기 결정권 |
|---|---|
| 판례 경향 | 자기결정권 및 신뢰관계를 기초로 하는 진료계약의 본질에 비추어 강제진료를 받아야 하는 등의 특별한 사정이 없는 한 환자는 자유로이 진료여부를 결정할 수 있고 체결된 진료계약을 해지할 수 있다(민법 제689조 제1항). 그리고 진료계약을 유지하는 경우에도 환자의 자기결정권이 보장되는 범위 내에서는 제공되는 구체적인 진료행위의 내용을 선택하고 그 내용의 변경을 요구할 수 있을 것이며, 원칙적으로 의사는 이를 받아들이고 환자의 요구에 상응한 다른 적절한 진료방법이 있는지를 강구하여야 할 것이다(대법원 2014. 6. 26. 선고 2009도14407 판결). |

| 질의 내용 | 의료법 제4조2항 위반 의료인의 사기죄 구성 여부 |
|---|---|
| 판례 경향 | 의료인으로서 자격과 면허를 보유한 사람이 의료법에 따라 의료기관을 개설하여 건강보험의 가입자 또는 피부양자에게 국민건강보험법에서 정한 요양급여를 실시하여 국민건강보험공단으로부터 요양급여비용을 지급받았다면, 설령 그 의료기관이 다른 의료인의 명의로 개설·운영되어 의료법 제4조제2항을 위반하였다 하더라도 그 자체만으로는 국민건강보험법상 요양급여비용을 청구할 수 있는 요양기관에서 제외되지 아니하므로, 달리 요양급여비용을 적법하게 지급받을 수 있는 자격 내지 요건이 흠결되지 않는 한 국민건강보험공단을 피해자로 하는 사기죄를 구성한다고 할 수 없다(대법원 2019. 5. 30. 선고 2019도1839 판결). |

| 질의 내용 | 의료인 명찰 착용 예외 장소 |
|---|---|
| 해석 경향 | 의료법 제4조제5항에 따라 환자와 보호자가 의료행위를 하는 사람의 신분을 알 수 있도록 의료인 등은 명찰을 착용하여야 하며 응급의료 상황, 수술실 내인 경우, 의료행위를 하지 아니할 때, 그 밖에 대통령령으로 정하는 경우에는 명찰을 달지 아니할 수 있습니다.<br>의료법령에서 명찰을 달지 않을 수 있는 예외를 둔 취지는 명찰을 착용하는 것이 환자에게 감염을 일으킬 우려가 있는 등 환자 안전상의 문제를 야기할 수 있어 환자나 보호자의 알 권리보다 환자 보호를 우선으로 하는 경우로 보아야 할 것입니다. 따라서 명찰 착용 예외인 '수술실 내'라 함은 실제로 환자를 수술하는 공간으로서 명찰 착용으로 인해 수술복이 오염, 멸균상태를 유지할 수 없게 될 가능성이 있는 공간으로 한정하여 해석하여야 합니다. |

| 질의 내용 | 조교수를 '교수'로 명찰 표기 |
|---|---|
| 해석 경향 | '의료기관의 장은 환자와 보호자가 의료행위를 하는 사람의 신분을 알 수 있도록 의료인, 학생, 간호조무사, 의료기사에게 의료기관 내에서 명찰을 달도록 지시·감독하도록 규정하고 있습니다.<br>명찰에는 의료행위를 하는 사람의 면허·자격 종류별 명칭과 성명을 표시하여야 하며, 전문의의 경우 '전문과목별 명칭'을 표시할 수 있고 '전문의', '소속기관의 직위·직급의 명칭'을 성명과 함께 표시할 수 있습니다. 명찰의 표시내용은 한글로 표시하되, 숫자나 영문 등 추가표시도 가능하며, 인쇄, 각인, 부착, 자수, 목걸이 형태로 표시할 수 있으며, 의료행위를 하는 사람의 종류별 명칭과 성명을 표시한 후에 의료기관 내에서의 '소속 부서명', '직위·직급' 등을 의료인 등의 신분과 혼동되지 않도록 하는 범위 내에서 추가로 표시할 수 있습니다. |

| 질의 내용 | 일회용 의료용품 재 사용 시 행정처분 |
|---|---|
| 해석 경향 | 의료인이 의료법 제4조6항을 위반하여 일회용 주사 의료용품을 한 번 사용한 후 다시 사용하여 사람의 생명 또는 신체에 중대한 위해를 발생하게 한 경우에는 면허 취소사유에 해당하게 됩니다. 또한 일회용 주사 의료용품을 한 번 사용한 후 다시 사용한 경우에는 자격정지 6개월의 행정처분을 받을 수 있습니다. 아울러 이같이 의료법 제4조6항을 위반하여 면허가 취소된 의료인은 면허가 취소된 날부터 3년 이내에는 면허증을 재교부 받을 수 없습니다. |

| 질의 내용 | 입원 환자 환자복 착용 의미 |
|---|---|
| 해석 경향 | 의료법령에서 의료기관 입원환자의 환자복 착용에 대한 구체적 규정을 두고 있지는 아니합니다. 하지만 의료법 제4조제1항에서 "의료인과 의료기관의 장은 의료의 질을 높이고 의료관련감염을 예방하며 의료기술을 발전시키는 등 환자에게 최선의 의료서비스를 제공하기 위하여 노력하여야 한다"고 규정하고 있습니다. 따라서 의료기관에서 입원환자에게 환자복을 입히고 입원 생활을 할 수 있도록 하는 것은 환자와 의료진 간의 식별 혼란에 따른 진료 차질 예방, 환자관리 및 환자 상호 인식에 의한 심리적 안정적인 병실생활을 유지하고, 간편한 환자복을 착용하게 함으로써 소독, 세탁 등의 편리함으로 병원감염에 노출될 위험성을 사전에 예방하기 위한 여러 차원 이유 등 입니다. |

| 의료법 | 제4조의2(간호·간병통합서비스 제공 등) |
|---|---|

① 간호·간병통합서비스란 보건복지부령으로 정하는 입원 환자를 대상으로 보호자 등이 상주하지 아니하고 간호사, 제80조에 따른 간호조무사 및 그 밖에 간병지원인력(이하 이 조에서 "간호·간병통합서비스 제공인력"이라 한다)에 의하여 포괄적으로 제공되는 입원서비스를 말한다.

② 보건복지부령으로 정하는 병원급 의료기관은 간호·간병통합서비스를 제공할 수 있도록 노력하여야 한다.

③ 제2항에 따라 간호·간병통합서비스를 제공하는 병원급 의료기관(이하 이 조에서 "간호·간병통합서비스 제공기관"이라 한다)은 보건복지부령으로 정하는 인력, 시설, 운영 등의 기준을 준수하여야 한다.

④ 「공공보건의료에 관한 법률」 제2조제3호에 따른 공공보건의료기관 중 보건복지부령으로 정하는 병원급 의료기관은 간호·간병통합서비스를 제공하여야 한다. 이 경우 국가 및 지방자치단체는 필요한 비용의 전부 또는 일부를 지원할 수 있다.

⑤ 간호·간병통합서비스 제공기관은 보호자 등의 입원실 내 상주를 제한하고 환

자 병문안에 관한 기준을 마련하는 등 안전관리를 위하여 노력하여야 한다.

⑥ 간호·간병통합서비스 제공기관은 간호·간병통합서비스 제공인력의 근무환경 및 처우 개선을 위하여 필요한 지원을 하여야 한다.

⑦ 국가 및 지방자치단체는 간호·간병통합서비스의 제공·확대, 간호·간병통합서비스 제공인력의 원활한 수급 및 근무환경 개선을 위하여 필요한 시책을 수립하고 그에 따른 지원을 하여야 한다. [본조신설 2015. 12. 29.]

| 의료법 시행규칙 | 제1조의4(간호·간병통합서비스의 제공 환자 및 제공 기관) |

① 법 제4조의2제1항에서 "보건복지부령으로 정하는 입원 환자"란 다음 각 호의 어느 하나에 해당하는 입원 환자를 말한다.

1. 환자에 대한 진료 성격이나 질병 특성상 보호자 등의 간병을 제한할 필요가 있는 입원 환자

2. 환자의 생활 여건이나 경제 상황 등에 비추어 보호자 등의 간병이 현저히 곤란하다고 인정되는 입원 환자

3. 그 밖에 환자에 대한 의료관리상 의사·치과의사 또는 한의사가 간호·간병통합서비스가 필요하다고 인정하는 입원 환자

② 법 제4조의2제2항에서 "보건복지부령으로 정하는 병원급 의료기관"이란 병원, 치과병원, 한방병원 및 종합병원을 말한다.

③ 법 제4조의2제3항에서 "보건복지부령으로 정하는 인력, 시설, 운영 등의 기준"이란 별표 1의2에 따른 기준을 말한다.

④ 법 제4조의2제4항 전단에서 "보건복지부령으로 정하는 병원급 의료기관"이란 병원, 치과병원, 한방병원 및 종합병원을 말한다. 다만, 다음 각 호의 어느 하나에 해당하는 의료기관은 제외한다.

1. 「군보건의료에 관한 법률」 제2조제4호에 따른 군보건의료기관

2. 「치료감호법」 제16조의2제1항제2호에 따라 법무부장관이 지정하는 국립정신의료기관 [본조신설 2016. 10. 6.]

| 의료법 시행규칙 | 제1조의5(간호·간병통합서비스의 제공 절차) |

① 법 제4조의2에 따라 간호·간병통합서비스를 제공받으려는 경우에는 간호·간병통합서비스에 대한 의사·치과의사 또는 한의사의 의견서 및 환자의 동의서(환자가 동의할 수 없는 불가피한 사유가 있는 경우에는 보호자의 동의서를 말한다)를 첨부하여 의료기관의 장에게 신청하여야 한다.

② 제1항에도 불구하고 의료기관의 장은 입원 환자에 대한 진료 및 관리의 특성상 간호·간병통합서비스가 특히 필요하다고 인정하는 경우에는 입원 환자의 동의(환자가 동의할 수 없는 불가피한 사유가 있는 경우에는 보호자의 동의를 말한다)를 받아 간호·간병통합서비스를 제공할 수 있다.

③ 제1항 및 제2항에 따른 간호·간병통합서비스의 제공 절차 및 방법 등에 필요한 세부 사항은 보건복지부장관이 정하여 고시한다.  [본조신설 2016. 10. 6.]

의료법 시행규칙 [별표 1의2] <개정 2018. 9. 27.>

간호·간병통합서비스 제공기관의 인력, 시설, 운영 등 기준(제1조의4제3항 관련)

1. 인력기준: 간호·간병통합서비스 제공 병동에 다음 각 목의 구분에 따른 인력을 배치한다.
 가. 간호사: 다음의 구분에 따라 배치할 것
  1) 상급종합병원: 간호·간병통합서비스 제공 병동의 병상 7개당 간호사 1명 이상. 다만, 7개당의 병상 수를 계산한 후 남은 병상이 7개 미만인 경우에는 1명을 배치한다.
  2) 종합병원: 간호·간병통합서비스 제공 병동의 병상 12개당 간호사 1명 이상. 다만 12개당의 병상 수를 계산한 후 남은 병상이 12개 미만인 경우에는 1명을 배치한다.
  3) 병원: 간호·간병통합서비스 제공 병동의 병상 14개당 간호사 1명 이상. 다만 14개당의 병상 수를 계산한 후 남은 병상이 14개 미만인 경우에는 1명을 배치한다.
 나. 간호조무사: 간호·간병통합서비스 제공 병동의 병상 40개당 1명 이상. 다만 40개당의 병상 수를 계산한 후 남은 병상이 40개 미만인 경우에는 1명을 배치한다.
 다. 간병지원인력 : 1명 이상. 다만, 2명 이상인 경우에는 진료과목 또는 업무 성격 등에 따라 병동지원인력, 재활지원인력으로 구분하여 배치할 수 있다.

2. 시설기준: 다음 각 목의 기준에 따라 설치한다.
 가. 간호·간병통합서비스를 제공하는 병동은 다른 병동과 구별되도록 설치할 것
 나. 간호·간병통합서비스 병동 내 시설 및 장비는 다음의 기준에 따를 것

| 구분 | 설치 기준 |
|---|---|
| 간호사실 | ○ 병동의 각 층마다 1개 이상 설치할 것 |
| 입원실 및 복도 | ○ 입원실 및 복도에는 문턱이 없을 것. 다만, 불가피한 사유로 문턱을 두는 경우에는 환자가 쉽게 이동할 수 있도록 경사로를 설치한다. |
| 목욕실 | ○ 목욕실에는 문턱이 없을 것. 다만, 불가피한 사유로 문턱을 두는 경우에는 환자가 쉽게 이동할 수 있도록 경사로를 설치한다.<br>○ 목욕실 바닥은 미끄럼 방지 처리를 할 것. |
| 화장실 | ○ 입원실 내에 설치할 것. 다만, 부득이한 사유로 입원실 내 설치가 곤란한 경우에는 해당 병동의 각 층에 별도로 설치한다.<br>○ 화장실 바닥은 미끄럼 방지 처리를 할 것.<br>○ 화장실에는 문턱이 없을 것. 다만, 불가피한 사유로 문턱을 두는 경우에는 환자가 쉽게 이동할 수 있도록 경사로를 설치한다. |
| 비상연락장치 | ○ 병상, 목욕실, 화장실 및 휴게실 등에 각각 설치할 것 |

| 안전손잡이 | ○복도, 계단, 화장실, 목욕실 및 휴게실 등에 각각 설치할 것 |
|---|---|
| 욕창방지용품 | ○운영 병상의 100분의5 이상(소수점 이하의 수는 올려 계산한다) 구비할 것 |

3. 운영기준: 다음 각 목의 기준에 따라 운영한다.
　가. 간호·간병통합서비스 병동에 배치된 인력은 해당 서비스를 제공하는 업무에만 종사할 것
　나. 간호·간병통합서비스 제공 병동의 운영기준을 작성·비치할 것
　다. 안전사고 관리지침을 작성·비치할 것
　라. 제2호나목에 따른 비상연락장치는 매일 정상 가동 여부를 점검할 것

비　고

위 표 제1호부터 제3호까지의 규정에 따른 인력기준, 시설기준 또는 운영기준에 필요한 세부 사항은 보건복지부장관이 정하여 고시한다.

◇ 간호·간병통합서비스란, 보호자나 간병인을 대신해 병원 전문 인력인 간호사와 간호조무사가 한 팀이 되어 24시간 입원환자를 돌보는 서비스를 말한다. 간호사 및 간호조무사가 환자 회복에 필요한 전문 간호를 포함하여 개인위생, 식사보조, 체위 변경 등을 수행하여 간병인을 두거나 보호자가 환자를 돌보지 않고도 입원 생활을 편안하게 유지할 수 있는 보호자 없는 병원 서비스를 말한다.

2015년 포괄간호서비스라는 명칭으로 '보호자 없는 병원' 시범사업이 건강보험을 적용받아 시작되었으며, 2016년 4월부터 '간호·간병통합서비스'로 변경되어 시행되고 있다. 2019년 말 기준, 간호간병통합서비스를 제공하고 있는 기관은 전국적으로 534개 기관, 4만 9천여 병상이며 건강보험이 적용되어 간병인 고용 시보다 비용이 저렴하고 이용환자나 보호자의 만족도가 높아 간호·간병통합서비스 제공 의료기관이 증가하는 추세이며, 정부는 2022년까지 총 10만 병상의 간호간병통합서비스 시행을 목표로 하고 있다. 다만, 간호간병통합서비스 제공 인력을 지침에 따라 상급종합병원은 환자 7명 당 간호사 1명 이상, 종합병원은 환자 12명당 1명 이상, 병원은 환자 14명당 한 명 이상, 간호조무사의 경우 환자 40명당 1명 이상을 배치토록 규정하고 있으나 간호 인력의 과도한 업무량과 높은 업무강도가 요구되고 있으며, 입원환자의 중증도에 대한 기준 없이 입원환자의 선별을 자체적으로 운영하고 있어 손길이 적게 가는 경증환자 위주로 입원시킬 수 있는 점이 우려되는 상황으로 중증도 기반의 간호 필요도를 정확히 측정하고 이를 근거로 간호인력 배치와 사후평가까지 연계될 수 있는 방안을 고민해 나가야 할 필요가 있다.

◇ 의료현장에서 큰 축을 담당하고 있는 간호사와 관련된 간호정책 발전을 위한 정부조직 간호전담부서로 보건복지부에 간호정책과가 2021. 5. 11. 신설(보건복지부와 그 소속기관 직제 시행규칙. 보건복지부령 제797호. 2021. 5. 11. 공포시행)됨으로써 간호정책 관련 법령의 제·개정, 간호인력 수급 정책, 간호인력의 양성 및 관리, 간호인력 근무환경 및 처우 개선, 간호·간병통합서비스 운영 사항, 간호사 및 조산사의 보수교육·면허 신고 및 지도·감독 사항, 간호조무사의 보수교육, 자격 신고 및 지도·감독 사항 등을 관장하게 되어 의료현장의 많은 어려움이 해소되고 국민건강 보호와 보건의료 발전을 한층 도모할 수 있는 토대가 마련되어 기대되고 있다.

| 의료법 | 제4조의3(의료인의 면허 대여 금지 등) |
|---|---|

① 의료인은 제5조(의사·치과의사 및 한의사를 말한다), 제6조(조산사를 말한다) 및 제7조(간호사를 말한다)에 따라 받은 면허를 다른 사람에게 대여하여서는 아니 된다.

② 누구든지 제5조부터 제7조까지에 따라 받은 면허를 대여받아서는 아니 되며, 면허 대여를 알선하여서도 아니 된다. [본조신설 2020. 3. 4.]

◇ 의료인이 면허를 대여하거나 면허 대여를 알선하는 행위는 이차 피해를 불러올 수 있는 크나 큰 범죄 행위이다. 인간의 건강과 생명에 영향을 미치는 의료행위를 할 수 있도록 허가해 주는 의료인의 면허는 전문적인 교육과정을 거쳐 시험에 합격한 사람에게만 면허증을 발급해 주고 그 행위를 인정해 주고 있다. 따라서 의료 관련 면허를 가지고 의료행위에 임하는 의료인은 사회적으로 높은 책임감과 윤리의식이 요구되고 있다. 무면허자가 의료인 면허를 대여 받아 면허에 해당하는 의료행위를 행한다는 것은 그 행위가 인간의 건강과 생명에 치명적일 수밖에 없어 엄한 처벌을 내릴 수밖에 없으며, 면허를 대여하거나 알선한 의료인은 5년 이하의 징역이나 5천만원 이하의 벌금, 면허취소 사유가 된다.

### 벌칙 · 행정처분

◇ 제4조의3제1항을 위반하여 면허를 대여한 사람 : 5년 이하의 징역이나 5천만원 이하의 벌금

◇ 제4조의3제2항을 위반하여 면허를 대여받거나 면허대여를 알선한 사람 : 5년 이하의 징역이나 5천만원 이하의 벌금

△ 제4조의3제1항을 위반하여 면허증을 빌려준 경우 : 면허 취소

| 질의 내용 | 의료인의 면허 대여 |
|---|---|
| 판례 경향 | 의료법의 입법 취지와 의료인의 자격과 면허에 관한 규정 내용을 종합하여 보면, '면허증의 대여'는 '다른 사람이 그 면허증을 이용하여 그 면허증의 명의자인 의사인 것처럼 행세하면서 의료행위를 하려는 것을 알면서도 면허증을 빌려 주는 것'을 의미한다고 해석함이 상당하고, 따라서 면허증 대여의 상대방이 무자격자인 경우뿐만 아니라 자격 있는 의료인인 경우도 포함하며, 다만 면허증 대여 후 대여인 의료인 자신이 면허증을 대여받은 자가 개설·운영하는 의료기관에서 의료행위를 할 의사로 그리하였고 또 실제로 위 의료기관에서 위 의료인이 의료행위를 계속하여 왔으며, 무자격자가 의료행위를 한 바 없는 경우에는 면허증을 대여한 것으로는 볼 수 없을 것이다(대법원 1994. 12. 23. 선고 94도1937 판결, 2003. 6. 24. 선고 2002도6829 판결, 2005. 1. 13. 선고 2004도7282 판결 등 참조). |

| 질의 내용 | 의료인의 면허 대여 시 행정처분 |
|---|---|
| 해석 경향 | 의료법 제4조의3의 규정을 위반하여 의료인이 자신의 면허를 타인에게 대여하는 경우, 면허 취소에 해당하는 행정처분을 받게 됩니다. 간혹 비의료인이 시설이나 인력을 투자하여 면허 있는 의사를 고용하여 실질적으로 의료기관을 운영하면서(일명 '사무장병원') 해당 의료인이 부재중 의료인을 대신하여 의료행위를 행하거나 의료인에게 면허 외의 의료행위를 하게 하는 일이 종종 발생하고 있어 정부에서는 면허 대여를 통한 불법 의료기관 개설 및 무면허의료행위를 강력하게 지도 단속하고 있는 중입니다. 아울러 면허를 대여한 사람뿐만 아니라 면허를 대여 받거나 면허 대여를 알선한 사람도 5년 이하의 징역이나 5천만원 이하의 벌금에 처해질 수 있도록 규정하여 의료인 면허대여를 통한 불법 무면허 의료행위를 근절하고 있습니다. |

| 질의 내용 | 면허대여 불법 개설 의료기관 급여비용 징수 |
|---|---|
| 판례 경향 | 국민건강보험법 제57조는 제1항에서 "공단은 속임수나 그 밖의 부당한 방법으로 보험급여를 받은 사람이나 보험급여비용을 받은 요양기관에 대하여 그 보험급여나 보험급여비용에 상당하는 금액의 전부 또는 일부를 징수한다"고 규정하고, 제2항에서 "공단은 제1항에 따라 속임수나 그 밖의 부당한 방법으로 보험급여비용을 받은 요양기관이 '의료법 제33조제2항을 위반하여 의료기관을 개설할 수 없는 자가 의료인의 면허나 의료법인 등의 명의를 대여 받아 개설 운영하는 의료기관'(제1호)에 해당하는 경우에는 해당 요양기관을 개설한 자에게 그 요양기관과 연대하여 징수금을 납부하게 할 수 있다"고 규정하고 있으므로, 피고에게 보험급여비용의 징수 범위 및 그 징수금의 연대납부처분 여부에 관하여 재량권이 있다고 봄이 상당하다(대법원 2018. 7. 12.자 2018두40010 판결 취지 참조). |

---

**의료법** | 제5조(의사·치과의사 및 한의사 면허)

① 의사·치과의사 또는 한의사가 되려는 자는 다음 각 호의 어느 하나에 해당하는 자격을 가진 자로서 제9조에 따른 의사·치과의사 또는 한의사 국가시험에 합격한 후 보건복지부장관의 면허를 받아야 한다. <개정 2010. 1. 18., 2012. 2. 1., 2019. 8. 27.>

1. 「고등교육법」 제11조의2에 따른 인정기관(이하 "평가인증기구"라 한다)의 인증(이하 "평가인증기구의 인증"이라 한다)을 받은 의학·치의학 또는 한의학을 전공하는 대학을 졸업하고 의학사·치의학사 또는 한의학사 학위를 받은 자
2. 평가인증기구의 인증을 받은 의학·치의학 또는 한의학을 전공하는 전문

대학원을 졸업하고 석사학위 또는 박사학위를 받은 자

3. 외국의 제1호나 제2호에 해당하는 학교(보건복지부장관이 정하여 고시하는 인정기준에 해당하는 학교를 말한다)를 졸업하고 외국의 의사·치과의사 또는 한의사 면허를 받은 자로서 제9조에 따른 예비시험에 합격한 자

② 평가인증기구의 인증을 받은 의학·치의학 또는 한의학을 전공하는 대학 또는 전문대학원을 6개월 이내에 졸업하고 해당 학위를 받을 것으로 예정된 자는 제1항제1호 및 제2호의 자격을 가진 자로 본다. 다만, 그 졸업예정시기에 졸업하고 해당 학위를 받아야 면허를 받을 수 있다. <개정 2012. 2. 1.>

③ 제1항에도 불구하고 입학 당시 평가인증기구의 인증을 받은 의학·치의학 또는 한의학을 전공하는 대학 또는 전문대학원에 입학한 사람으로서 그 대학 또는 전문대학원을 졸업하고 해당 학위를 받은 사람은 같은 항 제1호 및 제2호의 자격을 가진 사람으로 본다. <신설 2012. 2. 1.> [전문개정 2008. 10. 14.]

| 질의 내용 | 의사·치과의사 및 한의사의 면허 |
|---|---|
| 해석 경향 | 의사·치과의사 및 한의사가 되려는 자는 의료법 제5조에서 규정하고 있는 평가인증기구로부터 인증받은 대학을 졸업하고 학사 학위를 받거나 인증을 받은 의학·치의학 또는 한의학을 전공하는 전문대학원을 졸업하고 석사학위 또는 박사학위를 받은 자, 보건복지부장관이 인정하는 외국의 제1호나 제2호에 해당하는 학교를 졸업하고 외국의 의사·치과의사 또는 한의사 면허를 받은 자로서 제9조에 따른 예비시험에 합격한 자로 의료법 제9조에 따른 의사·치과의사 또는 한의사 국가시험에 합격한 후 보건복지부장관의 면허를 받아야 합니다. |

보건의료인국가시험 응시자격 관련 외국 학교 등 인정기준
[시행 2020. 5. 1.] [보건복지부고시 제2020-92호, 2020. 5. 1., 제정]

제1조(목적) 이 기준은 「의료법」 제5조제1항제3호, 제6조제2호, 제7조제1항제2호, 제80조제1항제5호, 「약사법」 제3조제2항제2호, 「의료기사 등에 관한 법률」 제4조제1항제4호, 「장애인복지법」 제72조제1항제2호, 제72조의2제2항, 제72조의3제2항, 「국민영양관리법」 제15조제1항제2호 및 제3호, 「응급의료에 관한 법률」 제36조제2항제2호 및 제3항제2호, 「공중위생관리법」 제6조의2제1항제1호 및 제3호(이하 '의료법 등')에 따른 학교, 면허(자격) 및 교육과정(이하 '외국 학교 등')이 우리나라 보건의료인국가시험에 응시할 수 있는 외국 학교 등인지 여부를 판단하기 위한 구체적인 사항을 정함을 목적으로 한다.

제2조(적용범위) 이 기준은 다음 각 호의 어느 하나에 해당하는 사람이 우리나라 보건의료인국가시험에 응시하기 위하여 보건복지부장관의 인정을 신청한 외국 학교 등(이하 '인정신청학교'라 한다)에 대하여 적용한다.

1. 의료법 제5조제1항제3호에 따라 "외국대학(원)을 졸업하고, 그 대학이 속한 국가의 의사, 치과의사, 한의사 면허를 받은 자"
2. 의료법 제6조제2호에 따라 "외국의 조산사 면허를 받은 자"
3. 의료법 제7조제1항제2호에 따라 "외국대학을 졸업하고, 그 대학이 속한 국가의 간호사 면허를 받은 자"
4. 의료법 제80조제1항제5호에 따라 "외국의 간호조무사 교육과정을 이수하고, 그 과정이 속한 국가의 간호조무사 자격을 받은 자"
5. 약사법 제3조제2항제2호에 따라 "외국대학을 졸업하고, 그 대학이 속한 국가의 약사 면허를 받은 자"
6. 의료기사 등에 관한 법률 제4조제1항제4호에 따라 "외국의 의료기사 등 교육과정을 이수하고, 그 과정이 속한 국가의 해당 의료기사 등의 면허를 받은 자"
7. 장애인복지법 제72조제1항제2호에 따라 "외국의 전문대학이나 이와 같은 수준에 해당되는 학교에서 의지·보조기 관련 교육과정을 이수하고, 그 과정이 속한 국가의 의지·보조기기사 자격증을 받은 자"
8. 장애인복지법 제72조의2제2항에 따라 "외국의 대학원·대학·전문대학에서 언어 재활분야의 학위를 취득한 자"
9. 장애인복지법 제72조의3제2항에 따라 "외국의 대학원·대학·전문대학에서 장애인 재활분야의 학위를 취득한 자"
10. 국민영양관리법 제15조제1항제2호 및 제3호에 따라 "외국의 영양사 면허를 받았거나, 외국의 영양사 양성학교를 졸업한 자"
11. 응급의료에 관한 법률 제36조제2항제2호 및 제3항제2호에 따라 "외국의 응급구조사 자격을 받은 자"
12. 공중위생관리법 제6조의2제1항제1호 및 제3호에 따라 "외국의 전문대학이나 이와 같은 수준에 해당되는 학교에서 보건 또는 위생에 관한 교육과정을 이수하거나, 외국의 위생사 면허 또는 자격을 받은 자"

제3조(외국 학교 등 인정기준) 보건복지부장관은 인정신청학교가 별표 1의 일반기준과 별표 2의 직종별 상세기준을 충족하는 경우 우리나라 보건의료인국가시험에 응시할 수 있는 외국 학교 등으로 인정한다.

제4조(재검토기한) 보건복지부장관은 이 고시에 대하여 「훈령·예규 등의 발령 및 관리에 관한 규정」에 따라 2020년 5월 1일을 기준으로 매3년이 되는 시점(매3년째의 4월 30일까지를 말한다)마다 그 타당성을 검토하여 개선 등의 조치를 하여야 한다.

| 질의 내용 | 의사, 치과의사 및 한의사의 면허 규정 취지 |
|---|---|
| 판례 경향 | 판례(대법원 2016. 7. 21. 선고 2013도850. 전원합의체 판결)에 의하면 의료법이 의사, 치과의사 및 한의사가 각자 면허를 받아 그 면허된 것 이외의 의료행위를 할 수 없도록 규정한 취지는, 각 의료인의 고유한 담당 영역을 정하여 전문화를 꾀하고 독자적인 발전을 촉진함으로써 국민이 보다 나은 의료 혜택을 누리게 하는 한편, 의사, 치과의사 및 한의사가 각자의 영역에서 체계적인 교육을 받고 국가로부터 관련 의료에 관한 전문지식과 기술을 검증받은 범위를 벗어난 의료행위를 할 경우 사람의 생명·신체나 일반 공중위생에 발생할 수 있는 위험을 방지함으로써 궁극적으로 국민의 건강을 보호하고 증진하기 위한 데 있다(대법원 2014. 1. 16. 선고 2011도16649 판결 등 참조). |

| 질의 내용 | 국가 자격 제도 시행 |
|---|---|
| 헌재 결정 | 헌법 제15조에 따라 모든 국민은 직업의 자유를 가지지만, 국가는 국민의 신체와 재산의 보호와 밀접한 관련이 있는 직업들에 대해서는 공공의 이익을 위해 그 직업의 수행에 필요한 자격제도를 둘 수 있으며, 이 때 그 자격제도를 구체적으로 어떻게 형성할 것인지는 그 직업에 요구되는 전문적인 능력이나 자질, 그 직업에 대한 사회적 수요와 공급 상황 기타 여러 사회·경제적 여건을 종합적으로 고려하여 판단할 사항이다. 따라서 구체적인 자격제도의 형성에 있어서는 입법자에게 광범위한 입법형성권이 인정되며, 입법자가 합리적인 이유 없이 자의적으로 자격제도의 내용을 규정한 것으로 인정되는 경우에만 그 자격제도가 헌법에 위반된다고 할 수 있다(헌재 2010. 2. 25. 2007헌마956, 판례집 22-1상, 329, 340). 헌법 제15조에 따라 모든 국민은 직업의 자유를 가지지만, 국가는 국민의 신체와 재산의 보호와 밀접한 관련이 있는 직업들에 대해서는 공공의 이익을 위해 그 직업의 수행에 필요한 자격제도를 둘 수 있으며, 이 때 그 자격제도를 구체적으로 어떻게 형성할 것인지는 그 직업에 요구되는 전문적인 능력이나 자질, 그 직업에 대한 사회적 수요와 공급 상황 기타 여러 사회·경제적 여건을 종합적으로 고려하여 판단할 사항이다. 따라서 구체적인 자격제도의 형성에 있어서는 입법자에게 광범위한 입법형성권이 인정되며, 입법자가 합리적인 이유 없이 자의적으로 자격제도의 내용을 규정한 것으로 인정되는 경우에만 그 자격제도가 헌법에 위반된다고 할 수 있다(헌재 2007. 5. 31. 2006헌마646, 판례집 19-1, 745, 751-752). |

| 질의 내용 | 의료법 제5조제1항(의사·치과의사 및 한의사면허) 위헌 확인(각하) |
|---|---|
| 헌재 결정 | 청구인은 의료법 제5조제1항에 따라 의사·치과의사 또는 한의사가 되기 위해 국가시험에 응시하려면 의학 등의 학사, 석사 또는 박사 등의 자격을 필요로 하는 것이 자신의 기본권을 침해한다고 주장하면서 이 사건 헌법소원심판을 청구하였는데, 이 사건에서 청구인이 주장하는 사유들만으로는 기본권침해의 자기관련성을 인정하기 어렵고, 달리 이를 인정할 자료도 없다. 그렇다면 이 사건 심판청구는 부적법하므로 이를 각하하기로 하여, 관여 재판관 전원의 일치된 의견으로 주문과 같이 결정한다(헌재 2020. 9. 1. 2020헌마1130). |

| 질의 내용 | 의사면허로 모든 진료과 진료 가능 |
|---|---|
| 해석 경향 | 의료법 제5조에 해당하는 자격을 가진 자는 의료법 제9조에 따른 국가시험에 응시·합격하여 의료법 시행령 제8조 및 의료법 시행규칙 제4조에 따라 보건복지부장관으로부터 의사 면허증을 발급받은 의사는 모든 진료과목에 해당하는 의료행위가 가능합니다.<br>또한 의사면허를 발급받은 자가 더 관심 있는 분야에 대해 일정한 수련(전공의 과정)을 거쳐 전문의 자격시험을 통과할 경우, 전문의사가 되며 의료기관 명칭에서도 전문과목을 표시할 수 있습니다. 의료기관의 진료과목의 표시는 당해 의료기관이 확보하고 있는 시설·장비 및 의료관계인에 해당하는 과목에 한하여 표시 할 수 있습니다. |

| 질의 내용 | 의료인 면허행위는 국내 영역 |
|---|---|
| 판례 경향 | 의료법의 목적, 우리나라 보건복지부장관으로부터 면허를 받은 의료인에게만 의료행위 독점을 허용하는 입법 취지 및 관련 조항들의 내용 등을 종합하면, 의료법상 의료제도는 대한민국 영역 내에서 이루어지는 의료행위를 규율하기 위하여 체계화된 것으로 이해된다. 그렇다면 구 의료법 제87조제1항제2호, 제27조제1항이 대한민국 영역 외에서 의료행위를 하려는 사람에게까지 보건복지부장관의 면허를 받을 의무를 부과하고 나아가 이를 위반한 자를 처벌하는 규정이라고 보기는 어렵다. 따라서 내국인이 대한민국 영역 외에서 의료행위를 하는 경우에는 구 의료법 제87조제1항제2호, 제27조제1항의 구성요건 해당성이 없다(대법원 2020. 4. 29. 선고 2019도19130 판결). |

| 의료법 | 제6조(조산사 면허) |
|---|---|

조산사가 되려는 자는 다음 각 호의 어느 하나에 해당하는 자로서 제9조에 따른 조산사 국가시험에 합격한 후 보건복지부장관의 면허를 받아야 한다. <개정 2008. 2. 29., 2010. 1. 18., 2019. 8. 27.>

1. 간호사 면허를 가지고 보건복지부장관이 인정하는 의료기관에서 1년간 조산 수습과정을 마친 자
2. 외국의 조산사 면허(보건복지부장관이 정하여 고시하는 인정기준에 해당하는 면허를 말한다)를 받은 자

| 의료법 시행규칙 | 제3조(조산 수습의료기관 및 수습생 정원) |
|---|---|

① 법 제6조제1호에 따른 조산(助産) 수습의료기관으로 보건복지부장관의 인정을 받을 수 있는 의료기관은 「전문의의 수련 및 자격인정 등에 관한 규정」에 따른 산부인과 수련병원 및 소아청소년과 수련병원으로서 월평균 분만 건수가 100건 이상 되는 의료기관이어야 한다. <개정 2010. 3. 19., 2012. 8. 2.>

② 제1항에 따라 수습의료기관으로 인정받으려는 자는 별지 제1호서식의 조산 수습의료기관 인정신청서에 다음 각 호의 서류를 첨부하여 보건복지부장관에게 제출하여야 한다. <개정 2010. 3. 19.>

1. 수습생 모집계획서 및 수습계획서와 수습과정의 개요를 적은 서류

2. 신청일이 속하는 달의 전달부터 소급하여 1년간의 월별 분만 실적을 적은 서류

③ 수습생의 정원은 제2항제2호의 월별 분만 실적에 따라 산출된 월평균 분만 건수의 10분의 1 이내로 한다.

④ 수습의료기관은 매년 1월 15일까지 전년도 분만 실적을 보건복지부장관에게 보고하여야 한다. <개정 2010. 3. 19.>

⑤ 보건복지부장관은 제4항에 따라 보고된 연간 분만 실적이 제1항에 따른 기준에 미치지 못하는 경우에는 그 수습의료기관의 인정을 철회할 수 있고 제3항에 따른 기준에 미치지 못하는 경우에는 그 수습생의 정원을 조정할 수 있다. <개정 2010. 3. 19.>

◇ 조산사는 과거 산파(産婆)라고 불리다가 1951년 국민의료법 제정으로 조산원(助産員)으로 개칭되고, 1987년 의료법이 개정되면서 조산사(助産師)가 되었다.

조산사는 간호사 면허를 가진 자, 보건복지부장관이 인정하는 외국의 조산사 면허를 받은 자로서, 보건복지부장관이 인정하는 의료기관에서 1년간 조산 수습과정을 마치고 제9조에 따른 조산사 국가시험에 합격한 후 보건복지부장관으로부터 조산사 면허를 받은 자로서, 조산소, 가정, 산부인과 등에서 산모의 임신, 분만, 산후처치를 보조하고 정상 분만을 유도하며 신생아 및 산전, 산후의 산모를 간호하는 의료인이다. 현재 조산사를 수련하는 수습기관은 전국 4개소로 매년 15명 정도 조산사 면허를 취득하고 있으며, 전국 18개소의 조산원이 운영 중이다.

| 질의 내용 | 조산사 면허 |
|---|---|
| 해석 경향 | 조산사가 되기 위해서는 간호사 면허를 가진 자, 보건복지부장관이 인정하는 외국의 조산사 면허를 받은 자로서, 보건복지부장관이 인정하는 의료기관에서 1년간 조산 수습과정을 마치고 제9조에 따른 조산사 국가시험에 합격한 후 보건복지부장관으로부터 조산사 면허를 받을 수 있습니다. 조산수습의료기관은 전문의의 수련 및 자격인정 등에 관한 규정에 따른 산부인과수련병원 및 소아청소년과 수련병원으로서 월 평균 분만건수가 100건 이상이 되는 의료기관이어야 합니다. 조산사는 산부인과가 있는 의원, 병원, 한방병원, 종합병원의 경우 간호사 정원 1/3 이상을 의무적으로 두도록 규정하고 있습니다. |

| 질의 내용 | 분만과정에서 조산사 주의의무 |
|---|---|
| 판례 경향 | 조산사는 분만과정에서 산모와 태아의 상태가 정상적인지 여부를 계속적으로 관찰하고 산부인과 전문의 등으로 하여금 발생 가능한 응급상황에 적절히 대처할 수 있도록 산모와 태아의 상태를 적시에 보고하여야 하며, 응급상황에서 자신이 취할 수 있는 범위 내의 필요한 조치를 취할 의무가 있다. 병원에서 조산사가 분만을 관장하여 출생한 신생아가 뇌성마비 상태가 된 사안에서, 분만과정에 태변착색 등 이상 징후를 발견하였음에도 산부인과 전문의 등에게 보고를 지연함으로써 신생아가 의사로부터 적시에 기관 내 삽관을 통한 태변제거 및 인공호흡 등 응급조치를 받을 기회를 상실시켰을 뿐만 아니라 분만실에서 호흡을 하지 않는 신생아의 코에 산소가 나오는 고무관을 대주었을 뿐 마스크와 백을 이용한 인공호흡을 시키지 않는 등 조산사 스스로 가능한 범위 내의 심폐소생술도 제대로 하지 않은 조산사에게 의료과실이 있다고 판결하였다(대법원 2010. 5. 27. 선고 2006다79520 판결). |

**의료법**　　**제7조(간호사 면허)**

① 간호사가 되려는 자는 다음 각 호의 어느 하나에 해당하는 자로서 제9조에 따른 간호사 국가시험에 합격한 후 보건복지부장관의 면허를 받아야 한다. <개정 2008. 2. 29., 2010. 1. 18., 2012. 2. 1., 2019. 8. 27.>

1. 평가인증기구의 인증을 받은 간호학을 전공하는 대학이나 전문대학[구제(舊制) 전문학교와 간호학교를 포함한다]을 졸업한 자

2. 외국의 제1호에 해당하는 학교(보건복지부장관이 정하여 고시하는 인정기준에 해당하는 학교를 말한다)를 졸업하고 외국의 간호사 면허를 받은 자

② 제1항에도 불구하고 입학 당시 평가인증기구의 인증을 받은 간호학을 전공하는 대학 또는 전문대학에 입학한 사람으로서 그 대학 또는 전문대학을 졸업하고 해당 학위를 받은 사람은 같은 항 제1호에 해당하는 사람으로 본다. <신설 2012. 2. 1.>

◇ 2021년 간호사 면허자수는 44만여 명, 의료기관 근무활동 간호사수는 23만3천7백여 명으로 추산된다.

| 질의 내용 | 간호사의 면허 |
|---|---|
| 해석 경향 | 간호사가 되려면 평가인증기구의 인증을 받은 간호학을 전공하는 대학이나 전문대학[구제(舊制) 전문학교와 간호학교를 포함한다]을 졸업한 자, 외국의 학교(보건복지부장관이 정하여 고시하는 인정기준에 해당하는 학교를 말한다)를 졸업하고 외국의 간호사 면허를 받은 자, 평가인증기구의 인증을 받은 간호학을 전공하는 대학 또는 전문대학에 입학한 사람으로서 그 대학 또는 전문대학을 졸업하고 해당 학위를 받은 사람으로서 의료법 제9조에 따른 간호사 국가시험에 합격한 후 보건복지부장관의 면허를 받아야 합니다. |

| 질의 내용 | 간호사의 진료보조 범위 |
|---|---|
| 판례 경향 | 의료법 제2조제2항제1호는 '의사는 의료와 보건지도에 종사함을 임무로 한다'라고 하고, 같은 항 제5호는 '간호사는 요양상의 간호 또는 진료의 보조 및 대통령령이 정하는 보건활동에 종사함을 임무로 한다'라고 규정하고 있는 점에 비추어 보면, 의사가 간호사에게 진료의 보조행위를 하도록 지시하거나 위임할 수는 있으나, 고도의 지식과 기술을 요하여 반드시 의사만이 할 수 있는 의료행위 자체를 하도록 지시하거나 위임하는 것은 허용될 수 없으므로, 간호사가 의사의 지시나 위임을 받고 그와 같은 행위를 하였다고 하더라도 이는 구 의료법 제25조제1항에서 금지하는 무면허 의료행위에 해당한다(대법원 2007. 9. 6. 선고 2006도2306 판결 등 참조). |

| 질의 내용 | 간호사 진료의 보조행위 여부 판단은 여러 사정 참작 결정 |
|---|---|
| 판례 경향 | 간호사가 '진료의 보조'를 함에 있어서는 모든 행위 하나하나마다 항상 의사가 현장에 입회하여 일일이 지도·감독하여야 한다고 할 수는 없고, 경우에 따라서는 의사가 진료의 보조행위 현장에 입회할 필요 없이 일반적인 지도·감독을 하는 것으로 족한 경우도 있을 수 있다 할 것인데, 여기에 해당하는 보조행위인지 여부는 보조행위의 유형에 따라 일률적으로 결정할 수는 없고 구체적인 경우에 있어서 그 행위의 객관적인 특성상 위험이 따르거나 부작용 혹은 후유증이 있을 수 있는지, 당시의 환자 상태가 어떠한지, 간호사의 자질과 숙련도는 어느 정도인지 등의 여러 사정을 참작하여 개별적으로 결정하여야 할 것이다(대법원 2003. 8. 19. 선고 2001도3667 판결). |

## 나의 의사 선생님

心傳 권 형 원

눈 뜨고 감을 때 그가 있었다
내가 처음 만났고
나를 마지막 볼 얼굴

동쪽에서 맞이해 서쪽까지 배웅할
미소로 맞고 희망으로 배웅하는

내 환자의 건강과 생명을 첫째로 생각하겠노라 던
그의 기도가 늘 고맙다

사회적 지위 여하를 초월하여
오직 환자에게 나의 의무를 지키겠노라 던
그의 다짐이 늘 든든하다

아파도 안아주는 친구
오래도록 곁에 두고 싶은 사람

그는 늘 감춰진 고통을 벗겨주고
환한 미소가 돋게 한다

고통에 시달리는 내 영혼을
평온으로 데려다주는 고마운 이다.

( 시사문단 2021-7월호 )

## 나를 잊은 간호사

心傳 권 형 원

초조한 눈빛
두려움에 떠는 가슴에

봄을 보여 준다며
밀폐된 방의 촌각 속에

손길로 눈길로
부싯돌을 살려내듯
온 정성을 다했다

갑옷보다 갑갑한 방호복 속에
밤을 잃고도 곤두선 정신은
오직 나라와 국민뿐

숨이 막혀도 죽을 수 없는
사명감으로 버텼다

병원이라는 전장이었고
뵈지 않는 코로나19처럼
나도 유령처럼 없었다

눈앞엔 간절히 기원하는
창문 열어 젖힐 환자만 있었다

비록 약속한 봄은 지났고
여름이 오고 가을이 온대도
내 약속은 유효하다

우리는
코로나19가 사라지는 날까지
이곳을 지킬 것이다

네가 아니면
내가 쓰러져 사라지는 날까지.

( 시사문단 2020-8월호 )

| 의료법 | 제8조(결격사유 등) |

다음 각 호의 어느 하나에 해당하는 자는 의료인이 될 수 없다. <개정 2007. 10. 17., 2018. 3. 27., 2018. 8. 14., 2020. 4. 7.>

1. 「정신건강증진 및 정신질환자 복지서비스 지원에 관한 법률」 제3조제1호에 따른 정신질환자. 다만, 전문의가 의료인으로서 적합하다고 인정하는 사람은 그러하지 아니하다.

2. 마약·대마·향정신성의약품 중독자

3. 피성년후견인·피한정후견인

4. 이 법 또는 「형법」 제233조, 제234조, 제269조, 제270조, 제317조제1항 및 제347조(허위로 진료비를 청구하여 환자나 진료비를 지급하는 기관이나 단체를 속인 경우만을 말한다), 「보건범죄단속에 관한 특별조치법」, 「지역보건법」, 「후천성면역결핍증 예방법」, 「응급의료에 관한 법률」, 「농어촌 등 보건의료를 위한 특별 조치법」, 「시체 해부 및 보존 등에 관한 법률」, 「혈액관리법」, 「마약류관리에 관한 법률」, 「약사법」, 「모자보건법」, 그 밖에 대통령령으로 정하는 의료 관련 법령을 위반하여 금고 이상의 형을 선고받고 그 형의 집행이 종료되지 아니하였거나 집행을 받지 아니하기로 확정되지 아니한 자

---

벌칙·행정처분

◇ 제8조 각 호의 어느 하나의 결격사유에 해당된 경우 : 면허취소

---

| 질의 내용 | 결격사유(缺格事由) |
|---|---|
| 해석 경향 | 결격사유(缺格事由)란, 법률상 자격을 상실하게 되는 사유를 말하며, '결격'은 '필요한 자격을 갖추고 있지 않은 것'을 뜻한다.<br>의료법 제8조에서는 의료인이 될 수 없는 결격사유를 정하고 있으며, 의료인이 된 후에라도 결격사유에 해당하게 되면 면허가 취소될 수 있습니다. |

| 질 의 내 용 | 의료법 제8조의 법령 위반으로 집행유예를 받은 경우 |
|---|---|
| 해 석 경 향 | 집행유예는 형법 제62조제1항에 따라 3년 이하의 징역이나 금고 또는 500만원 이하의 벌금의 형을 선고할 경우, 그 정상에 참작할 만한 사유가 있는 때에는 1년 이상 5년 이하의 기간 형의 집행을 유예할 수 있는 규정으로 유죄의 형(刑)을 선고하면서 이를 즉시 집행하지 않고 일정기간 그 형의 집행을 미루어 주는 것으로, 그 기간이 경과할 경우 형 선고의 효력을 상실하게 하여 형의 집행을 하지 않는 제도를 말합니다. 하지만 의료법 제8조 규정에서 정한 법령에 의해 집행유예를 받더라도 의료인 면허의 결격사유에 해당됩니다. |

| 질 의 내 용 | 집행유예 선고 |
|---|---|
| 헌 재 결 정 | 집행유예란 형을 선고하면서 그 집행만을 유예하는 것이므로, 형의 집행유예가 선고되는 경우에도 당연히 '형의 선고'는 있는 것이다. 우리 형법상의 형벌체계에 의할 때, 집행유예의 선고와 형의 선고는 서로 배타적인 택일관계에 있는 것이 아니라, 형의 선고가 먼저 있고 나서 그에 후속하여 집행유예의 선고가 있을 수도 있고 없을 수도 있는 관계이다. 따라서 '금고 이상의 형을 선고받고'라고 규정할 뿐 그에 이어서 아무런 제한도 부가하고 있지 않은 이상, 이는 형의 선고만 있으면 되고 그에 후속하여 집행유예의 선고가 있든 없든 가리지 않는 의미라는 것이 논리적으로 분명히 드러난다. 위 규정의 경우 형의 집행유예의 선고에 관한 별도의 규정이 존재하지 않기 때문에 '금고 이상의 형을 선고받고'라는 문언이 실형의 선고만을 의미하는 것으로 축소해석될 여지가 없다[헌법재판소 2020. 4. 23. 선고 2019헌바118, 171, 176(병합) 결정 참조]. |

| 질 의 내 용 | 금고 이상의 형 |
|---|---|
| 해 석 경 향 | 형법 제41조(형의 종류) 형의 종류는 다음과 같이 사형, 징역, 금고, 자격상실, 자격정지, 벌금, 구류, 과료, 몰수로 나누어지며, 징역(懲役)은 범죄자를 교도소에 가두어 두고 노역을 시키는 형벌이며, 이에 비해서 금고(禁錮)는 교도소에 가두어 두기는 하지만 강제로 일을 시키지는 않는 형벌로 주로 정치범이나 과실범 등에게 부과되는 형입니다. 따라서 금고 이상의 형은 교도소에 구금되는 형벌이며, '징역형의 집행유예'의 경우도 '금고 이상의 형'에 해당합니다. |

| 질 의 내용 | 무자격자와 공모 의료기관 개설자 징역형 집행유예 선고 |
|---|---|
| 판례 경향 | 무자격자와 공모하여 의료기관을 개설한 뒤 요양급여비용을 편취하는 범행을 저질러 특정경제범죄가중처벌등에관한법률위반(사기)죄로 징역형의 집행유예를 선고받은 경우, 의료법 제8조제4호에서 정한 의료인 결격사유에 해당한다고 본 판결(서울행정법원 2021. 4. 8. 선고 2020구합 68332) |

| 질 의 내용 | 금고 이상의 형을 선고받고 그 형의 집행이 종료되지 아니하였거나 집행을 받지 아니하기로 확정되지 아니한 자 |
|---|---|
| 판례 경향 | 구 의료법 제8조제4호에서 정한 '금고 이상의 형을 선고받고 그 형의 집행이 종료되지 아니하였거나 집행을 받지 아니하기로 확정되지 아니한 자'에는 '집행유예의 선고를 받고 그 선고의 실효 또는 취소됨이 없이 유예기간을 경과하여 형의 선고의 효력을 잃게 되기까지 사이의 자' 등이 포함된다고 봄이 타당하다(대법원 1998. 2. 13. 선고 97누18042 판결 등 참조). |

| 질 의 내용 | 의료법 제8조의 법령 이외 타 법령 위반으로 금고 이상의 형을 받을 경우 면허 취소 여부 |
|---|---|
| 해석 경향 | 의료법 제8조에서 규정하고 있지 않은 타 법령을 위반하여 금고 이상의 형을 받더라도(예, 살인, 강도, 업무상 과실치사 등) 면허결격 사유에는 해당하지 아니하여 면허취소 사유에 해당되지 아니합니다. 참고로, 우리나라 변호사, 공인회계사, 변리사, 세무사, 법무사 등은 범죄 종류와 상관없이 금고 이상의 형을 선고받거나 집행유예를 받으면 자격을 상실하도록 하고 있습니다. |

| 질 의 내용 | 의료 관련 범죄와 그 밖의 범죄 경합범 금고 이상의 형 |
|---|---|
| 판례 경향 | 구 의료법 위반죄와 그 밖의 범죄의 경합범으로 처벌되어 징역형의 집행유예를 선고받고 그 형이 확정된 사실을 인정한 다음, 이는 위 각 법률조항 소정의 의료인의 결격사유 및 면허 취소사유에 해당하는 것으로 보아 피고의 원고들에 대한 이 사건 면허취소처분이 적법하다고 판단한 것은 정당하고, 거기에 상고이유의 주장과 같은법리오해 등의 위법 또는 헌법 위반이 없다(대법원 2007. 11. 30. 선고 2007두10051 판결). |

| 질 의 내 용 | 의료법 제8조(결격사유 등) 제4호 등 위헌소원 등 (합헌) |
|---|---|
| 헌재 결정 | 의료법 또는 형법 제347조를 위반하여 금고 이상의 형을 선고받은 경우 의료인의 면허를 필요적으로 취소하도록 규정한 의료법 관련, 집행유예 선고 시에도 당연히 형의 선고는 있는 것이므로, 심판대상조항은 실형 뿐만 아니라 집행유예를 선고받은 경우에도 적용됨이 명확하다. 또한 의료관련범죄와 기타범죄가 동시적 경합범으로 처벌되는 경우에도, 각 범죄에 대한 형의 종류는 판결 이유에 각각 기재되므로, 심판대상조항은 의료관련범죄에 선택된 형의 종류에 따라 적용됨이 명확하다. 심판대상조항은 명확성원칙에 반하지 않는다. 헌법재판소는 심판대상조항이 직업선택의 자유를 침해하지 않는다는 결정을 한 바 있고(헌재 2017. 6. 29. 2016헌바394; 헌재 2017. 6. 29. 2017헌바164 참조), 이를 변경해야 할 만한 특별한 사정의 변경이나 필요성이 있다고 할 수 없다. 나아가 의료관련범죄와 기타범죄가 동시적 경합범으로 처벌되는 경우에도, 의료관련범죄에 대한 형의 종류 선택 및 이에 따른 면허 취소 여부는 기타범죄에 대한 형의 종류 선택과 독립적으로 결정되므로, 형의 분리 선고 규정을 두지 않았다고 하여 침해의 최소성 원칙에 반한다고 할 수도 없다. 심판대상조항은 과잉금지원칙에 반하여 직업선택의 자유를 침해하지 않는다[헌재 2020. 4. 23. 2019헌바118·171·176]. |

| 질 의 내 용 | 사회상규에 위배되지 아니하는 정당행위 |
|---|---|
| 판례 경향 | 형법 제20조 소정의 '사회상규에 위배되지 아니하는 행위'라 함은 법질서 전체의 정신이나 그 배후에 놓여 있는 사회윤리 내지 사회통념에 비추어 용인될 수 있는 행위를 말하고, 어떠한 행위가 사회상규에 위배되지 아니하는 정당한 행위로서 위법성이 조각되는 것인지는 구체적인 사정 아래서 합목적적, 합리적으로 고찰하여 개별적으로 판단되어야 할 것인 바, 이와 같은 정당행위를 인정하려면 첫째 그 행위의 동기나 목적의 정당성, 둘째 행위의 수단이나 방법의 상당성, 셋째 보호이익과 침해이익과의 법익 균형성, 넷째 긴급성, 다섯째 그 행위 외에 다른 수단이나 방법이 없다는 보충성 등의 요건을 갖추어야 한다(대법원 2000. 4. 25. 선고 98도2389 판결 참조), (대법원 2002. 12. 26. 선고 2002도5077 판결 등 참조). |

| 의료법 | 제9조(국가시험 등) |
|---|---|

① 의사·치과의사·한의사·조산사 또는 간호사 국가시험과 의사·치과의사·한의사 예비시험(이하 "국가시험등"이라 한다)은 매년 보건복지부장관이 시행한다. <개정 2008. 2. 29., 2010. 1. 18.>

② 보건복지부장관은 국가시험등의 관리를 대통령령으로 정하는 바에 따라 「한국보건의료인국가시험원법」에 따른 한국보건의료인국가시험원에 맡길 수 있다. <개정 2008. 2. 29., 2010. 1. 18., 2015. 6. 22.>

③ 보건복지부장관은 제2항에 따라 국가시험등의 관리를 맡긴 때에는 그 관리에 필요한 예산을 보조할 수 있다. <개정 2008. 2. 29., 2010. 1. 18.>

④ 국가시험등에 필요한 사항은 대통령령으로 정한다.

| 의료법 시행령 | 제3조(국가시험 등의 범위) |
|---|---|

① 법 제9조제1항에 따른 의사·치과의사·한의사·조산사(助産師) 또는 간호사 국가시험(이하 "국가시험"이라 한다)은 각각 의학·치의학·한방의학·조산학·간호학 및 보건의약 관계 법규에 관하여 의사·치과의사·한의사·조산사 또는 간호사로서 갖추어야 할 지식과 기능에 관하여 행한다.

② 법 제9조제1항에 따른 의사·치과의사·한의사 예비시험(이하 "예비시험"이라 한다)은 법 제5조제1항제3호에 해당하는 자격을 가진 자가 제1항에 따른 국가시험에 응시하는 데에 필요한 지식과 기능에 관하여 실시하되, 1차 시험과 2차 시험으로 구분하여 실시한다. <개정 2009. 4. 20.>

③ 예비시험에 합격한 자는 다음 회의 국가시험부터 그 예비시험(1차 시험과 2차 시험을 포함한다)을 면제한다.

| 의료법 시행령 | 제4조(국가시험등의 시행 및 공고 등) |
|---|---|

① 보건복지부장관은 매년 1회 이상 국가시험과 예비시험(이하 "국가시험등"이라 한다)을 시행하여야 한다. <개정 2008. 2. 29., 2010. 3. 15.>

② 보건복지부장관은 국가시험등의 관리에 관한 업무를 「한국보건의료인국가시험원법」에 따른 한국보건의료인국가시험원(이하 "국가시험등관리기관"이라 한다)이 시행하도록 한다. <개정 2015. 12. 22.>

③ 국가시험등관리기관의 장은 국가시험등을 실시하려면 미리 보건복지부장관의 승인을 받아 시험 일시, 시험 장소, 시험과목, 응시원서 제출기간, 그 밖에 시험의 실시에 관하여 필요한 사항을 시험 실시 90일 전까지 공고하여야 한다. 다만, 시험장소는 지역별 응시인원이 확정된 후 시험 실시 30일 전까지 공고할 수 있다. <개정 2008. 2. 29., 2010. 3. 15., 2012. 5. 1.>

④ 제3항에도 불구하고 국가시험등관리기관의 장은 국민의 건강 보호를 위

| | |
|---|---|
| | 하여 긴급하게 의료인력을 충원할 필요가 있다고 보건복지부장관이 인정하는 경우에는 제3항에 따른 공고기간을 단축할 수 있다. <신설 2021. 1. 12.> |

| 의료법 시행령 | 제5조(시험과목 등) |
|---|---|

국가시험등의 시험과목, 시험방법, 합격자 결정방법, 그 밖에 시험에 관하여 필요한 사항은 보건복지부령으로 정한다. <개정 2008. 2. 29., 2010. 3. 15.>

| 의료법 시행령 | 제6조(시험위원) |
|---|---|

국가시험등관리기관의 장은 국가시험등을 실시할 때마다 시험과목별로 전문지식을 갖춘 자 중에서 시험위원을 위촉한다.

| 의료법 시행령 | 제7조(국가시험등의 응시 및 합격자 발표) |
|---|---|

① 국가시험등에 응시하려는 자는 국가시험등관리기관의 장이 정하는 응시원서를 국가시험등관리기관의 장에게 제출하여야 한다.

② 국가시험등관리기관의 장은 국가시험등의 합격자를 결정하여 발표한다.

| 의료법 시행령 | 제8조(면허증 발급) |
|---|---|

① 국가시험에 합격한 자는 합격자 발표 후 보건복지부령으로 정하는 서류를 첨부하여 보건복지부장관에게 면허증 발급을 신청하여야 한다. <개정 2008. 2. 29., 2010. 3. 15.>

② 제1항에 따라 면허증 발급을 신청한 자에게는 그 종류별로 보건복지부령으로 정하는 바에 따라 면허증을 발급한다. <개정 2008. 2. 29., 2010. 3. 15.>

| 의료법 시행령 | 제9조(관계 기관 등에의 협조 요청) |
|---|---|

국가시험등관리기관의 장은 국가시험등의 관리 업무를 원활하게 수행하기 위하여 필요한 경우에는 국가·지방자치단체 또는 관계 기관·단체에 시험 장소 및 시험 감독의 지원 등 필요한 협조를 요청할 수 있다.

| 의료법 시행규칙 | 제2조(시험과목·시험방법 등) |
|---|---|

「의료법 시행령」(이하 "영"이라 한다) 제5조에 따른 의사·치과의사·한의사·조산사(助産師) 또는 간호사 국가시험(이하 "국가시험"이라 한다)의 시험과목, 시험방법 및 합격자 결정방법은 별표 1의3과 같고, 의사·치과의사·한의사 예비시험(이하 "예비시험"이라 한다)의 시험과목, 시험방법 및 합격자 결정방법은 별표 2와 같다. <개정 2012. 8. 2., 2016. 10. 6.>

| 의료법 시행규칙 | 제4조(면허증 발급) |
|---|---|

제4조(면허증 발급) ① 영 제8조제1항에서 "보건복지부령으로 정하는 서류"란 다음 각 호의 서류를 말한다. <개정 2008. 9. 5., 2009. 4. 29., 2010. 3. 19., 2016. 12. 30.>

 1. 다음 각 목의 구분에 따른 서류. 다만, 법률 제8366호 의료법 전부개정법률 부칙 제9조에 해당하는 자는 이를 증명할 수 있는 서류를 추가하여

제출하여야 한다.

가. 법 제5조제1항제1호 또는 제2호에 해당하는 자: 의학사·치과의학사·한의학사의 학위증 사본 또는 의학·치의학·한의학전문대학원의 석사학위증이나 박사학위증 사본

나. 법 제5조제1항제3호에 해당하는 자: 의학사·치과의학사·한의학사의 학위증 사본 또는 의학·치의학·한의학전문대학원의 석사학위증이나 박사학위증 사본과 그 면허증 사본

다. 법 제6조제1호에 해당하는 자 : 조산수습과정 이수증명서

라. 법 제6조제2호에 해당하는 자 : 면허증 사본

마. 법 제7조제1호에 해당하는 자 : 졸업증명서

바. 법 제7조제2호에 해당하는 자 : 졸업증명서와 그 면허증 사본

2. 법 제8조제1호 본문에 해당하는 자가 아님을 증명하는 의사의 진단서 또는 법 제8조제1호 단서에 해당하는 자임을 증명하는 전문의의 진단서

3. 법 제8조제2호에 해당하는 자가 아님을 증명하는 의사의 진단서

4. 응시원서의 사진과 같은 사진(가로 3.5센티미터, 세로 4.5센티미터) 2장

② 보건복지부장관은 영 제8조제2항에 따라 면허증 발급을 신청한 자에게 그 종류에 따라 별지 제2호서식의 면허증을 발급한다. <개정 2010. 3. 19.>

③ 제2항에 따른 면허증은 영 제8조제1항에 따른 면허증 발급을 신청한 날부터 14일 이내에 발급하여야 한다. 다만, 법 제5조제1항제3호 및 법 제7조제2호에 해당하는 자의 경우에는 외국에서 면허를 받은 사실 등에 대한 조회가 끝난 날부터 14일 이내에 면허증을 발급한다. <개정 2009. 4. 29.>

④ 영 제4조제2항에 따라 보건복지부장관이 시험관리능력이 있다고 인정하여 지정·고시하는 관계 전문기관(이하 "국가시험등관리기관"이라 한다)의 장은 법 제9조에 따른 국가시험등(이하 "국가시험등"이라 한다)을 실시하면 합격자 발표를 한 후 그 합격자에 대한 다음 각 호의 사항을 보건복지부장관에게 보고하여야 한다. <개정 2010. 3. 19.>

1. 성명, 성별 및 주민등록번호

2. 출신 학교 및 졸업 연월일

3. 합격번호 및 합격 연월일

4. 국적(외국인만 해당한다)

국가시험의 시험과목, 시험방법 및 합격자 결정방법(제2조 관련)

1. 시험과목

| 구 분 | 시 험 과 목 | |
|---|---|---|
| | 필기시험 | 실기시험 |
| 의사 국가시험 | 가. 의학총론(몸의 정상구조와 기능, 정상발생·성장 및 노화, 질병의 발생과 죽음, 주요 증상과 병태생리, 진찰 및 진단, 검사, 치료와 합병증, 건강증진·질병예방 및 보건의료관리를 말한다) 나. 의학각론(영양, 소화기 질환, 손상·중독, 신생물, 혈액·조혈기관 질환, 심혈관 질환, 근골격계·결합조직 질환, 신경계 질환, 알레르기 및 면역질환, 호흡기 질환, 감염 및 기생충 질환, 내분비·대사성 질환, 신장·요로 및 남성생식기 질환, 유전 질환과 선천성기형, 주산기 및 신생아 질환, 눈 및 눈부속기 질환, 귀 및 유양돌기 질환, 피부질환, 여성생식기 질환, 임신·출산 및 산욕기 질환, 정신 질환을 말한다) 다. 보건의약관계 법규(「감염병의 예방 및 관리에 관한 법률」·「검역법」·「국민건강보험법」·「국민건강증진법」·「마약류 관리에 관한 법률」·「보건의료기본법」·「응급의료에 관한 법률」·「의료법」·「지역보건법」·「혈액관리법」·「호스피스·완화의료 및 임종과정에 있는 환자의 연명의료결정에 관한 법률」·「후천성면역결핍증 예방법」과 그 시행령 및 시행규칙을 말한다. 이하 같다.) | 병력청취, 신체진찰, 환자와의 의사소통, 진료태도, 기본 기술적 수기(手技) |
| 치과의사 국가시험 | 구강악안면외과학, 치과보존학, 치과보철학, 소아치과학, 영상치의학, 치주과학, 구강내과학, 치과재료학, 치과교정학, 구강병리학, 구강보건학, 구강생물학(구강해부학, 구강생리학, 구강생화학, 치과약리학, 구강미생물학, 구강조직학을 포함한다) 및 보건의약관계 법규 | 병력청취, 구강 내·외부 진찰, 환자와의 의사소통, 진료태도, 기본 기술적 수기 |
| 한의사 국가시험 | 내과학, 침구학, 부인과학, 소아과학, 외과학, 신경정신과학, 안이비인후과학, 본초학, 한방생리학, 예방의학 및 보건의약관계 법규 | |
| 조산사 국가시험 | 조산학(마취학을 포함한다), 신생아간호학, 모자보건학(가족계획을 포함한다) 및 「모자보건법」 | |
| 간호사 | 기본간호학, 성인간호학, 모성간호학, 아동간호학, 지역사회간호학, 정신간호학, | |

## 2. 시험방법

가. 의사 또는 치과의사 국가시험의 시험방법은 필기시험과 실기시험으로 구분하여 실시하고, 필기시험 또는 실기시험 중 어느 한 시험에 합격한 자에 대하여는 다음 회의 시험에 한하여 그 시험을 면제한다.

나. 한의사·조산사·간호사 국가시험의 시험방법은 필기시험으로 한다.

## 3. 합격자 결정방법

가. 의사 또는 치과의사 국가시험의 필기시험 합격자 결정은 전과목 총점의 60퍼센트 이상, 매 과목 40퍼센트 이상을 득점한 자로 하고, 실기시험의 합격자 결정은 의과대학(의사 국가시험만 해당한다) 또는 치과대학(치과의사 국가시험만 해당한다) 교수로 구성된 합격선 심의 위원회에서 결정된 합격점수 이상을 득점한 자로 하되, 합격점수의 산출방법에 관한 세부 사항은 보건복지부장관이 정하여 고시하며, 필기시험과 실기시험에 모두 합격한 자를 최종 합격자로 한다. 이 경우 치과의사 국가시험의 필기시험에서 매 과목 40퍼센트 이상 득점 여부는 소아치과학 및 치과교정학을 1개 과목으로, 영상치의학·구강내과학 및 구강병리학을 1개 과목으로, 치주과학 및 구강보건학을 1개 과목으로, 치과재료학 및 구강생물학을 1개 과목으로, 나머지 시험과목을 각각 1개 과목으로 하여 결정한다.

나. 한의사·조산사·간호사 국가시험의 합격자 결정은 전과목 총점의 60퍼센트 이상, 매 과목 40퍼센트 이상을 득점한 자를 합격자로 한다. 이 경우 한의사 국가시험에서 매 과목 40퍼센트 이상 득점 여부는 부인과학 및 소아과학을 1개 과목으로, 외과학·안이비인후과학 및 신경정신과학을 1개 과목으로, 본초학·한방생리학 및 예방의학을 1개 과목으로, 나머지 시험과목을 각각 1개 과목으로 하여 결정한다.

◇ 한국보건의료인국가시험원(www.kuksiwon.or.kr)
 - 대표번호 1544-4244
 - 의료인, 의료기사, 약사, 영양사, 위생사, 응급구조사, 요양보호사 등 각 직종별 보건의료인 국가고시 시험안내, 원서접수, 합격자발표 등 정보제공

■ 의료법 시행규칙 [별표 2]

예비시험의 시험과목, 시험방법 및 합격자 결정방법(제2조 관련)

1. 시험과

| 직종 \ 시험 절차 및 형태 내용 | 1차 시험(필기시험) 시 험 과 목 | 2차 시험(실기시험) 평 가 내 용 |
|---|---|---|
| 의 사 | 가. 의학의 기초(몸의 정상구조와 기능, 정상발생·성장 및 노화, 병리, 주요 증상 및 소견, 진찰과 검사, 건강증진·질병예방, 보건의료관리) 나. 한국어 | 병력청취, 신체질환, 환자와의 의사소통, 진료태도, 기본 기술적 수기(手技)(basic technical skill) |
| 치 과 의 사 | 가. 치의학의 기초(구강악안면의 구조와 발생, 성장, 기능 및 대사, 병력청취 및 진찰, 구강아안면 부위의 영상, 기능, 병리검사, 구강악안면질환, 형태이상의 진단과 치료, 치과 생체재료의 이해, 공중구강보건과 구강질환의 예방과 교육, 한국치과의료의 이해) 나. 한국어 | 병력청취, 신체질환, 환자와의 의사소통, 진료태도, 기본 기술적 수기(basic technical skill) |
| 한 의 사 | 가. 한의학의 기초(인체의 구조, 기능 및 대사, 질병의 발생과 변화, 진찰, 검사 및 변증, 치료기법 및 재료, 한국한의학의 이해) 나. 한국어 | 병력청취, 신체질환, 환자와의 의사소통, 진료태도, 학약재관리, 기본 기술적 수기(basic technical skill) |

2. 시험방법 등
 가. 예비시험의 시험방법은 1차 시험은 필기시험, 2차 시험은 실기시험으로 하되, 2차 시험은 1차 시험 합격자에 대하여만 실시한다. 이 경우 1차 시험에 합격한 자에 대하여는 다음 회의 시험에서만 1차 시험을 면제한다.
 나. 1차 시험 중 한국어 과목의 시험은 국가시험등관리기관의 장이 지정하는 한국어능력평가 전문기관(이하 "한국어시험기관"이라 한다)이 시행한다. 다만, 국내에서 한국어로 수업하는 「초·중등교육법」에 따른 중학교와 고등학교 과정을 모두 마친 자는 한국어 과목의 시험을 면제한다.
 다. 예비시험에 응시하는 자는 한국어시험기관이 발행한 한국어 과목 인증서를 제출하여야 하고, 한국어 과목의 면제 대상이 되는 자는 출신 학교의 장이 발행한 졸업증명서를 제출하여야 한다.
3. 합격자 결정방법
 가. 예비시험의 1차 시험 합격자는 한국어 과목에서 국가시험등관리기관의 장이 정하는 기준 이상의 성적을 취득하거나 한국어 과목 시험을 면제받은 자로서 한국어 과목을 제외한 과목 총점의 60퍼센트 이상을 득점한 자로 한다.
 나. 예비시험의 2차 시험 합격자는 국가시험등관리기관의 장이 정하는 실기시험 합격 기준에 따라 적격 판정을 받은 자로 한다.

| 의료법 | 제10조(응시자격 제한 등) |
|---|---|

① 제8조 각 호의 어느 하나에 해당하는 자는 국가시험등에 응시할 수 없다. <개정 2009. 1. 30.>

② 부정한 방법으로 국가시험등에 응시한 자나 국가시험등에 관하여 부정행위를 한 자는 그 수험을 정지시키거나 합격을 무효로 한다.

③ 보건복지부장관은 제2항에 따라 수험이 정지되거나 합격이 무효가 된 사람에 대하여 처분의 사유와 위반 정도 등을 고려하여 대통령령으로 정하는 바에 따라 그 다음에 치러지는 이 법에 따른 국가시험등의 응시를 3회의 범위에서 제한할 수 있다. <개정 2016. 12. 20.>

| 의료법 시행령 | 제9조의2(국가시험등 응시제한) |
|---|---|

법 제10조제3항에 따른 국가시험등의 응시제한 기준은 별표 1과 같다.

[본조신설 2017. 6. 20.]

■ 의료법 시행령 [별표 1] <신설 2017. 6. 20.>

### 국가시험 등 응시제한 기준(제9조의2 관련)

| 위반행위 | 응시제한 횟수 |
|---|---|
| 1. 시험 중에 대화·손동작 또는 소리 등으로 서로 의사소통을 하는 행위<br>2. 시험 중에 허용되지 않는 자료를 가지고 있거나 해당 자료를 이용하는 행위<br>3. 제7조제1항에 따른 응시원서를 허위로 작성하여 제출하는 행위 | 1회 |
| 4. 시험 중에 다른 사람의 답안지 또는 문제지를 엿보고 본인의 답안지를 작성하는 행위<br>5. 시험 중에 다른 사람을 위해 시험 답안 등을 알려주거나 엿보게 하는 행위<br>6. 다른 사람의 도움을 받아 답안지를 작성하거나 다른 사람의 답안지 작성에 도움을 주는 행위<br>7. 본인이 작성한 답안지를 다른 사람과 교환하는 행위<br>8. 시험 중에 허용되지 아니한 전자장비·통신기기 또는 전자계산기기 등을 사용하여 시험답안을 전송하거나 작성하는 행위<br>9. 시험 중에 시험문제 내용과 관련된 물건(시험 관련 교재 및 요약자료를 포함한다)을 다른 사람과 주고받는 행위<br>10. 법 제8조 각 호의 어느 하나에 해당하는 사람이 시험에 응시하는 행위<br>11. 제8조제1항에 따른 서류를 허위로 작성하여 제출하는 행위 | 2회 |
| 12. 본인이 직접 대리시험을 치르거나 다른 사람으로 하여금 시험을 치르게 하는 행위<br>13. 사전에 시험문제 또는 시험답안을 다른 사람에게 알려주는 행위<br>14. 사전에 시험문제 또는 시험답안을 알고 시험을 치르는 행위 | 3회 |
| 비고: 위 표의 위반행위에 대한 세부 기준 및 유형 등에 대해서는 보건복지부장관이 정하여 고시할 수 있다. | |

| 의료법 | 제11조(면허 조건과 등록) |
| --- | --- |

① 보건복지부장관은 보건의료 시책에 필요하다고 인정하면 제5조에서 제7조까지의 규정에 따른 면허를 내줄 때 3년 이내의 기간을 정하여 특정 지역이나 특정 업무에 종사할 것을 면허의 조건으로 붙일 수 있다. <개정 2008. 2. 29., 2010. 1. 18.>

② 보건복지부장관은 제5조부터 제7조까지의 규정에 따른 면허를 내줄 때에는 그 면허에 관한 사항을 등록대장에 등록하고 면허증을 내주어야 한다. <개정 2008. 2. 29., 2010. 1. 18.>

③ 제2항의 등록대장은 의료인의 종별로 따로 작성·비치하여야 한다.

④ 면허등록과 면허증에 필요한 사항은 보건복지부령으로 정한다.
<개정 2008. 2. 29., 2010. 1. 18.>

| 의료법 시행령 | 제10조(면허조건) |
| --- | --- |

① 법 제11조제1항에서 "특정 지역"이란 보건복지부장관이 정하는 보건의료 취약지를 말하고, "특정 업무"란 국·공립 보건의료기관의 업무와 국·공·사립 보건의학연구기관의 기초의학 분야에 속하는 업무를 말한다. <개정 2008. 2. 29., 2010. 3. 15.>

② 법 제11조제1항에 따라 특정 지역이나 특정 업무에 종사하는 의료인에게는 예산의 범위에서 수당을 지급한다.

③ 법 제11조제1항에 따른 면허 조건의 이행 방법과 종사명령의 절차 등에 관하여 필요한 사항은 보건복지부령으로 정한다. <개정 2008. 2. 29., 2010. 3. 15.>

| 의료법 시행규칙 | 제5조(면허등록대장 등) |
| --- | --- |

① 법 제11조제2항에 따른 등록대장은 별지 제3호서식의 면허등록대장에 따른다.

② 의료인은 제1항의 등록대장의 기재 사항이나 면허증의 기재 사항이 변경될 때에는 등록대장의 기재 사항 정정이나 면허증 갱신을 신청하여야 한다.

③ 제2항에 따라 등록대장의 기재 사항 정정 등을 신청하려는 자는 별지 제4호서식의 면허등록대장 정정(면허증 갱신) 신청서에 다음 각 호의 서류를 첨부하여 보건복지부장관에게 제출하여야 한다. <개정 2010. 3. 19., 2016. 12. 30.>

1. 면허증

2. 사진(신청 전 6개월 이내에 모자 등을 쓰지 않고 촬영한 천연색 상반신 정면사진으로 가로 3.5센티미터, 세로 4.5센티미터의 사진을 말한다) 2장 (면허증 갱신을 신청하는 경우에만 첨부한다)

3. 변경 사실을 증명할 수 있는 서류

| 의료법 시행규칙 | 제6조(면허증 재발급) |
|---|---|

① 의료인이 면허증을 잃어버렸거나 면허증이 헐어 못쓰게 되어 재발급받으려는 경우에는 별지 제5호서식의 신청서(전자문서로 된 신청서를 포함한다)에 다음 각 호의 서류를 첨부하여 보건복지부장관에게 제출하여야 한다. <개정 2010. 3. 19., 2016. 12. 30.>

 1. 면허증이 헐어 못쓰게 된 경우에는 그 면허증

 2. 사진(신청 전 6개월 이내에 모자 등을 쓰지 않고 촬영한 천연색 상반신 정면사진으로 가로 3.5센티미터, 세로 4.5센티미터의 사진을 말한다) 2장

② 법 제65조제2항에 따라 취소된 면허를 재발급받으려는 자는 별지 제5호서식의 신청서에 면허취소의 원인이 된 사유가 소멸하거나 개전의 정이 현저하다고 인정될 수 있는 서류와 사진(신청 전 6개월 이내에 모자 등을 쓰지 않고 촬영한 천연색 상반신 정면사진으로 가로 3.5센티미터, 세로 4.5센티미터의 사진을 말한다) 2장을 첨부하여 특별시장·광역시장·특별자치시장·도지사 또는 특별자치도지사(이하 "시·도지사"라 한다)를 거쳐 보건복지부장관에게 제출해야 한다. <개정 2010. 3. 19., 2016. 12. 30., 2020. 9. 4.>

| 의료법 시행규칙 | 제7조(수수료 등) |
|---|---|

① 의료인의 면허에 관한 수수료는 다음 각 호와 같다. <개정 2013. 4. 17.>

 1. 면허증 발급 수수료 : 2천원

 2. 면허증의 갱신 또는 재발급 수수료 : 2천원

 3. 등록증명 수수료 : 500원(정보통신망을 이용하여 발급받는 경우 무료)

② 제4조에 따라 면허증을 발급하는 경우에는 제1항제1호의 수수료를 징수하지 아니한다.

③ 국가시험등에 응시하려는 자는 법 제85조제1항에 따라 국가시험등관리기관의 장이 보건복지부장관의 승인을 받아 결정한 수수료를 현금으로 내야 한다. 이 경우 수수료의 금액 및 납부방법 등은 영 제4조제3항에 따라 국가시험등관리기관의 장이 공고한다. <개정 2010. 3. 19.>

④ 제1항의 수수료는 면허관청이 보건복지부장관인 경우에는 수입인지로 내고, 시·도지사인 경우에는 해당 지방자치단체의 수입증지로 내야 한다.<개정 2010. 3. 19.>

⑤ 제3항 및 제4항에 따른 수수료는 정보통신망을 이용하여 전자화폐나 전자결제 등의 방법으로 낼 수 있다.

△ 제11조제1항에 따른 면허의 조건을 이행하지 아니한 경우 : 면허취소

| 질의 내용 | 면허의 조건 |
|---|---|
| 해석 경향 | 의료법 제11조에 의해 보건복지부장관은 보건의료 시책에 필요하다고 인정하면 제5조에서 제7조까지의 규정에 따른 면허를 내줄 때 3년 이내의 기간을 정하여 특정 지역이나 특정 업무에 종사할 것을 면허의 조건으로 붙일 수 있으며, 이때 "특정 지역"이란 보건복지부장관이 정하는 보건의료 취약지를 말하고, "특정 업무"란 국 · 공립 보건의료기관의 업무와 국 · 공 · 사립 보건의학연구기관의 기초의학 분야에 속하는 업무를 말합니다. |

┌─ 의료법 ─┐ 제12조(의료기술 등에 대한 보호)

① 의료인이 하는 의료 · 조산 · 간호 등 의료기술의 시행(이하 "의료행위"라 한다)에 대하여는 이 법이나 다른 법령에 따로 규정된 경우 외에는 누구든지 간섭하지 못한다.

② 누구든지 의료기관의 의료용 시설 · 기재 · 약품, 그 밖의 기물 등을 파괴 · 손상하거나 의료기관을 점거하여 진료를 방해하여서는 아니 되며, 이를 교사하거나 방조하여서는 아니 된다.

③ 누구든지 의료행위가 이루어지는 장소에서 의료행위를 행하는 의료인, 제80조에 따른 간호조무사 및 「의료기사 등에 관한 법률」 제2조에 따른 의료기사 또는 의료행위를 받는 사람을 폭행 · 협박하여서는 아니 된다. <신설 2016. 5. 29.>

◇ 제12조제2항 및 제3항 위반 : 5년 이하의 징역이나 5천만원 이하의 벌금
◇ 제12조제3항을 위반(상해) : 7년 이하의 징역 또는 1천만원 이상 7천만원 이하의 벌금. 다만, 제12조제3항의 죄는 피해자의 명시한 의사에 반하여 공소를 제기할 수 없다
◇ 제12조제3항을 위반(중상해) : 3년 이상 10년 이하의 징역
◇ 제12조제3항을 위반(사망) : 무기 또는 5년 이상의 징역 <신설 2019. 4. 23.>

| 타법 | 응급의료에 관한 법률 | 제12조(응급의료 등의 방해 금지) |
|---|---|---|

누구든지 응급의료종사자(「의료기사 등에 관한 법률」 제2조에 따른 의료기사와 「의료법」 제80조에 따른 간호조무사를 포함한다)와 구급차등의 응급환자에 대한 구조·이송·응급처치 또는 진료를 폭행, 협박, 위계(僞計), 위력(威力), 그 밖의 방법으로 방해하거나 의료기관 등의 응급의료를 위한 의료용 시설·기재(機材)·의약품 또는 그 밖의 기물(器物)을 파괴·손상하거나 점거하여서는 아니된다. <개정 2012. 5. 14., 2020. 12. 29.> [전문개정 2011. 8. 4.] [시행일 : 2021. 3. 30.] 제12조

---

| 응급의료에 관한 법률에 따른 벌칙·행정처분 |
|---|

◇ 제60조(벌칙) ① 「의료법」 제3조에 따른 의료기관의 응급실에서 응급의료종사자(「의료기사 등에 관한 법률」 제2조에 따른 의료기사와 「의료법」 제80조에 따른 간호조무사를 포함한다)를 폭행하여 상해에 이르게 한 사람은 10년 이하의 징역 또는 1천만원 이상 1억 원 이하의 벌금에 처하고, 중상해에 이르게 한 사람은 3년 이상의 유기징역에 처하며, 사망에 이르게 한 사람은 무기 또는 5년 이상의 징역에 처한다. <신설 2019. 1. 15.>

② 다음 각 호의 어느 하나에 해당하는 자는 5년 이하의 징역 또는 5천만원 이하의 벌금에 처한다. <개정 2015. 1. 28., 2019. 1. 15.>

1. 제12조를 위반하여 응급의료를 방해하거나 의료용 시설 등을 파괴·손상 또는 점거한 사람

---

| 질의 내용 | 의사의 진료방법 선택 등 의료기술 등에 대한 보호 |
|---|---|
| 판례 경향 | 환자가 의사(의사) 또는 의료기관(이하 '의료인'이라 한다)에게 진료를 의뢰하고, 의료인이 그 요청에 응하여 치료행위를 개시하는 경우에 의료인과 환자 사이에는 의료계약이 성립된다. 의료계약에 따라 의료인은 질병의 치료 등을 위하여 모든 의료지식과 의료기술을 동원하여 환자를 진찰하고 치료할 의무를 부담하며 이에 대하여 환자 측은 보수를 지급할 의무를 부담한다.<br>질병의 진행과 환자 상태의 변화에 대응하여 이루어지는 가변적인 의료의 성질로 인하여, 계약 당시에는 진료의 내용 및 범위가 개괄적이고 추상적이지만, 이후 질병의 확인, 환자의 상태와 자연적 변화, 진료행위에 의한 생체반응 등(이하 '환자의 건강상태 등'이라 한다)에 따라 제공되는 진료의 내용이 구체화되므로, 의료인은 환자의 건강상태 등과 당시의 의료수준 그리고 자기의 지식경험에 따라 적절하다고 판단되는 진료방법 |

| | |
|---|---|
| | 을 선택할 수 있는 상당한 범위의 재량을 가진다(대법원 1992. 5. 12. 선고 91다23707 판결, 대법원 2007. 5. 31. 선고 2005다5867 판결 등 참조). |

| | |
|---|---|
| 질의 내용 | 의사가 작성·교부한 진단서 내용에 대한 보호 |
| 해석 경향 | 의료법 제17조제3항에 의사·치과의사 또는 한의사는 자신이 진찰하거나 검안한 자에 대한 진단서·검안서 또는 증명서 교부를 요구받은 때에는 정당한 사유 없이 거부하지 못하도록 규정하고 있으므로 환자로부터 진단서 교부를 요구받을 경우, 지체 없이 작성·교부함이 타당합니다. 아울러 의료법 제12조제1항에 "의료인이 하는 의료·조산·간호 등 의료기술의 시행(이하 "의료행위"라 한다)에 대하여는 이 법이나 다른 법령에 따로 규정된 경우 외에는 누구든지 간섭하지 못한다"고 규정하고 있습니다. 따라서 환자가 교부 받은 진단서 내용 중 이해되지 아니한 부분은 교부 의사에게 문의하여 이해도를 높일 수는 있지만, 진료의사의 전문적인 판단에 의하여 작성된 병명, 향후 치료에 대한 소견 등 진단서 내용에 대하여 신뢰하지 않고 환자 자신이 의도하는 생각을 주장하는 것은 타당하지 아니합니다. |

| | |
|---|---|
| 질의 내용 | 의료기관의 기물 파괴, 점거, 폭행, 협박 등 처벌 |
| 해석 경향 | 의료법 제12조제2항에서는 "누구든지 의료기관의 의료용 시설·기재·약품, 그 밖의 기물 등을 파괴·손상하거나 의료기관을 점거하여 진료를 방해하여서는 아니 되며, 이를 교사하거나 방조하여서는 아니 된다"고 규정하고 있습니다. 또한 같은법 제12조 제3항에서는 "누구든지 의료행위가 이루어지는 장소에서 의료행위를 행하는 의료인, 제80조에 따른 간호조무사 및 「의료기사 등에 관한 법률」 제2조에 따른 의료기사 또는 의료행위를 받는 사람을 폭행·협박하여서는 아니 된다"고 규정하고 이를 위반 시 5년 이하의 징역이나 5천만원 이하의 벌금에 처하도록 하고 있습니다. 나아가 같은법 제12조제3항을 위반하여 폭행 등으로 사망에 이르게 하였을 경우, 무기 또는 5년 이상의 징역에 처하도록 규정하고 있습니다. |

| 질의 내용 | 의료기관의 점거 |
|---|---|
| 판례 경향 | '진료를 방해할 목적으로 의료기관을 점거한 자'란 동법 제3조의 규정내용과 처벌규정을 둔 입법취지에 비추어 볼 때 통상 진료실이나 병실을 사실상 지배하여 의료인의 진료를 방해할 수 있는 정도의 물리적 지배를 하는 자를 의미한다고 할 것이나 반드시 논지가 지적한 것처럼 의료기관을 완전히 점거한 자만을 지칭하는 것은 아니고 진료를 방해할 목적으로 진료실이나 병실에서 유형, 무형의 실력행사와 그 외의 방법으로 진료행위를 하려는 의료인의 의료행위를 방해했다면 그와 같은 경우도 위 조항의 "의료기관을 점거한 자"에 해당된다고 해석해야 할 것이다(대법원 1980. 9. 24. 선고 79도1387 판결). |

| 질의 내용 | 의료기관의 점거 진료방해 행위의 정도 |
|---|---|
| 판례 경향 | 구 의료법(2006. 10. 27. 법률 제8067호로 개정되기 전의 것, 이하 같다) 제12조는 '누구든지 의료기관의 의료용 시설, 기재·약품 기타의 기물 등을 파괴·손상하거나 의료기관을 점거하여 진료를 방해하여서는 아니 되며, 이를 교사 또는 방조하여서는 아니 된다'고 규정하고 있는 바, 위 규정이 진료를 방해하는 행위의 태양으로 의료기관의 '점거'를 규정하고 있는 점 및 그 처벌규정을 둔 입법 취지에 비추어 볼 때, '의료기관을 점거하여 진료를 방해하는 행위'란, 반드시 의료기관을 완전히 점거할 것을 요하는 것은 아니라고 하더라도, 진료실이나 병실을 어느 정도 사실상 지배하여 의료인의 진료를 방해할 수 있는 정도의 물리적 지배를 함으로써 진료행위를 방해하는 행위를 의미한다고 볼 것이므로(대법원 1980. 9. 24. 선고 79도1387 판결 참조), 단지 의료행위에 지장을 초래할 수도 있는 행위가 병실이나 진료실에서 이루어진 것일 뿐, 진료실이나 병실을 어느 정도 사실상 지배하여 물리적 지배를 하였다고 볼 수 없는 경우라면, 의료기관을 '점거'하여 진료를 방해한 것으로서 위 규정에 위반되는 것이라고 볼 수는 없다.<br>원심은, 그 채용 증거에 의하여, 그 판시와 같은 사실을 인정한 후, 그 판시와 같은 이유로, 피고인 1이 이 사건 병원의 의사인 공소 외 1의 진료가 끝난 후 진료실에 들어가서 공소 외 1에게 방 열쇠를 돌려달라고 반복한 행위나 피고인들이 병원 내에서 피고인 1의 지시에 응하지 아니하는 병원 직원들의 모습 또는 진료를 하지 않고 있는 공소 외 1에게 경고장을 수여하는 모습을 캠코더로 촬영한 행위 등이 진료실이나 병실을 사실상 지배하여 진료행위를 하려고 하는 의료인의 의료행위를 방해하는 정도에 이르지 않았다고 판단하여, 피고인들에 대한 일부 의료법 위반의 점에 대하여 무죄를 선고하였는바, 위 법리에 비추어 기록을 살 |

| | 펴보면, 원심의 위와 같은 사실인정과 판단은 정당한 것으로 수긍할 수 있고, 거기에 상고이유에서 주장하는 바와 같은 구 의료법 제12조에 관한 법리오해 등의 위법이 있다고 할 수 없다(대법원 2008. 11. 27. 선고 2008도7567 판결). |
|---|---|

| 의료법 | 제13조(의료기재 압류 금지) |
|---|---|
| | 의료인의 의료 업무에 필요한 기구·약품, 그 밖의 재료는 압류하지 못한다. |

◇ 의료인이 의료행위를 행하는 의료기관에 설치된 기구나 구비 되어 있는 약품, 그 밖의 재료 등은 환자를 진단하고 치료하는 등 국민의 건강을 수호하고 국민의 건강한 생활을 확보하는데 필수적인 요소이므로 그 사용을 제한하거나 금지시킬 수 없다.

| 의료법 | 제14조(기구 등 우선공급) |
|---|---|
| | ① 의료인은 의료행위에 필요한 기구·약품, 그 밖의 시설 및 재료를 우선적으로 공급받을 권리가 있다. |
| | ② 의료인은 제1항의 권리에 부수(附隨)되는 물품, 노력, 교통수단에 대하여서도 제1항과 같은 권리가 있다. |

◇ 국민의 생명과 건강한 생활을 확보하기 위한 의료인의 의료행위에 필요한 기구·약품, 그 밖의 시설 및 재료 등을 우선적으로 공급받을 수 있는 권리는 의료법 제14조 외 보건의료기본법, 감염병예방 및 관리에 관한법률, 재난 및 안전관리기본법, 응급의료에 관한법률 등에서도 포괄적인 지원을 규정하고 있다.

| 의료법 | 제15조(진료거부 금지 등) |
|---|---|
| | ① 의료인 또는 의료기관 개설자는 진료나 조산 요청을 받으면 정당한 사유 없이 거부하지 못한다. <개정 2016. 12. 20.> |
| | ② 의료인은 응급환자에게 「응급의료에 관한 법률」에서 정하는 바에 따라 최선의 처치를 하여야 한다. |

벌칙 • 행정처분

◇ 제15조제1항을 위반한 자 : 1년 이하의 징역이나 1천만원 이하의 벌금
△ 제15조를 위반하여 정당한 사유 없이 진료 또는 조산(助産)의 요청을 거부하거나 응급환자에 대한 응급조치를 하지 아니한 경우 : 자격정지 1개월
△ 제15조제1항을 위반한 의료기관 : 시정명령

| 타법 | 응급의료에 관한 법률 | 제6조(응급의료의 거부금지 등) |
|------|--------------------|------------------------------|

① 응급의료기관등에서 근무하는 응급의료종사자는 응급환자를 항상 진료할 수 있도록 응급의료업무에 성실히 종사하여야 한다.

② 응급의료종사자는 업무 중에 응급의료를 요청받거나 응급환자를 발견하면 즉시 응급의료를 하여야 하며 정당한 사유 없이 이를 거부하거나 기피하지 못한다.[전문개정 2011. 8. 4.]

| 타법 | 응급의료에 관한 법률 | 제8조(응급환자에 대한 우선 응급의료 등) |
|------|--------------------|------------------------------------------|

① 응급의료종사자는 응급환자에 대하여는 다른 환자보다 우선하여 상담·구조 및 응급처치를 하고 진료를 위하여 필요한 최선의 조치를 하여야 한다.

② 응급의료종사자는 응급환자가 2명 이상이면 의학적 판단에 따라 더 위급한 환자부터 응급의료를 실시하여야 한다. [전문개정 2011. 8. 4.]

---

응급의료에 관한 법률에 따른 벌칙·행정처분

◇ 제60조(벌칙) 제6조제2항을 위반하여 응급의료를 거부 또는 기피한 응급의료종사자 : 3년 이하의 징역 또는 3천만원 이하의 벌금

△ 응급의료종사자가 법 제6조제2항을 위반하여 업무중 응급의료를 행하지 아니하거나 응급의료 요청을 정당한 사유없이 거부 또는 기피한 경우 : (1차)면허 또는 자격정지 2개월, (2차) 3개월, (3차) 면허 또는 자격취소

△ 응급의료종사자가 법 제8조를 위반하여 응급환자에 대한 우선 응급의료 등의 조치를 하지 아니한 경우 : (1차) 면허 또는 자격정지 7일, (2차) 15일, (3차) 1개월

---

| 질의 내용 | 진료 거부 |
|-----------|-----------|
| 해석 경향 | 의료법 제15조제1항은 "의료인 또는 의료기관 개설자는 진료나 조산요청을 받으면 정당한 사유 없이 거부하지 못한다." 또한 응급의료에 관한 법률에 "응급의료종사자는 업무 중에 응급의료를 요청받거나 응급환자를 발견하면 즉시 응급의료를 하여야 하며 정당한 사유 없이 이를 거부하거나 기피하지 못한다"고 규정하고 있습니다. 따라서 의료기관 또는 의료인은 정당한 사유 없이 환자의 진료요청을 거부할 수 없으며, 여기서 '진료 거부'란 의료기관에서 진료할 수 있는 시설·장비·인력을 갖추고 있으면서도 환자의 진료 요청에 진료를 기피하거나 하지 아니하는 경우를 말합니다. |

| 질의 내용 | 진료거부에 있어 '정당한 사유'란? |
| --- | --- |
| 해석 경향 | 의료법 제15조제1항은 의료인 또는 의료기관 개설자는 진료나 조산 요청을 받으면 정당한 사유 없이 거부하지 못한다고 규정하고 있으며, 이를 위반할 경우, 의료법 제89조에 따라 1년 이하의 징역이나 1천만원 이하의 벌금에 처해질 수 있습니다. 진료 거부란 의료기관에서 진료할 수 있는 시설·장비·인력을 갖추고 있으면서도 진료를 기피하거나 하지 아니하는 경우를 말하며, 여기서 진료를 거부할 수 있는 '정당한 사유'란 다음과 같은 사항을 말하며, 추후 객관적 사실 확인이 가능하여야 합니다.<br><br>-의사가 부재중이거나 신병으로 인하여 진료를 행할 수 없는 상황인 경우<br>-병상, 의료인력, 의약품, 치료재료 등 시설 및 인력 등이 부족하여 새로운 환자를 받아들일 수 없는 경우<br>-의원 또는 외래진료실에서 예약 환자 진료 일정 때문에 당일 방문환자에게 타 의료기관 이용을 권유할 수밖에 없는 경우<br>-의사가 타 진문과목 영역 또는 고 난이도의 신료를 수행할 전문 지식 또는 경험이 부족한 경우<br>-타 의료인이 환자에게 기 시행한 치료(투약, 시술, 수술 등) 사항을 명확히 알 수 없는 등 의학적 특수성 등으로 인하여 새로운 치료가 어려운 경우<br>-환자가 의료인의 치료방침에 따를 수 없음을 천명하여 특정 치료의 수행이 불가하거나 환자가 의료인으로서의 양심과 전문 지식에 반하여 치료방법을 의료인에게 요구하는 경우<br>-환자 또는 보호자 등이 해당 의료인에 대하여 모욕죄, 명예훼손죄, 폭행죄, 업무방해죄에 해당될 수 있는 상황을 형성하여 의료인이 정상적인 의료행위를 행할 수 없도록 한 경우<br>-더 이상의 입원치료가 불필요함 또는 대학병원급 의료기관에서의 입원치료는 필요치 아니함을 의학적으로 명백히 판단할 수 있는 상황에서 환자에게 가정요양 또는 요양병원, 의원급 의료기관, 요양 시설 등의 이용을 충분한 설명과 함께 권유하고 퇴원을 지시하는 경우 |

| 질의 내용 | 응급환자 및 응급의료 |
| --- | --- |
| 해석 경향 | 응급의료에 관한 법률에서 "응급환자"란 질병, 분만, 각종 사고 및 재해로 인한 부상이나 그 밖의 위급한 상태로 인하여 즉시 필요한 응급처치를 받지 아니하면 생명을 보존할 수 없거나 심신에 중대한 위해(危害)가 발생할 가능성이 있는 환자 또는 이에 준하는 사람으로서 보건복지부령으로 정하는 사람을 말하고, "응급의료"란 응급환자가 발생한 때부터 생명의 위험에서 회복되거나 심신상의 중대한 위해가 제거되기까지의 과정에서 응급환자를 위하여 하는 상담·구조(救助)·이송·응급처치 및 진료 등의 조치를 말합니다. |

| 질의 내용 | 의사의 진료 후 전원 및 병원 직원과 환자 간 다툼이 이유 |
|---|---|
| 해석 경향 | 의료법 제15조제1항에서 규정하고 있는 진료거부 금지에서 '진료거부'라 함은 의료기관에서 진료할 수 있는 시설·장비·인력을 갖추고 있으면 서도 환자의 진료 요청에 진료를 기피하거나 하지 아니하는 행위를 뜻하며, 일단 진료한 환자의 상태를 보아 의사가 의학적인 판단에 따라 퇴원 또는 타 의료기관 진료(전원)를 권유하는 행위는 진료거부로 볼 수 없을 것입니다. 아울러 의료기관에서 환자와 의료기관 종사자 간에 다툼이 발생하였다 하여 특정 환자의 진료를 거부하는 행위는 정당한 사유에 해당 되지 아니하며 해당 환자가 진료받기를 원할 경우 의료인은 진료행위를 행하여야 할 것입니다. |

| 질의 내용 | 직원이 퇴근을 이유로 CT촬영을 익일로 연기한 경우 |
|---|---|
| 해석 경향 | 의료법 제15조제1항은 의료인 또는 의료기관 개설자는 진료나 조산 요청을 받으면 정당한 사유 없이 거부하지 못한다고 규정하고 있으며, 이를 위반할 경우, 의료법 제89조에 따라 1년 이하의 징역이나 1천만원 이하의 벌금, 1개월의 자격정지 처분에 처해질 수 있습니다. 자신의 퇴근을 이유로 담당 의사의 촬영 처방을 어기고 환자를 다음날 다시 오도록 돌려보내는 행위는 진료거부에 해당하여 행정처분을 받을 수 있습니다. |

| 질의 내용 | 응급실에서 술 취해 진료거부 등 난동행위의 처벌 |
|---|---|
| 해석 경향 | 응급의료에 관한 법률 제12조에 누구든지 응급의료종사자(「의료기사 등에 관한 법률」 제2조에 따른 의료기사와 「의료법」 제80조에 따른 간호조무사를 포함한다)의 응급환자에 대한 구조·이송·응급처치 또는 진료를 폭행, 협박, 위계(僞計), 위력(威力), 그 밖의 방법으로 방해하거나 의료기관 등의 응급의료를 위한 의료용 시설·기재(機材)·의약품 또는 그 밖의 기물(器物)을 파괴·손상하거나 점거하여서는 아니 된다고 규정하고 있습니다. 술에 취해 응급실에서 난동을 부리며 진료를 거부한 환자는 응급의료에 관한 법률 위반행위로 5년 이하의 징역이나 5천만원 이하의 벌금에 처해지게 됩니다. |

| 의료법 | 제16조(세탁물 처리) |
|---|---|

① 의료기관에서 나오는 세탁물은 의료인·의료기관 또는 특별자치시장·특별자치도지사·시장·군수·구청장(자치구의 구청장을 말한다. 이하 같다)에게 신고한 자가 아니면 처리할 수 없다. <개정 2015. 1. 28.>
② 제1항에 따라 세탁물을 처리하는 자는 보건복지부령으로 정하는 바에 따라 위생적으로 보관·운반·처리하여야 한다. <개정 2008. 2. 29., 2010. 1. 18.>
③ 의료기관의 개설자와 제1항에 따라 의료기관세탁물처리업 신고를 한 자(이하

이 조에서 "세탁물처리업자"라 한다)는 제1항에 따른 세탁물의 처리업무에 종사하는 사람에게 보건복지부령으로 성하는 바에 따라 감염 예방에 관한 교육을 실시하고 그 결과를 기록하고 유지하여야 한다. <신설 2015. 1. 28.>

④ 세탁물처리업자가 보건복지부령으로 정하는 신고사항을 변경하거나 그 영업의 휴업(1개월 이상의 휴업을 말한다)·폐업 또는 재개업을 하려는 경우에는 보건복지부령으로 정하는 바에 따라 특별자치시장·특별자치도지사·시장·군수·구청장에게 신고하여야 한다. <신설 2015. 1. 28.>

⑤ 제1항에 따른 세탁물을 처리하는 자의 시설·장비 기준, 신고 절차 및 지도·감독, 그 밖에 관리에 필요한 사항은 보건복지부령으로 정한다. <개정 2008. 2. 29., 2010. 1. 18., 2015. 1. 28.>

### 의료기관세탁물 관리규칙
[시행 2019. 9. 27.] [보건복지부령 제672호, 2019. 9. 27., 타법개정]

제1조(목적) 이 규칙은 「의료법」 제16조제2항 및 제3항에 따라 의료기관(병상을 갖춘 의료기관을 말한다. 이하 같다)에서 발생하는 세탁물의 처리 방법, 의료기관세탁물 처리업의 신고, 그 밖에 세탁물의 관리에 관하여 필요한 사항을 규정함을 목적으로 한다.

제2조(정의) 이 규칙에서 사용하는 용어의 뜻은 다음과 같다. <개정 2010. 2. 1., 2010. 12. 30.>

1. "의료기관세탁물"이란 의료기관에 종사하는 자와 진료받는 환자가 사용하는 것으로서 세탁 과정을 거쳐 재사용할 수 있는 다음 각 목의 세탁물(이하 "세탁물"이라 한다)을 말한다.
   가. 침구류 : 이불, 담요, 시트, 베개, 베갯잇 등
   나. 의류 : 환자복, 신생아복, 수술복, 가운 등
   다. 리넨류 : 수술포, 기계포, 마스크, 모자, 수건, 기저귀, 그 밖의 리넨류
   라. 기타 : 커텐, 씌우개류, 수거자루 등
2. "오염세탁물"이란 세탁물 중 전염성 물질에 오염되었거나 오염될 우려가 있는 다음 각 목의 세탁물을 말한다.
   가. 「감염병의 예방 및 관리에 관한 법률」에 따른 감염병환자가 사용한 세탁물과 감염성 병원균에 오염될 우려가 있는 세탁물
   나. 환자의 피·고름·배설물·분비물 등에 오염된 세탁물
   다. 동물실험 시 감염증에 걸린 동물의 배설물 또는 분비물에 오염된 세탁물
   라. 그 밖에 감염성 병원균에 오염된 세탁물
3. "기타세탁물"이란 세탁물 중 오염세탁물 외의 세탁물을 말한다.
4. "일반세탁물"이란 의료기관세탁물 외의 세탁물을 말한다.

제3조(세탁물의 보관 및 운반 기준) 의료기관과 시장·군수·구청장(자치구의 구청장을 말한다. 이하 같다)에게 의료기관세탁물 처리업 신고를 한 자(이하 "처리업자"라 한다)는 별표 1의 세탁물의 보관 및 운반 기준에 따라 세탁물을 보관하고 운반하여야 한다.

제4조(세탁물의 처리) ① 의료기관은 다음 각 호의 어느 하나의 방법으로 세탁물을 처리하여야 한다.
1. 제6조제1항의 시설 기준에 맞는 세탁물 처리시설에서 자체 처리

2. 처리업자에게 위탁 처리

② 처리업자는 제1항제2호에 따라 의료기관으로부터 위탁받은 세탁물을 재위탁하여서는 아니 된다. 다만, 정전·단수·기계고장 등의 사유로 위탁받은 세탁물을 기한까지 처리할 수 없는 경우에는 시장·군수·구청장에게 신고한 후 다른 처리업자에게 재위탁하여 처리할 수 있다.

③ 의료기관과 처리업자는 오염세탁물을 「감염병의 예방 및 관리에 관한 법률 시행규칙」 별표 6에 따른 증기소독, 끓는물 소독 또는 약물소독 방법으로 소독한 후 세탁하여야 한다. <개정 2010. 12. 30.>

④ 의료기관과 처리업자는 별표 2의 세탁물의 처리 기준에 따라 세탁물을 처리하여야 한다.

제5조(세탁금지 세탁물) 의료기관은 다음 각 호의 세탁물을 재사용의 목적으로 세탁하거나 처리업자에게 처리를 위탁하여서는 아니 된다. <개정 2010. 2. 1.>

1. 피·고름이 묻은 붕대 및 거즈
2. 마스크·수술포 등 일회용 제품류
3. 바이러스성 출혈열[신증후군출혈열(유행성출혈열), 황열, 뎅기열, 마버그열, 에볼라열 및 라싸열의 경우에 해당한다] 환자의 혈액이나 체액으로 오염된 세탁물
4. 크로이츠펠트-야콥병(CJD) 및 변종크로이츠펠트-야콥병(vCJD) 확진 또는 의심환자의 중추신경계 조직으로 오염된 세탁물

제6조(시설 기준) ① 의료기관은 세탁물을 처리업자에게 전량 위탁하여 처리할 경우 외에는 별표 3의 의료기관의 세탁물 처리시설 및 장비 기준에 맞는 세탁물 처리시설과 장비를 갖추어야 한다.

② 처리업자는 별표 4의 세탁물 처리업자의 시설 및 장비 기준에 맞는 세탁물 처리시설과 장비를 갖추어야 한다.

제7조(처리업의 신고 등) ① 의료기관세탁물 처리업을 하려는 자는 별지 제1호서식의 의료기관세탁물 처리업 신고서에 다음 각 호의 서류를 첨부하여 시장·군수·구청장에게 제출하여야 한다.

1. 별표 4에 따른 시설 및 장비 명세서
2. 작업장 평면도(기계·기구의 배치 내용을 포함한다)

② 시장·군수·구청장은 제1항에 따른 신고를 받은 경우에는 7일 이내에 신고내용을 확인한 후 별지 제2호서식의 의료기관세탁물 처리업 신고증명서를 그 신고인에게 발급하여야 한다.

③ 제1항에 따라 처리업자로 신고를 한 자가 그 신고사항 중 다음 각 호의 사항을 변경하려는 경우에는 별지 제1호서식의 의료기관세탁물 처리업 변경신고서에 의료기관세탁물 처리업 신고증명서와 변경사항을 확인할 수 있는 서류를 첨부하여 시장·군수·구청장에게 제출하여야 한다. <개정 2010. 2. 1.>

1. 대표자 또는 상호
2. 시설 및 장비에 관한 사항 중 다음 각 목의 사항
 가. 작업장 면적의 증감
 나. 중요 세탁기기의 증감
 다. 소독시설의 변경
3. 영업장 소재지

④ 제3항에 따른 신고를 받은 시장·군수·구청장은 이를 확인하고 그 내용을 별지 제2호서식의 의료기관세탁물 처리업 신고증명서의 뒷면에 적어야 한다.

⑤ 제1항에 따라 처리업자로 신고한 자가 그 영업을 휴업·재개업·폐업하려는 경우에는 별지 제2호의2서식의 신고서를 시장·군수·구청장에게 제출하여야 한다. <개정

2010. 2. 1.>

제8조(감염 예방 교육) ① 의료기관과 처리업자는 세탁물 처리업무에 종사하는 자에게 연 4시간 이상 감염 예방에 관한 교육(인터넷 교육 등을 포함한다)을 하여야 한다. <개정 2010. 2. 1.>

② 의료기관과 처리업자는 제1항에 따라 감염 예방에 관한 교육을 하였을 때에는 그 결과를 기록·유지하여야 한다.

③ 의료기관과 처리업자가 제1항에 따른 교육을 할 수 없다고 인정할 때에는 시장·군수·구청장은 보건소장이나 관련 단체로 하여금 그 교육을 하게 할 수 있다.

제9조(세탁물 처리실적 제출) 의료기관이나 처리업자는 별지 제3호서식의 의료기관세탁물 처리실적보고서나 별지 제4호서식의 세탁물 처리업자 세탁물 처리실적 보고서를 매년 1월20일까지 시장·군수·구청장에게 각각 제출하여야 한다.

제10조(대장의 작성·비치) ① 의료기관은 다음 각 호의 어느 하나의 서류를 작성하여 갖추어 두어야 한다.
 1. 별지 제5호서식의 세탁물 자체처리대장
 2. 별지 제6호서식의 세탁물 위탁처리대장
② 처리업자는 별지 제7호서식의 세탁물 수탁처리대장을 갖추어 두어야 한다.
③ 제1항과 제2항의 서류는 3년간 보존하여야 한다.

제11조(지도 및 보고) 시장·군수·구청장은 세탁물을 위생적으로 관리하기 위하여 필요하다고 인정하면 의료기관이나 처리업자에 대하여 필요한 보고를 하게 하거나 관계 공무원으로 하여금 지도·점검하게 할 수 있다.

제12조(규제의 재검토) ①보건복지부장관은 제8조에 따른 감염 예방 교육에 대하여 2014년 1월 1일을 기준으로 3년마다(매 3년이 되는 해의 1월 1일 전까지를 말한다) 그 타당성을 검토하여 개선 등의 조치를 하여야 한다. <개정 2015. 1. 5.>

② 보건복지부장관은 다음 각 호의 사항에 대하여 다음 각 호의 기준일을 기준으로 2년마다(매 2년이 되는 해의 기준일과 같은 날 전까지를 말한다) 그 타당성을 검토하여 개선 등의 조치를 하여야 한다. <신설 2015. 1. 5.>
 1. 제5조에 따른 세탁금지 세탁물: 2015년 1월 1일
 2. 제6조 및 별표 3에 따른 시설 기준: 2015년 1월 1일
[본조신설 2013. 12. 31.]
부칙 <제672호, 2019. 9. 27.>
이 규칙은 공포한 날부터 시행한다.

## 벌칙 · 행정처분

◇ 제16조제1항·제2항을 위반한 자 : 500만원 이하의 벌금

◇ 제16조제3항에 따른 교육을 실시하지 아니한 자 : 300만원 이하의 과태료

◇ 제16조제3항에 따른 기록 및 유지를 하지 아니한 자 : 100만원 이하의 과태료

◇ 제16조제4항에 따른 변경이나 휴업·폐업 또는 재개업을 신고하지 아니한 자 : 100만원 이하의 과태료

△ 제16조제2항을 위반하여 세탁물을 적법하게 처리하지 아니한 경우 : 시정명령

| 질의 내용 | 의료기관 세탁물 처리 |
|---|---|
| 해석 경향 | "의료기관세탁물"이란 의료기관에 종사하는 자와 진료 받는 환자가 사용하는 것으로서 세탁 과정을 거쳐 재사용할 수 있는 이불, 담요, 시트, 베개, 베갯잇 등 침구류와 환자복, 신생아복, 수술복, 가운 등 의류와 수술포, 기계포, 마스크, 모자, 수건, 기저귀, 그 밖의 리넨류 그리고 기타 커텐, 씌우개류, 수거자루 등을 말하며, 의료인·의료기관 또는 특별자치시장·특별자치도지사·시장·군수·구청장에게 의료기관세탁물 처리업을 신고한 자가 처리할 수 있습니다. |

| 질의 내용 | 의료기관과 세탁물 처리업자의 세탁물 처리 기준 |
|---|---|
| 해석 경향 | 의료기관과 세탁물 처리업자는 세탁물 처리기준에 따라 세탁물 관리책임자를 지정하고 세탁물은 오염세탁물과 기타세탁물로 구분하여 위생적으로 처리하여야 합니다. 또한 세탁물 처리작업장은 항상 청결을 유지하고 주 1회 이상 소독하여야 하며, 세탁물의 분류과정에서 발생된 쓰레기 등은 위생적으로 처리하여야 하며, 처리업자는 세탁물의 처리시설과 같은 시설에서 일반세탁물을 처리하여서는 아니 됩니다. |

| 질의 내용 | 재사용 목적으로 세탁할 수 없는 세탁물 |
|---|---|
| 해석 경향 | 의료기관세탁물 중에서 피·고름이 묻은 붕대 및 거즈, 마스크·수술포 등 일회용 제품류, 바이러스성 출혈열, 황열, 뎅기열, 마버그열, 에볼라열 및 라싸열, 환자의 혈액이나 체액으로 오염된 세탁물, 크로이츠펠트-야콥병(CJD) 및 변종크로이츠펠트-야콥병(vCJD) 확진 또는 의심환자의 중추신경계 조직으로 오염된 세탁물은 재사용 목적으로 세탁하거나 세탁물 처리업자에게 처리를 위탁할 수 없습니다. |

| 질의 내용 | 의료기관세탁물 처리 업무 위반 |
|---|---|
| 해석 경향 | 의료기관이나 의료기관 세탁물처리업자가 보건복지부령으로 정하는 바에 따라 의료기관세탁물을 위생적으로 보관·운반·처리하지 아니한 경우 500만원 이하의 벌금에 처해질 수 있으며, 세탁물 처리업무에 종사하는 자에게 연 4시간 이상 감염 예방에 관한 교육을 실시하지 아니한 경우에는 300만원 이하의 과태료를, 해당 감염예방교육을 실시하고 기록을 유지하지 아니한 경우 100만원 이하의 과태료가 부과될 수 있습니다. |

| 의료법 | 제17조(진단서 등) |
|---|---|

① 의료업에 종사하고 직접 진찰하거나 검안(檢案)한 의사[이하 이 항에서는 검안서에 한하여 검시(檢屍)업무를 담당하는 국가기관에 종사하는 의사를 포함한다], 치과의사, 한의사가 아니면 진단서·검안서·증명서를 작성하여 환자(환자가 사망하거나 의식이 없는 경우에는 직계존속·비속, 배우자 또는 배우자의 직계존속을 말하며, 환자가 사망하거나 의식이 없는 경우로서 환자의 직계존속·비속, 배우자 및 배우자의 직계존속이 모두 없는 경우에는 형제자매를 말한다) 또는 「형사소송법」 제222조제1항에 따라 검시(檢屍)를 하는 지방검찰청검사(검안서에 한한다)에게 교부하지 못한다. 다만, 진료 중이던 환자가 최종 진료 시부터 48시간 이내에 사망한 경우에는 다시 진료하지 아니하더라도 진단서나 증명서를 내줄 수 있으며, 환자 또는 사망자를 직접 진찰하거나 검안한 의사·치과의사 또는 한의사가 부득이한 사유로 진단서·검안서 또는 증명서를 내줄 수 없으면 같은 의료기관에 종사하는 다른 의사·치과의사 또는 한의사가 환자의 진료기록부 등에 따라 내줄 수 있다. <개정 2009. 1. 30., 2016. 5. 29., 2019. 8. 27.>

② 의료업에 종사하고 직접 조산한 의사·한의사 또는 조산사가 아니면 출생·사망 또는 사산 증명서를 내주지 못한다. 다만, 직접 조산한 의사·한의사 또는 조산사가 부득이한 사유로 증명서를 내줄 수 없으면 같은 의료기관에 종사하는 다른 의사·한의사 또는 조산사가 진료기록부 등에 따라 증명서를 내줄 수 있다.

③ 의사·치과의사 또는 한의사는 자신이 진찰하거나 검안한 자에 대한 진단서·검안서 또는 증명서 교부를 요구받은 때에는 정당한 사유 없이 거부하지 못한다.

④ 의사·한의사 또는 조산사는 자신이 조산(助産)한 것에 대한 출생·사망 또는 사산 증명서 교부를 요구받은 때에는 정당한 사유 없이 거부하지 못한다.

⑤ 제1항부터 제4항까지의 규정에 따른 진단서, 증명서의 서식·기재사항, 그 밖에 필요한 사항은 보건복지부령으로 정한다. <신설 2007. 7. 27., 2008. 2. 29., 2010. 1. 18.>

| 의료법 시행규칙 | 제9조(진단서의 기재 사항) |
|---|---|

① 법 제17조제1항에 따라 의사·치과의사 또는 한의사가 발급하는 진단서에는 별지 제5호의2서식에 따라 다음 각 호의 사항을 적고 서명날인하여야 한다. <개정 2012. 4. 27., 2015. 12. 23.>

 1. 환자의 성명, 주민등록번호 및 주소

 2. 병명 및 「통계법」 제22조제1항 전단에 따른 한국표준질병·사인 분류

에 따른 질병분류기호(이하 "질병분류기호"라 한다)

　3. 발병 연월일 및 진단 연월일

　4. 치료 내용 및 향후 치료에 대한 소견

　5. 입원·퇴원 연월일

　6. 의료기관의 명칭·주소, 진찰한 의사·치과의사 또는 한의사(부득이한 사유로 다른 의사 등이 발급하는 경우에는 발급한 의사 등을 말한다)의 성명·면허자격·면허번호

② 질병의 원인이 상해(傷害)로 인한 것인 경우에는 별지 제5호의3서식에 따라 제1항 각 호의 사항 외에 다음 각 호의 사항을 적어야 한다. <개정 2012. 4. 27., 2015. 12. 23.>

　1. 상해의 원인 또는 추정되는 상해의 원인

　2. 상해의 부위 및 정도

　3. 입원의 필요 여부

　4. 외과적 수술 여부

　5. 합병증의 발생 가능 여부

　6. 통상 활동의 가능 여부

　7. 식사의 가능 여부

　8. 상해에 대한 소견

　9. 치료기간

③ 제1항의 병명 기재는 「통계법」 제22조제1항 전단에 따라 고시된 한국표준질병·사인 분류에 따른다.

④ 진단서에는 연도별로 그 종류에 따라 일련번호를 붙이고 진단서를 발급한 경우에는 그 부본(副本)을 갖추어 두어야 한다.

| 의료법 시행규칙 | 제10조(사망진단서 등) |
| --- | --- |

법 제17조제1항에 따라 의사·치과의사 또는 한의사가 발급하는 사망진단서 또는 시체검안서는 별지 제6호서식에 따른다. <개정 2015. 12. 23.>

| 의료법 시행규칙 | 제11조(출생증명서, 사산 또는 사태증명서) |
| --- | --- |

법 제17조제2항에 따라 의사·한의사 또는 조산사가 발급하는 출생증명서는 별지 제7호서식에 따르고, 사산(死産) 또는 사태(死胎) 증명서는 별지 제8호서식에 따른다. <개정 2015. 12. 23.>

◇ 제17조제1항·제2항(제1항 단서 후단과 제2항 단서는 제외)을 위반한 자 : 1년 이하의 징역이나 1천만원 이하의 벌금

◇ 제17조제3항·제4항을 위반한 자 : 500만원 이하의 벌금

△ 제17조제1항 또는 제2항을 위반하여 진단서·검안서·증명서 또는 처방전을 발급한 경우 : 자격정지 2개월

△ 제17조제1항 또는 제2항에 따른 진단서·검안서 또는 증명서를 거짓으로 작성하여 발급한 경우 : 자격정지 3개월

△ 제17조제3항 또는 4항을 위반하여 정당한 이유 없이 진단서·검안서 또는 증명서의 발급 요구를 거절한 경우 : 자격정지 1개월

### 진단서(診斷書)

진단서는 의사가 사람을 진찰 또는 검사한 결과를 종합하여 생명이나 몸과 마음의 건강 상태를 증명하기 위하여 의학적으로 판단하여 작성한 증명서다. 진단서가 의사 개인이 발행하는 사문서이나 사회적, 법적으로는 공문서의 가치를 지니게 된다. 진단서는 의료법 제17조제1항에서 의료업에 종사하고 직접 진찰하거나 검안한 의사, 치과의사, 한의사가 아니면 진단서·검안서를 작성하여 교부하지 못하도록 규정하고 있다. 진단서의 종류에는 진단서, 상해진단서, 사망진단서(시체검안서), 출생증명서, 사산증명서(사태증명서), 소견서, 감정서 등이 있으며, 진단서는 환자의 사망 등 특별한 경우 외에는 환자에게 직접 교부하는 것을 원칙으로 하며, 진료 중이던 환자가 최종 진료 시부터 48시간 이내에 사망한 경우에는 다시 진료하지 아니하더라도 진단서나 증명서를 내줄 수 있으며, 직접 진찰하거나 검안한 의사·치과의사 또는 한의사가 부득이 한 사유로 진단서·검안서 또는 증명서를 내줄 수 없으면 같은 의료기관에 종사하는 다른 의사·치과의사 또는 한의사가 환자의 진료기록부 등에 따라 내줄 수 있도록 규정하고 있다. 의료기관에서는 이러한 진단서·사망진단서·시체검안서 등은 따로 구분하여 보존하여야 하며, 진단서 등의 부본의 보존기간은 의료법 시행규칙 제15조에서 3년간 보존하도록 규정하고 있다.

## 진단서 작성

진단서의 기재사항은 의료법 시행규칙 제9조 [별지 제5호의2서식]에 따라 1. 환자의 성명, 주민등록번호 및 주소 2. 병명 및 「통계법」 제22조제1항 전단에 따른 한국표준질병·사인분류에 따른 질병분류기호 3. 발병 연월일 및 진단 연월일 4. 치료내용 및 향후 치료에 대한 소견 5. 입원·퇴원 연월일 6. 의료기관의 명칭·주소, 진찰한 의사·치과의사 또는 한의사의 성명·면허자격·면허번호이다. 질병의 원인이 상해로 인한 것인 경우에는 [별지 제5호의3서식]에 따라 1. 상해의 원인 또는 추정되는 상해의 원인 2. 상해의 부위 및 정도 3. 입원의 필요 여부 4. 외과적 수술여부 5. 합병증의 발생가능 여부 6. 통상활동의 가능 여부 7. 식사의 가능 여부 8. 상해에 대한 소견 9. 치료 기간을 추가 기재한다. 또한 진단서에는 연도별로 종류에 따라 일련번호를 붙이고, 진단서를 발급한 경우에는 그 부본을 갖추어 두어야 한다.

## 사망진단서와 시체검안서

사망진단서는 의사가 환자를 진료하였고 그 환자의 사망원인이 의사가 알고 있는 질병 때문일 때(병사) 작성하는 사망증명서이고, 시체검안서는 주검에 대하여 의학적으로 확인한 바를 기재한 증명서로 의사가 진료한 적이 없고 사망의 원인을 알 수 없거나 사망의 원인이 질병이 아닌 사망 원인인 외인사(外因死, 외부 원인으로 사망)로 특별하게 다루어야 할 죽음일 때 작성하는 증명서다. 사망진단서와 시체검안서는 의료법 시행규칙 [별지 제6호서식]의 동일서식이므로 사망진단서를 교부할 때는 시체검안서를 두 줄로 긋고, 시체검안서를 교부할 때는 사망진단서를 두 줄로 긋고 날인하여 교부할 수 있다.

## 사망진단서(시체검안서) 주요 작성 내용 및 방법

의료법 시행규칙 [별지 제6호 서식] 사망진단서(시체검안서)에 따른 일반적 기재 방식을 설명하면, ① 성명 ② 성별 ③ 주민등록번호 ④ 실제생년월일 ⑤ 직업 ⑥ 주소 의 기재 시 의사는 확인한 대로 기재하면 되고 알 수없는 내용은 '알 수 없음'으로 기재하거나 확인될 때까지 기다린다. ⑦ 발병일시는 임상적 상병이 발생한 시점을 24시간제에 따라 기재하며 ⑧ 사망일시는 의사가 입회한 경우에는 정확한 사망일시를, 이미 사망한 채로 왔을 경우 가족이나 발견자, 119구급대의 진술에 따라 사망시각을 판단한다(누구 진술 기재) ⑨ 사망 장소는 서식의 발견 장소를 선택기재하고 선택할 수 있는 장소가 없으면 기타를 선택하여 기재 한다. ⑩ 사망의 원인은 (가)직접 사인, (나) (가)의 원인, (다) (나)의 원인, (라) (다)의 원인 등을 기재하는데 사망원인에 해당하는 진단명은 한국표준질병·사인분류를 따라야 하며, (가)직접사인은 가장 나중에 사망을 초래한 마지막 진단명이나 합병증을 기록한다. 가령 바다에서 수영하다 사망하였다면 직접사인에 '익사'만 기록하면 된다. 만약 사망원인을 알 수 없다면 '불상' 또는 '알 수 없음'으로 기록한다. (나) (다) (라)에는 의학적 인과관계가 명확한 것만을 기재하고 진단명을 한 칸에 하나씩 명확하게 기재하고 (가)부터 (라)까지와 관계없는 그 밖의 신체 상황의 질환을 기재하면 된다.

⑪ 사망의 종류는 크게 병사, 외인사로 나뉘고 병사인지 외인사인지 알 수 없을 때에는 '기타 및 불상'으로 표시한다. 외인사는 사고의 종류가 교통사고인지 중독, 추락, 자살, 타살, 화재, 기타 등으로 선택하면 된다.

## 소견서

일반적으로 소견서는 의료법 시행규칙에 일정한 서식[별지 제5호의2서식]이 있는 진단서와 달리, 환자를 진료한 의사가 해당 환자를 다른 의료기관에 의뢰할 경우해당 환자의 진료소견을 다른 의사가 진료에 참고할 수 있도록 특별한 서식이나 기준 없이 작성해 보내는 서류라 할 수 있다. 따라서 의사가 자신이 진료한 환자에 대한 진료소견을 적어 다른 의료진이 진료에 참고하도록 하는 서류이지만 이러한 소견서도 환자를 진료하고 얻은 의학적 판단이므로 서식이 다르다고 해서 그 효력은 달라지지 아니하며 법적으로 진단서나 상해진단서와 같은 효력을 갖는다 할 수 있어 소견서와 진단서를 용도에 맞게 작성·발급하는 것이 중요하다.
또한 진단서는 작싱 및 발급에 따른 비용이 소요되시만, 소견서는 진찰료 혹은 입원료 등에 포함되어 있어 발급 시 비용이 무료이다.

## 사실확인서

진단서의 질병명, 건강상태는 진단서를 교부하는 당시 상태여야 하므로 환자가 예전에 앓았던 질병에 대해서 진단서 교부를 요구할 경우, 지난 사실에 대하여 진단서 서식에 사실확인서로 표기하고 과거 질병상태에 대해 기재하여 사실확인서를 발행할 수 있다.

| 질의 내용 | 진단서 작성·교부 |
|---|---|
| 해석 경향 | 의료법 제17조제3항에 의사·치과의사 또는 한의사는 자신이 진찰하거나 검안한 자에 대한 진단서·검안서 또는 증명서 교부를 요구받은 때에는 정당한 사유 없이 거부하지 못하도록 규정하고 있습니다.<br>따라서 진단서·검안서 또는 증명서 교부는 환자를 진찰한 의사·치과의사 또는 한의사가 하는 것이 타당하며, 의사·치과의사 또는 한의사가 작성·교부한 진단서 등의 내용은 누구든지 간섭할 수 없는 고유 업무영역에 해당된다 할 수 있습니다. |

| 질의 내용 | 진단서 발급 주체 |
|---|---|
| 해석 경향 | 의료법 제17조제1항에 따라 환자를 진찰한 의사, 치과의사, 한의사는 진단서 등을 작성하여 교부할 수 있으며, 환자가 사망한 경우가 아니라면 환자 본인에게 발급하는 것이 타당합니다.<br>미성년자의 경우 의사능력이 있는 경우 주민등록등록·초본, 학생증 등으로 본인 확인 후 진단서를 발급받을 수 있으며, 미성년자의 법정대리인은 미성년 환자 진료 후 의사에게 신분증 및 환자와의 관계를 증명하는 서 |

| | |
|---|---|
| | 류 제시 후 진단서를 발급받을 수 있습니다.<br>환자가 사망한 경우, 환자의 직계 존속·비속, 배우자 또는 배우자의 직계 존속이 발급 받을 수 있으며, 직계존속·비속, 배우자 또는 배우자의 직계 존속이 모두 없는 경우에는 환자의 형제자매가 발급 받을 수 있습니다. |

| | |
|---|---|
| 질의 내용 | 진단서 발급 거부 사유 |
| 해석 경향 | 의료법 제17조제3항은 의사·치과의사 또는 한의사는 자신이 진찰하거나 검안한 자에 대한 진단서·검안서 또는 증명서 교부를 요구받은 때에는 정당한 사유 없이 거부하지 못하도록 규정하고 있으며, 이를 어길 경우 500만원 이하의 벌금, 자격정지 1개월에 처해질 수 있습니다.<br>여기서 '정당한 사유'란 본인 또는 적법한 대리인이 요구하는 것이 아닌 경우, 범죄에 이용될 것으로 의심되는 경우 등을 들 수 있습니다. |

| | |
|---|---|
| 질의 내용 | 진단서 등 제증명 발급 시 수수료 납부 |
| 해석 경향 | 환자가 의료법 제17조제3항에 의거 의사·치과의사 또는 한의사에게 진단서·검안서 또는 증명서 교부를 요청할 때에는 국민건강보험법 제41조4항에 따라 요양급여의 대상에서 제외되는 사항의 비용(비급여 진료비용)에 해당하는 제증명 발급 수수료에 대해서는 환자가 직접 지불하여야 합니다. 이와 같은 제증명 수수료에 대해 의료법 제45조제2항 및 같은법 시행규칙 제42조의2제3항에서 의료기관 개설자는 의료기관이 환자로부터 징수하는 진료기록부 사본·진단서 등 제증명수수료의 비용을 접수창구 등 환자 및 환자의 보호자가 쉽게 볼 수 있는 장소에 게시하도록 규정하고 있습니다.<br>또한 보건복지부에서는 국민의 알권리를 증진하고 의료기관에 따른 수수료 비용 편차를 줄이기 위해 '의료기관의 제증명수수료 항목 및 금액에 관한 기준'을 통해 진단서 등 31종의 제증명 수수료 상한액을 고시하고 있으며 의료기관장은 고시된 금액의 상한 내에서 제증명 수수료를 징수할 수 있습니다. |

| | |
|---|---|
| 질의 내용 | 진단서 및 허위진단서 |
| 해석 경향 | 의료법 제17조제3항에 의사·치과의사 또는 한의사는 자신이 진찰하거나 검안한 자에 대한 진단서·검안서 또는 증명서 교부를 요구받은 때에는 정당한 사유 없이 거부하지 못하도록 규정하고 있어 진단서 등의 교부요청이 있을 시 이에 응하는 것이 타당합니다. 또한 이렇게 의사·치과의사 또는 한의사가 작성·교부한 진단서 등의 내용은 누구든지 간섭할 수 없는 의료인의 고유 업무영역에 해당된다 할 수 있습니다. |

| | 일반적으로 '허위진단서'란 환자를 진찰한 의사가 비도덕적인 특정 목적을 가지고 환자의 상태를 과장하여 치료기간을 기재하거나, 환자를 진찰하지 아니하고 진단서를 작성하여 교부하는 등 자기의 인식이나 판단이 진단서에 기재한 내용과 일치하지 않는다는 것을 알면서도 고의로 진실이 아닌 내용을 기재하는 경우에 해당한다고 할 수 있습니다. 반면에 진료의사가 진료를 소홀히 한다든가 착오를 일으켜 오진한 결과로 진실에 반하는 진단서를 작성한 행위는 허위의 인식이 없는 것이므로 허위진단서를 작성하였다고 할 수는 없을 것으로 보입니다. |
|---|---|

| 질의 내용 | 허위 진단서 작성 |
|---|---|
| 판례 경향 | 대법원은 형법 제233조의 허위진단서 작성죄가 성립되려면, '진단서의 내용이 실질상 진실에 반하는 기재여야 할 뿐 아니라 그 내용이 허위라는 의사의 주관적 인식이 필요하고 의사가 주관적으로 진찰을 소홀히 한다던가 착오를 일으켜 오진한 결과로 객관적으로 진실에 반한 진단서를 작성하였다면 허위진단서 작성에 대한 인식이 있다고 할 수 없으므로 허위진단서 작성죄가 성립하지 아니한다'라고 판시한 바 있습니다(대법원 1990. 3. 27. 선고 89도2083 판결). |

| 질의 내용 | 소견서로 표시해도 진단서로 간주하는 경우 |
|---|---|
| 판례 경향 | '형법 제233조의 허위진단서작성죄에 있어서 진단서라 함은 의사가 진찰의 결과에 관한 판단을 표시하여 사람의 건강상태를 증명하기 위하여 작성하는 문서를 말하는 것이므로, 비록 그 문서의 명칭이 소견서로 되어 있다 하더라도 그 내용이 의사가 진찰한 결과 알게 된 병명이나 상처의 부위정도 또는 치료기간 등의 건강상태를 증명하기 위하여 작성된 것이라면 역시 위의 진단서에 해당하는 것이다(대법원 1990. 3. 27. 선고 89도2083 판결). |

| 질의 내용 | 진료확인서 및 질병분류기호 |
|---|---|
| 해석 경향 | 진료확인과 관련된 증명은 의료법 제21조에 따라 과거에 발급받은 진단서의 사본 발급이나 진료기록 사본의 발급으로 가능할 뿐만 아니라, 진료확인서는 과거의 진료기록부를 참고하여 추가적인 진료 없이 발급받을 수 있습니다.<br>다만, 환자가 진료확인서를 발급받는 경우 의료법령에서 규정하고 있지 아니하는 질병분류기호의 기재를 주장할 수는 없으며, 의료법령에서 질병분류기호의 기재를 규정하고 있는 것은 진단서와 처방전이 있습니다. |

| 의료법 | 제17조의2(처방전) |
|---|---|

① 의료업에 종사하고 직접 진찰한 의사, 치과의사 또는 한의사가 아니면 처방전[의사나 치과의사가 「전자서명법」에 따른 전자서명이 기재된 전자문서 형태로 작성한 처방전(이하 "전자처방전"이라 한다)을 포함한다. 이하 같다]을 작성하여 환자에게 교부하거나 발송(전자처방전에 한정한다. 이하 이 조에서 같다)하지 못하며, 의사, 치과의사 또는 한의사에게 직접 진찰을 받은 환자가 아니면 누구든지 그 의사, 치과의사 또는 한의사가 작성한 처방전을 수령하지 못한다.

② 제1항에도 불구하고 의사, 치과의사 또는 한의사는 다음 각 호의 어느 하나에 해당하는 경우로서 해당 환자 및 의약품에 대한 안전성을 인정하는 경우에는 환자의 직계존속·비속, 배우자 및 배우자의 직계존속, 형제자매 또는 「노인복지법」 제34조에 따른 노인의료복지시설에서 근무하는 사람 등 대통령령으로 정하는 사람(이하 이 조에서 "대리수령자"라 한다)에게 처방전을 교부하거나 발송할 수 있으며 대리수령자는 환자를 대리하여 그 처방전을 수령할 수 있다.

  1. 환자의 의식이 없는 경우

  2. 환자의 거동이 현저히 곤란하고 동일한 상병(傷病)에 대하여 장기간 동일한 처방이 이루어지는 경우

③ 처방전의 발급 방법·절차 등에 필요한 사항은 보건복지부령으로 정한다.
  [본조신설 2019. 8. 27.]

| 의료법 시행령 | 제10조의2(대리수령자의 범위) |
|---|---|

법 제17조의2제2항 각 호 외의 부분에서 "대통령령으로 정하는 사람"이란 다음 각 호의 어느 하나에 해당하는 사람을 말한다.

  1. 환자의 직계존속·비속 및 직계비속의 배우자

  2. 환자의 배우자 및 배우자의 직계존속

  3. 환자의 형제자매

  4. 「노인복지법」 제34조에 따른 노인의료복지시설에서 근무하는 사람

  5. 그 밖에 환자의 계속적인 진료를 위해 필요한 경우로서 보건복지부장관이 인정하는 사람 [본조신설 2020. 2. 25.]

  [종전 제10조의2는 제10조의3으로 이동 <2020. 2. 25.>]

| 의료법 시행규칙 | 제11조의2(처방전의 대리수령 방법) |
|---|---|

① 법 제17조의2제2항에 따른 대리수령자(이하 "대리수령자"라 한다)가 처방전을 수령하려는 때에는 의사, 치과의사 또는 한의사에게 별지 제8호

의2서식의 처방전 대리수령 신청서를 제출해야 한다. 이 경우 다음 각
호의 서류를 함께 제시해야 한다.

1. 대리수령자의 신분증(주민등록증, 여권, 운전면허증, 그 밖에 공공기관에
   서 발행한 본인임을 확인할 수 있는 신분증을 말한다. 이하 같다) 또는
   그 사본
2. 환자와의 관계를 증명할 수 있는 다음 각 목의 구분에 따른 서류
  가. 영 제10조의2제1호부터 제3호까지의 규정에 해당하는 사람: 가족관계
     증명서, 주민등록표 등본 등 친족관계임을 확인할 수 있는 서류
  나. 영 제10조의2제4호에 해당하는 사람: 「노인복지법」 제34조에 따른
     노인의료복지시설에서 발급한 재직증명서
3. 환자의 신분증 또는 그 사본. 다만, 「주민등록법」 제24조제1항에 따른
   주민등록증이 발급되지 않은 만 17세 미만의 환자는 제외한다.
② 의사, 치과의사 또는 한의사는 제1항에 따라 제출받은 처방전 대리수령
   신청서를 제출받은 날부터 1년간 보관해야 한다.
[본조신설 2020. 2. 28.]

■ 의료법 시행규칙 [별지 제8호의2서식] <신설 2020. 2. 28.>

# 처방전 대리수령 신청서

| 대리<br>수령자 | 성명 | | 연락처 | |
| --- | --- | --- | --- | --- |
| | 생년월일 | | 환자와의 관계 | |
| | 주소 | | | |
| 환자 | 성명 | | 연락처 | |
| | 생년월일 | | | |
| | 주소 | | | |
| 대리<br>수령<br>사유 | | | | |

「의료법」 제17조의2제2항 및 같은법 시행규칙 제11조의2제1항에 따라 위와 같이 처방전 대리수령을 신청합니다.

년          월          일

환자 또는 대리수령자                    (서명 또는 인)

## 유 의 사 항

1. 환자 또는 대리수령자가 아닌 사람이 처방전을 수령하는 등 「의료법」 제17조의2제2항을 위반하여 처방전을 수령하는 경우 같은법 제90조에 따라 500만원 이하의 벌금에 처해질 수 있습니다.

2. 신청인은 다음 각 목의 서류를 함께 제시해야 합니다.

  가. 대리수령자의 신분증 또는 그 사본

  나. 환자와의 관계를 증명할 수 있는 다음의 구분에 따른 서류

   1) 환자의 직계존속·비속, 직계비속의 배우자, 배우자, 배우자의 직계존속, 형제자매: 가족관계증명서, 주민등록표 등본 등 친족관계임을 확인할 수 있는 서류

   2) 「노인복지법」 제34조에 따른 노인의료복지시설에서 근무하는 사람: 노인의료복지시설에서 발급한 재직증명서

  다. 환자의 신분증 또는 그 사본. 다만, 「주민등록법」 제24조제1항에 따른 주민등록증이 발급되지 않은 만 17세 미만의 환자는 제외합니다.

210mm×297mm[백상지(80g/㎡) 또는 중질지(80g/㎡)]

◇ 제17조의2제1항·제2항(처방전을 교부하거나 발송한 경우만을 말한다)을 위반한 자 : 1년 이하의 징역이나 1천만원 이하의 벌금

◇ 제17조의2제1항·제2항(처방전을 수령한 경우만을 말한다)을 위반한 자 : 500만원 이하의 벌금

| 질의 내용 | 대리처방을 받을 수 있는 요건 |
|---|---|
| 해석 경향 | 의료법 제17조의2 및 제18조에 따라 의료업에 종사하고 직접 진찰한 의사는 환자에게 의약품을 투여할 필요가 있다고 인정하면 의약품을 직접 조제하거나 처방전을 작성하여 환자에게 교부하여야 합니다. 따라서 환자가 의료기관에 내원하여 의사의 진찰을 받은 후 처방받는 것이 가장 타당하지만 △진료했던 환자로서 △동일한 질환으로 장기간 같은 처방을 받아오던 바이며 △환자의 상태가 거동이 불가능한 상태 등으로 인해 △환자를 진찰하였던 의사가 보호자를 대리 상담하여 처방하더라도 의학적으로 생명·신체·건강에 위험성이 없다고 판단되는 경우에는 보호자를 대리상담하고 처방전을 교부할 수도 있습니다. 하지만 상기 환자일지라도 가족이 아닌 제3자가 요청하는 경우나 다른 질환 증상이 있는 경우에는 처방전 교부가 불가합니다. |

| 질의 내용 | 법무부 교정시설 수용자의 대리처방 |
|---|---|
| 해석 경향 | 환자가 동일한 질환으로 장기간 같은 처방을 받아오던 바이며, 환자의 상태가 거동이 불가능한 상태 등으로 동일 진찰 의사가 대리상담 처방하더라도 의학적으로 생명·신체·건강에 위험성이 없다고 판단되는 경우, 보호자를 대리 상담하고 처방전을 교부할 수 있습니다. 따라서 교정시설에 수용자(환자)가 상기와 같은 대리처방 조건에 합당하고 친족이 없거나 친족에 의한 대리처방 수령이 어려운 경우, 친족을 대신하여 교정기관 소속직원(간호사, 간호조무사)이 대리처방을 받을 수 있을 것으로 사료됩니다. |

| 질의 내용 | 의사가 전화로 간호조무사에게 재진환자 처방전 교부 지시 |
|---|---|
| 판례 경향 | 종전에 의사로부터 진찰을 받고 처방전을 발급받았던 환자에 대해 의사가 간호조무사에게 '전에 처방받은 내용과 동일하게 처방하라'고 지시한 경우, 특별한 사정이 없는 한 처방전 기재 내용은 특정되었고, 그 처방전의 내용은 간호조무사가 아니라 의사가 결정한 것이며, 의사가 처방전의 내용을 결정하여 작성·교부를 지시한 이상, 그러한 의사의 지시에 따라 간호사나 간호조무사가 환자에게 처방전을 작성·교부하는 행위가 구 의료법 제27조제1항이 금지하는 무면허의료행위에 해당한다고 볼 수는 없다(대법원 2020. 1. 9. 선고 2019두50014 판결). |

| 질의 내용 | 전화 통화 진찰 |
|---|---|
| 판례 경향 | 구 의료법 제18조제1항은 '의료업에 종사하고 자신이 진찰한 의사'가 아니면 진단서·검안서·증명서 또는 처방전(이하 '처방전 등'이라 한다)을 작성하여 환자에게 교부하지 못한다고 규정하고, 2007. 4. 11. 법률 제8366호로 전부 개정된 구 의료법(2009. 1. 30. 법률 제9386호로 개정되기 전의 것) 제17조제1항은 '의료업에 종사하고 직접 진찰한 의사'가 아니면 처방전 등을 작성하여 환자에게 교부하지 못한다고 규정하고 있다. 개정 전후의 위 조항은 어느 것이나 스스로 진찰을 하지 않고 처방전을 발급하는 행위를 금지하는 규정일 뿐 대면진찰을 하지 않았거나 충분한 진찰을 하지 않은 상태에서 처방전을 발급하는 행위 일반을 금지하는 조항이 아니다. 따라서 죄형법정주의 원칙, 특히 유추해석금지의 원칙상 전화 진찰을 하였다는 사정만으로 '자신이 진찰'하거나 '직접 진찰'을 한 것이 아니라고 볼 수는 없다. 피고인이 이전에 1회 이상 병원을 방문하여 진료를 받고 '살 빼는 약'을 처방받은 환자들과 전화 통화를 통하여 진료하는 등 직접 진찰하지 아니하고 그 명의로 처방전을 작성함으로써 이 사건 조항을 위반하였다는 이 사건 공소사실에 대하여 위 개정 전후의 이 사건 조항을 구분하지도 않고, 전화 또는 이와 유사한 정도의 통신매체만에 의한 진찰은 개정 후 조항의 '직접 진찰'에 포함되지 않는다고 하면서 유죄를 선고한 제1심판결을 그대로 유지하였으니, 원심판결에는 죄형법정주의에 관한 법리를 오해하여 형벌법규의 해석을 그르침으로써 판결 결과에 영향을 미친 위법이 있다(대법원 2013. 4. 11. 선고 2010도1388 판결). |

| 질의 내용 | 감염병 대 유행 시 한시적 비대면 진료에 따른 처방전 교부 |
|---|---|
| 해석 경향 | 2020년 코로나19 대 유행 시 보건복지부는 2020. 12. 15.부터 비대면 진료를 한시적으로 허용하는 코로나19 감염병 위기대응 심각단계 시 적용되는 '한시적 비대면 진료 허용방안'을 마련·공고한 바 있습니다. 한시적 비대면 진료는 국민이 의료기관을 이용하면서 감염되는 것을 방지하기 위해 의료기관 이용에 한시적으로 특례를 인정하는 취지에서 마련됐으며. 환자는 코로나19 감염병 위기대응 심각단계 위기경보가 발령될 경우, 안전성 확보가 가능하다는 의료법 제2조에 따른 의사·치과의사·한의사의 판단 하에 유·무선 전화, 화상통신을 활용한 비대면 진료 상담 후 처방전을 의료기관에서 팩스 또는 이메일 등으로 환자가 지정하는 약국에 환자 전화번호를 포함해 전송하는 방법이 허용된 바 있습니다. |

코로나19 감염병 심각단계 '비대면 진료' 한시적 허용, 유·무선 전화, 화상통신 활용 상담·처방 (2020. 12. 15.부터)

보건복지부는 코로나19 대유행에 따라 2020. 12. 15.부터 비대면 진료를 한시적으로 허용하는 코로나19 감염병 위기대응 심각단계 시 적용되는 '한시적 비대면 진료 허용방안'을 마련·공고한바 있다.

이는 지난 2019년 12월 8일 국무회의에서 의결된 '감염병의 예방 및 관리에 관한 법률'과 2020년 제4차 감염병관리위원회 심의·의결에 따른다. 한시적 비대면 진료는 국민이 의료기관을 이용하면서 감염되는 것을 방지하기 위해 의료기관 이용에 한시적으로 특례를 인정하는 취지에서 마련됐다.

환자는 코로나19 감염병 위기대응 심각단계 위기경보가 발령될 경우 안전성 확보가 가능하다는 의사 판단 하에 전화 상담·처방 등 비대면 진료를 받을 수 있다. 적용 대상은 비대면 진료에 참여하고자 하는 전국 의료기관이며 의료법 제2조에 따른 의사·치과의사·한의사만 비대면 진료가 가능하다.

적용 범위는 유·무선 전화, 화상통신을 활용한 상담·처방이며, 진료 질 보장을 위해 문자메세지, 메신저만을 이용한 진료는 불가다.

수가는 '가-1' 외래환자 진찰료로 산정된다. 환자부담은 현행 외래본인부담률과 동일하다. 야간, 공휴, 심야, 토요, 소아 등 별도 가산도 가능하다.

의료기관은 명세서 줄단위 특정내역 구분코드인 JX999(기타내역)에 사유(전화상담)를 기재·청구한다. 한시적 비대면 진료 시 상급종합병원과 종합병원은 '가-22' 의료질평가지원금, 전문병원은 '가-24-1' 전문병원의료질평가지원금을 각각 별도산정이 가능하다. 보건의료원을 포함한 의원급 의료기관은 한시적 비대면 진료 시 진찰료 30%로 전화상담 관리료를 별도 산정할 수 있다.

환자 본인부담은 면제된다. 의료질평가지원금은 야간, 공휴, 심야, 토요, 소아 등 별도 가산이 적용되지 않는다. 처방전은 의료기관에서 팩스 또는 이메일 등으로 환자가 지정하는 약국에 환자 전화번호를 포함해 전송한다.

환자 전화번호는 전화복약지도에 사용된다. 환자 본인부담금 수납 방법은 의료기관과 환자가 협의해 결정한다. 의약품 수령 방식은 환자와 약사가 협의해 결정하며, 약사는 환자에게 유선 또는 서면으로 복약지도 후 의약품을 조제·교부한다.

이외 본인확인과 진료내용 기록 등은 대면진료 절차를 준용하도록 했다.

## < 감염병에 관한 위기경보 발령 기준 >

| 구분 | 위기 유형 | |
|---|---|---|
| | 해외 신종 감염병 | 국내 원인불명·재출현 감염병 |
| 관심 (Blue) | 해외에서의 신종감염병의 발생 및 유행 | 국내 원인불명·재출현 감염병의 발생 |
| 주의 (Yellow) | 해외 신종감염병의 국내 유입 | 국내 원인불명·재출현 감염병의 제한적 전파 |
| 경계 (Orange) | 국내 유입된 해외 신종감염병의 제한적 전파 | 국내 원인불명·재출현 감염병의 지역사회 전파 |
| 심각 (Red) | 국내 유입된 해외 신종감염병의 지역사회 전파 또는 전국적 확산 | 국내 원인불명·재출현 감염병의 전국적 확산 |

---

**의료법**    제18조(처방전 작성과 교부)

① 의사나 치과의사는 환자에게 의약품을 투여할 필요가 있다고 인정하면 「약사법」에 따라 자신이 직접 의약품을 조제할 수 있는 경우가 아니면 보건복지부령으로 정하는 바에 따라 처방전을 작성하여 환자에게 내주거나 발송(전자처방전만 해당된다)하여야 한다. <개정 2008. 2. 29., 2010. 1. 18.>

② 제1항에 따른 처방전의 서식, 기재사항, 보존, 그 밖에 필요한 사항은 보건복지부령으로 정한다. <개정 2008. 2. 29., 2010. 1. 18.>

③ 누구든지 정당한 사유 없이 전자처방전에 저장된 개인정보를 탐지하거나 누출·변조 또는 훼손하여서는 아니 된다.

④ 제1항에 따라 처방전을 발행한 의사 또는 치과의사(처방전을 발행한 한의사를 포함한다)는 처방전에 따라 의약품을 조제하는 약사 또는 한약사가 「약사법」 제26조제2항에 따라 문의한 때 즉시 이에 응하여야 한다. 다만, 다음 각 호의 어느 하나에 해당하는 사유로 약사 또는 한약사의 문의에 응할 수 없는 경우 사유가 종료된 때 즉시 이에 응하여야 한다. <신설 2007. 7. 27.>

1. 「응급의료에 관한 법률」 제2조제1호에 따른 응급환자를 진료 중인 경우

2. 환자를 수술 또는 처치 중인 경우

3. 그 밖에 약사의 문의에 응할 수 없는 정당한 사유가 있는 경우

⑤ 의사, 치과의사 또는 한의사가 「약사법」에 따라 자신이 직접 의약품을 조제하여 환자에게 그 의약품을 내어주는 경우에는 그 약제의 용기 또는 포장에 환자의 이름, 용법 및 용량, 그 밖에 보건복지부령으로 정하는 사항을 적어야 한다. 다만, 급박한 응급의료상황 등 환자의 진료 상황이나 의약품의 성질상 그 약제의 용기 또는 포장에 적는 것이 어려운 경우로서 보건복지부령으로 정하는 경우에는 그러하지 아니하다. <신설 2016. 5. 29.>

| 의료법 시행규칙 | 제12조(처방전의 기재 사항 등) |
| --- | --- |

① 법 제18조에 따라 의사나 치과의사는 환자에게 처방전을 발급하는 경우에는 별지 제9호서식의 처방전에 다음 각 호의 사항을 적은 후 서명(「전자서명법」에 따른 공인전자서명을 포함한다)하거나 도장을 찍어야 한다. 다만, 제3호의 사항은 환자가 요구한 경우에는 적지 아니한다. <개정 2015. 1. 2., 2015. 12. 23., 2016. 10. 6., 2017. 3. 7.>

1. 환자의 성명 및 주민등록번호

2. 의료기관의 명칭, 전화번호 및 팩스번호

3. 질병분류기호

4. 의료인의 성명·면허종류 및 번호

5. 처방 의약품의 명칭(일반명칭, 제품명이나 「약사법」 제51조에 따른 대한민국약전에서 정한 명칭을 말한다)·분량·용법 및 용량

6. 처방전 발급 연월일 및 사용기간

7. 의약품 조제시 참고 사항

8. 「국민건강보험법 시행령」 별표 2에 따라 건강보험 가입자 또는 피부양자가 요양급여 비용의 일부를 부담하는 행위·약제 및 치료재료에 대하여 보건복지부장관이 정하여 고시하는 본인부담 구분기호

9. 「의료급여법 시행령」 별표 1 및 「의료급여법 시행규칙」 별표 1의2에 따라 수급자가 의료급여 비용의 전부 또는 일부를 부담하는 행위·약제 및 치료재료에 대하여 보건복지부장관이 정하여 고시하는 본인부담 구분기호

② 의사나 치과의사는 환자에게 처방전 2부를 발급하여야 한다. 다만, 환자가 그 처방전을 추가로 발급하여 줄 것을 요구하는 경우에는 환자가 원하는 약국으로 팩스·컴퓨터통신 등을 이용하여 송부할 수 있다.

③ 의사나 치과의사는 환자를 치료하기 위하여 필요하다고 인정되면 다음 내원일(內院日)에 사용할 의약품에 대하여 미리 처방전을 발급할 수 있다.

④ 제1항부터 제3항까지의 규정은 「약사법」 제23조제4항에 따라 의사나 치과의사 자신이 직접 조제할 수 있음에도 불구하고 처방전을 발행하여 환자에게 발급하려는 경우에 준용한다.

| 의료법 시행규칙 | 제13조(약제용기 등외 기재사항) |
| --- | --- |

① 법 제18조제5항 본문에서 "보건복지부령으로 정하는 사항"이란 다음 각 호의 사항을 말한다.

1. 약제의 내용·외용의 구분에 관한 사항
2. 조제자의 면허 종류 및 성명
3. 조제 연월일
4. 조제자가 근무하는 의료기관의 명칭·소재지

② 법 제18조제5항 단서에서 "보건복지부령으로 정하는 경우"란 다음 각 호의 경우를 말한다.

1. 급박한 응급의료상황으로서 환자에 대한 신속한 약제 사용이 필요한 경우
2. 주사제의 주사 등 해당 약제의 성질상 환자에 대한 즉각적 사용이 이루어지는 경우 [전문개정 2017. 3. 7.]

### 벌칙·행정처분

◇ 제18조제3항을 위반한 자 : 5년 이하의 징역이나 5천만원 이하의 벌금
◇ 제18조제4항을 위반한 자 : 500만원 이하의 벌금
△ 제18조를 위반하여 처방전을 환자에게 발급하지 아니한 경우
- 1차 위반 : 자격정지 15일
- 2차 위반(1차 처분일부터 2년 이내에 다시 위반한 경우에만 해당) : 자격정지 1개월

| 질의 내용 | 처방전 작성 및 2부 발급 |
| --- | --- |
| 해석 경향 | 의사나 치과의사는 환자에게 의약품을 투여할 필요가 있다고 인정하면 「약사법」에 따라 자신이 직접 의약품을 조제할 수 있는 경우가 아니면 보건복지부령으로 정하는 바에 따라 처방전을 작성하여 환자에게 내주거나 발송(전자처방전만 해당된다)하여야 한다. 이때 의료법 시행규칙 제12조제2항에서 의사나 치과의사는 환자에게 처방전 2부를 발급하여야 한다. 다만 처방전 2부를 발급하지 아니할 경우, 규정하고 있는 행정처분 사항은 없으나 관할 보건소의 행정지도의 대상이 될 수 있습니다. |

| 질의 내용 | 처방전 작성과 질병분류기호 |
|---|---|
| 해석 경향 | ① 「의료법」 제18조제1항에 따라 의사나 치과의사가 처방전을 교부할 경우, 「의료법 시행규칙」 제12조에 의해 1. 환자의 성명 및 주민등록번호 2. 의료기관의 명칭 3. 질병분류기호 4. 의료인의 성명·면허종류 및 번호 등을 적은 후 서명(「전자서명법」에 따른 공인전자서명을 포함한다)하거나 도장을 찍도록 규정하고 있으며, 다만, '질병분류기호'는 환자가 요구한 경우에는 적지 아니할 수 있습니다. |

| 질의 내용 | 전자처방전과 이메일 발송 |
|---|---|
| 해석 경향 | 의료법령에서 '전자처방전'에 대하여 별도의 구체적인 규정을 마련하고 있지 않으나 △의료법 시행규칙의 처방전 서식사용 △「전자서명법」에 따른 공인전자서명 사용 △개인정보보호법에 따라 안전하게 개인정보 관리 △특정 약국에서만 해당 전자처방전을 인식하지 않을 것 △처방전 재사용 금지 약국의 약사가 '의약품 조제 명세'를 기록 가능토록 할 것 등의 요건을 갖추어야 할 것으로 보이며, 전자처방전의 요건을 갖춘 경우, 환자의 개인 이메일로 전자처방전을 전송하는 것은 가능할 것입니다. |

| 질의 내용 | 대학교 보건실에서 의사의 처방에 의한 투약 |
|---|---|
| 해석 경향 | 약사법 시행령 제23조제5호에 따라 '학교보건법 제3조에 따른 보건실의 의사나 치과의사 가 업무수행으로서 해당 학교의 학생 및 교직원의 환자에 대하여 조제하는 경우' 초빙된 의사의 지위가 학교보건법에서 규정한 학교의사에 해당하면 의약품의 직접 조제 및 투약도 가능합니다. 약사법 시행령 [별표1의2]에서 '의약품 품목허가를 받은 자 등의 의약품 소매·판매사유'를 아래와 같이 규정하고 있어 '12. 학교보건법 제2조제2호에 따른 학교의 장이 학교의사, 학교약사 또는 보건교사(간호사 면허를 가진 보건교사에만 해당한다)가 해당 학교의 학생 및 교직원의 건강관리를 위하여 사용할 의약품(전문의약품인 경우에는 학교의사가 사용하려는 경우에만 해당한다)을 구입하는 경우라고 규정하고 있어, 학교보건법에서 규정하고 있는 학교의사에 해당되는 경우, 학교의 장이 학교에 의약품을 구입 및 구비하는 것이 가능합니다. |

| 질의 내용 | 의사의 자가 진료·처방, 약사의 본인 의약품 조제 |
|---|---|
| 해석 경향 | 의료법 제33조에 의하여 의료인은 의료기관내에서 환자를 대면하여 진료 등 의료행위를 하도록 규정하고 있으며, 의료법 제17조의2 및 제18조에 따라 의료업에 종사하고 직접 진찰한 의사는 환자에게 의약품을 투여할 필요가 있다고 인정하면 의약품을 직접 조제하거나 처방전을 작성하여 환자에게 교부하도록 규정하고 있습니다.<br>의료법령은 진료대상에 대하여 별도로 규정하고 있지 않으므로 의사 본인에 대한 진료라 할지라도 의사가 본인의 증상, 검사 결과 등을 토대로 의약품을 처방하는 것은 가능하며, 이와 같이 의사·약사의 본인 진료 및 조제 시 요양급여 비용은 의사가 자신의 질병을 직접 진찰하거나 투약, 치료하는 등 본인 진료 시 사용한 약제 및 치료재료만 실거래가격으로 보상하며, 약사 본인이 본인의 의약품을 조제한 경우에도 기술료를 제외한 의약품비만 실거래가격으로 보상하고 있습니다(고시 제2007-139호, '08. 1. 1. 시행). |

| 질의 내용 | 무인발급기 처방전 발급 |
|---|---|
| 해석 경향 | 처방전 무인발급기로 환자 본인의 요청에 따라 종이처방전과 전자처방전을 선택하여 발급 가능하고 환자의 요구에 따라 환자가 선택한 약국으로 전자처방전을 발송한다면 약국제출용 종이처방전의 별도 출력은 필요치 않을 것이나, 환자보관용 처방전(전자처방전 포함)은 발급하여야 합니다. |

| 질의 내용 | 약사의 복약지도 |
|---|---|
| 해석 경향 | [약사법] 제24조제4항은 의약품을 조제한 약사는 환자 또는 환자보호자에게 필요한 복약지도를 구두 또는 복약지도서로 하도록 규정하고 있습니다. |

| 질의 내용 | 환자의 처방내용 확인 방법 |
|---|---|
| 해석 경향 | 환자가 자신의 진료처방내역을 확인하고자 할 경우, 해당 의료기관에 요청하여 확인할 수 있지만, 의료기관의 폐업이나 기타 사정으로 인하여 확인이 불가한 경우, 「건강보험심사평가원 홈페이지(www.hira.or.kr)/의료정보/내가 먹는 약/내가 먹는 약! 한눈에」에서 정보 공개요청 할 수 있습니다. |

| 의료법 | 제18조의2(의약품정보의 확인) |
|---|---|

① 의사 및 치과의사는 제18조에 따른 처방전을 작성하거나 「약사법」 제23조제4항에 따라 의약품을 자신이 직접 조제하는 경우에는 다음 각 호의 정보(이하 "의약품정보"라 한다)를 미리 확인하여야 한다.

1. 환자에게 처방 또는 투여되고 있는 의약품과 동일한 성분의 의약품인지 여부

2. 식품의약품안전처장이 병용금기, 특정연령대 금기 또는 임부금기 등으로 고시한 성분이 포함되는지 여부

3. 그 밖에 보건복지부령으로 정하는 정보

② 제1항에도 불구하고 의사 및 치과의사는 급박한 응급의료상황 등 의약품정보를 확인할 수 없는 정당한 사유가 있을 때에는 이를 확인하지 아니할 수 있다.

③ 제1항에 따른 의약품정보의 확인방법·절차, 제2항에 따른 의약품정보를 확인할 수 없는 정당한 사유 등은 보건복지부령으로 정한다. [본조신설 2015. 12. 29.]

| 의료법 시행규칙 | 제13조의2(의약품정보의 확인) |
|---|---|

① 법 제18조의2제1항제3호에서 "보건복지부령으로 정하는 정보"란 다음 각 호의 어느 하나에 해당하는 정보를 말한다.

1. 「약사법」 제39조 및 제71조에 따른 회수 또는 폐기 등의 대상이 되는 의약품인지 여부

2. 「의약품 등의 안전에 관한 규칙」 별표 제4의3제14호에 따라 안전성 속보 또는 안전성 서한을 전파한 의약품인지 여부

3. 그 밖에 제1호 및 제2호에 준하는 의약품으로서 보건복지부장관 또는 식품의약품안전처장이 의약품의 안전한 사용을 위하여 그 확인이 필요하다고 공고한 의약품인지 여부

② 의사 및 치과의사는 법 제18조의2제1항에 따라 같은 항 각 호의 정보(이하 이 조에서 "의약품정보"라 한다)를 미리 확인하려는 경우에는 보건복지부장관이 정하는 바에 따라 「약사법」 제23조의3제1항에 따른 의약품안전사용정보시스템(이하 "정보시스템"이라 한다)을 통하여 확인할 수 있다. 다만, 정보시스템의 물리적 결함이나 손상, 그 밖의 불가피한 사유로 해당 정보시스템을 사용할 수 없는 경우에는 보건복지부장관이 정하는 방법으로 확인할 수 있다.

③ 의사 및 치과의사는 법 제18조의2제2항에 따라 다음 각 호의 어느 하나에 해당하는 경우에는 의약품정보를 확인하지 아니할 수 있다.

1. 급박한 응급의료상황인 경우
2. 긴급한 재해구호상황인 경우
3. 그 밖에 제1호 및 제2호에 준하는 경우로서 보건복지부장관이 정하여 고시하는 경우

[본조신설 2016. 12. 29.] [종전 제13조의2는 제13조의3으로 이동 <2016. 12. 29.>]

| 질의 내용 | 의약품 중복처방 |
| --- | --- |
| 해석 경향 | 「의료법」 제18조의2 및 「약사법」 제23조의2에서는 의사 및 약사는 의약품의 처방·조제 시 동일성분 및 금기 의약품 여부 등을 확인하도록 규정하고 있습니다. 이에 따라 건강보험심사평가원에서는 의약품의 처방·조제 시 의약품 안전성과 관련된 정보를 의사·약사에게 실시간으로 제공하여 부적절한 약물사용을 사전에 점검할 수 있는 의약품안전사용정보시스템(DUR서비스)을 구축하여 운영하고 있으며, 동 시스템(DUR서비스)을 통하여 한 처방전 내 또는 다른 처방전 간 처방·조제일을 기준으로 복용일이 종료되기 전의 모든 의약품을 비교하여 '의약품 병용금기 성분 등의 지정에 관한 규정(식품의약품안전처 고시)'에서 규정하는 병용 금기·특정 연령대 금기의약품 등에 해당하는지 여부를 점검하여 부작용 정보 등을 의사·약사에게 제공하고 있습니다. 다만, 병용 금기 등에 해당하는 의약품일지라도 의사가 의·약학적 사유 등으로 부득이하다고 판단하는 경우에는 예외적으로 처방·조제할 수 있음을 알려드립니다. |

| 의료법 | 제19조(정보 누설 금지) |
| --- | --- |

① 의료인이나 의료기관 종사자는 이 법이나 다른 법령에 특별히 규정된 경우 외에는 의료·조산 또는 간호업무나 제17조에 따른 진단서·검안서·증명서 작성·교부 업무, 제18조에 따른 처방전 작성·교부 업무, 제21조에 따른 진료기록 열람·사본 교부 업무, 제22조제2항에 따른 진료기록부등 보존 업무 및 제23조에 따른 전자의무기록 작성·보관·관리 업무를 하면서 알게 된 다른 사람의 정보를 누설하거나 발표하지 못한다. <개정 2016. 5. 29.>

② 제58조제2항에 따라 의료기관 인증에 관한 업무에 종사하는 자 또는 종사하였던 자는 그 업무를 하면서 알게 된 정보를 다른 사람에게 누설하거나 부당한 목적으로 사용하여서는 아니 된다. <신설 2016. 5. 29.>

[제목개정 2016. 5. 29.]

◇ 제19조를 위반한 자 : 3년 이하의 징역이나 3천만원 이하의 벌금

 * 제19조를 위반한 자에 대한 공소는 고소가 있어야 한다.

△ 제19조를 위반하여 의료·조산 또는 간호를 하면서 알게 된 다른 사람의 비밀
을 누설하거나 발표하여 선고유예의 판결을 받거나 벌금형의 선고를 받은
경우 : 자격정지 2개월

| 질의 내용 | 의료기관의 정보누설 금지 |
|---|---|
| 해석 경향 | 의료법 제19조제1항은 '정보누설 금지' 조항으로 의료인이나 의료기관 종사자는 이 법이나 다른 법령에 특별히 규정된 경우 외에는 의료·조산 또는 간호업무나 제17조에 따른 진단서·검안서·증명서 작성·교부 업무, 제18조에 따른 처방전 작성·교부 업무, 제21주에 따른 진료기록 열람·사본 교부 업무, 제22조제2항에 따른 진료기록부등 보존 업무 및 제23조에 따른 전자의무기록 작성·보관·관리 업무를 하면서 알게 된 다른 사람의 정보를 누설하거나 발표하지 못한다고 규정하고 있으며, 이를 어기면 의료법 제88조에 따라 3년 이하의 징역이나 3천만원이하의 벌금에 처해질 수 있으나, 의료법 제19조를 위반한 자에 대한 공소는 고소가 있어야 하므로 피해자의 고소에 따라 처벌이 가능합니다. 의료기관 다인실에 입원 중인 환자에 대한 의료인의 설명을 다른 환자가 듣는다는 것에 대해 정보누설이라고 보기에는 무리가 있어 보입니다. |

| 질의 내용 | 의료기관의 개인정보 수집 이용 |
|---|---|
| 해석 경향 | 의료법 제22조 및 의료법 시행규칙 제14조의 규정에 따라 의료기관에서는 진료목적을 위해 진료 받은 사람의 주소·성명·연락처·주민등록번호 등 인적사항 등을 기재하도록 규정하고 있어 개인정보의 수집·이용이 가능합니다. 또한 개인정보보호법 제15조제1항에 정보주체의 동의를 받은 경우 또는 법률에 특별한 규정이 있거나 법률상 의무를 준수하기 위하여 불가피한 경우 개인정보 처리자는 개인정보를 수집할 수 있으며 그 수집 목적의 범위에서 이용할 수 있으며, 같은법 제23조제1항에서는 건강 등에 관한 정보는 민감정보로서 개인정보 처리자는 정보 주체에게 관련 사항을 알리고 동의를 받거나 법령에서 민감 정보의 처리를 요구하거나 허용하는 경우에 한하여 처리할 수 있다고 규정하고 있습니다. 따라서 의료기관에서 환자의 진료목적상 개인정보의 수집·이용은 가능하며, 진료 편의상 개인휴대전화번호를 이용한 진료·검사 안내 등은 이에 포함되는 행위라 할 수 있겠습니다. |

| 질의 내용 | 민원인 개인정보 유출 위헌 확인(각하) |
|---|---|
| 헌재 결정 | 청구인은 청구인을 피보험자로 하는 보험계약의 무효 등을 주장하며 금융감독원에 민원을 제기하였는데, 금융감독원이 보험회사에 자신의 개인정보인 전화번호를 제공하여 개인정보자기결정권이 침해되었다는 이유로 이 사건 헌법소원심판을 청구한 것과 관련하여, 헌법재판소법 제68조제1항에 의한 헌법소원심판을 청구하기 위해서는 '공권력의 행사 또는 불행사로 인한 기본권침해의 가능성'이 있어야 한다. 이 사건에서 청구인이 침해되었다고 주장하는 개인정보자기결정권은 자신에 관한 정보가 언제 누구에게 어느 범위까지 알려지고 또 이용되도록 할 것인지를 그 정보주체가 스스로 결정할 수 있는 권리이다(헌재 2018. 8. 30. 2016헌마483 등 참조). 청구인은 금융감독원 홈페이지를 통해 민원을 신청할 때 사실관계 확인이 필요한 민원(분쟁조정)의 처리를 위해 자료제공이 필요한 금융회사 및 이해관계자에 청구인의 연락처 등 개인정보를 제공하는 데에 동의하였다. 이에 따라 금융감독원은 민원의 피신청인인 보험회사에 청구인의 성명, 전화번호 등의 개인정보(주민등록번호 미포함)와 민원 내용을 제공하고 자율조정을 의뢰하였는바, 이것은 정보주체인 청구인 스스로 개인정보자기결정권을 행사한 결과이므로, 청구인이 주장하는 기본권침해의 가능성이 없다(헌재 2020. 8. 11. 2020헌마939). |

| 질의 내용 | 사망한 사람의 개인정보 |
|---|---|
| 판례 경향 | 형벌법규는 문언에 따라 엄격하게 해석·적용하여야 하고 피고인에게 불리한 방향으로 지나치게 확장해석하거나 유추해석해서는 안 된다. 그러나 형벌법규의 해석에서도 문언의 가능한 의미 안에서 입법 취지와 목적 등을 고려한 법률 규정의 체계적 연관성에 따라 문언의 논리적 의미를 분명히 밝히는 체계적·논리적 해석방법은 규정의 본질적 내용에 가장 접근한 해석을 위한 것으로서 죄형법정주의 원칙에 부합한다(대법원 2007. 6. 14. 선고 2007도2162 판결, 대법원 2017. 12. 7. 선고 2017도10122 판결 등 참조). 형벌법규에서 '타인'이나 '다른 사람'이 반드시 생존하는 사람만을 의미하는 것은 아니고 형벌법규가 보호하고자 하는 법익과 법문의 논리적 의미를 분명히 밝히는 체계적·논리적 해석을 통하여 사망한 사람도 포함될 수 있다. 구 의료법 제19조에서 누설을 금지하고 있는 '다른 사람의 비밀'은 당사자의 동의 없이는 원칙적으로 공개되어서는 안 되는 비밀영역으로 보호되어야 한다. 이러한 보호의 필요성은 환자가 나중에 사망하더라도 소멸하지 않는다. 구 의료법 제21조제1항은 환자가 사망하였는지 여부를 묻지 않고 환자가 아닌 다른 사람에게 환자에 관한 기록을 열람하게 하거나 사본을 내주는 등 내용을 확인할 수 있게 해서는 안 된다고 정하고 있는데, 이 점을 보더라도 환자가 사망했 |

| | 다고 해서 보호 범위에서 제외된다고 볼 수 없다. |
|---|---|
| | 위와 같은 형벌법규 해석에 관한 일반적인 법리, 의료법의 입법 취지, 구 의료법 제19조의 문언·내용·체계·목적 등에 비추어 보면, 구 의료법 제19조에서 정한 '다른 사람'에는 생존하는 개인 이외에 이미 사망한 사람도 포함된다고 보아야 한다(대법원 2018. 5. 11. 선고 2018도2844 판결). |

| 의료법 | 제20조(태아 성 감별 행위 등 금지) |
|---|---|
| | ① 의료인은 태아 성 감별을 목적으로 임부를 진찰하거나 검사하여서는 아니 되며, 같은 목적을 위한 다른 사람의 행위를 도와서도 아니 된다. |
| | ② 의료인은 임신 32주 이전에 태아나 임부를 진찰하거나 검사하면서 알게 된 태아의 성(性)을 임부, 임부의 가족, 그 밖의 다른 사람이 알게 하여서는 아니 된다. <개정 2009. 12. 31.> |
| | [2009. 12. 31. 법률 제9906호에 의하여 2008. 7. 31. 헌법재판소에서 헌법불합치 결정된 이 조 제2항을 개정함.] |

### 벌칙 · 행정처분

◇ 제20조를 위반한자 : 2년 이하의 징역이나 2천만원 이하의 벌금
△ 제20조를 위반하여 태아의 성 감별 행위 등을 한 경우 : 자격정지 3개월

| 질의 내용 | 의료인의 태아 성 감별행위 시 |
|---|---|
| 해석 경향 | 의료법 제20조제1항에 의료인은 태아 성 감별을 목적으로 임부를 진찰하거나 검사하여서는 아니 되며, 같은 목적을 위한 다른 사람의 행위를 도와서도 아니 된다. 같은법 제2항에 의료인은 임신 32주 이전에 태아나 임부를 진찰하거나 검사하면서 알게 된 태아의 성(性)을 임부, 임부의 가족, 그 밖의 다른 사람이 알게 하여서는 아니 된다고 규정하고 있습니다. 따라서 어떠한 목적으로 의료인이 임신 32주 이전에 태아의 성을 임부나 임부의 가족, 그 밖의 다른 사람에게 알게 한 경우에는 2년 이하의 징역이나 2천만원 이하의 벌금, 자격정지 3개월의 행정처분을 받을 수 있습니다. |

| 질의 내용 | 태아 성 감별 행위에 대한 면허자격정지는 적법 |
|---|---|
| 판례 경향 | 입법 취지가 남아선호사상에 경도되어 태아의 생명을 침해하는 낙태행위가 성행하는 현실을 형법 제270조 등에 의한 낙태행위의 처벌만으로 교정하는 것이 사실상 불가능함에 따라 낙태행위의 전제가 되는 태아의 성별 여부를 임부 또는 그 가족들이 알지 못하게 함으로써 궁극적으로 태아의 생명을 보호하고 적정한 남녀성비를 유도하는 데 있으므로, 태아의 성감별 사실의 고지행위 자체를 금지하는 것이므로, 원고가 초음파 검사 등을 통하여 태아의 성별을 자연스럽게 알게 되었고 태아의 성감별에 대하여 아무런 대가도 받지 않았으며, 위 임부들은 그 당시 임신 7개월 및 9개월로서 낙태 가능성이 거의 없었고 실제로 정상 분만하였으며, 원고가 낙태의 가능성을 염두에 두고 적극적으로 성감별을 하여 임부들에게 태아의 성별을 알려 준 것은 아니라 하더라도, 이러한 사정이 태아의 성별고지행위 자체의 위법성 및 사회적 위험성과 낙태로 이어질 생명경시사상을 예방하고자 하는 위 입법 취지에 입각한 공익성에 우선하는 비교가치를 가진다고 할 수 없을 뿐더러, 피고가 이 사건 규칙상 가장 가벼운 의사면허자격정지 7월의 처분을 한 것이 원고에게 지나치게 가혹하여 재량권의 범위를 벗어난 것으로 위법하다고 볼 수는 없다 (대법원 2002. 10. 25. 선고 2002두4822 판결). |

| 질의 내용 | 헌법소원 심판청구 사유 |
|---|---|
| 해석 경향 | 헌법재판소법 제68조제1항에 헌법소원 심판 청구사유로 공권력의 행사 또는 불행사(不行使)로 인하여 헌법상 보장된 기본권을 침해받은 자는 법원의 재판을 제외하고는 헌법재판소에 헌법소원심판을 청구할 수 있다. 다만, 다른 법률에 구제절차가 있는 경우에는 그 절차를 모두 거친 후에 청구할 수 있다고 규정하고 있습니다. |

| 질의 내용 | 헌법소원심판청구의 적법 조건 |
|---|---|
| 헌재 결정 | 헌법재판소법 제68조제2항에 의한 헌법소원심판청구가 적법하기 위해서는 문제된 법률의 위헌 여부가 재판의 전제가 되어야 한다. 여기서 재판의 전제가 된다고 함은 구체적인 사건이 법원에 계속되어 있었거나 계속 중이어야 하고, 위헌 여부가 문제되는 법률이 당해 사건의 재판에 적용되는 것이어야 하며, 그 법률이 헌법에 위반되는지 여부에 따라 당해 사건을 담당한 법원이 다른 내용의 재판을 하게 되는 경우를 의미한다 (헌재 2017. 7. 27. 2016헌바41.헌재 2000. 6. 29. 99헌바66 등 참조). |

| 질 의 내 용 | 헌법소원심판 청구 대상 |
|---|---|
| 헌재 결정 | 헌법재판소법 제68조제1항에 의하면, 공권력의 행사 또는 불행사로 인하여 헌법상 보장된 기본권을 침해받은 자는 법원의 재판을 제외하고는 헌법재판소에 헌법소원심판을 청구할 수 있고, 공권력의 행사에 대하여 헌법소원심판을 청구하기 위하여는 공권력의 주체에 의한 권력의 발동으로서 국민의 권리, 의무에 대하여 직접적인 법률효과를 발생시키는 행위가 있어야 하는바, 헌법소원심판의 대상이 될 수 있는 이러한 공권력성 내지 기본권 관련성은, 헌법소원이 기본권침해에 대한 권리구제수단이라는 본질적 성격에서 도출되는 것이므로 공권력의 불행사에 대하여 헌법소원심판을 청구하기 위하여도 마찬가지로 요구된다. 따라서 헌법소원심판의 대상이 될 수 있는 공권력의 불행사는 국민의 권리, 의무에 대하여 직접적인 법률효과를 발생시키는 공권력의 행사를 하여야 할 헌법상 작위의무를 해태한 것이어야 한다(헌재 2004. 2. 26. 2003헌마285, 판례집 16-1, 327, 333, 334). 헌법재판소법 제68조제1항에 따른 헌법소원심판청구를 통하여 법령으로 인한 기본권침해를 주장하기 위해서는 심판대상조항과 청구인의 기본권과의 최소한의 관련성이 존재하여야 한다(헌재 2006. 12. 28. 2004헌마229 등 참조). |

| 질 의 내 용 | 헌법소원 심판청구 재판의 전제성 |
|---|---|
| 헌재 결정 | 헌법재판소법 제68조제2항에 의한 헌법소원심판청구가 적법하기 위해서는 문제된 법률의 위헌 여부가 재판의 전제가 되어야 한다. 여기서 말하는 재판의 전제성이라 함은 구체적인 사건이 법원에 계속되어 있었거나 계속 중이어야 하고, 위헌 여부가 문제되는 법률이 당해 소송사건의 재판에 적용되는 것이어야 하며, 그 법률이 헌법에 위반되는지의 여부에 따라 당해사건 재판의 결론이나 주문에 영향을 주는 경우뿐만 아니라, 문제된 법률의 위헌 여부가 비록 재판의 주문 자체에는 영향을 주지 않는다고 하더라도 재판의 내용과 효력에 관한 법률적 의미가 달라지는 경우도 포함된다고 할 것이다(헌재 2010. 5. 27. 2009헌바49 등). |

| 질의 내용 | 작위의무가 없는 공권력의 불행사에 대한 헌법소원 |
|---|---|
| 헌재 결정 | 헌법재판소법 제68조제1항에 의하면, 공권력의 행사 또는 불행사로 인하여 헌법상 보장된 기본권을 침해받은 자는 법원의 재판을 제외하고는 헌법재판소에 헌법소원심판을 청구할 수 있다. 그런데 공권력의 불행사에 대한 헌법소원은 공권력의 주체에게 헌법에서 직접 도출되는 작위의무나 법률상의 작위의무가 특별히 구체적으로 존재하여 이에 의거하여 기본권의 주체가 그 공권력의 행사를 청구할 수 있음에도 공권력의 주체가 그 의무를 해태하는 경우에 한하여 허용되므로, 이러한 작위의무가 없는 공권력의 불행사에 대한 헌법소원은 부적법하다(헌재 1999. 9. 16. 98헌마7; 헌재 2016. 11. 23. 2016헌마944 등 참조). |

| 질의 내용 | 죄형법정주의 명확성의 원칙 |
|---|---|
| 헌재 결정 | 죄형법정주의는 법률이 처벌하고자 하는 행위가 무엇이며 그에 대한 형벌이 어떠한 것인지를 누구나 예견할 수 있고, 그에 따라 자신의 행위를 결정할 수 있도록 구성요건을 명확하게 규정할 것을 요구한다. 그러나 처벌법규의 구성요건과 형벌을 단순한 의미의 서술적인 개념에 의하여 규정하도록 요하는 것은 아니며, 다소 광범위하여 어떤 범위에서는 법관의 보충적인 해석을 필요로 하는 개념을 사용하였다고 하더라도 그 점만으로 헌법이 요구하는 처벌법규의 명확성원칙에 반드시 배치되는 것이라고 볼 수 없다. 즉 건전한 상식과 통상적인 법감정을 가진 사람이 처벌법규의 적용대상자가 누구이며 구체적으로 어떠한 행위가 금지되고 어떠한 형벌을 받는지 충분히 알 수 있다면 죄형법정주의의 명확성원칙에 위배되지 않는다(헌재 2012. 12. 27. 2012헌바46). |

| 질의 내용 | 평등의 원칙 |
|---|---|
| 헌재 결정 | 평등의 원칙은 입법자에게 본질적으로 같은 것을 자의적으로 다르게, 본질적으로 다른 것을 자의적으로 같게 취급하는 것을 금하고 있다. 그러므로 비교의 대상을 이루는 두 개의 사실관계 사이에 서로 상이한 취급을 정당화할 수 있을 정도의 차이가 없음에도 불구하고 두 사실관계를 서로 다르게 취급한다면, 입법자는 이로써 평등권을 침해하게 된다. 그러나 서로 비교될 수 있는 사실관계가 모든 관점에서 완전히 동일한 것이 아니라 단지 일정 요소에 있어서만 동일한 경우에, 비교되는 두 사실관계를 법적으로 동일한 것으로 볼 것인지 아니면 다른 것으로 볼 것인지를 판단하기 위하여는 어떠한 요소가 결정적인 기준이 되는가가 문제된다. 두 개의 사실관계가 본질적으로 동일한가의 판단은 일반적으로 당해 법률조항의 의미와 목적에 달려있다(헌재 2011. 10. 25. 2010헌바272 등). |

| 의료법 | 제21조(기록 열람 등) |
| --- | --- |

① 환자는 의료인, 의료기관의 장 및 의료기관 종사자에게 본인에 관한 기록 (추가기재·수정된 경우 추가기재·수정된 기록 및 추가기재·수정 전의 원본을 모두 포함한다. 이하 같다)의 전부 또는 일부에 대하여 열람 또는 그 사본의 발급 등 내용의 확인을 요청할 수 있다. 이 경우 의료인, 의료 기관의 장 및 의료기관 종사자는 정당한 사유가 없으면 이를 거부하여서 는 아니 된다. <신설 2016. 12. 20., 2018. 3. 27.>

② 의료인, 의료기관의 장 및 의료기관 종사자는 환자가 아닌 다른 사람에게 환자에 관한 기록을 열람하게 하거나 그 사본을 내주는 등 내용을 확인할 수 있게 하여서는 아니 된다. <개정 2009. 1. 30., 2016. 12. 20.>

③ 제2항에도 불구하고 의료인, 의료기관의 장 및 의료기관 종사자는 다음 각 호의 어느 하나에 해당하면 그 기록을 열람하게 하거나 그 사본을 교 부하는 등 그 내용을 확인할 수 있게 하여야 한다. 다만, 의사·치과의사 또는 한의사가 환자의 진료를 위하여 불가피하다고 인정한 경우에는 그러 하지 아니하다. <개정 2009. 1. 30., 2010. 1. 18., 2011. 4. 7., 2011. 12. 31., 2012. 2. 1., 2015. 12. 22., 2015. 12. 29., 2016. 5. 29., 2016. 12. 20., 2018. 3. 20., 2018. 8. 14., 2020. 3. 4., 2020. 8. 11., 2020. 12. 29.>

1. 환자의 배우자, 직계 존속·비속, 형제·자매(환자의 배우자 및 직계 존속 ·비속, 배우자의 직계존속이 모두 없는 경우에 한정한다) 또는 배우자의 직계 존속이 환자 본인의 동의서와 친족관계임을 나타내는 증명서 등을 첨부하는 등 보건복지부령으로 정하는 요건을 갖추어 요청한 경우

2. 환자가 지정하는 대리인이 환자 본인의 동의서와 대리권이 있음을 증명하는 서류를 첨부하는 등 보건복지부령으로 정하는 요건을 갖추어 요청한 경우

3. 환자가 사망하거나 의식이 없는 등 환자의 동의를 받을 수 없어 환자의 배우자, 직계 존속·비속, 형제·자매(환자의 배우자 및 직계 존속·비속, 배우자의 직계존속이 모두 없는 경우에 한정한다) 또는 배우자의 직계 존 속이 친족관계임을 나타내는 증명서 등을 첨부하는 등 보건복지부령으로 정하는 요건을 갖추어 요청한 경우

4. 「국민건강보험법」 제14조, 제47조, 제48조 및 제63조에 따라 급여비용 심 사·지급·대상여부 확인·사후관리 및 요양급여의 적정성 평가·가감지급 등을 위하여 국민건강보험공단 또는 건강보험심사평가원에 제공하는 경우

5. 「의료급여법」 제5조, 제11조, 제11조의3 및 제33조에 따라 의료급여 수 급권자 확인, 급여비용의 심사·지급, 사후관리 등 의료급여 업무를 위하

여 보장기관(시·군·구), 국민건강보험공단, 건강보험심사평가원에 제공하는 경우

6. 「형사소송법」 제106조, 제215조 또는 제218조에 따른 경우

6의2. 「군사법원법」 제146조, 제254조 또는 제257조에 따른 경우

7. 「민사소송법」 제347조에 따라 문서제출을 명한 경우

8. 「산업재해보상보험법」 제118조에 따라 근로복지공단이 보험급여를 받는 근로자를 진료한 산재보험 의료기관(의사를 포함한다)에 대하여 그 근로자의 진료에 관한 보고 또는 서류 등 제출을 요구하거나 조사하는 경우

9. 「자동차손해배상 보장법」 제12조제2항 및 제14조에 따라 의료기관으로부터 자동차보험진료수가를 청구받은 보험회사등이 그 의료기관에 대하여 관계 진료기록의 열람을 청구한 경우

10. 「병역법」 제11조의2에 따라 지방병무청장이 병역판정검사와 관련하여 질병 또는 심신장애의 확인을 위하여 필요하다고 인정하여 의료기관의 장에게 병역판정검사대상자의 진료기록·치료 관련 기록의 제출을 요구한 경우

11. 「학교안전사고 예방 및 보상에 관한 법률」 제42조에 따라 공제회가 공제급여의 지급 여부를 결정하기 위하여 필요하다고 인정하여 「국민건강보험법」 제42조에 따른 요양기관에 대하여 관계 진료기록의 열람 또는 필요한 자료의 제출을 요청하는 경우

12. 「고엽제후유의증 등 환자지원 및 단체설립에 관한 법률」 제7조제3항에 따라 의료기관의 장이 진료기록 및 임상소견서를 보훈병원장에게 보내는 경우

13. 「의료사고 피해구제 및 의료분쟁 조정 등에 관한 법률」 제28조제1항 또는 제3항에 따른 경우

14. 「국민연금법」 제123조에 따라 국민연금공단이 부양가족연금, 장애연금 및 유족연금 급여의 지급심사와 관련하여 가입자 또는 가입자였던 사람을 진료한 의료기관에 해당 진료에 관한 사항의 열람 또는 사본 교부를 요청하는 경우

14의2. 다음 각 목의 어느 하나에 따라 공무원 또는 공무원이었던 사람을 진료한 의료기관에 해당 진료에 관한 사항의 열람 또는 사본 교부를 요청하는 경우

가. 「공무원연금법」 제92조에 따라 인사혁신처장이 퇴직유족급여 및 비공무상장해급여와 관련하여 요청하는 경우

나. 「공무원연금법」 제93조에 따라 공무원연금공단이 퇴직유족급여 및 비공무상장해급여와 관련하여 요청하는 경우

다. 「공무원 재해보상법」 제57조 및 제58조에 따라 인사혁신처장(같은법

제61조에 따라 업무를 위탁받은 자를 포함한다)이 요양급여, 재활급여, 장해급여, 간병급여 및 재해유족급여와 관련하여 요청하는 경우

14의3. 「사립학교교직원 연금법」 제19조제4항제4호의2에 따라 사립학교교 직원연금공단이 요양급여, 장해급여 및 재해유족급여의 지급심사와 관련 하여 교직원 또는 교직원이었던 자를 진료한 의료기관에 해당 진료에 관 한 사항의 열람 또는 사본 교부를 요청하는 경우

15. 「장애인복지법」 제32조제7항에 따라 대통령령으로 정하는 공공기관의 장이 장애 정도에 관한 심사와 관련하여 장애인 등록을 신청한 사람 및 장애인으로 등록한 사람을 진료한 의료기관에 해당 진료에 관한 사항의 열람 또는 사본 교부를 요청하는 경우

16. 「감염병의 예방 및 관리에 관한 법률」 제18조의4 및 제29조에 따라 질 병관리청장, 시·도지사 또는 시장·군수·구청장이 감염병의 역학조사 및 예방접종에 관한 역학조사를 위하여 필요하다고 인정하여 의료기관의 장에게 감염병환자등의 진료기록 및 예방접종을 받은 사람의 예방접종 후 이상반응에 관한 진료기록의 제출을 요청하는 경우

17. 「국가유공자 등 예우 및 지원에 관한 법률」 제74조의8제1항제7호에 따 라 보훈심사위원회가 보훈심사와 관련하여 보훈심사대상자를 진료한 의 료기관에 해당 진료에 관한 사항의 열람 또는 사본 교부를 요청하는 경우

18. 「한국보훈복지의료공단법」 제24조의2에 따라 한국보훈복지의료공단이 같은법 제6조제1호에 따른 국가유공자등에 대한 진료기록등의 제공을 요 청하는 경우

④ 진료기록을 보관하고 있는 의료기관이나 진료기록이 이관된 보건소에 근 무하는 의사·치과의사 또는 한의사는 자신이 직접 진료하지 아니한 환자 의 과거 진료 내용의 확인 요청을 받은 경우에는 진료기록을 근거로 하여 사실을 확인하여 줄 수 있다. <신설 2009. 1. 30.>

⑤ 제1항, 제3항 또는 제4항의 경우 의료인, 의료기관의 장 및 의료기관 종사 자는 「전자서명법」에 따른 전자서명이 기재된 전자문서를 제공하는 방 법으로 환자 또는 환자가 아닌 다른 사람에게 기록의 내용을 확인하게 할 수 있다. <신설 2020. 3. 4.>

| 의료법 시행령 | 제10조의3(환자에 관한 기록 열람 등) |
|---|---|

법 제21조제3항제15호에서 "대통령령으로 정하는 공공기관"이란 「국민연금 법」 제24조에 따른 국민연금공단을 말한다. <개정 2017. 6. 20.>

[본조신설 2016. 9. 29.]

[제10조의2에서 이동, 종전 제10조의3은 제10조의4로 이동 <2020. 2. 25.>]

| 의료법 시행규칙 | 제13조의3(기록 열람 등의 요건) |
| --- | --- |

① 법 제21조제3항제1호에 따라 환자의 배우자, 직계 존속·비속, 형제·자매 (환자의 배우자 및 직계 존속·비속, 배우자의 직계존속이 모두 없는 경우에 한정한다. 이하 같다) 또는 배우자의 직계 존속(이하 이 조에서 "친족"이라 한다)이 환자에 관한 기록의 열람이나 그 사본의 발급을 요청할 경우에는 다음 각 호의 서류(전자문서를 포함한다. 이하 이 조에서 같다)를 갖추어 의료인, 의료기관의 장 및 의료기관 종사자에게 제출하여야 한다. <개정 2017. 3. 7., 2017. 6. 21., 2018. 9. 27., 2020. 2. 28.>

1. 기록 열람이나 사본 발급을 요청하는 자의 신분증 사본

2. 가족관계증명서, 주민등록표 등본 등 친족관계임을 확인할 수 있는 서류. 다만, 환자의 형제·자매가 요청하는 경우에는 환자의 배우자 및 직계존속·비속, 배우자의 직계 존속이 모두 없음을 증명하는 자료를 함께 제출하여야 한다.

3. 환자가 자필서명한 별지 제9호의2서식의 동의서. 다만, 환자가 만 14세 미만의 미성년자인 경우에는 제외한다.

4. 환자의 신분증 사본. 다만, 「주민등록법」 제24조제1항에 따른 주민등록증이 발급되지 않은 만 17세 미만의 환자는 제외한다.

② 법 제21조제3항제2호에 따라 환자가 지정하는 대리인이 환자에 관한 기록의 열람이나 그 사본의 발급을 요청할 경우에는 다음 각 호의 서류를 갖추어 의료인, 의료기관의 장 및 의료기관 종사자에게 제출하여야 한다. <개정 2017. 6. 21., 2018. 9. 27., 2020. 2. 28.>

1. 기록열람이나 사본발급을 요청하는 자의 신분증 사본

2. 환자가 자필 서명한 별지 제9호의2서식의 동의서 및 별지 제9호의3서식의 위임장. 이 경우 환자가 만 14세 미만의 미성년자인 경우에는 환자의 법정대리인이 작성하여야 하며, 가족관계증명서 등 법정대리인임을 확인할 수 있는 서류를 첨부하여야 한다.

3. 환자의 신분증 사본. 다만, 「주민등록법」 제24조제1항에 따른 주민등록증이 발급되지 않은 만 17세 미만의 환자는 제외한다.

③ 법 제21조제3항제3호에 따라 환자의 동의를 받을 수 없는 상황에서 환자의 친족이 환자에 관한 기록의 열람이나 그 사본 발급을 요청할 경우에는 별표 2의2에서 정하는 바에 따라 서류를 갖추어 의료인, 의료기관의 장 및 의료기관 종사자에게 제출하여야 한다. <개정 2017. 6. 21., 2018. 9. 27.>

④ 의료인, 의료기관의 장 및 의료기관 종사자는 환자가 본인에 관한 기록의

열람이나 그 사본의 발급을 요청하는 경우 요청인이 환자 본인임을 확인해야 한다. <개정 2020. 2. 28.>

⑤ 제1항 및 제3항에 따라 친족이 환자에 관한 기록의 열람이나 그 사본의 발급을 요청하는 경우 그 요청자는 신분증 사본의 제출을 갈음하여 다음 각 호의 어느 하나에 해당하는 방법으로 본인확인 절차를 거칠 수 있다. <신설 2018. 9. 27., 2020. 2. 28.>

1. 휴대전화를 통한 본인인증 등 「정보통신망 이용촉진 및 정보보호 등에 관한 법률」 제23조의3에 따른 본인확인기관에서 제공하는 본인확인의 방법

2. 「전자서명법」 제2조제3호에 따른 공인전자서명 또는 같은법 제2조제8호에 따른 공인인증서를 통한 본인확인의 방법

3. 「정보통신망 이용촉진 및 정보보호 등에 관한 법률 시행령」 제9조의2 제1항제1호에 따른 바이오정보를 통한 본인확인의 방법

[본조신설 2010. 1. 29.]

[제13조의2에서 이동 <2016. 12. 29.>]

◇ 보건의료기본법 제11조(보건의료에 관한 알 권리) 제2항에 모든 국민은 관계 법령에서 정하는 바에 따라 보건의료인이나 보건의료기관에 대하여 자신의 보건의료와 관련한 기록 등의 열람이나 사본의 교부를 요청할 수 있다. 다만, 본인이 요청할 수 없는 경우에는 그 배우자·직계존비속 또는 배우자의 직계존속이, 그 배우자·직계존비속 및 배우자의 직계존속이 없거나 질병이나 그 밖에 직접 요청을 할 수 없는 부득이한 사유가 있는 경우에는 본인이 지정하는 대리인이 기록의 열람 등을 요청할 수 있다고 규정하고 있다.

■ 의료법 시행규칙 [별표 2의2] <개정 2017. 3. 7.>

환자의 동의를 받을 수 없는 경우 기록 열람·사본 발급 요청 시 구비서류
(제13조의3제3항 관련)

| 구 분 | 구비서류 |
| --- | --- |
| 환자가 사망한 경우 | 1. 기록 열람이나 사본 발급을 요청하는 자의 신분증 사본<br>2. 가족관계증명서, 주민등록표 등본 등 친족관계를 확인할 수 있는 서류<br>3. 가족관계증명서, 제적등본, 사망진단서 등 사망사실을 확인할 수 있는 서류 |
| 환자가 의식불명 또는 의식불명은 아니지만 중증의 질환·부상으로 자필서명을 할 수 없는 경우 | 1. 기록 열람이나 사본 발급을 요청하는 자의 신분증 사본<br>2. 가족관계증명서, 주민등록표 등본 등 친족관계를 확인할 수 있는 서류<br>3. 환자가 의식불명 또는 중증의 질환·부상으로 자필서명을 할 수 없음을 확인할 수 있는 진단서 |
| 환자가 행방불명인 경우 | 1. 기록 열람이나 사본 발급을 요청하는 자의 신분증 사본 |

| | |
|---|---|
| | 2. 가족관계증명서, 주민등록표 등본 등 친족관계를 확인할 수 있는 서류<br>3. 주민등록표 등본, 법원의 실종선고 결정문 사본 등 행방불명 사실을 확인할 수 있는 서류 |
| 환자가 의사무능력자인 경우 | 1. 기록 열람이나 사본 발급을 요청하는 자의 신분증 사본<br>2. 가족관계증명서, 주민등록표 등본 등 친족관계를 확인할 수 있는 서류<br>3. 법원의 금치산 선고 결정문 사본 또는 의사무능력자임을 증명하는 정신과 전문의의 진단서 |

비고: 위 표의 규정에 불구하고 환자의 형제·자매가 요청하는 경우에는 환자의 배우자 및 직계 존속·비속, 배우자의 직계 존속이 모두 없음을 증명하는 자료를 함께 제출하여야 한다.

---

### 벌칙 · 행정처분

◇ 제21조제2항을 위반한 자 : 3년 이하의 징역이나 3천만원 이하의 벌금

　*제21조제2항을 위반한 자에 대한 공소는 고소가 있어야 한다.

◇ 제21조제1항 후단(제40조의2제4항에서 준용하는 경우 포함)을 위반한 자 : 500만원 이하의 벌금

△ 제21조제2항을 위반하여 환자에 관한 기록의 열람, 사본 발급 등 그 내용을 확인할 수 있게 하여 선고유예의 판결을 받거나 벌금형의 선고를 받은 때 : 자격정지 2개월

△ 제21조제3항을 위반하여 환자에 관한 기록의 열람, 사본 발급 등 그 내용 확인요청에 따르지 아니한 경우 및 법 제21조의2제1항을 위반하여 진료기록의 내용확인 요청이나 진료경과에 대한 소견 등의 송부요청에 따르지 아니하거나 환자나 환자보호자의 동의를 받지 않고 진료기록의 내용을 확인할 수 있게 하거나 진료경과에 대한 소견 등을 송부한 경우 : 자격정지 15일

△ 제21조제1항 후단 및 제2항·제3항을 위반한 의료기관 : 시정명령

| 질의 내용 | 진료기록 열람 및 사본 발급 |
|---|---|
| 해석 경향 | 진료기록 열람 또는 사본 발급은 환자가 요청하고 환자에게 열람·발급하는 것이 원칙이며, 의료법 제21조제3항 각 호에 해당하는 경우에 예외적으로 열람·발급하는 것입니다. |

| 질 의 내 용 | 무단으로 환자의 진료기록 열람 및 사본 발급의 처벌 |
|---|---|
| 해석 경향 | 의료법 제21조제2항에서 의료인, 의료기관의 장 및 의료기관 종사자는 환자가 아닌 다른 사람에게 환자에 관한 기록을 열람하게 하거나 그 사본을 내주는 등 내용을 확인할 수 있게 하여서는 아니 된다고 규정하고 있습니다. 이를 위반하여 환자의 동의를 받지 아니하고 진료기록의 내용을 확인할 수 있게 하여 선고유예의 판결을 받거나 벌금형의 선고를 받은 경우는 3년 이하의 징역이나 3천만원 이하의 벌금을 받을 수 있으며, 자격정지 2개월의 행정처분을 받을 수 있습니다. |

| 질 의 내 용 | 미성년 환자의 진료기록 열람·사본 발급 |
|---|---|
| 해석 경향 | 미성년 환자의 진료기록에 대한 열람·사본 발급요청은 미성년 환자의 부모(친권자)가 의료법 시행규칙 제13조의3의 규정에 따른 친족으로서의 요건을 갖추어 진료기록 사본을 요청할 수도 있으며, 부모(친권자)로서 본인이 환자의 친권자(법정대리인)임을 증명하는 것만으로 의료기관에 대해 진료기록 사본 발급요청이 가능합니다.<br>환자가 만 14세 미만의 미성년자인 경우에는 가족관계증명서 등 법정대리인임을 확인할 수 있는 서류를 첨부하여 신청 가능합니다. |

| 질 의 내 용 | 휴대전화를 이용한 진료기록 사본 교부 전송 |
|---|---|
| 해석 경향 | 의료법 제21조에 의거 진료기록 열람 또는 사본 발급 권한이 있는 것으로 확인된 경우, 열람 또는 사본의 제공방식에 제한하여 정하고 있지는 않습니다. 따라서 의료기관은 환자의 요구 및 의료기관 여건을 고려하여 진료기록 열람 또는 사본 제공의 적절한 방식을 선택할 수 있으므로 전자문서 형태의 진료기록을 휴대폰으로 전송하여 저장하도록 하는 방식도 의료법 제21조에 따른 진료기록 사본 발급으로 가능하다고 할 것이며, 다만 의료기관은 환자에 관한 기록의 열람 및 사본을 제공함에 있어서 정보의 유출 사고가 발생하지 않도록 주의 의무를 다하여야 할 것입니다. |

| 질의 내용 | 환자의 진료기록 열람 및 사본 발급 거부 사유 |
|---|---|
| 해석 경향 | 환자는 의료인, 의료기관의 장 및 의료기관 종사자에게 본인에 관한 기록(추가기재·수정된 경우 추가기재·수정된 기록 및 추가기재·수정 전의 원본을 모두 포함)의 진부 또는 일부에 대하여 열람 또는 그 사본의 발급 등 내용의 확인을 요청할 수 있으며, 의료인, 의료기관의 장 및 의료기관 종사자는 정당한 사유가 없으면 환자 진료기록의 열람 또는 사본 발급요청에 따라야 합니다. 진료기록의 열람 또는 사본 발급요청에 대해 거부할 수 있는 '정당한 사유'는 발급신청 시 제출하여야 하는 신분증, 동의서, 위임장 등을 미제출하거나 제출서류에 흠결이 있는 등 법령에서 정하는 요건이 갖추어지지 않은 경우 발급을 거부할 수 있는 정당한 사유가 될 수 있습니다. |

| 질의 내용 | 추가기재 수정된 진료기록 보존 및 열람 또는 사본 발급 |
|---|---|
| 해석 경향 | 의료법 제22조제2항에서는 의료인이나 의료기관 개설자는 진료기록부등[전자의무기록 포함]하여 추가기재·수정된 경우 추가기재·수정된 진료기록부등 및 추가기재·수정 전의 원본을 모두 포함하여 보건복지부령으로 정하는 바에 따라 보존하여야 하도록 규정하고 있으며, 같은법 제21조제1항에 "환자는 의료인, 의료기관의 장 및 의료기관 종사자에게 본인에 관한 기록(추가기재·수정된 경우 추가기재·수정된 기록 및 추가기재·수정 전의 원본을 모두 포함)의 전부 또는 일부에 대하여 열람 또는 그 사본의 발급 등 내용의 확인을 요청할 수 있다. 이 경우 의료인, 의료기관의 장 및 의료기관 종사자는 정당한 사유가 없으면 이를 거부하여서는 아니 된다"고 규정하고 있습니다. 따라서 법령상 환자는 자신의 진료기록의 생성부터 추가기재·수정된 내용까지 모두 확인이 가능하도록 규정하고 있으나, 그 확인은 사전 자신의 진료기록의 열람이나 사본교부를 했을 때 보다 명확해질 수 있을 것입니다. |

| 질의 내용 | 진료비 미납 또는 담당의사 승인 등으로 지연 × |
|---|---|
| 해석 경향 | 의료법 제21조에 따라 열람 또는 사본 발급의 대상이 되는 환자에 관한 기록은 의료기관이 이미 생성·보존 중인 기록을 말하는 것이므로 담당 의료인의 추가적인 환자의 진찰, 진단 등을 필요로 하는 특별한 경우가 아니라면 그 열람 또는 사본 등을 제공함에 있어서 담당 의사의 추가적인 확인 또는 승인 등이 필요하지 않습니다. 따라서 법령에서 정하는 모든 요건을 갖춘 적법한 요청에 대하여 단지 담당 의사의 승인 또는 확인이 필요하다는 이유나 환자의 진료비 미납 등을 이유로 진료기록 사본 발급을 지연하거나 거부할 수는 없으며, 이러한 행위는 제21조 제1항 후단 또는 제3항에 저촉되어 처벌받을 수 있습니다. |

| 질의 내용 | 진료기록 열람 및 사본 발급 증빙서류 |
|---|---|
| | (보건복지부 진료기록 열람 및 사본발급 업무 지침 2019. 10. 16. 참고) |
| 해석 경향 | 진료기록 열람 또는 사본 발급은 환자가 요청하고 환자에게 열람·발급하는 것이 원칙이며, 의료법 제21조제3항 각호에 해당하는 경우에 예외적으로 열람·발급되며, 요청자에 따라 신청 증빙서류를 제출하여야 가능합니다.<br>1. 환자<br>○ 본인 확인<br>- 신분증(주민등록증, 운전면허증, 여권, 청소년증, 공무원증, 국가유공자등록증 등)<br>*입원 중 또는 퇴원 당일 환자가 요청 시, 별도의 확인 절차 없이 가능<br>2. 환자의 법정 대리인<br>○ 법정대리인(신분증 확인 또는 온라인 본인 인증)<br>○ 법정대리인 지정 대리인(법정대리인을 증명하는 서류, 법정대리인의 신분증 사본, 법정대리인의 자필서명 동의서와 위임장, 지정대리인의 신분증 사본)<br>3. 미성년(만19세 미만) 환자의 요청<br>○ 환자 본인 요청(본인 신분증, 학생증, 청소년증, 여권 등)<br>* 14세 도달 여부와 관계없이 환자 본인의 사무처리 능력(통상 10세 이상)에 따라 환자가 직접 요청 가능<br>○ 환자 친권자의 요청(가족관계증명서 등 친자관계 증명서류)<br>○ 친족의 요청 : 직계존속(부모, 조부모, 외조부모 등), 이들이 없는 경우 형제자매 환자의 신분증 사본(17세 이상인 경우), 환자의 자필서명 동의서(14세 이상인 경우), 가족관계 증명서, 친족의 신분증 사본<br>○ 법정대리인의 요청(법정대리인임을 증명하는 서류, 법정대리인의 본인 확인)<br>4. 환자의 친족 또는 대리인<br>○ 동의를 받은 친족(의료법 제21조제3항제1호)<br>- 요청자의 신분증, 자필서명 동의서, 친족임을 증명하는 가족관계증명서, 환자의 신분증 사본(환자가 구치소·교도소 수감 중인 경우 환자의 신분증을 수감확인서로 대체 가능)<br>5. 기타 법률이 정하는 자(의료법 제21조제3항4호 내지 제17호) |

| 의료법 | 제21조의2(진료기록의 송부 등) |
|---|---|
| | ① 의료인 또는 의료기관의 장은 다른 의료인 또는 의료기관의 장으로부터 제22조 또는 제23조에 따른 진료기록의 내용 확인이나 진료기록의 사본 및 환자의 진료경과에 대한 소견 등을 송부 또는 전송할 것을 요청받은 경우 해당 환자나 환자 보호자의 동의를 받아 그 요청에 응하여야 한다. 다만, 해당 환자의 의식이 없거나 응급환자인 경우 또는 환자의 보호자가 |

없어 동의를 받을 수 없는 경우에는 환자나 환자 보호자의 동의 없이 송부 또는 전송할 수 있다.

② 의료인 또는 의료기관의 장이 응급환자를 다른 의료기관에 이송하는 경우에는 지체 없이 내원 당시 작성된 진료기록의 사본 등을 이송하여야 한다.

③ 보건복지부장관은 제1항 및 제2항에 따른 진료기록의 사본 및 진료경과에 대한 소견 등의 전송 업무를 지원하기 위하여 전자정보시스템(이하 이 조에서 "진료기록전송지원시스템"이라 한다)을 구축·운영할 수 있다.

④ 보건복지부장관은 진료기록전송지원시스템의 구축·운영을 대통령령으로 정하는 바에 따라 관계 전문기관에 위탁할 수 있다. 이 경우 보건복지부장관은 그 소요 비용의 전부 또는 일부를 지원할 수 있다.

⑤ 제4항에 따라 업무를 위탁받은 전문기관은 다음 각 호의 사항을 준수하여야 한다.

 1. 진료기록전송지원시스템이 보유한 정보의 누출, 변조, 훼손 등을 방지하기 위하여 접근 권한자의 지정, 방화벽의 설치, 암호화 소프트웨어의 활용, 접속기록 보관 등 대통령령으로 정하는 바에 따라 안전성 확보에 필요한 기술적·관리적 조치를 할 것

 2. 진료기록전송지원시스템 운영 업무를 다른 기관에 재위탁하지 아니할 것

 3. 진료기록전송지원시스템이 보유한 정보를 제3자에게 임의로 제공하거나 유출하지 아니할 것

⑥ 보건복지부장관은 의료인 또는 의료기관의 장에게 보건복지부령으로 정하는 바에 따라 제1항 본문에 따른 환자나 환자 보호자의 동의에 관한 자료 등 진료기록전송지원시스템의 구축·운영에 필요한 자료의 제출을 요구하고 제출받은 목적의 범위에서 보유·이용할 수 있다. 이 경우 자료 제출을 요구받은 자는 정당한 사유가 없으면 이에 따라야 한다.

⑦ 그 밖에 진료기록전송지원시스템의 구축·운영 등에 필요한 사항은 보건복지부령으로 정한다.

⑧ 누구든지 정당한 사유 없이 진료기록전송지원시스템에 저장된 정보를 누출·변조 또는 훼손하여서는 아니 된다.

⑨ 진료기록전송지원시스템의 구축·운영에 관하여 이 법에서 규정된 것을 제외하고는 「개인정보 보호법」에 따른다. [본조신설 2016. 12. 20.]

| 의료법 시행령 | 제10조의4(진료기록전송지원시스템 구축·운영 업무의 위탁) |
| --- | --- |

① 보건복지부장관은 법 제21조의2제4항 전단에 따라 같은 조 제3항에 따른 진료기록전송지원시스템(이하 "진료기록전송지원시스템"이라 한다)의 구축·운영에 관한 업무를 다음 각 호의 전문기관에 위탁할 수 있다.

1. 「공공기관의 운영에 관한 법률」 제4조에 따른 공공기관 중 그 설립목적이 보건의료 또는 사회보장과 관련되는 공공기관
2. 위탁 업무 수행에 필요한 조직·인력 및 전문성 등을 고려하여 보건복지부장관이 정하여 고시하는 전문기관

② 보건복지부장관은 법 제21조의2제4항 전단에 따라 진료기록전송지원시스템의 구축·운영업무를 위탁하려는 경우에는 그 위탁 기준·절차 및 방법 등에 관한 사항을 미리 공고하여야 한다.

③ 보건복지부장관은 법 제21조의2제4항 전단에 따라 진료기록진송지원시스템의 구축·운영 업무를 위탁한 경우에는 그 위탁 내용 및 수탁자 등에 관한 사항을 관보에 고시하고, 보건복지부의 인터넷 홈페이지에 게재하여야 한다.

④ 법 제21조의2제4항 전단에 따라 진료기록전송지원시스템의 구축·운영 업무를 위탁받은 전문기관은 사업운영계획, 사업집행현황, 자금운용계획 및 자금집행내역 등에 관한 사항을 보건복지부장관에게 보고하여야 한나.

⑤ 제2항부터 제4항까지의 규정에 따른 위탁 기준 등의 공고, 위탁 내용 등의 고시 또는 위탁 업무의 보고 등에 필요한 세부 사항은 보건복지부장관이 정하여 고시한다. [본조신설 2017. 6. 20.]

[제10조의3에서 이동, 종전 제10조의4는 제10조의5로 이동 <2020. 2. 25.>]

| 의료법 시행령 | 제10조의5(진료기록전송지원시스템 보유 정보의 안전성 확보 조치) |
| --- | --- |

① 법 제21조의2제4항 전단에 따라 진료기록전송지원시스템의 구축·운영 업무를 위탁받은 전문기관은 법 제21조의2제5항제1호에 따라 진료기록전송지원시스템이 보유한 정보의 안전성 확보를 위하여 다음 각 호의 조치를 하여야 한다.

1. 진료기록전송지원시스템이 보유한 정보의 안전성 확보를 위한 관리계획의 수립·시행
2. 진료기록전송지원시스템이 보유한 정보에 대한 접근 통제 및 접근 권한의 제한
3. 진료기록전송지원시스템에의 불법 접근을 차단하기 위한 방화벽·침입차단시스템 및 침입탐지시스템의 설치·운영
4. 진료기록전송지원시스템이 보유한 정보를 안전하게 저장·전송할 수 있는 암호화 기술 등의 개발·관리
5. 진료기록전송지원시스템이 보유한 정보에 대한 보안프로그램의 설치·갱신
6. 진료기록전송지원시스템에 대한 접속기록의 보관·관리
7. 진료기록전송지원시스템이 보유한 정보에 대한 위·변조 방지 프로그램 등의 설치·갱신

8. 진료기록전송지원시스템과 연결되어 운영되는 다른 정보시스템에 대한 보안체제의 마련·실시

9. 그 밖에 제1호부터 제8호까지의 규정에 준하는 조치로서 진료기록전송지원시스템의 보유 정보에 대한 안전성 확보를 위하여 보건복지부장관이 특히 필요하다고 인정하는 조치

② 제1항에 따른 진료기록전송지원시스템 보유 정보의 안전성 확보 조치에 필요한 세부 사항은 보건복지부장관이 정하여 고시한다. [본조신설 2017. 6. 20.]

[제10조의4에서 이동, 종전 제10조의5는 제10조의6으로 이동 <2020. 2. 25.>]

| 의료법 시행규칙 | 제13조의4(진료기록전송지원시스템의 구축·운영) |
|---|---|

① 보건복지부장관은 법 제21조의2제3항에 따른 진료기록전송지원시스템(이하 "진료기록전송지원시스템"이라 한다)의 효율적 운영을 위하여 필요하다고 인정하는 경우에는 다음 각 호의 조치를 할 수 있다.

1. 진료기록전송지원시스템과 연결되어 있는 다른 정보시스템과의 호환성 및 보안성에 대한 점검·관리

2. 진료기록전송지원시스템의 평가 및 개선에 관한 기준의 수립·시행

3. 진료기록전송지원시스템에 관한 이용매뉴얼의 작성·배포

4. 그 밖에 제1호부터 제3호까지의 조치에 준하는 것으로서 진료기록전송지원시스템의 효율적 운영에 특히 필요하다고 보건복지부장관이 인정하는 조치

② 보건복지부장관은 법 제21조의2제6항 전단에 따라 의료인 또는 의료기관의 장에게 자료제출을 요구하는 경우에는 제출자료의 범위, 이용목적, 이용범위 및 제출방법 등이 포함된 서면(전자문서를 포함한다)으로 하여야 한다.

[본조신설 2017. 6. 21.]

◇ 「응급의료에 관한 법률」 제11조(응급환자의 이송) ① 의료인은 해당 의료기관의 능력으로는 응급환자에 대하여 적절한 응급의료를 할 수 없다고 판단한 경우에는 지체 없이 그 환자를 적절한 응급의료가 가능한 다른 의료기관으로 이송하여야 한다.

② 의료기관의 장은 제1항에 따라 응급환자를 이송할 때에는 응급환자의 안전한 이송에 필요한 의료기구와 인력을 제공하여야 하며, 응급환자를 이송받는 의료기관에 진료에 필요한 의무기록(醫務記錄)을 제공하여야 한다.

◇ 제21조의2제5항·제8항을 위반한 자 : 5년 이하의 징역이나 5천만원 이하의 벌금

◇ 제21조의2제1항·제2항을 위반한 자 : 500만원 이하의 벌금

◇ 제21조의2제6항 후단을 위반하여 자료를 제출하지 아니하거나 거짓 자료를 제출한 자 : 200만원 이하의 과태료

△ 제21조의2제2항을 위반하여 응급환자의 내원 당시 작성된 진료기록의 사본 등을 이송하지 아니한 경우 : 경고

| 질의 내용 | 진료기록의 사본 송부 |
|---|---|
| 해석 경향 | 의료인 또는 의료기관의 장은 다른 의료인 또는 의료기관의 장으로부터 제22조 또는 제23조에 따른 진료기록의 내용 확인이나 진료기록의 사본 및 환자의 진료경과에 대한 소견 등을 송부 또는 전송할 것을 요청받은 경우 환자의 효율적인 처치와 치료를 위해 해당 환자나 환자 보호자의 동의를 받아 그 요청에 응하여야 합니다.<br>다만, 해당 환자의 의식이 없거나 응급환자인 경우 또는 환자의 보호자가 없어 동의를 받을 수 없는 경우에는 환자나 환자 보호자의 동의 없이 송부 또는 전송할 수 있으며, 의료인 또는 의료기관의 장이 응급환자를 다른 의료기관에 이송하는 경우에는 지체 없이 내원 당시 작성된 진료기록의 사본 등을 이송하여 진료에 참고할 수 있도록 규정하고 있습니다. 이를 위반할 경우 500만원 이하의 벌금과 경고 처분을 받을 수 있습니다. |

| 의료법 | 제22조(진료기록부 등) |
|---|---|

① 의료인은 각각 진료기록부, 조산기록부, 간호기록부, 그 밖의 진료에 관한 기록(이하 "진료기록부등"이라 한다)을 갖추어 두고 환자의 주된 증상, 진단 및 치료 내용 등 보건복지부령으로 정하는 의료행위에 관한 사항과 의견을 상세히 기록하고 서명하여야 한다. <개정 2013. 4. 5.>

② 의료인이나 의료기관 개설자는 진료기록부등[제23조제1항에 따른 전자의무기록(電子醫務記錄)을 포함하며, 추가기재·수정된 경우 추가기재·수정된 진료기록부등 및 추가기재·수정 전의 원본을 모두 포함한다. 이하 같다]을 보건복지부령으로 정하는 바에 따라 보존하여야 한다. <개정 2008. 2. 29., 2010. 1. 18., 2018. 3. 27.>

③ 의료인은 진료기록부등을 거짓으로 작성하거나 고의로 사실과 다르게 추가기재·수정하여서는 아니 된다. <신설 2011. 4. 7.>

④ 보건복지부장관은 의료인이 진료기록부등에 기록하는 질병명, 검사명, 약제명 등 의학용어와 진료기록부등의 서식 및 세부내용에 관한 표준을 마련하여 고시하고 의료인 또는 의료기관 개설자에게 그 준수를 권고할 수 있다. <신설 2019. 8. 27.>

| 의료법 시행규칙 | 제14조(진료기록부 등의 기재 사항) |
|---|---|

① 법 제22조제1항에 따라 진료기록부·조산기록부와 간호기록부(이하 "진료기록부등"이라 한다)에 기록해야 할 의료행위에 관한 사항과 의견은 다음 각 호와 같다. <개정 2013. 10. 4.>

1. 진료기록부

　가. 진료를 받은 사람의 주소·성명·연락처·주민등록번호 등 인적사항

　나. 주된 증상. 이 경우 의사가 필요하다고 인정하면 주된 증상과 관련한 병력(病歷)·가족력(家族歷)을 추가로 기록할 수 있다.

　다. 진단결과 또는 진단명

　라. 진료경과(외래환자는 재진환자로서 증상·상태, 치료내용이 변동되어 의사가 그 변동을 기록할 필요가 있다고 인정하는 환자만 해당한다)

　마. 치료 내용(주사·투약·처치 등)

　바. 진료 일시(日時)

2. 조산기록부

　가. 조산을 받은 자의 주소·성명·연락처·주민등록번호 등 인적사항

　나. 생·사산별(生·死產別) 분만 횟수

　다. 임신 후의 경과와 그에 대한 소견

　라. 임신 중 의사에 의한 건강진단의 유무(결핵·성병에 관한 검사를 포함한다)

　마. 분만 장소 및 분만 연월일시분(年月日時分)

　바. 분만의 경과 및 그 처치

　사. 산아(產兒) 수와 그 성별 및 생·사의 구별

　아. 산아와 태아부속물에 대한 소견

　자. 삭제 <2013. 10. 4.>

　차. 산후의 의사의 건강진단 유무

3. 간호기록부

　가. 간호를 받는 사람의 성명

　나. 체온·맥박·호흡·혈압에 관한 사항

　다. 투약에 관한 사항

　라. 섭취 및 배설물에 관한 사항

마. 처치와 간호에 관한 사항

바. 간호 일시(日時)

② 의료인은 진료기록부등을 한글로 기록하도록 노력하여야 한다. <신설 2013. 10. 4.>

③ 삭제 <2019. 10. 24.>

| 의료법 시행규칙 | 제15조(진료기록부 등의 보존) |
| --- | --- |

① 의료인이나 의료기관 개설자는 법 제22조제2항에 따른 진료기록부등을 다음 각 호에 정하는 기간 동안 보존하여야 한다. 다만, 계속적인 진료를 위하여 필요한 경우에는 1회에 한정하여 다음 각 호에 정하는 기간의 범위에서 그 기간을 연장하여 보존할 수 있다. <개정 2015. 5. 29., 2016. 10. 6., 2016. 12. 29.>

1. 환자 명부 : 5년

2. 진료기록부 : 10년

3. 처방전 : 2년

4. 수술기록 : 10년

5. 검사내용 및 검사소견기록 : 5년

6. 방사선 사진(영상물을 포함한다) 및 그 소견서 : 5년

7. 간호기록부 : 5년

8. 조산기록부: 5년

9. 진단서 등의 부본(진단서 · 사망진단서 및 시체검안서 등을 따로 구분하여 보존할 것) : 3년

② 제1항의 진료에 관한 기록은 마이크로필름이나 광디스크 등(이하 이 조에서 "필름"이라 한다)에 원본대로 수록하여 보존할 수 있다.

③ 제2항에 따른 방법으로 진료에 관한 기록을 보존하는 경우에는 필름촬영 책임자가 필름의 표지에 촬영 일시와 본인의 성명을 적고, 서명 또는 날인하여야 한다. [제목개정 2016. 10. 6.]

---

보건의료 용어표준

[시행 2021. 3. 22.] [보건복지부고시 제2021-89호, 2021. 3. 22., 일부개정]

「보건의료 용어표준」의 자세한 내용은 보건의료정보표준관리시스템(http://www.hins. or.kr)을 이용하십시오.

---

진료정보교류 표준

[시행 2017. 1. 1.] [보건복지부고시 제2016-233호, 2017. 1. 1., 제정]

제1장 총칙

제1조(목적) 이 고시는 「의료법 시행규칙」 제14조제3항의 규정에 따라 의료인간 진료

정보를 교류하기 위하여 사용하는 진료기록부의 서식 및 세부내용에 관한 표준을 정하여 권고하는 것을 목적으로 한다.

제2조(정의) 이 고시에서 사용하는 용어의 뜻은 다음과 같다.

1. "진료정보"란 개인의 질병·부상·출산·사망에 대한 예방·진단·치료·재활 등 진료과정에서 생산·수집되어 의학적 지식 또는 부호·숫자·문자·음성·음향·영상 등으로 표현된 모든 종류의 정보를 말한다(「개인정보보호법」 제2조제1호에 따른 개인정보를 포함한다).

2. "교류서식"(이하 "서식"이라 한다)이란 진료정보교류에 활용할 수 있도록 이 고시에서 규정한 방식에 따라 구성된 문서의 양식을 말한다.

3. "전자교류문서"란 의료인이 환자 진료 시 생산·수집한 진료정보를 활용하여 이 고시에서 규정한 서식에 따라 생성한 전자문서를 말한다.

4. "진료정보교류"란 의료인이 생성한 교류문서를 의료인 간에 전자적인 방식으로 상호 교환하는 것을 말한다.

5. "진료정보교류시스템"(이하 "교류시스템"이라 한다)이란 의료인 간 진료정보를 효과적으로 생성·교환할 수 있도록 서로 유기적으로 연계된 컴퓨터의 하드웨어, 소프트웨어, 데이터베이스의 결합체를 말한다.

6. "진료정보교류기관"(이하 "교류기관"이라 한다)이란 진료정보교류를 위해 이 고시에서 정한 바에 따라 구축된 교류시스템을 이용하거나 이용하고자 하는 의료인 및 의료기관(이하 "의료인"이라 한다)을 말한다.

7. "교류객체등록번호"라 함은 진료정보 교류문서를 구성하는 항목 중 유일한 대상을 가리키기 위해 부여하는 식별번호를 말한다.

제3조(적용범위) 의료인이 사용하고 있는 전자의무기록 시스템과 의료인 간 진료정보교류에 사용되는 시스템에 대하여는 다른 법령에 특별한 규정이 있는 경우를 제외하고는, 성질에 반하지 아니하는 한 이 고시가 정하는 바에 의한다.

　　　　제2장 서식의 종류 및 구성항목

제4조(진료의뢰서) 진료의뢰란 환자의 적절한 진료를 위하여 의료인이 다른 의료인에게 진료 의뢰 시 송부하기 위한 서식을 말하며, 그 서식의 구성항목은 별표1에 따른다.

제5조(진료회송서) 진료회송서란 환자의 진료를 의뢰받은 의료인이 진료를 의뢰한 의료인이나 적절한 다른 의료인에게 회송 시 송부하기 위한 서식을 말하며, 그 서식의 구성항목은 별표2에 따른다.

제6조(진료기록요약지) 진료기록요약지란 의료인이 생성한 진료기록부의 전체 또는 일부 내용을 환자의 진료를 목적으로 의료인 간에 교환하기 위한 서식을 말하며, 그 서식의 구성항목은 별표3에 따른다.

제7조(영상의학판독소견서) 영상의학판독소견서란 CT, MRI 등 영상의학 정보의 판독 결과를 다른 의료인에게 송부하기 위한 서식을 말하며, 그 서식의 구성항목은 별표4에 따른다.

　　　　제3장 교류문서의 생성 및 교환

제8조(교류문서의 생성 및 교환) ① 교류기관은 제2장에서 정한 서식의 종류 및 구성항목에 따라 교류문서를 생성한다. 이 경우 교류문서의 생성방식은 별표5를 따른다.

② 교류기관은 교류시스템을 통하여 생성된 교류문서를 교환할 수 있으며, 교류시스템은 안전하고 신뢰할 수 있는 교류문서 교환을 위하여 다음 각 호의 사항을 포함하여야 한다.

1. 교류문서의 생성 및 열람 기능
2. 감사기록 및 보안정책 관리 기능
　가. 교류문서 생성자 및 열람자의 인증 및 교류시스템 간 연결인증을 통한 교류문서 교환 기능
　나. 교류문서의 생성 및 열람 시 감사기록 등의 보안정책

3. 환자의 교류문서 생성 및 열람에 대한 동의정책 관리 기능
  가. 환자의 진료정보교류 동의 여부 확인 기능
  나. 환자가 동의한 진료정보 사항에 대해서만 열람하는 기능
제9조(교류객체등록번호 관리) ① 보건복지부장관은 서식의 생성 및 교환을 지원하기 위해 교류객체등록번호를 부여할 수 있으며, 이에 대한 구성 및 관리는 별표6과 같다.
  ② 교류기관은 제1항에서 정한 바에 따라 보건복지부장관으로부터 진료정보교류에 필요한 의료기관 교류객체등록번호를 부여받아야 하며, 그 신청양식은 별지 제1호 서식을 활용한다.
제10조(보안 및 개인정보보호) 교류기관에서는 보안 및 개인정보보호를 위하여 관계법령에서 규정한 사항을 준용하여야 하며, 개인정보의 분실·도난·유출·위조·변조 또는 훼손되지 아니하도록 관리계획을 수립·시행하여야 한다.
제11조(환자의 동의 및 철회) ① 교류기관은 진료정보교류를 희망하는 환자에 대해 의료법 제21조제3항에 따라 환자나 환자보호자 동의를 받아야 하며, 이 경우 별지 제2호 서식의 동의서를 활용할 수 있다.
  ② 제1항에 따라 동의서를 제출한 환자나 환자보호자는 진료정보교류를 철회할 수 있다. 이 경우 철회 사항에 대하여 별지 제3호 서식을 제출하여야 한다.
  ③ 제1항 및 제2항에 따른 환자나 환자보호자의 동의 또는 철회를 받는 방법은 개인정보보호법 시행령 제17조에 준하여 처리할 수 있다.
제12조(지침서의 제공) 보건복지부장관은 이 고시에서 정한 바를 의료기관 등이 활용할 수 있도록 지침서를 제공할 수 있다.
      제4장 보칙
제13조(재검토 기한) 보건복지부장관은 「훈령·예규 등의 발령 및 관리에 관한 규정」(대통령훈령 제334호)에 따라 이 고시에 대하여 2017년 1월 1일을 기준으로 매 3년이 되는 시점(매 3년째의 12월 31일까지를 말한다)마다 법령이나 현실 여건의 변화 등을 검토하여 개선 등의 조치를 하여야 한다.
부칙 부칙 <제2016-233호, 2017. 1. 1.>
이 고시는 2017년 1월 1일부터 시행한다.

---

벌칙 · 행정처분

◇ 제22조제3항을 위반한자 : 3년 이하의 징역이나 3천만원 이하의 벌금

◇ 제22조제1항·제2항을 위반한 자 : 500만원 이하의 벌금
  (제40조의2제4항에서 준용하는 경우 포함)

△ 제22조제1항을 위반하여 진료기록부등을 기록하지 아니한 경우 : 자격정지 15일

△ 제22조제1항을 위반하여 진료기록부등에 서명하지 아니한 경우 : 경고

△ 제22조를 위반하여 진료기록부등을 거짓으로 작성하거나 고의로 사실과 다르게 추가기재·수정한 경우 또는 진료기록부 등을 보존하지 아니한 경우 : 자격정지 1개월

| 질의 내용 | 진료기록 작성 취지 |
| --- | --- |
| 판례 경향 | 의사에게 진료기록부를 작성하도록 한 취지는 진료를 담당하는 의사 자신으로 하여금 환자의 상태와 치료의 경과에 관한 정보를 빠뜨리지 않고 정확하게 기록하여 이를 그 이후 계속되는 환자치료에 이용하도록 함과 아울러 다른 의료관련 종사자들에게도 그 정보를 제공하여 환자로 하여금 적정한 의료를 제공받을 수 있도록 하고, 의료행위가 종료된 이후에는 그 의료행위의 적정성을 판단하는 자료로 사용할 수 있도록 하고자 함에 있다(대법원 1998. 1. 23. 선고 97도2124 판결. 대법원 1997. 8. 29. 선고 97도1234 판결. 대법원 1997. 11. 14. 선고 97도2156 판결 참조). |

| 질의 내용 | 진료기록 작성 의의 및 필요성 |
| --- | --- |
| 판례 경향 | 의사가 환자를 진료하는 경우에는 구 의료법(2013. 4. 5. 법률 제11748호로 개정되기 전의 것) 제22조제1항에 의하여 그 의료행위에 관한 사항과 의견을 상세히 기록하고 서명한 진료기록부를 작성하여야 한다. 이와 같이 의사에게 진료기록부를 작성하도록 한 취지는 진료를 담당하는 의사로 하여금 환자의 상태와 치료의 경과에 관한 정보를 빠뜨리지 않고 정확하게 기록하여 이를 이후 계속되는 환자치료에 이용하도록 함과 아울러 다른 의료 관련 종사자들에게도 정보를 제공하여 환자로 하여금 적정한 의료를 제공받을 수 있도록 하고, 의료행위가 종료된 이후에는 그 의료행위의 적정성을 판단하는 자료로 사용할 수 있도록 하려는 데 있다. 의사는 진료기록부를 환자의 계속적 치료에 이용하고, 다른 의료인들에게 정보를 제공하며, 의료행위의 적정성 여부를 판단하기에 충분할 정도로 상세하게 기재하여야 하고(대법원 1998. 1. 23. 선고 97도2124 판결 등 참조), 진료기록부의 정확성과 적정성을 담보하기 위하여 그 서명을 누락하여서는 안 된다(대법원 2016. 6. 23. 선고 2014도16577 판결). |

| 질의 내용 | 진료기록부 작성 시기 |
| --- | --- |
| 판례 경향 | 의료법에서 진료기록부의 작성시기와 방법에 관하여 구체적인 규정을 두고 있지 아니하므로 의사가 의료행위에 관한 사항과 소견을 위와 같은 목적에 따라 사용할 수 있도록 기재한 것이면 그 명칭의 여하를 불문하고 위 법조에서 말하는 진료기록부에 해당하는 것이고 그 작성의 구체적인 시기와 방법은 당해 의료행위의 내용과 환자의 치료경과 등에 비추어 그 기록의 정확성을 담보할 수 있는 범위 내에서 당해 의사의 합리적인 재량에 맡겨져 있다고 보아야 할 것이라고 판시(대법원 1997. 8. 29. 선고 97도1234 판결). |

| 질의 내용 | 진료기록 작성 방법 |
|---|---|
| 판례 경향 | 진료기록부의 작성방법에 관하여 구체적인 규정을 두고 있지 아니하므로, 의사는 의료행위의 내용과 치료의 경과 등에 비추어 효과적이라고 판단하는 방법에 의하여 진료기록부를 작성할 수 있을 것이다. 따라서, 의사는 이른바 문제중심의무기록 작성방법(Problem Oriented Medical Record), 단기의무기록 작성방법, 또는 기타의 다른 방법 중에서 재량에 따른 선택에 의하여 진료기록부를 작성할 수 있을 것이지만, 어떠한 방법에 의하여 진료기록부를 작성하든지 의료행위에 관한 사항과 소견은 반드시 상세히 기록하여야 한다(대법원1998. 1. 23. 선고 97도2124 판결). |

| 질의 내용 | 진료기록의 작성 의무 주체 |
|---|---|
| 판례 경향 | 의사가 환자를 진료하는 경우에는 의료법 제21조제1항에 의하여 그 의료행위에 관한 사항과 소견을 상세히 기록하고 서명한 진료기록부를 작성하여야 하고, 진료기록부를 작성하지 않은 자는 같은법 제69조에 의하여 처벌하도록 규정되어 있는바, 이와 같이 의사에게 진료기록부를 작성하도록 한 취지는 진료를 담당하는 의사 자신으로 하여금 환자의 상태와 치료의 경과에 관한 정보를 빠뜨리지 않고 정확하게 기록하여 이를 그 이후의 계속되는 환자치료에 이용하도록 함과 아울러 다른 관련 의료종사자에게도 그 정보를 제공하여 환자로 하여금 적정한 의료를 제공받을 수 있도록 하고, 의료행위가 종료된 이후에는 그 의료행위의 적정성을 판단하는 자료로 사용할 수 있도록 하고자 함에 있으므로(대법원 1997. 8. 29. 선고 97도1234 판결 참조), 진료기록부에 의료행위에 관한 사항과 소견을 기록하도록 한 의료법상 작위의무가 부여된 의무의 주체는, 구체적인 의료행위에 있어서 그 환자를 담당하여 진료를 행하거나 처치를 지시하는 등으로 당해 의료행위를 직접 행한 의사에 한하고, 아무런 진료행위가 없었던 경우에는 비록 주치의라고 할지라도 그의 근무시간 이후 다른 당직의에 의하여 행하여진 의료행위에 대하여 까지 그 사항과 소견을 진료기록부에 기록할 의무를 부담하는 것은 아니다(대법원 1997. 11. 14. 선고 97도2156 판결). |

| 질의 내용 | 진료기록 작성의 상세정도 |
| --- | --- |
| 판례 경향 | 같은법에서 진료기록부의 작성방법에 관하여 구체적인 규정을 두고 있지 아니하므로, 의사는 의료행위의 내용과 치료의 경과 등에 비추어 효과적이라고 판단하는 방법에 의하여 진료기록부를 작성할 수 있을 것이다. 따라서, 의사는 이른바 문제중심의무기록 작성방법(Problem Oriented Medical Record), 단기의무기록 작성방법, 또는 기타의 다른 방법 중에서 재량에 따른 선택에 의하여 진료기록부를 작성할 수 있을 것이지만, 어떠한 방법에 의하여 진료기록부를 작성하든지 의료행위에 관한 사항과 소견은 반드시 상세히 기록하여야 한다. 그리고 진료기록부를 작성하도록 한 위의 취지에 비추어 보면, 의사는 진료기록부에 환자의 상태와 치료의 경과 등 의료행위에 관한 사항과 그 소견을 환자의 계속적인 치료에 이용할 수 있고 다른 의료인들에게 적절한 정보를 제공할 수 있으며, 의료행위가 종료된 이후에는 그 의료행위의 적정성 여부를 판단하기에 충분할 정도로 상세하게 기록하여야 할 것이다(대법원 1998. 1. 23. 선고 97도2124 판결 참조). |

| 질의 내용 | 진료기록부를 상세하게 기록하지 아니할 경우의 처벌 |
| --- | --- |
| 해석 경향 | 의료법 제22조1항은 "의료인은 각각 진료기록부, 조산기록부, 간호기록부, 그 밖의 진료에 관한 기록(이하 "진료기록부등"이라 한다)을 갖추어 두고 환자의 주된 증상, 진단 및 치료 내용 등 보건복지부령으로 정하는 의료행위에 관한 사항과 의견을 상세히 기록하고 서명하여야 한다"고 규정하고 있으며, 이를 위반한 경우 500만원 이하의 벌금, 자격정지 15일에 처해질 수 있습니다.<br>진료기록부 등의 기재사항에 대해서는 의료법 시행규칙 제14조에서 규정하고 있으며 이를 근거로 진료기록부의 상세기재 위·적법 여부가 검토되어야 할 것입니다. |

| 질의 내용 | 진료기록의 추가기재·수정 가능여부 |
|---|---|
| 해석 경향 | 의료법 제22조제3항에서 '의료인은 진료기록부 등을 거짓으로 작성하거나 고의로 사실과 다르게 추가기재·수정하여서는 아니 된다'고 규정하고 있으며, 이를 위반하여 진료기록부등을 거짓으로 작성한 경우, 3년 이하의 징역이나 3천만원이하의 벌금(제88조), 자격정지 1개월에 처해질 수 있습니다.<br>진료기록부의 거짓작성이나 추가·수정 등 여부는 당초 교부된 진료기록과의 객관적인 대조로 확인가능하며, 진료기록의 추가기재나 수정은 해당 의료인이 진료기록을 작성했을 때 명백한 착오나 오류가 있었다고 인정될 만한 객관적인 사유를 발견했을 시 기존 진료기록을 그대로 둔 상태에서 정정시점과 이유를 명기하고 부가적인 추가기재·수정을 통해 그 착오나 오류를 정정할 수 있을 것입니다.<br>또한 의료법 제22조제2항에서는 의료인이나 의료기관 개설자는 전자의무기록을 포함한 진료기록부 등을 추가기재·수정된 경우 추가기재·수정된 진료기록부 등 및 추가기재·수정 전의 원본을 포함하여 보존하도록 규정하고 있습니다. 하지만 궁극적으로 진료기록의 추가기재·수정한 것에 대한 위·적법 여부의 판단은 관할 보건소, 수사기관을 통해 사실관계에 따라 판단될 수 있습니다. |

| 질의 내용 | 의료기관 폐업으로 인한 진료기록 보존 기관 |
|---|---|
| 해석 경향 | 의료법 제22조제2항은 의료인이나 의료기관 개설자는 진료기록부등[제23조제1항에 따른 전자의무기록(電子醫務記錄)을 포함하며, 추가기재·수정된 경우 추가기재·수정된 진료기록부등 및 추가기재·수정 전의 원본을 모두 포함한다]을 보건복지부령으로 정하는 바에 따라 보존하여야 한다. 같은법 시행규칙 제15조에 진료기록부는 10년간 보존하도록 규정하고 있습니다.<br>또한 의료법 제40조제2항은 의료기관 개설자는 제1항에 따라 폐업 또는 휴업신고를 할 때 제22조나 제23조에 따라 기록·보존하고 있는 진료기록부 등을 관할 보건소장에게 넘겨야 한다. 다만, 의료기관 개설자가 보건복지부령으로 정하는 바에 따라 진료기록부등의 보관계획서를 제출하여 관할 보건소장의 허가를 받은 경우에는 직접 보관할 수 있다고 규정하고 있습니다. 따라서 해당 의료기관 또는 관할 보건소에 보관되어 있을 것으로 보입니다.<br>*의료법 제40조의2(진료기록부등의 이관) 조항이 신설[본조신설 2020. 3. 4.], 시행[시행일 : 2023. 3. 5.] 됨에 따라 향후 해석도 변경 예정. |

| 의료법 | 제23조(전자의무기록) |
|---|---|

① 의료인이나 의료기관 개설자는 제22조의 규정에도 불구하고 진료기록부 등을 「전자서명법」에 따른 전자서명이 기재된 전자문서(이하 "전자의무기록"이라 한다)로 작성·보관할 수 있다.

② 의료인이나 의료기관 개설자는 보건복지부령으로 정하는 바에 따라 전자의무기록을 안전하게 관리·보존하는 데에 필요한 시설과 장비를 갖추어야 한다. <개정 2008. 2. 29., 2010. 1. 18.>

③ 누구든지 정당한 사유 없이 전자의무기록에 저장된 개인정보를 탐지하거나 누출·변조 또는 훼손하여서는 아니 된다.

④ 의료인이나 의료기관 개설자는 전자의무기록에 추가기재·수정을 한 경우 보건복지부령으로 정하는 바에 따라 접속기록을 별도로 보관하여야 한다. <신설 2018. 3. 27.>

| 의료법 시행규칙 | 제16조(전자의무기록의 관리·보존에 필요한 시설과 장비 등) |
|---|---|

① 의료인이나 의료기관의 개설자는 법 제23조제2항에 따라 전자의무기록(電子醫務記錄)을 안전하게 관리·보존하기 위하여 다음 각 호의 시설과 장비를 갖추어야 한다. <개정 2020. 2. 28.>

1. 전자의무기록의 생성·저장과 전자서명을 검증할 수 있는 장비

2. 전자서명이 있은 후 전자의무기록의 변경 여부 확인 등 전자의무기록의 이력관리를 위하여 필요한 장비

3. 전자의무기록의 백업저장장비

4. 네트워크 보안에 관한 시설과 장비(제1호부터 제3호까지에 따른 장비가 유무선 인터넷과 연결된 경우에 한정한다)

5. 법 제23조의2제1항에 따른 전자의무기록시스템(이하 "전자의무기록시스템"이라 한다) 보안에 관한 시설과 장비

6. 전자의무기록 보존장소에 대한 다음 각 목의 어느 하나에 해당하는 물리적 접근 방지 시설과 장비

　가. 출입통제구역 등 통제 시설

　나. 잠금장치

7. 의료기관(법 제49조에 따라 부대사업을 하는 장소를 포함한다) 외의 장소에 제1호에 따른 전자의무기록의 저장장비 또는 제3호에 따른 백업저장장비를 설치하는 경우에는 다음 각 목의 시설과 장비

　가. 전자의무기록 시스템의 동작 여부와 상태를 실시간으로 점검할 수 있는 시설과 장비

　나. 전자의무기록 시스템에 장애가 발생한 경우 제1호 및 제2호에 따른 장

비를 대체할 수 있는 예비 장비

다. 폐쇄회로 텔레비전 등의 감시 장비

라. 재해예방시설

② 의료인이나 의료기관 개설자는 법 제23조제4항에 따라 전자의무기록에 추가기재·수정을 한 경우 제1항제2호에 따른 장비에 접속 기록을 별도로 보관하여야 한다. <신설 2018. 9. 27.>

③ 제1항 각 호에 따라 갖추어야 하는 시설과 장비 및 제2항에 따른 접속 기록 보관에 관한 구체적인 사항은 보건복지부장관이 정하여 고시한다. <개정 2018. 9. 27.> [전문개정 2016. 2. 5.] [제목개정 2018. 9. 27.]

---

전자의무기록의 관리·보존에 필요한 시설과 장비에 관한 기준
[시행 2021. 1. 5.] [보건복지부고시 제2021-2호, 2021. 1. 5., 타법개정]

제1장 총칙

제1조(목적) 이 기준은 「의료법」 제23조제2항, 같은 조 제4항 및 같은법 시행규칙 제16조에 따라 전자의무기록을 안전하게 관리·보존하기 위한 시설과 장비에 관한 기준의 구체적인 내용을 정하는 것을 목적으로 한다.

제2조(정의) 이 기준에서 사용하는 용어의 뜻은 다음과 같다.

1. "전자의무기록"이라 함은 진료기록부 등 의료인이 작성하는 의무기록을 전자서명이 기재된 전자문서로 입력·관리·저장하는 기록을 말한다.

2. "전자의무기록 시스템"이라 함은 전자의무기록의 관리·보존과 관련되는 서버, 소프트웨어 및 데이터베이스 등이 전자적으로 조직화된 체계를 말한다.

3. "전자의무기록 관리자"라 함은 전자의무기록 시스템을 관리하는 의료인이나 의료기관 개설자를 말한다. 이 경우 「개인정보보호법」 제26조에 따라 의료인이나 의료기관 개설자로부터 개인정보의 처리업무를 위탁받아 전자의무기록 시스템을 관리하는 자를 포함한다.

4. "로그정보"라 함은 서버나 컴퓨터 등에서 처리한 내용이나 이용 상황을 시간의 흐름에 따라 전자적으로 기록한 정보를 말한다.

제2장 전자의무기록 관리·보존 시설과 장비기준

제3조(전자의무기록의 생성·저장 장비 등) 전자의무기록 관리자는 전자의무기록의 안전성과 신뢰성 확보를 위하여 전자의무기록의 생성·저장과 전자서명을 검증할 수 있는 장비를 갖추어야 한다.

제4조(전자의무기록의 이력관리를 위하여 필요한 장비) 전자의무기록 관리자는 전자서명이 있은 후 전자의무기록의 추가 기재·수정 사항과 변경 여부를 확인 할 수 있게 하는 등 전자의무기록의 이력관리를 위하여 필요한 장비를 갖추어야 한다.

제5조(전자의무기록의 백업 저장장비) 전자의무기록 관리자는 전자의무기록의 분실·도난·유출·위조·변조 또는 훼손 등의 사고를 대비할 수 있도록 다음 각 호의 구분에 따른 장비와 장소를 확보하여야 한다.

1. 전자의무기록을 주기적으로 안전하게 백업할 수 있는 기능을 갖춘 백업 저장장비

2. 백업 저장장비에 대한 잠금장치가 구비된 보관장소

제6조(네트워크 및 전자의무기록 시스템 보안에 관한 시설과 장비 등) 전자의무기록 관리자는 불법적인 접근 및 침해사고를 방지하기 위하여 「의료법 시행규칙」(이하 "규칙"이라 한다) 제16조제1항제4호부터 제6호까지의 시설과 장비에 대하여 「개인정보보호법」 제29조에 따른 안전성 확보 조치를 하여야 한다. 이 경우 시설과 장비

별 구체적인 조치는 다음 각 호의 구분에 따른다.
1. 규칙 제16조제1항제4호·제5호에 따른 시설 및 장비 : 「개인정보보호법 시행령」 제30조제1항제2호부터 제5호까지에 따른 안전성 확보 조치
2. 규칙 제16조제1항제6호에 따른 시설 및 장비 : 「개인정보보호법 시행령」 제30조제1항제6호에 따른 안전성 확보 조치
제7조(의료기관 외의 장소 관리·보존시 추가적인 조치) 전자의무기록 관리자가 의료기관 외의 장소에서 전자의무기록을 관리·보존하는 경우에는 규칙 제16조제1항제3호부터 제7호까지에 따른 시설과 장비에 대하여 별표에 따른 추가적인 조치를 하여야 한다.
　　　제3장 보 칙
제8조(규제의 재검토) 보건복지부장관은 「행정규제기본법」 제8조에 따라 이 고시에 대하여 2016년 7월 1일을 기준으로 매 3년이 되는 시점(매 3년째의 6월 30일까지를 말한다)마다 법령이나 현실 여건의 변화 등을 검토하여 개선 등의 조치를 하여야 한다.
제9조(재검토기한) 보건복지부장관은 이 고시에 대하여 「훈령·예규 등의 발령 및 관리에 관한 규정」에 따라 2021년 1월 1일을 기준으로 매3년이 되는 시점(매 3년째의 12월 31일까지를 말한다)마다 그 타당성을 검토하여 개선 등의 조치를 하여야 한다.
부칙 부 칙 <제2016-140호, 2016. 8. 6.>
이 고시는 2016년 8월 6일부터 시행한다.
부칙 부 칙 <제2018-212호, 2018. 10. 2.>
이 고시는 발령한 날부터 시행한다.
부칙 부 칙<제2021-2호, 2021. 1. 5.>(일몰기한 정비를 위한 27개 보건복지부고시의 일괄개정고시)
이 고시는 발령한 날부터 시행한다.

[별표] 의료기관 외의 장소에 전자의무기록 보관 시 필요한 추가적인 조치

| 구 분 | | 세 부 조 치 내 용 |
|---|---|---|
| 전자의무<br>기록의 백업<br>저장장비 | 시스템<br>무중단 백업 | - 전자의무기록 등의 정보를 백업할 경우, 전자의무기록 시스템을 중단하지 않고 백업업무를 할 수 있도록 장비를 마련하여야 한다. |
| | 백업데이터<br>긴급복구 | - 백업된 데이터는 필요시 신속하게 복구될 수 있도록 관련된 시스템 및 관리절차를 갖추어야 한다. |
| | 백업데이터<br>위·변조<br>방지 | - 백업된 데이터의 위·변조 및 비정상적으로 삭제되지 않도록 백업데이터의 보호조치를 하여야 한다. |
| | 백업설비의<br>물리적 분리 | - 백업을 위한 장비 및 시스템은 전자의무기록 시스템을 위한 장비 및 설비와 분리하여 운영되어야 한다. |
| 네트워크<br>보안에 관한<br>시설과 장비 | 이중화된<br>네트워크의<br>구성 | 의료데이터 전송을 위한 이중화된 네트워크를 구성하여야 하며 아래 조건을 충족하여야 한다.<br>·물리적 또는 그에 준하는(논리적 포함) 둘 이상의 회선 분리<br>·둘 이상의 경로를 제공하는 내부망 구성<br>·라우터의 이중화 구성<br>·장애발생 시에도 지속적인 서비스 제공 대책 수립 |
| | 네트워크<br>보호시스템<br>운영 | - 침입차단시스템, 침입탐지시스템 등 인증된 정보보호시스템을 운영하여 내·외부 네트워크를 보호하여야 한다. |
| 전자의무<br>기록<br>시스템<br>보안에 관한<br>시설과 장비 | 인증된<br>정보보호·보<br>안제품의<br>사용 | - 국가정보원장이 인증 필요성을 인정하는 정보보호시스템의 경우 CC 인증 제품 등 도입요건을 만족한 제품을 사용하여야 한다. |
| | 데이터 및<br>소프트웨어의<br>무결성 보장<br>및 암호화 | - 전자의무기록 및 소프트웨어의 무결성을 확인하여야 하며, 데이터 처리에 대한 위변조 방지 등 보호기능을 제공하여야 한다.<br>- 전자의무기록 시스템 운영을 통해 관리되고 있는 중요정보에 대해 암호화하여야 한다. |
| | 접근통제<br>강화를 위한<br>시스템의<br>구성 등 | - 안전성 및 신뢰성 향상을 위해 필요한 외주개발 보안, 시스템 주기적 모니터링, 시각 동기화 등 기술적 보호조치를 위한 시스템(장비)을 구성하여야 한다.<br>- 비인가자의 접근을 통제할 수 있도록 접근통제 영역 및 범위, 접근통제 규칙, 방법 등을 포함하여 접근통제 정책을 별도 수립하여야 한다. |
| | 데이터<br>관리방안<br>수립 및<br>모니터링 | - 데이터 무결성을 보장하기 위한 보호조치 및 데이터변경에 대한 관리방안을 마련하고, 모니터링하여야 한다.<br>- 데이터 훼손·유출이 발생한 경우, 이를 즉시 의료기관에 통보하여야 한다. |
| 전자의무기록<br>보존장소에<br>대한 물리적 | 출입통제<br>구역의 설치 | - 전자의무기록 시스템이 위치한 공간의 출입통제가 가능해야 한다.<br>- 전자의무기록 시스템이 위치한 보호구역내에서의 작업 절 |

| 구 분 | | 세 부 조 치 내 용 |
|---|---|---|
| 접근방지<br>시설과 장비 | | 차를 수립하고 작업에 대한 기록을 주기적으로 검토하여<br>야 한다. |
| | 출입 통제 및<br>현황정보<br>모니터링 | - 출입통제 및 이력관리 시스템을 갖추어 출입자(권한)별<br>감사기록을 생성, 저장하여야 하며, 출입통제시스템에<br>대한 접근통제 및 암호화 기능을 갖추어야 한다. |
| | 물리적<br>위치의 한정 | - 전자의무기록 시스템 및 그 백업장비의 물리적 위치는<br>국내로 한정한다. |
| 전자의무기록<br>시스템을<br>실시간으로<br>점검할 수<br>있는 시설과<br>장비 | 전자의무기록<br>시스템<br>실시간 점검 | - 전자의무기록시스템의 전산자원(H/W) 및 소프트웨어(프<br>로그램)의 동작여부와 상태를 점검할 수 있는 장비를<br>갖추어, 이상이 발생한 경우 이를 기록하여 관리자에게<br>알려주어야 한다. |
| | 네트워크<br>시스템<br>모니터링 | - 스위치·라우터 등 네트워크 장비에서 발생하는 트래픽<br>을 기록하고 실시간으로 네트워크 상태를 점검할 수 있<br>어야 한다. |
| 예비 장비 | 보조시스템<br>운영 | - 전자의무기록 시스템 장애 시 안정적인 서비스 제공을<br>보장할 수 있도록 보조서버가 작동·운영될 수 있어야<br>한다. |
| 폐쇄회로<br>텔레비전<br>등의<br>감시 장비 | CCTV<br>설치운영 | - 전자의무기록 관리시설은 사각지대 없이 24시간 CCTV<br>실시간 촬영(월 단위 백업)이 되어야 한다.<br>- CCTV 시스템에 대한 접근통제 정책을 마련하여야 한<br>다. |
| | 외부<br>침임감지장치<br>설비 운영 | - 아래 조건을 충족하는 침입감지장치를 설치 운영하여야<br>한다.<br>·침입감지 시 관리자에게 신속히 알리는 기능<br>·침입감지, 경보장치와 연결된 침입 발생위치 확인 기능 |
| | 출입현황<br>정보의 확인 | - 출입통제장치로부터 출입현황정보를 확인할 수 있는 장<br>비를 갖추어야 한다.<br>- 정당한 관리자만이 감사기록을 조회하고, 감사기록을 백업<br>한다. |
| 재해예방<br>시설 | 화재경보장치 | - 화재발생에 대비하여 연기감지장치, 온도감지장치 등의<br>설비를 갖추어야 한다. |
| | 소화장치 | - 소규모 및 대규모 화재에 대비한 소화장치를 구비하되,<br>시스템에 악영향을 미치지 않는 소화약제를 사용하여,<br>시스템의 오작동에 대처하여야 한다. |
| | 수재<br>예방설비 | - 시스템 및 네트워크설비 등이 물에 노출되지 않도록 바<br>닥으로부터 이격하여 설치하고 콘센트 등 전원접속장치<br>는 바닥으로부터 이격하여 설치하여야 한다. |
| | 전원<br>공급시설 | - 정전발생시 지속적인 업무의 수행이 가능하도록 추가연<br>료보충 없이 2시간 이상 발전할 수 있는 자가발전설비,<br>30분 이상 전원을 공급해 줄 수 있는 무정전 전원공급<br>장치(UPS) 설비를 갖추어야 한다. |
| | 온도 및 습도<br>유지 | - 온도 및 습도를 일정하게 유지하기 위한 항온·항습장비<br>를 갖추어 시스템의 오작동에 대비할 수 있어야 한다. |

◇ 제23조제3항을 위반한 자 : 5년 이하의 징역이나 5천만원 이하의 벌금
◇ 제23조제4항을 위반한 자 : 500만원 이하의 벌금
△ 제23조제2항을 위반한 자 : 시정명령

| 질의 내용 | 전자의무기록 |
|---|---|
| 해석 경향 | 의료인이나 의료기관 개설자는 제22조의 규정에도 불구하고 진료기록부 등을 「전자서명법」에 따른 전자서명이 기재된 전자문서로 작성·보관할 수 있으며 이를 위해서는 보건복지부령으로 정하는 바에 따라 전자의무기록을 안전하게 관리·보존하는 데에 필요한 시설과 장비를 갖추어야 합니다.<br>* 의료법 제23조제2항 및 같은법 시행규칙 제16조의 규정에 의하여 '전자의무기록의 관리·보존에 필요한 시설과 장비에 관한 기준'<br>[시행 2021. 1. 5.] [보건복지부고시 제2021-2호, 2021. 1. 5., 타법개정] |

| 질의 내용 | 전자의무기록을 외부에 보관 가능 |
|---|---|
| 해석 경향 | 의료법 제23조제2항은 의료인이나 의료기관 개설자는 보건복지부령으로 정하는 바에 따라 전자의무기록을 안전하게 관리·보존하는 데에 필요한 시설과 장비를 갖추도록 규정하고 있으며, 같은법 시행규칙 제16조 및 '전자의무기록의 관리·보존에 필요한 시설과 장비에 관한 기준'에서 갖추어야 할 시설과 장비에 관한 기준을 정하고 있습니다. 따라서 의료기관 외의 장소에 전자의무기록 보관 시 필요한 추가적인 조치에 부합하는 시설과 장비를 함께 갖추는 경우 전자의무기록의 의료기관 외 보존이 가능하며, 이때에는 의료기관(법 제49조에 따라 부대사업을 하는 장소를 포함한다) 외의 장소에 제1호에 따른 전자의무기록의 저장장비 또는 제3호에 따른 백업저장장비를 설치하는 경우에는 다음 각 목의 시설과 장비 가) 전자의무기록 시스템의 동작 여부와 상태를 실시간으로 점검할 수 있는 시설과 장비 나) 전자의무기록 시스템에 장애가 발생한 경우 제1호 및 제2호에 따른 장비를 대체할 수 있는 예비 장비 다) 폐쇄회로 텔레비전 등의 감시 장비 라) 재해예방시설을 갖추어야 하며, '전자의무기록의 관리·보존에 필요한 시설과 장비에 관한 기준'(시행 2021. 1. 5.) 및 '의료기관 외의 장소에 전자의무기록 보관 시 필요한 추가적인 조치 사항'을 갖추어야 합니다. |

| 질의 내용 | 개인정보 누출로 인한 손해 판단 |
|---|---|
| 판례 경향 | 개인정보를 처리하는 자가 수집한 개인정보가 정보주체의 의사에 반하여 유출된 경우, 그로 인하여 정보주체에게 위자료로 배상할 만한 정신적 손해가 발생하였는지는 유출된 개인정보의 종류와 성격이 무엇인지, 개인정보 유출로 정보주체를 식별할 가능성이 발생하였는지, 제3자가 유출된 개인정보를 열람하였는지 또는 제3자의 열람 여부가 밝혀지지 않았다면 제3자의 열람 가능성이 있었거나 앞으로 열람 가능성이 있는지, 유출된 개인정보가 어느 범위까지 확산되었는지, 개인정보 유출로 추가적인 법익침해 가능성이 발생하였는지, 개인정보를 처리하는 자가 개인정보를 관리해 온 실태와 개인정보가 유출된 구체적인 경위는 어떠한지, 개인정보 유출로 인한 피해 발생 및 확산을 방지하기 위하여 어떠한 조치가 취하여졌는지 등 여러 사정을 종합적으로 고려하여 구체적 사건에 따라 개별적으로 판단하여야 한다(대법원 2012. 12. 26. 선고 2011다59834, 59858, 59841 판결 등 참조). 또한 불법행위로 입은 정신적 고통에 대한 위자료 액수에 관하여는 사실심 법원이 제반 사정을 참작하여 그 직권에 속하는 재량에 의하여 확정할 수 있다(대법원 1999. 4. 23. 선고 98다41377 판결 등 참조). |

| 질의 내용 | 전자의무기록 개인정보 탐지 처벌 |
|---|---|
| 해석 경향 | 의료법 제23조제3항은 누구든지 정당한 사유 없이 전자의무기록에 저장된 개인정보를 탐지하거나 누출·변조 또는 훼손하여서는 아니된다고 규정하고 있으며 이를 어긴 경우 5년 이하의 징역이나 5천만원 이하의 벌금에 처해질 수 있습니다.<br>다만, 동 행위의 위·적법 여부는 사실관계 및 정황에 따라 판단할 수 있는 사안이므로 의료기관 관할 보건소나 수사기관에 신고하여 조치할 수 있습니다. |

| 의료법 | 제23조의2(전자의무기록의 표준화 등) |
|---|---|

① 보건복지부장관은 전자의무기록이 효율적이고 통일적으로 관리·활용될 수 있도록 기록의 작성, 관리 및 보존에 필요한 전산정보처리시스템(이하 이 조에서 "전자의무기록시스템"이라 한다), 시설, 장비 및 기록 서식 등에 관한 표준을 정하여 고시하고 전자의무기록시스템을 제조·공급하는 자, 의료인 또는 의료기관 개설자에게 그 준수를 권고할 수 있다.

② 보건복지부장관은 전자의무기록시스템이 제1항에 따른 표준, 전자의무기록시스템 간 호환성, 정보 보안 등 대통령령으로 정하는 인증 기준에 적합

한 경우에는 인증을 할 수 있다.

③ 제2항에 따라 인증을 받은 자는 대통령령으로 정하는 바에 따라 인증의 내용을 표시할 수 있다. 이 경우 인증을 받지 아니한 자는 인증의 표시 또는 이와 유사한 표시를 하여서는 아니 된다.

④ 보건복지부장관은 다음 각 호의 어느 하나에 해당하는 경우에는 제2항에 따른 인증을 취소할 수 있다. 다만, 제1호에 해당하는 경우에는 인증을 취소하여야 한다.

 1. 거짓이나 그 밖의 부정한 방법으로 인증을 받은 경우

 2. 제2항에 따른 인증 기준에 미달하게 된 경우

⑤ 보건복지부장관은 전자의무기록시스템의 기술 개발 및 활용을 촉진하기 위한 사업을 할 수 있다.

⑥ 제1항에 따른 표준의 대상, 제2항에 따른 인증의 방법·절차 등에 필요한 사항은 대통령령으로 정한다. [본조신설 2016. 12. 20.]

[종전 제23조의2는 제23조의3으로 이동 <2016. 12. 20.>]

---

**의료법 시행령** 　제10조의6(전자의무기록의 표준화)

법 제23조의2제1항에 따라 보건복지부장관이 정하여 고시하는 표준의 대상은 다음 각 호와 같다.

 1. 법 제23조제1항에 따른 전자의무기록(電子醫務記錄)(이하 "전자의무기록" 이라 한다)의 서식·용어 및 내용 등에 관한 사항

 2. 법 제23조제2항에 따라 전자의무기록의 안전한 관리·보존에 필요한 시설 및 장비에 관한 사항

 3. 법 제23조의2제1항에 따른 전자의무기록시스템(이하 "전자의무기록시스템"이라 한다)의 구조·형태 및 기능 등에 관한 사항

 4. 그 밖에 제1호부터 제3호까지의 규정에 준하는 대상으로서 전자의무기록의 효율적·통일적 관리·활용을 위하여 보건복지부장관이 특히 필요하다고 인정하는 대상 [본조신설 2017. 6. 20.]

[제10조의5에서 이동, 종전 제10조의6은 제10조의7로 이동 <2020. 2. 25.>]

---

**의료법 시행령** 　제10조의7(전자의무기록시스템의 인증)

① 전자의무기록시스템의 인증 기준은 다음 각 호와 같다.

 1. 법 제23조의2제1항에 따라 보건복지부장관이 정하여 고시하는 표준에 적합할 것

 2. 전자의무기록시스템 간 전자적 전송에 필요한 호환성이 확보될 것

 3. 전자의무기록시스템에 대한 관리적·기술적·물리적 정보 보안이 확보될 것

 4. 그 밖에 제1호부터 제3호까지의 규정에 준하는 기준으로서 전자의무기록

시스템의 기능·구조 및 형태 등을 고려하여 보건복지부장관이 특히 필요하다고 인정하는 기준

② 법 제23조의2제2항에 따라 전자의무기록시스템의 인증을 받으려는 자는 진자의무기록시스템 인증 신청서(전자문서로 된 신청서를 포함한다)에 다음 각 호의 서류(전자문서로 된 서류를 포함한다)를 첨부하여 보건복지부장관에게 제출하여야 한다.

 1. 제1항에 따른 인증 기준에 적합함을 증명하는 서류

 2. 전자의무기록시스템 설계서

 3. 전자의무기록시스템 설명서 및 성능진단 결과서

 4. 그 밖에 제1호부터 제3호까지의 규정에 준하는 서류로서 전자의무기록시스템의 인증을 위하여 보건복지부장관이 특히 필요하다고 인정하여 고시하는 서류

③ 보건복지부장관은 제2항에 따른 인증 신청의 전문적 검토를 위하여 필요하다고 인정하는 경우에는 보건의료 또는 정보통신 관련 기관·법인·단체 또는 전문가 등에게 자료 또는 의견의 제출을 요청할 수 있다.

④ 보건복지부장관은 제2항에 따른 인증 신청에 대하여 그 인증 여부를 결정한 경우에는 신청인에게 서면으로 그 결과를 알려야 한다.

⑤ 보건복지부장관은 법 제23조의2제2항에 따라 전자의무기록시스템의 인증을 한 경우에는 신청인에게 인증서를 발급하고, 그 인증 내용을 보건복지부의 인터넷 홈페이지 등에 게재하여야 한다.

⑥ 제1항부터 제5항까지에서 규정한 사항 외에 전자의무기록시스템의 인증 기준, 인증 절차, 인증 방법 및 변경 인증 등에 필요한 세부 사항은 보건복지부장관이 정하여 고시한다. [본조신설 2017. 6. 20.]

[제10조의6에서 이동, 종전 제10조의7은 제10조의8로 이동 <2020. 2. 25.>]

| 의료법 시행령 | 제10조의8(전자의무기록시스템의 인증 표시) |
| --- | --- |

① 법 제23조의2제2항에 따라 전자의무기록시스템의 인증을 받은 자는 같은 조 제3항 전단에 따라 인증의 내용을 표시하려는 경우에는 그 표시 내용, 표시 크기, 표시 색상 및 표시 도안 등에 관하여 보건복지부장관이 정하여 고시하는 기준에 따라 표시하여야 한다.

② 보건복지부장관은 법 제23조의2제3항 전단에 따른 인증 내용의 표시 사항에 대하여 그 보완이나 개선이 필요하다고 인정하는 경우에는 전자의무기록시스템의 인증을 받은 자에 대하여 그 보완이나 개선에 필요한 사항을 권고할 수 있다.

[본조신설 2017. 6. 20.]

[제10조의7에서 이동, 종전 제10조의8은 제10조의11로 이동 <2020. 2. 25.>]

# 전자의무기록시스템 인증제도 운영에 관한 고시

[시행 2021. 1. 5.] [보건복지부고시 제2021-2호, 2021. 1. 5., 타법개정.]

제1조(목적) 이 고시는 의료법 제23조2에 따라 전자의무기록시스템 인증기준, 인증방법, 인증절차 등 인증제도 운영 업무 전반에 필요한 사항을 규정함을 목적으로 한다.

제2조(용어정의) 이 고시에서 사용하는 용어의 정의는 다음과 같다.
 1. "전자의무기록"이라 함은 의료법 제23조에 따라 의료인이 작성하는 진료기록부 등에 「전자서명법」에 따른 전자서명이 기재된 전자문서를 말한다.
 2. "전자의무기록시스템"이라 함은 의료법 제23조 2에 따라 전자의무기록이 효율적이고 통일적으로 관리·활용될 수 있도록 기록의 작성, 관리 및 보존에 필요한 전산정보처리시스템을 말한다.
 3. "전자의무기록시스템인증(이하 "인증"이라 한다)"이란 인증 신청기관이 개발 또는 운영 중인 전자의무기록시스템이 인증기준에 적합함을 증명하는 것을 말한다.
 4. "제품인증"이란 전자의무기록시스템을 개발·제조 및 판매하는 기관(의료인 또는 의료기관이 자체 개발하여 운영 중인 전자의무기록시스템을 포함한다)의 제품이 인증기준에 부합함을 인증하는 것을 말한다.
 5. "사용인증"이란 의료인 또는 의료기관이 제품인증을 빋은 전자의무기록시스템을 인증기준과 관련된 기능의 변경 없이 사용하고 있음을 인증하는 것을 말한다.
 6. "인증기관"이란 전자의무기록시스템에 대한 인증업무를 수행하도록 보건복지부장관이 지정한 기관을 말한다.
 7. "심사기관"이란 인증기관의 위탁을 받아 전자의무기록시스템에 대하여 인증기준의 적합성 여부 심사 등을 수행할 수 있는 기관을 말한다.
 8. "의료정보관리인증심사원"이란 전자의무기록시스템 인증기관으로부터 인증심사를 수행할 수 있는 자격을 부여받고 인증심사를 수행하는 자를 말한다.

제3조(인증기관) ① 전자의무기록시스템 인증기관은 재단법인 한국보건의료정보원으로 한다.
② 전자의무기록시스템 인증기관은 다음의 업무를 수행한다.
 1. 인증 신청 접수, 심사 및 결정, 인증서 발급 등 인증 절차 관련 업무
 2. 인증갱신, 인증취소, 이의신청 등 인증 사후 관리 업무
 3. 의료정보관리인증심사원 교육훈련, 자격 부여 등 심사 인력 관리에 관한 업무
 4. 인증기준 개발, 관리, 적용 및 확산에 관한 업무
 5. 전자의무기록시스템의 활용 촉진에 관한 업무
 6. 기타 보건복지부장관으로부터 위탁 받은 전자의무기록시스템 관련 업무
③ 인증기관은 인증심사업무의 일부 또는 전부를 제5조제1항에 따라 보건복지부장관이 지정한 기관(이하 "심사기관"이라 한다)에 위탁 할 수 있다.

제4조(인증위원회) ① 인증기관의 장은 다음 각 호의 사항을 심의·의결하기 위하여 인증위원회를 설치·운영하여야 한다.
 1. 인증기준에 관한 사항
 2. 인증 심사 결정, 이의 신청 처리, 인증 취소에 관한 사항
 3. 의료정보관리인증심사원 자격 부여 및 취소에 관한 사항
 4. 그 밖에 위원장이 필요하다고 인정하는 사항
② 인증위원회는 9인 이내의 위원으로 구성하되, 위원은 전자의무기록시스템 관련 분야에 학식과 경험이 있는 자 중 다음 각 호로부터 추천을 받아 인증기관의 장이 위촉하며, 위원장은 인증기관의 장이 위원 중에서 임명한다.
 1. 보건복지부장관이 추천하는 사람
 2. 보건의료 단체 및 의료정보 관련 전문가 단체가 추천하는 사람

3. 인증기관의 장이 추천하는 사람

③ 위원의 임기는 2년으로 하며 연임할 수 있다. 다만, 위원이 공무원인 경우 그 임기는 임명 당시의 직위에 재직 중인 기간으로 한다.

④ 인증기관의 장은 위원이 법령 또는 이 규정을 위반한 때에는 해당 위원을 해촉할 수 있다.

제5조(심사기관) ① 보건복지부장관은 인증심사업무의 일부 또는 전부를 인증기관으로부터 위탁받아 수행할 수 있는 심사기관을 지정할 수 있다.

② 심사기관은 인증심사 업무를 수행하기 위해 필요한 인력과 조직 등을 갖추어야 한다.

③ 보건복지부장관은 심사기관의 업무수행 능력을 평가할 수 있으며 심사기관 평가에 관한 업무를 인증기관에 위탁 할 수 있다.

제6조(심사기관의 지정취소 등) ① 보건복지부장관은 심사기관이 다음 각 호의 어느 하나에 해당하는 경우 심사기관 지정을 취소할 수 있다.

1. 보건복지부장관의 평가에서 심사기관으로서 부적합 판정을 받은 경우
2. 심사기관으로 지정기준에 미달하는 사유가 발생하는 경우
3. 정당한 사유 없이 업무를 수행하지 않은 경우
4. 거짓이나 부정한 방법으로 심사기관의 지정을 받은 경우
5. 기타 보건복지부장관이 지정취소가 필요하다고 판단한 경우

제7조(의료정보관리인증심사원) ① 의료정보관리인증심사원은 심사원보, 심사원, 선임심사원으로 구분하며, 등급별 자격요건은 별표 1과 같다.

② 인증기관의 장은 소요인력 및 교육 계획을 매년 수립하여 보건복지부장관 의 승인을 받아야 한다.

③ 의료정보관리인증심사원 자격을 신청하고자 하는 자는 의료정보관리인증심사원 자격 신청 요건을 갖추고 인증기관의 장이 공고하는 신청기간 내에 별지 제1호 서식의 인증심사원 자격 신청서와 관련 서류를 인증기관에 제출하여야 한다.

④ 인증기관의 장은 제3항에 따라 제출한 신청서류 검토 결과, 자격 신청요건에 적합한 자를 대상으로 인증심사원 양성과정을 진행하여야 한다.

⑤ 인증기관의 장은 인증심사원 양성과정을 통과한 자에게 인증심사원 자격 증명서를 발급하여야 하며, 심사원 등급, 인증심사 업무경력 등을 관리하여야 한다.

⑥ 인증심사원의 자격 유효기간은 자격을 부여받은 날로부터 3년으로 하고, 유효기간 내 매년 1회 16시간 이상 인증기관이 정하는 보수교육을 수료하여야 한다.

⑦ 제6항의 보수교육을 수료하지 않은 자는 보수교육 이수 의무일이 경과한 날부터 그 자격이 정지된다.

⑧ 제7항에 따라 인증심사원의 자격이 정지된 자는 인증심사원의 업무를 하기 위하여 별표1의 의료정보관리인증심사원 자격기준을 충족하는지 여부를 다시 심사받아야 하며 그 심사 절차 및 방법에 관하여는 제3항부터 제5항까지의 규정을 적용한다.

⑨ 인증기관의 장은 인증심사원 자격 취득·갱신 방법 및 절차를 정하여 홈페이지 등에 공지하여야 한다.

제8조(의료정보관리인증심사원 자격 취소) ① 인증기관의 장은 다음 각 호의 어느 하나에 해당하는 사유를 발견한 경우 청문을 실시한 후 제4조제1항에 따른 인증위원회의 의결을 거쳐 의료정보관리인증심사원의 자격을 취소할 수 있다.

1. 거짓이나 부정한 방법으로 의료정보관리인증심사원 자격을 부여 받은 경우
2. 인증심사 과정에서 취득한 정보를 유출하거나 목적 외로 사용한 경우
3. 신청기관과 이해관계가 있는 의료정보관리인증심사원이 제12조제2항 후단을 위반한 경우
4. 별표 1의 의료정보관리인증심사원 자격 기준을 충족하지 못한 경우

② 제1항에 따른 자격 취소에 대하여 의료정보관리인증심사원은 30일 이내에 인증기관의

장에게 이의신청을 할 수 있다. 이 경우 인증기관의 장은 해당 의료정보관리인증심사원의 자격을 재 심의하여 처리결과를 통지하여야 한다.

제9조(인증의 종류 및 인증대상) ① 인증의 종류는 "제품인증"과 "사용인증"으로 구분하며, 인증대상은 다음과 같다.
1. "제품인증"의 대상은 제10조제1항의 인증기준을 만족하는 전자의무기록시스템으로 한다.
2. "사용인증"의 대상은 제10조제1항의 인증기준을 만족하는 의료기관으로 한다.

제10조(인증기준) ① 인증기관의 장은 전자의무기록시스템 인증기준을 인증위원회의 심의 및 보건복지부장관의 승인을 거쳐 홈페이지 등에 공개하여야 한다.
② 인증기관의 장은 인증 심사에 있어 일부 인증기준 항목에 대해서는 심사를 면제할 수 있다. 다만, 면제와 관련한 사항은 보건복지부장관의 승인을 받아 홈페이지 등에 공개하여야 한다.

제11조(인증신청) ① 인증을 받고자 하는 자(이하 "신청기관"이라 한다)는 인증을 신청하기 전에 다음의 조건을 충족하여야 한다.
1. 인증을 받고자 하는 전자의무기록시스템을 개발·제조·공급하는 자와 자체 개발한 의료기관의 장은 "제품인증"을 신청할 수 있다.
2. "제품인증"을 받은 전자의무기록시스템을 사용 승인 의료기관의 장은 "사용인증"을 신청할 수 있다.
3. "사용인증"을 신청하는 경우, 의료기관에서 전자의무기록시스템이 구축된 이후 전자의무기록시스템 사용 기간이 최소 3개월 이상 경과하여야 한다. 단, 이 조건은 최초심사에 한하여 적용한다.
4. 제3호의 전자의무기록시스템을 사용한 기간은 의료기관에서 시험적으로 사용한 기간, 또는 타 제품과 병행하여 사용한 기간은 제외한다.
② "제품인증"을 신청하고자 하는 기관은 다음 각 호의 구비서류를 인증기관의 장에 제출하여야 한다.
 1. 전자의무기록시스템 인증심사 신청서 [별지 제3호 서식], [별지 제4호 서식]
 2. 전자의무기록시스템 명세서 [별지 제7호 서식]
 3. 전자의무기록시스템 설명서 및 성능진단 결과서 (전자의무기록시스템 자가점검결과서로 대치 가능)
 4. 인증기준 면제를 신청한 경우 관련 증빙 서류
 5. 그 밖에 인증심사를 원활하게 수행하기 위하여 인증기관의 장이 요청하는 서류
③ "사용인증"을 신청하고자 하는 경우, 다음 각 호의 구비서류를 인증기관의 장에게 제출하여야 한다.
 1. 전자의무기록시스템 사용인증 신청서 [별지 5호 서식]
 2. 동일 인증 제품 사용 확인서[별지 6호 서식]
 3. 전자의무기록시스템 명세서 [별지 제7호 서식]
 4. 해당 전자의무기록시스템의 제품인증서 사본 및 관련 증빙서류
 5. 전자의무기록시스템 사용기간을 확인할 수 있는 증빙 서류
 6. 그 밖에 인증심사를 원활하게 수행하기 위하여 인증기관의 장이 요청하는 서류
④ 제3항에 따른 신청은 신청기관의 위임을 받아 해당 "제품인증"을 받은 기관이 대리하여 신청할 수 있다.
⑤ 전자의무기록시스템을 자체 개발한 의료기관의 장은 "제품인증"과 "사용인증"을 동시에 신청할 수 있으며, 이때 제3항 2호, 3호, 4호는 제출하지 아니한다.
⑥ 인증기관의 장은 인증신청과 관련된 구비서류, 증빙에 관한 서류 및 절차 등에 관한 자세한 사항을 홈페이지 등에 공지하여야 한다.

제12조(인증심사 및 보완조치) ① 인증심사는 신청문서검토와 현장심사로 구분한다.
 1. 신청문서검토는 심사대상 전자의무기록시스템의 구성과 기능의 적합성을 서면으로 확인한다. 단, 필요 시 신청문서에 대한 설명 또는 추가 자료를 요청할 수 있다.
 2. 현장심사는 신청문서검토결과의 적정성 여부를 현장 방문하여 심사하며 신청기관은 현장심사를 원활하게 수행할 수 있는 환경과 적절한 심사장소를 제공하여야 한다.
② 인증기관의 장은 인증심사 시 신청기관과 이해관계가 있는 의료정보관리인증심사원을 심사에서 배제하여야 하고, 의료정보관리인증심사원은 인증신청기관과 이해관계가 있는 경우 인증기관의 장에 보고하고 배제를 요청하여야 한다.
③ 신청기관의 전자의무기록시스템 인증심사를 위하여 신청기관 이외의 기관에 대한 현장심사가 필요할 경우, 그 기관에 심사를 요청할 수 있으며 현장심사가 이루어지지 않으면 인증심사를 중단할 수 있다.
④ 인증기관의 장은 신청기관에 보완조치를 요구할 수 있고, 신청기관은 요구받은 내용에 대해 요구일로부터 최대 90일 이내에 보완조치 결과를 제출하여야 한다.

제13조(심사중단) ① 인증기관의 장은 다음 각 호의 사유가 발생한 경우에는 인증심사를 중단할 수 있다.
 1. 신청기관이 고의로 인증심사를 지연 또는 방해하거나 신청기관의 귀책사유로 인하여 인증심사를 계속 진행하기가 곤란하다고 판단하는 경우
 2. 인증심사 보완조치를 완료하지 않은 경우
 3. 현장심사를 실시할 수 있는 장소 및 환경이 제공되지 않은 경우
 4. 천재지변 등으로 인하여 인증심사 진행이 불가능하다고 판단되는 경우
② 제1항 1호, 2호, 3호의 사유로 심사 중단을 통보받은 신청기관은 통보받은 날로부터 6개월 이내에는 인증을 신청할 수 없다. 다만, 제20조의 신청을 하여 심사중단이 취소된 경우에는 그러하지 아니하다.

제14조(심사결과) ① 인증기관의 장은 인증심사 종료 또는 신청기관의 보완조치 등의 완료를 확인한 날로부터 1개월 이내에 인증위원회에 심의·의결을 요청하여야 한다.
② 인증기관의 장은 신청기관에 제1항의 의결결과를 통보하여야 한다.
③ 인증기관의 장은 인증심사와 관련된 자료를 결과통보일로부터 최장 5년 동안 보관하여야 한다.

제15조(인증서의 발급 등) ① 인증기관의 장은 별지 제8호 서식에 따라 인증서를 발급하여야 한다.
② 제1항의 인증서를 받은 기관은 별표 2의 범위 내에서 인증을 표시할 수 있으며, 인증을 표시하는 경우 인증 유형 및 유효기간 등을 함께 표시하여야 한다.
③ 인증을 취득한 기관이 인증서의 분실 등으로 인해 재발급을 받고자 할 경우 별지 제9호 서식의 인증서 재발급 신청서를 인증기관의 장에 제출하여야 한다.
④ 인증을 취득한 기관이 주소 등 인증서 기재사항의 변경을 요청하고자 하는 경우 별지 제10호 서식의 인증서 변경 신청서를 인증기관의 장에 제출하여야 한다.

제16조(수수료) ① 인증기관의 장은 인증에 소요 되는 비용(이하 "수수료"라 한다)을 다음 각 호에 따라 산정하고 신청기관으로부터 징수할 수 있다.
 1. 의료정보관리인증심사원의 수당, 여비 등 심사에 드는 직접 비용
 2. 심사업무 수행에 드는 간접 비용
② 인증기관의 장이 인증신청기관으로부터 인증수수료를 징수하고자 할 때에는 보건복지부장관의 승인을 받아 비용 및 징수절차 등을 홈페이지에 게시하여야 한다.
③ 인증기관의 장은 제12조에 따른 현장심사 일수 변경 등 제1항에서 정한 수수료의 증감

사유가 발생하였을 경우에는 제2항에 따른 비용 산정방식을 준용하여 수수료를 재산
정하고, 신청기관의 장에게 증가액을 납부하도록 고지하거나 차액을 환급하여야 한다.
④ 인증기관의 장은 신청기관이 신청을 철회할 경우 수수료 중 기지출 실비를 제외하고
신청기관에 수수료를 환급하여야 한다. 다만, 현장심사가 시작된 이후에는 기 납 수수
료를 환급하지 않는다. 환급 시 납부한 수수료에 대한 이자는 지급하지 아니한다.

제17조(변경심사) ① 제품인증을 취득한 기관은 인증받은 전자의무기록시스템의 인증기
준 기능의 삭제 등 인증기준과 관련된 중대한 변경이 발생하는 경우 변경 사항을 인증
기관의 장에게 신고하여야 한다.
② 인증기관의 장은 제1항에 따른 신고가 접수되거나 인증받은 전자의무기록시스템의 변
경 여부 점검이 필요할 경우, 인증 취소 여부를 결정하기 위한 심사를 진행할 수 있다.
③ 제2항에 따른 심사는 제10조의 인증기준에 따라 실시하며, 심사 절차는 제12조를 준용한다.
④ 제3항에 따른 변경심사 결과, 전자의무기록시스템이 인증기준에 적합한 경우, 인증의
유효기간은 종전과 같다.

제18조(인증의 갱신 등) ① 인증의 유효 기간은 3년으로 한다. 인증을 취득한 기관은 인
증기관에 인증 유효기간 만료 최소 3개월 전까지 갱신을 신청하여야 한다.
② 제1항 갱신신청에 대한 심사 방법 및 절차에 관하여는 제4장의 규정을 적용한다.
③ 인증 유효 기간 만료일이 경과한 때에는 인증의 효력은 상실된다. 다만, 유효기간이
만료한 경우라 하더라도 제1항의 갱신신청이 접수되었을 경우 심사 결과 통보일까지
인증의 효력이 유효한 것으로 본다.

제19조(인증의 취소) ① 인증기관의 장은 다음 각 호의 사유를 발견한 때는 제4조제1항
에 따라 인증위원회의 의결을 거쳐 인증을 취소할 수 있다.
 1. 거짓 혹은 부정한 방법으로 인증을 취득한 경우
 2. 제17조에 따른 심사결과 인증기준에 미달하게 된 경우
 3. 인증 받은 내용을 홍보하면서 별표 2의 표시 범위를 위반한 경우
 4. 인증 받은 전자의무기록시스템의 인증기준과 관련된 중대한 변경 사항을 신고하지 않은 경우
 5. 전자의무기록 관련 법령을 위반하고 그 위반사유가 중대한 경우
② 인증기관의 장은 제1항에 따라 인증을 취소한 경우에 그 결과를 서면으로 통보한다.
③ 제1항에 따른 인증의 취소 시 보건복지부장관은 의료법 제84조제1호에 따라 청문을
실시하여야 한다.

제20조(이의신청) ① 신청기관은 인증심사, 심사중단 또는 인증 취소와 관련하여 결과를
통보 받은 날로부터 14일 이내에 인증기관의 장에 별지 제11호 서식의 이의신청서를
제출할 수 있다.
② 인증기관의 장은 제1항에 따른 이의신청을 받은 날로부터 3개월 이내에 처리 결과를
통보하여야 한다.

제21조(비밀유지) 인증심사 업무에 종사하는 자 또는 종사하였던 자는 인증심사를 위해
취득한 정보를 인증심사업무 이외의 용도로 사용할 수 없다.

제22조(업무 지침) 인증기관의 장은 인증 업무를 위해 필요한 경우 이 고시에 저촉되지
않는 범위 내에서 세부 업무 지침을 별도로 마련하여 시행할 수 있다.

제23조(재검토기한) 보건복지부장관은 이 고시에 대하여 「훈령·예규 등의 발령 및 관리
에 관한 규정」에 따라 2021년 1월 1일을 기준으로 매3년이 되는 시점(매 3년째의 12
월 31일까지를 말한다)마다 그 타당성을 검토하여 개선 등의 조치를 하여야 한다.
 부칙 <제2021-2호, 2021. 1. 5.>
이 고시는 발령한 날부터 시행한다.

◇ 전자의무기록(Electronic Medical Record, EMR)인증제는 환자 안전과 진료연속성 지원을 목적으로 국내 전자의무기록시스템에 대한 국가적 표준과 적합성 검증을 통해 업체의 표준제품 개발을 유도하여 시스템의 상호호환성 확보 등 품질 향상으로 의료 소비자에게 양질의 의료 서비스를 제공될 수 있도록 하기 위한 제도입니다.

┌─ 벌칙 • 행정처분 ─────────────────────────────

◇ 제23조의2제3항 후단을 위반한 자 : 1년 이하의 징역이나 1천만원 이하의 벌금

| 질의 내용 | 전자의무기록시스템(EMR) 인증제 |
|---|---|
| 해석 경향 | 의료법 제23조의2의 전자의무기록의 표준화 등에 따른 국내 표준 전자의무기록(Electronic Medical Record, EMR)시스템의 개발 및 사용 유도, 전자의무기록시스템에 제품 인증을 부여, 제품을 사용하는 의료기관에 사용인증을 부여하는 전자의무기록시스템 인증제도를 도입하여 전자의무기록시스템 인증기준, 인증방법, 인증절차 등 인증제도 운영업무 전반에 관한 고시인 「전자의무기록시스템 인증제도 운영에 관한 고시」를 시행합니다.<br>*「전자의무기록시스템 인증제도 운영에 관한 고시」(2021. 1. 5. 시행)<br>'의료법' 제23조의2에 따라, 각 병원에서 사용하는 전자의무기록(EMR)시스템의 표준화를 유도해 환자 안전과 진료 연속성을 보장하고 표준데이터 활용 활성화를 목적으로 '전자의무기록시스템 인증제도 운영에 관한 고시'를 2020. 6. 1. 제정·시행하게 되었습니다. 전자의무기록시스템 인증기준, 인증방법, 인증절차 등 인증제도 운영 업무 전반에 필요한 사항을 구체적으로 정한 것으로 본격적인 도입에 앞서 2018년 8월부터 8개 기관을 대상으로 시범사업을 실시한 바 있습니다. 고시 주요 내용을 보면, 인증대상은 전자의무기록시스템 제품 및 사용 의료기관으로 구분되는데, 기능성, 상호 운용성, 보안성 3개 인증기준을 만족하는 EMR시스템에 제품인증을 부여하고, 인증기준을 만족하는 제품을 사용하는 의료기관에 사용인증을 부여하는 제도입니다. 인증 심사 절차는 EMR 업체 또는 의료기관의 자발적 신청을 토대로 신청문서검토와 현장 심사를 수행하며, 심사 결과를 인증위원회에서 심의·의결 후 인증서를 발급하고, 인증결과(기관명, 제품명, 인증일자, 유효기간 3년)를 인증관리포털(emrcert.mohw.go.kr)에 공개하며, 이러한 전자의무기록(EMR)인증제를 실시하는 인증기관은 재)한국보건의료정보원입니다. |

| 의료법 | 제23조의3(진료정보 침해사고의 통지) |
|---|---|

① 의료인 또는 의료기관 개설자는 전자의무기록에 대한 전자적 침해행위로 진료정보가 유출되거나 의료기관의 업무가 교란·마비되는 등 대통령령으로 정하는 사고(이하 "진료정보 침해사고"라 한다)가 발생한 때에는 보건복지부장관에게 즉시 그 사실을 통지하여야 한다.

② 보건복지부장관은 제1항에 따라 진료정보 침해사고의 통지를 받거나 진료정보 침해사고가 발생한 사실을 알게 되면 이를 관계 행정기관에 통보하여야 한다.

[본조신설 2019. 8. 27.] [종전 제23조의3은 제23조의5로 이동 <2019. 8. 27.>]

| 의료법 시행령 | 제10조의9(진료정보 침해사고의 유형) |
|---|---|

① 법 제23조의3제1항에서 "진료정보가 유출되거나 의료기관의 업무가 교란·마비되는 등 대통령령으로 정하는 사고"란 다음 각 호의 어느 하나에 해당하는 사고를 말한다.

1. 진료정보의 도난·유출
2. 진료정보의 파기·손상·은닉·멸실
3. 전자의무기록시스템의 교란·마비

[본조신설 2020. 2. 25.]

| 의료법 시행규칙 | 제16조의2(진료정보 침해사고의 통지 방법) |
|---|---|

① 의료인 또는 의료기관 개설자는 법 제23조의3제1항에 따른 진료정보 침해사고(이하 "진료정보 침해사고"라 한다)가 발생한 경우 다음 각 호의 사항을 서면, 전화, 팩스, 전자우편 또는 이와 유사한 방법으로 보건복지부장관에게 통지해야 한다.

1. 의료기관의 명칭
2. 진료정보 침해사고의 발생일시
3. 진료정보의 유출 범위 등 피해내역
4. 진료정보 침해사고의 대응을 위한 기술지원 요청사항

[본조신설 2020. 2. 28.] [종전 제16조의2는 제16조의5로 이동 <2020. 2. 28.>]

**벌칙 · 행정처분**

◇ 제23조의3제1항을 위반하여 진료정보 침해사고를 통지하지 아니한 자 : 300만원 이하의 과태료

| 의료법 | 제23조의4(진료정보 침해사고의 예방 및 대응 등) |
|---|---|

① 보건복지부장관은 진료정보 침해사고의 예방 및 대응을 위하여 다음 각 호의 업무를 수행한다.

1. 진료정보 침해사고에 관한 정보의 수집·전파
2. 진료정보 침해사고의 예보·경보
3. 진료정보 침해사고에 대한 긴급조치
4. 전자의무기록에 대한 전자적 침해행위의 탐지·분석
5. 그 밖에 진료정보 침해사고 예방 및 대응을 위하여 대통령령으로 정하는 사항

② 보건복지부장관은 제1항에 따른 업무의 전부 또는 일부를 전문기관에 위탁할 수 있다.

③ 제1항에 따른 업무를 수행하는 데 필요한 절차 및 방법, 제2항에 따른 업무의 위탁 절차 등에 필요한 사항은 보건복지부령으로 정한다.

[본조신설 2019. 8. 27.]

| 의료법 시행령 | 10조의10(진료정보 침해사고의 예방 및 대응을 위한 조치) |
|---|---|

법 제23조의4제1항제5호에서 "대통령령으로 정하는 사항"이란 다음 각 호의 사항을 말한다.

1. 의료기관의 전자의무기록시스템에 대한 취약점 점검
2. 의료인 또는 의료기관 개설자에 대한 교육 및 훈련
3. 그 밖에 전자의무기록의 안전성 및 신뢰성을 확보하기 위해 필요한 사항으로서 보건복지부장관이 정하여 고시하는 사항 [본조신설 2020. 2. 25.]

| 의료법 시행규칙 | 제16조의3(진료정보 침해사고에 대한 긴급조치) |
|---|---|

① 보건복지부장관은 진료정보 침해사고가 발생한 경우 그 피해의 확산을 방지하기 위하여 법 제23조의4제1항제3호에 따라 다음 각 호의 조치를 할 수 있다.

1. 의료기관의 전자의무기록시스템에 대한 접속경로의 차단 요청
2. 진료정보 침해사고의 원인·경위 등에 관한 조사. 이 경우 현장조사에 관한 사항은 해당 의료기관의 장과 미리 협의해야 한다.

② 의료인 또는 의료기관의 개설자는 특별한 사유가 없으면 제1항에 따른 조치에 협조해야 한다. [본조신설 2020. 2. 28.]

| 의료법 시행규칙 | 제16조의4(진료정보 침해사고의 예방 및 대응을 위한 업무의 위탁) |
|---|---|

보건복지부장관은 법 제23조의4제2항에 따라 같은 조 제1항 각 호에 따른 진료정보 침해사고의 예방 및 대응을 위한 업무를 「사회보장급여의 이용·제공 및 수급권자 발굴에 관한 법률」 제29조에 따른 한국사회보장정보원에 위탁한다. [본조신설 2020. 2. 28.]

| 의료법 | 제23조의5(부당한 경제적 이익 등의 취득 금지) |
|---|---|

① 의료인, 의료기관 개설자(법인의 대표자, 이사, 그 밖에 이에 종사하는 자를 포함한다. 이하 이 조에서 같다) 및 의료기관 종사자는 「약사법」 제47조제2항에 따른 의약품공급자로부터 의약품 채택·처방유도·거래유지 등 판매촉진을 목적으로 제공되는 금전, 물품, 편익, 노무, 향응, 그 밖의 경제적 이익(이하 "경제적 이익등"이라 한다)을 받거나 의료기관으로 하여금 받게 하여서는 아니 된다. 다만, 견본품 제공, 학술대회 지원, 임상시험 지원, 제품설명회, 대금결제조건에 따른 비용할인, 시판 후 조사 등의 행위(이하 "견본품 제공등의 행위"라 한다)로서 보건복지부령으로 정하는 범위 안의 경제적 이익등인 경우에는 그러하지 아니하다. <개정 2015. 12. 29.>

② 의료인, 의료기관 개설자 및 의료기관 종사자는 「의료기기법」 제6조에 따른 제조업자, 같은법 제15조에 따른 의료기기 수입업자, 같은법 제17조에 따른 의료기기 판매업자 또는 임대업자로부터 의료기기 채택·사용유도·거래유지 등 판매촉진을 목적으로 제공되는 경제적 이익등을 받거나 의료기관으로 하여금 받게 하여서는 아니 된다. 다만, 견본품 제공등의 행위로서 보건복지부령으로 정하는 범위 안의 경제적 이익등인 경우에는 그러하지 아니하다. <개정 2011. 4. 7., 2015. 12. 29.> [본조신설 2010. 5. 27.] [제23조의3에서 이동 <2019. 8. 27.>]

| 의료법 시행규칙 | 제16조의5(경제적 이익 등의 범위) |
|---|---|

법 제23조의5제1항 단서 및 제2항 단서에서 "보건복지부령으로 정하는 범위 안의 경제적 이익등"이란 별표 2의3과 같다. <개정 2017. 6. 21., 2020. 2. 28.> [본조신설 2010. 12. 13.] [제16조의2에서 이동 <2020. 2. 28.>]

| 타법 | 약사법 | 제47조의2(경제적 이익등 제공 내역에 관한 지출보고서 제출 등) |
|---|---|---|

① 의약품공급자는 보건복지부령으로 정하는 바에 따라 매 회계연도 종료 후 3개월 이내에 약사·한약사·의료인·의료기관 개설자 또는 의료기관 종사자에게 제공한 경제적 이익등 내역에 관한 지출보고서를 작성하고, 해당 지출보고서와 관련 장부 및 근거 자료를 5년간 보관하여야 한다.

② 보건복지부장관은 필요하다고 인정하는 경우 제1항에 따른 지출보고서와 관련 장부 및 근거 자료의 제출을 요구할 수 있다. 이 경우 의약품공급자는 정당한 사유가 없으면 이에 따라야 한다. [본조신설 2016. 12. 2.]

[종전 제47조의2는 제47조의3으로 이동 <2016. 12. 2.>]

| 타법 | 의료기기법 | 제13조의2(경제적 이익등 제공 내역에 관한 지출보고서 제출 등) |
|---|---|---|

① 제조업자는 보건복지부령으로 정하는 바에 따라 매 회계연도 종료 후 3개월

이내에 의료인·의료기관 개설자 또는 의료기관 종사자에게 제공한 경제적 이익등 내역에 관한 지출보고서를 작성하고, 해당 지출보고서와 관련 장부 및 근거 자료를 5년간 보관하여야 한다.

② 보건복지부장관은 필요하다고 인정하는 경우 제1항에 따른 지줄보고서와 관련 장부 및 근거 자료의 제출을 요구할 수 있다. 이 경우 제조업자는 정당한 사유가 없으면 이에 따라야 한다. [본조신설 2016. 12. 2.]

■ 의료법 시행규칙 [별표 2의3] <개정 2020. 9. 4.>

허용되는 경제적 이익등의 범위(제16조의5 관련)

| 허용 행위 | 허용 범위 |
|---|---|
| 1. 견본품 제공 | ○ 최소 포장단위로 "견본품" 또는 "sample"이라는 문자를 표기하여 의료기관에 해당 의약품 및 의료기기의 제형·형태 등을 확인하는데 필요한 최소 수량의 견본품을 제공하는 경우. 이 경우 제공받은 견본품은 환자에게 판매할 수 없다. |
| 2. 학술대회 지원 | ○ 다음 각 호의 어느 하나에 해당하는 자가 주최하는 의학·약학, 의료기기 관련 학술연구 목적의 학술대회(학술대회 중에 개최되는 제품설명회를 포함한다)에 참가하는 발표자·좌장·토론자가 학술대회 주최자로부터 교통비·식비·숙박비·등록비 용도의 실비로 지원받는 비용.<br>1. 의학·약학, 의료기기 관련 학술연구를 목적으로 설립된 비영리법인<br>2. 「의료법」 제28조제1항에 따른 의사회·치과의사회·한의사회, 같은법 제52조제1항에 따른 의료기관단체 또는 「약사법」 제11조 및 제12조에 따른 대한약사회·대한한약사회(이하 "보건의료단체"라 한다)<br>3. 「고등교육법」 제2조제1호에 따른 대학 또는 「산업교육진흥 및 산학협력촉진에 관한 법률」 제25조제1항에 따른 산학협력단<br>4. 보건의료단체 또는 사업자(의약품의 품목허가를 받은 자, 의약품의 품목신고를 한 자, 의약품 수입자, 의료기기 제조업자 및 수입업자를 말한다. 이하 이 표에서 같다)들로 구성된 단체가 승인 또는 인정한 학회(해외 학회를 포함한다), 학술기관·학술단체 또는 연구기관·연구단체 |
| 3. 임상시험 지원 | ○ 「약사법」 제34조제1항, 같은 조 제7항, 「의료기기법」 제10조제1항 및 같은 조 제7항에 따라 식품의약품안전처장의 임상시험계획 승인을 받은 임상시험(「의약품 등의 안전에 관한 규칙」 제24조제8항 및 「의료기기법 시행규칙」 제20조제3항에 해당하는 경우에는 임상시험심사위원회의 임상시험계획 승인을 받은 임상시험을 말한다)을 실시하는데 필요한 수량의 임상시험용 의약품 및 의료기기와 적절한 연구비. 이 경우 해당 요양기관에 설치된 관련 위원회의 사전 승인을 받은 비임상시험(非臨床試驗: 동물실험 또는 실험실 실험 등을 말한다)을 포함한다. |

| | |
|---|---|
| 4. 제품<br>설명회 | 1. 다음 각 목의 어느 하나의 방식으로 주최하는 제품설명회에서 참석자에게 제공하는 실제 비용의 교통비, 5만원 이하의 기념품, 숙박, 식음료(세금 및 봉사료를 제외한 금액으로 1회당 10만원 이하인 경우로 한정한다)<br>　가. 사업자가 국내에서 복수의 의료기관을 대상으로 해당 의료기관에 소속한 의사·치과의사·한의사에게 사업자의 의약품에 대한 정보제공을 목적으로 주최하는 제품설명회<br>　나. 사업자가 국내에서 복수의 의료기관을 대상으로 주최하는 다음 어느 하나의 행사<br>　 1) 해당 의료기관에 소속한 「보건의료기본법」 제3조제3호에 따른 보건의료인(이하 이 표에서 "보건의료인"이라 한다)에게 사입자의 의료기기에 대한 정보제공을 목적으로 주최하는 제품설명회<br>　 2) 해당 의료기관에 소속한 보건의료인 및 시술·진단관련 종사자에게 사업자의 의료기기와 관련한 시술 및 진단기술의 습득·향상을 위하여 실시하는 교육·훈련<br>　다. 의료기기 수입업자가 의료기관에 소속한 보건의료인을 대상으로 국내에 수입되지 않은 수입업자의 의료기기와 관련한 기술 습득 및 기술 향상을 위하여 실시하는 국외 교육과 국외 훈련(해당 의료기기에 대한 식품의약품안전처장의 변경허가 또는 사용방법의 변경 등의 경우가 아니면 반복된 교육·훈련은 제외한다)<br>　라. 의료기기 제조업자가 외국에서 복수의 외국 의료기관에 소속된 보건의료인을 대상으로 자사 의료기기에 대한 정보제공을 목적으로 주최하는 제품설명회와 시술 및 진단기술의 습득·향상을 위하여 실시하는 교육·훈련. 다만, 강연자로 참석하는 경우만 해당한다.<br>2. 다음 각 목의 어느 하나의 방식으로 주최하는 제품설명회로서, 참석자에게 제공하는 식음료(세금 및 봉사료를 제외한 금액으로 1일 10만원 이하로 한정하며, 월 4회 이내만 허용한다) 및 사업자의 회사명 또는 제품명을 기입한 1만원 이하의 판촉물<br>　가. 사업자가 개별 의료기관을 방문하여 해당 의료기관에 소속한 의사·치과의사·한의사에게 사업자의 의약품에 대한 정보를 제공할 목적으로 주최하는 제품설명회<br>　나. 사업자가 개별 의료기관을 방문하여 해당 의료기관에 소속한 보건의료인 및 시술·진단관련 종사자에게 사업자의 의료기기와 관련한 시술 및 진단기술의 습득·향상을 위하여 실시하는 교육·훈련<br>　※ 제품설명회는 의약품 및 의료기기에 대한 정보제공을 목적으로 개최하는 것만을 말하며, 보건의료인의 모임 등에 필요한 식음료를 지원하기 위하여 개최하는 것은 포함하지 않는다. |
| 5. 대금결제<br>조건에<br>따른<br>비용할인 | ○ 의약품 및 의료기기 거래금액을 결제하는 경우로서 다음 각 호의 어느 하나에 해당하는 경우<br>1. 거래가 있은 날로부터 3개월 이내에 결제하는 경우: 거래금액의 0.6퍼센트 이하의 비용할인<br>2. 거래가 있은 날로부터 2개월 이내에 결제하는 경우: 거래금액의 1.2퍼센트 이하의 비용할인<br>3. 거래가 있은 날로부터 1개월 이내에 결제하는 경우(계속적 거래에서 1개 |

| | 월을 단위로 의약품 거래금액을 결제하는 경우에는 그 기간의 중간인 날로부터 1개월 이내에 결제하는 것을 포함한다): 거래금액의 1.8퍼센트 이하의 비용할인<br>※ "거래가 있은 날"이란 의약품 및 의료기기가 요양기관에 도착한 날을 말한다.<br>※ 거래금액의 일부를 결제하는 경우에는 전체 거래금액에 대한 그 일부의 비율에 따라 비용할인을 한다. |
|---|---|
| 6. 시판 후 조사 | ○ 「약사법」 제32조, 같은법 제42조제4항 및 「의료기기법」 제8조에 따른 재심사 대상 의약품이나 의료기기의 시판 후 조사에 참여하는 의사, 치과의사, 한의사에게 제공하는 증례보고서에 대한 건당 5만원 이하(희귀질환, 장기적인 추적조사 등 추가 작업량이 필요한 경우에는 30만원 이하를 말한다)의 사례비. 이 경우 사례비를 줄 수 있는 증례보고서의 개수는 「의약품 등의 안전에 관한 규칙」 제22조·제23조 또는 「의료기기법 시행규칙」 제10조에 따라 제출하여야 하는 증례보고서의 최소 개수로 하되, 연구목적, 해외허가 또는 해외등록 등을 위하여 특정품목에 대한 사례보고서가 필요한 경우에는 식품의약품안전처장이 정하여 고시하는 바에 따라 그 수를 추가할 수 있다. |
| 7. 기타 | 1. 금융회사가 신용카드 또는 직불카드(이하 "신용카드"라 한다) 사용을 유도하기 위하여 지급하는 의약품 및 의료기기 결제금액의 1퍼센트 이하의 적립점수(항공마일리지 및 이용적립금을 포함하되, 의약품 및 의료기기 대금결제 전용이 아닌 신용카드 또는 의약품 및 의료기기 대금결제를 주목적으로 하지 아니하는 신용카드를 사용하여 그 신용카드의 기본 적립률에 따라 적립한 적립점수는 제외한다).<br>2. 구매 전 의료기기의 성능을 확인하는 데 필요한 최소기한의 사용. 다만, 그 기한은 1개월을 넘을 수 없다. |

◇ 본 조항은 의료기관에서 의약품, 의료기기의 판매와 관련하여 부당하게 제공받는 금전, 물품, 편익, 노무, 향응 등을 근절하여, 의약품·의료기기 납품 리베이트로 인한 약제비의 인상, 제공 의약품 품질의 저하, 공정거래질서 저해 등을 예방하기 위한 조항이며, 별도로 허용되는 경제적 이익 등의 범위를 시행규칙 제16조의5 [별표 2의3]에서 정하여 시행하고 있다.

◇ 정부에서는 불법 리베이트를 차단하기 위하여 2018년에 시행된 이른바 'k-선샤인액트'(약사법 제47조의2, 의료기기법 제13조의2)에 따라 제약·의료기기업체는 의료인들에게 해외학술대회 참가 여비, 제품설명회 식사비 등 물질적 지원을 할 경우 그 지출내역을 보고서로 작성하여 근거자료를 5년간 보관하고 제출요구 시 제출하도록 하여 의료계 불법 리베이트와 유착을 사전에 예방하고 있으며, 이와 같은 제도는 이미 미국(2014년), 일본에서도 이와 유사한 제도를 시행 중에 있다.

[부표 2] <신설 2013. 3. 29.>

| 부당한 경제적 이익등을 받은 경우의 행정처분기준 | | |
|---|---|---|
| 위반차수 | 수수액 | 행정처분기준 |
| 1차 | 2,500만원 이상 | 자격정지 12개월 |
| | 2,000만원 이상 ~ 2,500만원 미만 | 자격정지 10개월 |
| | 1,500만원 이상 ~ 2,000만원 미만 | 자격정지 8개월 |
| | 1,000만원 이상 ~ 1,500만원 미만 | 자격정지 6개월 |
| | 500만원 이상 ~ 1,000만원 미만 | 자격정지 4개월 |
| | 300만원 이상 ~ 500만원 미만 | 자격정지 2개월 |
| | 300만원 미만 | 경고 |
| 2차 | 2,500만원 이상 | 자격정지 12개월 |
| | 2,000만원 이상 ~ 2,500만원 미만 | 자격정지 12개월 |
| | 1,500만원 이상 ~ 2,000만원 미만 | 자격정지 10개월 |
| | 1,000만원 이상 ~ 1,500만원 미만 | 자격정지 8개월 |
| | 500만원 이상 ~ 1,000만원 미만 | 자격정지 6개월 |
| | 300만원 이상 ~ 500만원 미만 | 자격정지 4개월 |
| | 300만원 미만 | 자격정지 1개월 |
| 3차 | 2,500만원 이상 | 자격정지 12개월 |
| | 2,000만원 이상 ~ 2,500만원 미만 | 자격정지 12개월 |
| | 1,500만원 이상 ~ 2,000만원 미만 | 자격정지 12개월 |
| | 1,000만원 이상 ~ 1,500만원 미만 | 자격정지 12개월 |
| | 500만원 이상 ~ 1,000만원 미만 | 자격정지 8개월 |
| | 300만원 이상 ~ 500만원 미만 | 자격정지 6개월 |
| | 300만원 미만 | 자격정지 3개월 |
| 4차 이상 | - | 자격정지 12개월 |

◇ 제23조의5를 위반한 자 : 3년 이하의 징역이나 3천만원 이하의 벌금.
이 경우 취득한 경제적 이익 등은 몰수하고, 몰수할 수 없을 때에는 그 가액을 추징한다.

△ 제23조의5를 위반하여 부당한 경제적 이익 등을 받은 경우 : 부표 2와 같음

| 질의 내용 | 부당한 경제적 이익 등의 취득 금지 조항 (합헌) |
|---|---|
| 헌재 결정 | '판매촉진 목적'이란 제공자의 목적이나 의사를 뜻하는 것이라기보다는 제공되는 경제적 이익의 객관적 성격이 '의약품 채택에 대한 대가성'을 가진다는 것을 의미하는 것으로 해석되고, 그 해당 여부는 단순히 경제적 이익을 제공하는 사람의 주관적인 의사 이외에도 제공자와 수령자의 관계, 수수한 경제적 가치의 크기와 종류, 수수하게 된 경위와 시기 등 사정을 종합하여 법원이나 일반인들이 경험칙과 논리칙 등에 따라 객관적으로 능히 판단할 수 있는 성질의 것이어서 심판대상조항은 죄형법정주의의 명확성원칙에 반한다고 볼 수 없다. 심판대상 조항 본문이 경제적 이익의 수수를 원칙적으로 금지하고, 그 단서에서는 예외적으로 허용되는 사유를 열거하면서 그 구체적 범위만을 보건복지부령으로 정하도록 위임하였고, 그 방법도 '견본품 제공, 학술대회 지원, 임상시험 지원, 제품설명회, 대금결제조건에 따른 할인비용, 시판 후 조사 등의 행위로서 보건복지부령으로 정하는 범위 안의 경제적 이익등인 경우'라고 규정하여 하위법령에서 규정될 내용 및 범위의 기본사항을 구체적으로 규정하고 있으므로 심판대상조항은 포괄위임금지원칙에 위배되지 않는다. 심판대상조항은 의약품 리베이트로 인하여 약제비가 인상되는 것을 방지함으로써 국민건강보험의 재정건전화를 기하고, 의사로 하여금 환자를 위하여 최선의 약품을 선택하도록 유도하여 국민의 건강증진을 도모하는 한편, 보건의료시장에서 공정하고 자유로운 경쟁을 확보하기 위한 것으로 입법목적의 정당성이 인정되며, 형사처벌은 이러한 입법목적의 실현에 기여하는 적절한 수단이다. 기존의 제한적 처벌규정과 약가제도만으로는 리베이트 근절에 한계가 있어 보다 강력한 제재수단이 필요하게 된 점 등을 감안하면 침해의 최소성 원칙에 반한다고 볼 수 없고, 법익균형성도 충족되므로 심판대상조항은 직업의 자유를 침해하지 않는다. 의약품은 국민건강과 직결된 고도의 공익성을 띤 제품으로 환자에게 정보나 선택권이 없는 상황에서 의료인의 이해관계에 따라 거래되는 특수한 구조이기 때문에 공적 규제의 필요성이 높다는 점에서 일반제품의 거래와는 다르므로 그 차별취급에 합리적인 이유가 있어 평등원칙에 반하지 않는다(헌재2015. 2. 26. 2013헌바374) |

| 질의 내용 | 의약품 리베이트 규제의 필요성 |
|---|---|
| 헌재 결정 | 의약품 리베이트는 의료인이 정당한 가격·품질 경쟁이 아닌 경제적 이익 제공과 같은 비정상적인 방법을 통하여 독과점 이윤을 추구하려는 제약사로부터 그 의약품의 처방에 대한 대가로 받는 불법적·음성적 이익을 말한다. 의약품 시장은 물품인 의약품의 기능과 효능에 관한 정보를 비용부담자인 환자보다 이를 처방하는 의료인이 잘 알고 있다는 점에서 정보의 비대칭성이 있고, 소비자가 구매가격 전체를 지불하는 다른 상품과 달리 건강보험이 적용됨으로써 소비자인 환자는 그 비용의 일부만을 직접적으로 지급하기 때문에 가격에 비탄력적이며, 의약품의 최종 소비자인 환자에게는 의약품에 대한 선택권이 없다는 특징이 있다. 이러한 의약품 시장의 특성상 가격할인에 해당하는 통상적인 리베이트와는 달리 의약품 소비자가 가격할인 등의 혜택을 누리지 못하고 의료기관이나 의료인에게 혜택이 귀속되는 특성이 있으므로 의약품 리베이트는 사실상 뇌물과 같은 효과를 가지게 된다. 이러한 리베이트 관행을 근절하지 못하면 의약품의 선택이 환자에 대한 치료적합성보다 리베이트 제공 여부에 따라 좌우될 소지가 크고, 그 비용은 의약품 등의 가격에 전가되어 결과적으로 소비자와 건강보험 재정에 부담을 주고 사회적 비용을 증가시킬 수밖에 없으며, 제약회사 역시 신약개발이나 연구개발에 투자해야 할 재원을 리베이트 비용으로 지출함으로써 의약산업의 발전을 저해하는 요소가 될 수 있다(헌재 2015. 2. 26. 2013헌바374). |

| 질의 내용 | 리베이트의 폐해 |
|---|---|
| 판례 경향 | 제약회사의 리베이트 제공은 사회적 낭비를 초래하고, 궁극적으로 소비자인 국민에게 피해를 야기한다. 대형 제약회사는 리베이트 제공을 통해 독과점적 지위를 유지하게 되고, 그를 통해 획득한 이윤을 다시 리베이트로 제공할 경우 연구개발 투자액 감소 등으로 신약개발 기회가 상실되며, 나아가 의약품 가격상승의 원인이 되어 의약품 선택권이 없는 소비자에게 리베이트 비용을 전가하게 된다. 리베이트 자금은 분식회계 등을 통해 조성된 비자금으로 집행될 수밖에 없고, 비자금은 횡령, 분식회계, 조세포탈, 불공정거래행위 등을 전제로 하고 있으며, 조세법이 그러한 비용을 손금으로 산입하여 과세소득에서 공제한다면 위법한 상태를 무한정 용인하는 것이 된다(서울고등법원 2012. 2. 3. 선고 2010누43466 판결). |

| 질의 내용 | 시판 후 조사 및 대가 수령 |
| --- | --- |
| 판례 경향 | 의약품 제조업자가 허가를 받거나 신고하여 시판 중인 의약품의 안정성·유효성에 관한 사항과 적정한 사용을 위해 필요한 정보를 수집하기 위한 일련의 조치를 총칭하는 이른바 '시판 후 조사(Post Marketing Surveillance)'가 금지되는 것은 아니라고 할 것이다.<br><br>그러나 시판 후 조사 및 그에 따른 대가의 수령이 공무원의 지위에서 그 직무와 관련하여 이루어진 것이라거나 실질적으로 의료인의 직무와 관련하여 특정 의약품의 채택이나 계속적인 처방에 대한 대가로서의 성격이 포함되어 있는 것으로 평가할 수 있는 등의 경우에는 구 의료법 시행령 제21조제1항제5호의 '직무와 관련하여 부당하게 금품을 수수한 행위'에 해당하여 면허자격의 정지 대상이 될 수 있다고 할 것이다(대법원 2011. 8. 25. 선고 2010두26506 판결). |

| 질의 내용 | 의약품 도매상의 약국 등 경제적 이익 제공 행위 |
| --- | --- |
| 판례 경향 | 의약품 도매상이 약국 등 개설자에게 금전을 제공하는 것이 약사법 등 관계 법령에 따라 금지된 행위가 아니라고 하여 곧바로 사회질서에 위반하여 지출된 비용이 아니라고 단정할 수는 없고, 그것이 사회질서에 위반하여 지출된 비용에 해당하는지 여부는 그러한 지출을 허용하는 경우 야기되는 부작용, 그리고 국민의 보건과 직결되는 의약품의 공정한 유통과 거래에 미칠 영향, 이에 대한 사회적 비난의 정도, 규제의 필요성과 향후 법령상 금지될 가능성, 상관행과 선량한 풍속 등 제반 사정을 종합적으로 고려하여 사회통념에 따라 합리적으로 판단하여야 한다. 의약품 도매상이 약국 등 개설자에게 의약품 판매 촉진의 목적으로 경제적 이익을 제공하는 행위는 소비자에게 불필요한 의약품의 판매로 이어져 의약품의 오·남용을 초래할 가능성이 적지 않고, 궁극적으로는 국민 건강에 악영향을 미칠 우려도 있다. 나아가 이러한 경제적 이익제공행위는 의약품 유통체계와 판매질서를 해치고 의약품의 가격 상승으로 연결될 뿐만 아니라 결국 건강보험 재정의 악화를 가져와 그 부담은 현실적으로 의약품에 대하여 제한된 선택권밖에 없는 국민에게 전가된다(대법원 2015. 1. 15. 선고 2012두7608 판결). |

| 질의 내용 | 제약회사 영업사원이 의원에 상주하면서 내원객 접수 및 안내 |
|---|---|
| 해석 경향 | 의료법 제23조의3제1항에서 의료인 의료기관 개설자 및 의료기관 종사자는 약사법 제47조제2항에 따른 의약품 공급자로부터 의약품 채택·처방유도·거래유지 등 판매촉진을 목적으로 제공되는 금전, 물품, 편익, 노무, 향응, 그 외의 경제적 이익을 받거나 의료기관으로 하여금 받게 하는 것을 금지하고 있습니다. 다만, 견본품 제공, 학술대회 지원, 임상시험 지원, 제품설명회, 대금결제조건에 따른 비용할인, 시판 후 조사 등의 행위(견본품 제공 등의 행위)로서 보건복지부령으로 정하는 범위 안의 경제적 이익 등의 경우에는 그러하지 아니합니다.<br>하지만 상기의 경우처럼 의약품 공급자가 의약품 판매촉진을 목적으로 노무 등의 경제적 이익 등을 제공한 경우에는 상기 의료법 위반에 해당될 수 있습니다. |

| 의료법 | 제24조(요양방법 지도) |
|---|---|

　의료인은 환자나 환자의 보호자에게 요양방법이나 그 밖에 건강관리에 필요한 사항을 지도하여야 한다.

◇ 본 조항은 의료인의 기본적인 의무 및 준수사항을 규정한 조항으로 의료인이라면 당연히 당해 의료기관에 내원한 환자에 대해 최선의 진료와 요양방법으로 환자의 건강을 회복하도록 힘써야 하며, 건강관리에 필요한 사항을 지도하여야 한다. 이러한 의료서비스 수준은 의료기관 인증평가, 의료 질 평가, 감염예방교육, 고객만족도 조사 등을 통해 해당 의료인 또는 의료기관의 의료서비스 수준으로 나타나게 되며, 의료 소비자가 의료기관을 선택하게 되는 지표가 될 수 있어 의료기관 및 의료인들이 이미지 제고를 위해 세심하게 신경 쓰는 부분이라 할 수 있다.

| 질의 내용 | 의료인의 요양지도 책임 |
|---|---|
| 판례 경향 | 의료법 제22조에 "의료인은 환자 또는 그 보호자에 대하여 의료의 방법 기타 건강관리에 필요한 사항을 지도하여야 한다."라고 규정되어 있다 하여, 환자 또는 그 보호자가 그 요양지도에 제대로 따르지 않는 경우에는 무조건 의료인의 책임이 전부 면제된다고 볼 수는 없다(대법원 1996. 4. 9. 선고 95다14572 판결). |

| 질의 내용 | 요양방법 지도 의무 위반 |
|---|---|
| 판례 경향 | 자기 집 안방에서 취침하다가 일산화탄소(연탄가스) 중독으로 병원 응급실에 후송되어 온 환자를 진단하여 일산화탄소 중독으로 판명하고 치료한 담당의사에게 회복된 환자가 이튿날 퇴원할 당시 자신의 병명을 문의하였는데도 의사가 아무런 요양방법을 지도하여 주지 아니하여, 환자가 일산화탄소에 중독되었던 사실을 모르고 퇴원 즉시 사고 난 자기 집 안방에서 다시 취침하다 전신피부파열 등 일산화탄소 중독을 입은 것이라면, 위 의사에게는 그 원인 사실을 모르고 병명을 문의하는 환자에게 그 병명을 알려주고 이에 대한 주의사항인 피해 장소인 방의 수선이나 환자에 대한 요양의 방법 기타 건강관리에 필요한 사항을 지도하여 줄 요양방법의 지도의무가 있는 것이므로 이를 태만한 것으로서 의사로서의 업무상과실이 있고, 이 과실과 재차의 일산화탄소 중독과의 사이에 인과관계가 있다고 보아야 한다(대법원 1991. 2. 12. 선고 90도2547 판결). |

| 질의 내용 | 의사의 환자에 대한 요양방법 지도 설명 |
|---|---|
| 판례 경향 | 의사가 진찰·치료 등의 의료행위를 함에 있어서는 사람의 생명·신체·건강을 관리하는 업무의 성질에 비추어 환자의 구체적인 증상이나 상황에 따라 위험을 방지하기 위하여 요구되는 최선의 조치를 취하여야 할 주의의무가 있고, 이와 같은 주의의무는 환자에 대한 수술 등 침습행위가 종료함으로써 끝나는 것이 아니라, 그 진료 목적의 달성을 위하여 환자가 의사의 업무범위 이외의 영역에서 생활을 영위함에 있어 예견되는 위험을 회피할 수 있도록 환자에 대한 요양의 방법 기타 건강관리에 필요한 사항을 지도 설명하는 데까지도 미친다 할 것이므로(의료법 제24조 참조), 의사는 수술 등의 당해 의료행위의 결과로 후유 질환이 발생하거나 아니면 그 후의 요양과정에서 후유 질환이 발생할 가능성이 있으면, 비록 그 가능성이 크지 않다고 하더라도 이를 억제하기 위한 요양의 방법이나 일단 발생한 후유 질환으로 인해 중대한 결과가 초래되는 것을 막기 위하여 필요한 조치가 무엇인지를 환자 스스로 판단·대처할 수 있도록, 그와 같은 요양방법, 후유 질환의 증상과 그 악화 방지나 치료를 위한 대처방법 등을 환자의 연령, 교육 정도, 심신상태 등의 사정에 맞추어 구체적인 정보의 제공과 함께 설명·지도할 의무가 있다(대법원 2005. 4. 29. 선고 2004다64067 판결 참조). 그리고 이러한 지도설명 의무는 그 목적 및 내용상 진료행위의 본질적 구성부분이므로, 지도설명 의무 위반과 상당인과관계가 있다면 그로 인한 생명·신체상의 손해에 대하여 배상할 책임을 면할 수 없다(대법원 2010. 7. 22. 선고 2007다70445 판결). |

| 질 의 내 용 | 환자에 대한 조치 |
|---|---|
| 판 례 경 향 | 의사는 환자에게 적절한 치료를 하거나 그러한 조치를 하기 어려운 사정이 있다면 신속히 전문적인 치료를 할 수 있는 다른 병원으로 전원시키는 등의 조치를 하여야 한다(대법원 2018. 5. 11. 선고 2018도2844 판결), (대법원 2007. 5. 31. 선고 2007도1977 판결 등 참조). |

| 질 의 내 용 | 입원 여부에 대한 판단 |
|---|---|
| 판 례 경 향 | '입원'이라 힘은 환자의 질병에 대한 저항력이 매우 낮거나 투여되는 약물이 가져오는 부작용 혹은 부수효과와 관련하여 의료진의 지속적인 관찰이 필요한 경우, 영양상태 및 섭취음식물에 대한 관리가 필요한 경우, 약물투여·처치 등이 계속적으로 이루어질 필요가 있어 환자의 통원이 오히려 치료에 불편함을 끼치는 경우 또는 환자의 상태가 통원을 감당할 수 없는 상태에 있는 경우나 감염의 위험이 있는 경우 등에 환자가 병원 내에 체류하면서 치료를 받는 것으로서, 보건복지부 고시인 '요양급여의 적용기준 및 방법에 관한 세부사항' 등의 제반 규정에 따라 환자가 6시간 이상 입원실에 체류하면서 의료진의 관찰 및 관리 하에 치료를 받는 것을 의미한다고 할 것이나, 입원실 체류시간만을 기준으로 입원 여부를 판단할 수는 없고, 환자의 증상, 진단 및 치료 내용과 경위, 환자들의 행동 등을 종합하여 판단하여야 한다(대법원 2006. 1. 12. 선고 2004도6557 판결, 대법원 2007. 6. 15. 선고 2007도2941 판결. 대법원 2009. 5. 28. 선고 2008도4665 판결). |

| 질 의 내 용 | 입원료 일반원칙 |
|---|---|
| 해 석 경 향 | 보건복지부 고시(제2021-4호, 시행 2021. 2. 1.)를 통하여 「요양급여의 적용기준 및 방법에 관한 세부사항」 일부개정을 통해 Ⅰ. 행위 제1장 기본 진료 중 일반사항에 입원료 일반원칙 란을 신설하였습니다. △입원은 「국민건강보험 요양급여의 기준에 관한 규칙」 제5조제1항 관련 [별표1] 요양급여의 적용기준 및 방법에 따라, 질환의 특성 및 환자상태 등을 고려하여 임상적·의학적 필요성이 있다고 판단되는 경우에 실시함을 원칙으로 하며 △입원료는 환자 질환 및 상태에 대한 적절한 치료 및 지속적인 관찰이 필요한 경우 인정하며, 입원 필요성이 있는 환자상태에 대한 임상적 소견 등이 진료기록부 상에 기록되어야 하며 △상기 1., 2.에도 불구하고 「건강보험 행위 급여·비급여 목록표 및 급여 상대가치점수」 제1편 제2부 제1장 기본진료료 및 「요양급여의 적용기준 및 방법에 관한 세부사항」에서 세부인정사항을 별도로 정한 항목은 해당 고시에서 정한 기준을 따릅니다. |

| 질의 내용 | 입원료 산정 |
|---|---|
| 해석 경향 | 건강보험 「행위급여, 비급여목록 및 급여상대가치점수」 제1장 기본진료료 산정지침 중 입원료는 1일당으로 산정하며, 입원과 퇴원이 24시간 이내에 이루어진 경우에는 전체 입원시간이 6시간 이상인 경우에 한하여 1일의 입원료를 산정하도록 되어 있습니다. 또한 낮병동 입원료는 다음의 경우에 산정할 수 있습니다.<br>1) 분만 후 당일 귀가 또는 이송하여 입원료를 산정하지 아니한 경우<br>2) 지역응급의료기관, 응급의료시설, 응급의료기관이 아닌 종합병원 응급실, 수술실 등에서 처치, 수술 등을 받고 연속하여 6시간 이상 관찰후 귀가 또는 이송하여 입원료를 산정하지 아니한 경우<br>3) 정신건강의학과의 '낮병동'에서 6시간 이상 진료를 받고 당일 귀가한 경우입니다. |

**의료법**　　제24조의2(의료행위에 관한 설명)

① 의사·치과의사 또는 한의사는 사람의 생명 또는 신체에 중대한 위해를 발생하게 할 우려가 있는 수술, 수혈, 전신마취(이하 이 조에서 "수술등"이라 한다)를 하는 경우 제2항에 따른 사항을 환자(환자가 의사결정능력이 없는 경우 환자의 법정대리인을 말한다. 이하 이 조에서 같다)에게 설명하고 서면(전자문서를 포함한다. 이하 이 조에서 같다)으로 그 동의를 받아야 한다. 다만, 설명 및 동의 절차로 인하여 수술등이 지체되면 환자의 생명이 위험하여지거나 심신상의 중대한 장애를 가져오는 경우에는 그러하지 아니하다.

② 제1항에 따라 환자에게 설명하고 동의를 받아야 하는 사항은 다음 각 호와 같다.

1. 환자에게 발생하거나 발생 가능한 증상의 진단명

2. 수술등의 필요성, 방법 및 내용

3. 환자에게 설명을 하는 의사, 치과의사 또는 한의사 및 수술등에 참여하는 주된 의사, 치과의사 또는 한의사의 성명

4. 수술등에 따라 전형적으로 발생이 예상되는 후유증 또는 부작용

5. 수술등 전후 환자가 준수하여야 할 사항

③ 환자는 의사, 치과의사 또는 한의사에게 제1항에 따른 동의서 사본의 발급을 요청할 수 있다. 이 경우 요청을 받은 의사, 치과의사 또는 한의사는 정당한 사유가 없으면 이를 거부하여서는 아니 된다.

④ 제1항에 따라 동의를 받은 사항 중 수술등의 방법 및 내용, 수술등에 참여한 주된 의사, 치과의사 또는 한의사가 변경된 경우에는 변경 사유와 내용을 환자에게 서면으로 알려야 한다.

⑤ 제1항 및 제4항에 따른 설명, 동의 및 고지의 방법·절차 등 필요한 사항은 대통령령으로 정한다. [본조신설 2016. 12. 20.]

| 의료법 시행령 | 제10조의11(의료행위에 관한 설명) |
| --- | --- |

① 법 제24조의2제1항 본문에 따라 의사·치과의사 또는 한의사가 환자(환자가 의사결정능력이 없는 경우 환자의 법정대리인을 말한다. 이하 이 조에서 같다)로부터 받는 동의서에는 해당 환자의 서명 또는 기명날인이 있어야 한다.

② 법 제24조의2제4항에 따라 의사·치과의사 또는 한의사가 수술·수혈 또는 전신마취의 방법·내용 등의 변경 사유 및 변경 내용을 환자에게 서면으로 알리는 경우 환자의 보호를 위하여 필요하다고 인정하는 때에는 보건복지부장관이 정하는 바에 따라 구두의 방식을 병행하여 설명할 수 있다.

③ 의사·치과의사 또는 한의사는 법 제24조의2제1항 본문에 따른 서면의 경우에는 환자의 동의를 받은 날, 같은 조 제4항에 따른 서면은 환자에게 알린 날을 기준으로 각각 2년간 보존·관리하여야 한다.

[본조신설 2017. 6. 20.] [제10조의8에서 이동 <2020. 2. 25.>]

◇ 보건의료법 제12조(보건의료서비스에 관한 자기결정권)에 의하면 모든 국민은 보건의료인으로부터 자신의 질병에 대한 치료 방법, 의학적 연구 대상 여부, 장기이식 여부 등에 관하여 충분한 설명을 들은 후 이에 관한 동의 여부를 결정할 권리를 가진다고 규정하고 있다. 의료법 제24조의2는 의료기관의 의무사항이며, 위험에 직면한 환자의 권리사항으로 의사·치과의사 또는 한의사는 환자에 대한 수술, 수혈, 전신마취 의료행위 시 환자에게 설명하고 서면으로 사전 동의를 받도록 규정하고 있으며, 다만, 설명 및 동의 절차로 인하여 수술 등이 지체되면 환자의 생명이 위험하여지거나 심신상의 중대한 장애를 가져오는 경우에는 그러하지 아니하다.

따라서 ① 누가-의사·치과의사 또는 한의사는 ② 누구에게-환자에게 ③ 언제-환자를 대상으로 수술, 수혈, 전신마취 의료행위를 하게 될 경우 ④ 무엇을-환자에게 발생하거나 발생 가능한 증상의 진단명, 수술 등의 필요성, 방법 및 내용, 환자에게 설명을 하는 의사, 치과의사 또는 한의사 및 수술 등에 참여하는 주된 의사, 치과의사 또는 한의사의 성명, 수술 등에 따라 전형적으로 발생이 예상되는 후유증 또는 부작용, 수술 등 전후 환자가 준수하여야 할 사항을 ⑤ 어떻게-사전에 설명, 환자가 듣고 서면으로 작성하고 서명한 동의서를 받아야 하며 ⑥ 변경 시-동의를 받은 사항 중 수술 등의 방법 및 내용, 수술 등에 참여한 주된 의사, 치과의사 또는 한의사가 변경된 경우에는 변경 사유와 내용을 환자에게 서면으로 알려야 하며 ⑦ 증명발급-환자가 의사, 치과의사 또는 한의사에게 동의서 사본의 발급을 요청하면 의사, 치과의사 또는 한의사는 정당한 사유가 없으면 발급해 주어야 한다.

---

**─ 벌칙 · 행정처분 ─**

△ 제24조의2제1항 및 제2항에 따라 환자의 동의를 받은 수술등에 참여하는 주된 의사, 치과의사 또는 한의사를 변경하면서 같은법 제4항에 따라 환자에게 서면으로 알리지 않은 경우 : 자격정지 6개월
◇ 제24조의2제1항을 위반하여 환자에게 설명을 하지 아니하거나 서면 동의를 받지 아니한 자 : 300만원 이하의 과태료
◇ 제24조의2제4항을 위반하여 환자에게 변경사유와 내용을 서면으로 알리지 아니한 자 : 300만원 이하의 과태료

---

| 질의 내용 | 의료행위에 관한 설명 요구 권리, 알권리 및 자기결정권 |
|---|---|
| 해석 경향 | 의료법 제24조의2에서 의사·치과의사 또는 한의사는 사람의 생명 또는 신체에 중대한 위해를 발생하게 할 우려가 있는 수술, 수혈, 전신마취를 하는 경우 환자에게 설명하고 서면으로 동의를 받도록 규정하고 있습니다. 이는 보건의료기본법 제12조 '보건의료서비스에 관한 자기결정권'과 관련되며, 의료법 시행규칙 제1조의3 환자의 권리 중 '알권리 및 자기결정권'에 해당하는 것으로 환자는 담당 의사·간호사 등으로부터 질병 상태, 치료 방법, 의학적 연구 대상 여부, 장기이식 여부, 부작용 등 예상 결과 및 진료비용에 관하여 충분한 설명을 듣고 자세히 물어볼 수 있으며, 이에 관한 동의 여부를 결정할 권리를 가집니다. |

| 질의 내용 | 진료 동의, 거부 판단을 위한 설명 의무 |
|---|---|
| 판례 경향 | 환자는 헌법 제10조에서 규정한 개인의 인격권과 행복추구권에 의하여, 생명과 신체의 기능을 어떻게 유지할 것인지에 대하여 스스로 결정하고 의료행위를 선택할 권리를 보유한다. 따라서 환자는 스스로의 결정에 따라 의료진이 권유하는 진료를 동의 또는 거절할 권리가 있지만 의학지식이 미비한 상태에서는 실질적인 자기결정을 하기 어려우므로, 의료진은 환자의 증상, 진료의 내용 및 필요성, 예상되는 위험성과 함께 진료를 받지 않을 경우 예상되는 위험성 등 합리적인 사람이 진료의 동의 또는 거절 여부를 판단하는 데 중요하다고 생각되는 사항을 설명할 의무가 있다(대법원 2010. 3. 25. 선고 2009다95714 판결 등 참조). |

| 질의 내용 | 의사의 설명 의무 |
|---|---|
| 판례 경향 | 설명의무는 침습적인 의료행위로 나아가는 과정에서 의사에게 필수적으로 요구되는 절차상의 조치로서, 특별한 사정이 없는 한 의사 측에 설명의무를 이행한 데 대한 증명책임이 있다고 해석하는 것이 손해의 공평·타당한 부담을 지도원리로 하는 손해배상제도의 이상 및 법체계의 통일적 해석의 요구에 부합한다고 할 것이다(대법원 2007. 5. 31. 선고 2005다5867 판결 등 참조).<br><br>의사의 설명의무는 그 의료행위에 따르는 후유증이나 부작용 등의 위험 발생 가능성이 희소하다는 사정만으로 면제될 수 없으며, 그 후유증이나 부작용이 치료행위에 전형적으로 발생하는 위험이거나 회복할 수 없는 중대한 것인 경우에는 발생가능성의 희소성에도 불구하고 설명의 대상이 된다는 것이 대법원의 확립된 판례이며(대법원 2002. 10. 25. 선고 2002다48443 판결 등 참조), 이 경우 의사가 시술 전 환자의 상태 및 시술로 인한 합병증으로 사망할 가능성의 정도와 예방가능성 등에 관하여 구체적인 설명을 하여 주지 아니하였다면 설명의무를 다하였다고 할 수 없다(대법원 1999. 12. 21. 선고 98다29261 판결 참조).<br><br>의사는 반드시 병을 완치시켜야 할 의무를 부담하는 것은 아니라 할지라도 최선의 주의로써 병을 치료하기 위한 충분한 조치를 다할 의무가 있고, 환자에 대한 수술은 물론, 치료를 위한 의약품의 투여도 신체에 대한 침습(침습)을 포함하는 것이므로, 의사는 긴급한 경우 기타의 특별한 사정이 없는 한, 그 침습에 대한 승낙을 얻기 위한 전제로서 환자에 대하여 질환의 증상, 치료방법 및 내용, 그 필요성, 예후 및 예상되는 생명, 신체에 대한 위험성과 부작용 등, 환자의 의사결정을 위하여 중요한 사항에 관하여 사전에 설명함으로써 환자로 하여금 수술이나 투약에 응할 것인가의 여부를 스스로 결정할 기회를 가지도록 할 의무가 있고, 이러한 설명을 아니한 채 승낙 없이 침습한 경우에는, 설령 의사에게 치료상의 과실이 없는 경우에도 환자의 승낙권을 침해하는 위법한 행위가 된다 할 것이다(대법원 1994. 4. 15. 선고 92다25885 판결). |

| 질의 내용 | 의사의 설명 내용 및 설명 의무위반 |
|---|---|
| 판례 경향 | 의료진의 설명은 의학지식의 미비 등을 보완하여 실질적인 자기결정권을 보장하기 위한 것이므로, 환자가 이미 알고 있거나 상식적인 내용까지 설명할 필요는 없고, 환자가 위험성을 알면서도 스스로의 결정에 따라 진료를 거부한 경우에는 특별한 사정이 없는 한 위와 같은 설명을 하지 아니한 데 대하여 의료진의 책임을 물을 수는 없다. 그리고 이 경우 환자가 이미 알고 있는 내용인지 여부는, 해당 의학지식의 전문성, 환자의 기존 경험, 환자의 교육수준 등을 종합하여 판단할 수 있다(대법원 2011. 11. 24. 선고 2009다70906 판결).<br>의사가 설명의무를 위반한 채 수술 등을 하여 환자에게 사망 등의 중대한 결과가 발생한 경우에 있어서 환자 측에서 선택의 기회를 잃고 자기결정권을 행사할 수 없게 된 데 대한 위자료만을 청구하는 경우에는 의사의 설명 결여 내지 부족으로 선택의 기회를 상실하였다는 사실만을 입증함으로써 족하고, 설명을 받았더라면 사망 등의 결과는 생기지 않았을 것이라는 관계까지 입증할 필요는 없다고 할 것이지만, 그 결과로 인한 모든 손해를 청구하는 경우에는 그 중대한 결과와 의사의 설명의무 위반 내지 승낙취득 과정에서의 잘못과의 사이에 상당인과관계가 존재하여야 하며, 그 경우 의사의 설명의무 위반은 환자의 자기결정권 내지 치료행위에 대한 선택의 기회를 보호하기 위한 점에 비추어 환자의 생명·신체에 대한 의료적 침습과정에서 요구되는 의사의 주의의무 위반과 동일시할 정도의 것이어야 한다 할 것이다(대법원 1994. 4. 15. 선고 93다60953 판결 참조). |

| 질의 내용 | 설명의무 위반의 피해 |
|---|---|
| 판례 경향 | 피해자가 의사의 치료상의 과실이 없더라도 그의 설명의무 위반으로 투약 여부에 대한 승낙권을 침해당하였다면 그 위법행위 때문에 예기치 못한 의약품의 부작용으로 인한 정신적 고통을 입었다 할 것이고 / 가족들도 위 고통을 함께 입었다 할 것이므로, 이러한 경우 병원을 경영하는 법인은 위 피해자에게 신체장해 등에 의한 재산적 손해를 배상할 책임은 없다 하더라도 위 피해자와 그의 가족들에게 위 정신적 고통에 대한 위자료는 지급할 책임이 있다(대법원 1994. 4. 15. 선고 92다25885 판결). |

| 질의 내용 | 발생 가능성 희소해도 설명 대상 |
|---|---|
| 판례 경향 | 의사는 환자에게 수술 등 침습을 가하는 과정 및 그 후에 나쁜 결과 발생의 개연성이 있는 의료행위를 하는 경우 또는 사망 등의 중대한 결과 발생이 예측되는 의료행위를 하는 경우, 응급환자라는 등의 특별한 사정이 없는 한 진료계약상의 의무 또는 침습 등에 대한 승낙을 얻기 위한 전제로서 환자나 그 법정대리인에게 질병의 증상, 치료방법의 내용 및 필요성, 발생이 예상되는 위험, 시술 전 환자의 상태 및 시술로 인한 합병증으로 중대한 결과가 초래될 가능성의 정도와 예방가능성 등에 관하여 당시의 의료수준에 비추어 상당하다고 생각되는 사항을 구체적으로 설명하여 환자가 그 필요성이나 위험성을 충분히 비교해 보고 그 의료행위를 받을 것인가의 여부를 선택할 수 있도록 할 의무가 있다. 의사의 설명의무는 의료행위에 따르는 후유증이나 부작용 등의 위험 발생 가능성이 희소하다는 사정만으로 면제될 수 없고, 후유증이나 부작용이 당해 치료행위에 전형적으로 발생하는 위험이거나 회복할 수 없는 중대한 것인 경우에는 그 발생 가능성의 희소성에도 불구하고 설명의 대상이 된다(대법원 2020. 11. 26. 선고 2018다217974 판결).<br><br>일반적으로 의사는 환자에게 수술 등 침습을 가하는 과정 및 그 후에 나쁜 결과 발생의 개연성이 있는 의료행위를 하는 경우 또는 사망 등의 중대한 결과 발생이 예측되는 의료행위를 하는 경우에 있어서 응급환자의 경우나 그 밖에 특단의 사정이 없는 한 진료계약상의 의무 내지 침습 등에 대한 승낙을 얻기 위한 전제로서 당해 환자나 그 법정대리인에게 질병의 증상, 치료방법의 내용 및 필요성, 발생이 예상되는 위험 등에 관하여 당시의 의료수준에 비추어 상당하다고 생각되는 사항을 설명하여 당해 환자가 그 필요성이나 위험성을 충분히 비교해 보고 그 의료행위를 받을 것인가의 여부를 선택할 수 있도록 할 의무가 있고, 의사의 설명의무는 그 의료행위에 따르는 후유증이나 부작용 등의 위험 발생가능성이 희소하다는 사정만으로 면제될 수 없으며, 그 후유증이나 부작용이 당해 치료행위에 전형적으로 발생하는 위험이거나 회복할 수 없는 중대한 것인 경우에는 그 발생가능성의 희소성에도 불구하고 설명의 대상이 된다할 것이다(대법원 2007. 5. 31. 선고 2005다5867 판결), (대법원 1995. 1. 20. 선고 94다3421 판결, 2002. 10. 25. 선고 2002다48443 판결 등 참조). |

| 질의 내용 | 환자에게 수술동의서 받지 아니한 경우 |
|---|---|
| 해석 경향 | 의료법 제24조의2제1항에서는 의사·치과의사 또는 한의사는 사람의 생명 또는 신체에 중대한 위해를 발생하게 할 우려가 있는 수술, 수혈, 전신마취를 하는 경우 환자(환자가 의사결정능력이 없는 경우 환자의 법정대리인)에게 그 수술에 대한 필요성, 방법, 수술에 참여하는 의사, 수술 부작용 등 여러 사항을 사전 설명하고 서면으로 그 동의를 받아야 하며, 다만, 설명 및 동의 절차로 인하여 수술 등이 지체되면 환자의 생명이 위험하여지거나 심신상의 중대한 장애를 가져오는 경우에는 그러하지 아니하다고 규정하고 있습니다.<br>또한 동의를 받은 사항 중 수술 등의 방법 및 내용, 수술 등에 참여한 주된 의사, 치과의사 또는 한의사가 변경된 경우에는 변경 사유와 내용을 환자에게 서면으로 알리도록 규정하고 있습니다.<br>따라서 환자가 의사결정 능력이 있는데도 불구하고 환자에게 수술동의서를 받지 아니하고 법정대리인으로부터 수술동의를 받은 행위는 법령에 위배되어 행정처분을 받을 수 있습니다. |

| 질의 내용 | 수술 동의 인척 승낙 위법 |
|---|---|
| 판례 경향 | 수술 전날에 환자의 시숙이 '수술을 함에 있어 의사의 병 내용 설명을 숙지하고 자유의사로 승낙하며 수술 중 및 수술 후 경과에 대하여 의사와 병원 당국에 하등 민·형사상의 책임을 묻지 아니하기로 하고 수술시행을 승인한다'는 내용의 부동문자로 인쇄된 수술승인서 용지에 서명날인한 사실만으로는, 환자에 대한 수술 및 그 준비로써의 마취를 함에 있어서 병원의 의료팀이나 마취담당 의사가 환자나 그 가족에게 '가'항의 수술, 특히 전신마취가 초래할 수 있는 위험성이나 부작용에 대하여 설명의무를 다하였다고 볼 수 없으며, 환자가 성인으로서의 판단능력을 가지고 있는 이상 인척에 불과한 시숙의 승낙으로써 환자의 승낙에 갈음하는 것은 허용되지 아니한다고 할 것이므로, 환자에 대한 치료행위로서 마취담당 의사의 마취는 환자에 대한 설명의무를 다하지 아니함과 아울러 환자의 승낙권을 침해하여 이루어진 위법한 행위라고 한 사례(대법원 1994. 11. 25. 선고 94다35671 판결) |

| 질의 내용 | 의료기관에서 수술동의서를 작성하지 아니하고 수술 시행 |
|---|---|
| 판례 경향 | 의료법 제24조의2제1항에서는 의사·치과의사 또는 한의사는 사람의 생명 또는 신체에 중대한 위해를 발생하게 할 우려가 있는 수술, 수혈, 전신마취를 하는 경우 환자(환자가 의사결정능력이 없는 경우 환자의 법정대리인)에게 그 수술에 대한 필요성, 방법, 수술에 참여하는 의사, 수술 부작용 등 여러 사항을 사전 설명하고 서면으로 그 동의를 받아야 하며 이를 위반할 경우 300만원 이하의 과태료 처분을 받게 됩니다. 다만, 설명 및 동의 절차로 인하여 수술 등이 지체되면 환자의 생명이 위험하여지거나 심신상의 중대한 장애를 가져오는 경우에는 그러하지 아니하다고 규정하고 있습니다.<br><br>판례에서는 '일반적으로 의사는 환자에게 수술 등 침습을 가하는 과정 및 그 후에 나쁜 결과 발생의 개연성이 있는 의료행위를 하는 경우 또는 사망 등의 중대한 결과 발생이 예측되는 의료행위를 하는 경우에 있어서 응급환자의 경우나 그 밖에 특단의 사정이 없는 한 진료 계약상의 의무 내지 침습 등에 대한 승낙을 얻기 위한 전제로서 당해 환자나 그 법정대리인에게 질병의 증상, 치료방법의 내용 및 필요성, 발생이 예상되는 위험 등에 관하여 당시의 의료수준에 비추어 상당하다고 생각되는 사항을 설명하여 당해 환자가 그 필요성이나 위험성을 충분히 비교해보고 그 의료행위를 받을 것인가의 여부를 선택할 수 있도록 할 의무가 있다고 판시하고 있습니다(대법원 1995. 1. 20. 선고 94다3421 판결). |

| 질의 내용 | 수술 참여의사 등 변경사항을 환자에게 서면으로 알려야 |
|---|---|
| 해석 경향 | 의료법 제24조의2에서 의사·치과의사 또는 한의사는 사람의 생명 또는 신체에 중대한 위해를 발생하게 할 우려가 있는 수술, 수혈, 전신마취를 하는 경우, 환자에게 그 수술 등에 대해 설명하고 서면 동의를 받아야 하며, 또한 동의를 받은 사항 중 수술 등의 방법 및 내용, 수술 등에 참여한 주된 의사, 치과의사 또는 한의사가 변경된 경우에는 변경 사유와 내용을 환자에게 서면으로 알리도록 규정하고 있습니다. 따라서 변경사항을 환자에게 서면으로 알리지 아니한 경우, 법령에 위배되어 300만원 이하의 과태료, 자격정지 6개월의 행정처분을 받을 수 있습니다. |

| 질의 내용 | 미성년자에 대한 수술 동의 |
|---|---|
| 해석 경향 | 의료법 제24조의2에서 의사·치과의사 또는 한의사는 사람의 생명 또는 신체에 중대한 위해를 발생하게 할 우려가 있는 수술, 수혈, 전신마취를 하는 경우 환자에게 설명하고 서면으로 동의를 받도록 규정하고 있어, 미성년자의 경우에는 민법 제5조1항에 따라 법정대리인을 상대로 수술에 대한 사전 동의를 받을 수 있으나, 상황을 인식할 수 있는 미성년 환자에게 수술에 대한 사전 설명을 하는 것도 위배된다고 할 수는 없을 것입니다.<br>* 민법 제5조(미성년자의 능력) ① 미성년자가 법률행위를 함에는 법정대리인의 동의를 얻어야 한다. 그러나 권리만을 얻거나 의무만을 면하는 행위는 그러하지 아니하다. |

| 질의 내용 | 의료기관에서 수술동의서를 상담 직원이 설명하고 서명 받으면 × |
|---|---|
| 해석 경향 | 의료법 제24조의2에서 의사·치과의사 또는 한의사는 사람의 생명 또는 신체에 중대한 위해를 발생하게 할 우려가 있는 수술, 수혈, 전신마취를 하는 경우 환자에게 설명하고 서면으로 동의를 받도록 규정하고 있어, 의료기관 일반 직원이 설명하고 동의서를 받는 것은 타당하지 아니합니다. |

| 질의 내용 | 수술, 수혈, 전신마취 시 동의서 |
|---|---|
| 해석 경향 | 의료법 제24조의2에서 의사·치과의사 또는 한의사는 사람의 생명 또는 신체에 중대한 위해를 발생하게 할 우려가 있는 수술, 수혈, 전신마취를 하는 경우 환자에게 설명하고 서면으로 동의를 받도록 규정하고 있으나, 수술과 수혈, 전신마취 등에 대하여 각각의 동의서를 받도록 규정하고 있지 아니하여 동일 환자에게 수술 등 여러 가지 행위를 할 경우, 한꺼번에 설명하고 그 내용을 명시하여 동의서를 받을 수 있을 것이며. 또한 수회 수혈 필요 환자의 경우에도 내용과 치료기간을 설명하고 그 기간 동안 동의 받을 수 있으며, 환자의 상태 및 치료기간에 따라 동의 받는 것이 타당할 것입니다. |

| 질의 내용 | 의사의 주의 의무, 적절한 조치 |
|---|---|
| 판례 경향 | 의사가 진찰·치료 등의 의료행위를 함에 있어서는 사람의 생명·신체·건강을 관리하는 업무의 성질에 비추어 환자의 구체적인 증상이나 상황에 따라 위험을 방지하기 위하여 요구되는 최선의 조치를 취하여야 할 주의의무가 있고, 의사의 이와 같은 주의의무는 의료행위를 할 당시 의료기관 등 임상의학 분야에서 실천되고 있는 의료행위의 수준을 기준으로 삼되, 그 의료수준은 통상의 의사에게 의료행위 당시 일반적으로 알려져 있고 |

또 시인되고 있는 것을 뜻하므로 진료환경 및 조건, 의료행위의 특수성 등을 고려하여 규범적인 수준으로 파악되어야 한다(대법원 1999. 3. 26. 선고 98다45379, 45386 판결, 대법원 2012. 9. 13. 선고 2010다76849 판결 등 참조). 의사가 진찰·치료 등의 의료행위를 할 때는 사람의 생명·신체·건강을 관리하는 업무의 성질에 비추어 환자의 구체적 증상이나 상황에 따라 위험을 방지하기 위하여 요구되는 최선의 조치를 해야 한다. 의사에게 진단상 과실이 있는지 여부를 판단할 때는 의사가 비록 완전무결하게 임상진단을 할 수는 없을지라도 적어도 임상의학 분야에서 실천되고 있는 진단 수준의 범위에서 전문직업인으로서 요구되는 의료상의 윤리, 의학지식과 경험에 기초하여 신중히 환자를 진찰하고 정확히 진단함으로써 위험한 결과 발생을 예견하고 이를 회피하는 데에 필요한 최선의 주의의무를 다하였는지를 따져 보아야 한다(대법원 2010. 7. 8. 선고 2007다55866 판결 등 참조). 나아가 의사는 환자에게 적절한 치료를 하거나 그러한 조치를 하기 어려운 사정이 있다면 신속히 전문적인 치료를 할 수 있는 다른 병원으로 전원시키는 등의 조치를 하여야 한다(대법원 2007. 5. 31. 선고 2007도1977 판결 등 참조). 의사는 진찰·치료 등의 의료행위를 할 때 사람의 생명·신체·건강을 관리하는 업무의 성질에 비추어 환자의 구체적인 증상이나 상황에 따라 위험을 방지하기 위하여 요구되는 최선의 조치를 할 주의의무가 있다. 의사의 주의의무는 의료행위를 할 당시 의료기관 등 임상의학 분야에서 실천되고 있는 의료행위 수준을 기준으로 판단하여야 한다. 특히 진단은 문진·시진·촉진·청진과 각종 임상검사 등의 결과를 토대로 질병 여부를 감별하고 그 종류, 성질과 진행 정도 등을 밝혀내는 임상의학의 출발점으로서 이에 따라 치료법이 선택되는 중요한 의료행위이다. 진단상의 과실 유무를 판단할 때 그 과정에서 비록 완전무결한 임상진단의 실시는 불가능하다고 할지라도 적어도 임상의학 분야에서 실천되고 있는 진단 수준의 범위에서 의사가 전문 직업인으로서 요구되는 의료 윤리, 의학지식과 경험을 토대로 신중히 환자를 진찰하고 정확히 진단함으로써 위험한 결과 발생을 예견하고 결과 발생을 회피하는 데에 필요한 최선의 주의의무를 다하였는지를 따져 보아야 한다(대법원 1998. 2. 27. 선고 97다38442 판결 등 참조). 인간의 생명과 건강을 담당하는 의사에게는 그 업무의 성질에 비추어 보아 위험방지를 위하여 필요한 최선의 주의의무가 요구되고, 따라서 의사로서는 환자의 상태에 충분히 주의하고 진료 당시의 의학적 지식에 입각하여 그 치료방법의 효과와 부작용 등 모든 사정을 고려하여 최선의 주의를 기울여 그 치료를 실시하여야 하며, 이러한 주의의무의 기준은 진료 당시의 이른바 임상의학의 실천에 의한 의료수준에 의하여 결정되어야 하나, 그 의료수준은 규범적으로 요구되는 수준으로 파악되어

| | |
|---|---|
| | 야 하고, 당해 의사나 의료기관의 구체적 상황에 따라 고려되어서는 안된다 할 것이다(대법원 1997. 2. 11. 선고 96다5933 판결, 1998. 7. 24. 선고 98다12270 판결 등 참조). |

| | |
|---|---|
| 질의 내용 | 의료과실 및 사고 |
| 해석 경향 | 의료인의 의료행위와 관련하여 과실이나 사고는 전문적인 의학지식과 사실관계를 토대로 판단할 사안으로 의료법령에서 의료과실에 대하여 규정하고 있지 아니하여 행정기관에서 개입하여 판단할 사항은 아닙니다. 따라서 의료기관 이용 중 피해를 입었다고 판단되는 경우, 현행 이용가능한 제도로는 한국의료분쟁조정중재원의 조정·중재 절차나 한국소비자원의 피해구제 절차를 이용할 수 있으며 보상 및 업무상 과실을 묻기 위해 민·형사상 소송을 제기하는 방법이 있습니다. 다만, 이미 법원 소송 중인 건에 대해서는 「의료사고 피해구제 및 의료분쟁조정 등에 관한 법률」 제27조에 의거 한국의료분쟁조정중재원의 조정신청이 불가하며, 의료기관의 의료법 위반사항에 대해서는 의료기관의 지도감독기관인 관할 보건소를 통해 민원을 신청할 수 있습니다. |

| | |
|---|---|
| 질의 내용 | 후유장애와 의료과실 |
| 판례 경향 | 의료행위로 후유장해가 발생한 경우 후유장해가 당시 의료수준에서 최선의 조치를 다하는 때에도 의료행위 과정의 합병증으로 나타날 수 있거나 그 합병증으로 2차적으로 발생될 수 있다면, 의료행위의 내용이나 시술 과정, 합병증의 발생 부위·정도, 당시의 의료수준과 담당 의료진의 숙련도 등을 종합하여 볼 때에 그 증상이 일반적으로 인정되는 합병증의 범위를 벗어났다고 볼 수 없는 한, 후유장해가 발생되었다는 사실만으로 의료행위 과정에 과실이 있었다고 추정할 수 없다(대법원 2008. 3. 27. 선고 2007다76290 판결 등 참조). |

| 질의 내용 | 의료사고에서 의료인의 과실인정 요건 |
|---|---|
| 판례 경향 | 판례(대법원 2018. 5. 11. 선고 2018도2844 판결)에 의하면 의료과오사건에서 의사의 과실을 인정하려면 결과 발생을 예견할 수 있고 또 회피할 수 있었는데도 예견하거나 회피하지 못한 점을 인정할 수 있어야 한다. 의사의 과실이 있는지 여부는 같은 업무 또는 분야에 종사하는 평균적인 의사가 보통 갖추어야 할 통상의 주의의무를 기준으로 판단하여야 하고, 사고 당시의 일반적인 의학 수준, 의료환경과 조건, 의료행위의 특수성 등을 고려하여야 한다(대법원 1996. 11. 8. 선고 95도2710 판결, 대법원 2009. 12. 24. 선고 2005도8980 판결 등 참조). 의료사고에 있어 의료인의 과실을 인정하기 위해서는 결과발생을 예견할 수 있고 또 회피할 수 있었음에도 불구하고 이를 하지 못하였음이 인정되어야 하고, 그러한 과실의 유무를 판단함에 있어서는 같은 업무와 직무에 종사하는 일반적 보통인의 주의 정두를 표준으로 하여야 하되, 사고당시의 일반적인 의학 수준과 의료환경 및 조건, 의료행위의 특수성 등이 고려되어야 한다(대법원 1987. 1. 20. 선고 86다카1469 판결, 대법원 2008. 8. 11. 선고 2008도3090 판결 등 참조). |

| 질의 내용 | 의료과실 여부 판단 |
|---|---|
| 판례 경향 | 의사의 의료행위가 그 과정에 주의의무 위반이 있어 불법행위가 된다고 하여 손해배상을 청구하는 경우에도 일반의 불법행위와 마찬가지로 의료행위상의 과실과 손해발생 사이에 인과관계가 있어야 하고, 이에 대한 증명책임은 환자 측에서 부담하지만, 의료행위는 고도의 전문적 지식을 필요로 하는 분야로서 전문가가 아닌 일반인으로서는 의사의 의료행위 과정에 주의의무 위반이 있었는지 여부나 그 주의의무 위반과 손해발생 사이에 인과관계가 있는지 여부를 밝혀내기가 극히 어려운 특수성이 있으므로, 수술 도중이나 수술 후 환자에게 중한 결과의 원인이 된 증상이 발생한 경우 그 증상의 발생에 관하여 의료상의 과실 이외의 다른 원인이 있다고 보기 어려운 간접사실들이 증명되면 그와 같은 증상이 의료상의 과실에 기한 것이라고 추정할 수 있다(대법원 2000. 7. 7. 선고 99다66328 판결, 대법원 2012. 5. 9. 선고 2010다57787 판결 등 참조). 의사는 환자의 상황과 당시의 의료수준 그리고 자기의 지식경험에 따라 적절하다고 판단되는 방법을 선택하여 진료할 수 있으므로, 진료방법 선택에 관한 의사의 판단이 합리적인 범위를 벗어난 것이 아닌 한 특정한 진료방법을 선택한 결과가 좋지 않았다는 사정만으로 바로 의료과실이 있다고 평가할 수는 없다(대법원 1992. 5. 12. 선고 91다23707 판결, 대법원 2012. 6. 14. 선고 2010다95635 판결 등). |

| | |
|---|---|
| | 의료행위상의 주의의무 위반으로 인한 손해배상청구에서, 피해자가 일련의 의료행위 과정에 있어 저질러진 일반인의 상식에 바탕을 둔 의료상의 과실 있는 행위를 증명하고 그 결과와 사이에 일련의 의료행위 외에 다른 원인이 개재될 수 없다는 점, 이를테면 환자에게 의료행위 이전에 그러한 결과의 원인이 될 만한 건강상의 결함이 없었다는 사정을 증명한 경우에는 의료상 과실과 결과 사이의 인과관계를 추정하여 손해배상책임을 지울 수 있도록 증명책임을 완화하는 것이 이 법원의 확립된 견해이나(대법원 1995. 2. 10. 선고 93다52402 판결 참조), 이 경우에도 의료상 과실의 존재는 피해자가 증명하여야 하므로 의료과정에서 어떠한 주의의무 위반이 있었다는 점을 인정할 수 없다면 그 청구는 배척될 수밖에 없다(대법원 1999. 9. 3. 선고 99다10479 판결, 대법원 2002. 8. 23. 선고 2000다37265 판결 등 참조).<br><br>또한 의사는 진료를 함에 있어 환자의 상황과 당시의 의료 수준 그리고 자기의 전문적 지식과 경험에 따라 생각할 수 있는 몇 가지 조치 중에서 적절하다고 판단되는 진료방법을 선택할 수 있으므로, 그것이 합리적 재량의 범위를 벗어난 것이 아닌 한 그 중 어느 하나만이 정당하고 이와 다른 조치를 취한 것에 과실이 있다고 말할 수 없으며 진료의 결과를 보아 위와 달리 평가할 것도 아니다(대법원 1996. 6. 25. 선고 94다13046 판결 등 참조). |

| 질의 내용 | 의료분쟁 도움 받을 수 있는 기관 |
|---|---|
| 해석 경향 | 의료법령에서는 의료인의 업무상 과실에 대하여 별도로 규정하고 있지 않으며, 치료과정에서 의료인의 과실이 있다고 판단하는 경우, 소송 전 민사적인 피해구제절차로 한국의료분쟁조정중재원의 조정·중재제도나 한국소비자원의 피해구제제도가 있으며, 보상 및 업무상 과실을 묻기 위해서는 민·형사상 소송을 제기하는 방법이 있습니다. 아울러 의료분쟁 관련 도움 받을 수 있는 신청 가능한 제도를 아래와 같이 안내드립니다.<br>ㅇ 한국의료분쟁조정중재원 : ☎1670-2545/E-mail : kmedi@k-medi.or.kr<br>ㅇ 한국소비자원 : ☎국번없이 1372 /홈페이지 : www.kca.go.kr<br>ㅇ 대한법률구조공단 : ☎국번없이 132 무료법률상담 및 소송대리 |

| 질의 내용 | 환자 보호자 입장에서 본 의료분쟁 |
|---|---|
| 경험 사례 | 저자가 볼 때 의료사고의 해법으로 정해진 정답은 없는 것 같다. 병실에서 평소처럼 생활하던 건강한 모습을 이틀 전 찾아뵙고 다음날 수술 후 식물인간이 되어 사망한 누님의 사건에 대해 느낀 점을 적으니 참고로만 보기 바란다.<br><br>누구나 나이가 들어 자연사하거나 예견된 죽음을 맞고자 한다. 하지만 다 그런 것은 아니다. 우리는 예기치 못한 갑작스런 상황을 의료사고라고 표현한다. 저자도 그러한 상황을 맞닥뜨리니 가슴이 먹먹하고 머리가 빙빙 돌았다. 의료사고가 나면 진료기록부를 확보하고, 담당 의사를 면담하여 이유를 듣고, 병원을 옮겨 증거를 수집하고, 형사고소 등등을 하라고 한다. 막상 어안이 벙벙해 그러한 것도 그리 쉽지 않다. 과실과 관계있는 사람들은 만나 보기 힘들고 관계없는 사람들만 전면에 나서 태연하게 대응하며 힘을 뺀다. 환자가 수술실에서 나온 후 상황이 안 좋다는 말만 하면 뭐라 하겠는가? 누가, 이떻게, 왜? 별 생각이 다 들지만 보호자는 수술실 안에서 이루어진 수술에 대한 과실유무를 알 수가 없다. 특히 당사자인 환자가 식물인간이나 사망해 버리는 경우에는 더욱 그렇다. 깊이도 모르는 강물 속에서 증거물을 건지는 것처럼 어려운 일이다. 그래서 CCTV 얘기가 나오는 것일 게다. 보호자들은 잘 모르는 진료기록도 다시 손볼 수도 있다. 핵가족 시대 직장에 근무해야 하는 보호자로서는 처음 겪는 일에 없는 시간에 어찌할 바를 모른다. 환자에게 불이익이 될까 봐 쉽게 항의하지도 떠들지도 못한다. 이 건 역시 바로 타 병원으로 옮기려고 했지만 저러다 곧 깨어날 거라는 병원 측 말과 혹시나 섣불리 이송하다 더 어려운 상황이 될까봐 그냥 이제나 저제나 깨어나기를 기다리는 방법밖에는 없었다. 하루 이틀 시간이 지나고 보호자들은 지치고. 5개월 쯤 지나자 그제사 병원에서는 그러한 중환자를 요양병원 등으로 전원할 것을 권한다. 이 병원에서 살려내야 할 것 아니냐고 주장한 이후 병원에서는 온통 먼지 수북이 쌓인 구석진 격리병실이라는 곳에 옮겨 눕혀 놨다. 가 보니 그 방은 언제적 사용했던 방인지 차마 눈뜨고는 볼 수 없는 쓰레기와 먼지 쌓인 방이었다. 먼지 쌓인 세면대는 물기 하나 없고 세면대 위 유리거울 표면까지 먼지가 뿌옇게 쌓인 방에 며칠 째 그리 누워 있었는지. 담당 수간호사를 불러 한심한 상황을 직접 보여 주며 이게 뭐냐고 항의하자 아무 말을 못한다. 담당 수간호사도 감염관리와는 정반대인 상황에 엄청 곤혹스러워했다. 그동안 병원눈치만 보고 기다리다 도저히 그냥 지나칠 수 없어 쓰레기 먼지 쌓인 현장을 사진 찍어 보건소에 신고하였다. 며칠 후 현장에 나가 본 보건소 담당자로부터 깨끗이 청소됐으며 지도감독 잘 하겠다는 회신이 왔다. 문제는 생업에 종사해야 하는 보호자로서는 날마다 병원에 가 볼 수도 없으며 중환자실의 특성상 보호자들의 면회시간이 하루 두 번으로 시간 맞추기도 그리 쉽지 않다는 거다. 그러다가 끝이 났다. 결국 살아있어야 할 사람이 수술을 통해 죽음이 앞당겨졌다. |

수술은 당초 주치의가 하기로 돼 있었지만 당일 아침 갑자기 다른 의사로 바뀌어 행해졌다. 수술은 별 문제 없었다지만 환자는 수술을 통해 죽었다. 그리고 남은 가족들은 처음부터 많은 의문점만 안은 채 죽은 사람과 병원에 죄인이 되어 있었다. 일반적으로 의료사고라 할 경우, 형사고소를 생각하게 되는 데 제일 먼저 맞닥뜨리게 되는 것이 사인규명을 위한 부검이다. 가족들은 정말 그리해야 하나 몇 번이고 갈등하게 되며 보호자는 여기서부터 기가 죽게 된다. 나아가 혹시나 했던 제3자의 경우 '~했으나 그 정도는 괜찮다.', '~할 정도는 아니다.' 라는 등의 의견 표명은 더욱 실망감의 공식이 되었다. 우리로서는 잘 모르니 이의를 제기할 힘이 미치지 못한다. 여기서 느낀 것은 억울한 일 당해도 똑같이 출발하면 유경험자를 이길 수 없다는 것이다. 그래서 평소 진료기록을 확보해 두라. 사고가 났을 시 무조건 타 병원으로 옮기라고 얘기하고 싶다. 그래도 한 가지 마음에 조그만 희망을 봤다. 수술을 하기로 한 주치의, 당일 아침 바뀐 집도의 면담 시, 자신들의 잘못을 어느 정도 인정하는 것을 들었다. 하지만 기관 차원에서는 몰인정한 대응으로 나온다. 엄청 상처받게 된다. 히포크라테스 선서를 한 의사는 최선을 다했으며 선한 마음을 갖고 있을 거다. 하지만 의료현장에 참여하지 않았던 사람들은 상황이 다르다. 환자는 고객이었을 뿐. 보호자들이 바라는 정상적인 해법은 환자를 본 그들 마음속에는 진실이 남아있으므로 '이런 부분은 어쩔 수 없었고, 이런 부분은 잘못됐다.'고 당사자 간 상호 진실을 얘기하고 조정하는 것이라 여겨지는데. 그러면서 상호 트라우마를 어루만져 주며 제 위치에 놓아 다시 말끔하게 살아가는 방향을 모색하는 것이 가장 이상적인 방향이라 생각되는데 아직 우리 사회조직은 상호 트라우마 치유를 위한 기회는 가려지고 그 마음을 나누기에는 수월치 않은 세상인 것 같다. 간단치 않은 것이 죽은 사람은 죽어 끝났지만 석연치 않은 죽음을 안은 가족들은 오랜 기간 엄청 힘들 수밖에 없다. 아마도 동 사건은 의료법 제24조의2(의료행위에 관한 설명)의 환자의 자기결정권 무시, 설명의무 위반 등으로만 다루어 질 것으로 예상되고 있다.

| 의료법 | 제25조(신고) |
|---|---|

① 의료인은 대통령령으로 정하는 바에 따라 최초로 면허를 받은 후부터 3년마다 그 실태와 취업상황 등을 보건복지부장관에게 신고하여야 한다. <개정 2008. 2. 29., 2010. 1. 18., 2011. 4. 28.>

② 보건복지부장관은 제30조제3항의 보수교육을 이수하지 아니한 의료인에 대하여 제1항에 따른 신고를 반려할 수 있다. <신설 2011. 4. 28.>

③ 보건복지부장관은 제1항에 따른 신고 수리 업무를 대통령령으로 정하는 바에 따라 관련 단체 등에 위탁할 수 있다. <신설 2011. 4. 28.>

| 의료법 시행령 | 제11조(신고) |
|---|---|
| | ① 법 제25조제1항에 따라 의료인은 그 실태와 취업상황 등을 제8조 또는 법 제65조에 따라 면허증을 발급 또는 재발급 받은 날부터 매 3년이 되는 해의 12월 31일까지 보건복지부장관에게 신고하여야 한다. 다만, 법률 제10609호 의료법 일부개정법률 부칙 제2조제1항에 따라 신고를 한 의료인의 경우에는 그 신고한 날부터 매 3년이 되는 해의 12월 31일까지 신고하여야 한다. |
| | ② 법 제25조제3항에 따라 보건복지부장관은 제1항에 따른 신고 수리 업무를 법 제28조에 따른 의사회·치과의사회·한의사회·조산사회 및 간호사회(이하 "중앙회"라 한다)에 위탁한다. |
| | ③ 제1항에 따른 신고의 방법 및 절차 등에 관하여 필요한 사항은 보건복지부령으로 정한다. [전문개정 2012. 4. 27.] |
| 의료법 시행규칙 | 제17조(의료인의 실태 등의 신고 및 보고) |
| | ① 법 제25조제1항 및 영 제11조제1항에 따라 의료인의 실태와 취업상황 등을 신고하려는 사람은 별지 제10호서식의 의료인의 실태 등 신고서를 작성하여 법 제28조에 따른 중앙회(이하 "중앙회"라 한다)의 장(이하 "각 중앙회장"이라 한다)에게 제출하여야 한다. |
| | ② 제1항에 따른 신고를 받은 각 중앙회장은 신고인이 제20조에 따른 보수교육(補修敎育)을 이수하였는지 여부를 확인하여야 한다. |
| | ③ 각 중앙회장은 제1항에 따른 신고 내용과 결과를 반기별로 보건복지부장관에게 보고하여야 한다. 다만, 법 제66조제4항에 따라 면허의 효력이 정지된 의료인이 제1항에 따른 신고를 한 경우에는 그 내용과 결과를 지체 없이 보건복지부장관에게 보고하여야 한다. [전문개정 2012. 4. 27.] |

◇ 의료인의 실태와 취업상황 등 신고 조항은 보건의료정책을 수립하는 정부에서는 당연히 인적자원의 취업 현황 등을 파악하여 정책에 참고하여 수립하는 것이 타당하며 또한 신고 시 의료인의 보수교육을 통해 해당 의료인의 본연 업무의 질적 향상을 도모하는 역할을 강조하고 있는 조항이기도 하다.

따라서 의료인은 3년마다 그 실태와 취업상황 등을 보건복지부장관에게 신고하여야 하며, 보건복지부장관은 동 신고업무를 관련 단체 중앙회(의사회·치과의사회·한의사회·조산사회·간호사회)에 위탁하여 신고하도록 하고 있으며, 보수교육을 이수하지 아니한 의료인에 대해서는 신고를 반려하도록 규정하고 있어 위탁받은 해당 단체 중앙회에서는 의료인이 신고 시 의무적으로 보수교육 등을 통해 의료인의 질적 향상을 도모하고 있는 제도이기도 하다.

△ 제25조에 따른 신고를 하지 아니한 경우 : 면허정지(신고할 때까지)

| 질의 내용 | 의료인 보수교육 경비 |
|---|---|
| 해석 경향 | 의료인의 실태와 취업상황 등을 신고 시 보수교육을 받지 아니한 의료인의 신고를 반려하도록 규정하고 있음에 따라 중앙회에서는 의료인 신고 접수 시 보수교육을 이수하였는지 확인하여야 하며, 보수교육 실시에 따른 소요경비 등에 대해서는 자체 교육실시 기관의 합리적 방침에 따라 이수교육자가 경비를 지불함이 타당합니다. |

| 의료법 | 제26조(변사체 신고) |
|---|---|
| | 의사·치과의사·한의사 및 조산사는 사체를 검안하여 변사(變死)한 것으로 의심되는 때에는 사체의 소재지를 관할하는 경찰서장에게 신고하여야 한다. |

벌칙 · 행정처분

◇ 제26조를 위반한 자 : 500만원 이하의 벌금
△ 제26조를 위반하여 변사체를 신고하지 아니한 경우 : 경고

| 질의 내용 | 변사체 신고 |
|---|---|
| 해석 경향 | '변사체'란 자연사 또는 통상의 병사가 아닌 뜻밖의 사고나 범죄에 의하여 죽었을 것으로 의심되는 시체로 형사소송법 제222조제1항에 의해 변사자 또는 변사의 의심 있는 사체가 있는 때에는 그 소재지를 관할하는 지방검찰청 검사가 검시하도록 규정하고 있습니다. 따라서 의사·치과의사·한의사 및 조산사는 사체를 검안하여 변사(變死)한 것으로 의심되는 때에는 사체의 소재지를 관할하는 경찰서장에게 신고하여야 합니다. |

| 질의 내용 | 요양병원 장기입원환자 입원진료비 연체 및 사망 시 처리 문제 |
|---|---|
| 해석 경향 | 의료법령에서 장기입원환자에 대한 진료비 미납 및 환자보호자 연락 두절 등에 대한 처리규정을 두고 있지는 아니하며 일반적으로 민사사건으로 처리됩니다. 또한 동 환자의 사망 시, 장사 등에 관한 법률 제12조의 무연고 시신(연고자가 없는 시신, 연고자를 알 수 없는 시신, 연고자가 있으나 시신인수를 거부·기피하는 시신)은 관할 시장 등이 처리하게 되며, 연고자가 있으나 시신 인수를 거부·기피하는 경우, 시장 등은 '시신처리 위임서'를 받아 무연고 시신처리규정에 따라 처리하게 되므로 무연고 사망자가 발생할 경우 해당 지자체로 알리어 협의 처리함이 타당합니다. |

**의료법** 제27조(무면허 의료행위 등 금지)

① 의료인이 아니면 누구든지 의료행위를 할 수 없으며 의료인도 면허된 것 이외의 의료행위를 할 수 없다. 다만, 다음 각 호의 어느 하나에 해당하는 자는 보건복지부령으로 정하는 범위에서 의료행위를 할 수 있다. <개정 2008. 2. 29., 2009. 1. 30., 2010. 1. 18.>

1. 외국의 의료인 면허를 가진 자로서 일정 기간 국내에 체류하는 자

2. 의과대학, 치과대학, 한의과대학, 의학전문대학원, 치의학전문대학원, 한의학전문대학원, 종합병원 또는 외국 의료원조기관의 의료봉사 또는 연구 및 시범사업을 위하여 의료행위를 하는 자

3. 의학·치과의학·한방의학 또는 간호학을 전공하는 학교의 학생

② 의료인이 아니면 의사·치과의사·한의사·조산사 또는 간호사 명칭이나 이와 비슷한 명칭을 사용하지 못한다.

③ 누구든지 「국민건강보험법」이나 「의료급여법」에 따른 본인부담금을 면제하거나 할인하는 행위, 금품 등을 제공하거나 불특정 다수인에게 교통편의를 제공하는 행위 등 영리를 목적으로 환자를 의료기관이나 의료인에게 소개·알선·유인하는 행위 및 이를 사주하는 행위를 하여서는 아니 된다. 다만, 다음 각 호의 어느 하나에 해당하는 행위는 할 수 있다. <개정 2009. 1. 30., 2010. 1. 18., 2011. 12. 31.>

1. 환자의 경제적 사정 등을 이유로 개별적으로 관할 시장·군수·구청장의 사전승인을 받아 환자를 유치하는 행위

2. 「국민건강보험법」 제109조에 따른 가입자나 피부양자가 아닌 외국인(보건복지부령으로 정하는 바에 따라 국내에 거주하는 외국인은 제외한다)환자를 유치하기 위한 행위

④ 제3항제2호에도 불구하고 「보험업법」 제2조에 따른 보험회사, 상호회사, 보험설계사, 보험대리점 또는 보험중개사는 외국인환자를 유치하기 위한 행위를 하여서는 아니 된다. <신설 2009. 1. 30.>

⑤ 누구든지 의료인이 아닌 자에게 의료행위를 하게 하거나 의료인에게 면허 사항 외의 의료행위를 하게 하여서는 아니 된다. <신설 2019. 4. 23., 2020. 12. 29.>

| 의료법 시행규칙 | 제18조(외국면허 소지자의 의료행위) |
|---|---|

법 제27조제1항제1호에 따라 외국의 의료인 면허를 가진 자로서 다음 각 호의 어느 하나에 해당하는 업무를 수행하기 위하여 국내에 체류하는 자는 그 업무를 수행하기 위하여 필요한 범위에서 보건복지부장관의 승인을 받아 의료행위를 할 수 있다. <개정 2010. 3. 19.>

1. 외국과의 교육 또는 기술협력에 따른 교환교수의 업무
2. 교육연구사업을 위한 업무
3. 국제의료봉사단의 의료봉사 업무

| 의료법 시행규칙 | 제19조(의과대학생 등의 의료행위) |
|---|---|

① 법 제27조제1항제2호에 따른 의료행위의 범위는 다음 각 호와 같다.

1. 국민에 대한 의료봉사활동을 위한 의료행위
2. 전시·사변이나 그 밖에 이에 준하는 국가비상사태 시에 국가나 지방자치단체의 요청에 따라 행하는 의료행위
3. 일정한 기간의 연구 또는 시범 사업을 위한 의료행위

② 법 제27조제1항제3호에 따라 의학·치과의학·한방의학 또는 간호학을 전공하는 학교의 학생은 다음 각 호의 의료행위를 할 수 있다.

1. 전공 분야와 관련되는 실습을 하기 위하여 지도교수의 지도·감독을 받아 행하는 의료행위
2. 국민에 대한 의료봉사활동으로서 의료인의 지도·감독을 받아 행하는 의료행위
3. 전시·사변이나 그 밖에 이에 준하는 국가비상사태 시에 국가나 지방자치단체의 요청에 따라 의료인의 지도·감독을 받아 행하는 의료행위

| 의료법 시행규칙 | 제19조의2(유치행위를 할 수 없는 국내 거주 외국인의 범위) |
|---|---|

법 제27조제3항제2호에 따라 외국인환자를 유치할 수 있는 대상에서 제외되는 국내에 거주하는 외국인은 「국민건강보험법」 제93조에 따른 가입자나 피부양자가 아닌 국내에 거주하는 외국인으로서 다음 각 호의 어느 하나에 해당하는 외국인을 말한다.

1. 「출입국관리법」 제31조에 따라 외국인등록을 한 사람[「출입국관리법 시행령」 제12조 및 별표 1에 따른 기타(G-1)의 체류자격을 가진 사람은

제외한다]

2. 「재외동포의 출입국과 법적지위에 관한 법률」 제6조에 따라 국내거소신고를 한 외국국적동포 [본조신설 2009. 4. 29.]

| 타법 | 보건범죄단속에 관한 특별조치법 | 제5조(부정의료업자의 처벌) |
|------|------|------|

「의료법」 제27조를 위반하여 영리를 목적으로 다음 각 호의 어느 하나에 해당하는 행위를 한 사람은 무기 또는 2년 이상의 징역에 처한다. 이 경우 100만원 이상 1천만원 이하의 벌금을 병과한다.

1. 의사가 아닌 사람이 의료행위를 업(業)으로 한 행위
2. 치과의사가 아닌 사람이 치과의료행위를 업으로 한 행위
3. 한의사가 아닌 사람이 한방의료행위를 업으로 한 행위

[전문개정 2011. 4. 12.]

---

벌칙 • 행정처분

◇ 제27조제1항을 위반하여 무면허 의료행위를 한 경우 : 5년 이하의 징역이나 5천만원 이하의 벌금

◇ 제27조제5항을 위반하여 의료인이 아닌 자에게 의료행위를 하게 하거나 의료인에게 면허사항 외의 의료행위를 하게 한 자 : 5년 이하의 징역이나 5천만원 이하의 벌금

◇ 제27조제3항·제4항을 위반하여 환자의 소개, 알선, 유인하거나, 불법 외국인 환자를 유치 위반한 자 : 3년 이하의 징역이나 3천만원 이하의 벌금

◇ 제27조제2항을 위반하여 의료인이 아닌 자가 의료인의 명칭이나 이와 비슷한 명칭을 사용한 자 : 500만원 이하의 벌금

△ 제27조제5항을 위반하여 무자격자에게 의료행위를 하게 하거나 의료인에게 면허사항 외의 의료행위를 하게 한 경우 : 자격정지 3개월

△ 제27조제3항을 위반하여 영리를 목적으로 환자를 의료기관이나 의료인에게 소개·알선, 그 밖에 유인하거나 이를 사주하는 행위를 한 경우 : 자격정지 2개월

△ 제27조제1항을 위반한 경우 : 업무정지 3개월

| 질 의 내 용 | 의료행위 |
|---|---|
| 판례 경향 | 의료법 제27조제1항에서 의료인에게만 의료행위를 허용하고, 의료인이라고 하더라도 면허된 의료행위만 할 수 있도록 규정하여, 무면허 의료행위를 엄격히 금지하고 있습니다. 여기서 '의료행위'라 함은 의학적 전문지식을 기초로 하는 경험과 기능으로 진찰, 검안, 처방, 투약 또는 외과적 시술을 시행하여 하는 질병의 예방 또는 치료행위 및 그 밖에 의료인이 행하지 아니하면 보건위생상 위해가 생길 우려가 있는 행위를 의미합니다. '의료인이 행하지 아니하면 보건위생상 위해가 생길 우려'는 추상적 위험으로도 충분하므로, 구체적으로 환자에게 위험이 발생하지 아니하였다고 해서 보건위생상의 위해가 없다고 할 수는 없습니다(대법원 2012. 5. 10. 선고 2010도5964 판결 참조). |

| 질 의 내 용 | 무면허 의료행위 |
|---|---|
| 해석 경향 | 의료법 제27조제1항에서 의료인인 의사, 치과의사, 한의사, 조산사, 간호사도 면허 업무범위 내 의료행위 만을 하도록 규정하고 있으며, 면허받은 개별 업무범위를 벗어난 의료행위는 무면허 의료행위로 엄격히 금지하고 있습니다. 또한 일정 교육과정을 통해 면허 등을 취득한 조산사, 간호사, 의료기사, 간호조무사의 경우, 관련 법령에 따라 사람의 생명 또는 인체에 위해를 발생시킬 우려가 적은 분야에 대해 의사, 치과의사, 한의사의 지도, 감독 하에 제한적인 의료행위를 수행할 수 있으나, 이들도 관련 법령에서 규정하고 있는 업무범위와 한계를 벗어나는 의료행위를 할 경우에는 무면허의료행위에 해당하고 그 행위가 의사나 치과의사의 지시나 지도에 따라 이루어졌더라도 무면허의료행위로 처벌받을 수 있습니다. |

| 질 의 내 용 | 무자격자 의료행위 |
|---|---|
| 판례 경향 | 의료법 소정의 무자격자로 하여금 의료행위를 하게 한 것이라 함은 의료기관을 개설한 의료인 또는 의료법인이 고의로 무자격자로 하여금 의료행위를 하게 한 경우뿐만 아니라 감독상 과실이나 기타 부주의 등 책임 있는 사유로 당해 의료기관에서 무자격자의 의료행위가 자행되는 것을 방임한 경우도 포함한다(대법원 1985. 3. 26. 선고 84누758 판결). 의료행위는 의료인만이 할 수 있음을 원칙으로 하되, 간호사, 간호조무사, 의료기사 등에 관한법률에 의한 임상병리사, 방사선사, 물리치료사, 작업치료사, 치과기공사, 치과위생사의 면허를 가진 자가 의사, 치과의사의 지도하에 진료 또는 의학적 검사에 종사하는 행위는 허용된다 할 것이나(대법원 2002. 8. 23. 선고 2002도2014 판결), 그 외의 자는 의사, 치과의사의 지도하에서도 의료행위를 할 수 없는 것이고, 나아가 의사의 |

전체 시술과정 중 일부의 행위라 하더라도 그 행위만으로도 의료행위에 해당하는 한 비의료인은 이를 할 수 없으며, 의료행위를 할 면허 또는 자격이 없는 한 그 행위자가 실제로 그 행위에 관하여 의료인과 같은 수준의 전문지식이나 시술능력을 갖추었다고 하더라도 마찬가지이다(대법원 2003. 9. 5. 선고 2003도2903 판결).

| 질의 내용 | 무면허 의료행위에 대한 규제 |
|---|---|
| 헌재 결정 | 의료법이 정하고 있는 '의료행위'는 질병의 예방과 치료에 관한 행위로서 의학적 전문지식이 있는 자가 행하지 아니하면 사람의 생명, 신체나 공중위생에 위해가 발생할 우려가 있는 행위인 바, 한 나라의 의료제도는 그 나라의 국민건강의 보호증진을 목적으로 하여 합목적적으로 체계화된 것이므로 국가로부터 의료에 관한 지식과 기술의 검증을 받은 사람으로 하여금 의료행위를 하게 하는 것이 가장 합리적이고 안전하며, 사람의 생명과 신체를 대상으로 하는 의료행위의 특성상 가사 어떤 시술방법에 의하여 어떤 질병을 상당수 고칠 수 있었다고 하더라도 국가에 의하여 확인되고 검증되지 아니한 의료행위는 항상 국민보건에 위해를 발생케 할 우려가 있으므로 전체국민의 보건을 책임지고 있는 국가로서는 이러한 위험발생을 미리 막기 위하여 이를 법적으로 규제할 수밖에 없다. 따라서 무면허 의료행위를 일률적, 전면적으로 금지하고 이를 위반한 경우에는 그 치료결과에 관계없이 형사처벌을 받게 하는 규제방법은 국민의 생명권과 건강권을 보호하고 국민의 보건에 관한 국가의 보호의무를 이행하기 위하여 적합한 조치로서, 이러한 기본권의 제한은 비례의 원칙에 부합한다(헌재 1996. 10. 31. 94헌가7 결정, 헌재 2002. 12. 18. 2001헌마370 결정, 헌재 2005. 3. 31. 2001헌바87 결정, 헌재 2005. 5. 26. 2003헌바86 결정, 헌재 2005. 11. 24. 2003헌바95 결정 등). |

| 질의 내용 | 자격인증을 통한 무면허 의료행위에 대한 규제 이유 |
|---|---|
| 헌재 결정 | 의료행위는 인간의 존엄과 가치의 근본인 사람의 신체와 생명을 대상으로 하는 것이므로 단순한 의료기술 이상의 "인체 전반에 관한 이론적 뒷받침"과 "인간의 신체 및 생명에 대한 외경심"을 체계적으로 교육받고 이 점에 관한 국가의 검증을 거친 의료인에 의하여 행하여져야 하고, 과학적으로 검증되지 아니한 방법 또는 무면허 의료행위자에 의한 약간의 부작용도 존엄과 가치를 지닌 인간에게는 회복할 수 없는 치명적인 위해를 가할 수 있는 것이다. 또 무면허 의료행위자 중에서 부작용이 없이 의료행위를 할 수 있는 특별한 능력을 갖춘 사람이 있다고 하더라도 이를 구분하는 것은 실제로는 거의 불가능하며, 또 부분적으로 그 구분이 |

| | |
|---|---|
| | 가능하다고 하더라도 일반인들이 이러한 능력이 있는 무면허 의료행위자를 식별할 수 있는 것은 결국 국가에서 일정한 형태의 자격인증을 하는 방법 이외에는 달리 대안이 없고, 외국의 입법례를 보더라도 의료인 면허제도를 채택하고 무면허 의료행위를 사전에 전면금지하는 것 이외의 다른 규제방법을 찾아볼 수 없다(헌재 1996. 10. 31. 94헌가7 결정, 헌재 2002. 12. 18. 2001헌마370 결정). |

| | |
|---|---|
| 질 의 내 용 | 의사와 한의사 면허 이원적 의료체계의 규정 의의 |
| 판 례 경 향 | 의사와 한의사가 동등한 수준의 자격을 갖추고 면허를 받아 각자 면허된 것 이외의 의료행위를 할 수 없도록 하는 이원적 의료체계를 규정한 것은 한의학이 서양의학과 나란히 독자적으로 발전할 수 있도록 함으로써 국민으로 하여금 서양의학뿐만 아니라 한의학으로부터도 그 발전에 따른 의료혜택을 누릴 수 있도록 하는 한편, 의사와 한의사가 각자의 영역에서 체계적인 교육을 받고 국가로부터 관련 의료에 관한 전문지식과 기술을 검증받은 범위를 벗어난 의료행위를 할 경우 사람의 생명, 신체나 일반공중위생에 발생할 수 있는 위험을 방지하기 위한 것이다(대법원 2014. 9. 4 선고 2013도7572 판결). |

| | |
|---|---|
| 질 의 내 용 | 의사, 한의사의 면허된 의료행위에 대한 판단 |
| 판 례 경 향 | 의료법령에는 의사, 한의사 등의 면허된 의료행위의 내용을 정의하거나 그 구분기준을 제시한 규정이 없으므로, 의사나 한의사의 구체적인 의료행위가 '면허된 것 이외의 의료행위'에 해당하는지 여부는 구체적 사안에 따라 이원적 의료체계의 입법 목적, 당해 의료행위에 관련된 법령의 규정 및 취지, 당해 의료행위의 기초가 되는 학문적 원리, 당해 의료행위의 경위·목적·태양, ○○대학 및 한 ○○대학의 교육과정이나 국가시험 등을 통해 당해 의료행위의 전문성을 확보할 수 있는지 여부 등을 종합적으로 고려하여 사회통념에 비추어 합리적으로 판단하여야 할 것이다(대법원 2014. 2. 13. 선고 2010도10352 판결 참조). 의료법령에는 의사, 한의사 등의 면허된 의료행위의 내용을 정의하거나 그 구분 기준을 제시한 규정이 없으므로, 의사나 한의사의 구체적인 의료행위가 '면허된 것 이외의 의료행위'에 해당하는지 여부는 구체적 사안에 따라 이원적 의료체계의 입법 목적, 당해 의료행위에 관련된 법령의 규정 및 취지, 당해 의료행위의 기초가 되는 학문적 원리, 당해 의료행위의 경위·목적·태양, 의과대학 및 한의과대학의 교육과정이나 국가시험 등을 통하여 당해 의료행위의 전문성을 확보할 수 있는지 여부 등을 종합적으로 고려하여 사회통념에 비추어 합리적으로 판단하여야 할 것이다(대법원 2014. 1. 16. 선고 2011도16649 판결). |

| 질의 내용 | 전통 한의학의 진단과 치료 |
|---|---|
| 해석 경향 | 전통적 한의학에서의 진단 방법은 크게 진찰(診察)과 진단(診斷)으로 나눌 수 있으며, 이에 따라 적절한 약물, 침구, 물리 요법 등이 처방되어 치료가 시작된다. 주요 진찰법에는 망(望)·문(聞)·문(問)·절(切)의 네 가지가 있다. 망진(望診)은 눈으로 보면서 진찰하는 방법으로 얼굴색, 피부의 윤기, 정신 상태, 몸의 전체 및 각 부위에 대한 형태 관찰 등이며 망진에서 특히 중요한 것 중의 하나는 설진(舌診)이다. 설진은 환자의 설질(舌質)과 설태(舌苔)의 변화를 관찰하여 질병을 진찰하는 방법이다. 문진(聞診)은 환자로부터 나타나는 여러 가지 소리와 냄새의 이상한 변화를 통해 질병을 진찰하는 방법이다. 문진(問診)은 환자나 그의 보호자에게 질병의 발생, 진행 과정, 치료 경과와 현재의 증상 및 기타 질병과 관련된 여러 가지 정황을 물어서 질병을 진찰하는 방법이다. 절진(切診)은 수천 년간의 연구와 검토를 통하여 실제 임상으로부터 풍부한 이론과 경험을 축적시켜 왔으며 절진은 맥을 보는 맥진(脈診)과 눌러 보는 안진(按診)으로 나눌 수 있는데 의사가 손을 이용하여 환자의 신체 표면을 만져보거나, 더듬어보고, 눌러봄으로써 필요한 자료를 얻어내는 진단 방법의 일종이라 할 수 있다. 맥진(脈診: 진맥)은 손목에 있는 동맥의 박동 부위를 손으로 누르는데, 맥의 위치, 빠르기, 형태 및 박동력에 따라 여러 가지로 분류한다. 이 외에도 안진에는 복진 등이 있다. 치료방법으로 침술, 뜸, 한약, 부항, 약침, 추나, 매선 등 다양한 치료법이 시행되고 있다. |

| 질의 내용 | 한의사의 '면허된 것 이외의 의료행위' 판단 |
|---|---|
| 헌재 결정 | 한의사의 '면허된 것 이외의 의료행위'에 해당하는지 여부의 판단은 구체적인 의료행위의 태양 및 목적, 그 행위의 학문적 기초가 되는 전문지식이 양·한방 중 어디에 기초하고 있는지, 해당 의료행위에 관련된 규정, 그에 대한 한의사의 교육 및 숙련의 정도 등을 종합적으로 고려하여 사회통념에 비추어 합리적으로 판단하여야 한다(헌재 2012. 2. 23. 2009헌마623 참조). |

| 질의 내용 | 한의사의 주사행위 |
|---|---|
| 판례 경향 | 한의사가 환자에게 주사를 놓아 치료행위를 한 경우, 진료 대금의 징수 여부와 상관없이 의료법 제27조제1항의 의료인도 면허된 것 이외의 의료행위를 한 경우에 해당되어 처벌 받을 수 있습니다.<br>판례에 의하면, 구 의료법 제25조제1항에 의하면 의료인이라도 면허된 이외의 의료행위를 할 수 없도록 규정하고 있으므로 한의사가 면허 없이 환자에게 주사를 하였다면 사실상 의사의 자질을 갖고 있다거나 그 진료대금을 받지 않았다 하더라도 무면허의료행위의 성립에는 아무런 영향이 없다(대법원 1987. 12. 8. 선고 87도2108 판결). |

| 질의 내용 | 의사가 행한 한방 의료행위 |
|---|---|
| 판례 경향 | 한방 의료행위란 '우리 선조들로부터 전통적으로 내려오는 한의학을 기초로 한 질병의 예방이나 치료행위'로서 의료법의 관련 규정에 따라 한의사만이 할 수 있고, 이에 속하는 침술 행위는 '침을 이용하여 질병을 예방, 완화, 치료하는 한방 의료행위'로서, 의사가 위와 같은 침술행위를 하는 것은 면허된 것 이외의 의료행위를 한 경우에 해당한다(대법원 2011. 5. 13. 선고 2007두18710 판결 참조).<br>한방 의료행위란 '우리 선조들로부터 전통적으로 내려오는 한의학을 기초로 한 질병의 예방이나 치료행위'로서 의료법 관련 규정에 따라 한의사만이 할 수 있고, 이에 속하는 침술행위는 '침을 이용하여 질병을 예방, 완화, 치료하는 한방 의료행위'로서, 의사가 위와 같은 침술행위를 하는 것은 면허된 것 이외의 의료행위를 한 경우에 해당한다(대법원 2014. 9. 4. 선고 2013도7572 판결). |

| 질의 내용 | 의사의 침·뜸·부항 시술행위 |
|---|---|
| 해석 경향 | 한방 의료행위란 '우리 선조들로부터 전통적으로 내려오는 한의학을 기초로 한 질병의 예방이나 치료행위'로서 침·뜸·부항시술행위는 질병을 예방, 완화, 치료하는 한의사가 행하는 한방 의료행위로서, 의사가 위와 같은 침·뜸·부항시술행위를 하는 것은 의료법 제27조제1항의 면허된 것 이외의 의료행위에 해당되어 처벌받을 수 있습니다. |

| 질의 내용 | 한의사의 약침시술 |
|---|---|
| 해석 경향 | 한의사에 의해 시행되는 약침시술요법은 한의학 고유의 침구이론인 경락학설을 근거로 하여 한약에서 추출한 약침액을 압통점, 경락, 경혈점 등에 주입하여 한약과 침의 효과를 극대화하는 요법으로 한의사가 행할 수 있는 한방 의료행위이며, 정맥혈관 등의 주사행위와 학문적으로 구분이 됩니다. |

| 질의 내용 | 한의사의 약침시술 |
|---|---|
| 판례 경향 | 판례(서울고등법원 2016. 1. 26. 선고 2015누41229 판결)에 의하면, 약침술은 한의학 고유의 침구이론인 경락학설을 근거로 하여 한약에서 추출한 약침약 등을 압통점, 경락, 경혈점 등 인체 해당 부위에 주입하거나 삽입하여 한약과 침의 효과를 극대화하는 한방 의료행위이다. 학문적으로 분류하자면 약침술은 침구요법과 약물요법을 결합한 신침요법의 일종이다.<br>침구요법은 경락론을, 약물요법은 기미론을 바탕으로 하므로 약침술은 경락론과 기미론 모두를 근간으로 한다. 시술하는 과정에서 주사기를 사용하나 치료 약물의 선정은 기미론, 치료 부위의 선정은 경락론을 위주로 하므로 약침술은 과학기술 및 의료기기의 발달로 탄생한 한의학의 독특한 치료기술이다. |

| 질의 내용 | 한의사의 매선요법 행위 |
|---|---|
| 해석 경향 | 한의사에 의해 시행되고 있는 매선요법은 체내에서 자연적으로 분해, 흡수되는 의료용 실을 피하에 있는 근막, 근육, 힘줄, 인대와 같은 곳에 자입하여 지속적 유침작용으로 각종 근골격계 질환 등을 치료하는 한의학적 치료기술이라 할 수 있습니다. |

| 질의 내용 | 한의사의 추나요법 행위 |
|---|---|
| 해석 경향 | 손 또는 신체의 일부분을 이용하거나, 추나 테이블 등의 보조 기구를 이용하여 인체의 특정부위 체표의 경혈·근막의 압통점·척추 및 전신의 관절 등에 물리적 자극을 가하여 구조적·기능적 문제를 교정치료하는 한방 수기요법을 말합니다. |

| 질의 내용 | 한의사와 의료기기 |
| --- | --- |
| 판례 경향 | 의사나 한의사의 구체적인 의료행위가 '면허된 것 이외의 의료행위'에 해당하는지 여부는 구체적 사안에 따라 이원적 의료체계의 입법 목적, 당해 의료행위에 관련된 법령의 규정 및 취지, 당해 의료행위의 기초가 되는 학문적 원리, 당해 의료행위의 경위·목적·태양, 의과대학 및 한의과대학의 교육과정이나 국가시험 등을 통하여 당해 의료행위의 전문성을 확보할 수 있는지 여부 등을 종합적으로 고려하여 사회통념에 비추어 합리적으로 판단하여야 할 것이다. 한의사가 전통적으로 내려오는 의료기기나 의료기술(이하 '의료기기 등'이라 한다) 이외에 과학기술의 발전에 따라 새로 개발·제작된 의료기기 등을 사용하는 것이 한의사의 '면허된 것 이외의 의료행위'에 해당하는지 여부도 이러한 법리에 기초하여 판단하여야 할 것이고, 의료기기 등의 개발·제작 원리가 한의학의 학문적 원리에 기초하지 아니하였다는 사정만으로 한의사가 해당 의료기기 등을 진료에 사용한 것이 그 면허된 것 이외의 의료행위를 한 것이라고 단정할 것은 아니다(대법원 2014. 1. 16. 선고 2011도16649 판결). 한의사가 전통적으로 내려오는 의료기기나 의료기술(이하 '의료기기 등'이라 한다) 이외에 의료공학의 발전에 따라 새로 개발·제작된 의료기기 등을 사용하는 것이 한의사의 '면허된 것 이외의 의료행위'에 해당하는지 여부도 이러한 법리에 기초하여, 관련 법령에 한의사의 당해 의료기기 등 사용을 금지하는 취지의 규정이 있는지, 당해 의료기기 등의 개발·제작 원리가 한의학의 학문적 원리에 기초한 것인지, 당해 의료기기 등을 사용하는 의료행위가 한의학의 이론이나 원리의 응용 또는 적용을 위한 것으로 볼 수 있는지, 당해 의료기기 등의 사용에 서양의학에 관한 전문지식과 기술을 필요로 하지 않아 한의사가 이를 사용하더라도 보건위생상 위해가 생길 우려가 없는지 등을 종합적으로 고려하여 판단하여야 한다(대법원 2014. 2. 13. 선고 2010도10352 판결). |

| 질의 내용 | 한의사의 진단 의료기기 |
| --- | --- |
| 해석 경향 | 한의사도 의료기기를 통해 진단을 하고 있는데, 현재 사용되는 의료기기를 보면 청진기, 혈압계, 체온계, 비경, 검안경, 검이경, 이내시경, 맥진기, 레이저침시술기, 경락기능검사기, 안압측정기, 자동안굴절검사기, 세극등현미경, 자동시야측정장비, 청력검사기 등이다. 이외 초음파 진단장비, 초음파 골밀도 검사기, X-Ray, MRI, CT를 한의사가 사용하는 것은 불법 의료기기 사용이라 할 수 있으며, 다만, 연구 목적으로 X-RAY와 초음파 진단장비를 사용하는 것은 가능하다고 보고 있습니다. |

| 질의 내용 | 한의사와 안압측정기 등 의료기기 |
|---|---|
| 헌재 결정 | 청구인들(한의사)이 진료에 사용한 안압측정기, 자동안굴절검사기, 세극등현미경, 자동시야측정장비, 청력검사기(이하 '이 사건 기기들'이라 한다)는 측정결과가 자동으로 추출되는 기기들로서 신체에 아무런 위해를 발생시키지 않고, 측정결과를 한의사가 판독할 수 없을 정도로 전문적인 식견을 필요로 한다고 보기 어렵다. 우리의 전통의학서인 동의보감에서는 안구의 구조와 대표적 안질환에 대하여 그 원인과 치료방법을 상세히 설명하고 있고, 이 사건 기기들의 사용은 종래 전해 내려오는 진단방법으로서 망진(望診), 문진(聞診), 절진(切診)의 일종으로 볼 수 있다. 또한 한의과 대학의 교육과정에서 한방진단학, 한방외관과학 등의 강의와 실습을 통해 전통적으로 내려오던 한의학을 토대로 안질환이나 귀 질환에 대하여 이 사건 기기들을 이용한 진료행위를 할 수 있는 기본적 교육이 이루어지고 있고, 이에 대한 한의학적 해석을 바탕으로 침술이나 한약처방 등 한방의료행위 방식으로 치료가 이루어지고 있다.<br><br>따라서 청구인들이 이 사건 기기들을 사용하여 한 진료행위는 한의사의 면허된 것 이외의 의료행위라고 볼 수 없음에도 피청구인은 법리를 오해하여 청구인들에게 의료법위반죄가 인정된다고 판단함으로써 청구인들의 평등권 및 행복추구권을 침해하였다(헌재 2013. 12. 26. 2012헌마 551·561(병합). |

| 질의 내용 | 한의사의 CT기기 이용 진단 행위 |
|---|---|
| 판례 경향 | 우리나라 의료체계는 서양의학과 한의학으로 이원적으로 구분되어 있고, 의료법상 의사는 의료행위, 한의사는 한방의료행위에 종사하도록 되어 있으며, 면허도 그 범위에 한하여 주어지는 점, 전산화단층촬영장치(CT기기)와 관련된 규정들은 한의사가 CT기기를 이용하거나 한방병원에 CT기기를 설치하는 것을 예정하고 있지 않은 점, 의학과 한의학은 그 원리 및 기초가 다르고, 해부학에 기초를 두고 인체를 분석적으로 보는 서양의학과 달리 한의학은 인체를 하나의 소우주로 보고 종합적으로 바라보는 등 인체와 질병을 보는 관점도 달라 진찰방법에 있어서도 차이가 있는 점 등에 비추어, 한의사가 방사선사로 하여금 CT기기로 촬영하게 하고 이를 이용하여 방사선진단행위를 한 것은 '한방의료행위'에 포함된다고 보기 어렵다는 이유로 의료법 제25조에서 정한 '면허된 이외의 의료행위'를 한 경우에 해당한다(서울고등법원 2006. 6. 30. 2005누1758 판결 참조). |

| 질의 내용 | 한의사 엑스선 골밀도측정기 사용 |
|---|---|
| 판례 경향 | 엑스선 골밀도측정기(이하 '이 사건 기기'라고 한다)를 사용하여 성장판 검사를 한 것은 해부학적으로 뼈의 성장판 상태를 확인하여 성장의 가능성이 있는시를 진단하기 위한 것이어서 이에 관하여 한의학적 진단 방법이 사용되었다고 보기 어려운 점, 서양의학과 한의학으로 나뉘어 있는 우리나라 의료 체계의 이원성과 의료법상 의료인의 임무, 면허의 범위 및 진단용 방사선 발생장치에 관한 규정인 의료법 제37조제1항에서 말하는 '의료기관'에는 의사가 없는 한방병원이나 한의사는 포함되지 않는 것으로 해석함이 타당한 점, 이 사건 기기의 주당 최대 동작부하 총량이 10mA/분 이하에 해당하여 위 규칙에서 정한 각종 의무가 면제된다고 하더라도, 그 의무의 면제 역시 종합병원, 병원, 치과병원, 한방병원(별도로 의사를 둔 경우) 등 원래 안전관리책임자 선임 의무 등이 부과되어 있는 의료기관을 전제로 한 것이므로, 이를 근거로 한의사가 주당 최대 동작부하의 총량이 10mA/분 이하인 진단용 방사선 발생장치를 사용할 수 있다고 해석하기는 어려운 점 등을 종합하면, 원고가 한의사로서 한의원에서 진단용 방사선 발생장치인 이 사건 기기를 사용하여 성장판 검사를 한 것은 한의사의 면허 범위 이외의 의료행위를 한 경우에 해당한다(서울행정법원 2016. 6. 23. 선고 2015구합68789). |

| 질의 내용 | 한의사 초음파진단기기 사용 |
|---|---|
| 헌재 결정 | 영상의학과는 초음파진단기기와 같은 첨단의료장비를 이용해 영상을 획득하여 질병을 진단하고 치료하는, 의료법상 서양의학의 전형적인 전문 진료과목으로서(의료법 제43조, 의료법 시행규칙 제41조) 초음파검사의 경우 그 시행은 간단하나 영상을 평가하는 데는 인체 및 영상에 대한 풍부한 지식이 있어야 함은 물론, 검사 중에 발생하는 다양한 현상에 대해 충분히 이해하고 있어야 하므로 영상의학과 의사나 초음파검사 경험이 많은 해당과의 전문의사가 시행하여야 하고, 이론적 기초와 의료기술이 다른 한의사에게 이를 허용하기는 어렵다(헌재 2013. 2. 28. 2011헌바398). |

| 질의 내용 | 필러시술은 한의사의 면허된 것 이외의 의료행위 |
|---|---|
| 판례 경향 | 의료법령에는 의사, 한의사 등의 면허된 의료행위의 내용을 정의하거나 그 구분 기준을 제시한 규정이 없으므로, 의사나 한의사의 구체적인 의료행위가 '면허된 것 이외의 의료행위'에 해당하는지 여부는 구체적 사안에 따라 이원적 의료체계의 입법 목적, 당해 의료행위에 관련된 법령의 규정 및 취지, 당해 의료행위의 기초가 되는 학문적 원리, 당해 의료행위의 경위·목적·태양, 의과대학 및 한의과대학의 교육과정이나 국가시험 등을 통하여 당해 의료행위의 전문성을 확보할 수 있는지 여부 등을 종합적으로 고려하여 사회통념에 비추어 합리적으로 판단하여야 할 것이다.<br>한의사가 전통적으로 내려오는 의료기기나 의료기술(이하 '의료기기 등'이라 한다) 이외에 과학기술의 발전에 따라 새로 개발·제작된 의료기기 등을 사용하는 것이 한의사의 '면허된 것 이외의 의료행위'에 해당하는지 여부도 이러한 법리에 기초하여 판단하여야 할 것이고, 의료기기 등의 개발·제작 원리가 한의학의 학문적 원리에 기초하지 아니하였다는 사정만으로 한의사가 해당 의료기기 등을 진료에 사용한 것이 그 면허된 것 이외의 의료행위를 한 것이라고 단정할 것은 아니다. 이 사건 필러시술이 경혈을 자극하여 경혈과 연결된 인체의 각종 기관들의 기능을 촉진하거나 개선하는 것을 목적으로 한 것이 아니라 피부 부위에 히알루론산을 직접 주입하여 시술한 부위의 피부를 높임으로써 전체적인 얼굴 미관을 개선하려는 것인 점, 한약은 동물·식물·광물에서 채취된 것으로서 주로 원형대로 건조·절단 또는 정제된 생약을 말하는데 이 사건 필러시술로 주입한 히알루론산은 첨단장비를 이용하여 박테리아를 발효시켜 생산하는 것으로서 한약이라고 볼 수 없는 점 등을 종합하면, 이 사건 필러시술은 전적으로 서양의학의 원리에 따른 시술일 뿐이고 거기에 약침요법 등 한의학의 원리가 담겨 있다고는 볼 수 없으므로, 피고인의 이 사건 필러시술행위는 한의사의 면허된 것 이외의 의료행위에 해당한다고 판단하였다(대법원 2014. 1. 16. 선고 2011도16649 판결). |

| 질의 내용 | 치과의사의 보톡스 시술행위 |
|---|---|
| 판례 경향 | 치과의사가 보톡스 시술법을 이용하여 환자의 눈가와 미간의 주름 치료를 함으로써 면허된 것 이외의 의료행위를 하였다고 하여 의료법 위반으로 기소된 사안에서, 의료법 등 관련 법령이 구강악안면외과를 치과 영역으로 인정하고 치과의사 국가시험과목으로 규정하고 있는데, 구강악안면외과의 진료영역에 문언적 의미나 사회통념상 치과 의료행위로 여겨지는 '치아와 구강, 턱뼈 그리고 턱뼈를 둘러싼 안면부'에 대한 치료는 물론 정형외과나 성형외과의 영역과 중첩되는 안면부 골절상 치료나 악교정수술 등도 포함되고, 여기에 관련 규정의 개정 연혁과 관련 학회의 설립 경위, 국민건강보험공단의 요양급여 지급 결과 등을 더하여 보면 치아, 구강 그리고 턱과 관련되지 아니한 안면부에 대한 의료행위라 하여 모두 치과 의료행위의 대상에서 배제된다고 보기 어려운 점, 의학과 치의학은 의료행위의 기초가 되는 학문적 원리가 다르지 아니하고, 각각의 대학 교육과정 및 수련과정도 공통되는 부분이 적지 않게 존재하며, 대부분의 치과대학이나 치의학전문대학원에서 보톡스 시술에 대하여 교육하고 있고, 치과 의료 현장에서 보톡스 시술이 활용되고 있으며, 시술부위가 안면부라도 치과대학이나 치의학전문대학원에서는 치아, 혀, 턱뼈, 침샘, 안면의 상당 부분을 형성하는 저작근육과 이에 관련된 주위 조직 등 악안면에 대한 진단 및 처치에 관하여 중점적으로 교육하고 있으므로, 보톡스 시술이 의사만의 업무영역에 전속하는 것이라고 단정할 수 없는 점 등을 종합하면, 환자의 안면부인 눈가와 미간에 보톡스를 시술한 피고인의 행위가 치과의사에게 면허된 것 이외의 의료행위라고 볼 수 없고, 시술이 미용 목적이라 하여 달리 볼 것은 아니다(대법원 2016. 7. 21. 선고 2013도850판결). |

| 질의 내용 | 외국인 면허의사의 의료행위 가능 여부 |
|---|---|
| 해석 경향 | 외국 의사면허 소지자의 국내에서의 의료행위는 의료법 제27조제1항 및 같은법 시행규칙 제18조에 따라 외국과의 교육 또는 기술협력에 따른 교환 교수의 업무, 교육연구사업을 위한 업무, 국제의료봉사단의 의료봉사에 한해 허용되며, 요청에 따라 보건복지부장관의 검토 및 승인을 거쳐 이루어지고 있습니다. |

| 질의 내용 | 조산사의 업무 및 업무범위 일탈 행위 |
|---|---|
| 판례 경향 | 조산사가 조산원을 개설하여 할 수 있는 의료행위인 '조산'이란 임부가 정상 분만하는 경우에 안전하게 분만할 수 있도록 도와주는 것을 뜻하므로, 이상분만으로 인하여 임부·해산부에게 이상현상이 생겼을 때 그 원인을 진단하고 이에 대처하는 조치(약물투여를 포함한다)를 강구하는 것은 그러한 의료행위를 임무로 하는 산부인과의사 등 다른 의료인의 임무범위에 속하는 것으로서 조산사에게 면허된 의료행위인 '조산'에 포함되지 않는다고 할 것이다(대법원 1988. 9. 13. 선고 84도2316 판결, 1988. 9. 20. 선고 86도1694 판결 등 참조). 조산사가 자신이 근무하는 산부인과를 찾아온 환자들을 상대로 진찰·환부소독·처방전발행 등의 행위를 한 것은 진료의 보조행위가 아닌 진료행위 자체로서 의사의 지시가 있었다고 하더라도 무면허의료행위에 해당한다(대법원 2007. 9. 6. 선고 2006도2306 판결). 의료법은 조산사가 조산원을 개설하는 경우에는 반드시 지도의사를 정하여 그의 지도를 받도록 하고 있는 점 등에 비추어 보면, 이미 조산원에서 조산사의 도움을 받아 정상적인 분만 과정이 진행되고 있는 경우에는 이상분만 상황이 발생하지 않는 한 그 자체로 조산사의 독자적인 판단에 따른 응급처치가 요구되는 상황은 아니라고 봄이 상당하고, 다만 이상분만으로 인하여 임부·해산부 등에게 이상현상이 발생하였음에도 조산원 지도의사와 연락을 할 수 없고 또 그 지도의사의 지시를 기다리거나 산부인과의원으로 전원하는 등의 조치를 취할 시간적 여유도 없는 경우에 한하여 예외적으로 조산사가 그 독자적인 판단에 의하여 약물 투여 등 조산 이외의 응급처치를 하는 것이 허용된다(대법원 2007. 9. 6. 선고 2005도9670 판결). |

| 질의 내용 | 간호사의 업무범위 일탈 행위 |
|---|---|
| 판례 경향 | 의료법 제2조제2항제1호는 '의사는 의료와 보건지도에 종사함을 임무로 한다'라고 하고, 같은 항 제5호는 '간호사는 요양상의 간호 또는 진료의 보조 및 대통령령이 정하는 보건활동에 종사함을 임무로 한다'라고 규정하고 있는 점에 비추어 보면, 의사가 간호사에게 진료의 보조행위를 하도록 지시하거나 위임할 수는 있으나, 고도의 지식과 기술을 요하여 반드시 의사만이 할 수 있는 의료행위 자체를 하도록 지시하거나 위임하는 것은 허용될 수 없으므로, 간호사가 의사의 지시나 위임을 받고 그와 같은 행위를 하였다고 하더라도 이는 구 의료법 제25조제1항에서 금지하는 무면허 의료행위에 해당한다(대법원 2007. 9. 6. 선고 2006도2306 판결 등 참조). |

| 질 의 내 용 | PA(Physician Assistant) 간호사의 의료행위 |
|---|---|
| 해 석 경 향 | 의사의 업무범위에 속하는 환자의 수술·치료·처방행위 등을 의사로부터 일부 위임받아 PA(Physician Assistant) 간호사가 행할 경우, 이는 의료법 제27조제1항을 위반한 무면허 의료행위에 해당되어 처벌받을 수 있다. |

| 질 의 내 용 | 간호사의 채혈행위, 약 조제 행위 |
|---|---|
| 해 석 경 향 | 의료법 제2조제2항에서 간호사는 의사, 치과의사, 한의사의 지도하에 시행하는 진료의 보조를 할 수 있도록 규정하고 있으며, 같은법 제27조제1항에서 의료인도 면허된 것 이외의 의료행위를 할 수 없도록 규정하고 있습니다. 따라서 각종 화학적·생리학적 검사를 위한 환자의 채혈행위는 검사물을 채취하는 임상병리사가 시행함이 타당하며, 처방에 따른 약 조제행위는 약사가 행하여야 합니다. |

| 질 의 내 용 | 보험회사 계약 간호사 가정방문 건강검진 행위 |
|---|---|
| 판 례 경 향 | 보험회사와 방문검진 위탁계약을 체결한 후 고용된 간호사들로 하여금 보험가입자들의 주거에 방문하여 의사의 지도·감독 없이 문진, 신체계측 등을 하게 한 뒤 건강검진 결과서를 작성하여 보험회사에 통보하는 등 의료행위를 한 경우 보건범죄 단속에 관한 특별조치법 위반에 해당됩니다. 건강검진은 피검진자의 신체부위의 이상 유무 내지 건강상태를 의학적으로 확인·판단하기 위하여 행하여지는 것으로서 이를 통하여 질병의 예방 및 조기발견이 가능할 뿐만 아니라 의학적 전문지식을 기초로 하는 경험과 기능을 가진 의사가 행하지 아니하여 결과에 오류가 발생할 경우 이를 신뢰한 피검진자의 보건위생상 위해가 생길 우려가 있으므로 의료행위에 해당하고, 비록 위 건강검진이 보험회사가 피검진자와 보험계약을 체결할지 여부를 결정하기 위한 것이라 하더라도 위와 같은 의료행위로서 성질과 기능이 상실되는 것은 아니므로, 피고인들이 계속적·반복적으로 건강검진을 실시한 행위는 영리를 목적으로 구 의료법(2009. 1. 30. 법률 제9386호 개정되기 전의 것) 제27조제1항에서 금지하는 무면허의료행위를 업으로 한 것으로서 구 보건범죄단속법 제5조 위반에 해당한다는 이유로, 이와 달리 보아 무죄를 인정한 원심판결에 의료행위 등에 관한 법리오해의 위법이 있다(대법원 2012. 5. 10. 선고 2010도5964 판결). |

| 질의 내용 | 간호사의 석션행위 |
|---|---|
| 해석 경향 | 석션(Suction)행위는 환자의 호흡상태, 반응, 흡인압력, 점막 손상의 위험 등으로 인하여 의료인이 행하여야 하는 의료행위로 간호사는 의사의 구체적인 지시에 따라 수행하는 것이 타당하며, 의사의 지시 없이 간호사의 독자적인 행위는 의료법령에 위배될 수 있습니다. |

| 질의 내용 | 무자격자 주사행위 |
|---|---|
| 판례 경향 | 의료법 제25조제1항 소정의 의료행위라 함은 의학적 전문지식을 기초로 하는 경험과 기능으로 진찰, 검안, 처방, 투약 또는 외과적 시술을 시행하여 하는 질병의 예방 또는 치료행위 이외에도 의료인이 행하지 아니하면 보건위생상 위해가 생길 우려가 있는 행위를 의미 하는 바(대법원 1999. 3. 26. 선고 98도2481 판결 참조),<br>주사기에 의한 약물투여 등의 수사는 그 약불의 성분, 그 주사기의 소독상태, 주사방법 및 주사량 등에 따라 인체에 위해를 발생시킬 우려가 높고 따라서 이는 의학상의 전문지식이 있는 의료인이 행하지 아니하면 보건위생상 위해가 생길 우려가 있는 행위임이 명백하므로 의료행위에 포함된다고 보아야 할 것이다(대법원 1999. 6. 25. 선고 98도4716 판결). |

| 질의 내용 | 보건범죄단속에 관한 특별조치법 위반의 처벌 |
|---|---|
| 해석 경향 | 비의료인이 영리를 목적으로 무면허 의료행위를 했을 경우, 「보건범죄 단속에 관한 특별조치법」 위반으로 무기 또는 2년 이상의 징역, 이 경우 100만원 이상 1천만원 이하의 벌금을 병과 처벌받을 수 있습니다. |

| 질의 내용 | 보건범죄 단속에 관한 특별조치법의 '영리의 목적' |
|---|---|
| 판례 경향 | 의료행위라 함은 의학적 전문지식을 기초로 하는 경험과 기능으로 진료, 검안, 처방, 투약 또는 외과적 시술을 시행하여 하는 질병의 예방 또는 치료행위 및 그 밖에 의료인이 행하지 아니하면 보건위생상 위해가 생길 우려가 있는 행위를 의미하고(대법원 2004. 10. 28. 선고 2004도3405 판결 등 참조), 구 보건범죄 단속에 관한 특별조치법(2007. 4. 11. 법률 제8366호로 개정되기 전의 것) 제5조 소정의 '영리의 목적'이란 널리 경제적인 이익을 취득할 목적을 말하는 것이다(대법원 1999. 3. 26. 선고 98도2481 판결 등 참조). |

| 질의 내용 | 보건범죄단속에 관한 특별조치법 위반 경제적 이익의 귀속 여부 |
|---|---|
| 판례 경향 | 의사가 영리의 목적으로 비의료인과 공모하여 무면허의료행위를 하였다면 그 행위는 보건범죄단속에관한특별조치법 제5조에 해당한다고 할 것이고, 나아가 위 조문 소정의 영리의 목적이란 널리 경제적인 이익을 취득할 목적을 말하는 것으로서 무면허의료행위를 행하는 자가 반드시 그 경제적 이익의 귀속자나 경영의 주체와 일치하여야 할 필요는 없다(대법원 1999. 3. 26. 선고 98도2481 판결 참조). |

| 질의 내용 | 비의료인의 미용문신 행위 |
|---|---|
| 판례해석 경향 | 미용문신 시술행위는 국민의 보건위생상 위해를 끼칠 수 있는 피부 침습행위로 현행 의료법상 의사 면허가 있는 사람만 시술할 수 있도록 규제되고 있다(대법원 1992. 5. 22. 선고 91도3219 판결) 및 헌법재판소 결정(2005. 3. 31. 선고 2001헌바87).<br>따라서 비의료인이 문신시술행위를 하다 적발될 경우, 의료법 제27조제1항을 위반한 혐의로 5년 이하의 징역이나 5천만원 이하의 벌금에 처해질 수 있으며, 더불어 비의료인이 영리를 목적으로 무면허 의료행위를 했을 경우, 보건범죄단속에 관한 특별조치법 위반으로 무기 또는 2년 이상의 징역, 이 경우 100만원 이상 1천만원 이하의 벌금을 병과 받을 수 있다. 다만, 반영구 화장인 눈썹, 아이라인 시술 등 미용시술 인구가 늘어나면서 미용업소에서도 반영구 화장이 가능하도록 합법적 근거를 마련하려는 업계와 정부의 움직임(국무총리 주재 국정현안점검조정회의 '중소기업·소상공인 규제혁신방안')으로 공중위생관리법을 개정 진행하는 쪽으로 가는 분위기입니다. |

| 질의 내용 | 피부관리사 크리스탈 필링기 피부 박피 |
|---|---|
| 판례 경향 | 의사가 의사면허가 없는 소위 피부관리사들로 하여금 환자들을 상대로 산화알루미늄 성분의 연마제가 든 크리스탈 필링기를 사용하여 얼굴의 각질을 제거하여 주는 피부 박피술을 시행한 행위가 인체의 생리구조에 대한 전문지식이 없는 사람이 이를 행할 때에는 사람의 생명, 신체나 공중위생상 위해를 발생시킬 우려가 있는 것이므로, 이는 단순한 미용술이 아니라 의료행위에 해당한다(대법원 2003. 9. 5. 선고 2003도2903 판결). |

| 질의 내용 | 비의료인이 가정방문 혈압·혈당측정, 부항, 뜸 등의 의료행위 |
|---|---|
| 해석 경향 | 의료행위란 의학적 전문기식을 기초로 하는 경험과 기능으로 진찰, 검안, 처방, 투약 또는 외과적 수술 등을 시행하여 질병의 예방 또는 치료 행위와 그밖에 의료인이 행하지 아니하면 보건위생상 위해가 생길 우려가 있는 행위를 말합니다. 의료법 제27조제1항에서는 의료인이 아니면 누구든지 의료행위를 할 수 없으며, 의료인도 면허된 것 이외의 의료행위를 할 수 없도록 규정하고 있습니다. 따라서 비의료인이 가정을 방문하여 혈압·혈당 측정, 부항, 뜸 시술 등 무면허 의료행위를 했을 경우, 대가의 수수와 상관없이 무면허의료행위를 한 행위로 처벌 받을 수 있으며, 나아가 그러한 행위를 영리를 목적으로 행할 경우, 보건범죄단속에 관한 특별조치법 위반으로 처벌받을 수 있습니다. |

| 질의 내용 | 외국 카이로프랙터 자격증 취득자 국내 시술행위 |
|---|---|
| 해석 경향 | 외국 의사면허 소지자의 국내 의료행위는 의료법 제27조제1항 및 같은 법 시행규칙 제18조에 따라 외국과의 교육 또는 기술협력에 따른 교환교수의 업무, 교육연구사업을 위한 업무, 국제의료봉사단의 의료봉사에 한해 허용되며, 요청에 따라 보건복지부장관의 검토 및 승인을 거쳐 이루어지고 있습니다.<br>외국에서 카이로프랙틱 자격을 취득한 사람이 국내에서 환자를 상대로 카이로프랙틱시술을 시행할 경우, 의료법 제27조제1항에 위배되어 무면허 의료행위로 처벌 받을 수 있습니다. |

| 질의 내용 | 비의료인의 응급환자 처치 |
|---|---|
| 판례 경향 | 응급의료에 관한 법률 제2조제4호는 관계 법령에서 정하는 바에 따라 취득한 면허 또는 자격의 범위에서 응급환자에 대한 응급의료를 제공하는 의료인과 응급구조사를 '응급의료종사자'로 규정하는 한편, 제5조의2는 응급의료종사자가 아닌 사람 등의 경우에도 생명이 위급한 응급환자에게 응급의료 또는 응급처치를 제공하여 발생한 상해에 대하여 민·형사상 책임을 면하는 면책조항을 두고 있습니다(대법원 2016. 7. 21. 선고 2013도850 판결). |

◇ 응급의료에 관한 법률 제5조의2(선의의 응급의료에 대한 면책) 생명이 위급한 응급환자에게 다음 각 호의 어느 하나에 해당하는 응급의료 또는 응급처치를 제공하여 발생한 재산상 손해와 사상(死傷)에 대하여 고의 또는 중대한 과실이 없는 경우 그 행위자는 민사책임과 상해(傷害)에 대한 형사책임을 지지 아니하며 사망에 대한 형사책임은 감면한다.
  1. 다음 각 목의 어느 하나에 해당하지 아니하는 자가 한 응급처치

가. 응급의료종사자

나.「선원법」 제86조에 따른 선박의 응급처치 담당자,「119구조·구급에 관한 법
   률」 제10조에 따른 구급대 등 다른 법령에 따라 응급처치 제공의무를 가진 자

2. 응급의료종사자가 업무수행 중이 아닌 때 본인이 받은 면허 또는 자격의 범위에
   서 한 응급의료

3. 제1호나목에 따른 응급처치 제공의무를 가진 자가 업무수행 중이 아닌 때에 한 응
   급처치 [전문개정 2011. 8. 4.]

| 질 의 내 용 | 비의료인이 의료인 명칭을 사용할 경우 |
|---|---|
| 판 례 경 향 | 의료법 제27조제2항에 의료인이 아니면 의사·치과의사·한의사·조산사 또는 간호사 명칭이나 이와 비슷한 명칭을 사용하지 못하도록 규정하고 있습니다. 따라서 의료기관에서 상기 의료인이 아닌 자가 특히 의료인 가운을 입고 의료인 명칭이나 이와 비슷한 명칭을 사용할 경우, 500만원 이하의 벌금에 처해질 수 있습니다. |

| 질 의 내 용 | 의료법 제27조제3항의 소개·알선·유인행위 |
|---|---|
| 판 례 경 향 | 누구든지 영리를 목적으로 환자를 의료기관이나 의료인에게 소개·알선·유인하는 행위 및 이를 사주하는 행위를 하여서는 아니 된다(의료법 제27조제3항 본문). 여기서 '소개·알선'은 환자와 특정 의료기관 또는 의료인 사이에서 치료위임계약의 성립을 중개하거나 편의를 도모하는 행위를 말하고, '유인'은 기망 또는 유혹을 수단으로 환자로 하여금 특정 의료기관 또는 의료인과 치료위임계약을 체결하도록 유도하는 행위를 말한다(대법원 2019. 4. 25. 선고 2018도20928 판결). |

| 질 의 내 용 | 의료법 제27조제3항의 '영리의 목적' |
|---|---|
| 판 례 경 향 | 구 의료법(2016. 12. 20. 법률 제14438호로 개정되기 전의 것, 이하 같다) 제27조제3항 본문은 '누구든지「국민건강보험법」이나 「의료급여법」에 따른 본인부담금을 면제하거나 할인하는 행위, 금품 등을 제공하거나 불특정 다수인에게 교통편의를 제공하는 행위 등 영리를 목적으로 환자를 의료기관이나 의료인에게 소개·알선·유인하는 행위 및 이를 사주하는 행위를 하여서는 아니 된다'고 정하고 있다(현행법도 표현만 다를 뿐 동일하게 정하고 있다). 여기에서 '영리의 목적'은 널리 경제적인 이익을 취득할 목적을 말하는 것으로서 영리목적으로 환자를 유인하는 사람이 반드시 그 경제적인 이익의 귀속자나 경영의 주체와 일치하여야 할 필요는 없고, '불특정'은 행위 시에 상대방이 구체적으로 특정되어 있지 않다는 의미가 아니라 상대방이 특수한 관계로 한정된 범위에 속하는 사람이 아니라는 것을 의미한다(대법원 2017. 8. 18. 선고 2017도7134 판결). |

| 질의 내용 | 웹사이트를 통한 시술상품 쿠폰 판매 |
|---|---|
| 해석 경향 | 의료기관에서 제공하는 시술상품쿠폰을 구매할 수 있도록 환자를 소개·알선·유인해 주면 그 대가로 환자가 지급한 진료비 중 일정액을 수수료로 지급하는 경우, 이는 의료법 제27조제3항에서 금지하고 있는 '영리를 목적으로 환자를 의료기관이나 의료인에게 소개·알선·유인하는 행위에 해당한다'고 볼 수 있습니다. |

| 질의 내용 | 인터넷 성형쇼핑몰 형태 소개, 알선, 유인 사주행위 |
|---|---|
| 판례 경향 | 인터넷 성형쇼핑몰 형태의 통신판매 사이트를 운영하는 피고인 갑 주식회사의 공동대표이사인 피고인 을, 병이 의사인 피고인 정과 약정을 맺고, 위 사이트를 통하여 환자들에게 피고인 정이 운영하는 ○ 의원 등에서 시행하는 시술상품 쿠폰을 구매하게 하는 방식으로 ○ 의원 등에 환자들을 소개·알선·유인하고 그에 대한 대가로 시술쿠폰을 이용하여 시술받은 환자가 지급한 진료비 중 일정 비율을 수수료로 ○ 의원 등으로부터 받아 영리를 목적으로 환자를 병원에 소개·알선·유인하는 행위를 하였고, 피고인 정은 피고인 을, 병이 위와 같이 영리를 목적으로 환자를 의원에 소개·알선·유인하는 행위를 사주하였다고 하여 의료법 위반으로 기소된 사안에서, 공소사실을 유죄로 인정한 원심판단이 정당하다고 한 사례(대법원 2019. 4. 25. 선고 2018도20928 판결) |

| 질의 내용 | 본인부담금 할인 환자유인 행위 처벌(합헌) |
|---|---|
| 헌재 결정 | 대법원 판례 등에 비추어 '환자유인행위'란 '기망 또는 유혹을 수단으로 환자를 꾀어내어 그로 하여금 특정 의료기관 또는 의료인과 치료위임계약을 체결하도록 유도하는 행위로서 보험재정 등의 건전성을 악화시키는 등 특별한 사정이 인정되는 행위'로 이해할 수 있다. 본인부담금 할인행위로 많은 환자를 유치하는 경우 건강보험공단이나 의료급여기금으로부터 받는 급여비용이 증가하여 상당한 이익을 남기게 될 것이므로, '본인부담금 할인행위'는 '환자유인행위'의 의미범위에 포함된다. 따라서, 심판대상조항은 죄형법정주의 명확성원칙에 위배되지 않는다. 심판대상조항은 의료인이나 의료기관이 본인부담금을 할인하였을 때 발생할 수 있는 의료수진의 남용을 막아 보험재정 등의 건전성을 유지하기 위한 조항으로, 그 입법목적은 정당하고 수단의 적합성도 인정된다. 의료기관 등이 본인부담금을 할인하여 환자를 많이 유치하게 되면 일반적으로 건강보험재정이나 의료급여기금재정을 악화시킬 수 있는바, 심판대상조항은 보험재정이나 기금재정의 악화를 방지하기 위하여 불가피한 조항이다. 심판대상조항은 비급여대상에 관한 진료비의 할인행위에 관하여는 아무런 규제를 하고 있지 않고, 의료인 또는 의료기관이 행하 |

|  | 는 환자유인행위에 대하여서는 의료시장의 질서를 현저하게 해치는 것 등의 특별한 사정이 있는 경우에만 적용되며, 법정형의 정도 또한 과도하다고 볼 수 없으므로, 심판대상조항은 침해의 최소성 원칙에도 반하지 않는다. 의료인이나 의료기관의 본인부담금 할인방식의 환자유인행위를 금함으로써 국민건강보험과 의료급여에 관한 보험재정 등을 건전화하고, 국민건강보험법과 의료급여법의 목적을 실현하고자 하는 공익은, 심판대상조항으로 인하여 의료인이나 의료기관에게 가하여지는 직업수행의 자유에 대한 제약보다 작다고 하기 어려우므로, 심판대상조항은 법익의 균형성 원칙에도 반하지 않는다. 따라서, 심판대상조항은 과잉금지원칙에 위배되지 않는다[헌재 2017. 12. 28. 2016헌바311]. |
|---|---|
| 질의 내용 | 비급여 진료비 할인과 환자유인행위 |
| 판례 경향 | 비급여 진료비를 할인 또는 면제하는 행위는 '국민건강보험법 또는 의료급여법의 규정에 의한 본인부담금을 할인하는 행위'에 해당하지 않는다(헌재 2010. 10. 28. 2009헌마55, 대법원 2008. 2. 28. 선고 2007도10542 판결, 대법원 2012. 10. 25. 선고 2010도6527 판결 등 참조). 국민건강보험법 및 의료급여법에 의한 급여대상이 아닌 진료비로서 의료인이 스스로 그 금액을 자유롭게 정하고 환자 본인이 이를 전액 부담하도록 되어 있는 진료비까지 위 규정상 '본인부담금'에 해당한다고 해석하는 것은 형벌 법규를 지나치게 확장 해석하는 것으로서 죄형법정주의의 원칙에 어긋나 허용될 수 없기 때문이다(대법원 2008. 2. 28. 선고 2007도10542 판결 참조). 따라서 이러한 비급여 진료를 받을 수 있도록 하는 권리를 제공하겠다는 내용의 광고는 국민건강보험법이나 의료급여법에 따른 본인부담금을 면제 또는 할인하는 행위에 준하는 행위로 볼 수 없다. 또한 의료법 제27조제3항에서 금지하고 있는 '금품 제공'은 환자로 하여금 특정 의료기관 또는 의료인과 치료위임계약을 체결하도록 유도할 만한 경제적 이익이 있는 것으로서 이를 허용할 경우 의료시장의 질서를 해할 우려가 있는 것으로 한정하여야 하는데(헌재 2016. 7. 28. 2016헌마176 참조), 청구인이 환자들에게 이 사건 상품권을 제공하는 것의 실질은 청구인 병원에서 비급여 진료비를 할인 내지 면제하여 주는 것에 불과하고, 위 상품권을 환가하거나 유통시키는 등 이를 본래의 목적 외에 다른 용도로 활용하는 것이 용이한 것으로 보이지 아니하며, 이 사건 상품권이 청구인 병원에서 사용되는 것 외에 달리 독립된 경제적 가치가 있는지에 관한 수사도 이루어진 바가 없다. 이에 더하여 비급여 진료비를 할인 또는 면제하는 행위가 환자 유인행위에 해당하지 않는다는 취지의 앞서 살핀 결정례 및 판결례에 비추어 보면, 비급여 진료비를 할인 또는 면제하는 것을 내용으로 하는 이 사건 상품권을 제공 |

| | |
|---|---|
| | 하겠다는 취지의 입간판 포스터를 게시한 행위는 의료법 제27조제3항이 금지하는 금품 등 제공 행위에 준하는 행위라고도 단정하기 어렵다. |

| | |
|---|---|
| 질의 내용 | 비급여 상품권 환자유인행위에 대한 판단 |
| 헌재 결정 | 의료기관·의료인이 스스로 자신에게 환자를 유치하는 행위는 그것이 의료법 제27조제3항에서 명문으로 금지하는 개별적 행위 유형에 준하는 것으로 평가될 수 있거나 또는 의료시장의 질서를 현저하게 해치는 것인 등의 특별한 사정이 없는 한, 의료법 제27조제3항의 환자의 '유인'에 해당하지 아니한다. 비급여 진료비를 할인 또는 면제하는 행위는 '국민건강보험법 또는 의료급여법의 규정에 의한 본인부담금을 할인하는 행위'에 해당하지 않는다. 국민건강보험법 및 의료급여법에 의한 급여대상이 아닌 진료비로서 의료인이 스스로 그 금액을 자유롭게 정하고 환자 본인이 이를 전액 부담하도록 되어 있는 진료비까지 위 규정상 '본인부담금'에 해당한다고 해석하는 것은 형벌 법규를 지나치게 확장 해석하는 것으로서 죄형법정주의의 원칙에 어긋나 허용될 수 없기 때문이다. 의료법 제27조제3항에서 금지하고 있는 '금품 제공'은 환자로 하여금 특정 의료기관 또는 의료인과 치료위임계약을 체결하도록 유도할 만한 경제적 이익이 있는 것으로서 이를 허용할 경우 의료시장의 질서를 해할 우려가 있는 것으로 한정하여야 한다. 의료인인 청구인이 지인을 소개하는 기존 환자에게 자신의 병원에서 비급여 진료 혜택을 1회 받을 수 있는 상품권을 제공하겠다는 포스터를 게시한 사실은 인정되나, 그와 같은 사정만으로는 이를 의료법 제27조제3항에서 금지하는 환자 유인행위에 해당한다고 단정하기 어려우므로, 피청구인의 기소유예처분은 청구인의 평등권과 행복추구권을 침해하였다(헌재 2019. 5. 30. 2017헌마1217). |

| | |
|---|---|
| 질의 내용 | 건강검진 예약 환자에 대해 교통편의 제공 |
| 해석 경향 | 의료법 제27조제3항에서는 "누구든지 「국민건강보험법」이나 「의료급여법」에 따른 본인부담금을 면제하거나 할인하는 행위, 금품 등을 제공하거나 불특정 다수인에게 교통편의를 제공하는 행위 등 영리를 목적으로 환자를 의료기관이나 의료인에게 소개·알선·유인하는 행위 및 이를 사주하는 행위를 하여서는 아니된다"고 규정하고 있습니다. 따라서 개별적으로 환자의 경제적 사정 등을 이유로 관할 시장·군수·구청장의 사전승인을 받을 경우 가능하며, 다만 교통이 불편한 지역에서 불특정 다수가 아닌 건강검진을 예약한 학생, 노동자, 단체 등의 특정 환자에 대해서 교통편의를 제공하는 것은 가능할 것입니다. |

| 질의 내용 | 비급여 진료비는 국민건강보험법이나 의료급여법 본인부담금 할인행위와 무관 |
|---|---|
| 헌재 결정 | 구 의료법 제27조제3항에서 말하는 '본인부담금'이란, 국민건강보험법에 의한 요양급여를 받는 자(가입자 및 피부양자)나 의료급여법에 의한 수급자가 급여비용의 일부를 부담하는 경우에 그 부담 부분을 의미한다고 할 것이지, 국민건강보험이나 의료급여의 대상이 아닌 모든 경우에 환자 본인이 부담하는 비용을 의미하는 것은 아니라고 할 것이다.<br>청구인이 할인 이벤트의 대상으로 삼은 보톡스 주사, 제모 시술 등은 국민건강보험법 또는 의료급여법에 의한 급여대상 진료에 해당하지 아니하므로, 이에 대한 환자 본인의 부담금액에 대한 할인행위는 구 의료법 제27조제3항에서 말하는 '본인부담금' 할인행위에 해당하지 아니함에도 불구하고, 피청구인은 이 사건 기소유예처분을 하였는바, 이는 법리오해에 기초하여 이루어진 자의적인 처분에 해당하고, 그로 말미암아 청구인의 평등권과 행복추구권이 침해되었다고 할 것이므로 이 사건 기소유예처분은 취소되어야 한다. 대법원 역시 '본인부담금'에 대하여 국민건강보험법에 의한 가입자 및 피부양자와 의료급여법에 의한 수급자가 급여비용의 일부를 부담하는 경우에 그 일부 부담 부분을 의미하는 것으로 해석하면서, 국민건강보험법 및 의료급여법에 의한 급여 대상이 아닌 진료에 대한 진료비로서 의료인이 스스로 그 금액을 자유롭게 정하고 환자 본인이 이를 전액 부담하도록 되어 있는 진료비까지 본인부담금에 해당한다고 해석하는 것은 형벌법규를 지나치게 확장해석하는 것으로서 죄형법정주의의 원칙에 어긋나 허용될 수 없다고 판시하여(대법원 2008. 2. 28. 선고 2007도10542 판결), '본인부담금'의 범위를 제한해석하고 있다. 청구인이 할인 이벤트의 대상으로 삼은 보톡스 주사, 제모 시술 등은 국민건강보험법 또는 의료급여법의 급여대상 진료에 해당하지 아니하므로, 이에 대한 진료는 환자 본인이 전액 그 비용을 부담해야 하는바, 이러한 부담금액은 의료인 스스로 자유롭게 정할 수 있는 금액이라 할 것이고, 이에 대한 할인행위는 구 의료법 제27 제3항에서 말하는 '본인부담금' 할인행위에 해당하지 아니한다(헌재 2010. 10. 28. 2009헌마55). |

| 질의 내용 | 의료기관 내원한 혈액투석환자에게 점심 제공 |
|---|---|
| 해석 경향 | 의료법 제27조제3항에서 누구든지 불특정 다수인에게 영리를 목적으로 환자를 의료기관이나 의료인에게 소개·알선·유인하는 행위 및 이를 사주하는 행위를 하지 못하도록 규정하고 있으므로 의료기관에 외래진료를 위해 내원한 환자들에 대하여 무료로 식사를 제공하는 행위는 치료를 위한 의료서비스로 볼 수 없으며, 혈액 투석환자에게 무료로 점심 식사 등을 제공하는 행위 또한 의료법 제27조제3항에 위배될 수 있습니다. |

| 질의 내용 | 성형쇼핑몰 통신판매 대행 수수료 수수행위 |
|---|---|
| 판례 경향 | 인터넷 성형쇼핑몰 형태의 통신판매 사이트를 운영하는 피고인 갑 주식회사의 공동대표이사인 피고인 을, 병이 의사인 피고인 정과 약정을 맺고, 위 사이트를 통하여 환자들에게 피고인 정이 운영하는 무 의원 등에서 시행하는 시술상품 쿠폰을 구매하게 하는 방식으로 무 의원 등에 환자들을 소개·알선·유인하고 그에 대한 대가로 시술쿠폰을 이용하여 시술받은 환자가 지급한 진료비 중 15~20%를 수수료로 무 의원 등으로부터 받아 영리를 목적으로 환자를 병원에 소개·알선·유인하는 행위를 하였고, 피고인 정은 피고인 을, 병이 위와 같이 영리를 목적으로 환자를 의원에 소개·알선·유인하는 행위를 사주하였다고 하여 의료법 위반으로 기소된 사안에서, 피고인 을, 병이 환자와 의료인 사이의 진료계약 체결의 중개행위를 하고 그 대가로 수수료를 지급받는 등 단순히 의료행위, 의료기관 및 의료인 등에 대한 정보를 소비자에게 나타내거나 알리는 의료법 제56조에서 정한 의료광고의 범위를 넘어 의료법 제27조제3항 본문의 영리를 목적으로 환자를 의료기관 또는 의료인에게 소개·알선하는 행위를 하였다고 보아 공소사실을 유죄로 인정한 원심판단이 정당하다 (대법원 1999. 3. 26. 선고 98도2481 판결 참조). |

| 질의 내용 | 교통이 불편한 의료기관에서 교통편의 제공 |
|---|---|
| 해석 경향 | 의료법 제27조제3항에서는 누구든지 「국민건강보험법」이나 「의료급여법」에 따른 본인부담금을 면제하거나 할인하는 행위, 금품 등을 제공하거나 불특정 다수인에게 교통편의를 제공하는 행위 등 영리를 목적으로 환자를 의료기관이나 의료인에게 소개·알선·유인하는 행위 및 이를 사주하는 행위를 하여서는 아니된다.<br>다만, 환자의 경제적 사정 등을 이유로 개별적으로 관할 시장·군수·구청장의 사전승인을 받아 환자에게 편의를 제공하는 행위는 가능하다고 규정하고 있습니다. 따라서 교통이 불편한 의료기관에서 환자에게 편의를 제공하기 위해서는 의료법 제27조제3항에 의거 관할 시장·군수·구청장의 사전승인을 받아 예약 환자와 같이 이미 의료기관을 이용하기로 결정한 특정인만을 대상으로 교통 편의를 제공하는 것은 가능할 것입니다. 1)차량 이용 시 외부적 표시가 부착되거나 안내판이 설치되어야 하며 2)진료증 또는 예약증 등을 통해 확인된 환자에 대해서만 차량이용이 가능하며 3)가급적 의료기관과 가까운 장소로 한정하여 차량을 운행하는 등 제한적 범위 내에서 의료기관을 이용하는 환자에 대해서만 운영이 가능합니다. |

| 의료법 | 제28조(중앙회와 지부) |
|---|---|

① 의사·치과의사·한의사·조산사 및 간호사는 대통령령으로 정하는 바에 따라 각각 전국적 조직을 두는 의사회·치과의사회·한의사회·조산사회 및 간호사회(이하 "중앙회"라 한다)를 각각 설립하여야 한다.

② 중앙회는 법인으로 한다.

③ 제1항에 따라 중앙회가 설립된 경우에는 의료인은 당연히 해당하는 중앙회의 회원이 되며, 중앙회의 정관을 지켜야 한다.

④ 중앙회에 관하여 이 법에 규정되지 아니한 사항에 대하여는 「민법」 중 사단법인에 관한 규정을 준용한다.

⑤ 중앙회는 대통령령으로 정하는 바에 따라 특별시·광역시·도와 특별자치도(이하 "시·도"라 한다)에 지부를 설치하여야 하며, 시·군·구(자치구만을 말한다. 이하 같다)에 분회를 설치할 수 있다. 다만, 그 외의 지부나 외국에 의사회 지부를 설치하려면 보건복지부장관의 승인을 받아야 한다. <개정 2008. 2. 29., 2010. 1. 18.>

⑥ 중앙회가 지부나 분회를 설치한 때에는 그 지부나 분회의 책임자는 지체 없이 특별시장·광역시장·도지사·특별자치도지사(이하 "시·도지사"라 한다) 또는 시장·군수·구청장에게 신고하여야 한다.

⑦ 각 중앙회는 제66조의2에 따른 자격정지 처분 요구에 관한 사항 등을 심의·의결하기 위하여 윤리위원회를 둔다. <신설 2011. 4. 28.>

⑧ 윤리위원회의 구성, 운영 등에 관한 사항은 대통령령으로 정한다. <신설 2011. 4. 28.>

| 의료법 시행령 | 제11조의2(윤리위원회의 구성) |
|---|---|

① 법 제28조제7항에 따른 윤리위원회(이하 "윤리위원회"라 한다)는 위원장 1명을 포함한 11명의 위원으로 구성한다.

② 위원장은 위원 중에서 각 중앙회의 장이 위촉한다.

③ 위원은 다음 각 호의 사람 중에서 각 중앙회의 장이 성별을 고려하여 위촉하되, 제2호에 해당하는 사람이 4명 이상 포함되어야 한다. <개정 2017. 3. 20.>

 1. 각 중앙회 소속 회원으로서 의료인 경력이 10년 이상인 사람

 2. 의료인이 아닌 사람으로서 법률, 보건, 언론, 소비자 권익 등에 관하여 경험과 학식이 풍부한 사람

④ 위원의 임기는 3년으로 하며, 한 번만 연임할 수 있다.

[본조신설 2012. 4. 27.]

| 의료법 시행령 | 제11조의3(윤리위원회의 운영 등) |
|---|---|

① 윤리위원회는 다음 각 호의 사항을 심의·의결한다.

1. 법 제66조의2에 따른 자격정지 처분 요구에 관한 사항
2. 각 중앙회 소속 회원에 대한 자격심사 및 징계에 관한 사항
3. 그 밖에 회원의 윤리 확립을 위해 필요한 사항으로서 각 중앙회의 정관으로 정하는 사항

② 윤리위원회의 회의는 위원장이 필요하다고 인정하는 경우나 각 중앙회의 장 또는 재적위원 3분의 1 이상이 요청하는 경우에 위원장이 소집한다. 이 경우 위원장은 회의 개최 7일 전까지 회의의 일시, 장소 및 안건을 각 위원에게 통보하여야 한다.

③ 윤리위원회의 회의는 재적위원 3분의 2 이상의 출석으로 개의(開議)하고, 출석위원 3분의 2 이상의 찬성으로 의결한다. 다만, 제1항제2호 및 제3호의 사항에 관한 정족수는 각 중앙회의 정관으로 달리 정할 수 있다.

④ 윤리위원회의 위원장은 제1항제1호 및 제2호의 사항에 관하여 심의·의결하려는 경우에는 해당 안건의 당사자에게 구술 또는 서면(전자문서를 포함한다)으로 의견을 진술할 기회를 주어야 한다.

⑤ 윤리위원회는 소관 심의·의결 사항을 전문적으로 검토하기 위하여 필요한 경우 보건복지부장관이 정하는 기준에 따라 분야별 전문자문단을 구성·운영할 수 있다. <신설 2017. 3. 20.>

⑥ 제1항부터 제5항까지에서 규정한 사항 외에 윤리위원회 또는 제5항에 따른 분야별 전문자문단의 운영에 필요한 사항은 각 중앙회의 정관으로 정한다. <개정 2017. 3. 20.> [본조신설 2012. 4. 27.]

| 의료법 시행령 | 제11조의4(윤리위원회 위원의 제척 등) |
|---|---|

① 윤리위원회의 위원은 다음 각 호의 어느 하나에 해당하는 경우 윤리위원회의 심의·의결에서 제척된다.
1. 위원이 윤리위원회의 심의·의결 안건(이하 이 조에서 "해당 안건"이라 한다)의 당사자인 경우
2. 위원이 해당 안건의 당사자와 친족이거나 친족이었던 경우
3. 위원이 해당 안건의 당사자가 최근 3년 이내에 소속되어 있었던 기관에 종사하거나 종사하였던 경우

② 해당 안건의 당사자는 위원에게 제1항의 제척사유가 있거나 그 밖에 심의·의결의 공정을 기대하기 어려운 사정이 있는 경우에는 그 사유를 서면으로 밝혀 윤리위원회에 기피신청을 할 수 있다.

③ 윤리위원회는 제2항에 따른 기피신청을 받은 경우 재적위원 과반수의 출석과 출석위원 과반수의 찬성으로 기피 여부를 의결한다. 이 경우 기피신청을 당한 위원은 그 의결에 참여하지 못한다.

④ 윤리위원회의 위원은 제1항 또는 제2항의 사유에 해당하는 경우 스스로 심의·의결에서 회피할 수 있다.

[본조신설 2012. 4. 27.]

| 의료법 시행령 | 제15조(중앙회의 지부) |
|---|---|
| | 법 제28조제5항에 따라 중앙회는 그 설립등기를 끝낸 날부터 3주일 이내에 특별시·광역시·도와 특별자치도에 각각 지부를 설치하여야 한다. 다만, 외국에 두는 의사회 지부는 이에 관한 정관 변경허가를 받은 날부터 10주일 이내에 설치하여야 한다. |

◇ 의료법 제28조에서 규정하고 있는 중앙회는 의사·치과의사·한의사·조산사 및 간호사회의 중앙회를 뜻하며, 대부분의 의료인 중앙회는 회원들을 구성원으로 하는 사단법인으로 「민법」 제32조 및 「보건복지부 소관 비영리법인의 설립 및 감독에 관한 규칙」 제4조에 의거 보건복지부장관으로부터 설립 허가를 받아 회원들의 공동목적인 교육, 정보교류 등을 통한 자질향상 등을 도모하고 회원 권익을 증진하여 사회발전에 이바지 하는 등 각 협회 정관에서 정한 목적사업을 수행한다.

| 질의 내용 | 의료인 중앙회의 지부 설치 |
|---|---|
| 해석 경향 | 각 의료인 중앙회는 대통령령으로 정하는 바에 따라 주사무소 외에 분사무소에 해당하는 특별시·광역시·도와 특별자치도에 지부를 설치하여야 하며, 시·군·구(자치구만을 말한다)에 분회를 설치할 수 있습니다. 중앙회는 사무소 주소 이전 등 정관상 변경할 사항이 있을 경우, 보건복지부장관의 정관변경 허가를 득해야 합니다. 중앙회가 지부나 분회를 설치한 때에는 그 지부나 분회의 책임자는 지체 없이 특별시장·광역시장·도지사·특별자치도지사 또는 시장·군수·구청장에게 신고하여야 합니다. |

| 질의 내용 | 의료인 중앙회 윤리위원회의 역할 |
|---|---|
| 해석 경향 | 각 중앙회 윤리위원회의 역할은 의료인이 의료인의 품위를 심하게 손상시키는 행위를 한 때 자격정지 처분 요구에 관한 사항, 각 중앙회 소속 회원에 대한 자격심사 및 징계에 관한 사항, 그 밖에 회원의 윤리 확립을 위해 필요한 사항으로서 각 중앙회의 정관으로 정하는 사항을 심의·의결하는 것이며, 주로 의료인이 의료인의 품위를 심하게 손상시키는 행위를 한 때 중앙회 차원에서 자격정지 처분 요구에 관한 사항을 심의·의결하여 보건복지부장관에게 자격정지처분을 요구하게 됩니다. |

| 의료법 | 제29조(설립 허가 등) |
|---|---|

① 중앙회를 설립하려면 대표자는 대통령령으로 정하는 바에 따라 정관과 그 밖에 필요한 서류를 보건복지부장관에게 제출하여 설립 허가를 받아야 한다. <개정 2008. 2. 29., 2010. 1. 18.>

② 중앙회의 정관에 적을 사항은 대통령령으로 정한다.

③ 중앙회가 정관을 변경하려면 보건복지부장관의 허가를 받아야 한다. <개정 2008. 2. 29., 2010. 1. 18.>

| 의료법 시행령 | 제12조(중앙회의 설립 허가신청) |
|---|---|

법 제29조제1항에 따라 중앙회 설립 허가를 받으려면 다음 각 호의 서류를 갖추어 보건복지부장관에게 제출하여야 한다. <개정 2008. 2. 29., 2010. 3. 15.>

1. 정관

2. 사업계획서

3. 자산명세서

4. 설립결의서

5. 설립대표자의 선출 경위에 관한 서류

6. 임원의 취임승낙서와 이력서

| 의료법 시행령 | 제13조(정관의 기재 사항 등) |
|---|---|

법 제29조제2항에 따라 중앙회의 정관에 적어야 할 사항은 다음과 같다. <개정 2012. 4. 27.>

1. 목적

2. 명칭

3. 중앙회·지부·분회의 소재지

4. 재산 또는 회계와 그 밖에 관리·운영에 관한 사항

5. 임원의 선임(選任)에 관한 사항

6. 회원의 자격 및 징계에 관한 사항

7. 정관 변경에 관한 사항

8. 공고 방법에 관한 사항

9. 윤리위원회의 운영 등에 관한 사항

| 의료법 시행령 | 제14조(정관 변경의 허가신청) |
|---|---|

법 제29조제3항에 따라 중앙회가 정관 변경의 허가를 받으려면 다음 각 호의 서류를 갖추어 보건복지부장관에게 제출하여야 한다. <개정 2008. 2. 29., 2010. 3. 15.>

1. 정관 변경의 내용과 그 이유를 적은 서류

```
┌─ 2. 정관 변경에 관한 회의록
│  3. 신구 정관대조표와 그 밖의 참고서류
└─
```

| 질의 내용 | 사단법인 설립허가 신청 |
|---|---|
| 해석 경향 | 보건복지부 소관 비영리법인인 사단법인은 「민법」 제32조 및 「보건복지부 소관 비영리법인의 설립 및 감독에 관한 규칙」 제4조에서 규정하고 있으며, 사단법인 설립허가 신청 시 구비서류로는, 법인 설립취지서, 설립 발기인 인적사항, 임원취임 예정자 인적사항 및 취임승낙서, 창립총회 회의록, 기본(보통)재산기증승낙서, 출연재산목록, 회원 명부, 사업계획서, 사업수입·지출예산서, 부동산사용승낙서 또는 임대차계약서 등 입니다. 다만, 민법상 주무관청의 허가를 얻어 설립할 수 있도록 비영리법인의 설립에 허가주의를 채택하고 있어, 비영리법인의 설립허가여부는 주무관청의 정책적 판단에 따른 재량에 맡겨져 있다 할 수 있습니다. |

| 질의 내용 | 사단법인 정관변경허가 신청 시 구비서류 |
|---|---|
| 해석 경향 | 정관변경의 허가 대상은 사단법인 정관의 전문이 허가대상이 된다고 보는 것이 타당하며, 법 제29조제3항에 따라 중앙회가 정관 변경의 허가를 받으려면 정관 변경의 내용과 그 이유를 적은 서류, 정관 변경에 관한 회의록, 신구 정관대조표와 그 밖의 참고서류를 갖추어 보건복지부장관에게 제출하여야 한다. 즉, 법인정관변경허가신청서, 변경사유서, 정관변경에 관한 총회 회의록, 변동된 사업계획서 및 수입과 지출예산서, 기본재산 처분의 경우 처분의 사유, 처분재산 목록, 처분의 방법 등을 기재한 서류 등 입니다. |

| 질의 내용 | 주무관청의 법인설립 불허가처분 |
|---|---|
| 판례 경향 | 민법은 제31조에서 "법인은 법률의 규정에 의함이 아니면 성립하지 못한다."고 규정하여 법인의 자유설립을 부정하고 있고, 제32조에서 "학술, 종교, 자선, 기예, 사교 기타 영리 아닌 사업을 목적으로 하는 사단 또는 재단은 주무관청의 허가를 얻어 이를 법인으로 할 수 있다."고 규정하여 비영리법인의 설립에 관하여 허가주의를 채택하고 있으며, 현행 법령상 비영리법인의 설립허가에 관한 구체적인 기준이 정하여져 있지 아니하므로, 비영리법인의 설립허가를 할 것인지 여부는 주무관청의 정책적 판단에 따른 재량에 맡겨져 있다고 할 것이다. 따라서 주무관청의 법인설립불허가처분에 사실의 기초를 결여하였다든지 또는 사회관념상 현저하게 타당성을 잃었다는 등의 사유가 있지 아니하고, 주무관청이 그와 같은 결론에 이르게 된 판단과정에 일응의 합리성이 있음을 부정할 수 없는 경우에는, 다른 특별한 사정이 없는 한 그 불허가처분에 재량권을 일탈·남용한 위법이 있다고 할 수 없다(대법원 1996. 9. 10. 선고 95누18437 판결). |

| 의료법 | 제30조(협조 의무) |
|---|---|

① 중앙회는 보건복지부장관으로부터 의료와 국민보건 향상에 관한 협조 요청을 받으면 협조하여야 한다. <개정 2008. 2. 29., 2010. 1. 18.>

② 중앙회는 보건복지부령으로 정하는 바에 따라 회원의 자질 향상을 위하여 필요한 보수(補修)교육을 실시하여야 한다. <개정 2008. 2. 29., 2010. 1. 18.>

③ 의료인은 제2항에 따른 보수교육을 받아야 한다.

| 의료법 시행규칙 | 제20조(보수교육) |
|---|---|

① 중앙회는 법 제30조제2항에 따라 다음 각 호의 사항이 포함된 보수교육을 매년 실시하여야 한다. <개정 2017. 3. 7.>

 1. 직업윤리에 관한 사항

 2. 업무 전문성 향상 및 업무 개선에 관한 사항

 3. 의료 관계 법령의 준수에 관한 사항

 4. 선진 의료기술 등의 동향 및 추세 등에 관한 사항

 5. 그 밖에 보건복지부장관이 의료인의 자질 향상을 위하여 필요하다고 인정하는 사항

② 의료인은 제1항에 따른 보수교육을 연간 8시간 이상 이수하여야 한다.

③ 보건복지부장관은 제1항에 따른 보수교육의 내용을 평가할 수 있다.

④ 각 중앙회장은 제1항에 따른 보수교육을 다음 각 호의 기관으로 하여금 실시하게 할 수 있다.

 1. 법 제28조제5항에 따라 설치된 지부(이하 "지부"라 한다) 또는 중앙회의 정관에 따라 설치된 의학·치의학·한의학·간호학 분야별 전문학회 및 전문단체

 2. 의과대학·치과대학·한의과대학·의학전문대학원·치의학전문대학원·한의학전문대학원·간호대학 및 그 부속병원

 3. 수련병원

 4. 「한국보건복지인력개발원법」에 따른 한국보건복지인력개발원

 5. 다른 법률에 따른 보수교육 실시기관

⑤ 각 중앙회장은 의료인이 제4항제5호의 기관에서 보수교육을 받은 경우 그 교육이수 시간의 전부 또는 일부를 보수교육 이수시간으로 인정할 수 있다.

⑥ 다음 각 호의 어느 하나에 해당하는 사람에 대하여는 해당 연도의 보수교육을 면제한다.

 1. 전공의

 2. 의과대학·치과대학·한의과대학·간호대학의 대학원 재학생

3. 영 제8조에 따라 면허증을 발급받은 신규 면허취득자
4. 보건복지부장관이 보수교육을 받을 필요가 없다고 인정하는 사람
⑦ 다음 각 호의 어느 하나에 해당하는 사람에 대하여는 해당 연도의 보수교육을 유예할 수 있다.
1. 해당 연도에 6개월 이상 환자진료 업무에 종사하지 아니한 사람
2. 보건복지부장관이 보수교육을 받기가 곤란하다고 인정하는 사람
⑧ 제6항 또는 제7항에 따라 보수교육이 면제 또는 유예되는 사람은 해당 연도의 보수교육 실시 전에 별지 제10호의2서식의 보수교육 면제·유예 신청서에 보수교육 면제 또는 유예 대상자임을 증명할 수 있는 서류를 첨부하여 각 중앙회장에게 제출하여야 한다.
⑨ 제8항에 따른 신청을 받은 각 중앙회장은 보수교육 면제 또는 유예 대상자 여부를 확인하고, 보수교육 면제 또는 유예 대상자에게 별지 제10호의3서식의 보수교육 면제·유예 확인서를 교부하여야 한다.
[전문개정 2012. 4. 27.]

| 의료법 시행규칙 | 제21조(보수교육계획 및 실적보고 등) |
|---|---|

① 각 중앙회장은 보건복지부장관에게 매년 12월 말일까지 다음 연도의 별지 제11호서식의 보수교육계획서를 제출하고, 매년 4월 말일까지 전년도의 별지 제12호서식의 보수교육실적보고서를 제출하여야 한다. <개정 2012. 4. 27.>
② 각 중앙회장은 보수교육을 받은 자에게 별지 제13호서식의 보수교육이수증을 발급하여야 한다. <개정 2012. 4. 27.>

| 의료법 시행규칙 | 제22조(보수교육 실시 방법 등) |
|---|---|

보수교육의 교과과정, 실시 방법과 그 밖에 보수교육을 실시하는 데에 필요한 사항은 각 중앙회장이 정한다. <개정 2012. 4. 27.>

| 의료법 시행규칙 | 제23조(보수교육 관계 서류의 보존) |
|---|---|

제20조에 따라 보수교육을 실시하는 중앙회 등은 다음 각 호의 서류를 3년간 보존하여야 한다.
1. 보수교육 대상자명단(대상자의 교육 이수 여부가 명시되어야 한다)
2. 보수교육 면제자명단
3. 그 밖에 이수자의 교육 이수를 확인할 수 있는 서류

◇ 각 중앙회는 회원들의 자질향상 위하여 직업의 윤리, 업무 전문성, 업무개선, 의료 관계 법령의 준수, 선진 의료기술 등의 동향 및 추세 등에 관하여 연간 8시간의 보수교육을 실시하고 교육을 이수한 회원에게는 보수교육 이수증을 발급해 주어야 한다. 또한 중앙회장은 보건복지부장관에게 매년 12월 말일까지 다음 연도의 보수교육계획서를 제출하고, 매년 4월 말일까지 전년도의 보수교육실적보고서를 제출하여야 한다.

△ 제30조제3항에 따른 보수교육을 받지 아니한 경우

 - 제1차 위반 : 경고

 - 제2차 위반(1차처분일로부터 2년 이내에 다시 위반한 경우에만 해당한다) : 자격정지 7일

| 질의 내용 | 회원의 보수교육 |
|---|---|
| 해석 경향 | 중앙회는 보건복지부령으로 정하는 바에 따라 직업윤리에 관한 사항, 업무 전문성 향상 및 업무 개선에 관한 사항, 의료 관계 법령의 준수에 관한 사항, 선진 의료기술 등의 동향 및 추세 등에 관한 사항 등 의료인의 자질 향상을 위하여 필요하다고 인정하는 사항 등 필요한 보수(補修)교육을 실시하여야 하며, 의료인은 이와 같은 보수교육을 연간 8시간 이상 이수하여야 한다. |

| 의료법 | 제32조(감독) |
|---|---|

보건복지부장관은 중앙회나 그 지부가 정관으로 정한 사업 외의 사업을 하거나 국민보건 향상에 장애가 되는 행위를 한 때 또는 제30조제1항에 따른 요청을 받고 협조하지 아니한 경우에는 정관을 변경하거나 임원을 새로 뽑을 것을 명할 수 있다. <개정 2008. 2. 29., 2010. 1. 18.>

| 질의 내용 | 중앙회에 대한 감독 |
|---|---|
| 해석 경향 | 의료법 제32조에서 규정하고 있는 중앙회 감독과 관련하여, 해당 법인을 허가한 주무부처에서는 매년 감사 등을 통하여 해당 법인의 목적달성을 위한 운영상황을 지도 감독합니다. |

## 우수에 우수에

心傳 권 형 원

소한 대한 입춘이 지나고
우수에 우수에 잠겼다

오천 년 푸른 솔이
해괴한 바람에 흔들리고

봄 여름 가을 겨울
푸르던 솔잎들이 입을 가린 채

강한 햇살을 기다리며
움츠려 떨고 있다

이따금
가느다란 잎이 가슴을 찔러
파란 피가 누렇게 녹슬어가는

어처구니없게도
코로나19라는 바람이
봄바람의 눈을 가렸다

눈을 가린 봄은
안타까이 빙빙 돌고

우수(雨水)에 춘심(春心)은
우수(憂愁)에 젖어 있다.

(시사문단 2021년-3월호)

# 제3장 의료기관

| 의료법 | 제33조(개설 등) |
|---|---|

① 의료인은 이 법에 따른 의료기관을 개설하지 아니하고는 의료업을 할 수 없으며, 다음 각 호의 어느 하나에 해당하는 경우 외에는 그 의료기관 내에서 의료업을 하여야 한다. <개정 2008. 2. 29., 2010. 1. 18.>

1. 「응급의료에 관한 법률」 제2조제1호에 따른 응급환자를 진료하는 경우
2. 환자나 환자 보호자의 요청에 따라 진료하는 경우
3. 국가나 지방자치단체의 장이 공익상 필요하다고 인정하여 요청하는 경우
4. 보건복지부령으로 정하는 바에 따라 가정간호를 하는 경우
5. 그 밖에 이 법 또는 다른 법령으로 특별히 정한 경우나 환자가 있는 현장에서 진료를 하여야 하는 부득이한 사유가 있는 경우

② 다음 각 호의 어느 하나에 해당하는 자가 아니면 의료기관을 개설할 수 없다. 이 경우 의사는 종합병원·병원·요양병원·정신병원 또는 의원을, 치과의사는 치과병원 또는 치과의원을, 한의사는 한방병원·요양병원 또는 한의원을, 조산사는 조산원만을 개설할 수 있다. <개정 2009. 1. 30., 2020. 3. 4.>

1. 의사, 치과의사, 한의사 또는 조산사
2. 국가나 지방자치단체
3. 의료업을 목적으로 설립된 법인(이하 "의료법인"이라 한다)
4. 「민법」이나 특별법에 따라 설립된 비영리법인
5. 「공공기관의 운영에 관한 법률」에 따른 준정부기관, 「지방의료원의 설립 및 운영에 관한 법률」에 따른 지방의료원, 「한국보훈복지의료공단법」에 따른 한국보훈복지의료공단

③ 제2항에 따라 의원·치과의원·한의원 또는 조산원을 개설하려는 자는 보건복지부령으로 정하는 바에 따라 시장·군수·구청장에게 신고하여야 한다. <개정 2008. 2. 29., 2010. 1. 18.>

④ 제2항에 따라 종합병원·병원·치과병원·한방병원·요양병원 또는 정신병원을 개설하려면 제33조의2에 따른 시·도 의료기관개설위원회의 심의를 거쳐 보건복지부령으로 정하는 바에 따라 시·도지사의 허가를 받아야 한다. 이 경우 시·도지사는 개설하려는 의료기관이 다음 각 호의 어느 하나에 해당하는 경우에는 개설허가를 할 수 없다. <개정 2008. 2. 29.,

2010. 1. 18., 2019. 8. 27., 2020. 3. 4.>

1. 제36조에 따른 시설기준에 맞지 아니하는 경우
2. 제60조제1항에 따른 기본시책과 같은 조 제2항에 따른 수급 및 관리계획에 적합하지 아니한 경우

⑤ 3항과 제4항에 따라 개설된 의료기관이 개설 장소를 이전하거나 개설에 관한 신고 또는 허가사항 중 보건복지부령으로 정하는 중요사항을 변경하려는 때에도 제3항 또는 제4항과 같다. <개정 2008. 2. 29., 2010. 1. 18.>

⑥ 산원을 개설하는 자는 반드시 지도의사(指導醫師)를 정하여야 한다.

⑦ 음 각 호의 어느 하나에 해당하는 경우에는 의료기관을 개설할 수 없다. <개정 2019. 8. 27.>

1. 약국 시설 안이나 구내인 경우
2. 약국의 시설이나 부지 일부를 분할·변경 또는 개수하여 의료기관을 개설하는 경우
3. 약국과 전용 복도·계단·승강기 또는 구름다리 등의 통로가 설치되어 있거나 이런 것들을 설치하여 의료기관을 개설하는 경우
4. 「건축법」 등 관계 법령에 따라 허가를 받지 아니하거나 신고를 하지 아니하고 건축 또는 증축·개축한 건축물에 의료기관을 개설하는 경우

⑧ 제2항제1호의 의료인은 어떠한 명목으로도 둘 이상의 의료기관을 개설·운영할 수 없다. 다만, 2 이상의 의료인 면허를 소지한 자가 의원급 의료기관을 개설하려는 경우에는 하나의 장소에 한하여 면허 종별에 따른 의료기관을 함께 개설할 수 있다. <신설 2009. 1. 30., 2012. 2. 1.>

⑨ 의료법인 및 제2항제4호에 따른 비영리법인(이하 이 조에서 "의료법인등"이라 한다)이 의료기관을 개설하려면 그 법인의 정관에 개설하고자 하는 의료기관의 소재지를 기재하여 대통령령으로 정하는 바에 따라 정관의 변경허가를 얻어야 한다(의료법인등을 설립할 때에는 설립 허가를 말한다. 이하 이 항에서 같다). 이 경우 그 법인의 주무관청은 정관의 변경허가를 하기 전에 그 법인이 개설하고자 하는 의료기관이 소재하는 시·도지사 또는 시장·군수·구청장과 협의하여야 한다. <신설 2015. 12. 29.>

⑩ 의료기관을 개설·운영하는 의료법인등은 다른 자에게 그 법인의 명의를 빌려주어서는 아니 된다. <신설 2015. 12. 29.> [제목개정 2012. 2. 1.]

[2007. 12. 27. 법률 제9386호에 의하여 2007. 12. 27. 헌법재판소에서 헌법불합치된 이 조제2항을 개정함]

| 의료법 시행령 | 제16조(의료법인 등의 의료기관 개설을 위한 정관변경 허가 등) |
|---|---|

① 법 제33조제2항제3호에 따른 의료법인(이하 "의료법인"이라 한다) 및 같은

항 제4호에 따른 비영리법인이 같은 조 제9항 전단에 따라 법인 설립허가 또는 정관 변경허가를 받으려는 경우에는 다음 각 호의 구분에 따른 서류를 주무관청에 제출하여야 한다.

1. 법인 설립허가를 받으려는 경우: 다음 각 목의 서류
   가. 의료기관의 개설·운영이 목적사업에 해당한다는 사실과 의료기관의 소재지가 반영된 정관안
   나. 의료기관 개설·운영을 위한 사업계획서 및 자금조달계획서
   다. 의료기관의 시설·장비 및 인력 등의 확보 계획서
   라. 법 제33조제2항제4호에 따른 비영리법인이 법인 설립허가 시 관계 법령에 따라 필요한 서류(비영리법인만 해당한다)
   마. 법 제48조제1항에 따른 의료법인 설립허가에 필요한 서류(의료법인만 해당한다)
   바. 그 밖에 의료기관의 개설·운영과 관련하여 보건복지부장관이 필요하다고 인정하여 고시하는 서류

2. 정관 변경허가를 받으려는 경우: 다음 각 목의 서류
   가. 의료기관의 개설·운영이 목적사업에 해당한다는 사실과 의료기관의 소재지가 반영된 정관변경안
   나. 제1호나목 및 다목의 서류
   다. 법 제33조제2항제4호에 따른 비영리법인이 정관 변경허가 시 관계 법령에 따라 필요한 서류(비영리법인만 해당한다)
   라. 법 제48조제3항에 따른 정관 변경허가에 필요한 서류(의료법인만 해당한다)
   마. 그 밖에 의료기관의 개설·운영과 관련하여 보건복지부장관이 필요하다고 인정하여 고시하는 서류

② 제1항 각 호의 서류(제1호라목·마목 및 제2호다목·라목은 제외한다)에 대한 작성기준, 작성방법 및 세부내용 등에 관한 사항은 보건복지부장관이 정하여 고시한다.

[본조신설 2016. 9. 29.]

| 의료법 시행령 | 제20조(의료법인 등의 사명) |
|---|---|

의료법인과 법 제33조제2항제4호에 따라 의료기관을 개설한 비영리법인은 의료업(법 제49조에 따라 의료법인이 하는 부대사업을 포함한다)을 할 때 공중위생에 이바지하여야 하며, 영리를 추구하여서는 아니 된다.

| 의료법 시행규칙 | 제24조(가정간호) |
|---|---|

① 법 제33조제1항제4호에 따라 의료기관이 실시하는 가정간호의 범위는 다음 각 호와 같다. <개정 2010. 3. 19.>

1. 간호
2. 검체의 채취(보건복지부장관이 정하는 현장검사를 포함한다. 이하 같다) 및 운반
3. 투약
4. 주사
5. 응급처치 등에 대한 교육 및 훈련
6. 상담
7. 다른 보건의료기관 등에 대한 건강관리에 관한 의뢰

② 가정간호를 실시하는 간호사는 「전문간호사 자격인정 등에 관한 규칙」에 따른 가정전문간호사이어야 한다.

③ 가정간호는 의사나 한의사가 의료기관 외의 장소에서 계속적인 치료와 관리가 필요하다고 판단하여 가정전문간호사에게 치료나 관리를 의뢰한 자에 대하여만 실시하여야 한다.

④ 가정전문간호사는 가정간호 중 검체의 채취 및 운반, 투약, 주사 또는 치료적 의료행위인 간호를 하는 경우에는 의사나 한의사의 진단과 처방에 따라야 한다. 이 경우 의사 및 한의사 처방의 유효기간은 처방일부터 90일까지로 한다.

⑤ 가정간호를 실시하는 의료기관의 장은 가정전문간호사를 2명 이상 두어야 한다.

⑥ 가정간호를 실시하는 의료기관의 장은 가정간호에 관한 기록을 5년간 보존하여야 한다.

⑦ 이 규칙에서 정한 것 외에 가정간호의 질 관리 등 가정간호의 실시에 필요한 사항은 보건복지부장관이 따로 정한다. <개정 2010. 3. 19.>

| 의료법 시행규칙 | 제25조(의료기관 개설신고) |

① 법 제33조제3항에 따라 의원·치과의원·한의원 또는 조산원을 개설하려는 자는 별지 제14호서식의 의료기관 개설신고서(전자문서로 된 신고서를 포함한다)에 다음 각 호의 서류(전자문서를 포함한다)를 첨부하여 시장·군수·구청장(자치구의 구청장을 말한다. 이하 같다)에게 신고하여야 한다. 이 경우 시장·군수·구청장은 「전자정부법」 제36조제1항에 따른 행정정보의 공동이용을 통하여 법인 등기사항증명서를 확인하여야 한다. <개정 2009. 4. 29., 2010. 1. 29., 2010. 9. 1., 2015. 7. 24., 2016. 10. 6., 2017. 6. 21.>

1. 개설하려는 자가 법인인 경우: 법인 설립 허가증 사본(「공공기관의 운영에 관한 법률」에 따른 준정부기관은 제외한다), 정관 사본 및 사업계획서 사본
2. 개설하려는 자가 의료인인 경우: 면허증 사본
3. 건물평면도 사본 및 그 구조설명서 사본

4. 의료인 등 근무인원에 대한 확인이 필요한 경우: 면허(자격)증 사본 1부

5. 법 제36조제1호·제2호·제4호 및 제5호의 준수사항에 적합함을 증명하는 서류

② 시장·군수·구청장은 제1항에 따른 의료기관 개설신고를 받은 경우에는 다음 각 호의 사항을 확인하여야 한다. 이 경우 제3호에 대해서는 「화재예방, 소방시설 설치·유지 및 안전관리에 관한 법률」 제7조제6항 전단에 따라 그 확인을 요청하여야 한다. <개정 2017. 6. 21.>

1. 법 제4조제2항, 제33조제2항, 같은 조 제6항부터 제8항까지 및 제64조제2항에 따른 의료기관의 개설기준에 위배되는지 여부

2. 법 제36조제1호·제2호·제4호 및 제5호의 준수사항에 적합한지 여부

3. 「화재예방, 소방시설 설치·유지 및 안전관리에 관한 법률 시행령」 별표 5에 따라 의료기관이 갖추어야 하는 소방시설에 적합한지 여부

4. 그 밖에 다른 법령에 따라 의료기관의 개설이 제한되거나 금지되는지 여부

③ 시장·군수·구청장은 제1항에 따른 의료기관 개설신고가 적법하다고 인정하는 경우에는 해당 신고를 수리하고, 별지 제15호서식의 의료기관 개설신고증명서를 발급하여야 한다. <개정 2015. 5. 29., 2017. 6. 21.>

④ 시장·군수·구청장은 분기별 의료기관의 개설신고 수리 상황을 매 분기가 끝난 후 15일까지 시·도지사를 거쳐 보건복지부장관에게 보고하여야 한다. <개정 2010. 3. 19., 2015. 5. 29.>

⑤ 시장·군수·구청장은 제3항에 따라 의료기관 개설신고증명서를 발급한 경우에는 의료기관별로 관리카드를 작성·비치하여 신고 사항의 변경신고 및 행정처분 내용 등을 기록·관리하여야 한다. <개정 2015. 5. 29.>

| 의료법 시행규칙 | 제26조(의료기관 개설신고사항의 변경신고) |

① 법 제33조제5항에 따라 의원·치과의원·한의원 또는 조산원 개설자가 그 개설 장소를 이전하거나 다음 각 호의 어느 하나에 해당하는 개설신고사항의 변경신고를 하려면 의료기관 개설신고증명서와 변경 사항을 확인할 수 있는 서류의 사본을 첨부하여 별지 제14호서식의 신고사항 변경신고서(전자문서로 된 신고서를 포함한다)를 시장·군수·구청장에게 제출하여야 한다. <개정 2008. 9. 5., 2010. 1. 29., 2015. 7. 24.>

1. 의료기관 개설자의 변경 사항

2. 의료기관 개설자가 입원, 해외 출장 등으로 다른 의사·치과의사·한의사 또는 조산사에게 진료하게 할 경우 그 기간 및 해당 의사 등의 인적 사항

3. 의료기관의 진료과목의 변동 사항

4. 진료과목 증감이나 입원실 등 주요 시설의 변경에 따른 시설 변동 내용

5. 의료기관의 명칭 변경 사항

6. 의료기관의 의료인 수

② 제1항에 따른 변경신고와 관련하여 그 변경사항에 대한 확인 방법 및 기준에 관하여는 제25조제2항을 준용한다. 다만, 같은 항 제3호의 경우에는 의료기관 개설 장소의 이전이나 제1항제4호에 따른 시설 변동만 해당한다. <개정 2017. 6. 21.>

③ 시장·군수·구청장은 제1항에 따른 변경신고를 수리한 경우에 의료기관 개설신고증명서의 기재사항을 고쳐 쓸 필요가 있으면 이를 개서(改書)하여 주거나 재발급하여야 한다. <개정 2008. 9. 5., 2015. 5. 29.>

| 의료법 시행규칙 | 제27조(의료기관 개설허가) |

① 법 제33조제4항에 따라 종합병원·병원·치과병원·한방병원 또는 요양병원의 개설허가를 받으려는 자는 별지 제16호서식의 의료기관 개설허가신청서(전자문서로 된 신청서를 포함한다)에 다음 각 호의 서류(전자문서를 포함한다)를 첨부하여 시·도지사에게 제출하여야 한다. 이 경우 시·도지사는 「전자정부법」 제36조제1항에 따른 행정정보의 공동이용을 통하여 법인 등기사항증명서를 확인하여야 한다. <개정 2009. 4. 29., 2010. 1. 29., 2010. 9. 1., 2015. 7. 24., 2016. 10. 6., 2016. 12. 29., 2017. 6. 21.>

1. 개설하려는 자가 법인인 경우: 법인설립허가증 사본(「공공기관의 운영에 관한 법률」에 따른 준정부기관은 제외한다), 정관 사본 및 사업계획서 사본

2. 개설하려는 자가 의료인인 경우: 면허증 사본과 사업계획서 사본

3. 건물평면도 사본 및 그 구조설명서 사본

4. 의료인 등 근무인원에 대한 확인이 필요한 경우: 면허(자격)증 사본 1부

5. 「전기사업법 시행규칙」 제38조제3항 본문에 따른 전기안전점검확인서(종합병원만 해당한다)

6. 법 제36조제1호·제2호·제4호 및 제5호의 준수사항에 적합함을 증명하는 서류

② 제1항에 따른 개설허가 신청과 관련하여 그 신청사항에 대한 확인 방법 및 기준에 관하여는 제25조제2항을 준용한다. <개정 2017. 6. 21.>

③ 시·도지사는 제1항에 따라 의료기관의 개설허가를 한 때에는 지체 없이 별지 제17호서식의 의료기관 개설허가증을 발급하여야 한다. <개정 2015. 5. 29.>

④ 시·도지사는 분기별 의료기관의 개설허가 상황을 매 분기가 끝난 후 15일까지 보건복지부장관에게 보고하여야 한다. <개정 2010. 3. 19., 2015. 5. 29.>

⑤ 시·도지사는 제3항에 따라 의료기관의 개설허가증을 발급한 때에는 의료기관별로 관리카드를 작성·비치하여 허가 사항의 변경허가 및 행정처분 내용 등을 기록·관리하여야 한다. <개정 2015. 5. 29.>

| 의료법 시행규칙 | 제28조(의료기관 개설허가 사항의 변경허가) |

① 법 제33조제5항에 따라 의료기관의 개설허가를 받은 자가 그 개설 장소를

이전하거나 다음 각 호의 어느 하나에 해당하는 개설허가 사항의 변경허가를 받으려면 의료기관 개설허가증과 변경 사항을 확인할 수 있는 서류의 사본을 첨부하여 별지 제16호서식의 허가사항 변경신청서(전자문서로 된 신청서를 포함한다)를 시·도지사에게 제출하여야 한다. 다만, 종합병원의 개설 장소가 이전되는 경우, 제2호에 따라 종합병원으로 변경되는 경우 또는 제3호에 따라 종합병원의 주요시설 변경이 있는 경우에는 「전기사업법 시행규칙」 제38조제3항 본문에 따른 전기안전점검확인서를 함께 제출하여야 한다. <개정 2008. 9. 5., 2010. 1. 29., 2015. 7. 24., 2016. 10. 6., 2016. 12. 29.>

1. 의료기관 개설자의 변경 사항
2. 법 제3조제2항에 따른 의료기관의 종류 변경 또는 진료과목의 변동 사항
3. 진료과목 증감이나 입원실 등 주요시설 변경에 따른 시설 변동 내용
4. 의료기관의 명칭 변경 사항
5. 의료기관의 의료인 수

② 제1항에 따른 개설허가 변경신청과 관련하여 그 변경사항에 대한 확인 방법 및 기준에 관하여는 제25조제2항을 준용한다. 다만, 같은 항 제3호의 경우에는 의료기관 개설장소의 이전, 제1항제2호 및 제3호에 따른 의료기관의 종류 변경 및 시설 변동만 해당한다. <개정 2017. 6. 21.>

③ 시·도지사는 제1항에 따라 변경허가를 한 때에 의료기관 개설허가증을 고쳐 쓸 필요가 있으면 이를 개서하여 주거나 재발급하여야 한다. <개정 2008. 9. 5., 2015. 5. 29.>

| 의료법 시행규칙 | 제31조(조산원의 지도의사) |

조산원의 개설자는 법 제33조제6항에 따라 지도의사(指導醫師)를 정하거나 변경한 경우에는 지도의사신고서에 그 지도의사의 승낙서 및 면허증 사본을 첨부하여 관할 시장·군수·구청장에게 제출하여야 한다.

## 의료법인 및 비영리법인의 의료기관 개설을 위한 세부 기준
### [시행 2017. 4. 6.] [보건복지부고시 제2017-66호, 2017. 4. 6., 제정.]

제1조(목적) 이 고시는 「의료법」 제33조제9항 및 같은법 시행령 제16조에 따라 의료법인 및 비영리법인이 의료기관을 개설하려는 경우에 정관변경 등에 대한 작성기준, 작성방법 및 세부내용 등을 정함으로써 의료기관 개설·운영의 적정을 기하고 국민들의 보건의료 질 향상에 기여함을 목적으로 한다.

제2조(적용범위) 이 고시는 「의료법」 제33조제2항제3호에 따른 의료법인 및 제4호에 따른 「민법」이나 「특별법」에 따라 설립된 비영리 법인(법인 설립 절차를 진행 중인 경우도 포함, 이하 "의료법인 등"이라 한다)이 의료기관을 개설·운영하고자 하는 경우에 대하여 적용한다.

제3조(의료법인 등의 정관) 제2조에 따른 의료법인 등이 의료기관을 개설하려는 경우에는 그 법인의 정관에 다음 각호의 사항을 기재하여 해당 법인의 주무관청에 제4조 및 제5조에서 정하는 바에 따라 법인 설립허가 또는 정관 변경허가를 받아야 한다.
 1. 목적 사업에 관한 사항 : 의료기관 개설·운영을 목적 사업으로 명시
 2. 의료기관의 소재지 : 법인의 사무소 소재지란 아래에 개설하고자 하는 의료기관 소재지의 주소를 기재(지번까지 포함한 전체주소, 건물의 경우에는 층수나 동호수를 포함)

제4조(의료법인 등의 법인 설립허가) 의료법인 등이 의료기관 개설을 위한 법인 설립허가를 받으려는 경우 창립총회를 개최하고 「의료법 시행령」 제16조제1항제1호에 따라 다음 각호에서 정하고 있는 서류를 첨부하여 주무관청에 제출하여야 한다.
 1. 제3조에 따른 정관 기재사항이 반영된 정관안
 2. 의료기관 개설·운영을 위한 의료기관의 종류 및 사업 내용을 담은 별지 제1호 서식의 사업계획서 및 별지 제2호 서식의 자금 조달계획서
 3. 별지 제3호 서식의 의료기관의 시설, 장비 및 인력 등의 확보 계획서
 4. 의료기관을 개설·운영하는 의료법인 등의 별지 제4호 서식의 수입·지출 예산서
 5. 「의료법」 제33조제2항제4호에 따른 비영리법인이 법인 설립허가 시 관계 법령에 따라 필요한 서류(비영리법인만 해당한다)
 6. 「의료법」 제48조제1항에 따른 의료법인 설립허가에 필요한 서류(의료법인만 해당한다)

제5조(의료기관 개설을 위한 정관변경허가) 의료법인 등이 의료기관 개설을 위한 정관 변경허가를 받으려는 경우 「의료법 시행령」 제16조제1항제2호에 따라 다음 각호에서 정하고 있는 서류를 첨부하여 그 법인의 주무관청에 제출하여야 한다.
 1. 제3조에 따른 정관 기재사항이 반영된 정관변경안
 2. 의료기관 개설·운영을 위한 의료기관의 종류 및 사업 내용을 담은 별지 제1호 서식의 사업계획서 및 별지 제2호 서식의 자금 조달계획서
 3. 별지 제3호 서식의 의료기관의 시설, 장비 및 인력 등의 확보 계획서
 4. 의료기관을 개설·운영하는 의료법인 등의 별지 제4호 서식의 수입·지출 예산서
 5. 「의료법」 제33조제2항제4호에 따른 비영리법인이 정관 변경허가 시 관계 법령에 따라 필요한 서류(비영리법인만 해당한다)
 6. 「의료법」 제48조제3항에 따른 정관 변경허가에 필요한 서류(의료법인만 해당한다)

제6조(협의사항) ① 의료법인 등의 주무관청은 제4조 및 제5조에 따라 의료법인 등이 의료기관 개설을 위해 법인 설립허가 또는 정관 변경허가를 요청하는 경우 「의료법」제33조제9항에 따라 법인 설립허가 또는 정관변경허가를 하기 전에 제4조 또는 제5조에서 정한 서류를 첨부하여 그 법인이 개설하고자 하는 의료기관이 소재하는 시·도지사 또는 시장·군수·구청장에게 서면으로 협의하여야 한다.

② 제1항에 따라 의료법인 등의 주무관청으로부터 법인 설립허가 또는 정관변경허가에 대한 의견을 요청받은 시·도지사 또는 시장·군수·구청장은 관련 내용을 검토하여 해당 법인의 주무관청에 의료기관의 개설에 관한 의견을 회신하여야 한다.

제7조(주무관청의 허가) ① 의료법인 등의 주무관청은 제6조에 따른 협의 결과를 반영하여 법인 설립허가 또는 정관변경허가 여부를 결정하여야 한다.
② 주무관청은 제1항에 따른 허가 여부를 의료기관이 소재하는 시·도지사 또는 시장·군수·구청장에게 서면으로 통보하여야 한다.

제8조(의료기관의 추가 개설) 의료법인 등에서 의료기관을 추가로 개설하고자 하는 경우에는 그 법인의 정관에 추가로 개설하고자 하는 의료기관 소재지의 주소를 제3조에 의한 방식으로 기재하여 제5조에 따라 주무관청으로부터 정관 변경허가를 받아야 한다.

제9조(재검토기한) 보건복지부장관은 「훈령·예규 등의 발령 및 관리에 관한 규정」(대통령훈령 제334호)에 따라 이 고시에 대하여 2017년 1월 1일을 기준으로 매 3년이 되는 시점(매 3년째의 12월 31일까지를 말한다)마다 그 타당성을 검토하여 개선 등의 조치를 하여야 한다.
부칙 <제2017-66호, 2017. 4. 6.>
이 고시는 발령한 날부터 시행한다.

◇ 신고는 일정한 요건을 갖춘 사항을 행정청에 통지하면 내용에 대한 실체적 심사절차나 공적장부에 등록할 필요 없이 일반적 금지가 해제되거나 법적 효과가 발생하는 행정절차이다. 행정절차법 제40조(신고) ① 법령 등에서 행정청에 일정한 사항을 통지함으로써 의무가 끝나는 신고를 규정하고 있는 경우 신고를 관장하는 행정청은 신고에 필요한 구비서류, 접수기관, 그 밖에 법령 등에 따른 신고에 필요한 사항을 게시(인터넷 등을 통한 게시를 포함한다)하거나 이에 대한 편람을 갖추어 두고 누구나 열람할 수 있도록 하여야 한다. ② 제1항에 따른 신고가 다음 각 호의 요건을 갖춘 경우에는 신고서가 접수기관에 도달된 때에 신고 의무가 이행된 것으로 본다. 1. 신고서의 기재 사항에 흠이 없을 것, 2. 필요한 구비서류가 첨부되어 있을 것, 3. 그 밖에 법령 등에 규정된 형식상의 요건에 적합할 것 ③ 행정청은 제2항 각 호의 요건을 갖추지 못한 신고서가 제출된 경우에는 지체 없이 상당한 기간을 정하여 신고인에게 보완을 요구하여야 한다. ④ 행정청은 신고인이 제3항에 따른 기간 내에 보완을 하지 아니하였을 때에는 그 이유를 구체적으로 밝혀 해당 신고서를 되돌려 보내야 한다.

◇ 허가는 특정요건을 갖춘 경우에 법규에 규정된 일반적 금지를 해제하여 적법하게 일정한 행위를 할 수 있게 하는 행정처분절차이다

◇ 인가는 법규가 행정청의 협력이 없으면 효력을 발생할 수 없도록 규정하고 특정요건이 갖추어진 경우에 행정청의 협력으로 법률적 효력을 발생시키는 행정처분절차이다

◇ 제33조제2항을 위반하여 의료기관을 개설하거나 운영 하는 자 : 10년 이하의 징역이나 1억 원 이하의 벌금

◇ 제33조제2항(제82조제3항에서 준용하는 경우만을 말한다) · 제8항(제82조제3항에서 준용하는 경우를 포함한다) · 제10항을 위반한 자 : 5년 이하의 징역이나 5천만원 이하의 벌금

◇ 제33조제4항을 위반한자 : 3년 이하의 징역이나 3천만원 이하의 벌금

◇ 제33조제9항을 위반한 자 : 1년 이하의 징역이나 1천만원 이하의 벌금

◇ 제33조제1항 · 제3항(제82조제3항에서 준용하는 경우를 포함) · 제5항(허가의 경우만을 말한다)을 위반한 자 : 500만원 이하의 벌금

◇ 의료기관 개설자가 될 수 없는 자에게 고용되어 의료행위를 한 자 : 500만원 이하의 벌금

◇ 제33조제5항(82조제3항에서 준용하는 경우 포함)에 따른 변경신고를 하지 아니한 자 : 100만원 이하의 과태료

△ 제33조제1항을 위반하여 의료기관을 개설하지 아니하고 의료업을 하거나 의료기관 외에서 의료업을 한 경우, 법 제35조제1항을 위반하여 부속의료기관을 개설하지 아니하고 의료업을 한 경우, 법 제33조제8항을 위반하여 의료기관을 개설 · 운영한 경우 : 자격정지 3개월

△ 의료기관 개설자가 될 수 없는 자에게 고용되어 의료행위를 한 경우 : 자격정지 3개월

△ 제33조제6항을 위반하여 조산원 개설자가 지도의사를 정하지 아니한 경우 : 경고

△ 제33조제2항제3호부터 제5호까지의 규정에 따라 의료기관을 개설한 의료법인 · 비영리법인 · 준정부기관 · 지방의료원 또는 한국보훈복지의료공단이 그 설립허가가 취소되거나 해산된 경우 : 허가취소 또는 폐쇄

△ 제33조제3항 및 제4항에 따른 의료기관의 개설신고 또는 개설허가를 한 날부터 3개월 이내에 정당한 사유 없이 그 업무를 시작하지 아니한 경우 : 허가취소 또는 폐쇄

△ 제33조제5항을 위반하여 신고하거나 허가받지 아니하고 개설 장소를 이전하거나 개설 신고한 사항 또는 허가받은 사항을 변경한 : 경고

| 질의 내용 | 의원급 의료기관 개설 신고 시 |
| --- | --- |
| 해석 경향 | 의료법 제33조제3항의 의원급 의료기관을 개설 신고 시, 신고를 받는 지자체에 따라 간혹 보완 등의 지시 없이 신고사항을 수리하지 않고 개설을 지연시키며 경제적 손실 등 민원을 야기하는 경우가 있는데 이는 타당하지 아니합니다. 「행정절차법」 제40조(신고)제1항은 '법령 등에서 행정청에 일정한 사항을 통지함으로써 의무가 끝나는 신고를 규정하고 있는 경우 신고를 관장하는 행정청은 신고에 필요한 구비서류, 접수기관, 그 밖에 법령 등에 따른 신고에 필요한 사항을 게시(인터넷 등을 통한 게시를 포함한다)하거나 이에 대한 편람을 갖추어 두고 누구나 열람할 수 있도록 하여야 한다. 제2항에서 제1항에 따른 신고가 다음 각 호의 요건을 갖춘 경우에는 신고서가 접수기관에 도달된 때에 신고 의무가 이행된 것으로 본다. 1. 신고서의 기재사항에 흠이 없을 것, 2. 필요한 구비서류가 첨부되어 있을 것, 3. 그 밖에 법령 등에 규정된 형식상의 요건에 적합할 것. 제3항에서 행정청은 제2항 각 호의 요건을 갖추지 못한 신고서가 제출된 경우에는 지체 없이 상당한 기간을 정하여 신고인에게 보완을 요구하여야 한다.'고 규정하고 있습니다. 의료법 제33조제4항의 종합병원·병원·치과병원·한방병원 또는 요양병원을 의료법 제36조에 따른 시설기준 등 여러 기준을 확인하고 시·도지사가 개설허가 하는 경우와는 달리, 의료법 제33조제3항의 의원·치과의원·한의원 또는 조산원을 개설하려고 시장·군수·구청장에게 신고할 경우, 제출된 서류 등 특별히 미비 된 사항에 대해 보완을 요청할 수 있지만, 그렇지 않은 경우, 개설·운영에 차질을 빚지 않도록 신고를 수리하는 것이 타당합니다. |

| 질의 내용 | 의원급 의료기관 개설 신고 수리 |
|---|---|
| 판례 경향 | 의원급 의료기관 개설 신고 수리와 관련하여, 대법원 판례에서는 의료법은 의료기관의 개설 주체가 의원·치과의원·한의원 또는 조산원을 개설하려고 하는 경우에는 시장·군수·구청장에게 신고하도록 규정하고 있지만(제33조 제3항), 종합병원·병원·치과병원·한방병원 또는 요양병원을 개설하려고 하는 경우에는 시·도지사의 허가를 받도록 규정하고 있다(제33조 제4항). 이와 같이 의료법이 의료기관의 종류에 따라 허가제와 신고제를 구분하여 규정하고 있는 취지는, 신고 대상인 의원급 의료기관 개설의 경우 행정청이 법령에서 정하고 있는 요건 이외의 사유를 들어 신고 수리를 반려하는 것을 원칙적으로 배제함으로써 개설 주체가 신속하게 해당 의료기관을 개설할 수 있도록 하기 위함이다.<br><br>의원을 개설하려는 자가 법령에 규정되어 있는 요건을 갖추어 개설신고를 한 때에, 행정청은 원칙적으로 이를 수리하여 신고필증을 교부하여야 하고, 법령에서 정한 요건 이외의 사유를 들어 의원급 의료기관 개설신고의 수리를 거부할 수는 없다(대법원 2018. 10. 25. 선고 2018두44302 판결). 의원, 치과의원, 한의원 또는 조산소의 개설은 단순한 신고사항으로만 규정하고 있고 또 그 신고의 수리여부를 심사, 결정할 수 있게 하는 별다른 규정도 두고 있지 아니하므로 의원의 개설신고를 받은 행정관청으로서는 별다른 심사, 결정 없이 그 신고를 당연히 수리하여야 한다(대법원 1985. 4. 23. 선고 84도2953 판결). |

| 질의 내용 | 민원 발생이나 교통혼잡을 이유로 의료기관 개설허가사항 변경허가 불허는 위법 |
|---|---|
| 판례 경향 | 지상 6층, 지하 1층 건물에 관하여 의료기관 개설허가를 받아 요양병원을 운영하는 갑이 건물의 지하 1층, 지상 2층에 위 병원 시설로 장례식장을 설치하기 위하여 의료기관 개설허가사항 변경신청을 하였으나, 관할 보건소장이 인근에 장례식장이 3곳이나 운영 중이고, 교통혼잡, 교통사고 발생 위험 증가 등으로 민원이 발생한다는 등의 이유로 위 신청을 불허가한다고 통지한 사안이다.<br><br>의료기관 개설허가 또는 의료기관 개설허가사항의 변경허가는 기본적으로 일반적 금지의 해제라는 허가의 성질을 가지고 있으므로 관할 행정청은 의료기관 개설허가신청 또는 의료기관 개설허가사항의 변경허가신청이 의료법 제36조에 따른 시설기준에 부합한다면 원칙적으로 이를 허가하여야 하는데, 병원 인근에 장례식장 3곳이 운영 중이므로 장례식장을 추가로 설치할 필요성이 없다는 점 또는 장례식장 운영으로 그 주변 교통혼잡·교통사고 발생 위험 증가 등 민원이 발생하였다는 점이나 갑이 영리를 추구하는 등 의료기관 목적에 반한다는 민원이 발생하였다는 점은 모두 의료법 제36조에 따른 시설기준에 관한 사항이 아니므로 그 사유로 위 처분에 이른 것은 위법하고, 다만 의료기관 개설허가 또는 의료기관 개설허가사항의 변경이 명백히 중대한 공익에 배치된다고 인정할 경우에는 예외적으로 그 허가를 거부할 수 있으나, 위와 같은 민원 발생이나 교통혼잡·교통사고 발생 위험 증가 등의 막연한 사정만으로 그 예외를 인정할 수 없으므로, 관할 보건소장이 처분을 할 당시 제시한 처분사유는 인정되지 않는다는 이유로 위 처분이 위법하다고 한 사례이다(서울행법 2019. 10. 31. 선고 2019구합50588 판결). |

| 질의 내용 | 개설한 의료기관 외에서 건강검진 또는 순회 진료행위 |
|---|---|
| 해석 경향 | 의료법 제33조제1항에 "의료인은 이 법에 따른 의료기관을 개설하지 아니하고는 의료업을 할 수 없으며, 다음 각 호의 어느 하나에 해당하는 경우 외에는 그 의료기관 내에서 의료업을 하여야 한다"고 규정하고 있습니다. 예외 사항으로 의료기관이 의료법 제33조제1항 각호의 어느 하나에 해당하는 사유로 의료기관 외의 장소에서 지역주민 다수를 대상으로 건강검진, 순회 진료 등을 하려는 경우에는 지역보건법 제23조(건강검진 등의 신고) 및 지역보건법 시행규칙 제9조에 의거 건강검진 등을 하려고 하는 지역을 관할하는 보건소장에게 건강검진 등을 실시하기 10일 전까지 별지서식 신고서를 제출하여 수리를 득한 후 행하여야 합니다. |

| 질의 내용 | 환자나 환자 보호자의 요청에 따라 진료하는 경우 |
|---|---|
| 해석 경향 | 의료인이 환자나 환자보호자의 요청을 받아 환자의 진료에 필요한 기구·장비 등을 가지고 그 환자가 있는 장소를 방문해 진료행위를 하는 경우를 들 수 있으나, 이 같은 경우는 예전 교통여건이 취약한 격오지 지역처럼 환자가 의료기관을 방문하기 어려운 환경에서 의사가 일반적인 의료도구를 갖추어 특정 환자를 진료하는 왕진이라는 제도였는데 근래 들어 교통 발달 등으로 거의 사라졌으며, 정부는 2019년부터 거동이 불편한 환자 등에 대해 왕진을 시범사업으로 지정 시행하고 있는 중입니다. |

| 질의 내용 | 전화를 통한 진료행위 |
|---|---|
| 판례 경향 | 원격지에 있는 환자의 요청으로 전화통화로 진료한 한의사는 의료법 제33조제1항 위반이다. 의료법 제33조제1항에 "의료인은 이 법에 따른 의료기관을 개설하지 아니하고는 의료업을 할 수 없으며, 다음 각호의 어느 하나에 해당하는 경우 외에는 그 의료기관 내에서 의료업을 하여야 한다"고 규정하고 있으며, ▲응급의료에 관한 법률 제2조제1호에 따른 응급환자를 진료하는 경우 ▲환자나 환자 보호자의 요청에 따라 진료하는 경우 ▲국가나 지방자치단체의 장이 공익상 필요하다고 인정하여 요청하는 경우 ▲보건복지부령으로 정하는 바에 따라 가정간호를 하는 경우 ▲그 밖에 이 법 또는 다른 법령으로 특별히 정한 경우나 환자가 있는 현장에서 진료를 하여야 하는 부득이한 사유가 있는 경우가 아니면 의료기관 내에서 의료업을 하여야 한다. 의료법이 원칙적으로 의료기관 내에서 의료업을 하도록 한 것은, 의료기관 밖에서 의료행위가 행해질 경우 의료 질 저하와 적정 진료를 받을 환자의 권리 침해를 사전에 방지하기 위함"이라며 외부에서 이뤄진 전화 진료행위에 위법성이 있다고 판결한 바 있다(대법원 2010. 9. 30. 2010두8959판 결). |

| 질의 내용 | 의료기관 '시설 안 또는 구내' 약국 개설 불가 의약분업 취지 |
|---|---|
| 헌재 결정 | 의약분업의 효율적인 실시를 위해서는 의료기관과 약국 간의 담합행위를 방지해야 할 필요성이 매우 크다고 할 것인데, 특히 약국이 의료기관내에 있거나 장소적으로 밀접하게 연관되어 있으면 비록 소유와 경영면에서 분리를 하더라도, 특정 약국이 특정 의료기관의 처방을 독점하게 됨으로써 발생하는 경제적인 이득이 크기 때문에, 약국과 의료기관이 담합할 가능성이 현저히 높은 반면, 일반적인 행정감독으로는 양자 사이의 구체적인 담합행위를 적발해 내기가 매우 어렵다. 이를 감안하여 위 약사법 제20조 제5항 제3호의 취지는 의료기관과 약국 사이에 일정한 장소적 관련성이 있는 경우 그곳에 약국을 개설하지 못하도록 함으로써 의약분업의 시행에 따라 의료기관과 약국의 담합행위를 근원적으로 방지하는 데에 있다(헌재 2003. 10. 30. 선고 2001헌마700, 2003헌바11(병합) 결정 참조). |

| 질의 내용 | 약국개설 불가한 '의료기관의 시설 안 또는 구내' 여부 |
|---|---|
| 판례 경향 | 판례(대법원 2018. 5. 11. 선고 2014두1178 판결)에 의하면, 약국을 개설하고자 하는 장소가 약사법 제20조 제5항 제2호 및 제3호에서 금지하고 있는 '의료기관의 시설 안 또는 구내'나 '의료기관의 시설 또는 부지의 일부를 분할·변경 또는 개수한 곳'에 해당하는지 여부를 판단함에 있어서는 그 문언적 의미와 더불어 의약분업의 원칙에 따라 의료기관의 외래환자에 대한 원외조제를 의무화하기 위하여 약국을 의료기관과는 공간적·기능적으로 독립된 장소에 두고자 하는 위 법률조항의 입법 취지를 고려하여야 한다(대법원 2004. 7. 22. 선고 2003두12004 판결, 대법원 2016. 7. 22. 선고 2014두44311 판결 등 참조). 이와 같이 의약분업의 근본 취지는 약국을 의료기관으로부터 공간적·기능적으로 독립시킴으로써 약국이 의료기관에 종속되거나 약국과 의료기관이 서로 담합하는 것을 방지하려는 데에 있는 것이지 약국을 의료기관이 들어선 건물 자체로부터 독립시키려는 데에 있는 것이 아니라는 점을 고려하면, 어떤 약국을 개설하려는 장소가 위 법률조항에서 말하는 '의료기관의 시설 안 또는 구내(약사법 제20조 제5항 제2호)'나 '의료기관의 시설 또는 부지의 일부를 분할·변경 또는 개수한 곳(같은 항 제3호)'에 해당하는지는 구체적인 개별 의료기관을 기준으로 해당 약국이 그 의료기관의 시설 안 또는 구내나 그 의료기관의 시설 또는 부지의 일부를 분할·변경 또는 개수한 곳에 위치하는지 여부에 따라 판단하여야 한다. |

| 질의 내용 | 약국개설 불가 '의료기관의 시설 안 또는 구내' 여부 |
|---|---|
| 판례 경향 | 약국을 개설하고자 하는 장소가 약사법 제16조 제5항 제2호에서 금지하고 있는 '의료기관의 시설 안 또는 구내'에 해당하는지 여부를 판단함에 있어서는, 그 문언적 의미와 더불어, 의약분업의 원칙에 따라서 의료기관의 외래환자에 대한 원외조제를 의무화하기 위하여 약국을 의료기관과는 공간적·기능적으로 독립된 장소에 두고자 하는 위 법률조항의 입법취지를 고려하여야 한다(대법원 2003. 12. 12. 선고 2002두10995 판결) |

| 질의 내용 | 의료법 제33조제2항 의료기관을 개설할 수 있는 자 규정 취지 |
|---|---|
| 헌재 결정 | 의료법 제33조제2항과 관련된 헌법재판소 결정(2020. 9. 24. 2020헌바54 결정)에 의하면, 1) 헌법재판소는 2005. 3. 31. 2001헌바87 결정에서 심판대상조항과 실질적 내용이 동일한 구 의료법(2001. 1. 16. 법률 제6372호로 개정되기 전의 것) 제30조제2항 본문 및 제66조 제3호 중 '제30조제2항 본문의 규정에 위반한 자' 부분(이하 '구법 조항'이라 한다)이 과잉금지원칙에 반하지 아니한다고 결정하였는데, 그 결정 이유의 요지는 다음과 같다. 『가) 구법 조항은 의료기관 개설자격을 의료전문성을 가진 의료인이나 공적인 성격을 가진 자로 엄격히 제한하여 그 이외의 자가 의료기관을 개설하는 행위를 금지함으로써, 의료의 적정을 기하고 건전한 의료질서를 확립하여 국민의 건강을 보호 증진하고, 영리 목적으로 의료기관을 개설하는 경우에 발생할지도 모르는 국민 건강상의 위험을 미리 방지하고자 하는 것인 바, 이러한 입법목적은 정당하다. 또한 의료인이 아닌 자 또는 공적인 성격을 가지지 아니한 자가 의료인을 고용한 다음 의료기관을 개설하는 행위를 사전에 차단하면 의료의 질을 관리하고 건전한 의료질서를 확립할 수 있으므로 입법목적 달성을 위한 적합한 수단에 해당한다. 나) 의료기관의 개설을 의료인이 아닌 일반 개인이나 영리법인에까지 허용할지 여부는 우리나라 보건의료의 상황, 국민건강보험 재정, 일반국민의 의식수준과 사회실정 등 여러 사정을 고려하여 입법정책으로 결정할 재량사항으로서 입법형성의 자유에 속하는 분야라고 할 것이다. 그런데 우리나라의 취약한 공공의료의 실태, 비의료인이나 영리법인의 의료기관 개설을 허용할 경우 의료계 및 국민건강보험 재정 등 국민보건 전반에 미치는 영향, 일반 재화와 달리 보건의료 서비스가 가지는 공급자와 수요자 등 시장참여자 사이의 정보비대칭, 수요 및 치료의 불확실, 법적 독점 등의 특성, 국가가 국민의 건강을 보호하고 적정한 의료급여를 보장해야 하는 사회국가적 의무 등을 감안하면, 의료의 질을 관리하고 건전한 의료질서를 확립하기 위하여 의료인이 아닌 자나 영리법인이 의료기관을 개설하는 자유를 제한할 필요성이 인정된다. 의 |

료인이 아닌 자라고 하더라도, 의료법인이나 비영리법인을 설립하는 방법으로 의료기관을 개설할 수 있는 길이 열려 있고, 다만 의료인이 아닌 자가 개인적으로 의료기관을 개설하거나 영리법인이 직접 의료기관을 개설하는 것만이 제한되고 있을 뿐이므로, 구법 조항이 의료인이 아닌 자나 영리법인이 의료기관을 개설할 길을 전면적으로 부정하고 있는 것도 아니다. 영리법인 등의 의료기관 개설을 허용하면 공공의료가 축소될 수 있으며, 국민에게 기본적인 보건의료서비스를 제공하지 못할 위험성을 높인다는 점을 고려할 때, 의료인이 아닌 자나 영리법인이 의료기관을 개설할 수 있는 예외를 허용하지 않은 입법자의 판단은 존중될 필요가 있다. 다) 구법 조항에 의하여 의료인이 아닌 자와 영리법인이 의료기관을 개설할 직업의 자유가 제한되고 있으나 이를 통하여 달성하려는 공익의 중대함에 비추어 볼 때, 기본권의 제한을 통하여 얻는 공익적 성과와 기본권 제한의 정도가 합리적인 비례관계를 벗어났다고 볼 수 없다. 라) 따라서 구법 조항은 의료인이 아닌 개인 또는 영리법인이 의료기관을 개설하고 경영하는 직업선택의 자유를 침해한다고 보기 어렵다.』 2) 이후 헌법재판소는 2020. 2. 27. 2017헌바422 결정에서, 위 2001헌바87 결정 당시보다 공공보건의료기관의 비중이 더 줄어든 상황에서 의사 등이 아닌 자가 의료기관을 개설할 경우 의료인이 외부의 자본에 종속되고, 의료기관이 상업적으로 이용되거나 지나친 영리추구의 수단으로 악용될 위험이 있는 점, 의료기관 개설자는 의료법에 따라 국민의 생명·신체 보호와 밀접한 관련이 있는 여러 의무들을 부담하는 자로서, 이를 단순히 일정한 장비를 갖추어 의료업을 시행하는 사업자에 불과하다고 보기 어렵기 때문에 의료행위뿐만 아니라 의료기관 개설도 의사 등 일정한 자만 할 수 있게 할 필요성이 인정되는 점 등을 이유로 선례의 판단을 그대로 유지하였다.

| 질의 내용 | 의료기관 개설 자격을 제한한 이유 |
|---|---|
| 판례 경향 | 의료법 제33조제2항, 제87조제1항제2호는 의료기관 개설자의 자격을 의사, 한의사 등으로 한정함으로써 의료기관 개설자격이 없는 자가 의료기관을 개설하는 것을 금지하면서 이를 위반한 경우 형사처벌을 하도록 정하고 있는데, 이는 의료기관 개설자격을 전문성을 가진 의료인이나 공적인 성격을 가진 자로 엄격히 제한함으로써 건전한 의료질서를 확립하고 영리 목적으로 의료기관을 개설하는 경우에 발생할지도 모르는 국민건강상의 위험을 미리 방지하기 위한 것이다(대법원 2011. 10. 27. 선고 2009도2629 판결 참조). |

| 질의 내용 | 불법 의료기관 개설·운영 금지 취지 등 |
|---|---|
| 판례 경향 | 대법원 판례(대법원 2018. 11. 29. 선고 2018도10779 판결)에 의하면, 의료법이 제33조제2항에서 의료인이나 의료법인 기타 비영리법인 등이 아닌 자의 의료기관 개설을 원칙적으로 금지하고, 제87조제1항제2호에서 이를 위반하는 경우 처벌하는 규정을 둔 취지는 의료기관 개설자격을 의료전문성을 가진 의료인이나 공적인 성격을 가진 자로 엄격히 제한함으로써 건전한 의료질서를 확립하고, 영리 목적으로 의료기관을 개설하는 경우에 발생할지도 모르는 국민 건강상의 위험을 미리 방지하고자 하는 데에 있다. 위 의료법 조항이 금지하는 의료기관 개설행위는, 비의료인이 의료기관의 시설 및 인력의 충원·관리, 개설신고, 의료업의 시행, 필요한 자금의 조달, 운영성과의 귀속 등을 주도적인 입장에서 처리하는 것을 의미한다(대법원 2011. 10. 27. 선고 2009도2629 판결, 대법원 2014. 9. 25. 선고 2014도7217 판결 등 참조).<br>의료법이 제33조제2항에서 의료인이나 의료법인 기타 비영리법인 등이 아닌 자의 의료기관 개설을 원칙적으로 금지하고, 제87조제1항제2호에서 이를 위반하는 경우 5년 이하의 징역이나 2,000만원 이하의 벌금에 처하도록 규정하고 있는 취지는 의료기관 개설자격을 의료전문성을 가진 의료인이나 공적인 성격을 가진 자로 엄격히 제한함으로써 건전한 의료질서를 확립하고, 영리 목적으로 의료기관을 개설하는 경우에 발생할지도 모르는 국민 건강상의 위험을 미리 방지하고자 하는 데에 있다(대법원 2005. 2. 25. 선고 2004도7245 판결 참조). 이와 같은 입법취지 및 금지되는 의료기관 개설행위의 의미에 비추어, 의료기관을 개설할 자격이 있는 의료인이 비영리법인 등 의료법에 따라 의료기관을 개설할 자격이 있는 자로부터 명의를 빌려 그 명의로 의료기관을 개설하더라도 그러한 행위만으로는 의료법 제33조제2항에 위배된다고 볼 수 없다(대법원 2004. 9. 24. 선고 2004도3874 판결 참조). |

| 질의 내용 | 불법 의료기관 개설행위의 반사회성 |
|---|---|
| 판례 경향 | 의료인이나 의료법인이 아닌 자가 의료기관을 개설하여 운영하는 행위는 그 위법의 정도가 중하여 사회생활상 도저히 용인될 수 없는 정도로 반사회성을 띠고 있으므로 업무방해죄의 보호대상이 되는 '업무'에 해당하지 않는다(대법원 2001. 11. 30. 선고 2001도2015 판결). |

| 질의 내용 | 비의료인의 의료기관 개설 행위 및 처벌 |
|---|---|
| 판례 경향 | 대법원 판례(2020. 7. 9. 선고 2018두44838)에 의하면, 종전 국민건강보험법은 보험급여비용을 받은 요양기관에 대하여만 부당이득을 징수할 수 있는 것으로 규정하였으나, 2013. 5. 22. 신설된 국민건강보험법 제57조제2항은 "공단은 제1항에 따라 속임수나 그 밖의 부당한 방법으로 보험급여비용을 받은 요양기관이 다음 각호의 어느 하나에 해당하는 경우에는 해당 요양기관을 개설한 자에게 그 요양기관과 연대하여 같은 항에 따른 징수금을 납부하게 할 수 있다."라고 규정하면서 그 제1호에서 "의료법 33조제2항을 위반하여 의료기관을 개설할 수 없는 자가 의료인의 면허나 의료법인 등의 명의를 대여받아 개설·운영하는 의료기관"을 규정하여 비의료인 개설자에 대한 부당이득징수의 근거를 마련하였다. 의료법 제33조제2항이 금지하는 '비의료인의 의료기관 개설행위'는 비의료인이 의료기관의 시설 및 인력의 충원·관리, 개설신고, 의료업의 시행, 필요한 자금의 조달, 운영성과의 귀속 등을 주도적으로 처리하는 것을 의미한다(대법원 2018. 11. 29. 선고 2018도10779 판결 참조).<br>즉, 의료인인 개설명의자는 실질 개설·운영자에게 자신의 명의를 제공할 뿐 의료기관의 개설과 운영에 관여하지 않으며, 그에게 고용되어 근로 제공의 대가를 받을 뿐 의료기관 운영에 따른 손익이 그대로 귀속되지도 않는다. 이 점을 반영하여 의료법은 제33조제2항 위반행위의 주체인 비의료인 개설자는 10년 이하의 징역이나 1억 원 이하의 벌금에 처하도록 규정한 반면, 의료인인 개설명의자는 제90조에서 '의료기관의 개설자가 될 수 없는 자에게 고용되어 의료행위를 한 자'로서 500만원 이하의 벌금에 처하도록 규정하고 있다. |

| 질의 내용 | 사무장병원 개설 운영 |
|---|---|
| 판례 경향 | 의료법이 제33조제2항에서 의료인이나 의료법인 기타 비영리법인 등이 아닌 자의 의료기관 개설을 원칙적으로 금지하고, 제87조제1항제2호에서 이를 위반하는 경우 처벌하는 규정을 둔 취지는 의료기관 개설자격을 의료전문성을 가진 의료인이나 공적인 성격을 가진 자로 엄격히 제한함으로써 건전한 의료질서를 확립하고, 영리 목적으로 의료기관을 개설하는 경우에 발생할지도 모르는 국민 건강상의 위험을 미리 방지하고자 하는 데에 있다. 위 의료법 조항이 금지하는 의료기관 개설행위는, 비의료인이 의료기관의 시설 및 인력의 충원·관리, 개설신고, 의료업의 시행, 필요한 자금의 조달, 운영성과의 귀속 등을 주도적인 입장에서 처리하는 것을 의미한다(대법원 2011. 10. 27. 선고 2009도2629 판결, 대법원 2014. 9. 25. 선고 2014도7217 판결 등 참조). |

| 질의 내용 | 소비자생활협동조합의 의료기관 개설 |
|---|---|
| 판례 경향 | 의료인의 자격이 없는 일반인이 필요한 자금을 투자하여 시설을 갖추고 유자격 의료인을 고용하여 그 명의로 의료기관 개설신고를 한 행위는 형식적으로민 적법한 의료기관의 개설로 가장한 것일 뿐 실질적으로는 의료인 아닌 자가 의료기관을 개설한 것으로서 위 의료법 제33조제2항 본문을 위반한 것으로 봄이 상당하고, 개설신고가 의료인 명의로 되었다거나 개설신고명의인인 의료인이 직접 의료행위를 하였다 하여 달리 볼 것이 아니며(대법원 1982. 12. 14. 선고 81도3227 판결 참조), 이러한 법리는 의료사업을 명시적으로 허용하고 있는 소비자생활협동조합법(이하 '생협법'이라 한다)에 의하여 설립된 소비자생활협동조합(이하 '생협조합'이라 한다) 명의로 의료기관 개설신고가 된 경우에도 마찬가지로 적용된다. 또한 의료인이라고 할지라도 의료법상 의료기관을 개설할 수 없는 자의 의료기관 개설행위에 공모 가담하면 의료법 제87조제1항제2호, 제33조제2항 본문 위반죄의 공동정범에 해당한다(대법원 2001. 11. 30. 선고 2001도2015 판결 참조).<br>생협법은 조합원들의 자주·자립·자치적인 소비생활을 목적으로 하는 생협조합이 비영리법인으로서 그 목적달성을 위하여 할 수 있는 사업과 관련하여, 제45조제1항제4호에서 '조합원의 건강개선을 위한 보건·의료사업'을 규정하고, 제11조제3항에서 '이 법은 조합 등의 보건·의료사업에 관하여 관계 법률에 우선하여 적용한다'고 규정하고 있다. 이와 같이 생협법이 생협조합의 보건·의료사업을 허용하면서 의료법 등 관계 법률에 우선하여 적용하도록 한 것은, 보건·의료사업이 위 조합원들의 자주·자립·자치적인 소비활동촉진이라는 생협조합의 목적달성에 이바지할 수 있도록 하기 위하여 위 사업수행에 저촉되는 관계 법률의 적용을 선별적으로 제한하여 생협조합의 정당한 보건·의료사업을 보장하기 위한 것일 뿐, 생협조합이 의료법에 의하여 금지된 개인의 보건·의료사업을 위한 탈법적인 수단으로 악용되는 경우와 같이 형식적으로만 생협조합의 적법한 보건·의료사업으로 가장한 경우에까지 관계 법률의 적용을 배제하려는 것은 아니다(대법원 2014. 8. 26. 선고 2014도3852 판결). |

| 질의 내용 | 구 국민건강보험법 제47조의2제1항 위헌소원 (각하) |
|---|---|
| 헌재 결정 | 청구인은 의료시설을 설치 및 운영함으로써 조합원의 건강 및 생활문화 향상에 이바지함을 목적으로 하는 의료소비자생활협동조합으로, 'ㅇㅇ의원'을 운영하고 있다. 국민건강보험공단은 2017. 10. 18. 청구인에 대하여 수사기관의 수사결과 의료법 제33조 제2항 또는 약사법 제20조제1항을 위반한 것으로 확인되었다는 이유로 요양급여비용 지급 보류처분을 하였다(이하 '이 사건 처분'이라 한다). |

| | |
|---|---|
| | 청구인은 요양급여비용의 지급을 청구한 요양기관이 의료법 제33조제2항 또는 약사법 제20조제1항을 위반한 사실이 수사기관의 수사 결과로 확인된 경우 요양급여비용의 지급을 보류할 수 있도록 규정한 국민건강보험법 제47조의2제1항이 법원에 의한 재판을 받을 권리 등을 침해한다는 취지로 위헌법률심판제청 신청을 하였으나, 2018. 1. 19. 그 신청이 기각되자(대법원 2017아93), 같은 달 24. 이 사건 헌법소원심판을 청구하였다. 이 사건 심판청구는 이 사건 요양급여 지급보류처분에 대한 집행정지신청을 당해사건으로 하고 있는데, 이는 처분 등이나 그 집행 또는 절차의 속행으로 인하여 생길 회복하기 어려운 손해를 예방하기 위하여 긴급할 필요가 있다고 인정되는지 여부를 판단하는 재판에 해당한다. 한편, 심판대상조항은 국민건강보험공단이 요양급여의 지급을 보류하는 요건을 규정한 것으로서, 당해사건의 본안사건인 이 사건 처분의 취소소송에서 근거법률이 되는 것이지 이 사건의 당해사건에 직접 적용된다고 보기 어려울 뿐 아니라, 당해사건에서 이 사건 처분이 위헌인 법률에 근거하였다는 이유로 이 사건 처분으로 인해 청구인에게 발생한 손해가 곧바로 당사자에게 회복하기 어려운 손해로 당연히 귀결된다고 단정하기도 어렵다. 결국 심판대상조항의 위헌 여부에 따라 법원이 다른 내용의 재판을 하게 된다고 볼 수 없으므로, 이 사건 심판청구는 재판의 전제성 요건을 갖추지 못하였다. 그렇다면 이 사건 심판청구는 부적법하므로 헌법재판소법 제72조제3항제4호에 따라 이를 각하하기로 하여 관여 재판관 전원의 일치된 의견으로 주문과 같이 결정한다(헌재 2018. 2. 20. 2018헌바91). |

| | |
|---|---|
| 질의 내용 | 공단의 보험급여비용 징수 취지 |
| 헌재 결정 | 국민건강보험법 제57조제1항은 "공단은 속임수나 그 밖의 부당한 방법으로 보험급여를 받은 사람이나 보험급여비용을 받은 요양기관에 대하여 그 보험급여나 보험급여비용에 상당하는 금액의 전부 또는 일부를 징수한다"라고 규정하여 그 문언상 일부 징수가 가능함을 명시하고 있다. 위 조항은 요양기관이 부당한 방법으로 급여비용을 지급청구하는 것을 방지함으로써 바람직한 급여체계의 유지를 통한 건강보험 및 의료급여 재정의 건전성을 확보하려는 데 입법 취지가 있다(헌재 2011. 6. 30. 선고 2010헌바375 전원재판부 결정 참조). |

| 질의 내용 | 국민건강보험법 제52조제1항 등 위헌소원 (합헌) |
|---|---|
| 헌재 결정 | 국민건강보험법 제52조제1항은, 요양기관이 사위 기타 부당한 방법으로 보험급여비용을 받은 경우에만 징수책임을 지며, 또 요양기관과 아무런 관련 없이 피용사 개인의 잘못으로 보험급여비용을 받아 그 전액을 환수하는 것이 가혹한 경우라면 금액의 전부 혹은 일부가 '사위 기타 부당한 방법'에 해당하지 않는다고 하여 징수를 면할 수 있는 여지를 남겨 놓고 있고, 요양기관이 그 피용자를 관리·감독할 주의의무를 다하였다고 하더라도, 보험급여비용이 요양기관에게 일단 귀속되었고 그 요양기관이 사위 기타 부당한 방법으로 보험급여비용을 지급받은 이상 부당이득반환의무가 있다는 것이므로 책임주의원칙에 어긋난다고 볼 수 없다. 국민건강보험법 제52조제4항은, 요양기관이 사위 기타 부당한 방법으로 가입자 또는 피부양자로부터 요양급여비용을 받은 경우에는 국민건강보험공단이 직접 요양기관으로부터 이를 징수하여 가입자 등에게 지급하도록 하고 있는바, 사위 기타 부당한 방법으로 지출한 요양급여비용을 가입자 또는 피부양자에게 개별적으로 행사하라고 한다면 요양급여비용의 회수가 제대로 이루어지지 않을 수 있고, 일반인들에게 요양급여비용이 정당하게 지출되었는지에 관한 기술적·전문적인 내용을 파악하도록 요구하기도 어려우며, 요양기관이 부당 이득한 법률관계가 요양기관의 사위 기타 부당한 방법에 따른 요양급여비용 청구에 기인한 것인 점 등에 비추어 보면, 그 원상회복절차에 있어서도 가입자 등에게 편리한 방법으로써 국민건강보험공단이 직접 징수하여 가입자 등에게 지급하는 것에는 합리적인 이유가 있다고 할 것이어서, 요양기관의 재산권을 침해하지 아니한다(2011. 6. 30. 2010헌바375). |

| 질의 내용 | 불법 개설 의료기관의 진료비 청구는 사기죄 |
|---|---|
| 판례 경향 | 대법원 판결(2018. 9. 13. 선고 2018도10183)에 의하면, 의료법 제33조 제2항을 위반하여 적법하게 개설되지 아니한 의료기관에서 환자를 진료하는 등의 요양급여를 실시하였다면 해당 의료기관은 국민건강보험법상 요양급여비용을 청구할 수 있는 요양기관에 해당되지 아니하므로 요양급여비용을 적법하게 지급받을 자격이 없다. 따라서 비의료인이 개설한 의료기관이 마치 의료법에 의하여 적법하게 개설된 요양기관인 것처럼 국민건강보험공단에 요양급여비용의 지급을 청구하는 것은 국민건강보험공단으로 하여금 요양급여비용 지급에 관한 의사결정에 착오를 일으키게 하는 것이 되어 사기죄의 기망행위에 해당하고, 이러한 기망행위에 의하여 국민건강보험공단으로부터 요양급여비용을 지급받을 경우에는 사기죄가 성립한다(대법원 2016. 3. 24. 선고 2014도13649 판결 등 참조). |

| 질의 내용 | 사무장병원 요양급여비용청구 사기죄에 해당 |
|---|---|
| 판례 경향 | 의료기관 개설자의 자격을 의사, 한의사 등으로 한정함으로써 의료기관 개설자격이 없는 자가 의료기관을 개설하는 것을 금지하면서 이를 위반한 경우 형사처벌을 하도록 정하고 있는데, 이는 의료기관 개설자격을 전문성을 가진 의료인이나 공적인 성격을 가진 자로 엄격히 제한함으로써 건전한 의료질서를 확립하고 영리 목적으로 의료기관을 개설하는 경우에 발생할지도 모르는 국민 건강상의 위험을 미리 방지하기 위한 것이다(대법원 2011. 10. 27. 선고 2009도2629 판결 참조). 또한 국민건강보험법 제42조제1항제1호는 요양급여를 실시할 수 있는 요양기관 중의 하나인 의료기관을 '의료법에 따라 개설된 의료기관'으로 한정하고 있다. 따라서 의료법 제33조제2항을 위반하여 적법하게 개설되지 아니한 의료기관에서 환자를 진료하는 등의 요양급여를 실시하였다면 해당 의료기관은 국민건강보험법상 요양급여비용을 청구할 수 있는 요양기관에 해당되지 아니하므로 요양급여비용을 적법하게 지급받을 자격이 없다(대법원 2012. 1. 27. 선고 2011두21669 판결, 대법원 2015. 5. 14. 선고 2012다72384 판결 참조). 따라서 비의료인이 개설한 의료기관이 마치 의료법에 의하여 적법하게 개설된 요양기관인 것처럼 국민건강보험공단에 요양급여비용의 지급을 청구하는 것은 국민건강보험공단으로 하여금 요양급여비용 지급에 관한 의사결정에 착오를 일으키게 하는 것으로서 사기죄의 기망행위에 해당하고, 이러한 기망행위에 의하여 국민건강보험공단으로부터 요양급여비용을 지급받을 경우에는 사기죄가 성립한다. 이 경우 설령 그 의료기관의 개설인인 비의료인이 자신에게 개설 명의를 빌려준 의료인으로 하여금 환자들에게 요양급여를 제공하게 하였다 하여도 마찬가지이다(대법원 2015. 7. 9. 선고 2014도11843 판결). |

| 질의 내용 | 의료기관 1인 1개소 개설 제한의 취지 |
|---|---|
| 해석 경향 | 의료법 제33조제8항에서 의사가 개설·운영할 수 있는 의료기관의 수를 1개소로 제한하고 있는 취지는 의료기관을 개설하는 의사가 자신의 면허를 바탕으로 개설된 의료기관에서 이루어지는 의료행위에 전념하도록 하기 위하여 장소적 한계를 설정함으로써 의료의 적정을 기하여 국민의 건강을 보호·증진하고자 하는 데 있습니다. |

| 질의 내용 | 1인 1개소 의료기관 중복개설 |
| --- | --- |
| 판례 경향 | 의료법 제4조제2항은 "의료인은 다른 의료인의 명의로 의료기관을 개설하거나 운영할 수 없다"라고 규정하고, 의료법 제33조제8항 본문은 "의료인은 어떠한 명목으로도 둘 이상의 의료기관을 개설·운영할 수 없다"라고 규정하고 있다(이하 의료법 제33조제8항 본문의 금지규정을 '1인 1개설·운영 원칙'이라고 한다). 이러한 의료법의 규정 내용 등에 비추어 보면, 1인 1개설·운영 원칙에 반하는 행위 중, 의료기관의 중복 개설이란 '이미 자신의 명의로 의료기관을 개설한 의료인이 다른 의료인 등의 명의로 개설한 의료기관에서 직접 의료행위를 하거나 자신의 주관 아래 무자격자로 하여금 의료행위를 하게 하는 경우'를, 그와 구분되는 의료기관의 중복 운영이란 '의료인이 둘 이상의 의료기관에 대하여 그 존폐·이전, 의료행위 시행 여부, 자금 조달, 인력·시설·장비의 충원과 관리, 운영성과의 귀속·배분 등의 경영사항에 관하여 의사 결정 권한을 보유하면서 관련 업무를 처리하거나 처리하도록 하는 경우'를 뜻한다. 의료기관의 중복 운영에 해당하면 중복 개설에 해당하지 않더라도 1인 1개설·운영 원칙에 위반한 것이 된다. 나아가 구체적인 사안에서 1인 1개설·운영 원칙에 어긋나는 의료기관의 중복 운영에 해당하는지를 판단할 때에는 위와 같은 운영자로서의 지위 유무, 즉 둘 이상의 의료기관 개설 과정, 개설명의자의 역할과 경영에 관여하고 있다고 지목된 다른 의료인과의 관계, 자금 조달 방식, 경영에 관한 의사 결정 구조, 실무자에 대한 지휘·감독권 행사 주체, 운영성과의 분배 형태, 다른 의료인이 운영하는 경영지원 업체가 있을 경우 그 경영지원 업체에 지출되는 비용 규모 및 거래 내용 등의 제반 사정을 고려하여야 한다. 이를 바탕으로, 둘 이상의 의료기관이 의사 결정과 운영성과 귀속 등의 측면에서 특정 의료인에게 좌우되지 않고 각자 독자성을 유지하고 있는지, 아니면 특정 의료인이 단순히 협력관계를 맺거나 경영지원 혹은 투자를 하는 정도를 넘어 둘 이상의 의료기관의 운영을 실질적으로 지배·관리하고 있는지를 살펴보아야 한다(대법원 2018. 7. 12. 선고 2018도3672 판결). |

| 질의 내용 | 1인 1개소 의료기관 개설 위반 |
|---|---|
| 판례 경향 | 이미 자신 명의로 의료기관을 개설·운영하면서 의료행위를 하고 있는 의사가 다른 의사를 고용하여 그 의사 명의로 새로운 의료기관을 개설하고 그 운영에 직접 관여하는 데서 더 나아가 그 의료기관에서 자신이 직접 의료행위를 하거나 비의료인을 고용하여 자신의 주관하에 의료행위를 하게 한 경우에는 이미 자신의 명의로 의료기관을 개설·운영하고 있는 위 의사로서는 중복하여 의료기관을 개설한 경우에 해당한다. 또한 이미 자신의 명의로 의료기관을 개설·운영하면서 의료행위를 하고 있는 의사가 다른 의사가 개설·운영하고 있는 기존 의료기관을 인수하여 의료법 제33조제5항 등에 따른 개설자 명의변경 신고 또는 허가를 받지 아니한 채 또는 다른 의사의 면허증을 대여받아 그 의사 명의로 개설자 명의변경 신고 또는 허가를 받아 종전 개설자를 배제하고 그 의료기관의 시설과 인력의 관리, 의료업의 시행, 필요한 자금의 조달, 운영성과의 귀속 등 의료기관의 운영을 실질적으로 지배·관리하는 등 종전 개설자의 의료기관 운영행위와 단절되는 새로운 운영행위를 한 것으로 볼 수 있는 경우에는 이미 자신의 명의로 의료기관을 개설·운영하고 있는 의사로서는 중복하여 의료기관을 운영한 경우에 해당한다(대법원 2016. 10. 13. 선고 2016도11407 판결). |

| 질의 내용 | 의료인 1개소 개설 위반 요양급여 비용 |
|---|---|
| 판례 경향 | 의료인으로서 자격과 면허를 보유한 사람이 의료법에 따라 의료기관을 개설하여 건강보험의 가입자 또는 피부양자에게 국민건강보험법에서 정한 요양급여를 실시하였다면, 설령 이미 다른 의료기관을 개설·운영하고 있는 의료인이 위 의료기관을 실질적으로 개설·운영하였거나, 의료인이 다른 의료인의 명의로 위 의료기관을 개설·운영한 것이어서 의료법을 위반한 경우라 할지라도, 그 사정만을 가지고 위 의료기관이 국민건강보험법에 의한 요양급여를 실시할 수 있는 요양기관인 '의료법에 따라 개설된 의료기관'에 해당하지 아니한다는 이유로 그 요양급여에 대한 비용 지급을 거부하거나, 위 의료기관이 요양급여비용을 수령하는 행위가 '속임수나 그 밖의 부당한 방법에 의하여 요양급여비용을 받는 행위'에 해당된다는 이유로 요양급여비용 상당액을 환수할 수는 없다고 보아야 한다(대법원 2019. 5. 30. 선고 2015두36485 판결). |

| | |
|---|---|
| 질의 내용 | 의료인은 어떠한 명목으로도 둘 이상의 의료기관을 운영할 수 없다고 규정한 의료법 제33조 제8항 본문 중 '운영' 부분이 죄형법정주의의 명확성원칙에 반하는지 여부 (합헌) |
| 헌재 결정 | '운영'의 사전적 의미와 이에 대한 법원의 해석, 의료법 개정의 취지 및 그 규정 형식 등을 종합하여 볼 때, 의료법 제33조제8항 본문 소정의 '개설'과 '운영'은 개념적으로 구별되고, 여기서 금지하고 있는 '중복개설'이란 '이미 자신의 명의로 의료기관을 개설한 의료인이 다른 의료인 등의 명의로 개설한 의료기관에서 직접 의료행위를 하거나 자신의 주관 아래 무자격자로 하여금 의료행위를 하게 하는 경우'를, 그와 구분되는 '중복운영'이란 '의료인이 둘 이상의 의료기관에 대하여 그 존폐·이전, 의료행위 시행 여부, 자금 조달, 인력·시설·장비의 충원과 관리, 운영성과의 귀속·배분 등의 경영사항에 관하여 의사 결정 권한을 보유하면서 관련 업무를 처리하거나 처리하도록 하는 경우'를 의미한다 할 것이다 (대법원 2018. 7. 12. 선고 2018도3672 판결). |
| | '운영'의 사전적 의미와 이에 대한 법원의 해석, 의료법 개정의 취지 및 그 규정 형식 등을 종합하여 볼 때, 이 사건 법률조항에서 금지하는 '의료기관 중복운영'이란, '의료인이 둘 이상의 의료기관에 대하여 그 존폐·이전, 의료행위 시행 여부, 자금 조달, 인력·시설·장비의 충원과 관리, 운영성과의 귀속·배분 등의 경영사항에 관하여 의사 결정 권한을 보유하면서 관련 업무를 처리하거나 처리하도록 하는 경우'를 의미하는 것으로 충분히 예측할 수 있고, 그 구체적인 내용은 법관의 통상적인 해석·적용에 의하여 보완될 수 있다. 따라서 이 사건 법률조항은 죄형법정주의의 명확성원칙에 반하지 않는다. 의료인으로 하여금 하나의 의료기관에서 책임 있는 의료행위를 하게 하여 의료행위의 질을 유지하고, 지나친 영리추구로 인한 의료의 공공성 훼손 및 의료서비스 수급의 불균형을 방지하며, 소수의 의료인에 의한 의료시장의 독과점 및 의료시장의 양극화를 방지하기 위한 것이다[헌재 2019. 8. 29. 2014헌바212, 2014헌가15, 2015헌마561, 2016헌바21(병합)]. |

| 질의 내용 | 네트워크 의료기관 벌금형 |
|---|---|
| 판례 경향 | 네트워크 병원을 운영해 1인1개소법을 위반한 혐의로 재판에 넘겨진 의료기관 관계자들이 1심에서 벌금형을 선고받았다.<br>서울중앙지법은 의료법 위반 등의 혐의로 불구속 기소된 의원기관 경영지원회사 대표이사 A씨에게 벌금 1000만원, 법인에 벌금 2000만원을 각각 선고했다. 같이 기소된 부사장, 임직원 및 네트워크 의료기관 전현직 원장 등 13명에게도 가담 정도에 따라 벌금 300~700만원 선고가 내려졌다. 당시 명의 원장 여러 명을 고용해 의료기관 지점 22곳을 개설한 상태였으며, 관계자들은 점포와 의료기기 등을 지점 원장들에게 제공하고 각 지점들의 수입 지출을 관리하며 매출액에 따라 급여를 지급한 혐의를 받았다. 이에 대해 의료기관 측은 1인1개소법 등이 헌법에 위배된다고 보고 위헌법률 심판을 제청했으나 지난해 8월 헌법재판소에서 전원일치 의견으로 합헌 결정이 내려졌다(서울중앙지법 2020. 12.). |

| 질의 내용 | 의료기관 개설자가 중복 개설 |
|---|---|
| 판례 경향 | 의료법 제33조제1항에 의료인은 이 법에 따른 의료기관을 개설하지 아니하고는 의료업을 할 수 없도록 하고 있으며 제2항에서 의료인은 하나의 의료기관만을 개설할 수 있도록 규정하고 있습니다.<br>또한 의료법 시행규칙 제30조제3항에 법 제33조제2항 각호외의 부분 단서에 따라 의원·치과의원·한의원 또는 조산원을 개설한 의료인이 부득이한 사유로 3개월을 초과하여 그 의료기관을 관리할 수 없는 경우 그 개설자는 폐업 또는 휴업 신고를 하여야 한다고 규정하고 있습니다.<br>따라서 의료기관을 개설한 의사가 관리의사로 하여금 계속 전담하여 운영하게 할 수 없으며, 비의료인이 필요한 자금을 투자하여 시설 등을 갖추고 의사가 고용되어 그의 명의로 개설하고 의료행위를 할 경우 해당 의료인은 "의료기관의 개설자가 될 수 없는 자에게 고용되어 의료행위를 한 때"에 해당되어 행정처분을 받을 수 있습니다. 이미 자신의 명의로 의원을 개설하였음에도 불구하고 타인의 명의로 또 다른 의원을 개설한 다음 이를 경영한데에 그치지 아니하고 그 의료기관에서도 의료행위를 하였다면 이는 의사가 개설할 수 있는 의료기관의 수를 1개소로 제한하는 법규정을 위반하여 중복하여 의료기관을 개설한 경우에 해당합니다(대법원 2003. 10. 23. 선고 2003도256 판결 참조). |

| 질의 내용 | 사무장병원의 근로기준법상 임금 및 퇴직금 지급 주체 |
| --- | --- |
| 판례 경향 | 근로기준법상 근로자에 해당하는지 여부는 계약의 형식과는 관계없이 실질에 있어서 임금을 목적으로 종속적인 관계에서 사용자에게 근로를 제공하였는지 여부에 따라 판단하여야 하고, 반대로 어떤 근로자에 대하여 누가 임금 및 퇴직금의 지급의무를 부담하는 사용자인가를 판단함에 있어서도 계약의 형식이나 관련 법규의 내용에 관계없이 실질적인 근로관계를 기준으로 하여야 한다(대법원 1999. 2. 9. 선고 97다56235 판결, 대법원 2012. 5. 24. 선고 2010다107071, 107088 판결 등 참조).<br>의료인이 아닌 사람이 월급을 지급하기로 하고 의료인을 고용해 그 명의를 이용하여 개설한 의료기관인 이른바 '사무장 병원'에 있어서 비록 의료인 명의로 근로자와 근로계약이 체결되었더라도 의료인 아닌 사람과 근로자 사이에 실질적인 근로관계가 성립할 경우에는 의료인 아닌 사람이 근로자에 대하여 임금 및 퇴직금의 지급의무를 부담한다고 보아야 한다. 이는 이른바 사무장 병원의 운영 및 손익 등이 의료인 아닌 사람에게 귀속되도록 하는 내용의 의료인과 의료인 아닌 사람 사이의 약정이 강행법규인 의료법 제33조제2항 위반으로 무효가 된다고 하여 달리 볼 것은 아니다(대법원 2020. 4. 29. 선고 2018다263519 판결). |

| 질의 내용 | 사단법인, 사회복지법인에서의 의료기관 개설·운영 |
| --- | --- |
| 해석 경향 | 의료법 제33조제2항에 의사, 치과의사, 한의사 또는 조산사, 국가나 지방자치단체, 의료업을 목적으로 설립된 의료법인, 「민법」이나 특별법에 따라 설립된 비영리법인 등이 아니면 의료기관을 개설할 수 없으며, 동조 제4항에 종합병원·병원·치과병원·한방병원 또는 요양병원을 개설하려면 제33조의2에 따른 시·도 의료기관개설위원회의 심의를 거쳐 보건복지부령으로 정하는 바에 따라 시·도지사의 허가를 받도록 규정하고 있습니다. 비영리법인에서 의료기관을 개설하고자 할 경우, 법인의 설립목적과 정관상의 의료기관개설에 관한 구체적인 근거 등이 명시되어 있는지, 법인의 설립 취지와 부합되는지 등의 여부를 검토한 후 법인 관련 주무관청과 관할 소재지 허가권자가 허가 여부를 검토할 수 있습니다. 회원들의 권익보호 등의 목적사업을 주로 하는 사단법인이나 사회복지사업을 주로 하는 사회복지법인에서 의료기관을 개설·운영하는 것은 당초 정관의 목적달성에 지장을 줄 뿐만 아니라 비영리사업의 본질에 부합되지 아니하여 바람직하다 할 수 없습니다. 다만, 사단법인 또는 사회복지법인 설립 시 정관상 의료기관 개설 운영에 대한 구체적이고 명확한 근거와 필요성이 존재하며, 비영리법인의 설립 취지와 부합할 경우, 주무관청의 재량적 판단에 의해 가·부가 결정될 것으로 보입니다. |

| 의료법 | 제33조의2(의료기관개설위원회 설치 등) |
|---|---|

① 제33조제4항에 따른 의료기관 개설 허가에 관한 사항을 심의하기 위하여 시·도지사 소속으로 의료기관개설위원회를 둔다.

② 제1항의 의료기관개설위원회의 위원은 제28조에 따른 의사회·치과의사회·한의사회·조산사회 및 간호사회의 의료인으로서 경험이 풍부한 사람과 제52조에 따른 의료기관단체의 회원으로서 해당 지역 내 의료기관의 개설·운영 등에 관한 경험이 풍부한 사람으로 한다.

③ 의료기관개설위원회의 구성과 운영에 필요한 사항과 그 밖에 필요한 사항은 보건복지부령으로 정한다. [본조신설 2020. 3. 4.]

| 의료법 시행규칙 | 제27조의2(의료기관개설위원회의 구성·운영 등) |
|---|---|

① 법 제33조의2에 따른 의료기관개설위원회(이하 이 조에서 "위원회"라 한다)는 법 제33조제4항에 따른 개설허가(이하 이 조에서 "개설허가"라 한다)를 신청한 의료기관에 대하여 다음 각 호의 사항을 심의한다.

1. 제25조제2항 각 호의 사항

2. 법 제60조제1항에 따른 기본시책 및 같은 조 제2항에 따른 수급 및 관리계획에 적합한지 여부

3. 그 밖에 시·도지사가 위원회의 심의가 필요하다고 인정하는 사항

② 시·도지사는 제1항에도 불구하고 다음 각 호의 어느 하나에 해당하여 개설허가를 할 수 없음이 명확한 경우에는 위원회의 심의를 생략할 수 있다.

1. 제27조제1항에 따른 개설허가 신청서류의 전부 또는 일부를 제출하지 않은 경우

2. 국가나 지방자치단체가 의료기관을 개설하는 경우 등 시·도지사가 위원회의 심의가 필요하지 않다고 인정하는 경우

③ 위원회는 위원장 1명을 포함하여 15명 이내의 위원으로 성별을 고려하여 구성한다.

④ 위원장은 위원 중에서 호선(互選)한다.

⑤ 위원회의 위원의 임기는 2년으로 하되, 연임할 수 있다.

⑥ 제1항부터 제5항까지에서 규정한 사항 외에 위원회의 구성·운영 등에 필요한 사항은 특별시·광역시·특별자치시·도·특별자치도(이하 "시·도"라 한다)의 규칙으로 정한다. [본조신설 2020. 9. 4.]

| 의료법 | 제33조의3(실태조사) |
|---|---|

① 보건복지부장관은 제33조제2항을 위반하여 의료기관을 개설할 수 없는 자가 개설·운영하는 의료기관의 실태를 파악하기 위하여 보건복지부령으로 정하는 바에 따라 조사(이하 이 조에서 "실태조사"라 한다)를 실시하고, 위법이 확정된 경우 그 결과를 공표하여야 한다. 이 경우 수사기관의 수사로 제33조제2항을 위반한 의료기관의 위법이 확정된 경우도 공표 대상에 포함한다.

② 보건복지부장관은 실태조사를 위하여 관계 중앙행정기관의 장, 지방자치단체의 장, 관련 기관·법인 또는 단체 등에 협조를 요청할 수 있다. 이 경우 요청을 받은 자는 특별한 사정이 없으면 이에 협조하여야 한다.

③ 실태조사의 시기·방법 및 결과 공표의 방법 등에 관하여 필요한 사항은 보건복지부령으로 정한다. [본조신설 2020. 12. 29.]

| 의료법 | 제34조(원격의료) |
|---|---|

① 의료인(의료업에 종사하는 의사·치과의사·한의사만 해당한다)은 제33조제1항에도 불구하고 컴퓨터·화상통신 등 정보통신기술을 활용하여 먼 곳에 있는 의료인에게 의료지식이나 기술을 지원하는 원격의료(이하 "원격의료"라 한다)를 할 수 있다.

② 원격의료를 행하거나 받으려는 자는 보건복지부령으로 정하는 시설과 장비를 갖추어야 한다. <개정 2008. 2. 29., 2010. 1. 18.>

③ 원격의료를 하는 자(이하 "원격지의사"라 한다)는 환자를 직접 대면하여 진료하는 경우와 같은 책임을 진다.

④ 원격지의사의 원격의료에 따라 의료행위를 한 의료인이 의사·치과의사 또는 한의사(이하 "현지의사"라 한다)인 경우에는 그 의료행위에 대하여 원격지의사의 과실을 인정할 만한 명백한 근거가 없으면 환자에 대한 책임은 제3항에도 불구하고 현지의사에게 있는 것으로 본다.

| 의료법 시행규칙 | 제29조(원격의료의 시설 및 장비) |
|---|---|

법 제34조제2항에 따라 원격의료를 행하거나 받으려는 자가 갖추어야 할 시설과 장비는 다음 각 호와 같다.

1. 원격진료실
2. 데이터 및 화상(畵像)을 전송·수신할 수 있는 단말기, 서버, 정보통신망 등의 장비

△ 제34조제2항을 위반하여 시설과 장비를 갖추지 아니한 경우 : 시정명령

| 질의 내용 | 원격의료 |
|---|---|
| 해석 경향 | 원격의료란, 의료인(의료업에 종사하는 의사·치과의사·한의사)이 컴퓨터·화상통신 등 정보통신기술을 활용하여 먼 곳에 있는 의료인에게 의료지식이나 기술을 지원하는 것으로 의료인이 원격의료를 행하려면 원격진료실, 화상전송을 위한 단말기, 서버 등을 갖추어야 하고, 원격지에 있는 의료인(의사, 치과의사, 한의사) 상호간 환자에 대한 의료기술 및 정보를 전달하는 행위를 말한다. |

| 의료법 | 제35조(의료기관 개설 특례) |
|---|---|

① 제33조제1항·제2항 및 제8항에 따른 자 외의 자가 그 소속 직원, 종업원, 그 밖의 구성원(수용자를 포함한다)이나 그 가족의 건강관리를 위하여 부속 의료기관을 개설하려면 그 개설 장소를 관할하는 시장·군수·구청장에게 신고하여야 한다. 다만, 부속 의료기관으로 병원급 의료기관을 개설하려면 그 개설 장소를 관할하는 시·도지사의 허가를 받아야 한다. <개정 2009. 1. 30.>

② 제1항에 따른 개설 신고 및 허가에 관한 절차·조건, 그 밖에 필요한 사항과 그 의료기관의 운영에 필요한 사항은 보건복지부령으로 정한다. <개정 2008. 2. 29., 2010. 1. 18.>

| 의료법 시행규칙 | 제32조(부속 의료기관의 개설 특례) |
|---|---|

① 법 제35조제1항에 따라 의료인·의료법인·국가·지방자치단체·비영리법인 또는 「공공기관의 운영에 관한 법률」에 따른 준정부기관 외의 자가 그 종업원 및 가족의 건강관리를 위하여 부속 의료기관을 개설하려면 별지 제20호서식의 부속 의료기관 개설신고서 또는 개설허가신청서에 다음 각 호의 서류를 첨부하여 시·도지사나 시장·군수·구청장에게 제출하여야 한다. <개정 2015. 7. 24., 2017. 6. 21.>

1. 건물평면도 사본 및 그 구조설명서 사본
2. 의료인 등 근무인원에 대한 확인이 필요한 경우: 면허(자격)증 사본 1부
3. 법 제36조제1호·제2호·제4호 및 제5호의 준수사항에 적합함을 증명하는 서류

② 부속 의료기관의 개설신고 및 개설허가에 따른 신고 수리 등에 관하여는

제25조제2항부터 제5항까지, 제26조, 제27조제2항부터 제5항까지 및 제28 조의 규정을 각각 준용한다. 이 경우 "별지 15호서식"은 "별지 제15호의2 서식"으로, "별지 제17호서식"은 "별지 제17호의2서식"으로 본다. <개정 2015. 5. 29.>

[전문개정 2010. 1. 29.]

---

## 벌칙 • 행정처분

◇ 제35조제1항 단서를 위반한 자 : 3년 이하의 징역이나 3천만원 이하의 벌금
◇ 제35조제1항 본문을 위반한 자 : 500만원 이하의 벌금
△ 제35조제1항을 위반하여 부속의료기관을 개설하지 아니하고 의료업을 한 경우 : 자격정지 3개월
△ 제35조제2항을 위반하여 부속의료기관의 운영에 관하여 정한 사항을 지키지 아니한 경우 : 시정명령

| 질의 내용 | 부속의료기관의 일반인 환자 진료 |
|---|---|
| 해석 경향 | 의료법 제35조제1항에 의료법 제33조제1항제2항 및 제8항에 따른 자 외의 자가 그 소속 직원, 종업원 그 밖의 구성원(수용자를 포함한다)이나 그 가족의 건강관리를 위하여 부속 의료기관을 개설하려면 그 개설장소를 관할하는 시장·군수·구청장에게 신고하고 또한 부속의료기관으로 병원급 의료기관을 개설하려면 그 개설 장소를 관할하는 시·도지사의 허가를 받도록 규정하고 있습니다.<br>해당 규정은 원칙적으로 의료인만이 가능한 의료기관 개설을 의료인 이외의 자도 '부속의료기관'으로 개설할 수 있도록 한 '의료기관 개설 특례 조항'입니다. 이는 다수의 직원을 둔 업체 등이 직원 복지 차원에서 평상시 직원의 건강관리 및 응급 시를 대비해 운영할 수 있도록 한 것이며, 그 이용대상은 해당 업체 동일 공간 내에 종사하는 직원, 종업원, 기타 구성원, 그 가족으로 한정하고 있습니다.<br>따라서 의료법 제35조에서 규정하고 있는 부속의료기관의 경우, 그 소속 직원, 종업원, 그 밖의 구성원(수용자 포함)이나 그 가족들 이외 일반인을 진료하거나 건강검진 등을 하는 행위는 개설 취지에 타당하지 않으며, 법령에 위배 되어 행정처분을 받을 수 있습니다. |

| 의료법 | 제36조(준수사항) |
|---|---|

제33조제2항 및 제8항에 따라 의료기관을 개설하는 자는 보건복지부령으로 정하는 바에 따라 다음 각 호의 사항을 지켜야 한다. <개정 2008. 2. 29., 2009. 1. 30., 2010. 1. 18., 2016. 5. 29., 2019. 4. 23., 2019. 8. 27., 2020. 3. 4.>

1. 의료기관의 종류에 따른 시설기준 및 규격에 관한 사항
2. 의료기관의 안전관리시설 기준에 관한 사항
3. 의료기관 및 요양병원의 운영 기준에 관한 사항
4. 고가의료장비의 설치·운영 기준에 관한 사항
5. 의료기관의 종류에 따른 의료인 등의 정원 기준에 관한 사항
6. 급식관리 기준에 관한 사항
7. 의료기관의 위생 관리에 관한 사항
8. 의료기관의 의약품 및 일회용 의료기기의 사용에 관한 사항
9. 의료기관의 「감염병의 예방 및 관리에 관한 법률」 제41조제4항에 따른 감염병환자등의 진료 기준에 관한 사항
10. 의료기관 내 수술실, 분만실, 중환자실 등 감염관리가 필요한 시설의 출입 기준에 관한 사항
11. 의료인 및 환자 안전을 위한 보안장비 설치 및 보안인력 배치 등에 관한 사항
12. 의료기관의 신체보호대 사용에 관한 사항
13. 의료기관의 의료관련감염 예방에 관한 사항

| 의료법 시행규칙 | 제34조(의료기관의 시설기준 및 규격) |
|---|---|

법 제36조제1호에 따른 의료기관의 종류별 시설기준은 별표 3과 같고, 그 시설규격은 별표 4와 같다.

---

■ 의료법 시행규칙 [별표 3] <개정 2020. 2. 28.>

### 의료기관의 종류별 시설기준(제34조 관련)

| 시설 | 종합병원 병원 요양병원 | 치과병원 | 한방병원 | 의원 | 치과의원 | 한의원 | 조산원 |
|---|---|---|---|---|---|---|---|
| 1. 입원실 | 입원환자 100명 이상(병원·요양병원의 경우는 30명 이상)을 수용할 수 있는 입원실 | | 입원환자 30명 이상을 수용할 수 있는 입원실 | 입원실을 두는 경우 입원환자 29명 이하를 수용할 수 있는 입원실 | 의원과 같음 | 의원과 같음 | 1 (분만실 겸용) |
| 2. 중환자실 | 1 (병상이 300개 이상 | | | | | | |

| | | | | | | | |
|---|---|---|---|---|---|---|---|
| | 인 종합병원만 해당한다) | | | | | | |
| 3. 수술실 | 1<br>(외과계 진료과목이 있는 종합병원이나 병원인 경우에만 갖춘다) | 1<br>(외과계 진료과목이 있는 경우에만 갖춘다) | 1<br>(외과계 진료과목이 있는 경우에만 갖춘다) | 1<br>(외과계 진료과목이 있고, 전신마취하에 수술을 하는 경우에만 갖춘다) | 1<br>(외과계 진료과목이 있고, 전신마취하에 수술을 하는 경우에만 갖춘다) | | |
| 4. 응급실 | 1<br>(병원·요양병원의 경우는 「응급의료에 관한 법률」에 따라 지정받은 경우에만 갖춘다) | | | | | | |
| 5. 임상 검사실 | 1<br>(요양병원의 경우 관련 치과 진료과목이 있는 경우에만 갖춘다) | 1 | 1<br>(관련 의과 또는 치과 진료 과목이 있는 경우에만 갖춘다) | | | | |
| 6. 방사선 장치 | 1<br>(요양병원의 경우 관련 치과 진료과목이 있는 경우에만 갖춘다) | 1 | 1<br>(관련 의과 또는 치과 진료 과목이 있는 경우에만 갖춘다) | | | | |
| 7. 회복실 | 1<br>(수술실이 설치되어 있는 경우에만 갖춘다) | 1<br>(수술실이 설치되어 있는 경우에만 갖춘다) | 1<br>(수술실이 설치되어 있는 경우에만 갖춘다) | 1<br>(수술실이 설치되어 있는 경우에만 갖춘다) | 1<br>(수술실이 설치되어 있는 경우에만 갖춘다) | | |
| 8. 물리 치료실 | 1<br>(종합병원에만 갖춘다) | | | | | | |
| 9. 한방 요법실 | 1<br>(관련 한의과 진료과목이 있는 경우에만 갖춘다) | 1<br>(관련 한의과 진료과목이 있는 경우에만 갖춘다) | 1 | | | | |
| 10. 병리 해부실 | 1<br>(종합병원에만 갖춘다) | | | | | | |
| 11. 조제실 | 1 | 1 | 1 | 1 | 1 | 1 | 1 |

| | (조제실을 두는 경우에만 갖춘다) | (조제실을 두는 경우에만 갖춘다) | (조제실을 두는 경우에만 갖춘다) | (조제실을 두는 경우에만 갖춘다) | (조제실을 두는 경우에만 갖춘다) | (조제실을 두는 경우에만 갖춘다) | (조제실을 두는 경우에만 갖춘다) |
|---|---|---|---|---|---|---|---|
| 11의2. 탕전실 | 1 (관련 한의과 진료과목을 두고 탕전을 하는 경우에만 갖춘다) | 1 (관련 한의과 진료과목을 두고 탕전을 하는 경우에만 갖춘다) | 1 (탕전을 하는 경우에만 갖춘다) | | | 1 (탕전을 하는 경우에만 갖춘다) | |
| 12. 의무기록실 | 1 | 1 | 1 | | | | |
| 13. 소독시설 | 1 | 1 | 1 | 1 (외래환자를 진료하지 아니하는 의원은 제외한다) | 1 | 1 | 1 |
| 14. 급식시설 | 1 (외부 용역업체에 급식을 맡기는 경우에는 적용되지 아니한다) | 1 (외부 용역업체에 급식을 맡기는 경우에는 적용되지 아니한다) | 1 (외부 용역업체에 급식을 맡기는 경우에는 적용되지 아니한다) | | | | |
| 15. 세탁물 처리시설 | 1 (세탁물 전량을 위탁처리하는 경우에는 갖추지 아니하여도 된다) | 1 (세탁물 전량을 위탁처리하는 경우에는 갖추지 아니하여도 된다) | 1 (세탁물 전량을 위탁처리하는 경우에는 갖추지 아니하여도 된다) | | | | |
| 16. 시체실 | 1 (종합병원만 갖춘다. 다만, 「장사 등에 관한 법률」 제29조에 따른 장례식장을 설치·운영하는 경우로서 장례식장에 시신을 안치하기 위한 시설을 둔 경우에는 갖추지 않아도 된다) | | | | | | |
| 17. 적출물 처리시설 | 1 (적출물 전량을 위탁 | 1 (적출물전 | 1 (적출물전 | | | | |

| | | | | | | |
|---|---|---|---|---|---|---|
| | 처리하는 경우에는 해당하지 아니한다) | 량을 위탁 처리 하는 경우에는 해당하지 아니한다) | 량을 위탁 하는 경우에는 해당하지 아니한다) | | | |
| 18. 자가발전 시설 | 1 | 1 | 1 | | | |
| 19. 구급자동차 | 1<br>(요양병원은 제외하며, 「응급의료에 관한 법률」 제44조제2항에 따라 구급자동차의 운용을 위탁한 경우에는 갖추지 않아도 된다) | | | | | |
| 20. 그 밖의 시설 | 가. 탕전실, 의무기록실, 급식시설, 세탁처리시설 및 적출물소각시설은 의료기관이 공동으로 사용할 수 있다.<br>나. 요양병원은 거동이 불편한 환자가 장기간 입원하는 데에 불편함이 없도록 식당, 휴게실, 욕실, 화장실, 복도 및 계단과 엘리베이터(계단과 엘리베이터는 2층 이상인 건물만 해당하고, 층간 경사로를 갖춘 경우에는 엘리베이터를 갖추지 아니할 수 있다)를 갖추어야 한다.<br>다. 탕전실은 의료기관에서 분리하여 따로 설치할 수 있다.<br>라. 종합병원, 병원, 한방병원, 요양병원은 해당 병원에서 사망하는 사람 등의 장사 관련 편의를 위하여 「장사 등에 관한 법률」 제29조에 따른 장례식장을 설치할 수 있다. | | | | | |

■ 의료법 시행규칙 [별표 4] <개정 2019. 9. 27.>

## 의료기관의 시설규격(제34조 관련)

1. 입원실
 가. 입원실은 3층 이상 또는 「건축법」 제2조제1항제5호에 따른 지하층에는 설치할 수 없다. 다만, 「건축법 시행령」 제56조에 따른 내화구조(耐火構造)인 경우에는 3층 이상에 설치할 수 있다.
 나. 입원실의 면적(벽·기둥 및 화장실의 면적을 제외한다)은 환자 1명을 수용하는 곳인 경우에는 10제곱미터 이상이어야 하고(면적의 측정 방법은 「건축법 시행령」 제119조의 산정 방법에 따른다. 이하 같다) 환자 2명 이상을 수용하는 곳인 경우에는 환자 1명에 대하여 6.3제곱미터 이상으로 하여야 한다.
 다. 삭제 <2017. 2. 3.>
 라. 입원실에 설치하는 병상 수는 최대 4병상(요양병원의 경우에는 6병상)으로 한다. 이 경우 각 병상 간 이격거리는 최소 1.5미터 이상으로 한다.
 마. 입원실에는 손씻기 시설 및 환기시설을 설치하여야 한다.
 바. 병상이 300개 이상인 종합병원에는 보건복지부장관이 정하는 기준에 따라 전실(前室) 및 음압시설(陰壓施設: 방 안의 기압을 낮춰 내부 공기가 방 밖으로 나가지 못하게 만드는 설비) 등을 갖춘 1인 병실(이하 "음압격리병실"이라 한다)을 1개 이상 설치하되, 300병상을 기준으로 100병상 초과할 때 마다 1개의 음압격리병실을 추가로 설치하여야

한다. 다만, 제2호카목에 따라 중환자실에 음압격리병실을 설치한 경우에는 입원실에 설치한 것으로 본다.

사. 병상이 300개 이상인 요양병원에는 보건복지부장관이 정하는 기준에 따라 화장실 및 세면시설을 갖춘 격리병실을 1개 이상 설치하여야 한다.

아. 산모가 있는 입원실에는 입원 중인 산모가 신생아에게 모유를 먹일 수 있도록 산모와 신생아가 함께 있을 수 있는 시설을 설치하도록 노력하여야 한다.

자. 감염병환자등의 입원실은 다른 사람이나 외부에 대하여 감염예방을 위한 차단 등 필요한 조치를 하여야 한다.

2. 중환자실

가. 병상이 300개 이상인 종합병원은 입원실 병상 수의 100분의 5 이상을 중환자실 병상으로 만들어야 한다.

나. 중환자실은 출입을 통제할 수 있는 별도의 단위로 독립되어야 하며, 무정전(無停電) 시스템을 갖추어야 한다.

다. 중환자실의 의사당직실은 중환자실 내 또는 중환자실과 가까운 곳에 있어야 한다.

라. 병상 1개당 면적은 15제곱미터 이상으로 하되, 신생아만을 전담하는 중환자실(이하 "신생아중환자실"이라 한다)의 병상 1개당 면적은 5제곱미터 이상으로 한다. 이 경우 "병상 1개당 면적"은 중환자실 내 간호사실, 당직실, 청소실, 기기창고, 청결실, 오물실, 린넨보관실을 제외한 환자 점유 공간[중환자실 내에 있는 간호사 스테이션(station)과 복도는 병상 면적에 포함한다]을 병상 수로 나눈 면적을 말한다.

마. 병상마다 중앙공급식 의료가스시설, 심전도모니터, 맥박산소계측기, 지속적수액주입기를 갖추고, 병상 수의 10퍼센트 이상 개수의 침습적 동맥혈압모니터, 병상 수의 30퍼센트 이상 개수의 인공호흡기, 병상 수의 70퍼센트 이상 개수의 보육기(신생아중환자실에만 해당한다)를 갖추어야 한다.

바. 중환자실 1개 단위(Unit)당 후두경, 앰부백(마스크 포함), 심전도기록기, 제세동기를 갖추어야 한다. 다만, 신생아중환자실의 경우에는 제세동기 대신 광선기와 집중치료기를 갖추어야 한다.

사. 중환자실에는 전담의사를 둘 수 있다. 다만, 신생아중환자실에는 전담전문의를 두어야 한다.

아. 전담간호사를 두되, 간호사 1명당 연평균 1일 입원환자수는 1.2명(신생아 중환자실의 경우에는 1.5명)을 초과하여서는 아니 된다.

자. 중환자실에 설치하는 병상은 벽으로부터 최소 1.2미터 이상, 다른 병상으로부터 최소 2미터 이상 이격하여 설치하여야 한다.

차. 중환자실에는 병상 3개당 1개 이상의 손씻기 시설을 설치하여야 한다.

카. 중환자실에는 보건복지부장관이 정하는 기준에 따라 병상 10개당 1개 이상의 격리병실 또는 음압격리병실을 설치하여야 한다. 이 경우 음압격리병실은 최소 1개 이상 설치하여야 한다.

3. 수술실

가. 수술실은 수술실 상호 간에 칸막이벽으로 구획되어야 하고, 각 수술실에는 하나의 수술대만 두어야 하며, 환자의 감염을 방지하기 위하여 먼지와 세균 등이 제거된 청정한 공기를 공급할 수 있는 공기정화설비를 갖추고, 내부 벽면은 불침투질로 하여야 하며, 적당한 난방, 조명, 멸균수세(滅菌水洗), 수술용 피복, 붕대재료, 기계기구, 의료가스, 소독 및 배수 등 필요한 시설을 갖추어야 하고, 바닥은 접지가 되도록 하여야 하며, 콘센트의 높이는 1미터 이상을 유지하게 하고, 호흡장치의 안전관리시설을 갖추어야 한다.

나. 수술실에는 기도 내 삽관유지장치, 인공호흡기, 마취환자의 호흡감시장치, 심전도 모니터 장치를 갖추어야 한다.

다. 수술실 내 또는 수술실에 인접한 장소에 상용전원이 정전된 경우 나목에 따른 장치를 작동할 수 있는 축전지 또는 발전기 등의 예비전원설비를 갖추어야 한다. 다만, 나목에 따른 장치에 축전지가 내장되어 있는 경우에는 예비전원설비를 갖춘 것으로 본다.

4. 응급실

　외부로부터 교통이 편리한 곳에 위치하고 산실(産室)이나 수술실로부터 격리되어야 하며, 구급용 시실을 갖추어야 한다.

5. 임상검사실

임상검사실은 자체적으로 검사에 필요한 시설·장비를 갖추어야 한다.

6. 방사선 장치

　가. 방사선 촬영투시 및 치료를 하는 데에 지장이 없는 면적이어야 하며, 방사선 위해(危害) 방호시설(防護施設)을 갖추어야 한다.

　나. 방사선 사진필름을 현상·건조하는 데에 지장이 없는 면적과 이에 필요한 시설을 갖춘 건조실을 갖추어야 한다.

　다. 방사선 사진필름을 판독하는 데에 지장이 없는 면적과 이에 필요한 설비가 있는 판독실을 갖추어야 한다.

7. 회복실

　수술 후 환자의 회복과 사후 처리를 하는 데에 지장이 없는 면적이어야 하며, 이에 필요한 시설을 갖추어야 한다.

8. 물리치료실

　물리요법을 시술하는 데에 지장이 없는 면적과 기능회복, 재활훈련, 환자의 안전관리 등에 필요한 시설을 갖추어야 한다.

9. 한방요법실

　경락자극요법시설 등 한방요법시설과 특수생약을 증기, 탕요법에 의하여 치료하는 시설을 갖추어야 한다.

10. 병리해부실

　병리·병원에 관한 세포학검사·생검 및 해부를 할 수 있는 시설과 기구를 갖추어 두어야 한다.

11. 조제실

　약품의 소분(小分)·혼합조제 및 생약의 보관, 혼합약제에 필요한 조제대 등 필요한 시설을 갖추어야 한다.

11의2. 탕전실

　가. 탕전실에는 조제실, 한약재 보관시설, 작업실, 그 밖에 탕전에 필요한 시설을 갖추어야 한다. 다만, 의료기관 내에 조제실 및 한약재 보관시설을 구비하고 있는 경우에는 이를 충족한 것으로 본다.

　나. 조제실에는 개봉된 한약재를 보관할 수 있는 한약장 또는 기계·장치와 한약을 조제할 수 있는 시설을 두어야 한다.

　다. 한약재 보관시설에는 쥐·해충·먼지 등을 막을 수 있는 시설과 한약재의 변질을 예방할 수 있는 시설을 갖추어야 한다.

　라. 작업실에는 수돗물이나 「먹는물관리법」 제5조에 따른 먹는 물의 수질기준에 적합한 지하수 등을 공급할 수 있는 시설, 한약의 탕전 등에 필요한 안전하고 위생적인 장비 및 기구, 환기 및 배수에 필요한 시설, 탈의실 및 세척시설 등을 갖추어야 한다.

　마. 작업실의 시설 및 기구는 항상 청결을 유지하여야 하며 종사자는 위생복을 착용하여야 한다.

　바. 의료기관에서 분리하여 따로 설치한 탕전실에는 한의사 또는 한약사를 배치하여야 한다.

　사. 의료기관에서 분리하여 따로 설치한 탕전실에서 한약을 조제하는 경우 조제를 의뢰한 한의사의 처방전, 조제 작업일지, 한약재의 입출고 내역, 조제한 한약의 배송일지 등 관련 서류를 작성·보관하여야 한다.

12. 의무기록실

의무기록(외래·입원·응급 환자 등의 기록)을 보존기간에 따라 비치하여 기록·관리 및 보관할 수 있는 서가 등 필요한 시설을 설치하여야 한다.

13. 소독시설

증기·가스장치 및 소독약품 등의 자재와 소독용 기계기구를 갖추어 두고, 위생재료·붕대 등을 집중 공급하는 데에 적합한 시설을 갖추어야 한다.

14. 급식시설

  가. 조리실은 식품의 운반과 배식이 편리한 곳에 위치하고, 조리, 보관, 식기 세척, 소독 등 식품을 위생적으로 처리할 수 있는 설비와 공간을 갖추어야 한다.

  나. 식품저장실은 환기와 통풍이 잘 되는 곳에 두되, 식품과 식품재료를 위생적으로 보관할 수 있는 시설을 갖추어야 한다.

  다. 급식 관련 종사자가 이용하기 편리한 준비실·탈의실 및 옷장을 갖추어야 한다.

15. 세탁물 처리시설

「의료기관세탁물관리규칙」에서 정하는 적합한 시설과 규모를 갖추어야 한다.

16. 시체실

시체의 부패 방지를 위한 냉장시설과 소독시설을 갖추어야 한다.

17. 적출물 처리시설

「폐기물관리법 시행규칙」 제14조에 따른 시설과 규모를 갖추어야 한다.

18. 자가발전시설

공공전기시설을 사용하지 아니하더라도 해당 의료기관의 필요한 곳에 전기를 공급할 수 있는 자가발전시설을 갖추어야 한다.

19. 구급자동차

보건복지부장관이 정하는 산소통·산소호흡기와 그 밖에 필요한 장비를 갖추고 환자를 실어 나를 수 있어야 한다.

20. 그 밖의 시설

  가. 장례식장의 바닥면적은 해당 의료기관의 연면적의 5분의 1을 초과하지 못한다.

  나. 요양병원의 식당 등 모든 시설에는 휠체어가 이동할 수 있는 공간이 확보되어야 하며, 복도에는 병상이 이동할 수 있는 공간이 확보되어야 한다.

  다. 별표 3 제20호나목에 따라 엘리베이터를 설치하여야 하는 경우에는 「승강기시설 안전관리법 시행규칙」 별표 1에 따른 침대용 엘리베이터를 설치하여야 하며, 층간 경사로를 설치하는 경우에는 「장애인·노인·임산부 등의 편의증진에 관한 법률 시행규칙」 별표 1에 따른 경사로 규격에 맞아야 한다.

  라. 요양병원의 복도 등 모든 시설의 바닥은 문턱이나 높이차이가 없어야 하고, 불가피하게 문턱이나 높이차이가 있는 경우 환자가 이동하기 쉽도록 경사로를 설치하여야 하며, 복도, 계단, 화장실 대·소변기, 욕실에는 안전을 위한 손잡이를 설치하여야 한다. 다만, 「장애인·노인·임산부 등의 편의증진에 관한 법률」 제9조에 따라 요양병원에 출입구·문, 복도, 계단을 설치하는 경우에 그 시설은 같은법에 따른 기준에도 맞아야 한다.

  마. 요양병원의 입원실, 화장실, 욕실에는 환자가 의료인을 신속하게 호출할 수 있도록 병상, 변기, 욕조 주변에 비상연락장치를 설치하여야 한다.

  바. 요양병원의 욕실

  1) 병상이 이동할 수 있는 공간 및 보조인력이 들어가 목욕을 시킬 수 있는 공간을 확보하여야 한다.

  2) 적정한 온도의 온수가 지속적으로 공급되어야 하고, 욕조를 설치할 경우 욕조에 환자의 전신이 잠기지 않는 깊이로 하여야 한다.

  사. 요양병원의 외부로 통하는 출입구에 잠금장치를 갖추되, 화재 등 비상시에 자동으로 열릴 수 있도록 하여야 한다.

◇ 우리나라 입원 병상 등 현황(2021. 5.)

　　의료기관 입원병상 등 현황은 일반 입원병상 641,882병상, 정신과 폐쇄병상 61,684병상, 중환자실 10,893병상, 격리병상 4,665병상, 무균치료실 405병상, 분만실 2,059병상, 응급실 8,949병상, 물리치료실 158,202병상으로 추산된다.

| 의료법 시행규칙 | 제35조(의료기관의 안전관리시설) |
|---|---|

　　의료기관을 개설하는 자는 법 제36조제2호에 따라 환자, 의료관계인, 그 밖의 의료기관 종사자의 안전을 위하여 다음 각 호의 시설을 갖추어야 한다. <개정 2017. 3. 7., 2019. 9. 27.>
　1. 화재나 그 밖의 긴급한 상황에 대처하기 위하여 필요한 시설
　2. 방충, 쥐막기, 세균오염 방지에 관한 시설
　3. 채광·환기에 관한 시설
　4. 전기·가스 등의 위해 방지에 관한 시설
　5. 방사선 위해 방지에 관한 시설
　6. 그 밖에 진료과목별로 안전관리를 위하여 필수적으로 갖추어야 할 시설

| 의료법 시행규칙 | 제35조의2(의료기관의 운영 기준) |
|---|---|

　　의료기관을 개설하는 자는 법 제36조제3호에 따라 다음 각 호의 운영 기준을 지켜야 한다.
　1. 입원실의 정원을 초과하여 환자를 입원시키지 말 것
　2. 입원실은 남·여별로 구별하여 운영할 것
　3. 입원실이 아닌 장소에 환자를 입원시키지 말 것
　4. 외래진료실에는 진료 중인 환자 외에 다른 환자를 대기시키지 말 것
　[본조신설 2017. 3. 7.]

| 의료법 시행규칙 | 제36조(요양병원의 운영) |
|---|---|

　① 법 제36조제3호에 따른 요양병원의 입원 대상은 다음 각 호의 어느 하나에 해당하는 자로서 주로 요양이 필요한 자로 한다. <개정 2010. 1. 29.>
　1. 노인성 질환자
　2. 만성질환자
　3. 외과적 수술 후 또는 상해 후 회복기간에 있는 자
　② 제1항에도 불구하고 「감염병의 예방 및 관리에 관한 법률」 제41조제1항에 따라 보건복지부장관이 고시한 감염병에 걸린 같은법 제2조제13호부터 제15호까지에 따른 감염병환자, 감염병의사환자 또는 병원체보유자(이하 "감염병환자등"이라 한다) 및 같은법 제42조제1항 각 호의 어느 하나에 해당하는 감염병환자등은 요양병원의 입원 대상으로 하지 아니한다. <개정 2015. 12. 23.>

③ 제1항에도 불구하고 「정신건강증진 및 정신질환자 복지서비스 지원에 관한 법률」 제3조제1호에 따른 정신질환자(노인성 치매환자는 제외한다)는 같은법 제3조제5호에 따른 정신의료기관 외의 요양병원의 입원 대상으로 하지 아니한다. <신설 2015. 12. 23., 2017. 5. 30.>

④ 각급 의료기관은 제1항에 따른 환자를 요양병원으로 옮긴 경우에는 환자 이송과 동시에 진료기록 사본 등을 그 요양병원에 송부하여야 한다. <개정 2010. 1. 29., 2015. 12. 23.>

⑤ 요양병원 개설자는 요양환자의 상태가 악화되는 경우에 적절한 조치를 할 수 있도록 환자 후송 등에 관하여 다른 의료기관과 협약을 맺거나 자체 시설 및 인력 등을 확보하여야 한다. <개정 2010. 1. 29., 2015. 12. 23.>

⑥ 삭제 <2020. 2. 28.>

⑦ 요양병원 개설자는 휴일이나 야간에 입원환자의 안전 및 적절한 진료 등을 위하여 소속 의료인 및 직원에 대한 비상연락체계를 구축·유지하여야 한다. <신설 2017. 6. 21.>

| 의료법 시행규칙 | 제37조 삭제 <2015. 1. 2.> |
| --- | --- |
| 의료법 시행규칙 | 제38조(의료인 등의 정원) |

① 법 제36조제5호에 따른 의료기관의 종류에 따른 의료인의 정원 기준에 관한 사항은 별표 5와 같다.

② 의료기관은 제1항의 의료인 외에 다음의 기준에 따라 필요한 인원을 두어야 한다. <개정 2008. 9. 5., 2010. 1. 29., 2010. 3. 19., 2015. 5. 29., 2018. 12. 20.>

1. 병원급 의료기관에는 별표 5의2에 따른 약사 또는 한약사(법률 제8365호 약사법 전부개정법률 부칙 제9조에 따라 한약을 조제할 수 있는 약사를 포함한다. 이하 같다)를 두어야 한다.

2. 입원시설을 갖춘 종합병원·병원·치과병원·한방병원 또는 요양병원에는 1명 이상의 영양사를 둔다.

3. 의료기관에는 보건복지부장관이 정하는 바에 따라 각 진료과목별로 필요한 수의 의료기사를 둔다.

4. 종합병원에는 보건복지부장관이 정하는 바에 따라 필요한 수의 보건의료정보관리사를 둔다.

5. 의료기관에는 보건복지부장관이 정하는 바에 따라 필요한 수의 간호조무사를 둔다.

6. 종합병원에는 「사회복지사업법」에 따른 사회복지사 자격을 가진 자 중에서 환자의 갱생·재활과 사회복귀를 위한 상담 및 지도 업무를 담당하는 요원을 1명 이상 둔다.

7. 요양병원에는 시설 안전관리를 담당하는 당직근무자를 1명 이상 둔다.

③ 보건복지부장관은 간호사나 치과위생사의 인력 수급상 필요하다고 인정할 때에는 제1항에 따른 간호사 또는 치과위생사 정원의 일부를 간호조무사로 충당하게 할 수 있다. <개정 2010. 3. 19.>

■ 의료법 시행규칙 [별표 5] <개정 2015. 5. 29.>

### 의료기관에 두는 의료인의 정원(제38조 관련)

| 구분 | 종합병원 | 병원 | 치과병원 | 한방병원 | 요양병원 | 의원 | 치과의원 | 한의원 |
|---|---|---|---|---|---|---|---|---|
| 의사 | 연평균 1일 입원환자를 20명으로 나눈 수(이 경우 소수점은 올림). 외래환자 3명은 입원환자 1명으로 환산함 | 종합병원과 같음 | 추가하는 진료과목당 1명(법 제43조 제2항에 따라 의과 진료과목을 설치하는 경우) | 추가하는 진료과목당 1명(법 제43조 제2항에 따라 의과 진료과목을 설치하는 경우) | 연평균 1일 입원환자 80명까지는 2명으로 하되, 80명을 초과하는 입원환자는 매 40명마다 1명을 기준으로 함(한의사를 포함하여 환산함). 외래환자 3명은 입원환자 1명으로 환산함 | 종합병원과 같음 | | |
| 치과의사 | 의사의 경우와 같음 | 추가하는 진료과목당 1명(법 제43조제3항에 따라 치과 진료과목을 설치하는 경우) | 종합병원과 같음 | 추가하는 진료과목당 1명(법 제43조제3항에 따라 치과 진료과목을 설치하는 경우) | 추가하는 진료과목당 1명(법 제43조제3항에 따라 치과 진료과목을 설치하는 경우) | | 종합병원과 같음 | |
| 한의사 | 추가하는 진료과목당 1명(법 제43조제1항에 따라 한의과 진료과목을 설치하는 경우) | 추가하는 진료과목당 1명(법 제43조제1항에 따라 한의과 진료과목을 설치하는 경우) | 추가하는 진료과목당 1명(법 제43조제1항에 따라 한의과 진료과목을 설치하는 경우) | 연평균 1일 입원환자를 20명으로 나눈 수(이 경우 소수점은 올림). 외래환자 3명은 입원환자 1명으로 환산함 | 연평균 1일 입원환자 40명마다 1명을 기준으로 함(의사를 포함하여 환산함). 외래환자 3명은 입원환자 1명으로 환산함 | | | 한방병원과 같음 |
| 조산사 | 산부인과에 배정된 간호사 정원의 | 종합병원과 같음(산 | | 종합병원과 같음(법 제 | | 병원과 | | |

| | | | | | | | | |
|---|---|---|---|---|---|---|---|---|
| | 3분의 1 이상 | 부인과가 있는 경우에만 둠) | | 43조제2항에 따라 산부인과를 설치하는 경우) | | 같음 | | |
| 간호사 (치과의료기관의 경우에는 치과위생사 또는 간호사) | 연평균 1일 입원환자를 2.5명으로 나눈 수(이 경우 소수점은 올림). 외래환자 12명은 입원환자 1명으로 환산함 | 종합병원과 같음 | 종합병원과 같음 | 연평균 1일 입원환자를 5명으로 나눈 수(이 경우 소수점은 올림). 외래환자 12명은 입원환자 1명으로 환산함 | 연평균 1일 입원환자 6명마다 1명을 기준으로 함(다만, 간호조무사는 간호사 정원의 3분의 2 범위 내에서 둘 수 있음). 외래환자 12명은 입원환자 1명으로 환산함 | 종합병원과 같음 | 종합병원과 같음 | 한방병원과 같음 |

■ 의료법 시행규칙 [별표 5의2] <신설 2010. 1. 29.>

### 의료기관에 두는 약사 및 한약사의 정원(제38조 관련)

| 의료기관 종류 | | 약사 정원 |
|---|---|---|
| 상급종합병원 | | 연평균 1일 입원환자를 30명으로 나눈 수와 외래환자 원내조제 처방전을 75매로 나눈 수를 합한 수 이상의 약사 |
| 종합병원 | 500병상 이상 | 연평균 1일 입원환자를 50명으로 나눈 수와 외래환자 원내조제 처방전을 75매로 나눈 수를 합한 수 이상의 약사 |
| | 300병상 이상 500병상 미만 | 연평균 1일 입원환자를 80명으로 나눈 수와 외래환자 원내조제 처방전을 75매로 나눈 수를 합한 수 이상의 약사 |
| | 300병상 미만 | 1인 이상의 약사 |
| 병원 | | 1인 이상의 약사. 다만, 100병상 이하의 경우에는 주당 16시간 이상의 시간제 근무 약사를 둘 수 있다. |
| 치과병원(30병상 이상에 한정한다) | | 1인 이상의 약사. 다만, 100병상 이하의 경우에는 주당 16시간 이상의 시간제 근무 약사를 둘 수 있다. |
| 한방병원 | | 1인 이상의 한약사. 다만, 100병상 이하의 경우에는 주당 16시간 이상의 시간제 근무 한약사를 둘 수 있다. |
| 요양병원 | | 1인 이상의 약사 또는 한약사. 다만, 200병상 이하의 경우에는 주당 16시간 이상의 시간제 근무 약사 또는 한약사를 둘 수 있다. |
| 비고: 약사 수의 산정 시 그 수가 1 미만인 경우에는 1로 하고, 1 이상인 경우 소수점은 반올림한다. | | |

◇ 2021. 5. 기준 활동 중인 약사의 수는 대략 40,428명 정도, 약국은 23,889개소로 추산되

며, 약국 개설등록 및 운영 등과 관련된 사항은 보건복지부「약국개설 등록 업무지침」을 참고하면 많은 도움이 된다.

| 의료법 시행규칙 | 제39조의2(의료기관의 위생관리 기준) |
|---|---|

의료기관을 개설하는 자는 법 제36조제7호에 따라 다음 각 호의 위생관리 기준을 지켜야 한다.

1. 환자의 처치에 사용되는 기구 및 물품(1회용 기구 및 물품은 제외한다)은 보건복지부장관이 정하여 고시하는 방법에 따라 소독하여 사용할 것
2. 감염의 우려가 있는 환자가 입원하였던 입원실 및 그 옷·침구·식기 등은 완전히 소독하여 사용할 것
3. 의료기관에서 업무를 수행하는 보건의료인에 대하여 손 위생에 대한 교육을 실시할 것 [본조신설 2017. 3. 7.]

| 의료법 시행규칙 | 제39조의3(의약품 및 일회용 의료기기의 사용 기준) |
|---|---|

의료기관을 개설하는 자는 법 제36조제8호에 따라 의약품 및 일회용 의료기기의 사용에 관한 다음 각 호의 기준을 지켜야 한다. <개정 2020. 9. 4.>

1. 변질·오염·손상되었거나 유효기한·사용기한이 지난 의약품을 진열하거나 사용하지 말 것
2. 「의약품 등의 안전에 관한 규칙」 제62조제5호에 따라 규격품으로 판매하도록 지정·고시된 한약을 조제하는 경우에는 같은 조 제8호에 따른 품질관리에 관한 사항을 준수할 것(한의원 또는 한방병원만 해당한다)
3. 포장이 개봉되거나 손상된 일회용 주사 의료용품은 사용하지 말고 폐기할 것
4. 일회용 주사기에 주입된 주사제는 지체 없이 환자에게 사용할 것
5. 제3조의2에 따른 일회용 의료기기는 한 번 사용한 경우 다시 사용하지 말고 폐기할 것 [본조신설 2017. 3. 7.] [제목개정 2020. 9. 4.]

| 의료법 시행규칙 | 제39조의4(감염병환자등의 진료 기준) |
|---|---|

의료기관을 개설하는 자는 법 제36조제9호에 따라 「감염병의 예방 및 관리에 관한 법률 시행령」 별표 2 제1호에 따른 입원치료의 방법 및 절차를 지켜야 한다. <개정 2020. 9. 4.> [본조신설 2017. 3. 7.]

| 의료법 시행규칙 | 제39조의5(감염관리가 필요한 시설의 출입 기준) |
|---|---|

① 의료기관을 개설하는 자는 법 제36조제10호에 따라 수술실, 분만실, 중환자실(이하 이 조에서 "수술실등"이라 한다)에서 의료행위가 이루어지는 동안 다음 각 호에 해당하는 사람 외에는 수술실등에 출입하는 사람이 없도록 관리해야 한다.

1. 환자

2. 의료행위를 하는 의료인·간호조무사·의료기사

3. 환자의 보호자 등 의료기관의 장이 출입이 필요하다고 인정하여 승인한 사람으로서 감염관리 등 출입에 필요한 안내를 받은 사람

② 의료기관을 개설하는 자는 수술실등에 출입하는 사람의 이름, 출입 목적, 입실·퇴실 일시, 연락처 및 출입 승인 사실(제1항제3호의 사람만 해당한다) 등을 기록(전자기록을 포함한다)하여 관리하고 1년 동안 보존해야 한다. 다만, 환자의 경우 진료기록부, 조산기록부 및 간호기록부 등으로 해당 사실을 확인할 수 있으면 기록, 관리 및 보존을 생략할 수 있다.

③ 의료기관을 개설하는 자는 수술실등의 입구 등 눈에 띄기 쉬운 곳에 출입에 관한 구체적인 사항을 게시해야 한다.

[본조신설 2019. 10. 24.]

[종전 제39조의5는 제39조의6으로 이동 <2019. 10. 24.>]

| 의료법 시행규칙 | 제39조의6(보안장비 설치 및 보안인력 배치 기준 능) |

100개 이상의 병상을 갖춘 병원·정신병원 또는 종합병원을 개설하는 자는 법 제36조제11호에 따라 보안장비 설치 및 보안인력 배치 등에 관한 다음 각 호의 기준을 지켜야 한다.

1. 의료인 및 환자에 대한 폭력행위를 관할 경찰관서에 신고할 수 있는 비상 경보장치를 설치할 것

2. 보안 전담인력을 1명 이상 배치할 것

3. 의료인 및 환자에 대한 폭력행위 예방·대응 매뉴얼을 마련하여 의료인 및 의료기관 종사자 등을 대상으로 교육을 실시할 것

4. 의료인 및 환자에 대한 폭력행위 예방을 위한 게시물을 제작하여 의료기관의 입구 등 눈에 띄기 쉬운 곳에 게시할 것

[본조신설 2020. 4. 24.].

[종전 제39조의6은 제39조의7로 이동 <2020. 4. 24.>]

| 의료법 시행규칙 | 제39조의7(의료기관의 신체보호대 사용 기준) |

의료기관을 개설하는 자는 법 제36조제12호에 따라 의료기관에 입원한 환자의 안전을 위하여 별표 7에 따른 의료기관의 신체보호대 사용 기준을 지켜야 한다.

[본조신설 2020. 2. 28.]

[제39조의6에서 이동, 종전 제39조의7은 제39조의8로 이동 <2020. 4. 24.>]

| 의료법 시행규칙 | 제39조의8(의료기관의 의료관련감염 예방을 위한 운영기준) |

의료기관을 개설하는 자는 법 제36조제13호에 따라 의료관련감염 예방을 위하여 다음 각 호의 기준을 지켜야 한다.

1. 의료관련감염 예방을 위한 자체 규정을 마련하고, 해당 규정의 이행 여부

를 관리할 것

2. 의료기관 내 의료관련감염의 전파를 차단하기 위하여 환자격리 등 적절한 조치를 취할 것
3. 의료기관 이용자에게 의료관련감염에 대한 예방방법 및 주의사항을 안내할 것
4. 약물투여, 혈액채취 등 침습적(侵襲的) 시술은 무균 상태에서 할 것

[본조신설 2020. 9. 4.] [종전 제39조의8은 제39조의9로 이동 <2020. 9. 4.>]

---

■ 의료법 시행규칙 [별표 6]

### 의료기관의 급식관리 기준(제39조 관련)

1. 환자의 영양관리에 관한 사항을 심의하기 위하여 병원장이나 부원장을 위원장으로 하는 영양관리위원회를 둔다.
2. 환자의 식사는 일반식과 치료식으로 구분하여 제공한다.
3. 환자급식을 위한 식단은 영양사가 작성하고 환자의 필요 영양량을 충족시킬 수 있어야 한다.
4. 환자음식은 뚜껑이 있는 식기나 밀폐된 배식차에 넣어 적당한 온도를 유지한 상태에서 공급하여야 한다.
5. 영양사는 완성된 식사를 평가하기 위하여 매 끼 검식(檢食)을 실시하며, 이에 대한 평가 결과를 검식부(檢食簿)에 기록하여야 한다.
6. 영양사는 의사가 영양지도를 의뢰한 환자에 대하여 영양 상태를 평가하고, 영양 상담 및 지도를 하며, 그 내용을 기록하여야 한다.
7. 식기와 급식용구는 매 식사 후 깨끗이 세척·소독하여야 하며, 전염성 환자의 식기는 일반 환자의 식기와 구분하여 취급하고, 매 식사 후 완전 멸균소독하여야 한다.
8. 수인성 전염병환자가 남긴 음식은 소독 후 폐기하여야 한다.
9. 병원장은 급식 관련 종사자에 대하여 연 1회 이상 정기건강진단을 실시하여야 하며, 종사자가 전염성 질병에 감염되었을 경우에는 필요한 조치를 취하여야 한다.
10. 병원장은 급식 관련 종사자에게 위생교육을 실시하여야 한다.

---

### 의료기관 사용 기구 및 물품 소독 지침
[시행 2020. 12. 18.] [보건복지부고시 제2020-295호, 2020. 12. 18., 일부개정.]

제1조(목적) 이 규칙은 「의료법」 제36조 및 「의료법 시행규칙」 제39조의2에 따라 의료기관에서 환자의 처치에 사용되는 기구 및 물품(1회용품은 제외한다. 이하 '기구'라 한다)에 대한 소독 등의 방법에 관하여 필요한 사항을 규정함을 목적으로 한다.

제2조(정의) 이 고시에서 사용하는 용어의 뜻은 다음과 같다.

1. "세척(Cleaning)"은 대상물로부터 모든 이물질(토양, 유기물 등)을 제거하는 과정을 말한다.
2. "소독(Disinfection)"은 생물체가 아닌 환경으로부터 세균의 아포를 제외한 미생물을 제거하는 과정을 말한다.
   가. 낮은 수준 소독(Low-level disinfection)은 10분 이내에 대부분의 영양성 세균과 일부 진균, 바이러스를 사멸시키나, 결핵균과 아포를 사멸시키지 못하는 것을 말한다.

나. 중간 수준 소독(Intermediate-level disinfection)은 결핵균과 영양성 세균, 대부분의 바이러스와 진균을 사멸시키나 아포는 사멸시키지 못하는 것을 말한다.
　다. 높은 수준 소독(High-level disinfection)은 모든 미생물과 일부 세균의 아포를 사멸할 수 있는 것을 말한다.
 3. "멸균(Sterilization)"은 물리적, 화학적 과정을 통하여 모든 미생물을 완전하게 제거하고 파괴시키는 것을 말한다.

제3조(감염위험도에 따른 기구 분류) 의료기관에서 환자의 처치에 사용되는 기구는 환자와의 접촉 방법이나 상황에 따라 고위험기구, 준위험기구 및 비위험기구로 분류될 수 있으며, 필요한 개념에 따라 적절한 멸균 및 소독방법에 의해 관리되어야 한다.
 1. 고위험기구(Critical instrument)는 무균 조직이나 혈관에 삽입되는 기구로 어떤 미생물이라도 오염이 되면 감염의 위험이 매우 높다. 수술기구, 혈관카테터, 이식물, 무균 조직에 사용되는 초음파 프로브 등이 여기에 속한다.
　가. 멸균과정이 요구되며, 고온멸균법, 가스멸균법, 액체 화학멸균법 등을 이용한다.
　나. 멸균된 채로 구매하거나 의료기관내에서 적절한 방법으로 멸균하여 사용하도록 하며, 사용 전에 멸균상태를 확인한다.
 2. 준위험기구(Semicritical instrument)는 점막이나 손상이 있는 피부에 접촉하는 기구로 호흡치료기구, 마취기구, 내시경 등이 여기에 속한다.
　가. '높은 수준'의 소독이 요구되며 화학소독제를 사용한 경우 잔류 소독제가 없도록 멸균증류수로 깨끗하게 헹군다.
　나. 열에 안전한 의료기구인 경우에는 고온 멸균을 이용한다.
　다. 수돗물을 사용해야만 하는 경우라면 사용 후 알코올로 헹구고 압력이 있는 공기로 건조한다.
 3. 비위험기구(Noncritical instrument)는 손상이 없는 피부와 접촉하지만 점막에는 사용하지 않는 기구로 혈압측정기, 청진기, 심전도 도구, 방사선 촬영용 카세트 등이 여기에 속한다.
　가. '낮은 수준'의 소독을 적용하며, 사용한 장소에서 소독하여 재사용할 수 있다.

제4조(멸균 및 소독방법) ① 의료환경에서 사용하는 기구의 범주와 요구되는 소독수준에 따른 멸균 및 소독방법은 별표 1과 같다.
② 의료기구는 소독과 멸균 전 세척을 시행하여야 한다.
③ 멸균 및 소독에는 식품의약품안전처에 신고 및 허가받은 의약품, 의약외품, 의료기기 등을 사용하여야 하고, 각 제품의 사용방법을 준수하여야 한다. 다만, 중간 또는 낮은 수준의 소독에는 미국 FDA, 유럽 CE, 일본 후생성 또는 보건복지부장관이 따로 인정하는 기관에서 인증(허가, 신고, 등록 등 포함)을 받은 제품을 인증 용도에 따라 사용할 수 있다.

제5조(멸균시 주의사항) ① 멸균방법은 멸균 여부를 확인할 수 있는지, 내부까지 멸균 될 수 있는지, 물품의 화학적, 물리적 변화가 있는지, 멸균 후 인체나 환경에 유해한 독성이 있는지, 경제성 등을 고려하여 선택하도록 한다. 멸균시 주의사항은 다음 각 호와 같다.
 1. 멸균 전에 반드시 모든 재사용 물품을 세척해야 한다. 만약 유기물이 잔존할 경우에는 미생물이 사멸될 수 없다.
 2. 멸균할 물품은 건조시켜야 한다.
 3. 물품 포장지는 멸균제가 침투 및 제거가 용이해야 하며, 저장 시 미생물이나 먼지, 습기에 저항력이 있고, 유독성이 없어야 한다.

4. 멸균물품은 챔버 내 용적의 60~70%만 채워 멸균제의 통기가 원활하게 하여야 하며, 가능한 같은 재료들을 함께 멸균한다.

제6조(멸균확인 등) ① 멸균공정이 제대로 수행되는지를 다음 각호의 방법을 통해 확인해야 하며, 이를 확인하기 위해 멸균과 관련한 기록(멸균기록, 멸균기의 정기검사 및 유지보수 기록, 물품 회수 기록 등)을 관리해야 한다.

1. 기계적/물리적 확인(Mechanical/Physical)
  1) 멸균과정 동안의 진공, 압력, 시간, 온도를 측정하는 멸균기 소독 챠트(chart)를 확인하는 방법으로 멸균기 취급자는 멸균 과정 동안 멸균 사이클을 표시하고 기록계를 확인해야 한다.
  2) 이 방법은 멸균기 내부의 모든 부분에 대한 자료가 아니라 멸균기 내부의 한 시점에서의 상태를 나타내는 것이다.
2. 화학적 확인(Chemical indicator)
  1) 멸균 과정과 관련된 하나 혹은 두 가지 이상의 변수의 변화에 의해 시각적으로 반응하는 민감한 화학제를 이용하는 방법이다.
  2) 이 방법은 잘못된 포장이나 잘못된 멸균기 적재 혹은 멸균기의 오작동으로부터 발생할 수 있는 잠재적인 멸균실패를 발견하는데 이용된다. 외부 화학적 확인은 모든 물품의 외부에 부착하여 실시하고, 내부 화학적 확인은 모든 멸균 물품 내부에서 시행한다.
3. 생물학적 확인(Biological indicator)
  1) 멸균과정에 저항력이 있다고 알려진 표준화되고 생육력이 있는 미생물(일반적으로 박테리아 포자)로 구성되며 멸균 조건이 멸균 성공에 이를 정도로 적절한 지를 증명하기 위하여 이용하는 방법이다.
  2) 멸균과정 동안 멸균이 잘 안 되는 곳에 멸균기의 종류에 따라 Geobacillus stearothermophilus 나 Bacillus atrophaeus 와 같은 생물학적 지시기를 사용한다.
  3) 멸균 후 biological indicator 내의 세균을 배양하여 멸균 여부를 확인한다. 이 방법은 매일 하는 것이 이상적이나 적어도 주1회 이상 실시하는 것이 바람직하다.
  4) 멸균기를 처음 설치하였을 때나 멸균기의 주요한 수리 후, 멸균기의 위치변경 및 환경적인 변화가 있을 때, 설명할 수 없는 멸균실패가 발생했을 때, 스팀 공급 및 공급라인의 변화, 물품의 적재방법 등의 변화가 있을 때에는 멸균기가 비어있는 상태에서 생물학적 지시기를 사용하여 연속 2회 검사를 시행한다. 2회 모두 멸균판정이 이루어졌을 때 멸균기를 가동시키도록 한다.
② 멸균 물품 사용 전 유효기간, 보관 조건, 포장상태 등을 확인하여 멸균이 유지된 경우 사용한다.

제7조(재검토기한) 보건복지부장관은 「훈령·예규 등의 발령 및 관리에 관한 규정」 제7조에 따라 이 고시에 대하여 2020년 6월 22일을 기준으로 매 3년이 되는 시점(매 3년째의 2023년 6월 22일까지를 말한다)마다 그 타당성을 검토하여 개선 등의 조치를 하여야 한다.

부칙 <제2020-295호, 2020. 12. 18.>
이 고시는 발령한 날부터 시행한다.

■ 의료법 시행규칙 [별표 7] <개정 2020. 4. 24.>

### 의료기관의 신체보호대 사용 기준(제39조의7 관련)

1. "신체보호대"란 전신 혹은 신체 일부분의 움직임을 제한할 때 사용되는 물리적 장치 및 기구를 말한다.
2. 신체보호대는 입원 환자가 생명유지 장치를 스스로 제거하는 등 환자 안전에 위해가 발생할 수 있어 그 환자의 움직임을 제한하거나 신체를 묶을 필요가 있는 경우에 제3호에서 정하는 바에 따라 최소한의 시간 동안 사용한다.
3. 신체보호대 사용 사유 및 절차는 다음 각 목과 같다.
   가. 주된 증상, 과거력(過去歷), 투약력(投藥歷), 신체 및 인지 기능, 심리 상태, 환경적 요인 등 환자의 상태를 충분히 파악한 후 신체보호대를 대신할 다른 방법이 없는 경우에만 신체보호대를 사용한다.
   나. 의사는 신체보호대 사용 사유·방법·신체 부위, 종류 등을 적어 환자에 대한 신체보호대 사용을 처방해야 한다.
   다. 의료인은 의사의 처방에 따라 환자에게 신체보호대 사용에 대하여 충분히 설명하고 환자의 동의를 얻어야 한다. 다만, 환자가 의식이 없는 등 환자의 동의를 얻을 수 없는 경우에는 환자 보호자의 동의를 얻을 수 있다.
   라. 다목에 따른 동의를 얻으려는 경우에는 신체보호대 사용 사유·방법·신체 부위 및 종류, 신체보호대를 처방한 의사와 설명한 의료인의 이름 및 처방·설명 날짜를 적은 문서로 해야 한다. 이 경우 다목 단서에 따라 환자의 보호자가 동의하는 경우에는 그 사유를 함께 적어야 한다.
4. 신체보호대를 사용하는 경우에는 다음 각 목의 내용을 준수해야 한다.
   가. 신체보호대는 응급상황에서 쉽게 풀 수 있거나 즉시 자를 수 있어야 한다.
   나. 의료인은 신체보호대를 사용하고 있는 환자의 상태를 주기적으로 관찰·기록하여 부작용 발생을 예방하고 환자의 기본 욕구를 확인하여 충족시켜야 한다.
   다. 의료인은 신체보호대의 제거 또는 사용 신체 부위를 줄이기 위하여 환자의 상태를 주기적으로 평가해야 한다.
5. 의사는 다음 각 목의 어느 하나에 해당하는 사유가 발생한 경우에는 신체보호대 사용을 중단해야 한다.
   가. 신체보호대의 사용 사유가 없어진 경우
   나. 신체보호대를 대신하여 사용할 수 있는 다른 효과적인 방법이 있는 경우
   다. 신체보호대의 사용으로 인하여 환자에게 부작용이 발생한 경우
6. 요양병원 개설자는 신체보호대 사용을 줄이기 위하여 연 1회 이상 의료인을 포함한 요양병원 종사자에게 다음 각 목의 내용을 포함하여 신체보호대 사용에 관한 교육을 실시해야 한다.
   가. 신체보호대의 정의, 사용 방법 및 준수 사항
   나. 신체보호대를 사용할 경우 발생할 수 있는 부작용
   다. 신체보호대 외의 대체수단 및 환자의 권리

■ 감염병의 예방 및 관리에 관한 법률 시행령 [별표 2] <개정 2021. 5. 11.>

치료 및 격리의 방법 및 절차 등(제23조 관련)

1. 입원치료
 가. 입원치료의 방법
  1) 호흡기를 통한 감염의 우려가 있는 감염병(이하 "호흡기 감염병"이라 한다) 및 제1급감염병의 경우에는 입원치료 기간 동안 감염병관리기관등 또는 감염병관리기관등이 아닌 의료기관(이하 "의료기관등"이라 한다)의 1인 병실(세면대와 화장실을 갖춘 것을 말한다. 이하 같다)에 입원시키되, 그 1인 병실은 전실(前室) 및 음압시설(陰壓施設)을 갖춘 병실(이하 "음압병실"이라 한다)이어야 한다. 다만, 음압시설이 갖추어지지 않은 경우 또는 방역관이 음압격리가 필수적이지 않다고 판단하는 경우에는 음압병실이 아닌 1인 병실에 입원시켜야 하고, 음압병실이 아닌 1인 병실에도 입원시키기 곤란할 경우에는 옆 병상의 환자에게 감염병이 전파되지 않도록 차단 조치를 한 상태에서 공동 격리한다.
  2) 호흡기 감염병 및 제1급감염병을 제외한 감염병의 경우에는 입원치료 기간 동안 의료기관등의 1인 병실에 입원시켜야 한다. 다만, 1인 병실에 입원시키기 곤란할 경우에는 같은 질환을 앓는 사람이나 재감염의 우려가 적은 환자와 공동 격리한다.
  3) 입원치료 중인 사람에 대하여 입원치료 기간 동안 치료를 위한 감염관리가 가능한 병원 내 구역을 제외하고는 병실 이탈 및 이동을 제한해야 한다.
  4) 입원치료 중인 사람의 분비물 및 배설물 등은 위생적으로 철저히 관리해야 하고, 화장실 및 오염된 물품은 소독해야 한다.
  5) 의료진, 관계 공무원 등으로 출입자를 최소화하고, 출입자에 대해서는 1회용 장갑, 마스크 등의 개인보호구를 착용하게 해야 하며, 손 씻기 등 감염병 전파를 차단하기 위한 적절한 조치를 하게 해야 한다.
  6) 환자의 진료 시에는 1회용 의료기구를 사용한 후 폐기처분해야 하고, 1회용으로 사용하는 것이 적합하지 않은 체온계 등의 물품은 환자 전용으로 사용한 후 소독해야 한다.
 나. 입원치료의 절차 등
  1) 입원치료 대상 감염병환자등을 진찰 또는 진단한 의료인이나 의료기관등의 장은 그 감염병환자등을 입원시키고, 지체 없이 관할 보건소장에게 신고해야 한다.
  2) 신고를 받은 관할 보건소장은 입원치료 여부를 지체 없이 확인하고, 대상자와 그 보호자에게 통지해야 한다.
  3) 입원치료 기간은 감염병환자등으로 밝혀진 시점부터 감염력이 소멸된 시점까지로 한다.
  4) 의료기관등의 장 및 해당 의료기관등에 종사하는 의료인은 치료가 끝나 입원치료의 해제가 가능하다고 판단되는 사람에 대해 입원치료를 해제하고, 그 내용을 관할 보건소장에게 지체 없이 신고해야 하며, 관할 보건소장은 지체 없이 입원치료의 해제 여부를 확인해야 한다.
2. 자가치료
 가. 자가치료의 방법
  1) 자가치료 기간 동안 샤워실과 화장실이 구비된 독립된 공간에 격리되어 치료받는 것을 원칙으로 하되, 대상자가 장애인·영유아인 경우 등 불가피한 경우에는 함께 거주하는 사람 등과 공동 격리할 수 있다.
  2) 자가치료 중인 사람은 자가치료 장소를 이탈하거나 이동하지 않아야 한다. 다만, 조사나 진찰 등 외출이 불가피한 경우에는 미리 관할 보건소에 연락하고, 그 지시에 따라야 한다.
  3) 자가치료 중인 사람은 가능하면 다른 사람과 별도의 화장실을 사용해야 하고, 분비물 및 배설물 등은 위생적으로 철저히 관리해야 하며, 화장실 및 오염된 물품은 소독해야 한다.
  4) 의료진, 관계 공무원 등으로 출입자를 최소화하고, 출입자에 대해서는 일회용 장갑, 마스

크 등의 개인보호구를 착용하게 해야 하며, 손 씻기 등 감염병 전파를 차단하기 위한 적
설한 조치를 하게 해야 한다.
5) 자가치료 중인 사람이 사용한 일회용 물품은 폐기물 용기에 넣어 용기 외부 전체를 소
독하여 폐기처분하고, 체온계 등의 물품은 자가치료 중인 사람 전용으로 사용한 후 소독
해야 한다.
나. 자가치료 절차 등
1) 관할 보건소장은 자가치료가 가능한 감염병환자등을 결정한 경우에는 대상자와 그 보호
자에게 통지하고, 자가치료 중인 사람의 상태를 정기적으로 확인해야 한다.
2) 자가치료 기간은 감염병환자등으로 밝혀진 시점부터 감염력이 소멸된 시점까지로 한다.
3) 관할 보건소장은 자가치료 기간이 끝난 사람 중 자가치료의 해제가 가능하다고 판단되
는 사람에 대하여 자가치료를 해제해야 한다.
3. 시설치료
가. 시설치료의 방법
1) 시설치료 기간 동안 독립된 건물 내 샤워실과 화장실이 구비된 독립된 공간에 격리되어
치료받는 것을 원칙으로 하되, 불가피한 경우에는 공동 격리할 수 있다.
2) 시설치료 중인 사람은 시설치료 장소를 이탈하거나 지정된 공간 밖으로 이동하지 않아
야 한다. 다만, 조사나 진찰 등 외출이 불가피한 경우에는 미리 관할 보건소에 연락하고,
그 지시에 따라야 한다.
3) 의료진, 관계 공무원 등으로 출입자를 최소화하고, 출입자에 대해서는 일회용 장갑, 마스
크 등의 개인보호구를 착용하게 해야 하며, 손씻기 등 감염병 전파를 차단하기 위한 적
절한 조치를 하게 해야 한다.
4) 격리치료 중인 사람이 사용한 일회용 물품은 폐기물 용기에 넣어 용기 외부 전체를 소
독하여 폐기처분하고, 체온계 등의 물품은 시설치료 중인 사람 전용으로 사용한 후 소독
해야 한다.
나. 시설치료의 절차 등
1) 관할 보건소장은 시설치료가 필요한 사람을 결정한 경우 대상자와 그 보호자에게 통지
한 후 시설로 이송하고, 시설치료 중인 사람의 상태를 정기적으로 확인해야 한다.
2) 시설치료 기간은 감염병환자등으로 밝혀진 시점부터 감염력이 소멸된 시점까지로 한다.
3) 관할 보건소장은 시설치료의 해제가 가능하다고 판단되는 사람에 대하여 시설치료를 해
제해야 한다.
4. 자가격리
가. 자가격리의 방법
1) 자가격리 기간 동안 샤워실과 화장실이 구비된 독립된 공간에 격리하는 것을 원칙으로
하되, 대상자가 장애인·영유아인 경우 등 불가피한 경우에는 함께 거주하는 사람 등과
공동 격리할 수 있다.
2) 자가격리 중인 사람은 자가격리 장소를 이탈하거나 이동하지 않아야 한다. 다만, 조사나
진찰 등 외출이 불가피한 경우에는 미리 관할 보건소에 연락하고, 그 지시에 따라야 한다.
3) 자가격리 중인 사람은 가능하면 다른 사람과 별도의 화장실을 사용해야 하고, 분비물 및
배설물 등은 위생적으로 철저히 관리해야 하며, 화장실 및 오염된 물품은 소독해야 한다.
4) 의료진, 관계 공무원 등으로 출입자를 최소화하고, 출입자에 대해서는 일회용 장갑, 마스
크 등의 개인보호구를 착용하게 해야 하며, 손 씻기 등 감염병 전파를 차단하기 위한 적
절한 조치를 하게 해야 한다.
5) 자가격리 중인 사람이 사용한 일회용 물품은 폐기물 용기에 넣어 용기 외부 전체를 소
독하여 폐기처분하고, 체온계 등의 물품은 자가격리 중인 사람 전용으로 사용한 후 소독
해야 한다.

나. 자가격리의 절차 등
1) 관할 보건소장은 자가격리가 필요한 감염병의심자를 결정한 경우 대상자와 그 보호자에게 통지하고, 자가격리 중인 사람의 상태를 정기적으로 확인해야 한다.
2) 자가격리 기간은 감염병환자등과 마지막으로 접촉한 날, 「검역법」 제2조제7호 및 제8호에 따른 검역관리지역 및 중점검역관리지역에서 입국한 날 또는 감염병병원체등 위험요인에 마지막으로 노출된 날부터 해당 감염병의 최대잠복기가 끝나는 날까지로 한다. 다만, 자가격리 기간이 끝나는 날은 질병관리청장이 예방접종 상황 등을 고려하여 최대잠복기 내에서 달리 정할 수 있다.
3) 관할 보건소장은 자가격리의 기간이 끝난 사람 중 자가격리의 해제가 가능하다고 판단되는 사람에 대하여 자가격리를 해제해야 한다.

5. 시설격리
가. 시설격리의 방법
1) 시설격리 기간 동안 샤워실과 화장실이 구비된 독립된 공간에 격리하는 것을 원칙으로 하되, 불가피한 경우에는 공동 격리할 수 있다.
2) 시설격리 중인 사람은 시설격리 장소를 이탈하거나 이동하지 않아야 한다. 다만, 조사나 진찰 등 외출이 불가피한 경우에는 미리 관할 보건소에 연락하고 그 지시에 따라야 한다.
3) 시설격리 중인 사람은 가능하면 다른 사람과 별도의 화장실을 사용해야 하고, 분비물 및 배설물 등은 위생적으로 철저히 관리해야 하며, 화장실 및 오염된 물품은 소독해야 한다.
4) 의료진, 관계 공무원 등으로 출입자를 최소화하고, 출입자에 대해서는 1회용 장갑, 마스크 등의 개인보호구를 착용하게 해야 하며, 손 씻기 등 감염병 전파를 차단하기 위한 적절한 조치를 하게 해야 한다.
5) 시설격리 중인 사람이 사용한 1회용 물품은 폐기물 용기에 넣어 용기 외부 전체를 소독하여 폐기처분하고, 체온계 등의 물품은 시설격리 중인 사람 전용으로 사용한 후 소독해야 한다.
나. 시설격리의 절차 등
1) 관할 보건소장은 감염병의심자 중 시설격리가 필요한 사람을 결정한 경우에는 대상자와 그 보호자에게 통지한 후 시설에 격리시킬 수 있으며, 시설격리 중인 사람의 상태를 정기적으로 확인해야 한다.
2) 시설격리 기간은 감염병환자등과 마지막으로 접촉한 날, 「검역법」 제2조제7호 및 제8호에 따른 검역관리지역 및 중점검역관리지역에서 입국한 날 또는 감염병병원체등 위험요인에 마지막으로 노출된 날부터 해당 감염병의 최대잠복기가 끝나는 날까지로 한다. 다만, 시설격리 기간이 끝나는 날은 질병관리청장이 예방접종 상황 등을 고려하여 최대잠복기 내에서 달리 정할 수 있다.
3) 관할 보건소장은 시설격리 기간이 끝난 사람 중 시설격리의 해제가 가능하다고 판단되는 사람에 대하여 시설격리를 해제해야 한다.

벌칙 · 행정처분

△ 제36조를 위반하여 의료기관의 종류에 따른 시설·장비의 기준 및 규격, 의료인의 정원, 그 밖에 의료기관의 운영에 관하여 정한 사항을 지키지 아니한 경우 : 시정명령

| 질의 내용 | 의료기관에서 인력기준, 시설기준을 준수하지 아니할 경우 |
|---|---|
| 해석 경향 | 의료기관 개설자가 의료법 제36조를 위반하여 입원실, 중환자실, 수술실, 응급실 등 시설 및 장비의 기준, 규격 등을 준수하지 아니하거나 또는 의료인, 약사 등의 정원을 지키지 아니하거나, 그 밖에 의료기관의 운영에 관하여 규정한 사항을 준수하지 아니한 경우, '시정명령'을 받게 됩니다. 이어 이를 어길 경우에는 500만원 이하의 벌금, 업무정지 15일의 행정처분을 받을 수 있습니다. |

| 질의 내용 | 의료기관의 간호사 정원 및 미준수 |
|---|---|
| 해석 경향 | 의료법 제36조제5호 및 의료법 시행규칙 제38조 [별표5]에 의료기관에 두는 의료인의 정원에서 종합병원, 병원, 의원의 경우 연평균 1일 입원환자를 2.5명으로 나눈 수. 외래환자 12명은 입원환자 1명으로 환산하도록 규정하고 있으며, 요양병원은 연평균 1일 입원환자 6명마다 1명을 기준으로 함(다만, 간호조무사는 간호사 정원의 3분의 2 범위 내에서 둘 수 있음). 외래환자 12명은 입원환자 1명으로 환산합니다. 의료인의 정원 산정은 연평균 1일 입원 및 외래환자수를 기준으로 하고 있으므로 신설 시에는 허가병상, 시설·장비, 진료과목 등의 규모에 맞추어 신고가 가능하겠으며 개원 후 평균 내원환자수를 산정하여 그 상황에 맞춰 충원하는 것이 타당합니다. 근무 간호사의 이직 등으로 인해 간호사의 정원을 지키지 못하는 경우, 관할 보건소에서는 규정인원을 확보, 운영할 수 있도록 1차 '시정명령'을 내리고 있으며, 이를 이행하지 아니할 경우 500만원 이하의 벌금, 업무정지 15일의 행정처분을 받을 수 있습니다. |

| 질의 내용 | 의료기관 입원실 면적 기준 |
|---|---|
| 해석 경향 | 의료법시행규칙 제34조 관련 별표4에서 규정하고 있는 입원실의 면적(벽·기둥 및 화장실의 면적을 제외한다)은 환자 1명을 수용하는 곳인 경우에는 10제곱미터 이상이어야 하고(면적의 측정 방법은 「건축법 시행령」 제119조의 산정 방법에 따른다. 이하 같다.) 환자 2명 이상을 수용하는 곳인 경우에는 환자 1명에 대하여 6.3제곱미터 이상으로 하여야 한다. 또한 입원실에 설치하는 병상 수는 최대 4병상(요양병원의 경우에는 6병상)으로 한다. 이 경우 각 병상 간 이격거리는 최소 1.5미터 이상으로 하도록 규정하고 있습니다. |

| 질의 내용 | 의료기관 음압시설 설치 기준 |
|---|---|
| 해석 경향 | 의료법시행규칙 제34조 관련 별표4에서 병상이 300개 이상인 종합병원에는 보건복지부장관이 정하는 기준에 따라 전실(前室) 및 음압시설(陰壓施設: 방 안의 기입을 낮춰 내부 공기가 밍 밖으로 나가지 못하게 민드는 설비) 등을 갖춘 1인 병실(이하 "음압격리병실"이라 한다)을 1개 이상 설치하되, 300병상을 기준으로 100병상 초과할 때 마다 1개의 음압격리병실을 추가로 설치하여야 한다. 다만, 제2호카목에 따라 중환자실에 음압격리병실을 설치한 경우에는 입원실에 설치한 것으로 본다. |

| 질의 내용 | 요양병원 입원대상자 |
|---|---|
| 해석 경향 | 요양병원의 입원 대상은 노인성 질환자, 만성질환자, 외과적 수술 후 또는 상해 후 회복기간에 있는 자 등 주로 요양이 필요한 자이며, 「감염병의 예방 및 관리에 관한 법률」에 의한 감염병환자 등, 「정신건강증진 및 정신질환자 복지서비스 지원에 관한 법률」에 따른 정신질환자(노인성 치매환자는 제외한다)는 요양병원의 입원 대상이 아닙니다. |

| 질의 내용 | 요양병원 및 요양원 |
|---|---|
| 해석 경향 | 요양병원은 의료법 제3조제2항제3호에서 규정하고 있는 30개 이상의 요양병상을 갖추고 노인성 질환자, 만성질환자, 외과적 수술 후 또는 상해 후 회복기간에 있는 환자 등을 대상으로 의사·한의사, 간호사, 의료기사 등이 의료서비스를 제공하는 국민건강보험의 적용을 받는 의료기관입니다. 요양병원은 의료기관인증을 받으며, 적정성평가를 통해 동 의료기관의 인력, 시설 등의 만족 여부에 따라 1등급부터 5등급으로 나뉘어집니다. 이에 반해 요양원은 노인복지법 제34조제1항제1호에서 규정하고 있는 노인의료복지시설에 속하며 촉탁의사의 진료와 간호사의 간호, 요양보호사의 식사보조, 투약보조 등 생활수발 및 돌봄을 위주로 하는 노인요양시설로 치매, 기타 노인성 질환으로 노인장기요양보험 1~2등급 시설등급을 받은 자가 입소하여 요양하는 시설입니다. |

◇ 대한요양병원협회(서울 마포구 마포대로 15, 1504호, 현대빌딩)
- 대표전화 02-719-5678 / 팩스 02-719-5679 / www.kagh.co.kr
- 회원 요양병원의 역량강화 지원, 요양병원 발전을 위한 정책 및 제도 발굴, 제안 등

| 질의 내용 | 감염예방관리료 산정 기준 |
|---|---|
| 해석 경향 | 감염예방·관리료는 간호인력 확보수준에 따른 입원 환자 간호관리료 차등제를 신고하고, 의료관련 감염 등 효율적인 감염예방 및 관리 프로그램 운영을 위하여 인력 등 조건을 모두 갖춘 요양기관에서 감염예방·관리 활동을 실시하는 경우에 요양급여를 인정하며, 입원환자 입원 1일당 1회 산정한다. 감염예방관리료 청구가 가능한 의료기관은 의료법 제58조에 따라 의료기관평가인증원이 실시하는 의료기관인증 결과 '인증'또는 '조건부인증'에 해당해야 함. (단, 3등급의 경우 '22년 1월부터 적용)<br>* 자세한 내용은 보건복지부 고시 제2020-332호 「요양급여의 적용기준 및 방법에 관한 세부사항」 일부개정안 참고 |

| 의료법 | 제36조의2(공중보건의사 등의 고용금지) |
|---|---|

① 의료기관 개설자는 「농어촌 등 보건의료를 위한 특별조치법」 제5조의2에 따른 배치기관 및 배치시설이나 같은법 제6조의2에 따른 파견근무기관 및 시설이 아니면 같은법 제2조제1호의 공중보건의사에게 의료행위를 하게 하거나, 제41조제1항에 따른 당직의료인으로 두어서는 아니 된다. <개정 2016. 12. 20., 2018. 3. 27.>

② 의료기관 개설자는 「병역법」 제34조의2제2항에 따라 군병원 또는 병무청장이 지정하는 병원에서 직무와 관련된 수련을 실시하는 경우가 아니면 같은법 제2조제14호의 병역판정검사전담의사에게 의료행위를 하게 하거나 제41조제1항에 따른 당직의료인으로 두어서는 아니 된다. <신설 2018. 3. 27.>

[본조신설 2015. 12. 29.] [제목개정 2018. 3. 27.]

---

┌─ 벌칙 · 행정처분 ─

△ 제36조의2를 위반한 자 : 시정명령
△ 시정명령을 위반한자 : 업무정지 15일

| 질의 내용 | 의료기관에서 공중보건의사 불법 고용 시 |
|---|---|
| 해석 경향 | 의료기관개설자가 의료법 제36조의2를 위반하여 불법으로 공중보건의사에게 의료행위를 하게 하거나 당직의료인으로 두었을 때 또는 병역판정검사 전담의사에게 의료행위를 하게 하거나 당직의료인으로 두었을 경우 '시정명령'을 받게 됩니다. |

| 의료법 | 제37조(진단용 방사선 발생장치) |
| --- | --- |

① 진단용 방사선 발생장치를 설치·운영하려는 의료기관은 보건복지부령으로 정하는 바에 따라 시장·군수·구청장에게 신고하여야 하며, 보건복지부령으로 정하는 안전관리기준에 맞도록 설치·운영하여야 한다. <개정 2008. 2. 29., 2010. 1. 18.>

② 의료기관 개설자나 관리자는 진단용 방사선 발생장치를 설치한 경우에는 보건복지부령으로 정하는 바에 따라 안전관리책임자를 선임하고, 정기적으로 검사와 측정을 받아야 하며, 방사선 관계 종사자에 대한 피폭관리(被曝管理)를 하여야 한다. <개정 2008. 2. 29., 2010. 1. 18.>

③ 제2항에 따라 안전관리책임자로 선임된 사람은 선임된 날부터 1년 이내에 질병관리청장이 지정하는 방사선 분야 관련 단체(이하 이 조에서 "안전관리책임자 교육기관"이라 한다)가 실시하는 안전관리책임자 교육을 받아야 하며, 주기적으로 보수교육을 받아야 한다. <신설 2020. 12. 29.>

④ 제1항과 제2항에 따른 진단용 방사선 발생장치의 범위·신고·검사·설치 및 측정기준 등에 필요한 사항은 보건복지부령으로 정하고, 제3항에 따른 안전관리책임자 교육 및 안전관리책임자 교육기관의 지정에 필요한 사항은 질병관리청장이 정하여 고시한다. <개정 2008. 2. 29., 2010. 1. 18., 2020. 12. 29.>

---

진단용 방사선 발생장치의 안전관리에 관한 규칙
[시행 2021. 1. 5.] [보건복지부령 제777호, 2021. 1. 5., 일부개정]

제1조(목적) 이 규칙은 「의료법」 제37조에 따라 의료기관에서 설치·운영하는 진단용 방사선 발생장치를 안전하게 관리함으로써 환자 및 방사선 관계 종사자가 방사선으로 인하여 위해(危害)를 입는 것을 방지하고 진료의 적정을 도모하기 위하여 필요한 사항을 규정함을 목적으로 한다.

제2조(정의) 이 규칙에서 사용하는 용어의 뜻은 다음과 같다. <개정 2011. 6. 27.>
 1. "진단용 방사선 발생장치"란 방사선을 이용하여 질병을 진단하는 데에 사용하는 기기(器機)로서 다음 각 목의 어느 하나에 해당하는 장치를 말한다.
　가. 진단용 엑스선 장치
　나. 진단용 엑스선 발생기
　다. 치과진단용 엑스선 발생장치
　라. 전산화 단층 촬영장치(치과용 전산화 단층 촬영장치, 이비인후과용 전산화 단층 촬영장치 및 양전자방출 전산화 단층 촬영장치를 포함한다)
　마. 유방촬영용 장치 등 방사선을 발생시켜 질병의 진단에 사용하는 기기
 2. "방사선 방어시설"이란 방사선의 피폭(被曝 : 인체가 방사선에 노출되는 것)을 방지하기 위하여 진단용 방사선 발생장치를 설치한 장소에 있는 방사선 차폐시설과 방사선 장해 방어용기구를 말한다.
 3. "방사선 관계 종사자"란 진단용 방사선 발생장치를 설치한 곳을 주된 근무지로 하는 자

로서 진단용 방사선 발생장치의 관리·운영·조작 등 방사선 관련 업무에 종사하는 자를 말한다.

4. "안전관리"란 진단용 방사선 발생장치, 방사선 방어시설 및 암실, 현상기, 방사선필름 카세트, 산란엑스선 제거용 그리드, 엑스선사진 관찰대 등 진단 영상정보에 관한 설비의 관리와 방사선 관계 종사자에 대한 피폭관리를 말한다.

5. "방사선구역"이란 진단용 방사선 발생장치를 설치한 장소 중 외부방사선량이 주당(週當) 0.3mSv(30mrem) 이상인 곳으로서 벽, 방어칸막이 등의 구획물로 구획되어진 곳을 말한다.

제3조(신고) ① 「의료법」(이하 "법"이라 한다) 제37조제1항에 따라 의료기관(「지역보건법」 제10조·제12조 및 제13조에 따른 보건소·보건의료원·보건지소, 「병역법」 제11조에 따라 징병검사를 실시하는 지방병무청, 「국군의무사령부령」 제6조에 따른 군 병원과 각 군 및 직할기관의 모든 의료시설, 「학교보건법」 제3조에 따른 보건실, 「형의 집행 및 수용자의 처우에 관한 법률」 제2조제4호에 따른 교정시설을 포함한다. 이하 같다)의 개설자 또는 관리자는 진단용 방사선 발생장치를 설치하는 경우에는 사용일 3일 전까지, 사용을 중지한 경우에는 사용 중지일부터 3일 이내에, 사용 중지 후 다시 사용하려는 경우에는 사용일 3일 전까지, 양도·폐기 또는 이전[의료기관 소재지 시·군·구(자치구를 말한다)의 관할구역(이하 "관할구역"이라 한다) 안에서 의료기관을 이전함에 따른 이전의 경우는 제외한다]한 경우에는 그 사유가 발생한 날부터 45일 이내에 각각 별지 제1호서식 또는 별지 제2호서식에 따른 신고서에 다음 각 호의 구분에 따른 서류를 첨부하여 해당 의료기관의 소재지를 관할하는 시장·군수·구청장(자치구의 구청장을 말한다. 이하 같다)에게 제출하여야 한다. <개정 2010. 1. 22., 2011. 6. 27., 2012. 11. 15., 2015. 7. 24., 2015. 11. 18.>

1. 별지 제1호서식에 첨부하여야 하는 서류
가. 진단용 방사선 발생장치 검사성적서 사본 1부
나. 방사선 방어시설 검사성적서 사본 1부
다. 별지 제6호서식에 따른 방사선 관계 종사자 신고서 1부
라. 양도 또는 이전한 자의 별지 제3호서식에 따른 양도신고증명서 또는 이전신고증명서 원본 1부(양도받거나 이전하여 설치하는 경우에만 첨부한다)
마. 특수의료장비 등록증명서 사본 1부(특수의료장비를 설치하는 경우에만 첨부한다)
바. 별지 제3호서식에 따른 진단용 방사선 발생장치의 사용중지 신고증명서 원본(사용 중지 후 다시 사용하는 경우에만 첨부한다)
사. 의료기기 제조허가증 또는 수입허가증 사본 1부
아. 세금계산서, 계약서 등 구입 또는 임차 사실 증명자료 사본 1부

2. 별지 제2호서식에 첨부하여야 하는 서류
가. 별지 제3호서식에 따른 신고증명서 원본
나. 양도·양수를 확인할 수 있는 서류 사본 1부(양도신고를 하는 경우에만 첨부한다)
다. 폐기를 확인할 수 있는 서류 사본 1부(폐기신고를 하는 경우에만 첨부한다)
라. 이전을 확인할 수 있는 서류 사본 1부(이전신고를 하는 경우에만 첨부한다)

② 제1항에 따라 신고받은 시장·군수·구청장은 별지 제3호서식에 따른 신고증명서를 발급하여야 한다.

③ 시장·군수·구청장은 제2항에 따라 신고증명서를 발급받은 자가 신고증명서의 훼손 또는 분실 등의 사유로 별지 제4호서식에 따라 재발급을 신청하면 그 증명서를 재발급하여야 한다.

④ 진단용 방사선 발생장치를 설치·운영하는 의료기관의 개설자 또는 관리자는 의료기관의 개설자 또는 의료기관의 명칭을 변경하려는 경우에는 미리, 관할구역 안에서 의료기관을 이전한 경우에는 진단용 방사선 발생장치의 사용일 3일 전까지 각각 별지 제5

호서식에 따른 변경신고서에 다음 각 호의 서류를 첨부하여 시장·군수·구청장에게 제출하여야 한다. <개정 2011. 6. 27., 2015. 7. 24.>

1. 별지 제3호서식에 따른 신고증명서 원본
2. 삭제 <2015. 1. 8.>
3. 진단용 방사선 발생장치 검사 성적서 사본 1부(관할구역 안에서 의료기관을 이전한 경우만 해당한다)
4. 방사선 방어시설 검사 성적서 사본 1부(관할구역 안에서 의료기관을 이전한 경우만 해당한다)
5. 이전을 확인할 수 있는 서류 사본 1부(관할구역 안에서 의료기관을 이전한 경우만 해당한다)

⑤ 제4항에 따라 변경신고를 받은 시장·군수·구청장은 신고증명서의 해당 사항을 수정하거나 그 증명서를 재발급하여야 한다.

⑥ 의료기관의 개설자 또는 관리자는 소속 방사선 관계 종사자의 변동이 있으면 그 사유가 발생한 날부터 3개월 이내에 별지 제6호서식에 따른 신고서에 제13조에 따른 건강진단 결과서 사본(「원자력안전법」 제2조제21호에 따른 방사선작업종사자가 소속의 변동으로 진단용 방사선 관련 업무에 종사하게 되어 신고하는 경우에는 방사선종사자정보 중앙등록센터에서 발행하는 피폭기록확인서 사본을 포함한다)을 첨부하여 의료기관의 소재지를 관할하는 시장·군수·구청장에게 제출하여야 한다. <개정 2010. 1. 22., 2012. 11. 15.>

⑦ 시장·군수·구청장은 제6항에 따라 피폭기록확인서를 제출받은 경우에는 15일 이내에 질병관리청장에게 그 사실을 통지하여야 한다. <신설 2010. 1. 22., 2013. 3. 23., 2020. 9. 11.>

⑧ 시장·군수·구청장은 별지 제7호서식의 진단용 방사선 관리대장을 작성하여 갖추어 두고 제1항·제4항·제6항 및 제10조제2항의 신고 사항을 적어야 한다. <개정 2010. 1. 22.>

제3조의2(보건의료자원 통합신고포털을 통한 신고 등) ① 시장·군수·구청장은 「국민건강보험법 시행규칙」 제12조의2제1항에 따른 전자민원창구(이하 "보건의료자원 통합신고포털"이라 한다)를 통하여 제3조제1항·제4항 및 제6항에 따른 신고에 관한 사무를 처리할 수 있다.

② 시장·군수·구청장은 제1항에 따라 처리한 사항(서면으로 신고 받아 처리한 사항을 포함한다)을 「국민건강보험법」 제62조에 따른 건강보험심사평가원(이하 "심사평가원"이라 한다)에 「국민건강보험법 시행규칙」 제12조의2제3항에 따른 방법으로 통보하여야 한다.

③ 의료기관의 개설자 또는 관리자가 보건의료자원 통합신고포털을 통하여 제1항에 따른 신고를 하는 경우에는 제3조제1항 및 제4항에도 불구하고 다음 각 호의 구분에 따라 서류를 사본으로 제출하거나 서류의 제출을 생략할 수 있다.

1. 사본으로 제출할 수 있는 서류: 제3조제1항제1호다목에 따른 방사선 관계 종사자 신고서
2. 제출을 생략할 수 있는 다음 각 목에 따른 서류
 가. 제3조제1항제1호라목에 따른 양도신고증명서 또는 이전신고증명서 원본
 나. 제3조제1항제1호마목에 따른 특수의료장비 등록증명서 사본
 다. 제3조제1항제1호바목에 따른 진단용 방사선 발생장치의 사용중지 신고증명서 원본
 라. 제3조제1항제1호사목에 따른 의료기기 제조허가증 또는 수입허가증 사본
 마. 제3조제1항제2호가목에 따른 신고증명서 원본
 바. 제3조제4항제1호에 따른 신고증명서 원본

④ 시장·군수·구청장 및 심사평가원은 제1항부터 제3항까지의 규정에 따른 업무를 위하여 불가피한 경우 「개인정보 보호법 시행령」 제19조제1호 또는 제4호에 따른 주민등록번호 또는 외국인등록번호가 포함된 자료를 처리할 수 있다. [본조신설 2015. 7. 24.]

제4조(검사 및 측정) ① 의료기관의 개설자 또는 관리자는 다음 각 호의 어느 하나에 해당하는 사유가 있으면 법 제37조제2항에 따라 해당 진단용 방사선 발생장치를 사용하기

전에 그 진단용 방사선 발생장치에 대하여 별표 1의 검사기준에 따라 제6조에 따른 검사기관의 검사를 받아야 한다. 다만, 「의료기기법 시행규칙」 제5조제1항 및 제18조제1항에 따라 의료기기 제조허가 또는 수입허가를 받을 때에 「의료기기법」 제27조에 따른 시험검사기관에서 별표 1의 검사항목이 포함된 시험검사를 받아 해당 시험성적서를 제출하는 경우에는 본문에 따른 검사를 받지 아니하고 사용할 수 있다. <개정 2009. 5. 29., 2010. 1. 22., 2011. 11. 25., 2012. 11. 15.>

1. 진단용 방사선 발생장치를 설치하거나 이전하여 설치하는 경우
2. 진단용 방사선 발생장치의 전원시설을 변경하는 경우
3. 제3조제1항에 따라 사용중지신고를 한 진단용 방사선 발생장치를 다시 사용하려는 경
4. 진단용 방사선 발생장치의 안전에 영향을 줄 수 있는 고전압발생장치, X-선관 또는 제어장치를 수리하거나 X-선관을 교체하는 경우

② 의료기관의 개설자 또는 관리자는 제1항에 따라 검사받은 진단용 방사선 발생장치에 대하여는 검사를(제1항 단서의 경우에는 시험검사기관의 검사를 말한다) 받은 날부터 3년마다 제6조에 따른 검사기관의 검사를 받아야 한다. 이 경우 검사기간은 기간 만료일 전후 각각 31일로 한다. <개정 2011. 6. 27.>

③ 의료기관의 개설자 또는 관리자는 법 제37조제2항에 따라 방사선 방어시설에 대하여 별표 2의 방사선 방어시설 검사기준에 따라 해당 진단용 방사선 발생장치를 사용하기 전에 제6조에 따른 검사기관의 검사를 받아야 한다.

④ 의료기관의 개설자 또는 관리자는 제3항에 따라 검사받은 방사선 방어시설 중 방사선 차폐시설을 변경설치하거나 방사선 차폐시설을 설계할 때에 설정한 주당 최대 동작부하(動作負荷)를 초과한 경우에는 지체 없이 그 방사선 방어시설에 대하여 제6조에 따른 검사기관의 검사를 받아야 한다.

⑤ 의료기관의 개설자 또는 관리자는 법 제37조제2항에 따라 방사선 관계 종사자에게 티·엘배지를 사용하게 하는 경우에는 3개월마다 1회 이상 방사선 피폭선량(被曝線量) 측정을 받도록 하여야 하며, 필름배지를 사용하게 하는 경우에는 1개월마다 1회 이상 방사선 피폭선량 측정을 받도록 하여야 한다.

⑥ 제5항에 따른 방사선 관계 종사자의 방사선 피폭선량 측정에서 그 선량한도는 별표 3과 같다.

⑦ 질병관리청장은 질병관리청에 피폭선량 관리센터를 설치하여 방사선 관계 종사자개인 피폭선량의 관리 업무를 하여야 하고, 그 센터의 운영에 필요한 세부 사항을 정하여 고시하여야 한다. <개정 2010. 1. 22., 2013. 3. 23., 2020. 9. 11.>

⑧ 질병관리청장이 정하여 고시하는 의료방사선시설 품질인증기관의 지정 기준 및 절차에 따라 품질인증기관으로 지정받은 의료기관은 질병관리청장이 정하여 고시하는 바에 따라 제1항부터 제4항까지의 규정에 따른 검사를 면제받을 수 있다. <신설 2010. 1. 22., 2012. 11. 15., 2013. 3. 23., 2020. 9. 11.>

제5조(검사 등의 시험방법) ① 제4조에 따른 검사 또는 측정(이하 "검사등"이라 한다)의 시험방법은 질병관리청장의 승인을 받아 제6조에 따른 검사기관 또는 측정기관의 장이 정한다. 이 경우 승인절차 등 세부 사항에 대하여는 질병관리청장이 따로 정하여 고시하는 바에 따른다. <개정 2010. 1. 22., 2012. 11. 15., 2013. 3. 23., 2020. 9. 11.>

② 검사등의 재검사를 할 때에는 제1항에서 정한 시험방법 외에 다음 각 호의 어느 하나에 해당하는 방법으로 시험할 수 있다. <개정 2010. 1. 22., 2012. 11. 15., 2013. 3. 23., 2020. 9. 11.>

1. 질병관리청장이 고시한 시험방법
2. 제조업소에서 정한 시험방법
3. 국제전기기술위원회가 권고하는 시험방법(제1호나 제2호의 시험방법이 없는 경우에만 해당한다)

제6조(검사ㆍ측정기관) ① 제4조에 따른 진단용 방사선 발생장치 및 방사선 방어시설을 검사하는 업무 및 방사선 관계 종사자의 피폭선량을 측정하는 업무를 하려는 자는 질병관리청장이 정하는 바에 따라 질병관리청장에게 등록하여야 한다. <개정 2011. 6. 27., 2012. 11. 15., 2013. 3. 23., 2020. 9. 11.>

② 제1항에 따라 진단용 방사선 발생장치 및 방사선 방어시설을 검사하는 기관 또는 방사선 관계 종사자의 피폭선량을 측정하는 기관(이하 "검사ㆍ측정기관"이라 한다)으로 등록하려는 자는 별표 4의 기준에 적합하여야 한다. <신설 2011. 6. 27.>

③ 제1항에 따른 등록의 유효기간은 등록한 날부터 4년간으로 한다. <신설 2010. 1. 22., 2011. 6. 27.>

④ 제3항에 따른 유효기간이 만료되는 검사ㆍ측정기관이 다시 등록을 하려는 경우에는 유효기간이 만료되는 날부터 6개월 전에 재등록 신청을 하여야 한다. 다만, 질병관리청장은 재등록 신청을 시작하는 날부터 2개월 전까지 검사ㆍ측정기관의 장에게 재등록절차 등을 휴대폰에 의한 문자전송, 전자메일, 팩스, 전화, 문서 등으로 미리 알려야 한다. <신설 2010. 1. 22., 2011. 6. 27., 2012. 11. 15., 2013. 3. 23., 2020. 9. 11.>

⑤ 질병관리청장은 검사ㆍ측정기관이 다음 각 호의 어느 하나에 해당하는 경우에는 등록을 취소하거나 6개월 이내의 기간을 정하여 업무정지를 명하거나 시정명령 등 필요한 조치를 할 수 있다. 다만, 제1호부터 제3호까지의 어느 하나에 해당하는 경우에는 그 등록을 취소하여야 한다. <신설 2010. 1. 22., 2011. 6. 27., 2012. 11. 15., 2013. 3. 23., 2020. 9. 11.>

 1. 거짓이나 그 밖의 부정한 방법으로 등록을 한 경우
 2. 고의 또는 중대한 과실로 거짓의 진단용 방사선발생장치 등의 검사에 관한 성적서를 발급한 경우
 3. 업무정지 처분기간 중에 검사ㆍ측정업무를 행하는 경우
 4. 별표 4에 따른 검사ㆍ측정기관의 등록기준에 미달하는 경우
 5. 질병관리청장이 정하여 고시하는 검사ㆍ측정 업무에 관한 규정을 위반한 경우

⑥ 제1항에 따른 검사ㆍ측정기관의 등록절차 및 등록제도의 운영 등에 필요한 사항과 제5항에 따른 행정처분의 세부기준 등에 필요한 사항은 질병관리청장이 따로 정하여 고시한다. <개정 2010. 1. 22., 2011. 6. 27., 2012. 11. 15., 2013. 3. 23., 2020. 9. 11.>

제7조(검사등의 신청 및 사전통보) ① 검사등을 받으려는 자는 별지 제8호서식에 따른 진단용 방사선 발생장치 검사신청서, 별지 제9호서식에 따른 방사선 방어시설 검사신청서 또는 별지 제10호서식에 따른 방사선 관계 종사자 피폭선량 측정신청서를 검사ㆍ측정기관의 장에게 제출하여야 한다. 제8조제4항에 따른 재검사의 경우에도 또한 같다. <개정 2010. 1. 22.>

② 시장ㆍ군수ㆍ구청장은 제4조제2항에 따라 진단용 방사선 발생장치에 대한 검사를 받아야 하는 관할 의료기관의 개설자 또는 관리자에 대하여는 검사일 2개월 전까지 검사를 받도록 알려야 한다. <신설 2010. 1. 22.> [제목개정 2010. 1. 22.]

제8조(검사 결과의 통지 등) ① 제7조에 따라 검사ㆍ측정기관의 장이 의료기관의 개설자 또는 관리자로부터 검사등의 신청을 받으면 검사등을 한 후 별지 제11호서식에 따른 진단용 방사선 발생장치 검사성적서, 별지 제12호서식에 따른 방사선 방어시설 검사성적서 또는 별지 제13호서식에따른 방사선 관계 종사자 피폭선량 측정성적서를 신청인에게 발급하여야 하며, 검사 또는 측정한 날부터 1개월 이내에 별지 제14호서식에 따른 검사 결과 또는 별지 제15호서식에 따른 측정 결과를 질병관리청장에게 제출하여야 한다. <개정 2010. 1. 22., 2013. 3. 23., 2020. 9. 11.>

② 검사ㆍ측정기관의 장은 검사등의 결과가 별표 1, 별표 2 또는 별표 3의 기준에 적합한 것으로 판정되면 검사 또는 측정한 날부터 1개월 이내에 해당 의료기관의 소재지를 관할하는 시장ㆍ군수ㆍ구청장에게 통지하고, 부적합 한 것으로 판정되거나 재검사 후 적

합한 것으로 판정되면 검사성적서 사본을 해당 의료기관의 소재지를 관할하는 시장·군수·구청장, 질병관리청장, 건강보험심사평가원장 및 국민건강보험공단이사장에게 지체 없이 통지하며, 선량한도가 초과한 것으로 판정되면 측정성적서 사본을 지체 없이 질병관리청장과 해당 의료기관의 소재지를 관할하는 시장·군수·구청장에게 통지하여야 한다. <개정 2010. 1. 22., 2013. 3. 23., 2020. 9. 11.>

③ 시장·군수·구청장은 제2항에 따라 부적합하거나 선량한도가 초과한 것으로 판정된 검사등의 결과를 통지받으면 통지를 받은 날부터 3일 이내에 법 제63조에 따라 의료기관의 개설자 또는 관리자에게 다음 각 호의 어느 하나의 명령을 하고, 그 사실을 질병관리청장에게 통지하여야 한다. <개정 2010. 1. 22., 2013. 3. 23., 2020. 9. 11.>

1. 부적합 진단용 방사선 발생장치 또는 방사선 방어시설에 대한 사용 금지 및 수리·교정 후 재검사

2. 선량한도 초과자에 대한 건강진단 및 필요 시 안전조치(근무지의 변경 또는 근무시간의 단축 등을 말한다. 이하 같다)

④ 의료기관의 개설자 또는 관리자는 제3항에 따른 명령을 받으면 진단용 방사선 발생장치 또는 방사선 방어시설을 수리·교정하고 재검사를 신청하여야 하며, 선량한도 초과자에 대하여는 즉시 제13조에 따른 건강진단을 실시하고, 그 결과 이상징후가 있는 경우에는 안전조치를 취하여야 한다. 이 경우 안전조치를 실시한 후 6개월이 지나 실시하는 건강진단의 결과 이상징후가 나타나지 아니하면 해당 선량한도 초과자의 동의를 받아 관할 시장·군수·구청장에게 안전조치의 해제를 요구할 수 있다.

⑤ 시장·군수·구청장은 제2항에 따라 재검사 후 적합 판정 결과를 통보받거나 제4항에 따라 의료기관의 개설자 또는 관리자로부터 선량한도 초과자에 대하여 안전조치의 해제를 요구받으면 사용 금지 명령 또는 안전조치 명령을 해제하고 그 사실을 질병관리청장에게 통지하여야 한다. <개정 2010. 1. 22., 2013. 3. 23., 2020. 9. 11.>

⑥ 검사등의 성적서를 재발급받으려는 자는 별지 제16호서식에 따른 검사등성적서 재발급 신청서를 검사·측정기관의 장에게 제출하여야 한다.

제9조(방사선구역) ① 의료기관의 개설자 또는 관리자는 법 제37조제1항에 따라 진단용 방사선 발생장치를 설치하면 진단용 방사선의 안전관리를 위하여 방사선구역을 설정하고 일반인의 출입을 제한하는 등의 조치를 취하여야 한다.

② 방사선구역에는 별표 5의 방사선구역표시를 하여야 한다.

제10조(진단용 방사선의 안전관리책임자) ① 의료기관의 개설자 또는 관리자는 법 제37조제2항에 따라 진단용 방사선 발생장치의 안전관리와 적정한 사용을 위하여 별표 6의 진단용 방사선 안전관리책임자 자격기준에 따라 해당 의료기관 소속 방사선 관계 종사자 중에서 진단용 방사선 안전관리책임자(이하 "안전관리책임자"라 한다)를 임명하여 진단용 방사선 안전관리업무(이하 "안전관리업무"라 한다)를 수행하도록 하여야 한다. 이 경우 같은 시·군·구에 있는 분원(分院) 또는 분소(分所)에 설치하는 진단용 방사선 발생장치의 안전관리업무는 해당 의료기관의 안전관리책임자에게 겸임하도록 할 수 있다.

② 의료기관의 개설자 또는 관리자는 안전관리책임자를 선임·해임하거나 겸임시키는 경우에는 1개월 이내에 별지 제6호서식에 따른 신고서에 안전관리책임자에 대한 다음 각 호의 서류를 첨부하여 해당 의료기관의 소재지를 관할하는 시장·군수·구청장에게 제출하여야 한다. <개정 2012. 11. 15.>

1. 최종 학교 졸업증명서(이공계 석사학위소지자만 제출한다) 또는 경력증명서 1부

2. 제13조에 따른 건강진단 결과서 사본 1부

③ 제2항에 따라 신고서를 제출받은 시장·군수·구청장은 신고 대상 안전관리책임자가 의료인인 경우 「전자정부법」 제36조제1항에 따른 행정정보의 공동이용을 통하여 안

전관리책임자의 의료면허증을 확인하여야 한다. 다만, 의료인인 종사자가 이에 동의하지 아니하는 경우에는 그 사본을 첨부하도록 하여야 한다. <신설 2012. 11. 15.>

제11조(안전관리책임자의 직무) 제10조에 따른 안전관리책임자의 직무는 다음과 같다.
1. 안전관리업무의 계획·점검 및 평가
2. 소속 방사선 관계 종사자에 대한 자체교육훈련의 실시
3. 환자 및 방사선 관계 종사자에 대한 방사선피해로부터의 방어조치
4. 진단 영상정보 관련 설비의 안전관리
5. 피폭선량 측정에 영향을 미치는 방사선 관계 종사자의 소속 변동사실의 측정기관에의 통보
6. 방사선 관계 종사자의 피폭선량 측정에 영향을 미치는 피폭선량계의 파손 및 분실사실의 측정기관에의 통보
7. 제3조제1항 및 제4항에 따른 신고와 제4조에 따른 검사 또는 측정에 관한 사항
8. 제14조에 따른 진단용 방사선 발생장치, 방사선 관계 종사자 및 방사선 방어시설(이하 "진단용 방사선 발생장치등"이라 한다)에 관한 서류의 작성·비치 및 보존에 관한 사항

제12조(의료기관의 개설자 또는 관리자의 준수 사항) 법 제37조제1항에 따라 의료기관의 개설자 또는 관리자는 다음 각 호의 사항을 지켜야 한다. <개정 2010. 1. 22.>
1. 안전관리책임자가 그 직무수행에 필요한 사항을 요청하면 지체 없이 조치하고, 정당한 사유 없이 거부하지 아니할 것
2. 안전관리책임자가 안전관리업무를 성실히 수행하지 아니하면 지체 없이 그 직으로부터 해임하고 다른 직원을 안전관리책임자로 선임할 것
3. 진단용 방사선 발생장치에 대하여는 검사유효기간이 끝나기 전에 검사를 완료하고, 검사기관이 검사를 할 때에는 안전관리책임자를 참여시킬 것
4. 방사선 관계 종사자가 진단용 방사선 발생장치의 운영·조작·관리·점검 및 검사 등 방사선피폭 우려가 있는 업무를 할 때에는 필름배지 또는 티·엘배지 등 피폭선량계를 착용하게 하고, 방사선 관계 종사자의 피폭선량 측정을 신청할 때에는 측정 대상에 해당하는 자를 누락하지 아니할 것
5. 제8조제3항에 따라 시장·군수·구청장으로부터 진단용 방사선 발생장치 또는 방사선 방어시설의 사용 금지와 수리·교정 및 재검사명령을 받으면 지체 없이 이행할 것
6. 방사선 관계 종사자에 대한 피폭선량을 측정한 결과 별표 3의 방사선 관계 종사자의 선량한도를 초과한 자에 대하여는 지체 없이 건강진단 등 필요한 조치를 할 것
7. 방사선 관계 종사자 외에 방사선구역에 출입하는 자에 대한 방사선 피폭을 방지하기 위한 조치를 할 것
8. 적정한 진단 영상정보를 얻을 수 있도록 그 설비의 안전관리에 필요한 조치를 할 것

제13조(방사선 관계 종사자에 대한 건강진단) ① 법 제37조제2항에 따라 의료기관의 개설자 또는 관리자는 방사선 관계 종사자에 대하여 2년마다 별지 제19호서식의 건강진단표에 따라 건강진단을 실시하여야 한다. 다만, 방사선 관련업무에 처음 종사하는 방사선 관계 종사자에 대하여는 업무종사 전에 별지 제19호서식의 건강진단표에 따라 건강진단을 실시하여야 한다. <개정 2010. 1. 22.>
② 제1항에 따른 건강진단의 문진 사항 및 검사 항목은 다음 각 호와 같다.
1. 문진 사항
  가. 방사선 피폭 증상의 유무
  나. 방사선 피폭 증상이 있는 자는 그의 작업 장소, 작업 내용, 작업 기간, 피폭선량 및 방사선 장해 유무
  다. 그 밖에 방사선에 의한 피폭 증상
2. 검사 항목

가. 말초혈액 중의 혈색소 양, 적혈구 수 및 백혈구 수

나. 그 밖에 의사가 필요하다고 인정하는 검사

③ 제1항에도 불구하고 「산업안전보건법 시행규칙」 제99조제2항 또는 제4항에 따라 방사선에 노출되는 업무에 종사하는 방사선 관계 종사자에 대한 특수건강진단 또는 배치전건강진단을 실시한 경우 그 사람에 대해서는 제1항 본문 또는 단서에 따른 건강진단을 실시한 것으로 본다. <신설 2015. 2. 26.>

제14조(서류의 작성·비치 및 보존) 법 제37조제3항에 따라 의료기관의 개설자 또는 관리자, 검사·측정기관의 장 및 시장·군수·구청장은 별표 7의 진단용 방사선 발생장치등에 관한 서류를 작성·비치 및 보존하여야 한다.

제15조(안전관리책임자에 대한 교육) ① 법 제37조제2항에 따라 안전관리책임자로 선임된 자는 선임된 날부터 1년 이내에 질병관리청장이 지정하는 방사선 분야 관련 단체(이하 "안전관리책임자 교육기관"이라 한다)가 실시하는 안전관리책임자 교육을 이수하여야한다. 다만, 안전관리책임자 교육기관으로부터 안전관리책임자 교육을 받은 후 2년 이내에 안전관리책임자로 선임된 자의 경우에는 그러하지 아니하다. <개정 2011. 6. 27., 2012. 11. 15., 2013. 3. 23., 2020. 9. 11.>

② 제1항에 따른 안전관리책임자의 교육 및 안전관리책임자 교육기관의 지정에 관하여 필요한 사항은 질병관리청장이 따로 정하여 고시한다. <개정 2010. 1. 22., 2011. 6. 27., 2013. 3. 23., 2020. 9. 11.>

제16조(지도·감독) ① 법 제37조제1항에 따라 시장·군수·구청장은 의료기관의 진단용 방사선 안전관리상태를 지도·점검하고 필요하면 의료기관의 개설자 또는 관리자에게 그 시정을 명할 수 있다.

② 질병관리청장은 검사등의 공정성과 효율성을 확보하기 위하여 검사·측정기관에 대하여 필요한 지도와 감독을 할 수 있다. <개정 2010. 1. 22., 2012. 11. 15., 2013. 3. 23., 2020. 9. 11.>

③ 질병관리청장 또는 시장·군수·구청장은 안전관리를 위하여 필요하면 의료기관의 개설자 또는 관리자나 검사·측정기관의 장에게 필요한 사항을 보고하게 하거나 자료를 제출하게 할 수 있다. <개정 2010. 1. 22., 2012. 11. 15., 2013. 3. 23., 2020. 9. 11.>

④ 시장·군수·구청장은 매년 3월 31일 현재의 진단용 방사선 발생장치 안전관리 현황 및 방사선 관계 종사자 관리 현황을 별지 제17호서식 및 별지 제18호서식에 따라 5월 31일까지 특별시장·광역시장·도지사 또는 특별자치도지사를 거쳐 질병관리청장에게 제출하여야 한다. <개정 2010. 1. 22., 2013. 3. 23., 2020. 9. 11.>

제17조(적용의 배제) 진단용 방사선 발생장치 중 진단용 엑스선 발생기 또는 치과진단용 엑스선 발생장치(파노라마 및 세파로 촬영장치는 제외한다)만을 사용하면서 주당 최대 동작부하의 총량이 10밀리암페어·분 이하인 의료기관에 대하여는 제4조제5항, 제9조, 제10조 및 제13조를 적용하지 아니한다.

제18조 삭제 <2009. 4. 29.>

◇ 제37조제1항에 따른 신고를 하지 아니하고 진단용 방사선 발생장치를 설치·
운영한 자 : 300만원 이하의 과태료

◇ 제37조제2항에 따른 안전관리책임자를 선임하지 아니하거나 정기검사와 측정
또는 방사선 관계 종사자에 대한 피폭관리를 실시하지 아니한 자 : 300만원
이하의 과태료

◇ 제37조제3항에 따른 안전관리책임자 교육을 받지 아니한 사람 : 100만원 이하
의 과태료

△ 제37조를 위반하여 의료기관에 진단용 방사선 발생장치를 설치·운영하면서
다음의 어느 하나에 해당하게 된 경우 : 시정명령

- 신고하지 아니하고 설치·운영한 경우
- 안전관리기준에 맞게 설치·운영하지 아니한 경우
- 안전관리책임자를 선임하지 아니한 경우
- 정기적으로 검사와 측정을 받지 아니한 경우
- 종사자에 대한 피폭관리를 실시하지 아니한 경우

| 의료법 | 제38조(특수의료장비의 설치·운영) |
| --- | --- |

① 의료기관은 보건의료 시책상 적정한 설치와 활용이 필요하여 보건복지부
장관이 정하여 고시하는 의료장비(이하 "특수의료장비"라 한다)를 설치·
운영하려면 보건복지부령으로 정하는 바에 따라 시장·군수·구청장에게
등록하여야 하며, 보건복지부령으로 정하는 설치인정기준에 맞게 설치·
운영하여야 한다. <개정 2008. 2. 29., 2010. 1. 18., 2012. 2. 1.>

② 의료기관의 개설자나 관리자는 제1항에 따라 특수의료장비를 설치하면 보
건복지부령으로 정하는 바에 따라 보건복지부장관에게 정기적인 품질관리
검사를 받아야 한다. <개정 2008. 2. 29., 2010. 1. 18.>

③ 의료기관의 개설자나 관리자는 제2항에 따른 품질관리검사에서 부적합하
다고 판정받은 특수의료장비를 사용하여서는 아니 된다.

④ 보건복지부장관은 제2항에 따른 품질관리검사업무의 전부 또는 일부를 보
건복지부령으로 정하는 바에 따라 관계 전문기관에 위탁할 수 있다. <개
정 2008. 2. 29., 2010. 1. 18.>

특수의료장비의 설치 및 운영에 관한 규칙
[시행 2019. 9. 27.] [보건복지부령 제672호, 2019. 9. 27., 다법개정]

제1조(목적) 이 규칙은 특수의료장비의 적절한 설치 및 활용을 위하여 「의료법」 제38조에서 위임된 사항과 그 시행에 필요한 사항을 규정함을 목적으로 한다.

제2조(등록) ① 「의료법」(이하 "법"이라 한다) 제38조제1항에 따른 특수의료장비(이하 "특수의료장비"라 한다)를 설치·운영하려는 의료기관의 개설자나 관리자(이하 "개설자등"이라 한다)는 해당 의료기관의 소재지를 관할하는 시장·군수·구청장(자치구의 구청장을 말한다. 이하 같다)에게 등록하여야 한다. <개정 2012. 8. 2.>

② 제1항에 따라 특수의료장비를 등록하려는 경우에는 별지 제1호서식의 특수의료장비 등록신청서(전자문서로 된 신청서를 포함한다)에 다음 각 호의 구분에 따른 서류(전자문서를 포함한다)를 첨부하여 시장·군수·구청장에게 제출하여야 한다. <개정 2012. 8. 2., 2015. 7. 24.>

1. 별표 1의 운용인력기준에 해당하는 특수의료장비를 운용할 인력의 영상의학과 전문의 자격증 및 방사선사 면허증 사본 각 1부
2. 특수의료장비 등록신청을 한 의료기관의 개설허가증명서 또는 개설신고증명서 사본 1부
3. 별지 제2호서식의 특수의료장비 공동활용 동의서 1부(유방 촬영용 장치 외의 특수의료장비로서 다른 의료기관과 공동활용하려는 경우에만 제출한다)
4. 의료기기 제조허가증 또는 수입허가증 사본 1부
5. 세금계산서, 계약서 등 구입 또는 임차 사실 증명자료 사본 1부

③ 제1항에 따라 등록신청을 받은 시장·군수·구청장은 특수의료장비가 제3조에 따른 특수의료장비 설치인정기준에 맞다고 인정되면 별지 제3호서식의 특수의료장비 등록증명서를 신청인에게 내주고, 그 사실을 별지 제4호서식의 특수의료장비 등록대장(전자문서로 된 대장을 포함한다)에 적어야 하며, 설치인정기준에 맞지 아니한 경우에는 그 사유를 구체적으로 밝혀 문서(전자문서를 포함한다)로 통보하여야 한다. <개정 2012. 8. 2.>

제3조(설치인정기준 등) ① 제2조에 따라 등록하려는 특수의료장비는 별표 1의 설치인정기준에 맞게 설치·운영하여야 한다.

② 제1항의 기준에 따라 특수의료장비를 운용할 영상의학과 전문의와 방사선사는 다음 각 호의 업무를 수행한다.

1. 영상의학과 전문의 : 특수의료장비의 의료영상 품질관리 업무의 총괄 및 감독, 영상화질 평가, 임상영상 판독
2. 방사선사 : 특수의료장비의 취급, 정도관리항목 실행, 그 밖의 품질관리에 관한 업무

제4조(등록사항의 변경 통보 등) ① 특수의료장비를 설치·운영하고 있는 의료기관의 개설자등은 다음 각 호의 어느 하나에 해당하는 사유가 발생하면 그 사유가 발생한 날부터 30일 이내에 다음 각 호의 구분에 따른 서류(전자문서를 포함한다)를 시장·군수·구청장에게 제출하여야 한다. <개정 2012. 8. 2., 2015. 7. 24.>

1. 인력등록사항에 변동이 있는 경우 : 별지 제5호서식의 특수의료장비 인력등록사항 변경 통보서에 다음 각 목의 서류를 첨부할 것
   가. 특수의료장비 등록증명서 원본 1부
   나. 특수의료장비 관련 변경인력의 영상의학과 전문의 자격증 및 방사선사 면허증 사본 각 1부
2. 시설등록사항에 변동이 있는 경우 : 별지 제6호서식의 특수의료장비 시설등록사항 변경 통보서에 다음 각 목의 서류를 첨부할 것
   가. 특수의료장비 등록증명서 원본 1부
   나. 의료기관 개설허가증명서 또는 개설신고증명서 사본 1부(설치의료기관의 종류 또는

병상수를 변경한 경우에만 첨부한다)

　　다. 변경된 공동활용 의료기관의 특수의료장비 공동활용 동의서 사본 및 병상수 확인서 사본 각 1부(유방 촬영용 장치 외의 특수의료장비의 공동활용에 동의한 의료기관을 변경한 경우에만 첨부한다)

　3. 특수의료장비를 설치·운용하고 있는 의료기관의 개설자 또는 명칭이 변경되거나 특수의료장비의 용도 또는 설치장소가 변경된 경우 : 별지 제6호서식에 따른 변경통보서에 다음 각 목의 서류를 첨부할 것

　　가. 특수의료장비 등록증명서 원본 1부

　　나. 변경사항이 적혀 있는 의료기관 개설허가증명서 또는 개설신고증명서 사본 1부(의료기관의 개설자 또는 명칭이 변경되거나 의료기관이 개설장소를 이전하여 특수의료장비 설치장소가 변경된 경우에만 첨부한다)

② 제1항에 따라 변경통보를 받은 시장·군수·구청장은 변경사항이 제3조에 따른 특수의료장비 설치인정기준에 맞다고 인정하면 특수의료장비 등록증명서를 고쳐 적거나 재발급하고, 변경사항을 별지 제4호서식의 특수의료장비 등록대장(전자문서로 된 대장을 포함한다)에 적어야 한다. <개정 2012. 8. 2.>

③ 특수의료장비를 설치·운영하는 의료기관의 개설자등은 특수의료장비를 양도 또는 폐기하거나 사용중지한 경우 그 사유가 발생한 날부터 30일 이내에 별지 제7호서식의 통보서(전자문서로 된 통보서를 포함한다)에 다음 각 호의 서류를 첨부하여 시장·군수·구청장에게 제출하여야 한다. <개정 2011. 6. 27., 2012. 8. 2., 2015. 7. 24.>

　1. 특수의료장비 등록증명서 원본

　2. 양도 및 폐기를 확인할 수 있는 서류 사본 1부

④ 시장·군수·구청장은 제3항에 따른 통보를 받으면 그 사실을 별지 제4호서식의 특수의료장비 등록대장(전자문서로 된 대장을 포함한다)에 적어야 한다.<개정 2012. 8. 2.>

⑤ 다른 의료기관이 설치한 특수의료장비를 공동으로 활용하기 위하여 제2조제2항제3호에 따른 특수의료장비 공동활용 동의서를 제출하였던 의료기관의 개설자등이 별도로 특수의료장비를 설치·운영하려는 경우에는 공동활용하였던 특수의료장비를 설치한 의료기관의 개설자등이 먼저 제1항에 따라 시설등록사항의 변경통보를 한 후 제2조에 따라 등록을 하여야 한다.

제4조의2(보건의료자원 통합신고포털을 통한 신청 등) ① 시장·군수·구청장은 「국민건강보험법 시행규칙」 제12조의2제1항에 따른 전자민원창구(이하 "보건의료자원 통합신고포털"이라 한다)를 통하여 제2조제1항에 따른 등록 신청, 제4조제1항·제3항 및 제5항에 따른 등록사항의 변경 통보에 관한 사무를 처리할 수 있다.

② 시장·군수·구청장은 제1항에 따라 처리한 사항(서면으로 등록 신청을 받거나 변경 등록을 통보받아 처리한 사항을 포함한다)을 「국민건강보험법」 제62조에 따른 건강보험심사평가원(이하 "심사평가원"이라 한다)에 「국민건강보험법 시행규칙」 제12조의2제3항에 따른 방법으로 통보하여야 한다.

③ 특수의료장비를 설치·운영하려는 의료기관의 개설자등은 보건의료자원 통합신고포털을 통하여 등록 신청하는 경우에는 제2조제2항에도 불구하고 다음 각 호의 구분에 따라 서류의 사본을 제출하거나 서류의 제출을 생략할 수 있다.

　1. 사본으로 제출할 수 있는 서류: 제2조제2항제3호에 따른 특수의료장비 공동활용 동의서

　2. 제출을 생략할 수 있는 다음 각 목에 따른 서류

　　가. 제2조제2항제1호에 따른 영상의학과 전문의 자격증 및 방사선사 면허증 사본

　　나. 제2조제2항제2호에 따른 의료기관 개설허가증명서 또는 개설신고증명서 사본

　　다. 제2조제2항제4호에 따른 의료기기 제조허가증 또는 수입허가증 사본

④ 특수의료장비를 설치·운영하고 있는 의료기관의 개설자등은 보건의료자원 통합신

고포털을 통하여 다음 각 호의 등록사항의 변경 통보를 하는 경우에는 제4조제1항 및 제3항에도 다음 가 호의 구분에 따라 서류의 제출을 생략할 수 있다.

1. 제4조제1항제1호에 따른 인력등록사항의 변경 통보의 경우 다음 각 목에 따른 서류
 가. 제4조제1항제1호가목에 따른 특수의료장비 등록증명서 원본
 나. 제4조제1항제1호에나목에 따른 특수의료장비 관련 변경인력의 영상의학과 전문의 자격증 및 방사선사 면허증 사본
2. 제4조제1항제2호에 따른 시설등록사항의 변경 통보의 경우 다음 각 목에 따른 서류
 가. 제4조제1항제2호가목에 따른 특수의료장비 등록증명서 원본
 나. 제4조제1항제2호나목에 따른 의료기관 개설허가증명서 또는 개설신고증명서 사본
3. 제4조제1항제3호에 따른 특수의료장비를 설치·운용하고 있는 의료기관의 개설자 또는 명칭의 변경 통보나 특수의료장비의 용도 또는 설치장소 변경 통보의 경우 다음 각 목에 따른 서류
 가. 제4조제1항제3호가목에 따른 특수의료장비 등록증명서 원본
 나. 제4조제1항제3호나목에 따른 변경사항이 적혀 있는 의료기관 개설허가증명서 또는 개설신고증명서 사본
4. 제4조제3항제1호에 따른 특수의료장비의 양도, 폐기 또는 사용중지 통보의 경우: 특수의료상비 등록증명서 원본

⑤ 시장·군수·구청장 및 심사평가원은 제1항부터 제4항까지의 규정에 따른 업무를 위하여 불가피한 경우 「개인정보 보호법 시행령」 제19조제1호 또는 제4호에 따른 주민등록번호 또는 외국인등록번호가 포함된 자료를 처리할 수 있다.[본조신설 2015. 7. 24.]

제5조(품질관리검사) ① 법 제38조제2항에 따라 특수의료장비를 설치·운영하는 의료기관의 개설자 등이 받아야 하는 정기적인 품질관리검사는 서류검사와 정밀검사로 하되, 그 내용은 별표 2와 같다.

② 제1항에 따른 품질관리검사의 기준은 별표 3과 같다.

③ 의료기관의 개설자등은 다음 각 호의 어느 하나에 해당하는 경우에는 제1항에 따른 정밀검사를 받아야 한다. <개정 2010. 4. 12.>

1. 특수의료장비를 설치하는 경우
2. 특수의료장비의 설치장소를 변경한 경우. 이 경우 설치장소를 변경한 날로부터 30일 이내에 검사를 받아야 한다.
3. 제4조제3항에 따라 사용을 중지한 특수의료장비를 다시 사용하려는 경우
4. 제7조제1항에 따른 품질관리검사 결과 부적합한 것으로 판정된 특수의료장비를 다시 사용하려는 경우

④ 특수의료장비를 설치·운영하고 있는 의료기관의 개설자등은 제3항제1호부터 제3호까지에 따른 정밀검사를 받은 날부터 별표 2의 검사주기에 따라 서류검사와 정밀검사를 받아야 한다. <개정 2010. 4. 12.>

⑤ 제1항과 제3항에 따른 품질관리검사를 받으려는 의료기관의 개설자등은 별지 제8호서식에 따른 특수의료장비 품질관리검사 신청서(전자문서로 된 신청서를 포함한다)에 특수의료장비 등록증명서 사본 1부와 별표 3의 검사항목별 제출서류(전자문서를 포함한다) 또는 제출영상을 첨부하여 품질관리검사기관의 장에게 제출하여야 한다.

제6조(품질관리검사업무의 위탁) ① 보건복지부장관은 법 제38조제4항에 따라 제6조의2에 따른 품질관리검사기관에 제5조제1항의 검사업무를 위탁한다. <개정 2008. 3. 3., 2010. 3. 19., 2010. 4. 12., 2011. 6. 27.>

1. 삭제 <2010. 4. 12.>
2. 삭제 <2010. 4. 12.>

② 제1항에 따라 검사를 위탁받은 품질관리검사기관은 품질관리검사를 신청한 의료기

관의 개설자 등으로부터 품질관리검사기관이 보건복지부장관의 승인을 받아 정한 검사 수수료를 받을 수 있다. <개정 2008. 3. 3., 2010. 3. 19.>

③ 보건복지부장관은 특수의료장비 품질관리검사의 공정성과 효율성을 확보하기 위하여 제1항에 따른 품질관리검사기관에 대하여 필요한 지도와 감독을 할 수 있다. <개정 2008. 3. 3., 2010. 3. 19.>

④ 제1항에 따른 위탁 절차, 그 밖에 품질관리검사기관 위탁에 필요한 사항은 보건복지부장관이 정한다. <신설 2011. 6. 27.>

제6조의2(품질관리검사기관) ① 법 제38조제4항에 따라 품질관리검사업무를 위탁받아 수행하려는 자는 보건복지부장관이 정하는 바에 따라 품질관리검사기관으로 등록하여야 한다.

② 제1항에 따른 품질관리검사기관은 별표 4의 기준에 적합하여야 한다.

③ 제1항에 따른 등록의 유효기간은 등록한 날부터 4년간으로 한다.

④ 제3항에 따른 유효기간이 만료되는 품질관리검사기관이 재등록을 하려는 경우에는 유효기간이 만료되는 날부터 6개월 전에 재등록을 신청하여야 한다.

⑤ 보건복지부장관은 품질관리검사기관이 다음 각 호의 어느 하나에 해당하는 경우에는 등록을 취소하거나 6개월 이내의 기간을 정하여 업무정지를 명하거나 시정명령 등 필요한 조치를 할 수 있다. 다만, 제1호부터 제3호까지의 어느 하나에 해당하는 경우에는 그 등록을 취소하여야 한다.

1. 거짓이나 그 밖의 부정한 방법으로 등록한 경우
2. 고의 또는 중대한 과실로 거짓의 품질관리검사 성적서를 발급한 경우
3. 업무정지 처분기간 중에 검사업무를 행한 경우
4. 별표 4에 따른 검사기관 등록기준에 미달하는 경우
5. 보건복지부장관이 정하여 고시하는 검사 업무에 관한 규정을 위반한 경우

⑥ 제1항에 따른 품질관리검사기관 등록 절차, 제4항에 따른 재등록 절차, 제5항에 따른 행정처분의 세부기준, 그 밖에 품질관리검사기관 등록에 필요한 사항은 보건복지부장관이 정한다.

[본조신설 2011. 6. 27.]

제7조(검사 결과의 통보 등) ① 품질관리검사기관의 장은 특수의료장비에 대한 품질관리검사를 한 경우에는 별지 제9호서식의 특수의료장비 품질관리검사 성적서(전자문서로 된 성적서를 포함한다)를 신청인에게 내주고, 보건복지부장관, 시장·군수·구청장, 국민건강보험공단이사장 및 건강보험심사평가원장에게 검사 결과를 통보하여야 한다. <개정 2010. 4. 12., 2011. 6. 27., 2012. 8. 2.>

② 시장·군수·구청장은 제1항에 따라 품질관리검사기관의 장으로부터 검사 결과를 통보받았을 때에는 이를 별지 제4호서식의 특수의료장비 등록대장(전자문서로 된 대장을 포함한다)에 적어야 한다. <개정 2012. 8. 2.>

③ 특수의료장비를 설치·운영하는 의료기관의 개설자등은 제1항에 따른 품질관리검사 결과를 그 특수의료장비에 부착하여 표시할 수 있다.

제8조(특수의료장비의 관리자 선임 및 정도·안전 관리) ① 특수의료장비를 설치·운영하는 의료기관의 개설자등은 그 의료기관에 전속(專屬)된 의사 중 설치된 장비에 관하여 전문 지식이 있는 자 또는 방사선사 1명을 특수의료장비의 관리자로 선임하여야 한다. 이 경우 의료기관의 개설자등이 의사이면 특수의료장비의 관리자를 겸임할 수 있다.

② 제1항에 따라 선임되거나 겸임하는 특수의료장비의 관리자는 다음 각 호의 업무를 수행한다. <개정 2010. 4. 12.>

1. 특수의료장비에 대한 인력·시설 관리
2. 별표 5의 정도관리항목에 따른 관리
3. 별지 제10호서식의 특수의료장비 수리·교정·변경 이력대장(전자문서로 된 대장을 포

함한다)의 기록관리
 4. 팬텀영상관리
 5. 임상영상관리
③ 특수의료장비 중 자기공명영상 촬영장치를 설치·운영하는 의료기관의 개설자등은 자장(磁場)의 영향을 받으면 건강에 해를 끼칠 수 있는 인공심장박동기 등 인공물을 체내에 설치한 자가 자기공명영상 촬영장치가 설치된 구역에 접근하지 못하도록 차단조치와 주의표시를 하여야 한다. <개정 2010. 4. 12.>
제9조(서류의 작성·비치·보존 및 제출) 특수의료장비를 설치·운영하는 의료기관의 개설자등 및 품질관리검사기관의 장은 별표 6의 특수의료장비에 관한 서류(전자문서를 포함한다)를 작성·비치 및 보존하여야 하고, 보건복지부장관이나 시장·군수·구청장이 요구하면 관계 서류(전자문서를 포함한다)를 제출하여야 한다. <개정 2008. 3. 3., 2010. 3. 19., 2012. 8. 2.>
제10조(규제의 재검토) 보건복지부장관은 제3조 및 별표 1에 따른 특수의료장비의 설치 인정기준에 대하여 2019년 1월 1일을 기준으로 2년마다(매 2년이 되는 해의 1월 1일 전까지를 말한다) 그 타당성을 검토하여 개선 등의 조치를 해야 한다.
[전문개정 2018. 12. 28.]
부칙  부 칙 <보건복지부령 제613호, 2019. 1. 10.>
이 규칙은 공포 후 6개월이 경과한 날부터 시행한다. 다만, 별표 1 제1호 비고의 개정 규정은 공포한 날부터 시행한다.
부칙  부 칙 <보건복지부령 제672호, 2019. 9. 27.> (어려운 법령용어 정비를 위한 48개 법령의 일부개정에 관한 보건복지부령) 이 규칙은 공포한 날부터 시행한다.

---

■ 특수의료장비의 설치 및 운영에 관한 규칙 [별표 1] <개정 2019. 9. 27.>

특수의료장비 설치인정기준(제3조 관련)

1. 운용인력기준

| 특수의료장비의 종류 / 항목 | 자기공명영상 촬영장치 | 전산화단층 촬영장치 | 유방촬영용장치 |
|---|---|---|---|
| 용도구분 | 전신용<br>두부·척추·관절 전용<br>두부 전용<br>척추 전용<br>관절 전용<br>척추·관절 전용<br>두부·척추 전용<br>두부·관절 전용 | 전신용<br>비조영증강 전신용<br>두부 전용<br>척추 전용<br>두부·척추 전용 | 유방용 |
| 운용인력기준 / 영상의학과 전문의 | 전속 1명 이상 | 비전속 1명 이상 | 비전속 1명 이상 |
| 운용인력기준 / 방사선사 | 전속 1명 이상 | 전속 1명 이상 | 비전속 1명 이상 |

비고. 유방촬영용장치를 운용하는 전문의로서 영상의학과전문의가 아닌 사람은 보건복지부 장관이 인정하는 품질관리 교육프로그램을 이수하고 평가에 합격한 경우에는

본인이 근무하는 의료기관의 유방촬영용장치 운용인력으로 3년간 시장·군수·구청장에게 등록할 수 있으며 3년마다 재교육을 이수함으로써 그 기간을 연장할 수 있다.

## 2. 시설기준

### 가. 자기공명영상 촬영장치 및 전산화단층 촬영장치

| 특수의료장비<br>항목 | | 자기공명영상 촬영장치 | 전산화단층 촬영장치 |
|---|---|---|---|
| 시설기준 | 시 지역<br>(광역시의<br>군 포함) | 1) 200병상 이상인 의료기관만 설치할 수 있다.<br>2) 200병상 미만인 의료기관이 특수의료장비를 설치하려면 다른 의료기관과 공동활용하여야 하고, 이 경우 공동활용을 위하여 별지 제2호서식의 특수의료장비 공동활용 동의서를 제출한 의료기관과의 병상 합계가 200병상 이상이어야 한다. | 1) 200병상 이상인 의료기관만 설치할 수 있다.<br>2) 200병상 미만인 의료기관이 특수의료장비를 설치하려면 다른 의료기관과 공동활용하여야 하고, 이 경우 공동활용을 위하여 별지 제2호서식의 특수의료장비 공동활용 동의서를 제출한 의료기관과의 병상합계가 200병상 이상이어야 한다. |
| | 군 지역<br>(인구가 10만명 이하인 시 지역 포함) | | 1) 100병상 이상인 의료기관만 설치할 수 있다.<br>2) 100병상 미만인 의료기관이 특수의료장비를 설치하려면 다른 의료기관과 공동활용하여야 하고, 이 경우 공동활용을 위하여 별지 제2호서식의 특수의료장비 공동활용 동의서를 제출한 의료기관과의 병상합계가 100병상 이상이어야 한다. |
| 비 고 | | 1. 종합병원은 전산화단층 촬영장치의 시설기준을 적용받지 아니한다.<br>2. 시설기준 중 자기공명영상 촬영장치 및 전산화단층 촬영장치의 공동활용에 관한 동의는 각각의 장비에 대하여 둘 이상의 의료기관에 중복하여 할 수 없다.<br>3. 특수의료장비를 공동활용할 수 있는 의료기관은 특수의료장비를 설치한 의료기관이 소재한 시·군·구(자치구를 말한다. 이하 같다)와 동일한 시·군·구에 소재하거나 지리적으로 경계가 인접한 시· | |

군·구에 소재한 의료기관으로 한정한다.

4. 다음 각 목의 병원 등의 병상은 공동활용병상으로 인정되지 아니한다.

　가. 「의료법」 제3조에 따른 의료기관 중 치과병원, 한방병원, 요양병원, 치과의원, 한의원 및 조산원. 다만, 「의료법」 제43조제2항에 따라 관련 의과 진료과목을 추가로 설치한 한방병원은 제외한다.

　나. 「정신보건법」 제3조제3호에 따른 정신의료기관 중 같은법 제12조제1항 및 「정신보건법 시행규칙」 제7조의 시설기준 등에 따른 정신병원·정신과의원

　다. 「결핵예방법」 제25조에 따른 결핵병원

5. 공동활용병상으로 인정되지 아니하는 의료기관은 자체병상을 확보하여도 특수의료장비를 설치할 수 없다.

6. 섬 지역 등 설치인정기준을 충족하기 어렵다고 보건복지부장관이 인정하는 경우에는 예외적으로 설치인정기준을 적용받지 아니할 수 있다.

나. 유방 촬영용 장치

해당 없음

---

보건의료 시책상 필요한 특수의료장비
[시행 2020. 7. 1.] [보건복지부고시 제2020-140호, 2020. 7. 1., 타법개정]

제1조(보건의료 시책상 필요한 특수의료장비) 의료법 제38조제1항의 규정에 의해 보건의료시책상 적정한 설치 및 활용이 필요하여 정하는 특수의료장비는 다음 각호와 같다.
1. 자기공명영상촬영장치(MRI)
2. 전산화단층촬영장치(CT)
3. 유방촬영용장치(mammography)
4. 혈관조영장치
5. 투시장치
6. 이동형 투시장치(C-Arm 등)
7. 방사선치료계획용 CT
8. 방사선치료계획용 투시장치
9. 체외충격파쇄석기(ESWL)
10. 양전자방출단층촬영장치(PET)
11. 양전자방출전산화단층촬영장치(PET-CT)
제2조(규제의 재검토) 보건복지부장관은 「행정규제기본법」 제8조에 따라 이 고시에 대하여 2015년 1월 1일을 기준으로 매 2년이 되는 시점(매 2년째의 12월 31일까지를 말한다)마다 그 타당성을 검토하여 개선 등의 조치를 하여야 한다.
제3조(재검토기한) 보건복지부장관은 이 고시에 대하여 「훈령·예규 등의 발령 및 관리에 관한 규정」에 따라 2020년 7월 1일을 기준으로 매3년이 되는 시점(매 3년째의 6

월 30일까지를 말한다)마다 그 타당성을 검토하여 개선 등의 조치를 하여야 한다.
부칙  부 칙 <제2011-136호, 2011. 11. 17.>
이 고시는 혈관조영장치, 투시장치, 이동형 투시장치(C-Arm 등), 방사선치료계획용 CT, 방사선치료계획용 투시장치, 체외충격파쇄석기(ESWL), 양전자방출단층촬영장치(PET), 양전자방출전산화단층촬영상치(PET-CT)의 설치·운영기준을 규정하는 내용을 포함한 「특수의료장비의 설치 및 운영에 관한 규칙」(보건복지부령)이 시행되는 날부터 시행한다.
부칙  부 칙 <제2014-201호, 2014. 11. 19.> (『행정규제기본법 제8조에 따른 재검토기한 규정을 위한 위생용품의 규격 및 기준 등 고시(26개)』일부개정)
이 고시는 2015년 1월 1일부터 시행한다.
부칙  부 칙 <제2020-140호, 2020. 7. 1.> (일몰기한 정비를 위한 69개 보건복지부고시의 일괄개정고시)
이 고시는 발령한 날부터 시행한다.

◇ 우리나라 특수의료장비 현황(2021. 5.)

우리나라 특수의료장비 중 CT는 2,128대, MRI 1,806대, MAMMO 3,415대 정도 설치·운용되고 있는 것으로 추산되고 있다.

◇ 의료기관 특수의료장비 설치인정기준 시설기준 중 자기공명영상 촬영장치(MRI)를 시 지역에서는 200병상 이상인 의료기관만 설치할 수 있으며, 200병상 미만인 의료기관이 설치하려면 다른 의료기관과 200병상 이상 공동활용이 가능하여야 하며, 군지역 의료기관에서 전산화단층 촬영장치(CT)를 설치하려면 100병상 이상인 의료기관만 설치할 수 있으며, 100병상 미만인 의료기관이 설치하려면 다른 의료기관과 100병상 이상 공동 활용하도록 규정하고 있으나, 현실적으로 각 지역 간 활용 병상 부족에 따른 어려움으로 파생되는 문제점이 발생하고 있는 것으로 보인다. 가능하면 활용 병상수를 조금이나마 조정하는 등 그 부분을 적절하게 현실적으로 들여 다 볼 필요가 있어 보인다.

## 벌칙 • 행정처분

◇ 제38조제3항을 위반한 자 : 3년 이하의 징역이나 3천만원 이하의 벌금
△ 제38조제1항·제2항 위반한 경우 : 시정명령

| 질의 내용 | 특수의료장비 관련 비전속 전문의 출근과 요양(의료)급여 비용 청구 |
|---|---|
| 판례 경향 | 요양·의료기관을 운영하는 갑이 영상의학과 전문의 을 등이 실제 요양 기관에 출근하지 않는 등 전산화단층 촬영장치 등의 의료영상 품질관리 업무의 총괄 및 감독, 영상화질 평가 등의 업무를 수행하지 않고 원격으로 판독 업무만 하였음에도 비전속 인력으로 신고하고 전산화단층 영상 진단료 등에 관하여 요양급여·의료급여비용을 청구하여 지급받았다는 이유로 요양급여비용 환수처분 및 업무정지처분을 받은 사안에서, 갑이 비전속 영상의학과 전문의의 영상판독을 거쳐 품질관리 적합판정을 받 |

고 등록된 전산화단층 촬영장치 등을 활용한 전산화단층 영상진단료 등을 요양급여비용 또는 의료급여비용으로 청구하였다면 이를 구 국민건강보험법(2016. 2. 3. 법률 제13985호로 개정되기 전의 것) 제57조제1항, 제98조제1항제1호, 의료급여법 제28조제1항제1호의 '속임수나 그 밖의 부당한 방법'으로 급여비용을 받은 경우에 해당한다고 볼 수 없는데도, 이와 달리 본 원심판단에 법리오해의 잘못이 있다고 한 사례(대법원 2020. 7. 9. 선고 2020두31668, 31675 판결).

특수의료장비규칙은 전산화단층 촬영장치와 유방 촬영용 장치(이하 위 두 장치를 합하여 '전산화단층 촬영장치 등'이라 한다)에 대하여 각 비전속 영상의학과 전문의 1명 이상을 두어야 하고(제3조제1항 [별표 1] '특수의료장비 설치인정기준' 제1호), 위 규칙 제3조제2항에 따르면 영상의학과 전문의는 특수의료장비의 의료영상 품질관리 업무의 총괄 및 감독, 영상화질 평가, 임상영상 판독 업무를 수행한다고 규정하고 있을 뿐이며(제3조제2항제1호), 비전속 영상의학과 전문의의 업무에 관하여 보나 상세하게 규정하고 있지는 않다. 비록 보건복지부의 내부지침인 「특수의료장비의 설치 및 운영에 관한 규칙 운영지침」에 '비전속이란 최소 주 1회 이상 근무를 하여야 함을 의미한다'고 규정되어 있기는 하지만, 특수의료장비 관련 영상의학과 전문의가 담당하는 '의료영상 품질관리, 영상화질 평가, 임상영상 판독 업무'는 촬영된 의료영상을 확인함으로써 수행할 수 있는 업무라는 점, 전자정보통신 기술의 발달로 의학영상정보시스템에 의한 원격지 영상전송과 원격지 영상확인이 용이한 상황에서 촬영된 의료영상을 확인하기 위하여 반드시 전산화단층 촬영장치 등이 설치된 의료기관에 출근하여야 한다고 보기 어려운 점, 의료법도 정보통신기술을 활용한 원격의료를 허용하고 있는 점(제34조 제1항), 전산화단층 촬영장치 등의 경우에는 '전속'이 아니라 '비전속' 영상의학과 전문의를 둘 수 있도록 한 점 등을 고려하면 비전속 영상의학과 전문의가 반드시 해당 의료기관에 출근하여야만 의료영상 품질관리, 영상화질 평가, 임상영상 판독 업무를 수행할 수 있는 것은 아니라고 할 것이다.

<table>
<tr><td>의료법</td><td>제39조(시설 등의 공동이용)</td></tr>
</table>

① 의료인은 다른 의료기관의 장의 동의를 받아 그 의료기관의 시설·장비 및 인력 등을 이용하여 진료할 수 있다.

② 의료기관의 장은 그 의료기관의 환자를 진료하는 데에 필요하면 해당 의료기관에 소속되지 아니한 의료인에게 진료하도록 할 수 있다.

③ 의료인이 다른 의료기관의 시설·장비 및 인력 등을 이용하여 진료하는 과정에서 발생한 의료사고에 대하여는 진료를 한 의료인의 과실 때문이면 그 의료인에게, 의료기관의 시설·장비 및 인력 등의 결함 때문이면 그것을 제공한 의료기관 개설자에게 각각 책임이 있는 것으로 본다.

◇ 의료기관의 '시설 등의 공동이용'은 '개방병원제도'로 설명할 수 있으며, 우리나라에서는 종합병원의 유휴장비와 우수한 인력의 의료서비스를 이용하자는 측면에서 2001년 시범사업을 거친 후 2003년에 시행된 사업으로, 의원을 개원한 의사입장에서는 개원에 따른 시설투자의 경제적 부담을 줄이고 우수 인력의 의료서비스를 지도받을 수 있는 장점이 있다. 개원의사는 인근 종합병원과 개방병원 계약을 체결하여 입원 또는 전문적인 치료가 필요한 환자를 개방병원에 입원시켜서 개방병원의 우수한 시설·장비를 이용하여 직접 치료하거나 우수인력의 치료지원을 받는 등 유휴시설·장비 및 의료서비스를 공동 이용하는 제도이다. 개방병원을 운영하고자 하는 의료기관은 개방병원 운영신고서, 개방병원 계약서 등을 첨부하여 보건복지부장관에게 신청하면 되며, 현재 개방병원으로 등록된 의료기관은 100여 곳으로 추산하고 있다.

<table>
<tr><td>의료법</td><td>제40조(폐업·휴업 신고와 진료기록부등의 이관)</td></tr>
</table>

① 의료기관 개설자는 의료업을 폐업하거나 1개월 이상 휴업(입원환자가 있는 경우에는 1개월 미만의 휴업도 포함한다. 이하 이 조에서 이와 같다)하려면 보건복지부령으로 정하는 바에 따라 관할 시장·군수·구청장에게 신고하여야 한다. <개정 2008. 2. 29., 2010. 1. 18., 2016. 12. 20.>

② 의료기관 개설자는 제1항에 따라 폐업 또는 휴업 신고를 할 때 제22조나 제23조에 따라 기록·보존하고 있는 진료기록부등을 관할 보건소장에게 넘겨야 한다. 다만, 의료기관 개설자가 보건복지부령으로 정하는 바에 따라 진료기록부등의 보관계획서를 제출하여 관할 보건소장의 허가를 받은 경우에는 직접 보관할 수 있다. <개정 2008. 2. 29., 2010. 1. 18.>

③ 시장·군수·구청장은 제1항에 따른 신고에도 불구하고 「감염병의 예방 및 관리에 관한 법률」 제18조 및 제29조에 따라 질병관리청장, 시·도지사 또는 시장·군수·구청장이 감염병의 역학조사 및 예방접종에 관한 역

학조사를 실시하거나 같은법 제18조의2에 따라 의료인 또는 의료기관의 장이 질병관리청장 또는 시·도지사에게 역학조사 실시를 요청한 경우로서 그 역학조사를 위하여 필요하다고 판단하는 때에는 의료기관 폐업 신고를 수리하지 아니할 수 있다. <신설 2016. 5. 29., 2020. 8. 11.>

④ 의료기관 개설자는 의료업을 폐업 또는 휴업하는 경우 보건복지부령으로 정하는 바에 따라 해당 의료기관에 입원 중인 환자를 다른 의료기관으로 옮길 수 있도록 하는 등 환자의 권익을 보호하기 위한 조치를 하여야 한다. <신설 2016. 12. 20.>

⑤ 시장·군수·구청장은 제1항에 따른 폐업 또는 휴업 신고를 받은 경우 의료기관 개설자가 제4항에 따른 환자의 권익을 보호하기 위한 조치를 취하였는지 여부를 확인하는 등 대통령령으로 정하는 조치를 하여야 한다. <신설 2016. 12. 20.>

| 의료법 | 제40조(폐업·휴업의 신고) |
|---|---|

① 의료기관 개설자는 의료업을 폐업하거나 1개월 이상 휴업(입원환자가 있는 경우에는 1개월 미만의 휴업도 포함한다. 이하 이 조에서 이와 같다)하려면 보건복지부령으로 정하는 바에 따라 관할 시장·군수·구청장에게 신고하여야 한다. <개정 2008. 2. 29., 2010. 1. 18., 2016. 12. 20.>

② 삭제 <2020. 3. 4.>

③ 시장·군수·구청장은 제1항에 따른 신고에도 불구하고 「감염병의 예방 및 관리에 관한 법률」 제18조 및 제29조에 따라 질병관리청장, 시·도지사 또는 시장·군수·구청장이 감염병의 역학조사 및 예방접종에 관한 역학조사를 실시하거나 같은법 제18조의2에 따라 의료인 또는 의료기관의 장이 질병관리청장 또는 시·도지사에게 역학조사 실시를 요청한 경우로서 그 역학조사를 위하여 필요하다고 판단하는 때에는 의료기관 폐업 신고를 수리하지 아니할 수 있다. <신설 2016. 5. 29., 2020. 8. 11.>

④ 의료기관 개설자는 의료업을 폐업 또는 휴업하는 경우 보건복지부령으로 정하는 바에 따라 해당 의료기관에 입원 중인 환자를 다른 의료기관으로 옮길 수 있도록 하는 등 환자의 권익을 보호하기 위한 조치를 하여야 한다. <신설 2016. 12. 20.>

⑤ 시장·군수·구청장은 제1항에 따른 폐업 또는 휴업 신고를 받은 경우 의료기관 개설자가 제4항에 따른 환자의 권익을 보호하기 위한 조치를 취하였는지 여부를 확인하는 등 대통령령으로 정하는 조치를 하여야 한다. <신설 2016. 12. 20.> [제목개정 2020. 3. 4.] [시행일 : 2023. 3. 5.] 제40조

| 의료법 시행령 | 제17조의2(폐업·휴업 시 조치사항) |
|---|---|

시장·군수·구청장(자치구의 구청장을 말한다. 이하 같다)은 법 제40조제1항에 따라 의료업의 폐업 또는 휴업 신고를 받은 경우에는 같은 조 제5항에 따라 다음 각 호의 사항에 대한 확인 조치를 해야 한다. <개정 2020. 2. 25.>

1. 법 제16조제1항에 따라 의료기관에서 나온 세탁물의 적정한 처리를 완료하였는지 여부
2. 법 제40조제2항에 따라 법 제22조제1항에 따른 진료기록부등(전자의무기록을 포함한다. 이하 "진료기록부등"이라 한다)을 적정하게 넘겼거나 직접 보관하고 있는지 여부
3. 법 제40조제4항에 따라 환자의 권익 보호를 위한 조치를 하였는지 여부
4. 그 밖에 제1호부터 제3호까지의 규정에 준하는 사항으로서 의료업의 폐업 또는 휴업의 적정한 관리를 위하여 보건복지부장관이 특히 필요하다고 인정하는 사항 [본조신설 2017. 6. 20.]

| 의료법 시행규칙 | 제30조(폐업·휴업의 신고) |
|---|---|

① 법 제40조에 따라 의료기관의 개설자가 의료업을 폐업하거나 휴업하려면 별지 제18호서식의 의료기관 휴업(폐업) 신고서에 다음 각 호의 서류를 첨부하여 관할 시장·군수·구청장에게 제출하여야 한다. <개정 2017. 6. 21.>

1. 의료업의 폐업 또는 휴업에 대한 결의서(법인만 해당한다) 1부
2. 영 제17조의2 각 호의 조치에 관한 서류

② 시장·군수·구청장은 매월의 의료기관 폐업신고의 수리 상황을 그 다음 달 15일까지 보건복지부장관에게 보고하여야 한다. <개정 2010. 3. 19.>

③ 법 제33조제2항 및 제8항에 따라 의원·치과의원·한의원 또는 조산원을 개설한 의료인이 부득이한 사유로 6개월을 초과하여 그 의료기관을 관리할 수 없는 경우 그 개설자는 폐업 또는 휴업 신고를 하여야 한다. <개정 2009. 4. 29., 2015. 12. 23.>

④ 법 제40조제2항 단서에 따라 폐업 또는 휴업의 신고를 하는 의료기관 개설자가 진료기록부등을 직접 보관하려면 별지 제19호서식의 진료기록 보관계획서에 다음 각 호의 서류를 첨부하여 폐업 또는 휴업 예정일 전까지 관할 보건소장의 허가를 받아야 한다. <개정 2008. 9. 5.>

1. 진료기록부등의 종류별 수량 및 목록
2. 진료기록부등에 대한 체계적이고 안전한 보관계획에 관한 서류

| 의료법 시행규칙 | 제30조의2(보건의료자원 통합신고포털을 통한 신고 등) |
|---|---|

① 시·도지사 및 시장·군수·구청장은 「국민건강보험법 시행규칙」 제12조의2제1항에 따른 전자민원창구(이하 "보건의료자원 통합신고포털"이라 한다)를 통하여 제25조부터 제28조까지의 규정, 제30조 및 제32조에 따른

의료기관 개설(변경)신고·개설(변경)허가 및 폐업·휴업의 신고 등에 관한 사무를 처리할 수 있다.

② 시·도지사 및 시장·군수·구청장은 제1항에 따라 처리한 사항(서면으로 신고 받거나 허가 신청 받아 처리한 사항을 포함한다)을 「국민건강보험법」 제62조에 따른 건강보험심사평가원(이하 "심사평가원"이라 한다)에 「국민건강보험법 시행규칙」 제12조의2제3항에 따른 방법으로 통보하여야 한다. 이 경우 시·도지사 또는 시장·군수·구청장은 제25조제4항, 제27조제4항, 제30조제2항 및 제32조제2항에 따라 보건복지부장관에게 보고한 것으로 본다. <개정 2017. 6. 21.>

③ 시·도지사 및 시장·군수·구청장은 심사평가원으로부터 「국민건강보험법 시행규칙」 제12조제4항제1호 또는 제2호에 따른 통보를 받은 경우에는 해당 의료기관의 개설자가 제26조제1항에 따른 의료기관 개설신고사항의 변경신고한 것으로 본다.

④ 시·도지사 및 시장·군수·구청장은 심사평가원으로부터 「국민건강보험법 시행규칙」 제12조제4항제3호에 따른 통보를 받은 경우에는 해당 의료기관의 개설허가를 받은 자가 제28조제1항에 따른 개설허가사항 변경신청서를 제출한 것으로 본다.

⑤ 의료기관의 개설자 또는 개설허가를 받은 자가 보건의료자원 통합신고포털을 통하여 변경신고를 하거나 변경허가를 신청하는 경우에는 제26조제1항 및 제28조제1항에도 불구하고 다음 각 호의 구분에 따라 서류의 제출을 생략할 수 있다.

 1. 제26조제1항에 따른 개설신고사항의 변경신고(제32조제2항 전단에 따라 준용하는 경우를 포함한다)를 하는 경우 : 의료기관 개설신고증명서

 2. 제28조제1항에 따른 허가사항 변경신청(제32조제2항 전단에 따라 준용하는 경우를 포함한다)을 하는 경우: 의료기관 개설허가증

⑥ 시·도지사, 시장·군수·구청장 및 심사평가원은 제1항부터 제5항까지의 규정에 따른 업무를 위하여 불가피한 경우 「개인정보 보호법 시행령」 제19조제1호 또는 제4호에 따른 주민등록번호 또는 외국인등록번호가 포함된 자료를 처리할 수 있다.

[본조신설 2015. 7. 24.]

| 의료법 시행규칙 | 제30조의3(폐업·휴업 시 조치사항) |
|---|---|

법 제40조제4항에 따라 의료기관 개설자는 의료업을 폐업 또는 휴업하려는 때에는 폐업 또는 휴업 신고예정일 14일 전까지 환자 및 환자 보호자가 쉽게 볼 수 있는 장소 및 인터넷 홈페이지(인터넷 홈페이지를 운영하고 있는 자만

해당한다)에 다음 각 호의 사항을 기재한 안내문을 각각 게시하여야 한다. 다만, 입원 환자에 대해서는 폐업 또는 휴업 신고예정일 30일 전까지 환자 또는 그 보호자에게 직접 안내문의 내용을 알려야 한다.

1. 폐업 또는 휴업 개시 예정일자
2. 법 제22조제1항에 따른 진료기록부등(전자의무기록을 포함한다)의 이관·보관 또는 사본 발급 등에 관한 사항
3. 진료비 등의 정산 및 반환 등에 관한 사항
4. 입원 중인 환자의 다른 의료기관으로의 전원(轉院)에 관한 사항
5. 그 밖에 제1호부터 제4호까지에 준하는 사항으로서 환자의 권익 보호를 위하여 보건복지부장관이 특히 필요하다고 인정하여 고시하는 사항

[본조신설 2017. 6. 21.]

---

**벌칙 · 행정처분**

◇ 정당한 사유 없이 제40조제4항에 따른 권익보호조치를 하지 아니한 자 : 1년 이하의 징역이나 1천만원 이하의 벌금
◇ 제40조제1항(82조제3항에서 준용하는 경우 포함)에 따른 휴업 또는 폐업신고를 하지 아니한 자 : 100만원 이하의 과태료
△ 제40조제1항을 위반하여 휴업한 뒤 신고하지 아니한 의료기관 : 경고
△ 제40조제1항을 위반하여 폐업한 뒤 신고하지 아니한 의료기관 : 허가취소 또는 폐쇄
△ 제40조제2항을 위반하여 진료기록부 등의 이관이나 보관 등의 조치를 아니한 의료기관 : 경고

---

| 질의 내용 | 의료기관 개설자 폐업·휴업 시 조치사항 |
|---|---|
| 해석 경향 | 의료기관 개설자는 의료업을 폐업 또는 휴업하려는 때에는 폐업 또는 휴업 신고예정일 14일 전까지 환자 및 환자 보호자가 쉽게 볼 수 있는 장소 및 인터넷 홈페이지에 폐업 또는 휴업 개시 예정일자, 진료기록부 등(전자의무기록 포함)의 이관·보관 또는 사본 발급 등에 관한 사항, 진료비 등의 정산 및 반환 등에 관한 사항, 입원 중인 환자의 다른 의료기관으로의 전원(轉院)에 관한 사항, 보건복지부장관이 특히 필요하다고 인정하여 고시하는 사항 등의 안내문을 게시하여야 합니다. 또한 입원 환자에 대해서는 폐업 또는 휴업 신고예정일 30일 전까지 환자 또는 그 보호자에게 직접 안내문의 내용을 알려야 합니다. |

| 의료법 | 제40조의2(진료기록부등의 이관) |
|---|---|

① 의료기관 개설자는 제40조제1항에 따라 폐업 또는 휴업 신고를 할 때 제22조나 제23조에 따라 기록·보존하고 있는 진료기록부등의 수량 및 목록을 확인하고 진료기록부등을 관할 보건소장에게 넘겨야 한다. 다만, 의료기관 개설자가 보건복지부령으로 정하는 바에 따라 진료기록부등의 보관계획서를 제출하여 관할 보건소장의 허가를 받은 경우에는 직접 보관할 수 있다.

② 제1항에 따라 관할 보건소장의 허가를 받아 진료기록부등을 직접 보관하는 의료기관 개설자는 보관계획서에 기재된 사항 중 보건복지부령으로 정하는 사항이 변경된 경우 관할 보건소장에게 이를 신고하여야 하며, 직접 보관 중 질병, 국외 이주 등 보건복지부령으로 정하는 사유로 보존 및 관리가 어려운 경우 이를 대행할 책임자를 지정하여 보관하게 하거나 진료기록부등을 관할 보건소장에게 넘겨야 한다.

③ 제1항에 따라 관할 보건소장의 허가를 받아 진료기록부등을 직접 보관하는 의료기관 개설자는 보관 기간, 방법 등 보건복지부령으로 정하는 사항을 준수하여야 한다.

④ 제1항에 따라 관할 보건소장의 허가를 받아 진료기록부등을 직접 보관하는 의료기관 개설자(제2항에 따라 지정된 책임자를 포함한다)의 기록 열람 및 보존에 관하여는 제21조 및 제22조제2항을 준용한다.

⑤ 그 밖에 진료기록부등의 이관 방법, 절차 등에 필요한 사항은 보건복지부령으로 정한다. [본조신설 2020. 3. 4.] [시행일 : 2023. 3. 5.] 제40조의2

---

벌칙 · 행정처분

◇ 제40조의2제1항을 위반하여 진료기록부 등을 관할 보건소장에게 넘기지 아니하거나 수량 및 목록 등을 거짓으로 보고한 자 : 100만원 이하의 과태료

◇ 제40조의2제2항을 위반하여 변경신고를 하지 아니하거나 거짓으로 변경신고를 한 자 : 100만원 이하의 과태료

◇ 제40조의2제2항을 위반하여 진료기록부 등의 보존 및 열람을 대행할 책임자를 지정하지 아니하거나 진료기록부등을 관할 보건소장에게 넘기지 아니한 자 : 100만원 이하의 과태료

◇ 제40조의2제3항에 따른 준수사항을 위반한 자 : 100만원 이하의 과태료

| 질의 내용 | 폐업·휴업한 의료기관의 진료기록부 |
|---|---|
| 해석 경향 | 의료기관이 폐업 또는 휴업 신고를 할 때는 기록·보존하고 있는 진료기록부 등의 수량 및 목록을 확인하고 진료기록부 등을 관할 보건소장에게 이관하여야 합니다. 다만, 의료기관 개설자가 보건복지부령으로 정하는 바에 따라 진료기록부등의 보관계획서를 제출하여 관할 보건소장의 허가를 받은 경우에는 직접 보관할 수 있습니다. 따라서 진료 받던 의료기관이 휴업이나 폐업한 경우, 당해 환자의 진료기록부의 소재는 관할 보건소에 문의 시 확인할 수 있습니다. |

| 의료법 | 제40조의3(진료기록보관시스템의 구축·운영) |
|---|---|

① 보건복지부장관은 제40조의2에 따라 폐업 또는 휴업한 의료기관의 진료기록부등을 보관하는 관할 보건소장 및 의료기관 개설자가 안전하고 효과적으로 진료기록부등을 보존·관리할 수 있도록 지원하기 위한 시스템(이하 "진료기록보관시스템"이라 한다)을 구축·운영할 수 있다.

② 제40조의2에 따라 폐업 또는 휴업한 의료기관의 진료기록부등을 보관하는 관할 보건소장 및 의료기관 개설자는 진료기록보관시스템에 진료기록부등을 보관할 수 있다.

③ 제2항에 따라 진료기록부등을 진료기록보관시스템에 보관한 관할 보건소장 및 의료기관 개설자(해당 보건소 및 의료기관 소속 의료인 및 그 종사자를 포함한다)는 직접 보관한 진료기록부등 외에는 진료기록보관시스템에 보관된 정보를 열람하는 등 그 내용을 확인하여서는 아니 된다.

④ 보건복지부장관은 제1항에 따른 진료기록보관시스템의 구축·운영 업무를 관계 전문기관 또는 단체에 위탁할 수 있다. 이 경우 보건복지부장관은 진료기록보관시스템의 구축·운영 업무에 소요되는 비용의 전부 또는 일부를 지원할 수 있다.

⑤ 제4항 전단에 따라 진료기록보관시스템의 구축·운영 업무를 위탁받은 전문기관 또는 단체는 보건복지부령으로 정하는 바에 따라 진료기록부등을 안전하게 관리·보존하는 데에 필요한 시설과 장비를 갖추어야 한다.

⑥ 보건복지부장관은 진료기록보관시스템의 효율적 운영을 위하여 원본에 기재된 정보가 변경되지 않는 범위에서 진료기록부등의 형태를 변경하여 보존·관리할 수 있으며, 변경된 형태로 진료기록부등의 사본을 발급할 수 있다.

⑦ 누구든지 정당한 접근 권한 없이 또는 허용된 접근 권한을 넘어 진료기록보관시스템에 보관된 정보를 훼손·멸실·변경·위조·유출하거나 검색·복제하여서는 아니 된다.

⑧ 진료기록보관시스템의 구축 범위 및 운영 절차 등에 필요한 사항은 보건복
지부령으로 정한다. [본조신설 2020. 3. 4.] [시행일 : 2023. 3. 5.] 제40조의3

벌칙 • 행정처분

◇ 제40조의3제3항을 위반하여 직접 보관한 진료기록부 등 외 진료기록보관시스
템에 보관된 정보를 열람하는 등 그 내용을 확인한 사람 : 5년 이하의 징역
이나 5천만원 이하의 벌금
◇ 제40조의3제7항을 위반하여 정당한 접근 권한 없이 또는 허용된 접근 권한을
넘어 진료기록보관시스템에 보관된 정보를 훼손・멸실・변경・위조・유출하
거나 검색・복제한 사람 : 5년 이하의 징역이나 5천만원 이하의 벌금

의료법   제41조(당직의료인)

① 각종 병원에는 응급환자와 입원환자의 진료 등에 필요한 당직의료인을 두
어야 한다. <개정 2016. 12. 20.>
② 제1항에 따른 당직의료인의 수와 배치 기준은 병원의 종류, 입원환자의 수
등을 고려하여 보건복지부령으로 정한다. <신설 2016. 12. 20.>

의료법 시행규칙   제39조의9(당직의료인)

① 법 제41조제2항에 따라 각종 병원에 두어야 하는 당직의료인의 수는 입원환
자 200명까지는 의사・치과의사 또는 한의사의 경우에는 1명, 간호사의 경우
에는 2명을 두되, 입원환자 200명을 초과하는 200명마다 의사・치과의사 또
는 한의사의 경우에는 1명, 간호사의 경우에는 2명을 추가한 인원 수로 한다.
② 제1항에도 불구하고 법 제3조제2항제3호라목에 따른 요양병원에 두어야
하는 당직의료인의 수는 다음 각 호의 기준에 따른다.
1. 의사・치과의사 또는 한의사의 경우에는 입원환자 300명까지는 1명, 입원
환자 300명을 초과하는 300명마다 1명을 추가한 인원 수
2. 간호사의 경우에는 입원환자 80명까지는 1명, 입원환자 80명을 초과하는
80명마다 1명을 추가한 인원 수
③ 제1항 및 제2항에도 불구하고 다음 각 호의 어느 하나에 해당하는 의료기
관은 입원환자를 진료하는 데에 지장이 없도록 해당 병원의 자체 기준에
따라 당직의료인을 배치할 수 있다.
1. 「정신건강증진 및 정신질환자 복지서비스 지원에 관한 법률」 제3조제5
호가목에 따른 정신병원

2. 「장애인복지법」 제58조제1항제4호에 따른 의료재활시설로서 법 제3조의
   2에 따른 요건을 갖춘 의료기관

3. 국립정신건강센터, 국립정신병원, 국립소록도병원, 국립결핵병원 및 국립
   재활원

4. 그 밖에 제1호부터 제3호까지에 준하는 의료기관으로서 보건복지부장관이
   당직의료인의 배치 기준을 자체적으로 정할 필요가 있다고 인정하여 고시
   하는 의료기관 [본조신설 2017. 6. 21.] [제39조의8에서 이동 <2020. 9. 4.>]

◇ 병원급 이상 의료기관에서는 정규 진료시간이 종료된 이후 야간이나 주말 해당 병원
에 입원해 있는 환자와 응급환자의 진료 등에 필요한 당직의료인을 두게 되어 있다.
이는 의료기관에서 발생할 수 있는 응급환자 등에 대한 적절한 대처 등 연속적 의료서
비스를 위한 것으로 의료법령에서는 근무할 최소한의 당직 의료인수를 규정하고 있다.
이러한 당직의료인은 근무시간 내 해당 의료기관 내에서 입원환자에 대한 관리에 임하
며, 응급상황에 언제든지 응할 수 있는 근무상황을 유지하여야 한다.

또한 의료법령상 의원급 의료기관에는 당직의료인 제도가 적용되고 있지 않지만 입원
환자를 두고 있는 의원급 의료기관에서도 응급상황에 대처할 수 있는 자체 응급시스
템을 유지하여야 한다. 아울러 의료법 제36조의2에서 일반 의료기관에서는 「농어촌
등 보건의료를 위한 특별조치법」에 따른 파견근무기관 및 시설이 아니면 공중보건의
사에게 당직의료인으로 근무하게 할 수 없도록 규정하고 있다.

---

#### 벌칙 • 행정처분

◇ 제41조를 위반한 자 : 500만원 이하의 벌금
△ 제41조를 위반하여 병원에 당직의료인을 두지 아니한 경우 : 시정명령

| 질의 내용 | 당직의료인 수 및 요양병원 당직 간호사 |
|---|---|
| 해석 경향 | 야간이나 주말에 각종 병원에 두어야 하는 당직의료인의 수는 입원환자 200명까지는 의사·치과의사 또는 한의사는 1명, 간호사는 2명을 두되, 입원환자 200명을 초과하는 200명마다 의사·치과의사 또는 한의사 1명, 간호사는 2명을 추가하여야 합니다. 또한 요양병원의 당직의료인은 의사·치과의사 또는 한의사는 입원환자 300명까지는 1명, 입원환자 300명을 초과하는 300명마다 1명을 추가하고, 간호사의 경우에는 입원환자 80명까지는 1명, 입원환자 80명을 초과하는 80명마다 1명을 추가한 인원 수로 운영하면 됩니다. 아울러, 요양병원은 의료법시행규칙 별표 5 의료기관에 두는 의료인의 정원에서 간호사 정원의 3분의 2 범위 내에서 간호조무사로 대체할 수 있지만, 당직의 경우는 해당되지 아니합니다. |

| 질의 내용 | 당직의료인 수 지정 의미 |
|---|---|
| 판례 경향 | 30개 이상의 병상을 갖춘 각종 병원에 대하여 입원환자와 응급환자의 진료 등에 필요한 당직의료인을 두도록 한 것은 의료법 및 응급의료법에 따라 환자 및 응급환자를 위하여 필요한 최선의 의료서비스를 제공하여야 하는 의료인 내지 의료기관의 의무를 다하기 위하여 요구되는 것으로서, 그 "진료 등에 필요한 당직의료인"은 이러한 입법 취지에 맞추어 해당 병원의 종류와 입원환자의 수 등을 고려하여 적절한 자격을 갖춘 의료인을 의미한다고 해석될 수 있으며, 이러한 사정을 참작하여 각종 병원에 적합한 당직의료인의 자격과 수에 대하여 기준을 정하는 것은 당직의료인 제도의 시행을 위하여 바람직하다(대법원 2017. 2. 16. 선고 2015도16014 전원합의체 판결). |

| 의료법 | 제42조(의료기관의 명칭) |
|---|---|

① 의료기관은 제3조제2항에 따른 의료기관의 종류에 따르는 명칭 외의 명칭을 사용하지 못한다. 다만, 다음 각 호의 어느 하나에 해당하는 경우에는 그러하지 아니하다. <개정 2008. 2. 29., 2009. 1. 30., 2010. 1. 18., 2020. 3. 4.>

1. 종합병원 또는 정신병원이 그 명칭을 병원으로 표시하는 경우
2. 제3조의4제1항에 따라 상급종합병원으로 지정받거나 제3조의5제1항에 따라 전문병원으로 지정받은 의료기관이 지정받은 기간 동안 그 명칭을 사용하는 경우
3. 제33조제8항 단서에 따라 개설한 의원급 의료기관이 면허 종별에 따른 종별명칭을 함께 사용하는 경우
4. 국가나 지방자치단체에서 개설하는 의료기관이 보건복지부장관이나 시·도지사와 협의하여 정한 명칭을 사용하는 경우
5. 다른 법령으로 따로 정한 명칭을 사용하는 경우

② 의료기관의 명칭 표시에 관한 사항은 보건복지부령으로 정한다. <개정 2008. 2. 29., 2010. 1. 18.>

③ 의료기관이 아니면 의료기관의 명칭이나 이와 비슷한 명칭을 사용하지 못한다.

| 의료법 시행규칙 | 제40조(의료기관의 명칭 표시) |
|---|---|

법 제42조제2항에 따라 의료기관의 명칭 표시는 다음 각 호에 정하는 바에 따른다. <개정 2010. 1. 29., 2011. 2. 10., 2012. 4. 27., 2017. 3. 7., 2017. 6. 21., 2019. 10. 24.>

1. 의료기관이 명칭을 표시하는 경우에는 법 제3조제2항에 따른 의료기관의 종류에 따르는 명칭(종합병원의 경우에는 종합병원 또는 병원) 앞에 고유

명칭을 붙인다. 이 경우 그 고유명칭은 의료기관의 종류 명칭과 동일한 크기로 하되, 의료기관의 종류 명칭과 혼동할 우려가 있거나 특정 진료과목 또는 질환명과 비슷한 명칭을 사용하지 못한다.

2. 제1호에도 불구하고 법 제3조의4제1항에 나라 상급종합병원으로 시성받은 종합병원은 의료기관의 종류에 따른 명칭 대신 상급종합병원의 명칭을 표시할 수 있다.

3. 제1호에도 불구하고 법 제3조의5제1항에 따라 전문병원으로 지정받은 병원은 지정받은 특정 진료과목 또는 질환명을 표시할 수 있으며, 의료기관의 종류에 따른 명칭 대신 전문병원의 명칭을 표시할 수 있다.

4. 병원·한방병원·치과병원·의원·한의원 또는 치과의원의 개설자가 전문의인 경우에는 그 의료기관의 고유명칭과 의료기관의 종류 명칭 사이에 인정받은 전문과목을 삽입하여 표시할 수 있다. 이 경우 의료기관의 고유 명칭 앞에 전문과목 및 전문의를 함께 표시할 수 있다.

5. 제32조에 따른 부속 의료기관이 명칭을 표시하는 경우에는 의료기관의 종류에 따르는 명칭 앞에 그 개설기관의 명칭과 "부속"이라는 문자를 붙여야 한다.

6. 의료기관의 명칭표시판에는 다음 각 목의 사항만을 표시할 수 있다. 다만, 장소가 좁거나 그 밖에 부득이한 사유가 있는 경우에는 제41조제4항에도 불구하고 같은 조 제1항에 따른 진료과목을 명칭표시판에 함께 표시할 수 있다.

가. 의료기관의 명칭

나. 전화번호

다. 진료에 종사하는 의료인의 면허 종류 및 성명

라. 상급종합병원으로 지정받은 사실(법 제3조의4제1항에 따라 상급종합병원으로 지정받은 종합병원만 해당한다)

마. 전문병원으로 지정받은 사실(법 제3조의5제1항에 따라 전문병원으로 지정받은 병원만 해당한다)

바. 병원·한방병원·치과병원·의원·한의원 또는 치과의원의 개설자가 전문의인 경우에는 해당 개설자의 전문의 자격 및 전문과목

사. 법 제58조제1항에 따라 의료기관 인증을 받은 사실

7. 제6호가목에 따른 의료기관의 명칭은 한글로 표시하되, 외국어를 함께 표시할 수 있다.

| 의료법 시행규칙 | 제42조(의료기관의 명칭과 진료과목의 병행 표시 방법) |
| --- | --- |
| 제40조제6호 각 목 외의 부분 단서에 따라 의료기관의 명칭 표시판에 진료과목 | |

을 함께 표시하는 경우에는 진료과목을 표시하는 글자의 크기를 의료기관의 명칭을 표시하는 글자 크기의 2분의 1 이내로 하여야 한다. <개정 2011. 2. 10.>

벌칙 • 행정처분

◇ 제42조제1항을 위반한 자 : 500만원 이하의 벌금
◇ 제42조제3항을 위반하여 의료기관의 명칭 또는 이와 비슷한 명칭을 사용한 자 : 100만원 이하의 과태료
△ 제42조를 위반하여 의료기관의 명칭표시를 위반한 의료기관 : 시정명령

| 질의 내용 | 의료기관의 명칭 표시 |
|---|---|
| 해석 경향 | 의료기관의 명칭표시는 의료기관의 종류명칭 앞에 같은 글씨크기의 고유명칭을 붙이고 고유명칭을 특정진료과목 또는 질환명과 비슷한 명칭을 사용하지 못한다. 상급종합병원의 경우 의료기관 종류에 상급종합병원 명칭을 표시할 수 있으며, 전문병원의 경우 의료기관 종류에 전문병원 명칭과 지정받은 특정 진료과목 또는 질환명을 표시 할 수 있습니다. |

◇ 의료기관의 명칭 표시판 예

선녀의원

고유    의료기관
명칭    종류

선녀피부과병원

고유    전문    의료기관
명칭    과목    종류

나무꾼상급종합병원

고유         의료기관
명칭         종류

베스티화상전문병원

고유    지정질환    의료기관
명칭    명칭        종류

| 질 의 내 용 | 의료기관 명칭표시판에 표시 사항 |
|---|---|
| 해석 경향 | 의료법 시행규칙 제40조제6호에 의해 의료기관의 명칭표시판에는 의료기관의 명칭, 전화번호, 의료인의 면허 종류, 진료에 종사하는 의료인의 면허 종류 및 성명, 상급종합병원으로 지정받은 사실, 전문병원으로 지정받은 사실, 병원·한방병원·치과병원·의원·한의원 또는 치과의원의 개설자가 전문의인 경우에는 해당 개설자의 전문의 자격 및 전문과목, 의료기관 인증을 받은 사실을 표시할 수 있습니다. |

| 질 의 내 용 | 의료기관의 명칭 사용 규제 의의 |
|---|---|
| 판례 경향 | 의료법이 의료기관의 종류를 규정하고 그 명칭사용을 규제하는 것은 일반인으로 하여금 의료기관의 종류를 구분할 수 있게 하고 의료기관의 명칭 표기에 따르는 혼동이나 혼란을 방지하고자 함에 있는 것으로서, 법이 정한 의료기관의 명칭 이외의 명칭은 그 의료기관의 종별에 따르는 명칭으로서 뿐 아니라 고유명사의 일부로서도 사용하는 것을 허용하지 아니하는 취지라고 보는 것이 상당하고, 이와 같은 해석은 의료법시행규칙 제29조제1호 후단규정의 유무와는 관계없이 당연한 것이라고 할 것이다(대법원 1992. 5. 12. 선고 92도686 판결). |

| 질 의 내 용 | 의료기관 인증용어 및 마크 표기 방법 |
|---|---|
| 해석 경향 | 의료기관 인증을 받은 의료기관은 의료기관명칭표시에 의료법 시행규칙 제40조제6호사목에 의해 의료기관 인증받은 사실을 표기할 수 있으며, 인증의료기관 명칭표시 방법은 '보건복지부 인증의료기관'이라는 공식용어와 인증마크를 사용하여 표시 가능합니다.<br>해당 인증용어와 인증마크는 의료기관평가인증원 홈페이지 자료실에서 활용할 수 있습니다. |

| 질 의 내 용 | 건축물 외벽에 '메디컬센터'라는 명칭 표시 |
|---|---|
| 해석 경향 | 의료기관 명칭 표시는 의료법 시행규칙 제40조제1호에서 의료법 제3조제2항에 따른 의료기관의 종류에 따르는 명칭 앞에 고유명칭을 붙이고 그 고유명칭은 의료기관의 종류 명칭과 혼동할 우려가 있거나 특정 진료과목 또는 질환명과 비슷한 명칭을 사용하지 못하도록 규정하고 있습니다. 일반 건축물 외벽에 "○○메디컬센터"라고 표시할 경우 일반인으로 하여금 별도로 개설된 의료기관으로 오인하게 할 수 있는 바, 건축물 안에 다수의 의원급 의료기관이 개설되었다는 점만으로 건축물 외벽에 의료기관과 비슷한 명칭을 표시하는 것은 적절치 않습니다. |

| 의료법 | 제43조(진료과목 등) |
|---|---|

① 병원·치과병원 또는 종합병원은 한의사를 두어 한의과 진료과목을 추가로 설치·운영할 수 있다.

② 한방병원 또는 치과병원은 의사를 두어 의과 진료과목을 추가로 설치·운영할 수 있다.

③ 병원·한방병원·요양병원 또는 정신병원은 치과의사를 두어 치과 진료과목을 추가로 설치·운영할 수 있다. <개정 2020. 3. 4.>

④ 제1항부터 제3항까지의 규정에 따라 추가로 진료과목을 설치·운영하는 경우에는 보건복지부령으로 정하는 바에 따라 진료에 필요한 시설·장비를 갖추어야 한다. <개정 2010. 1. 18.>

⑤ 제1항부터 제3항까지의 규정에 따라 추가로 설치한 진료과목을 포함한 의료기관의 진료과목은 보건복지부령으로 정하는 바에 따라 표시하여야 한다. 다만, 치과의 진료과목은 종합병원과 제77조제2항에 따라 보건복지부령으로 정하는 치과병원에 한하여 표시할 수 있다. <개정 2010. 1. 18.>

[전문개정 2009. 1. 30.]

[법률 제9386호(2009. 1. 30.) 부칙 제2조의 규정에 의하여 이 조 제5항 단서의 개정규정 중 치과의사에 대한 부분은 2013년 12월 31일까지 유효함]

| 의료법 시행규칙 | 제41조(진료과목의 표시) |
|---|---|

① 법 제43조에 따라 의료기관이 표시할 수 있는 진료과목은 다음 각 호와 같다. <개정 2011. 12. 7., 2015. 5. 29., 2017. 6. 21., 2017. 11. 28., 2019. 10. 24.>

1. 종합병원 : 제2호 및 제3호의 진료과목

2. 병원이나 의원 : 내과, 신경과, 정신건강의학과, 외과, 정형외과, 신경외과, 흉부외과, 성형외과, 마취통증의학과, 산부인과, 소아청소년과, 안과, 이비인후과, 피부과, 비뇨의학과, 영상의학과, 방사선종양학과, 병리과, 진단검사의학과, 재활의학과, 결핵과, 예방의학과, 가정의학과, 핵의학과, 직업환경의학과 및 응급의학과

3. 치과병원이나 치과의원 : 구강악안면외과, 치과보철과, 치과교정과, 소아치과, 치주과, 치과보존과, 구강내과, 영상치의학과, 구강병리과, 예방치과 및 통합치의학과

4. 한방병원이나 한의원 : 한방내과, 한방부인과, 한방소아과, 한방안·이비인후·피부과, 한방신경정신과, 한방재활의학과, 사상체질과 및 침구과

5. 요양병원 : 제2호 및 제4호의 진료과목

② 법 제43조제1항부터 제3항까지의 규정에 따라 추가로 진료과목을 설치한 의료기관이 표시할 수 있는 진료과목과 법 제43조제4항에 따라 추가로 설치한 진료과목의 진료에 필요한 시설·장비는 별표 8과 같다. <신설 2010. 1. 29.>

③ 의료기관이 진료과목을 표시하는 경우에는 제1항 및 제2항의 진료과목 중 그 의료기관이 확보하고 있는 시설·장비 및 의료관계인에 해당하는 과목만을 표시할 수 있다. <개정 2010. 1. 29.>

④ 의료기관의 진료과목 표시판에는 "진료과목"이라는 글자와 진료과목의 명칭을 표시하여야 한다. <개정 2010. 1. 29.>

---

■ 의료법 시행규칙 [별표 8] <개정 2020. 2. 28.>

추가로 진료과목을 설치한 의료기관이 표시할 수 있는 진료과목 및 진료에 필요한 시설·장비 기준 (제41조제2항 관련)

1. 표시할 수 있는 진료과목

| 의료기관 종류 | 표시할 수 있는 진료과목 |
|---|---|
| 종합병원 | 한의과 진료과목을 추가로 설치하는 경우: 한방내과, 한방부인과, 한방소아과, 한방안·이비인후·피부과, 한방신경정신과, 한방재활의학과, 사상체질과 및 침구과 |
| 병원 | 가. 한의과 진료과목을 추가로 설치하는 경우<br>1) 모든 병원: 한방내과, 사상체질과 및 침구과<br>2) 신경과, 정신과, 신경외과 또는 재활의학과를 설치·운영하고 있는 병원: 한방신경정신과 및 한방재활의학과<br>3) 내과, 산부인과, 성형외과, 소아청소년과, 안과, 이비인후과 또는 피부과를 설치·운영하고 있는 병원: 한방부인과, 한방소아과 및 한방안·이비인후·피부과<br>나. 치과 진료과목을 추가로 설치하는 경우<br>1) 모든 병원 : 구강내과 및 통합치의학과<br>2) 외과, 성형외과 또는 응급의학과를 설치·운영하고 있는 병원: 구강악안면외과, 치과보철과, 치과교정과, 치주과 및 치과보존과<br>3) 소아청소년과를 설치·운영하고 있는 병원: 소아치과 |
| 한방병원 | 가. 의과 진료과목을 추가로 설치하는 경우<br>1) 모든 한방병원: 내과, 가정의학과, 마취통증의학과<br>2) 한방내과, 한방신경정신과, 한방재활의학과 또는 침구과를 설치·운영하고 있는 한방병원: 신경과, 정신과, 신경외과, 정형외과, 비뇨의학과 및 재활의학과<br>3) 한방부인과, 한방소아과 또는 한방안·이비인후·피부과를 설치·운영하고 있는 한방병원: 산부인과, 소아청소년과, 안과, 이비인후과 및 피부과 |

| | |
|---|---|
| | 4) 1)에서 3)까지의 의과과목을 1개 이상 설치·운영하고 있는 한방병원 : 영상의학과 및 진단검사의학과<br>나. 치과 진료과목을 추가로 설치하는 경우<br>1) 모든 한방병원: 구강내과 및 통합치의학과<br>2) 한방소아과를 설치·운영하고 있는 한방병원: 소아치과 |
| 치과병원 | 가. 의과 진료과목을 추가로 설치하는 경우<br>1) 모든 치과병원: 내과, 가정의학과, 마취통증의학과<br>2) 구강악안면외과, 치과보철과, 치과교정과, 치주과 또는 치과보존과를 설치·운영하고 있는 치과병원: 성형외과 및 정신과<br>3) 구강내과 또는 소아치과를 설치·운영하고 있는 치과병원: 이비인후과, 정신과, 신경과 및 소아청소년과<br>나. 한의과 진료과목을 추가로 설치하는 경우<br>1) 모든 치과병원: 한방내과, 침구과<br>2) 소아치과를 설치·운영하고 있는 치과병원: 한방소아과 |
| 요양병원 | 치과 진료과목을 추가로 설치하는 경우: 구강악안면외과, 치과보철과, 치주과, 치과보존과, 구강내과 및 통합치의학과 |

비고: 치과 진료과목을 추가로 설치하는 의료기관은 2013년 12월 31일까지 진료과목을 "치과"로 표시한다.

2. 진료에 필요한 시설·장비 등
 가. 종합병원·병원·치과병원에 추가로 한의과 진료과목을 설치하는 경우
 1) 관련된 시설·장비 및 의료관계인을 확보하고 있는 경우에는 한방요법실을 갖출 수 있다.
 2) 탕전을 하는 경우에는 관련된 시설·장비 및 의료관계인을 확보하고 탕전실을 갖추어야 한다.
 나. 한방병원·치과병원에 추가로 의과 진료과목을 설치하는 경우
 1) 외과계 진료과목을 설치하는 경우에는 관련된 시설·장비 및 의료관계인을 확보하고 수술실을 갖추어야 한다.
 2) 관련된 시설·장비 및 의료관계인을 확보하고 있는 경우에는 임상검사실을 갖출 수 있다.
 3) 관련된 시설·장비 및 의료관계인을 확보하고 있는 경우에는 방사선장치를 갖출 수 있다.
 4) 수술실이 설치되어 있는 경우에는 회복실을 갖추어야 한다.
 다. 요양병원에 추가로 치과 진료과목을 설치하는 경우
 1) 관련된 시설·장비 및 의료관계인을 확보하고 있는 경우에는 임상검사실을 갖출 수 있다.
 2) 관련된 시설·장비 및 의료관계인을 확보하고 있는 경우에는 방사선장치를 갖출 수 있다.
 라. 가목부터 다목까지의 규정에 따라 추가로 진료과목을 설치한 의료기관은 진료절차, 의료인 간 업무분장, 응급환자 대응방법, 관련 시설·장비의 활용방안, 환자의 선택권 등이 포함된 진료지침을 비치하여야 한다.

◇ 환자의 치료 효율을 높이고 편의를 제공하기 위해 병원급 의료기관에 양·한방, 치과 등 다양한 진료과목을 상호 교차 추가 개설할 수 있도록 하여, 동일 의료기관 울타리 내에서 수준 높은 의료기술 및 의료기기 사용 등의 시너지 효과로 환자에 편익을 제공하는 제도가 되고 있다.

| 질의 내용 | 의료기관 진료과목 표시 |
|---|---|
| 해석 경향 | 의료기관에서 진료과목이란 의료인 자신이 주로 환자를 진료할 특정 의학분야를 구체적으로 표시한 것으로 의료법 시행규칙 제41조에서 규정하고 있는 세부 진료과목을 말합니다. 이는 아픈 환자가 자신의 증상과 관련된 의료기관을 쉽게 찾아 방문하여 진료받을 수 있도록 알리는 차원이라 보이며, 의료기관에서 이러한 진료과목을 표시하는 경우에는 그 의료기관이 확보하고 있는 시설·장비 및 의료관계인에 해당하는 과목만을 표시할 수 있도록 의료법 시행규칙 제41조제3항에서 규정하고 있습니다. 하지만 의료기관 1개소에서 표시할 수 있는 진료과목의 수를 제한하는 명시적 규정은 없습니다. |

◇ 의료기관의 진료과목 표시 예
- 의료기관의 명칭 표시판에 진료과목을 함께 표시하는 경우에는 진료과목 글자 크기를 의료기관 명칭표시 글자크기의 2분의 1 이내로 하여야 한다.

┌─────────────────────────┐  ┌─────────────────────────┐
│        진료과목         │  │     선 녀 의 원          │
│     내외안신정흉성산    │  │                          │
│     과과과경형부형부    │  │        진료과목          │
│       과외외외인        │  │     내외안신정흉성산     │
│       과과과과          │  │     과과과경형부형부     │
│                         │  │       과외외외인         │
│                         │  │       과과과과           │
└─────────────────────────┘  └─────────────────────────┘

| 질의 내용 | 병원급 의료기관에서의 타 영역 진료과목 추가 개설 |
|---|---|
| 해석 경향 | 병원급 의료기관 즉, 병원·치과병원 또는 종합병원은 한의사를 두어 한의과 진료과목을 추가로 설치·운영할 수 있으며, 한방병원 또는 치과병원은 의사를 두어 의과 진료과목을 추가로 설치·운영할 수 있으며, 병원·한방병원·요양병원 또는 정신병원은 치과의사를 두어 치과 진료과목을 추가로 설치·운영할 수 있으며, 병원급 의료기관에서 '추가로 진료과목을 설치한 의료기관이 표시할 수 있는 진료과목 및 진료에 필요한 시설·장비 기준'에 대해서 의료법 시행규칙 (별표 8)에서 구체적으로 규정하고 있습니다. |

| 의료법 | 제45조(비급여 진료비용 등의 고지) |
|---|---|

① 의료기관 개설자는 「국민건강보험법」 제41조제4항에 따라 요양급여의 대상에서 제외되는 사항 또는 「의료급여법」 제7조제3항에 따라 의료급여의 대상에서 제외되는 사항의 비용(이하 "비급여 진료비용"이라 한다)을 환자 또는 환자의 보호자가 쉽게 알 수 있도록 보건복지부령으로 정하는 바에 따라 고지하여야 한다. <개정 2010. 1. 18., 2011. 12. 31., 2016. 3. 22.>

② 의료기관 개설자는 보건복지부령으로 정하는 바에 따라 의료기관이 환자로부터 징수하는 제증명수수료의 비용을 게시하여야 한다. <개정 2010. 1. 18.>

③ 의료기관 개설자는 제1항 및 제2항에서 고지·게시한 금액을 초과하여 징수할 수 없다. [전문개정 2009. 1. 30.]

| 의료법 시행규칙 | 제42조의2(비급여 진료비용 등의 고지) |
|---|---|

① 법 제45조제1항에 따라 의료기관 개설자는 「국민건강보험법」 제41조제4항에 따라 요양급여의 대상에서 제외되는 사항 또는 「의료급여법」 제7조제3항에 따라 의료급여의 대상에서 제외되는 사항(이하 이 조에서 "비급여 대상"이라 한다)의 항목과 그 가격을 적은 책자 등을 접수창구 등 환자 또는 환자의 보호자가 쉽게 볼 수 있는 장소에 갖추어 두어야 한다. 이 경우 비급여 대상의 항목을 묶어 1회 비용으로 정하여 총액을 표기할 수 있다. <개정 2016. 10. 6., 2020. 9. 4.>

② 법 제45조제1항에 따라 의료기관 개설자는 비급여 대상 중 보건복지부장관이 정하여 고시하는 비급여 대상을 제공하려는 경우 환자 또는 환자의 보호자에게 진료 전 해당 비급여 대상의 항목과 그 가격을 직접 설명해야 한다. 다만, 수술, 수혈, 전신마취 등이 지체되면 환자의 생명이 위험해지거나 심신상의 중대한 장애를 가져오는 경우에는 그렇지 않다. <신설 2020. 9. 4.>

③ 법 제45조제2항에 따라 의료기관 개설자는 진료기록부 사본·진단서 등 제증명수수료의 비용을 접수창구 등 환자 및 환자의 보호자가 쉽게 볼 수 있는 장소에 게시하여야 한다. <개정 2020. 9. 4.>

④ 인터넷 홈페이지를 운영하는 의료기관은 제1항 및 제3항의 사항을 제1항 및 제3항의 방법 외에 이용자가 알아보기 쉽도록 인터넷 홈페이지에 따로 표시해야 한다. <개정 2015. 5. 29., 2020. 9. 4.>

⑤ 제1항부터 제4항까지에서 규정한 사항 외에 비급여 진료비용 등의 고지방법의 세부적인 사항은 보건복지부장관이 정하여 고시한다. <신설 2015. 5. 29., 2020. 9. 4.> [본조신설 2010. 1. 29.]

◇ 비급여 진료비는 「국민건강보험법」 제41조제4항에 따라 요양급여의 대상에서 제외되는 사항 또는 「의료급여법」 제7조제3항에 따라 의료급여의 대상에서 제외되는 사항의 비용을 "비급여 진료비용"이라 말하며, 비급여 대상에 대해 국민건강보험 요양급여의 기준에 관한 규칙 9조제1항 [별표 2]에서 구체적으로 규정하고 있으며, 비급여 진료비용은 비용전액을 환자가 부담하는 진료비로 의료법 제45조 및 같은법 시행규칙 제42조의2에서 의료기관 개설자는 비급여 대상의 항목과 그 가격을 적은 책자 등을 접수창구 등 환자 또는 환자의 보호자가 쉽게 볼 수 있는 장소에 갖추어 두도록 규정하고 있다,

■ 국민건강보험 요양급여의 기준에 관한 규칙 [별표 2] <개정 2021. 3. 26.>

### 비급여대상(제9조제1항관련)

1. 다음 각목의 질환으로서 업무 또는 일상생활에 지장이 없는 경우에 실시 또는 사용되는 행위·약제 및 치료재료
   가. 단순한 피로 또는 권태
   나. 주근깨·다모(多毛)·무모(無毛)·백모증(白毛症)·딸기코(주사비)·점(모반)·사마귀·여드름·노화현상으로 인한 탈모 등 피부질환
   다. 발기부전(impotence)·불감증 또는 생식기 선천성기형 등의 비뇨생식기 질환
   라. 단순 코골음
   마. 질병을 동반하지 아니한 단순포경(phimosis)
   바. 검열반 등 안과질환
   사. 기타 가목 내지 바목에 상당하는 질환으로서 보건복지부장관이 정하여 고시하는 질환
2. 다음 각목의 진료로서 신체의 필수 기능개선 목적이 아닌 경우에 실시 또는 사용되는 행위·약제 및 치료재료
   가. 쌍꺼풀수술(이중검수술), 코성형수술(융비술), 유방확대·축소술, 지방흡인술, 주름살제거술 등 미용목적의 성형수술과 그로 인한 후유증치료
   나. 사시교정, 안와격리증의 교정 등 시각계 수술로써 시력개선의 목적이 아닌 외모개선 목적의 수술
   다. 치과교정. 다만, 입술입천장갈림증(구순구개열)을 치료하기 위한 치과교정 등 보건복지

부장관이 정하여 고시하는 경우는 제외한다.
  라. 씹는 기능 및 발음 기능의 개선 목적이 아닌 외모개선 목적의 턱얼굴(악안면) 교정술
  마. 관절운동 제한이 없는 반흔구축성형술 등 외모개선 목적의 반흔제거술
  바. 안경, 콘텍트렌즈 등을 대체하기 위한 시력교정술
  사. 질병 치료가 아닌 단순히 키 성장을 목적으로 하는 진료
  아. 그 밖에 가목부터 사목까지에 상당하는 외모개선 목적의 진료로서 보건복지부장관이 정
     하여 고시하는 진료
3. 다음 각목의 예방진료로서 질병·부상의 진료를 직접목적으로 하지 아니하는 경우에
   실시 또는 사용되는 행위·약제 및 치료재료
  가. 본인의 희망에 의한 건강검진(법 제52조의 규정에 의하여 공단이 가입자등에게 실시하
     는 건강검진 제외)
  나. 예방접종(파상풍 혈청주사 등 치료목적으로 사용하는 예방주사 제외)
  다. 구취제거, 치아 착색물질 제거, 치아 교정 및 보철을 위한 치석제거 및 구강보건증진 차
     원에서 정기적으로 실시하는 치석제거. 다만, 치석제거만으로 치료가 종료되는 전체 치
     석제거로서 보건복지부장관이 정하여 고시하는 경우는 제외한다.
  라. 불소부분도포, 치면열구전색(치아홈메우기) 등 치아우식증(충치) 예방을 위한 진료. 다
     만, 18세 이하인 사람의 치아 중 치아우식증(충치)이 생기지 않은 순수 건전치아인 제1
     큰어금니 또는 제2큰어금니에 대한 치면열구전색(치아홈메우기)은 제외한다.
  마. 멀미 예방, 금연 등을 위한 진료
  바. 유전성질환 등 태아 또는 배아의 이상유무를 진단하기 위한 유전학적 검사
  사. 장애인 진단서 등 각종 증명서 발급을 목적으로 하는 진료
  아. 기타 가목 내지 마목에 상당하는 예방진료로서 보건복지부장관이 정하여 고시하는 예방진료
4. 보험급여시책상 요양급여로 인정하기 어려운 경우 및 그 밖에 건강보험급여원리에
   부합하지 아니하는 경우로서 다음 각목에서 정하는 비용·행위·약제 및 치료재료
  가. 가입자등이 다음 표에 따른 요양기관으로서 다음 각 항목 중 어느 하나의 요건을 갖춘
     요양기관에서 1개의 입원실에 1인(「의료법」 제3조제2항제1호에 따른 의원급 의료기관
     및 제3호나목에 따른 치과병원의 경우 3인 이하)이 입원할 수 있는 병상(이하 "상급병
     상"이라 한다)을 이용한 경우에는 다음 표의 구분에 따라 부담하는 비용. 다만, 격리치료
     대상인 환자가 1인실에 입원하는 경우 등 보건복지부장관이 정하여 고시하는 불가피한
     경우에는 비급여대상에서 제외한다.

| 요양기관 구분 | 비용 |
|---|---|
| 「의료법」 제3조제2항제1호에 따른 의원급 의료기관 | 제8조에 따라 고시한 요양급여대상인 입원료(이하 "입원료"라 한다) 외에 추가로 부담하는 입원실 이용 비용 |
| 「의료법」 제3조제2항제3호나목에 따른 치과병원 | |
| 「의료법」 제3조제2항제3호가목에 따른 병원 중 진료과목에 소아청소년과 또는 산부인과를 둔 병원으로서 보건복지부장관이 정하여 고시하는 요건을 갖춘 병원 (이하 "아동·분만병원"이라 한다) | |
| 상급종합병원 | 입원실 이용 비용 전액 |
| 「의료법」 제3조제2항제3호에 따른 병원급 의료기관(치과병원 및 아동·분만병원은 제외한다) | |

 (1) 의료법령에 따라 허가를 받거나 신고한 병상 중 입원실 이용비용을 입원료만으로 산정
     하는 일반병상(이하 "일반병상"이라 한다)을 다음의 구분에 따라 운영하는 경우. 다만,
     규칙 제12조제1항 또는 제2항에 따라 제출한 요양기관 현황신고서 또는 요양기관 현황

변경신고서 상의 격리병실, 무균치료실, 특수진료실 및 중환자실과 「의료법」 제27조제3항제2호에 따른 외국인환자를 위한 전용 병실 및 병동의 병상은 일반병상 및 상급병상의 계산에서 제외한다.

(가) 의료법령에 따라 신고한 병상이 10병상을 초과하는 「의료법」 제3조제2항제1호의 의원급 의료기관, 같은 항 제3호나목의 치과병원, 같은법 제3조의5제1항에 따른 지정을 받은 산부인과 또는 주산기(周産期) 전문병원 및 아동·분만병원: 일반병상을 총 병상의 2분의 1 이상 확보할 것

(나) 「의료법」 제3조제2항제3호에 따른 병원급 의료기관(치과병원 및 아동·분만병원을 제외한다): 일반병상을 총 병상의 5분의 3 이상 확보할 것

(다) 「의료법」 제3조제2항제3호마목의 종합병원 및 같은법 제3조의4제1항에 따른 지정을 받은 상급종합병원: 일반병상을 총 병상의 5분의 4 이상 확보할 것

(2) 의료법령에 의하여 신고한 병상이 10병상 이하인 경우

나. 가목에도 불구하고 다음 각 항목에 해당하는 경우에는 다음의 구분에 따른 비용

(1) 가입자등이 「의료법」 제3조제2항제3호라목에 따른 요양병원(「정신보건법」 제3조제3호에 따른 정신의료기관 중 정신병원, 「장애인복지법」 제58조제1항제4호에 따른 장애인 의료재활시설로서 「의료법」 제3조의2의 요건을 갖춘 의료기관은 제외한다. 이하 같다) 중 입원실 이용비용을 입원료만으로 산정하는 일반병상(규칙 제12조제1항 또는 제2항에 따라 제출한 요양기관 현황신고서 또는 요양기관 현황 변경신고서 상의 격리병실, 무균치료실, 특수진료실 및 중환자실과 「의료법」 제27조제3항제2호에 따른 외국인환자를 위한 전용 병실 및 병동의 병상은 제외한다)을 50퍼센트 이상 확보하여 운영하는 요양병원에서 1개의 입원실에 5인 이하가 입원할 수 있는 병상을 이용하는 경우: 제8조제4항 전단에 따라 고시한 입원료 외에 추가로 부담하는 입원실 이용 비용

(2) 가입자등이 가목(1)에서 정한 요건을 갖춘 상급종합병원, 종합병원, 병원 중 「호스피스·완화의료 및 임종과정에 있는 환자의 연명의료결정에 관한 법률」 제25조에 따라 호스피스전문기관으로 지정된 요양기관에서 1인실 병상을 이용하여 같은법 제28조에 따른 호스피스·완화의료를 받는 경우(격리치료 대상인 환자가 1인실에 입원하는 경우, 임종실을 이용하는 경우 등 보건복지부장관이 정하여 고시하는 불가피한 경우는 제외한다): 제8조제4항 전단에 따라 고시한 호스피스·완화의료 입원실의 입원료 중 4인실 입원료 외에 추가로 부담하는 입원실 이용 비용

다. 선별급여를 받는 사람이 요양급여비용 외에 추가로 부담하는 비용

라. 법 제51조에 따라 장애인에게 보험급여를 실시하는 보장구를 제외한 보조기·보청기·안경 또는 콘택트렌즈 등 보장구. 다만, 보청기 중 보험급여의 적용을 받게 될 수술과 관련된 치료재료인 보건복지부장관이 정하여 고시하는 보청기는 제외한다.

마. 친자확인을 위한 진단

바. 치과의 보철(보철재료 및 기공료 등을 포함한다) 및 치과임플란트를 목적으로 실시한 부가수술(골이식수술 등을 포함한다). 다만, 보건복지부장관이 정하여 고시하는 65세 이상인 사람의 틀니 및 치과임플란트는 제외한다.

사. 및 아. 삭제 <2002. 10. 24.>

자. 이 규칙 제8조의 규정에 의하여 보건복지부장관이 고시한 약제에 관한 급여목록표에서 정한 일반의약품으로서 「약사법」 제23조에 따른 조제에 의하지 아니하고 지급하는 약제

차. 삭제 <2006. 12. 29.>

카. 삭제 <2018. 12. 31.>

타. 「장기등 이식에 관한 법률」에 따른 장기이식을 위하여 다른 의료기관에서 채취한 골수 등 장기의 운반에 소요되는 비용

파. 「마약류 관리에 관한 법률」 제40조에 따른 마약류중독자의 치료보호에 소요되는 비용

하. 이 규칙 제11조제1항 또는 제13조제1항에 따라 요양급여대상 또는 비급여대상으로 결정·고시되기 전까지의 행위·치료재료(「신의료기술평가에 관한 규칙」 제2조제2항에 따른 평가 유예 신의료기술을 포함하되, 같은 규칙 제3조제3항에 따라 서류를 송부받은 경우와 같은 규칙 제3조의4에 따른 신의료기술평가 결과 안전성·유효성을 인정받지 못한 경우에는 제외한다). 다만, 제11조제9항 또는 제13조제1항 후단의 규정에 따라 소급하여 요양급여대상으로 적용되는 행위·치료재료(「신의료기술평가에 관한 규칙」 제2조제2항에 따른 평가 유예 신의료기술을 포함한다)는 제외한다.

거. 「신의료기술평가에 관한 규칙」 제3조제10항제2호에 따른 제한적 의료기술

너. 「의료기기법 시행규칙」 제32조제1항제6호에 따른 의료기기를 장기이식 또는 조직이식에 사용하는 의료행위

더. 그 밖에 요양급여를 함에 있어서 비용효과성 등 진료상의 경제성이 불분명하여 보건복지부장관이 정하여 고시하는 검사·처치·수술 기타의 치료 또는 치료재료

5. 삭제 <2006. 12. 29.>

6. 영 제21조제3항제2호에 따라 보건복지부장관이 정하여 고시하는 질병군에 대한 입원진료의 경우에는 제1호 내지 제4호(제4호 하목을 제외한다), 제7호에 해당되는 행위·약제 및 치료재료. 다만, 제2호아목, 제3호아목 및 제4호더목은 다음 각 목에서 정하는 경우에 한정한다.

가. 보건복지부장관이 정하여 고시하는 행위 및 치료재료

나. 질병군 진료 외의 목적으로 투여된 약제

6의2. 영 제21조제3항제3호에 따른 호스피스·완화의료 입원진료의 경우에는 제1호부터 제3호까지, 제4호나목(2)·더목에 해당되는 행위·약제 및 치료재료. 다만, 제2호사목, 제3호아목 및 제4호더목은 보건복지부장관이 정하여 고시하는 행위 및 치료재료에 한정한다.

7. 건강보험제도의 여건상 요양급여로 인정하기 어려운 경우

가. 보건복지부장관이 정하여 고시하는 한방물리요법

나. 한약첩약 및 기상한의서의 처방 등을 근거로 한 한방생약제제

8. 약사법령에 따라 허가를 받거나 신고한 범위를 벗어나 약제를 처방·투여하려는 자가 보건복지부장관이 정하여 고시하는 절차에 따라 의학적 근거 등을 입증하여 비급여로 사용할 수 있는 경우. 다만, 제5조제4항에 따라 중증환자에게 처방·투여하는 약제 중 보건복지부장관이 정하여 고시하는 약제는 건강보험심사평가원장의 공고에 따른다.

---

비급여 진료비용 등의 공개에 관한 기준
[시행 2021. 3. 29.] [보건복지부고시 제2021-100호, 2021. 3. 29., 일부개정.]

제1조(목적) 이 고시는 「의료법 시행령」(이하 "시행령"이라 한다) 제42조 및 「의료법 시행규칙」(이하 "규칙"이라 한다) 제42조의3에 따라 법 제45조제1항 및 제2항의 비급여 진료비용 및 제증명수수료(이하 "비급여 진료비용등"이라 한다)의 현황조사·분석 및 결과 공개에 관한 범위·방법·절차 등 세부사항에 대해 규정함을 목적으로 한다.

제2조(업무의 위탁) ① 시행령 제42조에 따라 보건복지부장관은 다음 각 호의 업무를 「국민건강보험법」에 따른 건강보험심사평가원(이하 "심사평가원"이라 한다)에 위탁한다.

1. 비급여 진료비용등의 항목, 기준 및 금액 등에 관한 자료의 조사 및 분석
2. 제1호에 따라 수집한 비급여 진료비용등의 조사·분석 결과의 공개
3. 비급여 진료비용등의 공개를 위한 인터넷 홈페이지 구축 및 운영
4. 비급여 진료비용등의 조사·분석 및 결과의 공개에 관한 연구·교육 및 홍보
5. 그 밖에 비급여 진료비용등의 조사·분석 및 결과의 공개와 관련하여 보건복지부장관이 필요하다고 인정하는 업무
6. 제1호부터 제5호까지의 업무와 관련한 데이터베이스의 구축
② 보건복지부장관은 제1항에 따라 심사평가원이 위탁받은 업무를 수행하는데 필요한 비용을 지원할 수 있다.

제3조(대상 의료기관) 규칙 제42조의3제1항에 따라 비급여 진료비용등의 항목, 기준 및 금액 등에 관한 현황조사·분석·공개 대상 의료기관은 「의료법」제3조제2항제1호 및 제3호에 따른 의료기관을 대상으로 한다.

제4조(현황조사 · 분석 및 공개항목) ① 규칙 제42조의3제2항에 따른 현황조사 대상 항목은 다음 각 호의 사항을 고려하여 선정한다.
1. 「국민건강보험 요양급여의 기준에 관한 규칙」 별표 2에 따라 비급여 대상이 되는 행위·약제 및 치료재료 중 의료기관에서 실시·사용·조제하는 빈도 및 개별항목의 징수비용
2. 선행연구, 전문가 및 의약계단체 등의 의견수렴을 통해 확인되는 임상적 중요도 등의 의약학적 중요성
3. 환자안전 등 사회적 관심 항목
4. 기타 비급여 관련 자료 등을 통하여 필요성이 확인되는 항목
② 제1항에 따라 현황조사·분석 결과를 공개하는 항목은 별표 1과 같다.
③ 제2항에도 불구하고 건강보험 가입자(또는 의료급여 수급권자)가 아닌 외국인환자 등의 진료비용은 현황조사·분석 및 결과 공개의 대상으로 하지 아니한다.

제5조(의견수렴) 심사평가원은 비급여 진료비용등의 현황조사 및 공개에 관한 과정에서 국민건강보험공단·전문학회·의약계단체·소비자단체·학계 등으로부터 의견을 수렴할 수 있다.

제6조(자료 제출의 방법 등) ① 심사평가원장은 제4조에 따른 공개항목의 현황조사·분석을 위해서 의료기관의 장에게 별지 제1호서식의 자료를 제출하도록 통지하여야 한다.
② 제1항에 따라 자료의 제공을 통지하는 경우에는 자료 제출기한, 제출항목 등이 기재된 자료제출요청서를 발송하여야 한다. 다만, 필요한 경우에는 팩스 또는 정보통신망 등을 이용하여 통지할 수 있다.
③ 제1항에 따라 자료의 제출을 요청받은 의료기관의 장은 별표 1의 분류를 사용하여 제출 기한 내에 정보통신망으로 제출하여야 한다.
④ 의료기관의 장은 제3항에 따라 제출한 자료의 항목 및 진료비용이 변경된 경우에는 변경된 날로부터 10일 이내에 변경사항을 제출하여야 한다.

제7조(자료의 확인) ① 심사평가원은 의료기관 홈페이지 등을 통해 제6조에 따라 수집한 자료를 점검하여야 한다.
② 심사평가원은 의료기관의 장이 자료를 제출하지 않거나, 제출한 자료에 대한 확인이 필요하다고 인정되는 때에는 보완자료를 요청하거나 해당 의료기관에 방문하여 현지

확인을 실시할 수 있다.

③ 제2항에 따른 보완 요청을 받은 의료기관의 장은 정당한 사유가 없는 한 10일 이내에 그 요청에 따라야 한다.

제8조(공개 범위) ① 심사평가원은 제4조에 따라 다음 각 호의 사항을 공개한다.
 1. 의료기관별, 항목별, 최저·최고비용 등
 2. 기타 보건복지부장관이 공개가 필요하다고 인정하는 사항
② 의료기관의 장이 제6조에 따른 자료를 제출하지 아니하는 경우에는 해당 의료기관을 "자료 미제출 기관"으로 공개할 수 있다.

제9조(공개 방법) 규칙 제42조의3제5항에 따른 보건복지부장관이 지정하는 시스템은 심사평가원의 인터넷 홈페이지(심사평가원의 '스마트폰 어플리케이션'을 포함한다)를 말한다.

제10조(공개 시기) ① 제4조에 따른 현황조사·분석 결과를 공개하는 시기는 매년 6월 마지막 수요일로 한다. 다만, 그 날이 공휴일인 경우에는 그 다음 날로 한다.
② 제6조제4항에 따른 수시변경 자료는 제출받은 날(다만, 제7조제3항에 따라 다시 제출받은 경우에는 그 날)로부터 7일(토요일 및 공휴일 제외) 이내에 검토 후 공개한다.
③ 제2항에도 불구하고 자료의 확인 등 불가피한 사유가 있는 경우 30일 범위에서 그 기간을 연장할 수 있다.

제11조(수집자료의 활용) 심사평가원은 업무의 효율성 등을 위해 상호연계가 필요한 경우에는 의료기관으로부터 제출받은 자료를 국민건강보험공단 등 관련 기관이 활용하도록 할 수 있다.

제12조(결과 보고) 심사평가원은 공개항목의 선정, 분석결과 등 주요사항을 보건복지부장관에게 보고하여야 한다.

제13조(재검토기한) 보건복지부장관은 「훈령·예규 등의 발령 및 관리에 관한 규정」에 따라 이 고시에 대하여 2020년 1월 1일을 기준으로 매 3년이 되는 시점(매 3년째의 12월 31일까지를 말한다)마다 그 타당성을 검토하여 개선 등의 조치를 하여야 한다.
 부칙 <제2021-100호, 2021. 3. 29.>

제1조(시행일)이 고시는 발령한 날부터 시행한다.

제2조(공개 시기에 관한 경과조치)제10조에도 불구하고 2021년도 공개 시기는 8월 18일로 한다.

## 「비급여 진료비용 등의 공개에 관한 기준」 관련 질의응답

보건복지부 고시 제2021-100호 (2021)

1. 비급여 진료비용 등의 현황조사·분석·공개 대상 의료기관의 범위는 어떻게 되나요?
   ○ '병원급 의료기관'에서 '의원급 의료기관 이상'으로 확대되었습니다.
   - 종전 「의료법」 제3조제2항제3호의 '병원, 치과병원, 한방병원, 요양병원, 정신병원, 종합병원' 뿐만 아니라 제1호에 따른 '의원, 치과의원, 한의원' 까지도 공개대상에 포함됩니다.

2. 비급여 진료비용 등의 현황조사·분석결과는 언제, 어디에서, 무슨 내용을 공개하나요?
   ○ 공개시기는 매년 '4월 1일'에서 '6월 마지막 수요일'로 변경되었으며, 올해는 고시개정 일정을 감안해 예외적으로 8월 18일에 공개합니다.
   * 의원급, 병원급 의료기관 동시 공개
   ○ 심평원 홈페이지(www.hira.or.kr)에서 의료기관별, 비급여 항목별, 진료비용을 확인하실 수 있습니다.
   * 건강보험심사평가원 > 진료비 > 비급여 진료비정보 > 의료기관별·항목별 조회 가능

3. 의료기관이 고지하는 모든 비급여 항목이 공개대상 인가요?
   ○ 아닙니다. 의료기관이 고지하는 비급여 항목 중 「비급여 진료비용 등의 공개에 관한 기준」 [별표 1] 공개항목에 해당하는 경우만 공개대상입니다.
   ○ 참고로 [별표 1] 공개항목은 「비급여 진료비용 등의 고지 지침」에 따라 '21년 1월부터 비급여 진료전 환자에게 사전 설명해야 하는 대상이기도 합니다.

<표> 비급여 관련 제도 비교

| 구분 | 비급여 공개 | | 비급여 사전설명 | 비급여 고지 |
|------|------|------|------|------|
| 근거 | 비급여 진료비용 등의 공개에 관한 기준(고시) | | 비급여 진료비용 등의 고지 지침(고시) | |
| 대상 | 위 고시 [별표 1] 공개항목 ('21년 616개) | | 비급여 공개항목(필수) + 환자요구(선택) | 의료기관이 징수하는 모든 비급여 항목 |
| 방법 | <자료제출> 심평원 '요양기관 업무포털시스템' | 공개 심평원 홈페이지 및 모바일 앱 | 의료인 또는 의료기관 종사자가 비급여 진료전 반드시 환자에게 항목 및 가격 설명 | 의료기관내 가격표나 책자 등 비치. 홈페이지(있는 경우) 게재 |
| 시기 | 자료요청 시 (공문 별도 안내) | 매년 6월 마지막 수요일 ('21년은 8.18.) | 상시 | |

4. 의료기관에서 공개항목 자료를 제출한 이후 진료비용 등이 변경되었을 때는 어떻게 해야 하나요?
   ○ 고시 제6조제4항에 따라 변경된 날로부터 10일 이내에 변경사항을 별지 제1호 서식에 맞춰 심평원 요양기관 업무포털시스템을 통해 제출하여야 합니다.
   ○ 또한, 「비급여 진료비용 등의 고지지침」에 따라 의료기관내 비치한 가격표나 책자, 홈페이지 등에 고지하고 있는 가격과 가격변경일자(최종변경일)도 함께 수정하여야 합니다.

제3장 의료기관    309

비급여 진료비용 등의 고지 지침
[시행 2021. 1. 1.] [보건복지부고시 제2020-339호, 2020. 12. 31., 일부개정]

제1장 총칙

제1조(목적) 이 고시는 「의료법」 제45조 및 같은법 시행규칙 제42조의2제2항 및 제5항에 따라 비급여 진료비용 등의 고지 범위, 방법 및 설명대상 등에 관한 세부사항을 정함으로써 의료기관 개설자의 의무를 명확히 하고 국민들의 알 권리를 보장함을 목적으로 한다.

제2조(고지 대상) ① 비급여 진료비용 등의 고지 대상은 다음 각 호에 해당하는 항목으로서 해당 의료기관이 징수하는 항목으로 한다.
 1. 「국민건강보험 요양급여의 기준에 관한 규칙」 제9조 별표 2의 비급여대상
 2. 「건강보험 행위 급여·비급여 목록표 및 급여 상대가치점수」 고시의 비급여 목록
 3. 「치료재료 급여·비급여 목록 및 급여상한금액표」 고시의 비급여 목록
 4. 「약제 급여 목록 및 급여상한금액표」 고시 약제 이외의 비급여 약제
 5. 건강보험 행위 급여 목록에 있는 항목 중 「요양급여의 적용기준 및 방법에 관한 세부사항」 고시에 따른 비급여 항목
 6. 「의료법」 세45조세2항에 따른 진료기록부 사본, 진단시 등 제증명수수료
② 제1항에도 불구하고 건강보험 가입자 또는 의료급여 수급자가 아닌 외국인환자 등의 진료비용은 비급여 진료비용 등의 고지 대상으로 하지 아니한다.

제3조(고지 매체 및 장소) ① 의료기관 개설자는 의료기관 내부에 제본된 책자, 제본되지 않은 인쇄물, 메뉴판, 벽보, 비용검색 전용 컴퓨터 등의 매체를 사용하여 비급여 진료비용 등을 고지하여야 한다. 이 경우 제2조에 따른 고지 대상을 모두 기재하고, 환자들이 쉽게 열람할 수 있도록 하여야 한다.
② 의료기관 개설자는 환자 안내데스크, 외래 접수창구 또는 입원 접수창구 등 많은 사람들이 이용하는 1개 이상의 장소에 제1항에 따른 고지 매체를 비치하고 안내판을 설치하여야 한다. 이 경우 병원 건물이 다수일 경우에는 외래 또는 입원 접수창구가 있는 건물마다 추가로 비치하여야 한다.

제2장 비급여 진료비용 등의 고지

제4조(인터넷 홈페이지 게재방법) ① 인터넷 홈페이지를 운영하는 의료기관이 「의료법 시행규칙」 제42조의2제4항에 따라 인터넷 홈페이지에 비급여 진료비용 등을 게시하는 경우에는 홈페이지 초기 화면의 찾기 쉬운 곳에 고지하여야 한다. 배너(banner)를 이용하는 경우에는 가능한 한 비급여 진료비용 등을 고지한 화면으로 직접 연결되도록 하여야 한다.
② 제1항에 따른 비급여 진료비용 등을 한 화면에 게시할 수 없는 경우 비급여 진료비용의 항목별 나열 기능과 항목명 검색 기능을 함께 제공하여야 한다. 이 경우 마우스 포인터를 올려놓아야 비용이 보이는 방식은 지양한다.
③ 제1항에 따라 인터넷 홈페이지에 비급여 진료비용 등을 게시하는 경우 '비급여 진료비용 고지 표준 웹페이지 서식(이하 웹 표준서식)'에 따라 고지할 수 있다.
④ 건강보험심사평가원은 제3항에 따른 웹 표준서식을 의료기관에서 적용할 수 있도록, 웹 표준서식 및 개발 가이드를 심사평가원 홈페이지 등에 제공한다.

제5조(세부 작성요령) ① 비급여 진료비용 등은 다음 각 호의 비급여 목록 분류·용어·코드에 따라 고지한다.
 1. 행위 : 「건강보험 행위 급여·비급여 목록표 및 급여 상대가치 점수」 고시
 2. 치료재료 : 「치료재료 급여·비급여 목록 및 급여상한금액표」 고시

3. 약제 : 「의약품 바코드와 RFID tag의 사용 및 관리요령」 고시
② 비급여 고지 분류 체계와 비급여 진료비용 등의 고지는 별표 1의 분류체계와 별표 2의 비급여 고지 양식 및 작성 원칙에 따라야 한다. 다만, 「의료법」 제3조제2항제1호 및 제3호에 해당하지 아니하는 의료기관의 경우에는 별도의 양식으로 고지할 수 있다.
③ 비급여 진료비용 등에 변경이 있는 경우에는 제3조 및 제4조에 따른 고지 사항에 반영하여야 하고, 최종 변경일자를 기준일로 기재하여야 한다.

### 제3장 비급여 진료 전 설명

제6조(설명대상 등) ① 규칙 제42조의2제2항에 따른 진료 전 설명대상 비급여 항목은 다음 각 호의 사항을 고려하여 선정하며, 선정 과정에서 의약계단체, 소비자단체, 전문학회, 학계 및 국민건강보험공단 등으로부터 의견을 수렴할 수 있다.
1. 전체 비급여 진료에서 차지하는 빈도나 비용의 비중
2. 의약학적 필요성
3. 사회적 요구도
4. 의료현실 감안한 설명의 용이성 또는 실현가능성
5. 기타 비급여 자료 등을 통하여 설명 필요성이 확인되는 항목
② 제1항에 따른 설명대상 항목은 「비급여 진료비용 등의 공개에 관한 기준」 고시의 별표 1과 같다. 다만, 환자가 원하는 경우 그 외의 비급여 항목에 대해 설명할 수 있다.
③ 의료기관 개설자는 의료법 제2조에 해당하는 의료인 및 같은법 제3조의 의료기관 종사자로서 의료기관 개설자가 지정한 자를 통해 제2항에 따른 사항을 설명하게 할 수 있다.

### 제4장 보칙

제7조(재검토기한) 보건복지부장관은 「훈령·예규 등의 발령 및 관리에 관한 규정」에 따라 이 고시에 대하여 2020년 1월 1일을 기준으로 매 3년이 되는 시점(매 3년째의 12월 31일까지를 말한다)마다 그 타당성을 검토하여 개선 등의 조치를 하여야 한다.

부칙  부 칙 <제2020-339호, 2020. 12. 31.>
이 고시는 2021년 1월 1일부터 시행한다. 다만, 별표 2 개정서식은 2021년 4월 1일부터 시행한다.

---

### 비급여 진료비용 등의 고지 지침 관련 안내
#### 보건복지부 고시 제2020-339호 (2020. 12. 31.)

1. 의원급 의료기관에서도 비급여 진료비용 고지 양식 및 작성 원칙에 따라야 하나요?
○ 네, 기존 병원급 의료기관에서 의원급 의료기관으로 확대되었음.

 - 의원급 의료기관도 「비급여 진료비용 등의 고지 지침」 [별표 2] 비급여 고지 양식 및 작성 원칙에 따라야 함.

2. 고지 양식 중'최종변경일'에는 무엇을 기재하나요?

○ 각 항목에 대하여 '항목' 및 '진료비용 등'고지사항의 변경이 있는 경우, 변경한 일자를 기재함.

3. [별표 2] 비급여 고지 양식 및 작성 원칙 개정사항에 따른 변경사항을 반영하기까지 준비기간이 필요합니다. 언제까지 반영해야 하나요?

○ 비급여 진료비용 고지에 관한 수정 사항을 2021년 4월 1일까지 반영해야 함.

4. 현재 고지중인 비급여 항목 전체에 대하여 최종변경일을 기입해야 하나요?

○ 개정서식의 시행일인 2021년 4월 1일 이후에 발생하는 '항목' 및 '진료비용 등' 고지 사항의 변경 건에 대하여 '최종변경일'을 기재함. 이후 변경시마다 '최종변경일'을 수정하여 기재함.

○ 2021년 4월 1일 이전에 변경 된 경우에도 '최종변경일'을 기재할 수 있음.

5. 비급여 진료 전 설명제도를 실시하게 된 이유는 무엇인가요?

○ 국민의 의료이용이 증가하고 의료기관에서의 의료행위 등도 다양해지고 있어, 환자의 알 권리 및 진료 선택권 제고를 위해 비급여 진료 전 항목과 비용을 환자에게 직접 설명하도록 의료법 시행규칙 제42조의2 제2항을 신설하였음.

　※의료법 시행규칙 제42조의2(비급여 진료비용 등의 고지)
② 법 제45조제1항에 따라 의료기관 개설자는 비급여 대상 중 보건복지부장관이 정하여 고시하는 비급여 대상을 제공하려는 경우 환자 또는 환자의 보호자에게 진료 전 해당 비급여 대상의 항목과 그 가격을 직접 설명해야 한다. 다만, 수술, 수혈, 전신마취 등이 지체되면 환자의 생명이 위험해지거나 심신상의 중대한 장애를 가져오는 경우에는 그렇지 않다. <신설 2020. 9. 4.>

6. 의료기관 개설자만이 비급여 진료 전 설명을 할 수 있나요?

○ 아닙니다. 의료인 및 의료기관 종사자를 지정하여 설명하게 할 수 있음.
　* 의료인 및 의료기관에 근무하는 의료기사, 간호조무사, 행정직원 등

7. 비급여 진료 전 설명 대상 제6조제2항에 따른 모든 항목을 설명해야 하나요?

○ 「비급여 진료비용 등의 공개에 관한 기준」 고시의 [별표 1] 공개항목(제4조제2항 관련) 중 의료기관에서 실제 제공하는 항목을 설명합니다.

---

1) A 의원에서 운영하는 전체 비급여 항목 100개 항목 중 별표 1에 해당하는 항목 12항목일 경우
　→ 비급여 진료 전 설명 대상: 12항목

---

　*「비급여 진료비용 등의 공개에 관한 기준」 고시 확인 경로
　– 국가법령정보센터(https://www.law.go.kr) ▶ 행정규칙 ▶ "비급여 진료비용 등의 공개에 관한 기준" 검색 ▶ 별표/서식 ▶ [별표 1] 공개항목(제4조제2항 관련)

8. 비급여 진료 전 설명 내용에는 무엇이 포함되나요?

○ 「의료법시행규칙」 제42조의2제2항에 따라 해당 비급여 대상의 '항목'과 그 '가격'임.

○ '항목'에는 시술의 명칭, 목적, 방법, 소요시간, 치료경과 등을, '가격'에는 약제, 재료 등의 산출내역을 포함하여 설명할 수 있음.

9. 비급여 진료 전 설명한 사실에 대한 확인서(동의서)를 작성해야 하나요?

○ 동의서 작성에 대한 사항을 별도로 규정하지 있지는 않음.

○ 다만, 의료기관에서 자율적으로 확인서(동의서)를 활용할 수 있음.

10. 비급여 진료 전 설명을 받는 대상은 누구인가요?

○ 건강보험 가입자 또는 의료급여 수급자인 환자나 환자의 보호자를 말함.
　* 건강보험 가입자 또는 의료급여 수급자가 아닌 외국인환자 등은 제외

11. '비급여 진료 전'은 언제를 의미하나요?

○ 환자가 의사결정을 내릴 수 있도록 진료 전에 충분한 정보를 제공받아야 함.

○ 예로, 치료계획을 수립하는 시점 또는 처방시점 등에 설명할 수 있음.

※ 아래 예시를 참조하시기 바랍니다.

▶ 외래 당일진료를 위한 비급여 항목 처방시점 또는 외래치료 계획 수립 시 등
- 동일 비급여 항목을 반복 처방하는 경우 최초 처방시점에 설명할 수 있음.
  · 동일한 비급여 항목의 장기간 반복 시행이 예상되는 경우 최초 처방시점에 설명 (ex. 도수치료 10회 등)
  · 입원 예정 및 입원 환자의 반복되는 비급여 항목의 처방이 예상되는 경우 최초 처방시점에 설명

▶ 입원 전 치료계획 수립단계·변경 시 또는 수술의 경우 수술동의서 작성 시점 등
- 예상되는 비급여 항목을 사전에 일괄 설명할 수 있음.
  · 입원 예정 및 입원 환자의 치료 계획 수립 시 입원 기간 동안 예상되는 비급여 항목에 관하여 일괄 설명할 수 있음.
  · 외래진료 후 입원 또는 입원 후 외래 진료가 예정되어 있을 경우, 이후에 발생할 수 있는 비급여 항목에 관하여 이전에 사전 설명할 수 있음.

▶ 진단서, 진료확인서 등 제증명서의 경우는 발급 전 등

12. 비급여 진료비용 등의 고지와 진료 전 설명의 차이점은 무엇인가요?

○ (비급여 진료비용 등의 고지) 환자 또는 환자의 보호자가 쉽게 알아볼 수 있도록 해당 의료기관에서 징수하는 비급여 고지대상을 모두 기재하여 책자, 인쇄물 등의 형태로 의료기관 내부에 비치 및 게시하고, 인터넷 홈페이지를 운영하는 기관은 홈페이지에도 게재하는 것을 말함.

○ (비급여 진료 전 설명) 설명 대상에 해당하는 비급여 항목을 환자에게 제공하기 전 해당 비급여 항목과 그 가격을 환자 또는 환자의 보호자에게 직접 설명하는 것을 의미함.

13. '비급여 진료 전 설명' 미이행 시 제재규정이 있나요?

○ 「의료법」 제63조에 따라 비급여 진료비용 등의 고지를 위반할 경우 시정명령 대상임.

14. 응급환자의 경우 비급여 진료 전에 반드시 설명을 해야 하나요?

○ 환자가 의사결정을 내릴 수 있도록 진료 전에 설명을 하여야 하나, 수술, 수혈, 전신마취 등이 지체되면 환자의 생명이 위험해지거나 심신상의 중대한 장애를 초래할 수 있는 경우에는 진료 후에 설명할 수 있음.

---

벌칙 · 행정처분

△ 제45조를 위반하여 다음의 어느 하나에 해당하게 된 의료기관 : 시정명령
- 환자 또는 환자의 보호자에게 비급여 진료비용을 고지하지 아니한 경우
- 제증명수수료의 비용을 게시하지 아니한 경우
- 비급여 진료비용의 고지 방법을 위반하거나 제증명수수료 비용의 게시방법을 위반한 경우
- 고지·게시한 금액을 초과하여 징수한 경우

| 질의 내용 | 비급여 진료비용의 고지 및 진료 전 설명 |
|---|---|
| 해석 경향 | 비급여 진료비용의 고지는 해당 의료기관에서 징수하는 비급여 고지 대상을 환자 및 환자의 보호자가 쉽게 알아볼 수 있도록 모두 기재하여 책자, 인쇄물 등의 형태로 의료기관 내부에 비치 및 게시하고, 인터넷 홈페이지를 운영하는 기관은 홈페이지에도 게재하는 것을 말하며, 또한 비급여 진료 전 설명은 설명 대상에 해당하는 비급여 항목을 환자에게 제공하기 전 해당 비급여 항목과 그 가격을 환자 또는 환자의 보호자에게 직접 설명하는 것이며, 의료기관에서는 고지·게시한 금액을 초과하여 징수할 수 없습니다. |

| 질의 내용 | 비급여 진료비용 등의 고지 대상 |
|---|---|
| 해석 경향 | 비급여 진료비용 등의 고지 대상은 「국민건강보험 요양급여의 기준에 관한 규칙」 제9조 별표 2의 비급여대상, 「건강보험 행위 급여·비급여 목록표 및 급여 상대가치점수」 고시의 비급여 목록, 「치료재료 급여·비급여 목록 및 급여상한금액표」 고시의 비급여 목록, 「약제 급여 목록 및 급여상한금액표」 고시 약제 이외의 비급여 약제, 건강보험 행위 급여 목록에 있는 항목 중 「요양급여의 적용기준 및 방법에 관한 세부사항」 고시에 따른 비급여 항목, 「의료법」 제45조제2항에 따른 진료기록부 사본, 진단서 등 제증명수수료를 대상으로 하고 있습니다. |

| 질의 내용 | 의료급여의 비급여 대상 |
|---|---|
| 해석 경향 | 의료급여법 제7조제3항의 규정에 의하여 의료급여대상에서 제외되는 사항을 비급여 대상이라 하고, 「국민건강보험 요양급여의 기준에 관한 규칙」 별표 2에 규정된 비급여 대상으로 합니다. |

| 질의 내용 | 비급여 진료 전 설명 대상 |
|---|---|
| 해석 경향 | 비급여 진료 전 설명 대상은 「비급여 진료비용 등의 공개에 관한 기준」 고시의 [별표 1] 공개항목(제4조제2항 관련) 상급병실료 등 585종목 제증명수수료 등 31조 중 의료기관에서 실제 제공하는 항목을 설명하면 됩니다. 해당 항목 검색 경로는, 국가법령정보센터(https://www.law.go.kr) ▶ 행정규칙 ▶ "비급여 진료비용 등의 공개에 관한 기준" 검색 ▶ 별표/서식 ▶ [별표 1] 공개항목(제4조제2항 관련)입니다. |

| 질의 내용 | 진단서 등 제증명 발급시 수수료 |
|---|---|
| 해석 경향 | 의료법 제17조제3항에 의거 의사·치과의사 또는 한의사가 환자에게 진단서·검안서 또는 증명서를 교부할 때에는 국민건강보험법 제41조4항에 따라 비급여 진료비용에 해당하는 제증명 발급 수수료를 환자로부터 직접 징수할 수 있습니다. 따라서 환자가 진단서 등 제증명을 발급받을 시 수수료를 지불함이 타당하며, 의료기관 개설자는 의료법 제45조제2항 및 같은법 시행규칙 제42조의2제3항에 의거 의료기관에서 환자로부터 징수하는 진료기록부 사본·진단서 등 제증명수수료의 비용을 접수창구 등 환자 및 환자의 보호자가 쉽게 볼 수 있는 장소에 책자 비치, 게시하여야 합니다. |

| 의료법 | 제45조의2(비급여 진료비용 등의 보고 및 현황조사 등) |
|---|---|

① 의료기관의 장은 보건복지부령으로 정하는 바에 따라 비급여 진료비용 및 제45조제2항에 따른 제증명수수료(이하 이 조에서 "비급여진료비용등"이라 한다)의 항목, 기준, 금액 및 진료내역 등에 관한 사항을 보건복지부장관에게 보고하여야 한다. <신설 2020. 12. 29.>

② 보건복지부장관은 제1항에 따라 보고받은 내용을 바탕으로 모든 의료기관에 대한 비급여진료비용등의 항목, 기준, 금액 및 진료내역 등에 관한 현황을 조사·분석하여 그 결과를 공개할 수 있다. 다만, 병원급 의료기관에 대하여는 그 결과를 공개하여야 한다. <개정 2016. 12. 20., 2020. 12. 29.>

③ 보건복지부장관은 제2항에 따른 비급여진료비용등의 현황에 대한 조사·분석을 위하여 필요하다고 인정하는 경우에는 의료기관의 장에게 관련 자료의 제출을 명할 수 있다. 이 경우 해당 의료기관의 장은 특별한 사유가 없으면 그 명령에 따라야 한다. <신설 2016. 12. 20., 2020. 12. 29.>

④ 제2항에 따른 현황조사·분석 및 결과 공개의 범위·방법·절차 등에 필요한 사항은 보건복지부령으로 정한다. <개정 2016. 12. 20., 2020. 12. 29.>

[본조신설 2015. 12. 29.] [제목개정 2020. 12. 29.]

| 의료법 시행규칙 | 제42조의3(비급여 진료비용 등의 현황 조사 등) |
|---|---|

① 법 제45조의2제1항에 따라 보건복지부장관이 법 제45조제1항 및 제2항의 비급여 진료비용 및 제증명수수료(이하 이 조에서 "비급여 진료비용등"이라 한다)에 대한 현황을 조사·분석하고 그 결과를 공개하는 의료기관은 보건복지부장관이 정하여 고시하는 의료기관으로 한다. <개정 2020. 9. 4.>

② 비급여 진료비용등의 현황에 대한 조사·분석 항목은 다음 각 호의 구분에 따른다.
  1. 법 제45조제1항에 따른 비급여 진료비용: 「국민건강보험 요양급여의 기준에 관한 규칙」 별표 2에 따라 비급여 대상이 되는 행위·약제 및 치료재료 중 의료기관에서 실시·사용·조제하는 빈도 및 의료기관의 징수비용 등을 고려하여 보건복지부장관이 고시하는 항목
  2. 법 제45조제2항에 따른 제증명수수료: 의료기관에서 발급하는 진단서·증명서 또는 검안서 등의 제증명서류 중 발급 빈도 및 발급 비용 등을 고려하여 보건복지부장관이 고시하는 시류
③ 보건복지부장관은 비급여 진료비용등의 현황에 대한 조사·분석을 위하여 의료기관의 장에게 관련 서류 또는 의견의 제출을 명할 수 있다. 이 경우 해당 의료기관의 장은 특별한 사유가 없으면 그 명령에 따라야 한다.
④ 보건복지부장관은 비급여 진료비용 등에 대한 심층적 조사·분석을 위하여 필요하다고 인정하는 경우에는 관계 전문기관이나 전문가 등에게 필요한 자료 또는 의견의 제출을 요청할 수 있다.
⑤ 보건복지부장관은 법 제45조의2제1항에 따라 비급여 진료비용등의 현황에 대한 조사·분석 결과를 모두 공개한다. 이 경우 공개방법은 보건복지부장관이 지정하는 정보시스템에 게시하는 방법으로 한다.
⑥ 제1항부터 제5항까지의 규정에 따른 비급여 진료비용등의 현황에 대한 조사·분석 및 공개 등의 방법 및 절차 등에 관하여 필요한 세부 사항은 보건복지부장관이 정하여 고시한다. [본조신설 2016. 10. 6.]

| 질의 내용 | 지불한 비급여 진료비 확인 |
|---|---|
| 해석 경향 | 국민건강보험법 제41조제4항은 요양급여의 기준을 정할 때 업무나 일상생활에 지장이 없는 질환에 대한 치료 등 보건복지부령으로 정하는 사항은 요양급여대상에서 제외되는 비급여 대상으로 정하여, 비급여 대상에 대해서는 의료기관에서 자체적으로 비용을 정하여 징수하고 있습니다. 이와 같은 비급여 진료비용과 관련된 진료비 내역의 확인을 원할 경우, 건강보험심사평가원 홈페이지(www.hira.or.kr)에 영수증, 계산서 등 관련 자료를 첨부하여 진료비 확인신청을 이용하면 가능하며, 의료급여 역시 의료급여법 제11조의3제1항에 따라 수급권자는 본인부담금 외에 부담한 비용이 제7조제3항에 따라 의료급여의 대상에서 제외되는 사항에 해당하는 비용(이하 "비급여비용")인지에 대하여 급여비용심사기관에 확인을 요청할 수 있으며, 이때 급여비용심사기관이라 함은 건강보험심사평가원을 말하며 건강보험심사평가원 홈페이지(www.hira.or.kr)에 영수증, 계산서 등 관련 자료를 첨부하여 진료비 확인신청을 이용하면 가능하겠습니다. |

◇ 제45조의2제1항을 위반하여 보고를 하지 아니하거나 거짓으로 보고한 자 : 200만원 이하의 과태료

◇ 제45조의2제3항을 위반하여 자료를 제출하지 아니하거나 거짓으로 제출한 자 : 200만원 이하의 과태료

| 질의 내용 | 비급여 진료비 공개 |
|---|---|
| 해석 경향 | 비급여 진료비 공개와 관련하여, 건강보험심사평가원에서 보건복지부 고시 제2019-322호 「비급여 진료비용 등의 공개에 관한 기준」에 따라 국민이 병원을 선택할 때 참고할 수 있도록 병원급 이상 전체 의료기관의 비급여 진료비용을 조사하여 최저·최고금액 등 다양한 정보를 공개하고 있습니다. (공개항목) 2020년 4월 1일 기준 616항목 공개 (비급여 항목 585항목, 제증명수수료 31항목) |

| 의료법 | 제45조의3(제증명수수료의 기준 고시) |
|---|---|

보건복지부장관은 제45조의2제2항에 따른 현황조사·분석의 결과를 고려하여 제증명수수료의 항목 및 금액에 관한 기준을 정하여 고시하여야 한다. <개정 2020. 12. 29.> [본조신설 2016. 12. 20.] [시행일 : 2021. 6. 30.]

[별표] 의료기관의 제증명수수료 항목 및 금액에 관한 기준 (제4조제2항 관련)

| 연번 | 항목 | 기준 | 상한금액(원) |
|---|---|---|---|
| 1 | 일반진단서 | 의료법 시행규칙 [별지 제5호의2서식]에 따라 의사가 진찰하거나 검사한 결과를 종합하여 작성한 진단서를 말함 | 20,000 |
| 2 | 건강진단서 | 취업, 입학, 유학, 각종 면허 발급 등을 위해 의사가 건강상태를 증명하는 진단서를 말함 | 20,000 |
| 3 | 근로능력평가용 진단서 | 국민기초생활 보장법 시행규칙 제35조 [별지 제6호서식]에 따라 의사가 근로능력 평가를 위해 발급하는 진단서를 말함 | 10,000 |
| 4 | 사망진단서 | 의료법 시행규칙 [별지 제6호서식]에 따라 의사가 환자의 사망을 의학적으로 확인 후 그 결과를 기록한 진단서를 말함 | 10,000 |
| 5 | 장애 정도 심사용 진단서 (신체적장애) | 장애인복지법 시행규칙 [별지 제3호서식]에 따라 의사가 장애에 대한결과를 종합하여 작성한 진단서를 말함 * 보건복지부고시 '장애 정도 판정기준'에 따른 신체적 장애 | 15,000 |
| 6 | 장애 정도 심사용 진단서 (정신적장애) | 장애인복지법 시행규칙 [별지 제3호서식]에 따라 의사가 장애에 대한결과를 종합하여 작성한 진단서를 말함 * 보건복지부고시 '장애 정도 판정기준'에 따른 정신적 장애 | 40,000 |
| 7 | 후유 장애진단서 | 질병, 부상 등이 원인이 되어 신체에 발생한 장애로, 의사가 더 이상의 치료효과를 기대할 수 없다고 판단하는 진단서를 말함 | 100,000 |
| 8 | 병무용 진단서 | 병역법 시행규칙 [별지 제106호서식]에 따라 군복무 등을 위해 의사가 진찰하거나 검사한 결과를 종합하여 작성한 진단서를 말함 | 20,000 |
| 9 | 국민연금 장애심사용 진단서 | 보건복지부고시 「국민연금장애심사규정」[별지 제1호서식]에 따라 국민연금수혜를 목적으로 의사가 장애의 정도를 종합하여 작성한 진단서를 말함 | 15,000 |
| 10 | 상해진단서 (3주 미만) | 의료법 시행규칙 [별지 제5호의3서식]에 따라 질병의 원인이 상해(傷害)로 상해진단기간이 3주 미만일 경우의 진단서를 말함 | 100,000 |
| 11 | 상해진단서 (3주 이상) | 의료법 시행규칙 [별지 제5호의3서식]에 따라 질병의 원인이 상해(傷害)로 상해진단기간이 3주 이상일 경우의 진단서를 말함 | 150,000 |
| 12 | 영문 일반진단서 | 의료법 시행규칙 [별지 제5호의2서식]에 따라 의사가 영문으로 작성한 '일반 진단서'를 말함 | 20,000 |
| 13 | 입퇴원확인서 | 환자의 인적사항(성명, 성별, 생년월일 등)과 입퇴원일을 기재하여, 입원사실에 대하여 행정적으로 발급하는 확인서를 말함 (입원사실증명서와 동일) | 3,000 |
| 14 | 통원확인서 | 환자의 인적사항(성명, 성별, 생년월일 등)과 외래 진료일을 기재하여, 외래진료사실에 대하여 행정적으로 발급하는 확인서를 말함 | 3,000 |
| 15 | 진료확인서 | 환자의 인적사항(성명, 성별, 생년월일 등)과 특정 진료내역을 기재하여, 특정 진료사실에 대하여 행정적으로 발급하는 확인서를 말함(방사선 치료, 검사 및 의약품 등) | 3,000 |
| 16 | 향후진료비 | 계속적인 진료가 요구되는 환자에게 향후 발생이 예상되는 | 50,000 |

| | | | |
|---|---|---|---|
| | 추정서<br>(천만원 미만) | 치료비가 1천만원 미만일 경우 발급하는 증명서를 말함 | |
| 17 | 향후진료비<br>추정서<br>(천만원 이상) | 계속적인 진료가 요구되는 환자에게 향후 발생이 예상되는 치료비가 1천만원 이상일 경우 발급하는 증명서를 말함 | 100,000 |
| 18 | 출생증명서 | 의료법 시행규칙 [별지 제7호서식]에 따라 의사 또는 조산사가 작성하는 태아의 출생에 대한 증명서를 말함 | 3,000 |
| 19 | 시체검안서 | 의료법 시행규칙 [별지 제6호서식]에 따라 주검에 대하여 의학적으로 확인 후 그 결과를 기록하여 발급하는 증명서를 말하며, 출장비를 포함하지 않음<br>* 검찰, 경찰의 업무 처리를 위한 시체검안서는 제외 | 30,000 |
| 20 | 장애인<br>증명서 | 소득세법 시행규칙 [별지 제38호서식]에 따라 장애인공제 대상임을 나타내는 증명서를 말함 | 1,000 |
| 21 | 사산(사태)<br>증명서 | 의료법시행규칙 [별지 제8호서식]에 따라 의사 또는 조산사가 작성한 태아의 사산(死産) 또는 사태(死胎)에 대한 증명서를 말함 | 10,000 |
| 22 | 입원사실<br>증명서 | 환자의 인적사항과 입원일이 기재되어 있는 확인서로 입퇴원확인서 금액기준과 동일함 | 입퇴원<br>확인서<br>와 같음 |
| 23 | 채용신체<br>검사서<br>(공무원) | 「공무원 채용 신체검사 규정」 [별지 제1호서식]에 따라 국가공무원을 신규로 채용할 때에 그 직무를 담당할 수 있는 신체상의 능력을 확인하는 증명서를 말함<br>* 계측검사, 일반혈액검사, 요검사, 흉부방사선검사 비용을 포함하며, 그 외 마약류 검사 및 특이질환 검사 비용 등은 제외 | 40,000 |
| 24 | 채용신체<br>검사서<br>(일반) | 근로자를 신규로 채용할 때에 그 직무를 담당할 수 있는 신체상의 능력을 확인하는 증명서를 말함<br>* 계측검사, 일반혈액검사, 요검사, 흉부방사선검사 비용을 포함하며, 그 외 마약류 검사 및 특이질환 검사 비용 등은 제외 | 30,000 |
| 25 | 진료기록<br>사본(1~5매) | 의료법 시행규칙 제15조제1항에 따른 진료기록부 등을 복사하는 경우를 말함(1~5매까지, 1매당 금액) | 1,000 |
| 26 | 진료기록<br>사본(6매 이상) | 의료법 시행규칙 제15조제1항에 따른 진료기록부 등을 복사하는 경우를 말함(6매부터, 1매당 금액) | 100 |
| 27 | 진료기록<br>영상(필름) | 방사선단순영상, 방사선특수영상, 전산화단층영상(CT) 등 영상 자료를 필름을 이용하여 복사하는 경우를 말함 | 5,000 |
| 28 | 진료기록<br>영상(CD) | 영상진단, 내시경사진, 진료 중 촬영한 신체부위 등 영상 자료를 CD를 이용하여 복사하는 경우를 말함 | 10,000 |
| 29 | 진료기록<br>영상(DVD) | 영상진단, 내시경사진, 진료 중 촬영한 신체부위 등 영상 자료를 DVD를 이용하여 복사하는 경우를 말함 | 20,000 |
| 30 | 제증명서<br>사본 | 기존의 제증명서를 복사(재발급)하는 경우를 말함(동시에 동일 제증명서를 여러통 발급받는 경우 최초 1통 이외 추가로 발급받는 제증명서도 사본으로 본다) | 1.000 |

주) 상한금액은 진찰료 및 각종 검사료 등 진료비용을 포함하지 않음 / (USB 포함 31종)

| 질의 내용 | 고시·게시한 제증명수수료 초과 징수 |
|---|---|
| 해석 경향 | 비급여 진료비용에 해당하는 제증명수수료에 대해 보건복지부에서는 '의료기관의 제증명수수료 항목 및 금액에 관한 기준'을 고시하고 있습니다. 따라서 의료기관에서는 상한액 내에서 금액을 게시하여 환자로부터 징수할 수 있으나 그 상한액 이상을 징수할 경우, '시정명령'을 받게 됩니다. |

| 의료법 | 제46조(환자의 진료의사 선택 등) |
|---|---|

① 환자나 환자의 보호자는 종합병원·병원·치과병원·한방병원·요양병원 또는 정신병원의 특정한 의사·치과의사 또는 한의사를 선택하여 진료를 요청할 수 있다. 이 경우 의료기관의 장은 특별한 사유가 없으면 환자나 환자의 보호자가 요청한 의사·치과의사 또는 한의사가 진료하도록 하여야 한다. <개정 2008. 2. 29., 2010. 1. 18., 2018. 3. 27., 2020. 3. 4.>

② 제1항에 따라 진료의사를 선택하여 진료를 받는 환자나 환자의 보호자는 진료의사의 변경을 요청할 수 있다. 이 경우 의료기관의 장은 정당한 사유가 없으면 이에 응하여야 한다. <개정 2018. 3. 27.>

③ 의료기관의 장은 환자 또는 환자의 보호자에게 진료의사 선택을 위한 정보를 제공하여야 한다. <개정 2008. 2. 29., 2010. 1. 18., 2018. 3. 27.>

④ 의료기관의 장은 제1항에 따라 진료하게 한 경우에도 환자나 환자의 보호자로부터 추가비용을 받을 수 없다. <개정 2018. 3. 27.>

⑤ 삭제 <2018. 3. 27.>

⑥ 삭제 <2018. 3. 27.>

◇ 진료의사 선택에 따라 15~50%까지 추가비용을 환자가 직접 부담하던 선택진료제도는 당초 1967년 저수가 보전차원으로 국립의료원 등에서 특진제도로 출발하였으며, 1991. 3. 29. '지정진료에 관한 규칙'이 제정되면서 병원별 특진규정을 통합시켰으며, 이후 1999. 11. '지정진료제도'를 폐지하고, '선택진료제도'로 바뀌어 2000. 9. 5.부터 전문의 자격 취득 후 10년, 병원 의료진 33%내로 한정하여 시행해 오다 2018년 환자의 진료비 부담 완화차원에서 그 근거 규정인 의료법 제46조제5항, 제6항이 삭제, 개정(법률 제15540호, 2018. 3. 27. 공포·시행)되어 완전폐지 됨. 따라서 선택진료에 따른 추가비용징수 등에 대해 세부적으로 규정하고 있던 「선택진료에 관한 규칙」도 폐지[시행 2018. 4. 4.] [보건복지부령 제567호, 2018. 4. 4.]되었으며, 선택진료제도 폐지에 따른 의료기관 손실은 '의료질 평가지원금' 등을 통해 보상하는 방안으로 추진되고 있다.

△ 제46조를 위반하여 다음의 어느 하나에 해당하게 된 의료기관 : 시정명령

- 위반하여 선택진료 담당 의사 등을 지정한 경우
- 선택진료에 관한 규칙 제4조제2항에 해당하는 자를 선택진료 담당의사 등으로 지정한 경우
- 선택진료에 관한 규칙 제4조제3항을 위반하여 추가비용을 징수하지 아니하는 의사 등을 1명 이상 두지 아니하는 경우
- 선택진료에 관한 규칙 제6조를 위반하여 안내문을 게시 또는 비치하지 아니하거나 신청서의 사본을 발급하여 주지 아니하는 경우
- 선택진료에 관한 규칙 제7조를 위반하여 신청서 등의 서류를 보존기간까지 보존하지 아니한 경우
- 선택진료에 관한 규칙 제8조를 위반하여 선택진료 담당의사 등의 지정내용 등을 건강보험심사평가원장에게 통보하지 아니한 경우

△ 제46조제1항 후단을 위반하여 특별한 사유 없이 환자 또는 그 보호자의 선택진료 요청을 거부한 경우 : 시정명령

△ 제46조제2항을 위반하여 선택진료를 받는 환자 또는 그 보호자의 선택진료의 변경 또는 해지 요청에 따르지 아니한 경우 : 시정명령

---

**의료법**  제47조(의료관련감염 예방)

① 보건복지부령으로 정하는 일정 규모 이상의 병원급 의료기관의 장은 의료관련감염 예방을 위하여 감염관리위원회와 감염관리실을 설치·운영하고 보건복지부령으로 정하는 바에 따라 감염관리 업무를 수행하는 전담 인력을 두는 등 필요한 조치를 하여야 한다. <개정 2008. 2. 29., 2010. 1. 18., 2011. 8. 4., 2020. 3. 4.>

② 의료기관의 장은 「감염병의 예방 및 관리에 관한 법률」 제2조제1호에 따른 감염병의 예방을 위하여 해당 의료기관에 소속된 의료인, 의료기관 종사자 및 「보건의료인력지원법」 제2조제3호의 보건의료인력을 양성하는 학교 및 기관의 학생으로서 해당 의료기관에서 실습하는 자에게 보건복지부령으로 정하는 바에 따라 정기적으로 교육을 실시하여야 한다. <신설 2019. 4. 23., 2020. 12. 29.>

③ 의료기관의 장은 「감염병의 예방 및 관리에 관한 법률」 제2조제1호에 따른 감염병이 유행하는 경우 환자, 환자의 보호자, 의료인, 의료기관 종사자 및 「경비업법」 제2조제3호에 따른 경비원 등 해당 의료기관 내에서 업무를 수행하는 사람에게 감염병의 확산 방지를 위하여 필요한 정보

를 제공하여야 한다. <신설 2015. 12. 29., 2019. 4. 23.>

④ 질병관리청장은 의료관련감염의 발생·원인 등에 대한 의과학적인 감시를 위하여 의료관련감염 감시 시스템을 구축·운영할 수 있다. <신설 2020. 3. 4., 2020. 8. 11.>

⑤ 의료기관은 제4항에 따른 시스템을 통하여 매월 의료관련감염 발생 사실을 등록할 수 있다. <신설 2020. 3. 4.>

⑥ 질병관리청장은 제4항에 따른 시스템의 구축·운영 업무를 대통령령으로 정하는 바에 따라 관계 전문기관에 위탁할 수 있다. <신설 2020. 3. 4., 2020. 8. 11.>

⑦ 질병관리청장은 제6항에 따라 업무를 위탁한 전문기관에 대하여 그 업무에 관한 보고 또는 자료의 제출을 명할 수 있다. <신설 2020. 3. 4., 2020. 8. 11.>

⑧ 의료관련감염이 발생한 사실을 알게 된 의료기관의 장, 의료인, 의료기관 종사자 또는 환자 등은 보건복지부령으로 정하는 바에 따라 질병관리청장에게 그 사실을 보고(이하 이 조에서 "자율보고"라 한다)할 수 있다. 이 경우 질병관리청장은 자율보고한 사람의 의사에 반하여 그 신분을 공개하여서는 아니 된다. <신설 2020. 3. 4., 2020. 8. 11.>

⑨ 자율보고한 사람이 해당 의료관련감염과 관련하여 관계 법령을 위반한 사실이 있는 경우에는 그에 따른 행정처분을 감경하거나 면제할 수 있다. <신설 2020. 3. 4.>

⑩ 자율보고가 된 의료관련감염에 관한 정보는 보건복지부령으로 정하는 검증을 한 후에는 개인식별이 가능한 부분을 삭제하여야 한다. <신설 2020. 3. 4.>

⑪ 자율보고의 접수 및 분석 등의 업무에 종사하거나 종사하였던 사람은 직무상 알게 된 비밀을 다른 사람에게 누설하거나 직무 외의 목적으로 사용하여서는 아니 된다. <신설 2020. 3. 4.>

⑫ 의료기관의 장은 해당 의료기관에 속한 자율보고를 한 보고자에게 그 보고를 이유로 해고 또는 전보나 그 밖에 신분 또는 처우와 관련하여 불리한 조치를 할 수 없다. <신설 2020. 3. 4.>

⑬ 질병관리청장은 제4항 또는 제8항에 따라 수집한 의료관련감염 관련 정보를 감염 예방·관리에 필요한 조치, 계획 수립, 조사·연구, 교육 등에 활용할 수 있다. <신설 2020. 3. 4., 2020. 8. 11.>

⑭ 제1항에 따른 감염관리위원회의 구성과 운영, 감염관리실 운영, 제2항에 따른 교육, 제3항에 따른 정보 제공, 제5항에 따라 등록하는 의료관련감염의 종류와 그 등록의 절차·방법 등에 필요한 사항은 보건복지부령으로 정한다. <개정 2020. 3. 4.>[제목개정 2020. 3. 4.] [시행일 : 2021. 12. 30.] 제47조제2항

| 의료법 시행령 | 제18조(의료관련감염 감시 시스템 구축·운영 업무의 위탁) |

① 질병관리청장은 법 제47조제6항에 따라 같은 조 제4항에 따른 의료관련감염 감시 시스템(이하 "의료관린감염 감시 시스템"이라 한다)의 구축·운영 입무를 다음 각 호의 어느 하나에 해당하는 기관에 위탁할 수 있다. <개정 2020. 9. 11.>

1. 「정부출연연구기관 등의 설립·운영 및 육성에 관한 법률」에 따른 정부출연연구기관

2. 「고등교육법」 제2조에 따른 학교

3. 의료관련감염의 예방·관리 업무를 수행하는 「민법」 제32조 또는 다른 법률에 따라 설립된 비영리법인

4. 그 밖에 의료관련감염의 예방·관리 업무에 전문성이 있다고 질병관리청장이 인정하는 기관

② 질병관리청장은 법 제47조제6항에 따라 의료관련감염 감시 시스템의 구축·운영 업무를 위탁하려는 경우 그 위탁 기준·절차 및 방법 등에 관한 사항을 미리 공고해야 한다. <개정 2020. 9. 11.>

③ 질병관리청장은 법 제47조제6항에 따라 의료관련감염 감시 시스템의 구축·운영 업무를 위탁한 경우 그 위탁 내용 및 수탁자 등에 관한 사항을 관보에 고시하고, 질병관리청의 인터넷 홈페이지에 게시해야 한다. <개정 2020. 9. 11.>

④ 제2항 및 제3항에 따른 위탁 기준 등의 공고 및 위탁 내용 등의 고시 등에 필요한 세부사항은 질병관리청장이 정하여 고시한다. <개정 2020. 9. 11.> 본조신설 2020. 9. 4.]

| 의료법 시행규칙 | 제43조(감염관리위원회 및 감염관리실의 설치 등) |

① 법 제47조제1항에서 "보건복지부령으로 정하는 일정 규모 이상의 병원급 의료기관"이란 다음 각 호의 구분에 따른 의료기관을 말한다. <개정 2016. 10. 6.>

1. 2017년 3월 31일까지의 기간: 종합병원 및 200개 이상의 병상을 갖춘 병원으로서 중환자실을 운영하는 의료기관

2. 2017년 4월 1일부터 2018년 9월 30일까지의 기간: 종합병원 및 200개 이상의 병상을 갖춘 병원

3. 2018년 10월 1일부터의 기간: 종합병원 및 150개 이상의 병상을 갖춘 병원

② 법 제47조제1항에 따른 감염관리위원회(이하 "위원회"라 한다)는 다음 각 호의

업무를 심의한다. <개정 2009. 4. 29., 2010. 12. 30., 2015. 12. 23., 2016. 10. 6.>

1. 병원감염에 대한 대책, 연간 감염예방계획의 수립 및 시행에 관한 사항
2. 감염관리요원의 선정 및 배치에 관한 사항
3. 감염병환자등의 처리에 관한 사항
4. 병원의 전반적인 위생관리에 관한 사항
5. 병원감염관리에 관한 자체 규정의 제정 및 개정에 관한 사항
6. 삭제 <2012. 8. 2.>  7. 삭제 <2012. 8. 2.>  8. 삭제 <2012. 8. 2.>
9. 그 밖에 병원감염관리에 관한 중요한 사항

③ 법 제47조제1항에 따른 감염관리실(이하 "감염관리실"이라 한다)은 다음 각 호의 업무를 수행한다. <신설 2012. 8. 2., 2016. 10. 6.>

1. 병원감염의 발생 감시
2. 병원감염관리 실적의 분석 및 평가
3. 직원의 감염관리교육 및 감염과 관련된 직원의 건강관리에 관한 사항
4. 그 밖에 감염 관리에 필요한 사항

[제목개정 2012. 8. 2.]

| 의료법 시행규칙 | 제44조(위원회의 구성) |
|---|---|

① 위원회는 위원장 1명을 포함한 7명 이상 15명 이하의 위원으로 구성한다.
② 위원장은 해당 의료기관의 장으로 하고, 부위원장은 위원 중에서 위원장이 지명한다. <개정 2012. 8. 2.>
③ 위원은 다음 각 호의 어느 하나에 해당하는 사람과 해당 의료기관의 장이 위촉하는 외부 전문가로 한다. <개정 2012. 8. 2.>

1. 감염관리실장
2. 진료부서의 장
3. 간호부서의 장
4. 진단검사부서의 장
5. 감염 관련 의사 및 해당 의료기관의 장이 필요하다고 인정하는 사람

④ 제3항 각 호에 해당하는 자는 당연직 위원으로 하되 그 임기는 해당 부서의 재직기간으로 하고, 위촉하는 위원의 임기는 2년으로 한다.

| 의료법 시행규칙 | 제45조(위원회의 운영) |
|---|---|

① 위원회는 정기회의와 임시회의로 운영한다.
② 정기회의는 연 2회 개최하고, 임시회의는 위원장이 필요하다고 인정하는 때 또는 위원 과반수가 소집을 요구할 때에 개최할 수 있다.

③ 회의는 재적위원 과반수의 출석과 출석위원 과반수의 찬성으로 의결한다.

④ 위원장은 위원회를 대표하며 업무를 총괄한다.

⑤ 위원회는 회의록을 작성하여 참석자의 확인을 받은 후 비치하여야 한다.

⑥ 그 밖에 위원회의 운영에 필요한 사항은 위원장이 정한다.

| 의료법 시행규칙 | 제46조(감염관리실의 운영 등) |

① 법 제47조제1항에 따라 감염관리실에서 감염관리 업무를 수행하는 사람의 인력기준 및 배치기준은 별표 8의2와 같다. <개정 2016. 10. 6.>

② 제1항에 따라 감염관리실에 두는 인력 중 1명 이상은 감염관리실에서 전담 근무하여야 한다.

③ 제1항에 따라 감염관리실에서 근무하는 사람은 별표 8의3에서 정한 교육기준에 따라 교육을 받아야 한다. <개정 2016. 10. 6.> [전문개정 2012. 8. 2.]

| 의료법 시행규칙 | 제46조의2(감염병 예방을 위한 정보 제공 등) |

① 의료기관의 장은 법 제47조제2항에 따라 「감염병의 예방 및 관리에 관한 법률」 제2조제1호에 따른 감염병(이하 이 조에서 "감염병"이라 한다) 예방을 위하여 다음 각 호의 사항에 관한 교육을 실시해야 한다. <개정 2019. 10. 24., 2020. 9. 11.>

1. 감염병의 감염 원인, 감염 경로 및 감염 증상 등 감염병의 내용 및 성격에 관한 사항

2. 감염병에 대한 대응조치, 진료방법 및 예방방법 등 감염병의 예방 및 진료에 관한 사항

3. 감염병 환자의 관리, 감염 물건의 처리, 감염 장소의 소독 및 감염병 보호장비 사용 등 감염병의 관리에 관한 사항

4. 「감염병의 예방 및 관리에 관한 법률」에 따른 의료기관, 보건의료인 또는 의료기관 종사자의 보고·신고 및 협조 등에 관한 사항

5. 그 밖에 감염병 예방 및 관리 등을 위하여 질병관리청장이 특히 필요하다고 인정하는 사항

② 의료기관의 장은 법 제47조제3항에 따라 감염병이 유행하는 경우 해당 의료기관 내에서 업무를 수행하는 사람에게 제1항의 교육을 2회 이상 실시해야 한다. <개정 2019. 10. 24.>

③ 의료기관의 장은 법 제47조제3항에 따라 감염병의 확산 및 방지에 필요한 정보를 다음 각 호의 방법으로 제공해야 한다. <개정 2019. 10. 24., 2020. 9. 11.>

1. 의료기관의 인터넷 홈페이지 게시

2. 매뉴얼·게시물 또는 안내문 등의 작성·비치

3. 그 밖에 질병관리청장이 신속하고 정확한 정보 제공을 위하여 적합하다고 인정하여 고시하는 방법

④ 의료기관의 장은 법 제47조제2항 및 제3항에 따라 교육 및 정보 제공을 위하여 필요하다고 인정하는 경우에는 질병관리청 또는 관할 보건소에 필요한 협조를 요청할 수 있다. <개정 2019. 10. 24., 2020. 9. 11.>

⑤ 제1항부터 제4항까지의 규정에 따른 감염병 예방 정보 교육 및 정보 제공의 내용·방법 및 절차 등에 필요한 세부 사항은 질병관리청장이 정하여 고시한다. <개정 2019. 10. 24., 2020. 9. 11.> [본조신설 2016. 10. 6.]

| 의료법 시행규칙 | 제46조의3(의료관련감염 감시 시스템의 등록 절차·방법) |
|---|---|

① 법 제47조제5항에 따라 의료기관이 같은 조 제4항에 따른 의료관련감염 감시 시스템(이하 "의료관련감염 감시 시스템"이라 한다)을 통하여 등록할 수 있는 의료관련감염의 종류는 다음 각 호와 같다.
 1. 중환자실에서 발생한 감염
 2. 수술한 부위의 감염
 3. 그 밖에 질병관리청장이 정하여 고시하는 감염

② 제1항에서 규정한 사항 외에 의료관련감염 감시 시스템의 등록 절차·방법 등에 관한 세부적인 사항은 질병관리청장이 정하여 고시한다. [본조신설 2020. 9. 4.]

| 의료법 시행규칙 | 제46조의4(의료관련감염 자율보고의 절차 등) |
|---|---|

① 법 제47조제8항에 따른 자율보고(이하 "자율보고"라 한다)를 하려는 사람은 다음 각 호의 구분에 따른 보고서를 질병관리청장에게 제출해야 한다.
 1. 의료기관의 장, 의료인 또는 의료기관 종사자: 별지 제21호서식의 의료관련감염 발생 보고서
 2. 환자 또는 환자의 보호자: 별지 제21호의2서식의 의료관련감염 발생 보고서

② 법 제47조제10항에서 "보건복지부령으로 정하는 검증"이란 의료관련감염의 사실관계에 대한 확인을 말한다.

③ 제1항 및 제2항에서 규정한 사항 외에 자율보고의 접수·분석 등에 필요한 세부적인 사항은 질병관리청장이 정하여 고시한다.

[본조신설 2020. 9. 4.]

■ 의료법 시행규칙 [별표 8의2] <신설 2016. 10. 6.>

### 감염관리 업무를 수행하는 사람의 인력기준 및 배치기준(제46조제1항 관련)

1. 인력기준: 감염관리실에서 감염관리 업무를 수행하는 사람은 감염관리에 관한 경험 및 지식이 있는 사람으로서 의사, 간호사 또는 해당 의료기관의 장이 인정하는 사람으로 한다.
2. 배치기준: 다음 각 목의 구분에 따라 배치한다.

가. 상급종합병원

1) 의사

| 구분 | 100~300병상 | 301~600병상 | 601~900병상 | 901~1,200병상 | 1,201~1,500병상 | 1,501~1,800병상 | 1,801~2,100병상 | 2,101~2,400병상 | 2,401병상 이상 |
|---|---|---|---|---|---|---|---|---|---|
| 의사 | 1명 이상 | 2명 이상 | 3명 이상 | 4명 이상 | 5명 이상 | 6명 이상 | 7명 이상 | 8명 이상 | 9명 이상 |

2) 간호사 및 해당 의료기관의 장이 인정하는 사람

| 구분 | 100~200병상 | 201~400병상 | 401~600병상 | 601~800병상 | 801~1,000병상 | 1,000~1,200병상 | 1,201~1,400병상 | 1,401~1,600병상 | 1,601~1,800병상 | 1,801~2,000병상 | 2,001~2,200병상 | 2,201~2,400병상 | 2,401병상이상 |
|---|---|---|---|---|---|---|---|---|---|---|---|---|---|
| 간호사 | 1명 이상 | 2명 이상 | 2명 이상 | 3명 이상 | 3명 이상 | 4명 이상 | 4명 이상 | 5명 이상 | 5명 이상 | 6명 이상 | 6명 이상 | 7명 이상 | 7명 이상 |
| 의료기관의 장이 인정하는 사람 | 1명 이상 | 1명 이상 | 2명 이상 | 2명 이상 | 3명 이상 | 3명 이상 | 4명 이상 | 4명 이상 | 5명 이상 | 5명 이상 | 6명 이상 | 6명 이상 | 7명 이상 |

나. 종합병원

| 구분 | 100~300병상 | 301~600병상 | 601~900병상 | 901~1,200병상 | 1,201~1,500병상 | 1,501~1,800병상 | 1,801~2,100병상 | 2,101병상 이상 |
|---|---|---|---|---|---|---|---|---|
| 의사 | 1명 이상 | 2명 이상 | 3명 이상 | 4명 이상 | 5명 이상 | 6명 이상 | 7명 이상 | 8명 이상 |
| 간호사 | 1명 이상 | 2명 이상 | 2명 이상 | 3명 이상 | 3명 이상 | 4명 이상 | 4명 이상 | 5명 이상 |
| 의료기관의 장이 인정하는 사람 | 1명 이상 | 1명 이상 | 2명 이상 | 2명 이상 | 3명 이상 | 3명 이상 | 4명 이상 | 4명 이상 |

다. 병원

| 인력 | 150~300병상 | 301~600병상 | 601~900병상 | 901~1,200병상 | 1,201병상 이상 |
|---|---|---|---|---|---|
| 의사 | 1명 이상 | 2명 이상 | 3명 이상 | 4명 이상 | 5명 이상 |
| 간호사 | 1명 이상 | 1명 이상 | 1명 이상 | 1명 이상 | 1명 이상 |
| 의료기관의 장이 인정하는 사람 | 1명 이상 | 1명 이상 | 1명 이상 | 1명 이상 | 1명 이상 |

비고
1. 위 표 제2호가목2)의 기준에도 불구하고 401병상 이상인 경우에는 해당 배치기준상의 최소인력을 기준으로 간호사를 1명씩 늘려 배치하면서 의료기관의 장이 인정하는 사람은 1명씩 줄여 배치할 수 있다. 다만, 의료기관의 장이 인정하는 사람이 최소 1명 이상 배치되어야 한다.
2. 위 표 제2호나목의 기준에도 불구하고 601병상 이상인 경우에는 해당 배치기준상의 최소인력을 기준으로 간호사를 1명씩 늘려 배치하면서 의료기관의 장이 인정하는 사람을 1명씩 줄여 배치할 수 있다. 다만, 의료기관의 장이 인정하는 사람은 최소 1명 이상 배치되어야 한다.

### 감염관리실 근무 인력의 교육기준(제46조제3항 관련)

1. 교육 내용: 감염관리업무 개요 및 담당 인력의 역할, 감염관리 지침, 감시자료 수집 및 분석, 의료관련감염진단, 미생물학, 소독 및 멸균, 환경관리, 병원체별 감염관리, 분야별 감염관리, 역학통계, 임상미생물학, 유행조사, 감염감소 중재전략, 격리, 감염관리사업 기획·평가 등 감염관리와 관련된 내용
2. 교육 이수 시간: 매년 16시간 이상
3. 교육 기관: 다음 각 목의 어느 하나에 해당하는 기관
   가. 국가나 지방자치단체
   나. 「의료법」 제28조에 따른 의사회 또는 간호사회
   다. 「한국보건복지인력개발원법」에 따른 한국보건복지인력개발원
   라. 그 밖에 감염관리 관련 전문 학회 또는 단체
※ 비고: 감염관리실 근무 인력(감염관리 경력 3년 이상인 사람으로 한정한다)이 감염관리 관련 전문 학회에서 주관하는 학술대회 또는 워크숍에 매년 16시간 이상 참석한 경우에는 제1호부디 제3호까지의 규정에 따라 교육을 받은 것으로 본다.

◇ 의료관련 감염은 일상생활이나 건강한 생활을 위해 이용하게 되는 의료기관에서 통원 또는 입원 치료 중 공기감염, 접촉감염 등 각종 세균에 의한 감염증을 일으킬 수 있는 경우를 말한다. 오늘날 각종 항생물질의 개발에 따라 병원감염의 원인균이 녹농균, HB 바이러스감염을 들 수 있으나, 2002년 중국에서 발생한 사스(중증급성호흡기증후군), 2012년 4월부터 사우디아라비아 등 중동 지역을 중심으로 주로 감염자가 발생하여 전 세계적으로 유행하며 큰 피해를 준 중동호흡기증후군(메르스)사태는 우리나라에서도 2015년 5월 첫 감염자가 발생한 이후 186명의 환자가 발생한 바 있으며, 2019년 12월 중국 후베이성 우한시에서 발생하여 전 세계적으로 많은 환자와 사망자를 낸 코로나바이러스감염증-19(COVID-19)로 인해 감염방지의 중요성은 최근 사회적으로 가장 큰 이슈가 되었다. 일반적으로 감염은 일반병원, 요양병원, 정신요양시설 등 의료기관의 종류나 규모, 시설, 관리 방법에 따라서 발생 빈도가 다르게 나타나고 특히 입원실, 중환자실이나 외과 병실, 수술실, 신생아실 등 밀폐된 공간의 감염과 의료인, 병원 종사자 등 다양한 경로를 통한 전파로 모두 세심한 주의와 감염예방을 위한 노력이 필요한 상황이다. 의료법령상 종합병원 및 150개 이상의 병상을 갖춘 병원에서는 감염관리위원회와 감염관리실을 설치, 운영하고 감염관리 전담인력을 두어 직원들에 대한 철저한 교육부터 소독이나 멸균 관리, 감염이 일어났을 때 감염원이나 감염 경로의 규명, 기저질환자, 감염 감수성이 높은 환자들에 대한 대책, 오염물 관리, 항생 물질 사용 방법 등은 물론 환자 및 보호자, 의료기관 종사자 등에까지 감염병 확산을 방지하기 위한 필요한 정보를 제공하는 등 종합적으로 관리하도록 하고 있다.

◇ 제47조제11항을 위반하여 자율보고의 접수 및 분석 업무에 종사하며 직무상
알게 된 비밀을 다른 사람에게 누설하거나 직무 외의 목적으로 사용한 자 :
3년 이하의 징역이나 3천만원 이하의 벌금

◇ 제47조제12항을 위반하여 자율보고를 한 사람에게 불리한 조치를 한 자 : 2년
이하의 징역이나 2천만원 이하의 벌금

△ 제47조제1항을 위반한 경우 : 시정명령

| 질의 내용 | 감염병 예방 교육 등 |
|---|---|
| 해석 경향 | 의료기관 장은 감염병이 유행하는 경우, 해당 의료기관 내에서 업무를 수행하는 사람에게 감염병의 감염 원인, 감염 경로 및 감염 증상 등 감염병의 내용 및 성격에 관한 사항, 감염병에 대한 대응조치, 진료방법 및 예방방법 등 감염병의 예방 및 진료에 관한 사항, 감염병 환자의 관리, 감염 물건의 처리, 감염 장소의 소독 및 감염병 보호장비 사용 등 감염병의 관리에 관한 사항, 「감염병의 예방 및 관리에 관한 법률」에 따른 의료기관, 보건의료인 또는 의료기관 종사자의 보고·신고 및 협조 등에 관한 사항, 그 밖에 감염병 예방 및 관리 등을 위하여 질병관리청장이 특히 필요하다고 인정하는 사항 등의 교육을 2회 이상 실시하여야 합니다. |

| 의료법 | 제47조의2(입원환자의 전원) |
|---|---|

의료기관의 장은 천재지변, 감염병 의심 상황, 집단 사망사고의 발생 등 입원
환자를 긴급히 전원(轉院)시키지 않으면 입원환자의 생명·건강에 중대한 위험이 발생할 수 있음에도 환자나 보호자의 동의를 받을 수 없는 등 보건복지부령으로 정하는 불가피한 사유가 있는 경우에는 보건복지부령으로 정하는 바에 따라 시장·군수·구청장의 승인을 받아 입원환자를 다른 의료기관으로 전원시킬 수 있다. [본조신설 2019. 1. 15.]

| 의료법 시행규칙 | 제47조(입원환자의 전원) |
|---|---|

① 법 제47조의2에서 "환자나 보호자의 동의를 받을 수 없는 등 보건복지부령으로 정하는 불가피한 사유"란 환자가 의사표시를 할 수 없는 상태에 있거나 보호자와 연락이 되지 않아 환자나 보호자의 동의를 받을 수 없는 경우를 말한다.

② 의료기관의 장은 법 제47조의2에 따라 환자를 다른 의료기관으로 전원(轉院)시키려면 시장·군수·구청장에게 다음 각 호의 사항을 알리고 승인을 요청해야 한다.

1. 환자가 현재 입원 중인 의료기관과 전원시키려는 의료기관의 명칭·주소

· 전화번호

2. 환자 또는 보호자의 성명·주민등록번호·주소·전화번호

3. 전원일자

4. 전원사유

③ 제2항에 따라 승인을 요청받은 시장·군수·구청장은 지체 없이 승인 여부를 의료기관의 장에게 통보해야 한다.

④ 제3항에 따라 통보를 받은 의료기관의 장은 환자를 전원시키고 구두, 유선 또는 서면 등으로 제2항 각 호의 사항을 환자의 보호자에게 지체 없이 알려야 한다. [본조신설 2019. 7. 16.]

| 질의 내용 | 의료기관 입원 및 퇴원치료 |
|---|---|
| 해석 경향 | 의료기관을 이용하는 환자나 보호자는 친절한 상담, 신속한 검사, 정확한 신난에 따른 적절한 치료행위가 가장 우선이리 할 수 있습니다. 의사는 환자를 진찰하고 환자의 상병 상태 등을 보아 입원하여 치료를 받는 것이 효율적인지 통원치료를 하더라도 치료의 효율성을 담보할 수 있을 것인지 신중히 판단하게 됩니다. 국민건강보험요양급여의 기준에 관한 규칙 별표1에서 "입원은 진료상 필요하다고 인정되는 경우에 한하며, 단순한 피로회복·통원불편 등을 이유로 입원지시를 하여서는 아니된다"고 규정하고 있습니다. 따라서 입원치료 또는 통원치료의 결정은 진료의사의 진찰, 각종 검사 등을 종합하여 환자의 상병에 따른 효율적인 치료와 회복 등 여러 사정을 감안하여 내려지는 것이므로 의사의 판단은 존중되어야 하며, 환자는 의료진의 지시에 잘 따르는 것이 타당합니다. |

| 질의 내용 | 의료인의 주의 의무 |
|---|---|
| 판례 경향 | 의사가 진찰·치료 등의 의료행위를 할 때는 사람의 생명·신체·건강을 관리하는 업무의 성질에 비추어 환자의 구체적 증상이나 상황에 따라 위험을 방지하기 위하여 요구되는 최선의 조치를 해야 한다. 의사에게 진단상 과실이 있는지 여부를 판단할 때는 의사가 비록 완전무결하게 임상 진단을 할 수는 없을지라도 적어도 임상의학 분야에서 실천되고 있는 진단 수준의 범위에서 전문직업인으로서 요구되는 의료상의 윤리, 의학지식과 경험에 기초하여 신중히 환자를 진찰하고 정확히 진단함으로써 위험한 결과 발생을 예견하고 이를 회피하는 데에 필요한 최선의 주의의무를 다하였는지를 따져 보아야 한다(대법원 2010. 7. 8. 선고 2007다55866 판결 등 참조). 나아가 의사는 환자에게 적절한 치료를 하거나 그러한 조치를 하기 어려운 사정이 있다면 신속히 전문적인 치료를 할 수 있는 다른 병원으로 전원시키는 등의 조치를 하여야 한다(대법원 2018. 5. 11. 선고 2018도2844 판결), (대법원 2007. 5. 31. 선고 2007도1977 판결 등 참조). |

| 의료법 | 제48조(설립 허가 등) |
|---|---|

① 제33조제2항에 따른 의료법인을 설립하려는 자는 대통령령으로 정하는 바에 따라 정관과 그 밖의 서류를 갖추어 그 법인의 주된 사무소의 소재지를 관할하는 시·도지사의 허가를 받아야 한다.

② 의료법인은 그 법인이 개설하는 의료기관에 필요한 시설이나 시설을 갖추는 데에 필요한 자금을 보유하여야 한다.

③ 의료법인이 재산을 처분하거나 정관을 변경하려면 시·도지사의 허가를 받아야 한다.

④ 이 법에 따른 의료법인이 아니면 의료법인이나 이와 비슷한 명칭을 사용할 수 없다.

| 의료법 시행령 | 제19조(의료법인의 설립허가신청) |
|---|---|

법 제48조제1항에 따라 의료법인을 설립하려는 자는 보건복지부령으로 정하는 의료법인설립허가신청서 및 관계 서류를 그 법인의 주된 사무소의 소재지를 관할하는 특별시장·광역시장·특별자치시장·도지사 또는 특별자치도지사(이하 "시·도지사"라 한다)에게 제출해야 한다. <개정 2008. 2. 29., 2010. 3. 15., 2018. 9. 28., 2020. 9. 4.>

| 의료법 시행령 | 제21조(재산 처분 또는 정관 변경의 허가신청) |
|---|---|

법 제48조제3항에 따라 의료법인이 재산 처분이나 정관 변경에 대한 허가를 받으려면 보건복지부령으로 정하는 허가신청서 및 관계 서류를 그 법인의 주된 사무소의 소재지를 관할하는 시·도지사에게 제출하여야 한다. 다만, 법률 제4732호 의료법중개정법률 부칙 제11조에 해당하는 국가로부터 공공차관을 지원받은 의료법인의 경우에는 이를 시·도지사를 거쳐 보건복지부장관에게 제출하여야 한다. <개정 2008. 2. 29., 2010. 3. 15., 2018. 9. 28.>

| 의료법 시행규칙 | 제48조(설립허가신청서의 첨부서류) |
|---|---|

영 제19조에서 "보건복지부령으로 정하는 의료법인설립허가신청서 및 관계 서류"란 별지 제29호서식의 의료법인 설립허가신청서 및 다음 각 호의 서류를 말한다. 이 경우 시·도지사는 「전자정부법」 제36조제1항에 따른 행정정보의 공동이용을 통하여 건물 등기사항증명서와 토지 등기사항증명서를 확인하여야 한다. <개정 2009. 4. 29., 2010. 9. 1., 2018. 9. 27., 2019. 10. 24.>

1. 의료법인을 설립하려는 자(이하 "설립발기인"이라 한다)의 성명·주소·약력(설립발기인이 법인 또는 조합인 경우에는 그 명칭·소재지, 대표자의 성명·주소와 정관 또는 조합 규약 및 최근의 사업활동)을 적은 서류
2. 설립취지서
3. 정관

4. 재산의 종류·수량·금액 및 권리관계를 적은 재산목록(기본재산과 보통 재산으로 구분하여 기재한다) 및 기부신청서(기부자의 재산을 확인할 수 있는 서류를 첨부하되, 시·도지사가 「전자정부법」 제36조제1항에 따른 행정정보의 공동이용을 통하여 첨부서류에 대한 정보를 확인할 수 있는 경우에는 그 확인으로 이를 갈음한다)

5. 부동산·예금·유가증권 등 주된 재산에 관한 등기소·금융기관 등의 증명서

6. 사업 시작 예정 연월일과 해당 사업연도 분(分)의 사업계획서 및 수지예산서

7. 임원 취임 예정자의 이력서(가로 3.5센티미터, 세로 4.5센티미터의 사진을 첨부한다)·취임승낙서 및 「가족관계의 등록 등에 관한 법률」 제15조제1항제2호에 따른 기본증명서

8. 설립 발기인이 둘 이상인 경우 그 대표자가 신청하는 경우에는 나머지 설립 발기인의 위임장

| 의료법 시행규칙 | 제49조(신청 서류의 보정 등) |
| --- | --- |

① 시·도지사는 별지 제29호서식의 의료법인 설립허가신청서에 첨부된 서류를 심사하면서 필요하다고 인정될 때에는 신청인에게 기간을 정하여 필요한 자료를 제출하게 하거나 설명을 요구할 수 있다. <개정 2018. 9. 27.>

② 시·도지사는 법 제48조제1항에 따른 의료법인 설립허가를 한 때에는 별지 제30호서식의 의료법인 설립허가증을 발급하여야 한다. <신설 2018. 9. 27.>

[제목개정 2018. 9. 27.]

| 의료법 시행규칙 | 제50조(설립등기 등의 보고) |
| --- | --- |

의료법인은 「민법」 제49조부터 제52조까지의 규정에 따라 법인 설립 등기 등의 등기를 한 때에는 각 등기를 한 날부터 7일 이내에 해당 등기보고서를 시·도지사에게 제출하여야 한다. 이 경우 시·도지사는 「전자정부법」 제36조제1항에 따른 행정정보의 공동이용을 통하여 법인 등기사항증명서를 확인하여야 한다. <개정 2009. 4. 29., 2010. 9. 1.>

| 의료법 시행령 | 제20조(의료법인 등의 사명) |
| --- | --- |

의료법인과 법 제33조제2항제4호에 따라 의료기관을 개설한 비영리법인은 의료업(법 제49조에 따라 의료법인이 하는 부대사업을 포함한다)을 할 때 공중위생에 이바지하여야 하며, 영리를 추구하여서는 아니 된다.

| 의료법 시행령 | 제21조(재산 처분 또는 정관 변경의 허가신청) |
| --- | --- |

법 제48조제3항에 따라 의료법인이 재산 처분이나 정관 변경에 대한 허가를 받으려면 보건복지부령으로 정하는 허가신청서 및 관계 서류를 그 법인의 주된 사무소의 소재지를 관할하는 시·도지사에게 제출하여야 한다. 다만,

법률 제4732호 의료법중개정법률 부칙 제11조에 해당하는 국가로부터 공공
차관을 지원받은 의료법인의 경우에는 이를 시·도지사를 거쳐 보건복지부
장관에게 제출하여야 한다. <개정 2008. 2. 29., 2010. 3. 15., 2018. 9. 28.>

| 의료법 시행규칙 | 제51조(정관변경허가신청) |

영 제21조에서 "보건복지부령으로 정하는 허가신청서 및 관계 서류"란 별지
제31호서식의 의료법인 정관변경 허가신청서 및 다음 각 호의 서류를 말한
다. <개정 2018. 9. 27.>

1. 정관 변경 이유서
2. 정관개정안(신·구 정관의 조문대비표를 첨부하여야 한다.)
3. 정관 변경에 관한 이사회의 회의록
4. 정관 변경에 따라 사업계획 및 수지예산에 변동이 있는 경우에는 그 변
   동된 사업계획서 및 수지예산서(신·구 대비표를 첨부하여야 한다)

| 의료법 시행규칙 | 제52조(임원 선임의 보고 등) |

① 의료법인은 임원을 선임(選任)한 경우에는 선임한 날부터 7일 이내에 임
   원선임보고서(전자문서로 된 보고서를 포함한다)에 선임된 자에 관한 다
   음 각 호의 서류(전자문서를 포함한다)를 첨부하여 시·도지사에게 제출
   하여야 한다. 다만, 재임(再任)된 경우에는 제1호와 제3호의 서류만을 첨
   부하여 제출할 수 있다. <개정 2008. 9. 5., 2009. 4. 29., 2018. 9. 27.>

1. 임원 선임을 의결한 이사회의 회의록
2. 이력서(가로 3.5센티미터, 세로 4.5센티미터의 사진을 첨부한다)
3. 취임승낙서
② 삭제 <2008. 9. 5.>

| 의료법 시행규칙 | 제53조(재산의 증가 보고) |

의료법인은 매수(買受)·기부수령이나 그 밖의 방법으로 재산을 취득한 경우에는
재산을 취득한 날부터 7일 이내에 그 법인의 재산에 편입시키고 재산증가보고서에
다음 각 호의 서류를 첨부하여 시·도지사에게 제출하여야 한다. 이 경우 시·도
지사는 「전자정부법」 제36조제1항에 따른 행정정보의 공동이용을 통하여 건물
등기사항증명서와 토지 등기사항증명서를 확인(부동산 재산 증가의 경우에만 해당
한다)하여야 한다. <개정 2009. 4. 29., 2010. 9. 1., 2018. 9. 27., 2019. 9. 27.>

1. 취득사유서
2. 취득한 재산의 종류·수량 및 금액을 적은 서류
3. 재산 취득을 확인할 수 있는 서류(건물 등기사항증명서와 토지 등기사항
   증명서로 확인할 수 있는 경우에는 그 확인으로 첨부서류를 갈음한다)
   또는 금융기관의 증명서

| 의료법 시행규칙 | 제54조(기본재산의 처분허가신청) |
|---|---|

① 영 제21조에 따라 의료법인이 기본재산을 매도·증여·임대 또는 교환하거나 담보로 제공(이하 "처분"이라 한다)하려는 경우에는 별지 제32호서식의 기본재산 처분허가신청서에 다음 각 호의 서류를 첨부하여 처분 1개월 전에 보건복지부장관 또는 시·도지사에게 제출하여야 한다. 이 경우 보건복지부장관 또는 시·도지사는 「전자정부법」 제36조제1항에 따른 행정정보의 공동이용을 통하여 건물 등기사항증명서와 토지 등기사항증명서를 확인하여야 한다. <개정 2018. 9. 27.>

1. 이유서
2. 처분재산의 목록 및 감정평가서(교환인 경우에는 쌍방의 재산에 관한 것이어야 한다)
3. 이사회의 회의록
4. 처분의 목적, 용도, 예정금액, 방법과 처분으로 인하여 감소될 재산의 보충 방법 등을 적은 서류
5. 처분재산과 전체재산의 대비표

② 제1항에도 불구하고 의료법인이 기본재산을 담보로 제공하려는 경우에는 제1항 각 호의 서류 외에 다음 각 호의 서류를 추가로 첨부하여 보건복지부장관 또는 시·도지사에게 제출하여야 한다. <신설 2018. 9. 27.>

1. 상환방법 및 상환계획
2. 피담보채권액 및 담보권자
3. 법인 부채현황 및 부채잔액증명원

③ 보건복지부장관 또는 시·도지사는 제1항의 신청에 따라 허가를 할 때에는 필요한 조건을 붙일 수 있다. <개정 2018. 9. 27.>

| 의료법 시행규칙 | 제55조(서류 및 장부의 비치) |
|---|---|

① 의료법인은 「민법」 제55조에 규정된 것 외에 다음 각 호의 서류와 장부를 갖추어 두어야 한다.

1. 정관
2. 임직원의 명부와 이력서
3. 이사회 회의록
4. 재산대장 및 부채대장
5. 보조금을 받은 경우에는 보조금관리대장
6. 수입·지출에 관한 장부 및 증명서류
7. 업무일지

8. 주무관청 및 관계 기관과 주고받은 서류

② 재산목록과 제1항제1호부터 제5호까지의 서류는 영구 보존하고, 제6호의 서류는 10년 보존하며, 그 밖의 서류는 3년 이상 보존하여야 한다.

| 의료법 시행규칙 | 제56조(법인사무의 검사·감독) |

① 시·도지사는 의료법인을 감독하는 데에 필요하다고 인정될 때에는 의료법인에 관계되는 서류, 장부, 참고자료를 제출할 것을 명하거나, 소속 공무원에게 의료법인의 사무 및 재산 상황을 검사하게 할 수 있다.

② 제1항에 따라 의료법인의 사무 및 재산 상황을 검사하는 공무원은 그 권한을 증명하는 증표를 지니고 관계인에게 제시하여야 한다.

| 의료법 시행규칙 | 제57조(해산신고) |

① 의료법인이 해산(파산의 경우는 제외한다)한 경우 그 청산인은 법 제50조 및 「민법」 제86조에 따라 다음 각 호의 사항을 적은 의료법인 해산신고서를 시·도지사에게 제출하여야 한다. <개정 2009. 4. 29., 2018. 9. 27.>

1. 해산 연월일
2. 해산 사유
3. 청산인의 성명 및 주소
4. 청산인의 대표권을 제한한 경우에는 그 제한 사항

② 청산인이 제1항의 신고를 할 때에는 그 신고서에 다음 각 호의 서류를 첨부하여야 한다. 이 경우 시·도지사는 「전자정부법」 제36조제1항에 따른 행정정보의 공동이용을 통하여 법인 등기사항증명서를 확인하여야 한다. <개정 2009. 4. 29., 2010. 9. 1.>

1. 해산 당시의 재산목록
2. 잔여재산의 처분 방법의 개요를 적은 서류
3. 해산 당시의 정관
4. 삭제 <2009. 4. 29.>
5. 해산을 의결한 이사회의 회의록

③ 의료법인은 정관에서 정하는 바에 따라 그 해산에 관하여 시·도지사의 허가를 받아야 하는 경우에는 해산 예정 기일, 해산의 원인 및 청산인이 될 자의 성명 및 주소를 적은 의료법인 해산허가신청서에 다음 각 호의 서류를 첨부하여 시·도지사에게 제출하여야 한다. <개정 2018. 9. 27.>

1. 신청 당시의 재산목록 및 감정평가서
2. 잔여재산의 처분 방법의 개요를 적은 서류
3. 신청당시의 정관

|  | 4. 해산을 의결한 이사회의 회의록 |
|---|---|
| 의료법 시행규칙 | 제58조(잔여재산 처분의 허가) |
|  | 　의료법인의 대표자 또는 청산인이 「민법」 제80조제2항에 따라 잔여재산의 처분에 대한 허가를 받으려면 다음 각 호의 사항을 적은 잔여재산 처분 허가신청서에 해산 당시의 정관을 첨부하여 시·도지사에게 제출하여야 한다. <개정 2018. 9. 27.>
　1. 처분 사유
　2. 처분하려는 재산의 종류·수량 및 금액
　3. 재산의 처분 방법 및 처분계획서 |
| 의료법 시행규칙 | 제59조(삭제) |

◇ 비영리법인이라 하면 상법상 영리법인과 다르게 「민법」 제32조에 의하여 학술(學術), 종교(宗敎), 자선(慈善), 기예(技藝), 사교(社交) 기타의 영리 아닌 사업을 목적으로 하는 법인을 말한다. 이러한 비영리법인에는 인적(人的)자원을 기본으로 하는 비영리사단법인과 출연한 재산(財産)을 위주로 하는 비영리재단법인이 있으며 이러한 비영리법인 설립은 허가주의에 따라 모두 주무관청의 허가를 받아 설립할 수 있다, 비영리법인은 사적 소유에 속하는 지분이 없고 영리를 목적으로 하지 않으므로 의도적으로 이윤을 추구하지 않으며 원칙적으로 공공성과 사회성을 기본 활동으로 하고 있다. 다만, 비영리법인도 법인 본연의 목적을 달성하기 위하여 본질에 반하지 않는 정도의 수익사업을 할 수 있으며 수익사업에서 얻은 그 이익을 구성원에게 분배할 수는 없을 뿐이다. 나아가 고유목적사업에서 발생한 소득에 대하여는 구성원에게 분배하지 않고 공익을 위하여 사용함을 목적으로 하기 때문에 과세하지 아니함을 원칙으로 한다. 보건복지부 소관 비영리법인의 종류로는 「대한적십자사조직법」과 같이 개별 법률에 의하여 설립된 특수법인, 「민법」 제32조 및 「보건복지부 소관 비영리법인의 설립 및 감독에 관한 규칙」 제4조에 의한 사단법인 및 재단법인, 「의료법」 제48조에 의한 의료법인, 「사회복지사업법」 제16조에 의한 사회복지법인, 「중소기업협동조합법」 제27조에 의한 중소기업협동조합이 있다.

◇ 의료법인은 「의료법」 제33조제2항의 의료업을 목적으로 의료기관을 개설하기 위해 설립된 법인으로 「의료법」 제48조에 의한 특별법상의 비영리법인이다.
당초 의료의 공공성 제고 및 의료기관의 지역적 불균형 등을 해소하기 위한 정책의 일환으로 의료 취약지역에 의료법인을 통한 병원을 건립할 수 있도록 1973년 2월16일 의료법 개정으로 의료법인제도가 도입되어 추진된 것이다.
의료법인의 근거법령으로는 「의료법」 제48조 및 「민법」 중 재단법인 규정을 준용하고, 「보건복지부 소관 비영리법인의 설립 및 감독에 관한 규칙」, 「공익법인의 설립·운영에 관한 법률」 등을 근거로 하고 있으며, 그 소관은 국가로부터 공공차관을 지원 받은 의료법인에 대해서는 차관 자금의 상환이 종료 될 때까지 보건복지부장관이 관장하지만, 이외 의료법인 설립허가, 정관변경 등 모든 사항은 주된 사무소의 소재지를 관할하는 시·도지사에게 허가를 받아 운영하여야 한다.

◇ 2021년 1월 현재 보건복지부에서 허가·관리하고 있는 소관 비영리법인은 사단법인 대한병원협회 등 282개소, 재단법인 보건장학회 등 166개소, 특수법인 한국보건의료연구원 등 68개소이다.

벌칙 · 행정처분

◇ 제48조제3항을 위반하여 의료법인이 시·도지사의 허가를 받지 아니하고 재산을 처분하거나 정관을 변경할 경우 : 500만원 이하의 벌금
◇ 제48조제4항을 위반하여 의료법인이 아니면서 의료법인이나 이와 비슷한 명칭을 사용할 경우 : 500만원 이하의 벌금

| 질의 내용 | 정관변경 허가 신청 |
| --- | --- |
| 해석 경향 | 의료법인의 정관에는 목적, 명칭, 사무소의 소재지, 사업의 종류, 자산 및 회계에 관한 사항, 임원에 관한 사항, 회의에 관한 사항, 정관의 변경에 관한 사항, 존립 시기나 해산사유를 정하는 때에는 그 시기와 사유 및 잔여 재산의 처리방법, 기본재산 목록 등을 기재하여야 하며, 이에 대한 변경 필요성이 있는 경우, 보건복지부령으로 정하는 허가신청서 및 관계 서류를 그 법인의 주된 사무소의 소재지를 관할하는 시·도지사에게 제출하여 정관 변경에 대한 허가를 받아야 합니다. |

| 질의 내용 | 비영리법인 설립허가와 주무관청의 재량의 정도 |
| --- | --- |
| 판례 경향 | 민법은 제31조에서 "법인은 법률의 규정에 의함이 아니면 성립하지 못한다."고 규정하여 법인의 자유설립을 부정하고 있고, 제32조에서"학술, 종교, 자선, 기예, 사교 기타 영리 아닌 사업을 목적으로 하는 사단 또는 재단은 주무관청의 허가를 얻어 이를 법인으로 할 수 있다."고 규정하여 비영리법인의 설립에 관하여 허가주의를 채용하고 있으며, 현행 법령상 비영리법인의 설립허가에 관한 구체적인 기준이 정하여져 있지 아니하므로, 비영리법인의 설립허가를 할 것인지 여부는 주무관청의 정책적 판단에 따른 재량에 맡겨져 있다. 따라서 주무관청의 법인설립 불허가처분에 사실의 기초를 결여하였다든지 또는 사회관념상 현저하게 타당성을 잃었다는 등의 사유가 있지 아니하고, 주무관청이 그와 같은 결론에 이르게 된 판단과정에 일응의 합리성이 있음을 부정할 수 없는 경우에는, 다른 특별한 사정이 없는 한 그 불허가처분에 재량권을 일탈·남용한 위법이 있다고 할 수 없다(대법원 1996. 9. 10. 선고 95누18437 판결). |

| 질의 내용 | 기본재산의 처분허가 신청 |
|---|---|
| 해석 경향 | 의료법인이 기본재산을 매도·증여·임대 또는 교환하거나 담보로 제공하려는 경우에는 별지 기본재산 처분허가신청서에 이유서, 처분재산의 목록 및 감정평가서, 이사회의 회의록, 처분의 목적, 용도, 예정금액, 방법과 처분으로 인하여 감소될 재산의 보충 방법 등을 적은 서류 등을 첨부하여 처분 1개월 전에 시·도지사에게 제출하여야 한다. |

| 의료법 | 제49조(부대사업) |
|---|---|

① 의료법인은 그 법인이 개설하는 의료기관에서 의료업무 외에 다음의 부대사업을 할 수 있다. 이 경우 부대사업으로 얻은 수익에 관한 회계는 의료법인의 다른 회계와 구분하여 계산하여야 한다. <개정 2008. 2. 29., 2010. 1. 18., 2015. 1. 28.>

1. 의료인과 의료관계자 양성이나 보수교육
2. 의료나 의학에 관한 조사 연구
3. 「노인복지법」 제31조제2호에 따른 노인의료복지시설의 설치·운영
4. 「장사 등에 관한 법률」 제29조제1항에 따른 장례식장의 설치·운영
5. 「주차장법」 제19조제1항에 따른 부설주차장의 설치·운영
6. 의료업 수행에 수반되는 의료정보시스템 개발·운영사업 중 대통령령으로 정하는 사업
7. 그 밖에 휴게음식점영업, 일반음식점영업, 이용업, 미용업 등 환자 또는 의료법인이 개설한 의료기관 종사자 등의 편의를 위하여 보건복지부령으로 정하는 사업

② 제1항제4호·제5호 및 제7호의 부대사업을 하려는 의료법인은 타인에게 임대 또는 위탁하여 운영할 수 있다.

③ 제1항 및 제2항에 따라 부대사업을 하려는 의료법인은 보건복지부령으로 정하는 바에 따라 미리 의료기관의 소재지를 관할하는 시·도지사에게 신고하여야 한다. 신고사항을 변경하려는 경우에도 또한 같다. <개정 2008. 2. 29., 2010. 1. 18.>

| 의료법 시행령 | 제22조(의료정보시스템 사업) |
|---|---|

법 제49조제1항제6호에서 "대통령령으로 정하는 사업"이란 다음 각 호의 사업을 말한다. <개정 2017. 6. 20.>

1. 전자의무기록을 작성·관리하기 위한 시스템의 개발·운영사업
2. 전자처방전을 작성·관리하기 위한 시스템의 개발·운영사업
3. 영상기록을 저장·전송하기 위한 시스템의 개발·운영사업

| 의료법 시행규칙 | 제60조(부대사업) |
|---|---|

법 제49조제1항제7호에서 "휴게음식점영업, 일반음식점영업, 이용업, 미용업 등 환자 또는 의료법인이 개설한 의료기관 종사자 등의 편의를 위하여 보건복지부령으로 정하는 사업"이란 다음 각 호의 사업을 말한다. <개정 2009. 7. 1., 2010. 3. 19., 2014. 9. 19.>

1. 휴게음식점영업, 일반음식점영업, 제과점영업, 위탁급식영업
2. 소매업 중 편의점, 슈퍼마켓, 자동판매기영업 및 서점
2의2. 의류 등 생활용품 판매업 및 식품판매업(건강기능식품 판매업은 제외한다). 다만, 의료법인이 직접 영위하는 경우는 제외한다.
3. 산후조리업
4. 목욕장업
5. 의료기기 임대·판매업. 다만, 의료법인이 직접 영위하는 경우는 제외한다.
6. 숙박업, 여행업 및 외국인환자 유치업
7. 수영장업, 체력단련장업 및 종합체육시설업
8. 장애인보조기구의 제조·개조·수리업
9. 다음 각 목의 어느 하나에 해당하는 업무를 하려는 자에게 의료법인이 개설하는 의료기관의 건물을 임대하는 사업
  가. 이용업 및 미용업
  나. 안경 조제·판매업
  다. 은행업
  라. 의원급 의료기관 개설·운영(의료관광호텔에 부대시설로 설치하는 경우로서 진료과목이 의료법인이 개설하는 의료기관과 동일하지 아니한 경우로 한정한다)

| 의료법 시행규칙 | 제61조(부대사업의 신고 등) |
|---|---|

① 법 제49조제3항 전단에 따라 부대사업을 신고하려는 의료법인은 별지 제22호서식의 신고서에 다음 각 호의 서류를 첨부하여 관할 시·도지사에게 제출하여야 한다.
1. 의료기관 개설허가증 사본
2. 부대사업의 내용을 적은 서류
3. 부대사업을 하려는 건물의 평면도 및 구조설명서
② 제1항에 따른 신고를 받은 시·도지사는 별지 제23호서식의 신고증명서를 발급하여야 한다.
③ 제1항에 따라 신고한 내용을 변경하려는 자는 별지 제22호서식의 변경신고서에 다음 각 호의 서류를 첨부하여 관할 시·도지사에게 제출하여야 한다.

> 1. 제2항에 따라 발급받은 신고증명서
> 2. 변경 사항을 증명하는 서류
> ④ 제3항에 따라 변경신고를 받은 시·도지사는 부대사업 신고증명서에 제3항에 따라 변경한 사항을 적은 후 해당 의료법인에 발급하여야 한다.

◇ 의료법인으로 하여금 본연의 의료업 외 부대사업을 운영할 수 있도록 하고 있다. 이처럼 부대사업을 제한적으로 규정하여 운영하도록 하는 이유는 의료법인의 개설목적인 본연의 의료서비스 제공에 충실할 수 있도록 하는 측면이 강하다 할 수 있다. 또한 의료기관 종사자는 물론 의료기관을 이용하는 환자 또는 환자보호자 등에게 편의를 제공하고 한편으로는 의료법인의 재무구조 개선을 위한 것으로 부대사업을 하기 위해서 의료기관의 소재지를 관할하는 시·도지사에게 미리 신고하고 운영할 수 있도록 하고 있다. 의료법인에서 할 수 있는 부대사업은 의료법 제49조 및 의료법 시행령 제22조, 시행규칙 제60조, 제61조에서 구체적으로 사업의 업종을 규정하고 있으며, 장례식장, 부설주차장, 휴게음식점영업, 일반음식점영업, 이용업 등은 임대 또는 위탁 운영도 가능하다. 이 같은 부대사업은 당연히 의료기관 건물 내 또는 한 울타리 동일 빈지 내에서 이루어져야 하며, 본래 의료업과는 별도의 회계로 관리되어야 한다.

◇ 이와는 별개로 학교법인이나 사회복지법인에는 수익사업을 할 수 있는 근거 조항들이 있다. 사립학교법 제6조(사업) ① 학교법인은 그가 설치한 사립학교의 교육에 지장이 없는 범위에서 그 수익을 사립학교의 경영에 충당하기 위하여 수익을 목적으로 하는 사업(이하 "수익사업"이라 한다)을 할 수 있다.
사회복지사업법 제28조(수익사업) ① 법인은 목적사업의 경비에 충당하기 위하여 필요할 때에는 법인의 설립 목적 수행에 지장이 없는 범위에서 수익사업을 할 수 있다. ② 법인은 제1항에 따른 수익사업에서 생긴 수익을 법인 또는 법인이 설치한 사회복지시설의 운영 외의 목적에 사용할 수 없다. ③ 제1항에 따른 수익사업에 관한 회계는 법인의 다른 회계와 구분하여 회계처리하여야 한다.

---

**벌칙 · 행정처분**

◇ 제49조제3항을 위반하여 부대사업을 신고하지 아니한 자 : 300만원 이하의 과태료

| 질의 내용 | 의료법인에서 임대 또는 위탁 가능한 사업 |
|---|---|
| 해석 경향 | 의료법인에서 임대하거나 위탁하여 운영할 수 있는 사업은 「장사 등에 관한 법률」 제29조제1항에 따른 장례식장의 설치·운영과 「주차장법」 제19조제1항에 따른 부설주차장의 설치·운영 그리고 그 밖에 휴게음식점영업, 일반음식점영업, 이용업, 미용업 등 환자 또는 의료법인이 개설한 의료기관 종사자 등의 편의를 위하여 보건복지부령으로 정하는 사업을 말합니다. |

| 질의 내용 | 비영리법인의 '목적 이외의 사업'에 대한 판단 |
|---|---|
| 판례 경향 | 민법 제38조는 "법인이 목적 이외의 사업을 하거나 설립허가의 조건에 위반하거나 기타 공익을 해하는 행위를 한 때에는 주무관청은 그 허가를 취소할 수 있다."고 규정하여 비영리법인에 관한 설립허가취소사유를 정하고 있다. 여기서 비영리법인이 '목적 이외의 사업'을 한 때란 법인의 정관에 명시된 목적사업과 그 목적사업을 수행하는 데 직접 또는 간접으로 필요한 사업 이외의 사업을 한 때를 말하고, 이때 목적사업 수행에 필요한지는 행위자의 주관적·구체적 의사가 아닌 사업 자체의 객관적 성질에 따라 판단하여야 한다(대법원 2014. 1. 23. 선고 2011두25012 판결). |

| 의료법 | 제50조(「민법」의 준용) |
|---|---|

의료법인에 대하여 이 법에 규정된 것 외에는 「민법」 중 재단법인에 관한 규정을 준용한다.

◇ 의료법인에 대하여 이 법에 규정된 것 외에는 「민법」 중 재단법인에 관한 규정을 준용하도록 한 것은 의료기관을 개설·운영하는 의료업을 주로 하는 법인으로서 인적구성으로 이루어진 사단법인보다는 물적 재산으로 이루어진 재단법인에 가까운 성격으로 짐작된다.

| 의료법 | 제51조(설립 허가 취소) |
|---|---|

보건복지부장관 또는 시·도지사는 의료법인이 다음 각 호의 어느 하나에 해당하면 그 설립 허가를 취소할 수 있다. <개정 2008. 2. 29., 2010. 1. 18.>
1. 정관으로 정하지 아니한 사업을 한 때
2. 설립된 날부터 2년 안에 의료기관을 개설하지 아니한 때
3. 의료법인이 개설한 의료기관이 제64조에 따라 개설허가를 취소당한 때
4. 보건복지부장관 또는 시·도지사가 감독을 위하여 내린 명령을 위반한 때
5. 제49조제1항에 따른 부대사업 외의 사업을 한 때

◇ 의료법인의 설립허가 및 운영 등과 관련된 사항은 보건복지부「의료기관 개설 및 의료법인 설립 운영편람」을, 비영리법인의 설립허가 및 운영 등과 관련된 사항은「비영리 사단·재단법인 업무편람」을 참고하면 많은 도움이 된다.

| 질의 내용 | 의료법인 설립허가 취소 사유 |
|---|---|
| 해석 경향 | 보건복지부장관 또는 시·도지사에 의해 의료법인이 취소될 수 있는 사유는 정관으로 정하지 아니한 사업을 하거나, 법인이 설립된 날로부터 2년 안에 의료기관을 개설하지 아니한 때, 의료법인이 개설한 의료기관이 의료법 제64조(개설허가 취소 등)에 따라 개설허가를 취소당한 때, 보건복지부장관 또는 시·도지사가 감독을 위하여 내린 명령을 위반한 때, 의료법 제49조제1항에 따른 의료법인이 부대사업 외의 사업을 한 경우에 의료법인은 허가 취소될 수 있으며, 허가 취소 전 청문절차를 거치게 됩니다. |

| 질의 내용 | 비영리법인의 목적달성 불능은 해산 사유 |
|---|---|
| 판례 경향 | 비영리법인의 재산은 비영리법인이 목적사업을 수행하는 데 필요한 재원이 되므로, 그 재산을 증여하는 등으로 이를 감소시키는 행위는 비영리법인이 목적사업을 계속 수행하는 데 지장을 줄 수 있고, 경우에 따라서는 그 때문에 목적의 달성이 불가능하게 될 수도 있다. 그러나 비영리법인의 재산이 감소하더라도 이는 비영리법인 자신에게 손해가 될 뿐 특별한 사정이 없는 한 그 자체만으로 공익을 해한다고는 할 수 없으며, 목적의 달성 불능 역시 비영리법인의 해산사유가 될 수는 있겠으나 그것만으로 설립허가 취소사유가 된다고 보기는 어렵다(대법원 1968. 5. 28. 선고 67누55 판결 등 참조). |

| 의료법 | 제48조의2(임원) |
|---|---|

① 의료법인에는 5명 이상 15명 이하의 이사와 2명의 감사를 두되, 보건복지부장관의 승인을 받아 그 수를 증감할 수 있다.

② 이사와 감사의 임기는 정관으로 정하되, 이사는 4년, 감사는 2년을 초과할 수 없다. 다만, 이사와 감사는 각각 연임할 수 있다.

③ 이사회의 구성에 있어서 각 이사 상호 간에 「민법」 제777조에 규정된 친족관계에 있는 사람이 그 정수의 4분의 1을 초과해서는 아니 된다.

④ 다음 각 호의 어느 하나에 해당하는 사람은 의료법인의 임원이 될 수 없다.

1. 미성년자

2. 피성년후견인 또는 피한정후견인

3. 파산선고를 받은 사람으로서 복권되지 아니한 사람

4. 금고 이상의 형을 받고 집행이 종료되거나 집행을 받지 아니하기로 확정된 후 3년이 지나지 아니한 사람

⑤ 감사는 이사와 제3항에 따른 특별한 관계에 있는 사람이 아니어야 한다.

[본조신설 2019. 8. 27.]

| 의료법 시행규칙 | 제52조(임원 선임의 보고 등) |
|---|---|

① 의료법인은 임원을 선임(選任)한 경우에는 선임한 날부터 7일 이내에 임원선임보고서(전자문서로 된 보고서를 포함한다)에 선임된 자에 관한 다음 각 호의 서류(전자문서를 포함한다)를 첨부하여 시·도지사에게 제출하여야 한다. 다만, 재임(再任)된 경우에는 제1호와 제3호의 서류만을 첨부하여 제출할 수 있다. <개정 2008. 9. 5., 2009. 4. 29., 2018. 9. 27.>

1. 임원 선임을 의결한 이사회의 회의록

2. 이력서(가로 3.5센티미터, 세로 4.5센티미터의 사진을 첨부한다)

3. 취임승낙서

② 삭제 <2008. 9. 5.>

| 질의 내용 | 비영리법인이 '공익을 해하는 행위를 한 때'의 의미 및 요건 |
|---|---|
| 판례 경향 | 민법 제38조는 "법인이 목적 이외의 사업을 하거나 설립허가의 조건에 위반하거나 기타 공익을 해하는 행위를 한 때에는 주무관청은 그 허가를 취소할 수 있다."라고 규정하여 비영리법인에 관한 설립허가 취소사유를 정하고 있다. 여기에서 비영리법인이 '공익을 해하는 행위를·한 때'란 법인의 기관이 그 직무의 집행으로서 공익을 침해하는 행위를 하거나 그 사원총회가 그러한 결의를 한 경우를 의미한다. 그리고 민법 제38조는 법인이 설립될 당시에는 그가 목적하는 사업이 공익을 해하는 것이 아니었으나 그 후의 사정변경에 의하여 그것이 공익을 해하는 것으로 되었을 경우에 대처하기 위한 규정인 점, 법인 설립허가취소는 법인을 해산하여 결국 법인격을 소멸하게 하는 제재처분인 점(민법 제77조 제1항) 등에 비추어 보면, 민법 제38조에서 정한 '공익을 해하는 행위'를 한 때에 해당하려면 당해 법인의 목적사업 또는 존재 자체가 공익을 해한다고 인정되거나 당해 법인의 행위가 직접적이고도 구체적으로 공익을 침해하는 것이어야 하고, 목적사업의 내용, 행위의 태양 및 위법성의 정도, 공익 침해의 정도와 경위 등을 종합하여 볼 때 당해 법인의 소멸을 명하는 것이 불법적인 공익 침해 상태를 제거하고 정당한 법질서를 회복하기 위한 제재수단으로서 긴요하게 요청되는 경우이어야 한다(대법원 2014. 1. 23. 선고 2011두25012 판결 등 참조). 민법 제38조에서 말하는 비영리법인이 '공익을 해하는 행위를 한 때'란 법인의 기관이 그 직무의 집행으로서 공익을 침해하는 행위를 하거나 그 사원총회가 그러한 결의를 한 경우를 의미한다(대법원 1982. 10. 26. 선고 81누363 판결 참조). 그리고 민법 제38조의 규정은 법인이 설립될 당시에는 그가 목적하는 사업이 공익을 해하는 것이 아니었으나 그 후의 사정변동에 의하여 그것이 공익을 해하는 것으로 되었을 경우에 대처하기 위한 것이라고 해석되는 점(대법원 1966. 6. 21. 선고 66누21 판결 참조), 법인 설립허가취소는 법인을 해산하여 결국 법인격을 소멸하게 하는 제재처분인 점(민법 제77조 제1항) 등에 비추어 보면, 민법 제38조에 정한 '공익을 해하는 행위'를 한 때에 해당된다고 하기 위하여는, 당해 법인의 목적사업 또는 존재 자체가 공익을 해한다고 인정되거나 당해 법인의 행위가 직접적이고도 구체적으로 공익을 침해하는 것이어야 하고, 목적사업의 내용, 행위의 태양 및 위법성의 정도, 공익 침해의 정도와 경위 등을 종합하여 볼 때 당해 법인의 소멸을 명하는 것이 그 불법적인 공익 침해 상태를 제거하고 정당한 법질서를 회복하기 위한 제재수단으로서 긴요하게 요청되는 경우이어야 한다(대법원 1968. 5. 28. 선고 67누55 판결 등 참조). |

| 의료법 | 제51조의2(임원 선임 관련 금품 등 수수의 금지) |
|---|---|

누구든지 의료법인의 임원 선임과 관련하여 금품, 향응 또는 그 밖의 재산상 이익을 주고받거나 주고받을 것을 약속해서는 아니 된다. [본조신설 2019. 8. 27.]

◇ 의료법인이 공정하고 투명하게 운영될 수 있도록 하기 위하여 주무관청에서는 의료법인의 임원 구성 및 결격사유 등에 대하여 명확한 규정을 두고 있다. 통상 의료법인에는 5명 이상 15명 이하의 이사와 2명의 감사를 두되, 보건복지부장관의 승인을 받아그 수를 증감할 수 있도록 하고 이사와 감사의 임기를 이사는 4년, 감사는 2년의 임기를 초과할 수 없도록 정관으로 정하도록 하고 있다. 이사회의 구성에 있어서도 각이사 상호 간에 「민법」 제777조에 규정된 친족관계에 있는 사람이 그 정수의 4분의 1을 초과할 수 없도록 규정하고 있다. 의료법인이 본래의 목적사업인 의료사업 및 사회공헌사업 등을 건실하게 운영될 수 있도록 이사, 감사 등 임원의 선임에도 공정하고 투명한 과정이 필요하다. 따라서 의료법인 임원의 선임과 관련하여 금품, 향응 또는 그 밖의 재산상 이익을 주고받거나 주고받을 것을 약속해서는 아니 된다.

◇ 사회복지사업법 제18조의2(임원선임 관련 금품 등 수수 금지)에서도 누구든지 임원의 선임과 관련하여 금품, 향응 또는 그 밖의 재산상 이익을 주고받거나 주고받을 것을 약속하여서는 아니 된다.

---

**벌칙・행정처분**

◇ 제51조의2를 위반하여 의료법인의 임원 선임과 관련하여 금품 등을 주고받거나 주고받을 것을 약속한 자 : 1년 이하의 징역이나 1천만원 이하의 벌금

---

| 의료법 | 제52조(의료기관단체 설립) |
|---|---|

① 병원급 의료기관의 장은 의료기관의 건전한 발전과 국민보건 향상에 기여하기 위하여 전국 조직을 두는 단체를 설립할 수 있다. <개정 2009. 1. 30.>
② 제1항에 따른 단체는 법인으로 한다.

---

◇ 의료법 제52조를 근거로 한 병원급 의료기관의 장의 전국조직 단체로는 사단법인 대한병원협회를 들 수 있으며, 대한병원협회는 병원제도 및 운영에 관한 연구개선과 의료요원 수련교육의 향상을 통하여 병원의 발전과 그 사명을 완수함으로써 국민보건, 의료향상에 기여하고 인류 번영에 이바지함을 설립 목적으로 1959년 창립되었다. 회원병원들과 의료감시 자율지도, 병원요원 자질향상, 회원병원 육성발전을 위해 상시 소통, 협력하며 인간 생명의 존엄성을 인식하고 박애와 봉사 정신으로 최선을 다하는 병원 윤리강령을 다짐하는 단체이다.

---

| 의료법 | 제52조의2(대한민국의학한림원) |
|---|---|

① 의료인에 관련되는 의학 및 관계 전문분야(이하 이 조에서 "의학등"이라 한다)의 연구・진흥기반을 조성하고 우수한 보건의료인을 발굴・활용하기 위하여 대한민국의학한림원(이하 이 조에서 "한림원"이라 한다)을 둔다.
② 한림원은 법인으로 한다.

③ 한림원은 다음 각 호의 사업을 한다.

 1. 의학등의 연구진흥에 필요한 조사·연구 및 정책자문

 2. 의학등의 분야별 중장기 연구 기획 및 건의

 3. 의학등의 국내외 교류협력사업

 4. 의학등 및 국민건강과 관련된 사회문제에 관한 정책자문 및 홍보

 5. 보건의료인의 명예를 기리고 보전(保全)하는 사업

 6. 보건복지부장관이 의학등의 발전을 위하여 지정 또는 위탁하는 사업

④ 보건복지부장관은 한림원의 사업수행에 필요한 경비의 전부 또는 일부를 예산의 범위에서 지원할 수 있다.

⑤ 한림원에 대하여 이 법에서 정하지 아니한 사항에 관하여는 「민법」 중 사단법인에 관한 규정을 준용한다.

⑥ 한림원이 아닌 자는 대한민국의학한림원 또는 이와 유사한 명칭을 사용하지 못한다.

⑦ 한림원의 운영 및 업무수행에 필요한 사항은 대통령령으로 정한다.

[본조신설 2015. 12. 29.]

| 의료법 시행령 | 제22조의2(대한민국의학한림원 운영 등) |
|---|---|

① 법 제52조의2제1항에 따른 대한민국의학한림원(이하 "한림원"이라 한다)의 사업연도는 정부의 회계연도에 따른다.

② 한림원은 보건복지부장관이 정하는 바에 따라 사업추진계획, 사업추진현황, 자금운용계획 및 자금집행내역 등에 관한 사항을 보건복지부장관에게 보고하여야 한다.

③ 한림원은 다양한 분야의 의료인과 관계 전문가 등이 그 조직 운영 및 업무수행 등에 균형있게 참여할 수 있도록 필요한 조치를 강구·시행하여야 한다.

[본조신설 2016. 9. 29.]

◇ 대한민국의학한림원은 의학 및 관계 전문분야의 연구·진흥기반을 조성하고 우수한 보건의료인을 발굴·활용하기 위하여 2008년 사단법인 대한민국의학한림원으로 설립허가되었으며, 주요 사업으로 의학 등의 연구진흥에 필요한 조사·연구 및 정책자문, 의학 등 국민건강과 관련된 사회문제에 관한 정책자문 및 홍보 등 우리나라 의학의 지속적인 발전과 국민 건강증진에 이바지함을 목적으로 하고 있다.

벌칙·행정처분

◇ 제52조의2제6항을 위반하여 대한민국의학한림원 또는 이와 유사한 명칭을 사용한 자 : 100만원 이하의 과태료

# 그냥

**心傳 권 형 원**

존재의 가치가 가장 자연스러운
너의 염원은 시대가 바뀌어도
늘 사회와 함께 존재해 왔다

팍팍한 삶 속에서도
틈마다 이상을 염원하고
덕으로 난 길이 산이 되기를 갈망했었다

세상에 홀로 독한 사람이 어디 있으랴?
모두 상대가 있고 선 그어
무리가 되어가기 때문일 게다

루소의 '자연으로 돌아가라' 는 외침처럼
늘 생긴 대로만 포용하면 평화인 것을

누군가 무리의 섞임 속에서
늘 지렛대를 사용하려 하기 때문일게다

오늘도 우리는 조화를 꿈꾸며
부조화의 현실을 피하기를 원한다 그냥.

(시사문단 2020-4월호)

# 제4장 신의료기술평가

| 의료법 | 제53조(신의료기술의 평가) |
|---|---|

① 보건복지부장관은 국민건강을 보호하고 의료기술의 발전을 촉진하기 위하여 대통령령으로 정하는 바에 따라 제54조에 따른 신의료기술평가위원회의 심의를 거쳐 신의료기술의 안전성·유효성 등에 관한 평가(이하 "신의료기술평가"라 한다)를 하여야 한다. <개정 2008. 2. 29., 2010. 1. 18.>

② 제1항에 따른 신의료기술은 새로 개발된 의료기술로서 보건복지부장관이 안전성·유효성을 평가할 필요성이 있다고 인정하는 것을 말한다. <개정 2008. 2. 29., 2010. 1. 18.>

③ 보건복지부장관은 신의료기술평가의 결과를 「국민건강보험법」 제64조에 따른 건강보험심사평가원의 장에게 알려야 한다. 이 경우 신의료기술평가의 결과를 보건복지부령으로 정하는 바에 따라 공표할 수 있다. <개정 2008. 2. 29., 2010. 1. 18., 2011. 12. 31.>

④ 그 밖에 신의료기술평가의 대상 및 절차 등에 필요한 사항은 보건복지부령으로 정한다. <개정 2008. 2. 29., 2010. 1. 18.>

| 의료법 | 제54조(신의료기술평가위원회의 설치 등) |
|---|---|

① 보건복지부장관은 신의료기술평가에 관한 사항을 심의하기 위하여 보건복지부에 신의료기술평가위원회(이하 "위원회"라 한다)를 둔다. <개정 2008. 2. 29., 2010. 1. 18.>

② 위원회는 위원장 1명을 포함하여 20명 이내의 위원으로 구성한다.

③ 위원은 다음 각 호의 자 중에서 보건복지부장관이 위촉하거나 임명한다. 다만, 위원장은 제1호 또는 제2호의 자 중에서 임명한다. <개정 2008. 2. 29., 2010. 1. 18.>

1. 제28조제1항에 따른 의사회·치과의사회·한의사회에서 각각 추천하는 자
2. 보건의료에 관한 학식이 풍부한 자
3. 소비자단체에서 추천하는 자
4. 변호사의 자격을 가진 자로서 보건의료와 관련된 업무에 5년 이상 종사한 경력이 있는 자
5. 보건의료정책 관련 업무를 담당하고 있는 보건복지부 소속 5급 이상의 공무원

④ 위원장과 위원의 임기는 3년으로 하되, 연임할 수 있다. 다만, 제3항제5호

에 따른 공무원의 경우에는 재임기간으로 한다.

⑤ 위원의 자리가 빈 때에는 새로 위원을 임명하고, 새로 임명된 위원의 임기
는 임명된 날부터 기산한다.

⑥ 위원회의 심의사항을 전문적으로 검토하기 위하여 위원회에 분야별 전문
평가위원회를 둔다.

⑦ 그 밖에 위원회·전문평가위원회의 구성 및 운영 등에 필요한 사항은 보
건복지부령으로 정한다. <개정 2008. 2. 29., 2010. 1. 18.>

| 의료법 | 제55조(자료의 수집 업무 등의 위탁) |

보건복지부장관은 신의료기술평가에 관한 업무를 수행하기 위하여 필요한 경우
보건복지부령으로 정하는 바에 따라 자료 수집·조사 등 평가에 수반되는 업무
를 관계 전문기관 또는 단체에 위탁할 수 있다. <개정 2008. 2. 29., 2010. 1. 18.>

---

신의료기술평가에 관한 규칙
[시행 2020. 11. 10.] [보건복지부령 제761호, 2020. 11. 10., 일부개정]

제1조(목적) 이 규칙은 「의료법」 제53조부터 제55조까지의 규정에 따른 신의료기술평
가의 대상, 절차와 신의료기술평가위원회의 구성·운영 등에 관하여 위임된 사항과
그 시행에 필요한 사항을 규정하는 것을 목적으로 한다.
제2조(신의료기술평가의 대상 등) ①「의료법」(이하 "법"이라 한다) 제53조에 따른 신
의료기술평가의 대상은 다음 각 호와 같다. <개정 2008. 3. 3., 2010. 3. 19., 2015. 9.
21., 2019. 3. 15.>
 1. 안전성·유효성이 평가되지 않은 의료기술로서 보건복지부장관이 평가가 필요하다고 인
정한 의료기술
 2. 제1호에 해당하는 의료기술 중 보건복지부장관이 잠재성의 평가가 필요하다고 인정한
의료기술
 3. 신의료기술로 평가받은 의료기술의 사용목적, 사용대상 및 시술방법 등을 변경한 경우로
서 보건복지부장관이 평가가 필요하다고 인정한 의료기술
② 보건복지부장관은 제1항에도 불구하고 「의료기기법 시행규칙」 제9조제2항제6호에
따른 임상시험에 관한 자료를 첨부하여 제조허가 또는 수입허가를 받은 의료기기
(이하 "특정 의료기기"라 한다)를 사용하는 의료기술로서 다음 각 호의 요건을 모두
충족하는 의료기술(이하 "평가 유예 신의료기술"이라 한다)의 경우에는 그 의료기술
을 환자에게 최초로 실시한 날부터 1년이 되는 날까지 신의료기술평가를 유예할 수
있다. 다만, 그 특정 의료기기가 기존의 평가 유예 신의료기술에 사용되는 특정 의
료기기와 구조·원리·성능·사용목적 및 사용방법 등이 본질적으로 동등하다고 인
정되는 경우 또는 특정 의료기기를 사용한 의료기술에 대하여 이미 신의료기술평가
가 실시된 경우에는 그렇지 않다. 신설 2015. 9. 21., 2020. 11. 10.>
 1. 제3조제7항에 해당하는 의료기술과 특정 의료기기를 사용하는 의료기술을 비교한 환자
를 대상으로 한 임상문헌이 있을 것. 다만, 비교할만한 대체 기술이 없는 의료기술이거
나 희귀질환 대상인 의료기술 등 비교연구가 불가능한 경우는 제외한다.
 2. 해당 의료기기의 사용목적(대상질환 또는 적응증을 포함한다)이 특정될 것
[제목개정 2015. 9. 21.]

제2조의2 삭제 <2017. 1. 24.>

제3조(신의료기술평가의 절차) ① 제2조에 따라 신의료기술평가 또는 신의료기술평가의 유예를 신청하려는 자는 「국민건강보험 요양급여의 기준에 관한 규칙」 제9조의2제1항에 따른 요양급여대상·비급여대상 여부 확인을 거쳐 다음 각 호의 구분에 따라 신청서 및 의견서를 보건복지부장관에게 제출해야 한다. 다만, 신의료기술의 평가를 신청하려는 자가 「의료기기법 시행규칙」 제64조에 따라 식품의약품안전처장 또는 의료기기정보기술센터의 장에게 제9조에 따라 업무를 위탁받은 기관에 제조허가 등에 관한 자료를 제공해줄 것을 요청한 경우로서 요양급여대상·비급여대상 여부 확인 신청을 한 경우에는 요양급여대상·비급여대상 확인을 거친 것으로 본다. <개정 2015. 9. 21., 2019. 3. 15.>

1. 제2조제1항에 따라 신의료기술평가를 신청하려는 경우: 다음 각 목의 서류
  가. 별지 제1호서식에 따른 신의료기술평가 신청서
  나. 별지 제1호의2서식에 따른 의료기술의 잠재성에 대한 의견서(의료기술의 안전성·유효성·잠재성의 평가를 신청하려는 경우로 한정한다)
2. 제2조제2항에 따라 신의료기술평가의 유예를 신청하려는 경우: 별지 제2호서식에 따른 신의료기술평가 유예 신청서

② 제1항에 따라 신의료기술평가를 신청하려는 자가 「국민건강보험 요양급여의 기준에 관한 규칙」 제10조제2항 각 호의 구분에 따른 평가신청서 및 해당 서류를 함께 제출하는 경우에는 신의료기술평가의 신청과 요양급여대상 여부의 결정신청을 함께 하는 것으로 본다. 다만, 해당 의료기술이 체외진단 검사 또는 유전자 검사가 아닌 경우에는 제1항제1호의 서류를 제출한 날부터 90일 이내에 「국민건강보험 요양급여의 기준에 관한 규칙」 제10조제2항 각 호의 구분에 따른 평가신청서 및 해당 서류를 제출할 수 있다. <신설 2019. 7. 4.>

③ 보건복지부장관은 제2항에 따라 제출받은 서류를 지체 없이 건강보험심사평가원의 장에게 송부해야 한다. <신설 2019. 7. 4.>

④ 보건복지부장관은 제1항에 따른 신청이 없더라도 필요하면 직권으로 신의료기술평가를 할 수 있다. <개정 2008. 3. 3., 2010. 3. 19., 2019. 7. 4.>

⑤ 보건복지부장관은 제1항에 따라 신의료기술평가의 유예 신청을 받은 경우에는 제2조제2항의 요건을 충족하는지 여부를 확인하고, 정당한 사유가 없는 한 신청일부터 30일 이내에 신청인과 건강보험심사평가원의 장에게 그 결과를 통보해야 한다. 이 경우 보건복지부장관은 신청된 의료기술이 제2조제2항의 요건을 모두 충족하는 경우에는 해당 의료기술의 사용목적, 사용대상 및 시술방법 등을 고시해야 한다. <신설 2015. 9. 21., 2019. 3. 15., 2019. 7. 4.>

⑥ 보건복지부장관은 제1항에 따른 신의료기술평가 신청을 받거나 제4항에 따른 직권 평가의 필요가 있는 의료기술을 평가위원회의 심의에 부쳐야 한다. <개정 2008. 3. 3., 2010. 3. 19., 2015. 9. 21., 2019. 7. 4.>

⑦ 평가위원회는 제6항에 따라 심의에 부쳐진 의료기술이 「국민건강보험법」 제41조제2항에 따른 요양급여대상 또는 같은법 제41조제4항에 따른 비급여대상과 같거나 유사하다고 인정되는 경우에는 평가 대상이 아닌 것으로 의결하고 그 결과를 보건복지부장관에게 보고해야 한다. <개정 2014. 4. 24., 2015. 9. 21., 2016. 7. 29., 2016. 8. 4., 2019. 3. 15., 2019. 7. 4.>

1. 삭제 <2019. 3. 15.>
2. 삭제 <2019. 3. 15.>

⑧ 평가위원회는 평가 대상인 신의료기술의 평가방법을 결정하고, 제7조에 따른 분야별 전문평가위원회(이하 "전문위원회"라 한다) 소속 위원으로 소위원회를 구성하여 안

전성·유효성 및 잠재성에 관한 검토를 하게 해야 한다. <개정 2014. 4. 24., 2015. 9. 21., 2019. 3. 15., 2019. 7. 4.>

⑨ 제8항에 따라 검토를 한 소위원회는 그 검토결과를 평가위원회에 제출해야 한다. <개정 2014. 4. 24., 2015. 9. 21., 2019. 3. 15., 2019. 7. 4.>

⑩ 평가위원회는 소위원회로부터 제출받은 신의료기술의 안전성·유효성 및 잠재성에 관한 검토내용을 반영하여 심의한 후 평가 대상인 의료기술을 다음 각 호의 구분에 따라 의결하고 그 결과를 보건복지부장관에게 보고해야 한다. <개정 2014. 4. 24., 2015. 9. 21., 2016. 11. 14., 2019. 3. 15., 2019. 7. 4.>

1. 안전성·유효성이 있는 의료기술: 안전성·유효성이 인정되어 임상에서 사용 가능한 의료기술

2. 제한적 의료기술: 안전성이 인정된 의료기술로서 다음 각 목의 어느 하나에 해당하는 질환 또는 질병의 치료·검사를 위하여 신속히 임상에 도입할 필요가 있어 보건복지부장관이 따로 정하여 고시하는 사용기간, 사용목적, 사용대상 및 시술방법 등에 대한 조건을 충족하는 경우에만 임상에서 사용 가능한 의료기술

가. 대체 의료기술이 없는 질환이나 질병

나. 희귀질환

다. 말기 또는 중증 상태의 만성질환

라. 그 밖에 가목부터 다목까지의 질환 또는 질병과 유사한 것으로서 보건복지부장관이 정하는 질환이나 질병

3. 혁신의료기술: 안전성·잠재성이 인정된 의료기술로서 보건복지부장관이 따로 정하여 고시하는 사용기간, 사용목적, 사용대상 및 시술방법 등에 대한 조건을 충족하는 경우에만 임상에서 사용 가능한 의료기술

4. 연구단계 의료기술: 안전성 또는 유효성이 확인되지 아니한 의료기술

⑪ 제1항부터 제10항까지에서 규정한 사항 외에 신의료기술평가의 절차, 방법 및 기준과 소위원회의 구성·운영 등에 관하여 필요한 사항은 보건복지부장관이 정하여 고시한다. <신설 2014. 4. 24., 2019. 7. 4.>

제3조의2(신의료기술평가 절차에 관한 특례) ① 제2조제1항에 따른 신의료기술평가를 받으려는 자가 다음 각 호의 요건을 모두 충족하는 경우에는 제3조제1항에도 불구하고 「의료기기법」 제6조제2항·제7조제1항·제12조제1항(제15조제6항에서 준용하는 경우를 포함한다) 및 제15조제2항에 따른 의료기기의 제조허가, 조건부 제조허가 및 제조변경허가(이하 이 조에서 "제조허가등"이라 한다) 또는 수입허가, 조건부 수입허가 및 수입변경허가(이하 이 조에서 "수입허가등"이라 한다)의 신청과 함께 신의료기술평가를 신청할 수 있다. 이 경우 「국민건강보험 요양급여의 기준에 관한 규칙」 제9조의2제1항 단서에 따라 요양급여대상 또는 비급여대상 여부의 확인 신청도 함께 하여야 한다.

1. 제조허가등 또는 수입허가등을 받으려는 의료기기를 사용하는 의료기술에 대한 평가일 것

2. 제조허가등 또는 수입허가등을 받으려는 의료기기의 사용목적과 신의료기술평가를 받으려는 의료기술의 사용목적이 서로 동일할 것

② 제1항 전단에 따라 신의료기술평가를 신청하려는 자는 별지 제1호서식의 신의료기술평가 신청서를 식품의약품안전처장을 거쳐 보건복지부장관에게 제출하여야 한다.

③ 보건복지부장관은 제2항에 따라 별지 제1호서식의 신의료기술평가 신청서를 제출받은 때에는 7일 이내에 해당 신의료기술평가 신청이 제1항 각 호의 요건에 적합한지를 검토한 후 다음 각 호의 구분에 따라 처리하여야 한다.

1. 제1항 각 호의 요건에 적합한 경우: 평가위원회의 심의에 부칠 것

2. 제1항 각 호의 요건에 적합하지 아니한 경우: 식품의약품안전처장을 거쳐 신청인에게

반려할 것

④ 보건복지부장관은 제3항제1호에 따라 평가위원회의 심의에 부쳐진 의료기술의 평가를 위하여 필요하다고 인정하는 경우에는 식품의약품안전처장에게 관련 자료 또는 의견의 제출을 요청할 수 있다.

⑤ 제3항제1호에 따라 평가위원회의 심의에 부쳐진 의료기술의 평가절차, 평가방법 및 평가기준 등에 관하여는 제3조제7항부터 제11항까지의 규정을 준용한다. <개정 2020. 11. 10.>

[본조신설 2016. 7. 29.]

[종전 제3조의2는 제3조의3으로 이동 <2016. 7. 29.>]

제3조의3(평가 유예 신의료기술의 부작용 관리) ① 특정 의료기기의 제조업자, 수입업자, 수리업자, 판매업자, 임대업자 및 의료기관 개설자는 제2조제2항에 따라 신의료기술평가 대상에서 유예되어 신의료기술평가가 종료되는 시점까지 해당 평가 유예 신의료기술을 실시하여 사망 또는 인체에 심각한 부작용이 발생하였거나 발생할 우려가 있음을 인지한 경우에는 보건복지부장관이 고시하는 바에 따라 보건복지부장관에게 즉시 보고하고 그 기록을 유지하여야 한다. 이 경우 보건복지부장관은 식품의약품안전처장에게 그 평가 유예 신의료기술에 사용된 특정 의료기기에 관하여 「의료기기법」 제31조에 따라 보고받은 자료의 제출 등 협조를 요청할 수 있다.

② 보건복지부장관은 제1항에 따라 보고를 받은 경우에는 평가 유예 신의료기술에 대하여 안전성의 위해수준을 검토하도록 평가위원회에 요청할 수 있다.

③ 평가위원회는 제2항에 따라 요청을 받은 경우 평가 유예 신의료기술에 대하여 안전성의 위해수준을 검토하고, 그 위해수준이 높다고 판단될 때에는 신의료기술평가의 유예를 중단하고 그 결과를 건강보험심사평가원의 장에게 통보하여야 한다.

④ 보건복지부장관은 제1항에 따른 부작용 보고 사유가 있었음에도 불구하고 보고가 이루어지지 않았음이 확인된 경우에는 제2조제2항에 따른 신의료기술평가의 유예를 중단할 수 있다.

[본조신설 2015. 9. 21.]

[제3조의2에서 이동, 종전 제3조의3은 제3조의4로 이동 <2016. 7. 29.>]

제3조의4(평가 유예 신의료기술의 평가 절차) ① 특정 의료기기의 제조업자·수입업자는 제2조제2항에 따라 신의료기술평가가 유예된 경우 평가 유예 신의료기술을 환자에게 최초로 실시한 날부터 1년 이내에 법 제53조에 따라 신의료기술평가를 신청하여야 한다.

② 보건복지부장관은 특정 의료기기의 제조업자·수입업자가 제1항에 따라 신의료기술평가를 신청하지 않는 경우에는 제3조제4항에 따라 직권으로 신의료기술평가를 할 수 있다. <개정 2020. 11. 10.> [본조신설 2015. 9. 21.]

[제3조의3에서 이동 <2016. 7. 29.>]

제4조(평가결과의 통보 등) ① 보건복지부장관은 제3조제1항, 제3조의2제2항 및 제3조의4제1항에 따른 신청서를 접수한 날부터 90일 이내에 해당 의료기술의 평가 대상 여부를 신청인에게 통보하여야 한다. <개정 2016. 7. 29.>

② 보건복지부장관은 해당 의료기술이 평가 대상인 경우 신청서를 접수한 날부터 250일(해당 의료기술이 체외진단 검사 또는 유전자 검사인 경우에는 140일) 이내에 해당 의료기술의 안전성·유효성 및 잠재성에 대한 평가결과를 신청인(제3조의2제2항의 신청에 대한 평가결과의 경우에는 식품의약품안전처장을 거쳐야 한다)과 건강보험심사평가원의 장에게 통보하여야 하고, 해당 의료기술의 안전성·유효성에 대한 평가결과, 사용기간, 사용목적, 사용대상 및 시술방법 등을 고시해야 한다. <개정 2016. 5. 31., 2016. 7. 29., 2019. 3. 15.>

③ 제2항에 따른 체외진단 검사 또는 유전자 검사의 평가결과 통보 기간에도 불구하고 추가적 검토를 필요로 하는 등 불가피한 사유가 있는 때에는 한 차례만 110일의 범위에서 그 통보 기간을 연장할 수 있다. 이 경우 보건복지부장관은 그 연장사유 및 연장기간 등을 신청인(제3조의2제2항에 따른 신청의 경우에는 식품의약품안전처장을 거쳐야 한다)에게 미리 알려야 한다. <신설 2016. 5. 31., 2016. 7. 29., 2019. 3. 15.>
[전문개정 2015. 9. 21.]

제5조(자료요청 등) 평가위원회 또는 소위원회는 심의에 필요하면 관련 전문학회나 단체 등에게 평가에 필요한 자료를 요청하거나 관계 전문가 등을 위원회에 출석시켜 의견을 들을 수 있다. <개정 2015. 9. 21.>

제6조(신의료기술평가위원회) ①평가위원회는 다음 각 호의 사항을 심의한다. <개정 2008. 3. 3., 2010. 3. 19., 2015. 9. 21., 2019. 3. 15.>
1. 의료기술이 제2조에 따른 신의료기술평가 대상에 해당하는지의 여부
2. 신의료기술의 평가방법에 관한 사항
3. 신의료기술의 안전성·유효성 및 잠재성에 관한 소위원회의 검토결과
4. 평가 절차 및 기준의 변경에 관한 사항
5. 평가결과의 활용에 관한 사항
6. 제한적 의료기술 또는 혁신의료기술의 선정, 운영 등에 관한 소위원회의 검토 결과
7. 그 밖에 보건복지부장관 또는 위원장이 심의에 부치는 사항
② 부위원장은 위원 중에서 호선하고, 위원장이 부득이한 사유로 직무를 수행할 수 없는 경우에는 그 직무를 대행한다.
③ 위원회의 사무를 처리하기 위하여 간사 1인을 두되, 보건복지부장관이 소속 공무원 중에서 임명한다. <개정 2008. 3. 3., 2010. 3. 19.>
④ 위원회의 회의는 재적위원 3분의 1이상의 요구가 있거나 보건복지부장관 또는 위원장이 필요하다고 인정하는 경우 위원장이 소집한다. <개정 2008. 3. 3., 2010. 3. 19.>
⑤ 위원회의 회의는 재적위원 과반수의 출석으로 열리고 출석위원 과반수의 찬성으로 의결한다.
⑥ 제1항부터 제5항까지 규정된 것 외에 위원회의 심의·운영에 관하여 필요한 사항은 위원회의 심의를 거쳐 위원장이 정한다.

제7조(분야별 전문평가위원회) ①법 제54조제6항에 따른 전문위원회의 분야는 다음 각 호와 같다.
1. 내과계 의료전문위원회
2. 외과계 의료전문위원회
3. 내·외과계외 의료전문위원회
4. 치과의료전문위원회
5. 한방의료전문위원회
② 제1항 각 호의 각 전문위원회는 20명 이상의 위원으로 구성한다. <개정 2014. 4. 24.>
③ 보건복지부장관은 관련 단체, 학회 또는 평가위원회가 추천한 자 중에서 해당 분야의 전문지식 또는 임상경험이 풍부한 자를 전문위원회 위원으로 임명 또는 위촉한다. <개정 2008. 3. 3., 2010. 3. 19., 2015. 9. 21., 2019. 3. 15.>
④ 전문위원회 위원의 임기는 3년으로 하고, 연임할 수 있다.
⑤ 제1항부터 제4항까지에 규정된 것 외에 전문위원회의 운영에 필요한 사항은 평가위원회의 심의를 거쳐 평가위원회 위원장이 정한다.

제8조(위원의 제척·회피) ① 평가위원회 위원 또는 소위원회 위원(이하 이 조에서 "위원"이라 한다)이 다음 각 호의 어느 하나에 해당하는 경우에는 평가위원회의 심의·의결과 소위원회의 검토에서 제척(除斥)된다. <개정 2015. 9. 21.>

1. 위원 또는 그 배우자나 배우자였던 사람이 해당 안건의 당사자(당사자가 법인·단체 등인 경우에는 그 임원을 포함한다)이거나 그 안건의 당사자와 공동권리자 또는 공동의무자인 경우
2. 위원이 해당 안건의 당사자와 가족관계에 있는 경우
3. 위원이 해당 안건에 대하여 자문업무, 연구, 용역 또는 감정 등을 수행하고 현금이나 물품 등의 보수를 받은 경우
4. 위원이나 위원이 속한 법인이 해당 안건의 당사자의 대리인이거나 대리인이었던 경우
5. 그 밖에 해당 안건의 관련자와 개인적, 경제적 이해관계 등으로 공정하고 객관적인 심의·의결이 어려운 경우
② 위원은 제1항 각 호에 따른 제척 사유에 해당하는 경우에는 스스로 해당 안건의 심의·의결에서 회피(回避)하여야 한다. <개정 2015. 9. 21.>
③ 제1항 및 제2항에 따른 제척사유에 해당하여 회피를 신청하는 위원은 별지 제3호서식의 회피 신청(확인)서를 평가위원회 위원장에게 제출하여야 한다. <개정 2015. 9. 21.> [본조신설 2014. 4. 24.] [제목개정 2015. 9. 21.]
[종전 제8조는 제9조로 이동 <2014. 4. 24.>]
제8조의2(관련 내용 누설 등 금지) ① 평가위원회 위원과 소위원회 위원은 상정 안건에 대한 심의 등과 관련하여 알게 된 내용을 타인에게 누설하지 아니하여야 한다.
② 평가위원회 위원과 소위원회 위원은 최초로 참석하는 회의 전까지 별지 제4호서식의 서약서를 평가위원회 위원장에게 제출하여야 한다.
[본조신설 2015. 9. 21.]
제8조의3(위원의 해촉) 보건복지부장관은 평가위원회 위원 또는 소위원회 위원이 다음 각 호의 어느 하나에 해당하는 경우에는 해당 위원을 해촉할 수 있다.
1. 제8조제1항 각 호에 따른 제척사유가 있음을 알면서 이를 회피하지 아니한 경우
2. 제8조의2제1항을 위반하여 관련 내용을 누설한 경우
3. 그 밖에 공정한 평가 수행에 현저한 지장을 초래한다고 평가위원회에서 의결한 경우
[본조신설 2015. 9. 21.]
제9조(업무의 위탁) 보건복지부장관은 법 제55조에 따라 자료의 수집·조사 등 평가에 수반되는 업무를 다음 각 호의 기관에 위탁할 수 있다. <개정 2008. 3. 3., 2010. 3. 19., 2012. 8. 31., 2014. 4. 24.>
1. 「보건의료기술 진흥법」 제19조에 따른 한국보건의료연구원
2. 정부가 설립하거나 운영비용의 전부 또는 일부를 지원하는 비영리법인
3. 그 밖에 신의료기술평가에 관한 전문인력과 능력을 갖춘 비영리법인
[제8조에서 이동 <2014. 4. 24.>]

◇ 우리나라에서 새로운 의료행위에 대해 건강보험 진입 여부를 결정하기 위해 실시하는 신의료기술의 평가제도는 2006. 10. 27. 「의료법」 개정을 통해 근거기반의학에 기초한 법적근거를 마련하여 2007. 4. 27. 신의료기술평가에 관한 규칙이 제정되어 2007.4.28.부터 신의료기술의 평가제도가 전면 시행되었다. 신의료기술평가제도는 의료기술에 대한 사전검증제도로써 신청 대상은 국민건강보험 급여 또는 비급여 목록에 등재되지 않은 새로운 의료기술로 기존 건강보험에 등재된 의료기술과 비교했을 때 사용목적, 대상, 방법 중 한 가지 이상이 변경된 경우 신의료기술평가 신청 대상이 될 수 있으며, 의사, 의료기관, 의료기기사업자 등 누구나 신의료기술의 평가를 신청할 수 있다. 신의료기술로 평가신청 되어 신의료기술 평가 신청 대상으로 결정된 경우, 의사

등 각 분야 전문가들로 구성된 소위원회와 신의료기술평가위원회의 심의를 거쳐 신의료기술의 안전싱·유효싱 등에 관한 평가가 진행되며, 그 심의기간은 신청서 접수일로부터 최대 250일이 소요된다. 이렇게 심의를 거쳐 신의료기술평가 결과 안전성·유효성이 확인된 '신의료기술'의 경우, 건강보험심사평가원으로 요양급여결정신청을 하게 되며, 건강보험심사평가원에서는 경제성 평가를 수행하여 급여로 할 것인지 비급여로 할 것인지 결정하게 되며, 보건복지부에서는 홈페이지에 '신의료기술의 안전성·유효성 평가 결과'를 고시 발령하게 된다.

정부에서는 신의료기술의 평가 관련 소요 기일을 단축하기 위해 2019. 7. 4. 「신의료기술평가에 관한 규칙」 및 「국민건강보험요양급여의기준에 관한 규칙」을 개정하여 신의료기술평가와 건강보험 등재심사를 동시에 진행시킴으로써 심의기일을 단축시키고 있다. 위와 같은 신의료기술평가제도에 대해서는 2010년 6월부터 한국보건의료연구원(www. neca.re.kr)에서 「의료법」 제55조와 「신의료기술평가에 관한 규칙」 제9조에 근거하여 보건복지부장관으로부터 위탁받아 현재 업무를 수행하고 있다.

◇ 신의료기술의 평가 절차

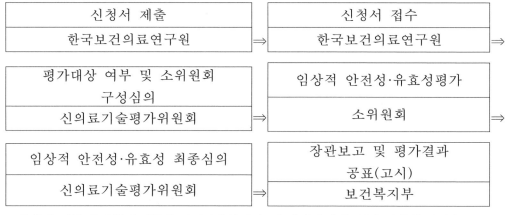

* 신청서 접수일로부터 250일 소요(체외진단, 유전자검사의 경우 140일 소요)

◇ 제한적 의료기술이란, 안전성이 확보된 의료기술로서 대체기술이 없는 질환이거나 희귀질환의 치료·검사를 위하여 신속히 임상에 도입할 필요가 있어 보건복지부장관이 따로 정하여 고시하는 조건을 충족하는 경우에만 임상에서 사용 가능한 의료기술(「신의료기술평가에 관한 규칙」 제3조제8항제2호)'로서 II-b등급 연구단계 의료기술 중 의료기관의 신청을 받아 신의료기술평가위원회의 심의를 거쳐 선정된 의료기관에서 비급여 진료를 허용하고 그 결과를 의과학적 근거로서 활용하는 제도이다.
◇ 혁신의료기술이란 안전성은 인정되었지만 유효성에 관한 근거가 부족한 기술 중 잠재성(잠재적 가치, potential value)이 인정된 의료기술로서 보건복지부장관이 따로 정하여 고시하는 사용기간, 사용목적, 사용대상 및 시술(검사)방법 등에 대한 조건을 충족

하는 경우에만 임상에서 사용 가능한 의료기술을 의미한다.

◇ 신의료기술평가 유예 제도는 식약처 임상시험을 거쳐 허가된 의료기기 중 신의료기술
   평가 유예 요건이 충족된 의료기기를 사용하는 의료기술의 조기 시장진입을 허용하고
   신의료기술평가를 1년간 유예하는 제도이다.

※ 신의료기술평가 유예기간이 종료되기 이전(첫 환자 시술일로부터 1년 이내)에 반드
   시 신의료기술평가 신청해야 한다.

| 질의 내용 | 신의료기술의 평가제도 목적 |
|---|---|
| 해석 경향 | 신의료기술의 평가제도는 새로운 의료기술이 의료현장에 진입하기 이전에 근거기반 의학에 기초해 임상적 안전성·유효성을 평가하여 국민의 건강권을 보호하는 동시에, 우수한 의료기술의 빠른 의료현장 진입을 지원하고자 하는 제도로 「의료법」 제53조에 따라 2007년도에 도입되었으며, 신청한 새로운 의료기술이 신의료기술로 인증 받으면 보건복지부장관은 그 결과를 건강보험심사평가원장에게 알려 보험 수가 등재가 가능하며, 이후 병원에서 쓸 수 있는 새로운 의료기술이 될 수 있습니다. |

| 질의 내용 | 신의료기술의 평가 결과 |
|---|---|
| 판례 경향 | 신의료기술의 안전성·유효성 평가나 신의료기술의 시술로 국민보건에 중대한 위해가 발생하거나 발생할 우려가 있는지에 관한 판단은 고도의 의료·보건상의 전문성을 요하므로, 행정청이 국민의 건강을 보호하고 증진하려는 목적에서 의료법 등 관계 법령이 정하는 바에 따라 이에 대하여 전문적인 판단을 하였다면, 판단의 기초가 된 사실인정에 중대한 오류가 있거나 판단이 객관적으로 불합리하거나 부당하다는 등의 특별한 사정이 없는 한 존중되어야 한다. 또한 행정청이 전문적인 판단에 기초하여 재량권의 행사로서 한 처분은 비례의 원칙을 위반하거나 사회통념상 현저하게 타당성을 잃는 등 재량권을 일탈하거나 남용한 것이 아닌 이상 위법하다고 볼 수 없다(대법원 2016. 1. 28. 선고 2013두21120 판결). |

## 집안의 꽃

心傳 권 형 원

아름답고 이쁘다는 꽃들
소만(小滿) 지나
며칠 새 시들어 간다

그토록 좋아했건만
스러지고
잊히겠지

아름답고 좋은 꽃
시들지 않는 꽃
30년을 봐 왔다

비바람 땡볕에도
꽃 이파리 접지 않는 이쁜 꽃

결코
잠옷이 해진 줄도 모르는
착한 감자 꽃

30년은 더 볼 수 있겠지
계절 없이 피어 웃는
고마운 감자 꽃.

(세계문학예술 2020-겨울호)

# 제5장 의료광고

<table>
<tr><td>의료법</td><td>제56조(의료광고의 금지 등)</td></tr>
</table>

① 의료기관 개설자, 의료기관의 장 또는 의료인(이하 "의료인등"이라 한다)이 아닌 자는 의료에 관한 광고(의료인등이 신문·잡지·음성·음향·영상·인터넷·인쇄물·간판, 그 밖의 방법에 의하여 의료행위, 의료기관 및 의료인등에 대한 정보를 소비자에게 나타내거나 알리는 행위를 말한다. 이하 "의료광고"라 한다)를 하지 못한다. <개정 2018. 3. 27.>

② 의료인등은 다음 각 호의 어느 하나에 해당하는 의료광고를 하지 못한다. <개정 2009. 1. 30., 2016. 5. 29., 2018. 3. 27.>

1. 제53조에 따른 평가를 받지 아니한 신의료기술에 관한 광고
2. 환자에 관한 치료경험담 등 소비자로 하여금 치료 효과를 오인하게 할 우려가 있는 내용의 광고
3. 거짓된 내용을 표시하는 광고
4. 다른 의료인등의 기능 또는 진료 방법과 비교하는 내용의 광고
5. 다른 의료인등을 비방하는 내용의 광고
6. 수술 장면 등 직접적인 시술행위를 노출하는 내용의 광고
7. 의료인등의 기능, 진료 방법과 관련하여 심각한 부작용 등 중요한 정보를 누락하는 광고
8. 객관적인 사실을 과장하는 내용의 광고
9. 법적 근거가 없는 자격이나 명칭을 표방하는 내용의 광고
10. 신문, 방송, 잡지 등을 이용하여 기사(記事) 또는 전문가의 의견 형태로 표현되는 광고
11. 제57조에 따른 심의를 받지 아니하거나 심의받은 내용과 다른 내용의 광고
12. 제27조제3항에 따라 외국인환자를 유치하기 위한 국내광고
13. 소비자를 속이거나 소비자로 하여금 잘못 알게 할 우려가 있는 방법으로 제45조에 따른 비급여 진료비용을 할인하거나 면제하는 내용의 광고
14. 각종 상장·감사장 등을 이용하는 광고 또는 인증·보증·추천을 받았다는 내용을 사용하거나 이와 유사한 내용을 표현하는 광고. 다만, 다음 각 목의 어느 하나에 해당하는 경우는 제외한다.
가. 제58조에 따른 의료기관 인증을 표시한 광고
나. 「정부조직법」 제2조부터 제4조까지의 규정에 따른 중앙행정기관·특

별지방행정기관 및 그 부속기관, 「지방자치법」 제2조에 따른 지방자치단체 또는 「공공기관의 운영에 관한 법률」 제4조에 따른 공공기관으로부터 받은 인증·보증을 표시한 광고

다. 다른 법령에 따라 받은 인증·보증을 표시한 광고

라. 세계보건기구와 협력을 맺은 국제평가기구로부터 받은 인증을 표시한 광고 등 대통령령으로 정하는 광고

15. 그 밖에 의료광고의 방법 또는 내용이 국민의 보건과 건전한 의료경쟁의 질서를 해치거나 소비자에게 피해를 줄 우려가 있는 것으로서 대통령령으로 정하는 내용의 광고

③ 의료광고는 다음 각 호의 방법으로는 하지 못한다. <개정 2018. 3. 27.>

1. 「방송법」 제2조제1호의 방송

2. 그 밖에 국민의 보건과 건전한 의료경쟁의 질서를 유지하기 위하여 제한할 필요가 있는 경우로서 대통령령으로 정하는 방법

④ 제2항에 따라 금지되는 의료광고의 구체적인 내용 등 의료광고에 관하여 필요한 사항은 대통령령으로 정한다. <개정 2018. 3. 27.>

⑤ 보건복지부장관, 시장·군수·구청장은 제2항제2호부터 제5호까지 및 제7호부터 제9호까지를 위반한 의료인등에 대하여 제63조, 제64조 및 제67조에 따른 처분을 하려는 경우에는 지체 없이 그 내용을 공정거래위원회에 통보하여야 한다. <신설 2016. 5. 29., 2018. 3. 27.>

[2018. 3. 27. 법률 제15540호에 의하여 2015. 12. 23. 헌법재판소에서 위헌 결정된 이 조를 개정함.]

| 의료법 시행령 | 제23조(의료광고의 금지 기준) |
| --- | --- |

① 법 제56조제2항에 따라 금지되는 의료광고의 구체적인 기준은 다음 각 호와 같다. <개정 2008. 12. 3., 2010. 1. 27., 2012. 4. 27., 2017. 2. 28., 2018. 9. 28.>

1. 법 제53조에 따른 신의료기술평가를 받지 아니한 신의료기술에 관하여 광고하는 것

2. 특정 의료기관·의료인의 기능 또는 진료 방법이 질병 치료에 반드시 효과가 있다고 표현하거나 환자의 치료경험담이나 6개월 이하의 임상경력을 광고하는 것

3. 의료인, 의료기관, 의료서비스 및 의료 관련 각종 사항에 대하여 객관적인 사실과 다른 내용 등 거짓된 내용을 광고하는 것

4. 특정 의료기관 개설자, 의료기관의 장 또는 의료인(이하 "의료인등"이라 한다)이 수행하거나 광고하는 기능 또는 진료 방법이 다른 의료인등의

것과 비교하여 우수하거나 효과가 있다는 내용으로 광고하는 것

5. 다른 의료인등을 비방할 목적으로 해당 의료인등이 수행하거나 광고하는 기능 또는 진료 방법에 관하여 불리한 사실을 광고하는 것

6. 의료인이 환자를 수술하는 장면이나 환자의 환부(患部) 등을 촬영한 동영상·사진으로서 일반인에게 혐오감을 일으키는 것을 게재하여 광고하는 것

7. 의료인등의 의료행위나 진료 방법 등을 광고하면서 예견할 수 있는 환자의 안전에 심각한 위해(危害)를 끼칠 우려가 있는 부작용 등 중요 정보를 빠뜨리거나 글씨 크기를 작게 하는 등의 방법으로 눈에 잘 띄지 않게 광고하는 것

8. 의료인, 의료기관, 의료서비스 및 의료 관련 각종 사항에 대하여 객관적인 사실을 과장하는 내용으로 광고하는 것

9. 법적 근거가 없는 자격이나 명칭을 표방하는 내용을 광고하는 것

10. 특정 의료기관·의료인의 기능 또는 진료 방법에 관한 기사나 전문가의 의견을 「신문 등의 진흥에 관한 법률」 제2조에 따른 신문·인터넷신문 또는 「잡지 등 정기간행물의 진흥에 관한 법률」에 따른 정기간행물이나 「방송법」 제2조제1호에 따른 방송에 싣거나 방송하면서 특정 의료기관·의료인의 연락처나 약도 등의 정보도 함께 싣거나 방송하여 광고하는 것

11. 법 제57조제1항에 따라 심의 대상이 되는 의료광고를 심의를 받지 아니하고 광고하거나 심의 받은 내용과 다르게 광고하는 것

12. 외국인환자를 유치할 목적으로 법 제27조제3항에 따른 행위를 하기 위하여 국내광고 하는 것

13. 법 제45조에 따른 비급여 진료비용의 할인·면제 금액, 대상, 기간이나 범위 또는 할인·면제 이전의 비급여 진료비용에 대하여 허위 또는 불명확한 내용이나 정보 등을 게재하여 광고하는 것

14. 각종 상장·감사장 등을 이용하여 광고하는 것 또는 인증·보증·추천을 받았다는 내용을 사용하거나 이와 유사한 내용을 표현하여 광고하는 것. 다만, 법 제56조제2항제14호 각 목의 어느 하나에 해당하는 경우는 제외한다.

② 법 제56조제2항제14호라목에서 "세계보건기구와 협력을 맺은 국제평가기구로부터 받은 인증을 표시한 광고 등 대통령령으로 정하는 광고"란 다음 각 호의 어느 하나에 해당하는 광고를 말한다. <신설 2018. 9. 28.>

1. 세계보건기구와 협력을 맺은 국제평가기구로부터 받은 인증을 표시한 광고

2. 국제의료질관리학회(The International Society for Quality in Health

Care)로부터 인증을 받은 각국의 인증기구의 인증을 표시한 광고
③ 보건복지부장관은 의료인등 자신이 운영하는 인터넷 홈페이지에 의료광고를 하는 경우에 제1항에 따라 금지되는 의료광고의 세부적인 기준을 정하여 고시할 수 있다. <개정 2008. 2. 29., 2010. 3. 15., 2018. 9. 28.>

---

**벌칙 · 행정처분**

◇ 제56조제1항부터 제3항까지 위반한 자 : 1년 이하의 징역이나 1천만원 이하의 벌금

△ 제56조제2항(제7호와 제9호는 제외한다)을 위반하여 의료광고를 한 경우 : 업무정지 1개월

△ 제56조제2항제9호를 위반하여 의료광고의 내용 및 방법 등에 대하여 사전에 보건복지부장관의 심의를 받지 아니하거나 심의 받은 내용과 다른 내용의 광고를 한 경우

– 1차 위반 : 경고   – 2차 위반 : 업무정지 15일   – 3차 위반 : 업무정지 1개월

△ 제56조제3항(제56조제2항제7호를 포함한다)을 위반하여 거짓된 내용의 광고를 한 경우 : 업무정지 2개월

△ 제56조제3항(제56조제2항제7호를 포함한다)을 위반하여 과장된 내용의 광고를 한 경우 : 업무정지 1개월

△ 제56조제4항을 위반하여 의료광고를 한 의료기관 : 업무정지 1개월

* 세56조세2항·세3항을 위반한 경우 : 위반행위의 중지, 위반 사실의 공표, 정정 광고를 명할 수 있다.

| 질의 내용 | 의료광고의 범위 |
|---|---|
| 해석 경향 | 의료광고라 함은 의료기관 개설자 의료기관의 장 또는 의료인이 의료서비스에 관한 사항 즉, 건강을 유지하고 질병을 예방하거나 경감 혹은 치료하기 위하여 적용되는 과학 및 기술상의 제반 활동과 의료인 의료기관에 관한 사항 등을 신문 잡지 등의 매체를 이용하여 소비자에게 널리 알리거나 제시하는 것을 말합니다. 여기에 의료기기 광고, 의약품 광고는 의료광고에 해당하지 않으며, 진료방법을 소개하기 위하여 보유하고 있는 의료기기의 명칭을 언급하는 것은 의료기기 광고로 보지 않습니다. 또한 건강강좌 개최, 예방접종 안내, 손씻기 홍보, 의료인 영입 안내, 의료기관 개설 예정 안내 등 공익적 광고 등과 같이 유인적 요소가 없는 경우에도 의료광고로 보지 않고 있습니다. |

| 질의 내용 | 의료광고 |
|---|---|
| 판례 경향 | 의료법 제56조제3항은 "의료법인·의료기관 또는 의료인은 거짓이나 과장된 내용의 의료광고를 하지 못한다."라고 규정하고 있는데, 여기에서 '의료광고'란 의료법인·의료기관 또는 의료인이 업무 및 기능, 경력, 시설, 진료방법 등 의료기술과 의료행위 등에 관한 정보를 신문·인터넷신문, 정기간행물, 방송, 전기통신 등의 매체나 수단을 이용하여 널리 알리는 행위를 의미한다(대법원 2016. 6. 23. 선고 2014도16577 판결). |

| 질의 내용 | 의료광고 금지 기준 |
|---|---|
| 해석 경향 | 의료법령에서 금지하고 있는 주요 의료광고는 신의료기술평가를 받지 아니한 신의료기술 광고, 의료소비자로 하여금 치료 효과를 오인하게 할 우려가 있는 광고, 거짓된 내용 광고, 다른 의료인 등의 기능, 진료방법을 비교하는 광고, 다른 의료인 등을 비방 광고, 직접적인 시술행위를 노출하는 광고, 심각한 부작용 등 중요한 정보를 누락하는 광고, 사실을 과장하는 내용의 광고, 법적 근거가 없는 자격·명칭을 표방하는 광고, 신문, 방송, 잡지 등 기사(記事) 또는 전문가의 의견 형태로 표현되는 광고, 의료광고 심의를 받지 아니하거나 심의받은 내용과 다른 내용의 광고, 외국인환자를 유치하기 위한 국내광고, 비급여 진료비용을 할인·면제하는 내용의 광고, 상장·감사장 등을 이용하는 광고 등입니다. |

| 질의 내용 | 의료광고는 의료행위에 관한 것 |
|---|---|
| 판례 경향 | 의료광고에 관한 이러한 규제는 의료인이 다른 의료기관이나 의료인의 기능 또는 진료 방법을 비교하는 내용의 광고를 통하여 국민을 기만하거나, 국민으로 하여금 의료인의 기능 또는 진료 방법을 오인하게 할 우려를 방지함으로써 국민의 건강보호와 의료시장의 공정성을 보장하기 위한 것으로 이해할 수 있다. 따라서 금지되는 '의료광고'에 해당한다고 하기 위해서는 그 광고 내용이 위에서 본 의료행위에 관한 것이어야 한다(대법원 2009. 11. 12. 선고 2009도7455 판결 참조). |

| 질의 내용 | 금지되는 의료광고에 의료인의 경력 등 의료와 관련된 모든 내용 포함 |
|---|---|
| 판례 경향 | 의료법 제56조제3항은 '의료법인·의료기관 또는 의료인은 거짓이나 과장된 내용의 의료광고를 하지 못한다'고 규정하고 있는데, 여기에서 '의료광고'라 함은 의료법인·의료기관 또는 의료인이 그 업무 및 기능, 경력, 시설, 진료방법 등 의료기술과 의료행위 등에 관한 정보를 신문·인터넷신문, 정기간행물, 방송, 전기통신 등의 매체나 수단을 이용하여 널리 알리는 행위를 의미하고, 위 규정에 의하여 금지되는 의료광고에는 의료행위는 물론 의료인의 경력 등 의료와 관련된 모든 내용의 광고가 포함된다(대법원 2016. 6. 23., 선고, 2016도556, 판결). |

| 질의 내용 | 치료효과를 보장하는 의료광고 금지 |
|---|---|
| 해석 경향 | 의료광고 내용 중 소비자를 현혹시킬 우려가 있는 최고, 최초, 최첨단, 첨단, 최상의, 지역최초, 지역 1위, 특수, 특별, A+, 전문, 특화, 특성화, 명품, 선구자, 일인자, 완전히 등은 최상급 등 극대화를 의미하는 단어이므로 그 내용이 사실이라 주장하여도 일반적인 의료광고의 금지사항에 해당합니다. |

| 질의 내용 | 치료 사례 및 치료경험담 의료광고 금지 |
|---|---|
| 해석 경향 | 환자에 관한 치료경험담 등 소비자로 하여금 치료 효과를 오인하게 할 우려가 있는 내용의 광고는 허용되지 않습니다. 수술 전·후 사진 게재, 환자의 수술 결과 사진 게재는 허용되지 않으며, 다만 아무런 설명 없이 내원 환자의 시·수술 전 혹은 시·수술 후 사진을 각각 단독으로 사용 시 단순 모델 이미지로 간주하여 허용되나, 내원하여 시·수술을 받은 환자임을 유추할 수 있는 경우에는 허용되지 않습니다. 치료 경험으로 볼 수 있는 내용이 내포된 경우에도 불허됩니다.(단, 각 자율광고 사전심의기구별 기준이 조금은 상이할 수 있음) |

| 질의 내용 | 거짓광고, 객관적 사실을 과장한 의료광고 금지 |
|---|---|
| 해석 경향 | 의료광고에서 공인되지 아니한 치료법, 시술법, 처방명 등과 공인받지 못한 학술지 내용을 인용하는 것, 의학용어가 아닌 의료기관에서 독자적으로 만든 술기·시술명을 사용하는 것, 의료기관 간 비즈니스 목적으로 체결한 양해각서 등을 의료광고하는 것은 거짓 광고나 객관적 사실을 과장하여 광고한 의료광고에 해당될 수 있습니다. |

| 질의 내용 | '허위 과대한 광고'의 의미 |
|---|---|
| 판례 경향 | '허위 또는 과대한 광고'라 함은 진실이 아니거나 실제보다 지나치게 부풀려진 내용을 담고 있어 의료지식이 부족한 일반인으로 하여금 오인·혼동하게 할 염려가 있는 광고를 의미한다(대법원 2009. 2. 26. 선고 2006도9311 판결). |

| 질의 내용 | 허위 또는 과대 광고 |
|---|---|
| 판례 경향 | 한의원의 인터넷 홈페이지에 "국내 최초 양·한방 협진의원 개설, 국내 최상품 청정한약재 처방, (명칭 생략)한의원은 아이질병을 소아과가 아닌 한의원에서 치료할 수 있다는 인식을 최초로 심어 준 대표적 소아전문 한의원입니다"라고 게재한 사실을 알 수 있는바, 이를 앞서 본 법리에 비추어 살펴보면, 위 광고에 포함된 '국내 최초', '국내 최상품', '대표적' 등의 문구는 이를 객관적으로 조사하거나 그에 관한 결정기준을 마련하기 곤란하여 그 자체로 진실에 반하거나 실제보다 과장된 것으로 보일 뿐 아니라 위 피고인 스스로도 명확한 근거를 제시한 바 없으므로, 위 광고는 일반인으로 하여금 오인·혼동하게 할 염려가 있는 광고로서, 구 의료법 제46조제1항이 정하는 '허위 또는 과대한 광고'에 해당한다(대법원 2009. 2. 26. 선고 2006도9311 판결). |

| 질의 내용 | 거짓·과장 광고 |
|---|---|
| 판례 경향 | 의료법 제56조제3항은 "의료법인·의료기관 또는 의료인은 거짓이나 과장된 내용의 의료광고를 하지 못한다."고 규정하고 있는바, 여기서 '거짓이나 과장된 내용의 의료광고'는 '진실이 아니거나 실제보다 지나치게 부풀려진 내용을 담고 있어 의료지식이 부족한 일반인으로 하여금 오인·혼동하게 할 염려가 있는 광고'를 의미한다. 의료광고가 객관적인 사실에 기인한 것으로서 의료소비자에게 해당 의료인의 의료기술이나 진료방법을 과장 없이 알려주는 것이라면, 이는 소비자의 합리적 선택에 도움을 주고, 의료인들 사이에 공정한 경쟁을 촉진시켜 공익을 증진시킬 수 있으므로 허용되어야 할 것이지만, 의료행위가 사람의 생명·신체에 직접적이고 중대한 영향을 미치는 것임에 비추어 객관적 사실이 아니거나 근거가 없는, 또는 현대의학상 안전성 및 유효성이 과학적으로 검증되지 않은 내용을 기재하여 의료서비스 소비자에게 막연하거나 헛된 의학적 기대를 갖게 하는 광고는 허위 또는 과대광고로서 금지되어야 한다(대법원 2010. 5. 27. 선고 2006도9083 판결). |

| 질의 내용 | '○○박사' 등의 표시 광고 |
|---|---|
| 해석 경향 | 의료인 등이 객관적 근거 없는 '○○박사' 등으로 표시하여 치료나 치료방법을 신뢰하게 하는 광고는 의료법 제56조제2항9호의 법적 근거가 없는 자격이나 명칭을 표방하는 내용의 광고 행위에 해당 되어 1년 이하의 징역이나 1천만원 이하의 벌금의 처해질 수 있습니다 |

| 질의 내용 | 의료기관 내부 게시물 의료광고 위반 여부 |
|---|---|
| 판례 경향 | 원심은 이 사건 공소사실 중 피고인이 '미국 치주과학회 정회원'이 아님에도 위 경력이 포함된 유리액자 형태의 약력서를 자신이 운영하던 치과의원 내에 게시하여 허위 광고를 하였다는 점에 관하여 그 판시와 같은 사정을 들어 위 공소사실을 유죄로 인정한 제1심판결을 그대로 유지하였다. 그러나 위 공소사실에 의하더라도 피고인은 유리액자 형태의 약력서를 위 의원 내에만 게시하였을 뿐 이를 신문, 잡지, 방송이나 그에 준하는 매체 등을 이용하여 일반인에게 알린 것은 아닌 점, 위 약력서는 의원을 방문한 사람만 볼 수 있어 그 전파가능성이 상대적으로 낮아 피고인의 경력을 널리 알리는 행위라고 평가하기는 어려운 점 등을 위 법리에 비추어 살펴보면, 피고인의 위와 같은 행위를 의료광고에 해당한다고 보기는 어렵다(대법원 2016. 6. 23. 선고 2014도16577 판결). |

| 질의 내용 | 특정 매체를 통하여 약국에서의 치매상담 및 진단이 가능함을 안내하면서 의약품이 아닌 특정 제품을 치매 예방에 효과가 있는 것으로 광고한 사례의 의료법 저촉 여부 |
|---|---|
| 해석 경향 | 의료법 제27조제1항에 따라 의료인이 아니면 누구든지 의료행위를 할 수 없고 의료인도 면허된 것 이외의 의료행위를 할 수 없도록 규정하고 있으므로, 비의료인이 의료기관이 아닌 곳에서 불특정다수인에게 진료, 진단, 치료하는 등의 의료행위를 하는 경우 무면허 의료행위에 해당될 소지가 있습니다. 한편, 의료법 제56조제1항('18. 3. 27. 개정, '18. 9. 28. 시행)은 의료광고의 주체로서 의료기관 개설자, 의료기관의 장, 의료인을 명시하고 있으며, 의료광고에 대해 의료인 등이 신문·잡지·음성·음향·영상·인터넷·인쇄물·간판, 그 밖의 방법에 의하여 의료행위, 의료기관 및 의료인 등에 대한 정보를 소비자에게 나타내거나 알리는 행위라고 규정하고 있는 바, 의료인이 아닌 자가 의료에 관한 광고를 하는 것은 의료법 제56조제1항에 저촉될 수 있습니다. |

| 질의 내용 | 인터넷 치료경험담, 개인 블로그 이용 광고 |
|---|---|
| 해석 경향 | 의료법령에서 규정하고 있는 치료경험담 광고의 금지기준(로그인 절차 후 게시물 작성주체)과 의료인 개인 블로그를 이용한 의료광고 소지 게시물의 의료광고 해당 여부에 대하여 질의와 관련하여 의료법 제56조제1항 ('18. 3. 27. 개정 '18. 9. 28. 시행)은 의료광고에 대해 의료인등이 신문·잡지·음성·음향·영상·인터넷·인쇄물·간판, 그 밖의 방법에 의하여 의료행위, 의료기관 및 의료인등에 대한 정보를 소비자에게 나타내거나 알리는 행위하고 규정하고 있으며, 의료법 제56조에서는 거짓·과장광고, 치료경험담 등 치료효과를 오인하게 할 우려가 있는 내용의 광고 등을 금지하고 있습니다. 다만, 인터넷 공간 내에서 특정인이 해당 인터넷 매체에 회원가입, 로그인 절차를 거쳐야 게시물을 열람할 수 있는 공간에 게재된 사항은 불특정 다수가 열람할 수 있는 정보인 '광고'라 보기 어려울 수 있으나, 회원가입 방법이 기존에 가입된 포털사이트 등의 아이디를 통해 로그인, 임시 아이디를 발급받아 접속하는 등 절차를 간소화하여 실질적으로 불특정 다수인이 해당 게시물을 열람할 수 있는 경우, 이는 의료광고에 해당하는 것으로 보아야 할 것입니다. 의료법령에서 금지하고 있는 치료경험담 광고의 경우, 환자 본인이 작성한 치료 후기와 의료인등의 치료사례를 모두 포함하는 것이며, 아울러, 구체적인 사실관계에 따라 달라질 것이나 의료인 개인 블로그를 통하여 의료기관의 의료인, 진료 정보 등에 관한 사항을 게시한 경우, 이는 의료광고로 보아야 할 것입니다. 다만, 의료정보 관련 게시물이 의료광고에 해당하는지 여부, 해당 게시물이 의료광고에 해당하는 경우 최종적인 위·적법 여부에 관한 사항은 전체적인 게시물의 내용과 문구, 개별·구체적인 사실관계 및 상황 등을 종합적으로 고려하여 판단됩니다. |

| 질의 내용 | 의료인이 아닌 개인의 아이디로 개설된 블로그를 통한 의료광고 진행시 의료법 저촉 여부 |
|---|---|
| 해석 경향 | 의료법 제56조는 의료광고에 대해 의료인 등이 신문·잡지·음성·음향·영상·인터넷·인쇄물·간판, 그 밖의 방법에 의하여 의료행위, 의료기관 및 의료인 등에 대한 정보를 소비자에게 나타내거나 알리는 행위로 규정하고, 거짓·과장광고, 치료경험담 등 치료 효과를 오인하게 할 우려가 있는 내용의 광고, 수술 장면 등 직접적인 시술 행위를 노출하는 내용의 광고, 심각한 부작용 등 중요 정보 누락 광고 등을 금지하고 있습니다.
해당 사례의 경우, 해당 게시물의 내용에 의료기관이 주체가 되어 작성한 의료광고 포스팅임을 명시하고 있는 것으로 확인되었으며, 이러한 제3자의 의료광고 사례의 경우 의료기관 광고 업무의 효율성과 전문성을 도모하기 위해 일반적인 계약을 통하여 제3자가 의료인 등으로부터 의료광고 업무를 위탁받은 범위 내에서 의료법령을 준수하여 관련 업무를 대 |

| | |
|---|---|
| | 행하는 것은 가능할 것입니다.<br>참고로 제3자에게 경제적 대가를 지급하여 광고성 게시물을 작성하게 한 경우, 해당 게시물에 경제적 이해관계를 밝히지 않았다면 이는 표시광고법(공정거래위원회 소비자안전정보과)에서 금지하고 있는 부당한 표시·광고 행위(기만적인 광고 행위)에 해당할 소지가 있을 것이며, 개별적인 의료광고 사례에 대한 위·적법 여부 검토 및 구체적인 사실관계 확인 등에 관한 절차 등 보건의료인 및 보건의료기관, 국민보건 향상을 위한 지도·관리에 관한 사항은 관할 보건소에 문의·조치하시기 바랍니다. |

| | |
|---|---|
| 질의 내용 | 모바일 앱을 통하여 의료광고 대행 업무를 수행하고 있는 "OOO"라는 광고 대행사가 페이스북을 통하여 해당 앱의 의료광고를 무단으로 노출하고 홍보를 진행하는 것에 대한 의료법 위반 여부 |
| 해석 경향 | 의료법 제56조제1항('18.3.27.개정 '18.9.28.시행)은 의료광고에 대해 의료인 등이 신문·잡지·음성·음향·영상·인터넷·인쇄물·간판, 그 밖의 방법에 의하여 의료행위, 의료기관 및 의료인 등에 대한 정보를 소비자에게 나타내거나 알리는 행위하고 규정하고 있으며, 의료법에서는 제3자가 의료광고를 대행하는 것에 대하여 별도로 규정하고 있지 않으며, 의료기관과 제3자간 의료광고 대행 계약에 관한 사항은 사적관계에 해당하는 사항으로서, 의료기관이 아닌 제3자가 계약 등에 의해 의료광고를 대행하여 주는 행위를 일률적으로 의료법 위반이라고 보기는 어려울 것으로 사료 되나, 이는 의료광고 관련 업무의 전문성과 효율성을 도모하기 위한 것으로, 실제 의료광고의 주체는 의료법 제56조제1항에서 규정하고 있는 바와 같이 의료기관개설자 의료기관의 장 또는 의료인이 되어야 할 것입니다. 따라서 의료기관과의 일반적인 계약을 통해 광고를 진행하는 광고 대행사가 광고업무를 전문성, 효율성 차원에서 사적관계에 법위 내에서 다양한 매체를 이용하여 광고하는 것을 일률적으로 의료법 위반으로 보기는 어려울 것이나, 이 과정에서 의료광고 대행기관이 의료인 또는 의료기관 개설자의 의료광고를 단순히 그 의료인 또는 의료기관 개설자의 이름으로 대행하여 주는데 그치지 아니하고 해당 업체 또는 개인이 사실상 주체가 되어 의료 광고를 행할 경우, 이는 의료법 제56조제1항에 해당될 것으로 보입니다. |

| | |
|---|---|
| 질의 내용 | 성형 애플리케이션 광고 사례 및 영업방식의 위법 소지 |
| 해석 경향 | 성형 애플리케이션 광고 사례 및 영업방식의 경우 단순한 광고 대행서비스에 그치는 것이 아니라 소비자 유치 대가로 수수료를 지급받는 등의 형태로 환자와 의료기관 간 편의를 도모하고 의료기관 간 과당경쟁을 심화시키는 등 의료법 제27조제3항에 저촉될 소지가 높을 것으로 보입니다. |

| 질의 내용 | 의료인이 발행한 도서 광고 관련 |
|---|---|
| 해석 경향 | 의료법 제56조제1항('18. 3. 27. 개정, '18. 9. 28. 시행)은 의료광고에 대해 의료인등이 신문·잡지·음성·음향·영상·인터넷·인쇄물·간판, 그 밖의 방법에 의하여 의료행위, 의료기관 및 의료인등에 대한 정보를 소비자에게 나타내거나 알리는 행위로 규정하고 있으며,<br>의료법 제56조에서는 거짓·과장 광고, 치료경험담 등 치료 효과를 오인하게 할 우려가 있는 내용의 광고, 수술 장면 등 직접적인 시술행위를 노출하는 내용의 광고, 심각한 부작용 등 중요 정보 누락 광고 등을 금지하고 있습니다. 구체적인 사실관계에 따라 달라질 것이나, 의료인이 발행한 도서 광고의 내용에 의료법 제56조제1항에서 규정하고 있는 의료광고에 해당하는 사항을 포함하고 있다면 이는 의료광고로 볼 수 있을 것으로 사료되며, 해당 도서가 의료광고에 해당하는지 여부는 관련 도서에 의료행위, 의료기관 및 의료인 등에 대한 정보가 포함되어 있는지 여부, 환자를 특정 의료기관으로 유인하는 의도가 있는지 여부 등에 따라 판단하여야 할 것으로 보입니다. 아울러 해당 광고가 의료광고에 해당하는 경우, 의료법령에서 규정하고 있는 의료광고의 금지사항 등을 준수하여 광고하여야 할 것이며, 의료법 제57조제1항에 의한 의료광고 사전 심의대상 매체를 통하여 의료광고를 시행하는 경우에는 의료광고 자율심의기구를 통하여 심의를 받아야 합니다. 또한 개별 광고 사례에 대한 의료광고 심의 대상 해당 여부에 대해서는 의료광고심의기구에서 해당 게시물이 의료광고 심의대상 매체를 이용한 의료광고에 해당하는지 여부 등에 대하여 개별·구체적으로 검토하여야 할 것으로 보입니다. |

| 질의 내용 | 칼럼 또는 건강정보 기사 형식의 의료광고 |
|---|---|
| 해석 경향 | 의료광고를 신문, 방송, 잡지, 인터넷신문 등을 이용하여 기사(記事) 또는 전문가의 의견 형태로 표현되는 의료광고는 불허합니다. 순수한 기사나 전문가의 의견은 의료광고가 아니므로 심의 대상에 해당하지 않으며, 신문, 방송 등에 의료기관, 의료인과 관련된 내용이 포함되는 것이 모두 의료법령 위반이라고 보는 것은 아니며, 최종적인 위·적법 여부는 해당 게시물의 전체적 인상, 해당 게시물이 의료광고에 해당하는지 여부, 의료기관 또는 의료인의 개입 정도 등을 종합적으로 고려하여 판단합니다. |

| 질 의 내 용 | '○○전문병원' 등의 표시 광고 |
|---|---|
| 해석 경향 | 전문병원으로 지정받지 않은 의료기관에서 '○○전문병원' 등으로 표방하는 광고를 할 경우, 의료법 제56조제2항3호의 거짓된 내용을 표시하는 광고 및 9호의 법적 근거가 없는 자격이나 명칭을 표방하는 내용의 광고를 한 경우에 해당되어 처벌받을 수 있습니다. |

| 질 의 내 용 | 의료광고와 환자유인행위 |
|---|---|
| 판례 경향 | 인터넷 성형쇼핑몰 형태의 통신판매 사이트를 운영하는 피고인 甲 주식회사의 공동대표이사인 피고인 乙, 丙이 의사인 피고인 丁과 약정을 맺고, 위 사이트를 통하여 환자들에게 피고인 丁이 운영하는 戊 의원 등에서 시행하는 시술상품 쿠폰을 구매하게 하는 방식으로 戊 의원 등에 환자들을 소개·알선·유인하고 그에 대한 대가로 시술쿠폰을 이용하여 시술받은 환자가 지급한 진료비 중 15~20%를 수수료로 戊 의원 등으로부터 받아 영리를 목적으로 환자를 병원에 소개·알선·유인하는 행위를 하였고, 피고인 丁은 피고인 乙, 丙이 위와 같이 영리를 목적으로 환자를 의원에 소개·알선·유인하는 행위를 사주하였다고 하여 의료법 위반으로 기소된 사안에서, 피고인 乙, 丙이 환자와 의료인 사이의 진료계약 체결의 중개행위를 하고 그 대가로 수수료를 지급받는 등 단순히 의료행위, 의료기관 및 의료인 등에 대한 정보를 소비자에게 나타내거나 알리는 의료법 제56조에서 정한 의료광고의 범위를 넘어 의료법 제27조제3항 본문의 영리를 목적으로 환자를 의료기관 또는 의료인에게 소개·알선하는 행위를 하였다고 보아 공소사실을 유죄로 인정한 원심판단이 정당하다 (대법원 2019. 4. 25, 선고 2018도20928. 판결). |

| 의료법 | 제57조(의료광고의 심의) |
|---|---|

① 의료인등이 다음 각 호의 어느 하나에 해당하는 매체를 이용하여 의료광고를 하려는 경우 미리 의료광고가 제56조제1항부터 제3항까지의 규정에 위반되는지 여부에 관하여 제2항에 따른 기관 또는 단체의 심의를 받아야 한다. <개정 2008. 2. 29., 2010. 1. 18., 2011. 8. 4., 2016. 1. 6., 2018. 3. 27.>

1. 「신문 등의 진흥에 관한 법률」 제2조에 따른 신문·인터넷신문 또는 「잡지 등 정기간행물의 진흥에 관한 법률」 제2조에 따른 정기간행물

2. 「옥외광고물 등의 관리와 옥외광고산업 진흥에 관한 법률」 제2조제1호에 따른 옥외광고물 중 현수막(懸垂幕), 벽보, 전단(傳單) 및 교통시설·교통수단에 표시(교통수단 내부에 표시되거나 영상·음성·음향 및 이들의 조합으로 이루어지는 광고를 포함한다)되는 것

3. 전광판

4. 대통령령으로 정하는 인터넷 매체[이동통신단말장치에서 사용되는 애플리케이션(Application)을 포함한다]

5. 그 밖에 매체의 성질, 영향력 등을 고려하여 대통령령으로 정하는 광고매체

② 다음 각 호의 기관 또는 단체는 대통령령으로 성하는 바에 따라 자율심의를 위한 조직 등을 갖추어 보건복지부장관에게 신고한 후 의료광고 심의 업무를 수행할 수 있다. <개정 2018. 3. 27.>

1. 제28조제1항에 따른 의사회·치과의사회·한의사회

2. 「소비자기본법」 제29조에 따라 등록한 소비자단체로서 대통령령으로 정하는 기준을 충족하는 단체

③ 의료인등은 제1항에도 불구하고 다음 각 호의 사항으로만 구성된 의료광고에 대해서는 제2항에 따라 보건복지부장관에게 신고한 기관 또는 단체(이하 "자율심의기구"라 한다)의 심의를 받지 아니할 수 있다. <개정 2018. 3. 27.>

1. 의료기관의 명칭·소재지·전화번호

2. 의료기관이 설치·운영하는 진료과목(제43조제5항에 따른 진료과목을 말한다)

3. 의료기관에 소속된 의료인의 성명·성별 및 면허의 종류

4. 그 밖에 대통령령으로 정하는 사항

④ 자율심의기구는 제1항에 따른 심의를 할 때 적용하는 심의 기준을 상호 협의하여 마련하여야 한다. <개정 2018. 3. 27.>

⑤ 의료광고 심의를 받으려는 자는 자율심의기구가 정하는 수수료를 내야 한다. <신설 2018. 3. 27.>

⑥ 제2항제1호에 따른 자율심의기구가 수행하는 의료광고 심의 업무 및 이와 관련된 업무의 수행에 관하여는 제29조제3항, 제30조제1항, 제32조, 제83조제1항 및 「민법」 제37조를 적용하지 아니하며, 제2항제2호에 따른 자율심의기구가 수행하는 의료광고 심의 업무 및 이와 관련된 업무의 수행에 관하여는 「민법」 제37조를 적용하지 아니한다. <신설 2018. 3. 27.>

⑦ 자율심의기구는 의료광고 제도 및 법령의 개선에 관하여 보건복지부장관에게 의견을 제시할 수 있다. <신설 2018. 3. 27.>

⑧ 제1항에 따른 심의의 유효기간은 심의를 신청하여 승인을 받은 날부터 3년으로 한다. <신설 2018. 3. 27.>

⑨ 의료인등이 제8항에 따른 유효기간의 만료 후 계속하여 의료광고를 하려는 경우에는 유효기간 만료 6개월 전에 자율심의기구에 의료광고 심의를 신청하여야 한다. <신설 2018. 3. 27.>

⑩ 제1항부터 제9항까지의 규정에서 정한 것 외에 자율심의기구의 구성·운영 및 심의에 필요한 사항은 자율심의기구가 정한다. <신설 2018. 3. 27.>

⑪ 자율심의기구는 제1항 및 제4항에 따른 심의 관련 업무를 수행할 때에는 제56조제1항부터 제3항까지의 규정에 따라 공정하고 투명하게 하여야 한다. <신설 2018. 3. 27.> [제목개정 2018. 3. 27.]

[2018. 3. 27. 법률 제15540호에 의하여 2005. 12. 23. 헌법재판소에서 위한 결정된 이 조를 개정함.]

| 의료법 시행령 | 제24조(의료광고의 심의) |
| --- | --- |

① 법 제57조제1항제4호에서 "대통령령으로 정하는 인터넷 매체"란 다음 각 호의 매체를 말한다. <개정 2012. 4. 27.>

1. 「신문 등의 진흥에 관한 법률」 제2조제5호에 따른 인터넷뉴스서비스
2. 「방송법」 제2조제3호에 따른 방송사업자가 운영하는 인터넷 홈페이지
3. 「방송법」 제2조제3호에 따른 방송사업자의 방송프로그램을 주된 서비스로 하여 '방송', 'TV' 또는 '라디오' 등의 명칭을 사용하면서 인터넷을 통하여 제공하는 인터넷 매체
4. 「정보통신망 이용촉진 및 정보보호 등에 관한 법률」 제2조제1항제3호에 따른 정보통신서비스 제공자 중 전년도 말 기준 직전 3개월 간 일일 평균 이용자 수가 10만 명 이상인 자가 운영하는 인터넷 매체

② 법 제57조제1항제5호에서 "대통령령으로 정하는 광고매체"란 전년도 말 기준 직전 3개월 간 일일 평균 이용자 수가 10만 명 이상인 사회 관계망 서비스(Social Network Service)를 제공하는 광고매체를 말한다. <개정 2018. 9. 28.>

③ 법 제57조제2항 각 호에 따른 기관 또는 단체는 자율심의를 위하여 다음 각 호의 조직 등을 모두 갖추어야 한다. <개정 2018. 9. 28.>

1. 법 제57조 및 제57조의3에 따른 의료광고의 심의 및 모니터링에 관한 업무를 처리할 수 있는 1개 이상의 전담부서와 3명 이상의 상근인력(의료 또는 광고 관련 학식과 경험이 풍부한 사람이 포함되어야 한다)
2. 법 제57조 및 제57조의3에 따른 의료광고의 심의 및 모니터링에 관한 업무를 처리할 수 있는 전산장비와 사무실

④ 법 제57조제2항제2호에서 "대통령령으로 정하는 기준을 충족하는 단체"란 다음 각 호의 기준을 모두 갖춘 소비자단체를 말한다. <신설 2018. 9. 28.>

1. 「소비자기본법」 제29조에 따라 공정거래위원회에 등록할 것
2. 단체의 설립 목적 및 업무범위에 의료 또는 광고 관련 내용을 포함할 것

⑤ 법 제57조제2항에 따라 신고하려는 기관 또는 단체는 보건복지부령으로 정하는 신고서 및 관계 서류를 보건복지부장관에게 제출하여야 한다. <신설 2018. 9. 28.>

⑥ 보건복지부장관은 제5항에 따라 제출받은 신고 현황을 보건복지부 인터넷 홈페이지에 공개하여야 한다. <신설 2018. 9. 28.>

⑦ 법 제57조제3항제4호에서 "대통령령으로 정하는 사항"이란 다음 각 호의 사항을 말한다. <신설 2018. 9. 28.>

1. 의료기관 개설자 및 개설연도
2. 의료기관의 인터넷 홈페이지 주소
3. 의료기관의 진료일 및 진료시간
4. 의료기관이 법 제3조의5제1항에 따라 전문병원으로 지정받은 사실
5. 의료기관이 법 제58조제1항에 따라 의료기관 인증을 받은 사실
6. 의료기관 개설자 또는 소속 의료인이 법 제77조제1항에 따라 전문의 자격을 인정받은 사실 및 그 전문과목 [제목개정 2018. 9. 28.]

| 의료법 시행규칙 | 제61조의2(자율심의기구 신고) |
|---|---|

① 법 제57조제2항제1호에 따른 의사회·치과의사회·한의사회가 법 제57조제2항 및 영 제24조제5항에 따라 신고하려는 경우에는 별지 제23호의2서식의 의료광고 자율심의기구 신고서에 다음 각 호의 서류를 첨부하여 보건복지부장관에게 제출하여야 한다.

1. 영 제24조제3항제1호에 따른 전담부서와 상근인력 현황
2. 영 제24조제3항제2호에 따른 전산장비와 사무실 현황

② 법 제57조제2항제2호의 단체가 법 제57조제2항 및 영 제24조제5항에 따라 신고하려는 경우에는 별지 제23호의2서식의 의료광고 자율심의기구 신고서에 다음 각 호의 서류를 첨부하여 보건복지부장관에게 제출하여야 한다.

1. 제1항 각 호의 서류
2. 「소비자기본법」 제29조에 따라 공정거래위원회에 등록한 소비자단체의 등록증 사본
3. 소비자단체의 정관 사본

[본조신설 2018. 9. 27.]

| 의료법 시행규칙 | 제61조의3(의료광고 모니터링) |
|---|---|

자율심의기구(법 제57조제2항에 따라 보건복지부장관에게 신고한 기관 또는 단체를 말한다)는 법 제57조의3에 따라 의료광고가 법 제56조제1항부터 제3항까지의 규정을 준수하는지 여부에 관한 모니터링 결과를 매 분기별로 분기가 끝난 후 30일 이내에 보건복지부장관에게 제출하여야 한다.

[본조신설 2018. 9. 27.]

◇ 의료광고 사전심의제도는 2007년 1월 의료법 개정에 의해 보건복지부가 주체가 되고 각 의사협회가 참여하여 시행하던 제도로 언론·출판의 자유의 보호를 받는 표현에 대

해 사전검열은 위헌이라는 헌법재판소의 위헌 판결(2015. 12. 23. 2015헌바75)로 중단
된 바 있으며, 이후 2018. 3. 27. 의료법 개정에 따라 각 의사협회 등 민간단체 주도로
자율적 의료광고를 사전 심의하는 취지로 2018. 9. 28일부터 다시 의료광고 사전심의
제도가 시행되고 있다.

---

┌─ 벌칙 · 행정처분 ─────────────────────────────────────────┐

∧ 제57조제11항을 위반한 경우 : 시정명령

| 질의 내용 | 의료광고 사전심의제도 시행 |
|---|---|
| 해석 경향 | '18. 3. 27. 개정 공포된 의료법('18. 9. 28. 시행)에 따라 의료광고 사전심의제도가 시행되어, 의료법 제57조제1항에 의한 의료광고 사전 심의대상 매체를 통하여 의료광고를 시행하는 경우에는 의료광고자율심의기구를 통하여 심의를 받아야 합니다. 다만, 개정법 시행일('18. 9. 28.) 이전 시행한 의료광고의 경우 의료법 제56조(의료광고의 금지 등)를 준수하는 등 현행 의료법령이 정하는 범위 내에서 광고를 진행하는 것은 가능할 것이며, 의료광고 사전심의는 법률불소급의 원칙에 따라 개정법 시행일('18. 9. 28. 시행)이후 시행하는 광고에 대하여 적용되어, 개정법 시행일 이전 게재한 광고는 해당되지 않으나, 의료광고의 특성상 의료기관 홈페이지 등에 게시된 의료광고의 경우, 현재 또는 미래시점에서도 불특정 다수가 해당 광고의 내용을 열람할 수 있는 점 등을 감안하여 의료법령을 준수하여 광고하고, 그렇지 않을 경우 기존 광고내용의 변경 등이 발생하는 경우에는 새로운 광고를 시행하는 것으로 보아 의료광고심의를 진행해야 할 것임을 알려드립니다. 아울러 이는 의료광고 심의제도 위헌 판결 이전 의료광고 심의이력과 관계없이, 새로운 의료광고 심의제도가 시행된 2018. 9. 28.부터 기존 광고의 내용을 변경하거나 새롭게 광고를 시행하는 경우에 대하여 적용하여야 할 것입니다. |

| 질의 내용 | 사전검열 금지 원칙 |
|---|---|
| 헌재 결정 | 헌법재판소도 사전검열은 절대적으로 금지되고(헌재 1996. 10. 31. 94헌가6; 헌재 2001. 8. 30. 2000헌가9; 헌재 2005. 2. 3. 2004헌가8; 헌재 2008. 6. 26. 2005헌마506 등), 여기에서 절대적이라 함은 언론·출판의 자유의 보호를 받는 표현에 대해서는 사전검열금지원칙이 예외 없이 적용된다는 의미라고 하고 있다(헌재 2001. 8. 30. 2000헌가9 참조). |

| 질 의 내 용 | 외국인환자 대상 외국어 표기 의료광고 사전심의제도 시행 |
|---|---|
| 해석 경향 | 「의료해외진출법 개정안」 제15조 제2항 및 제4항('19. 10. 31. 본회의 통과 예정)에 따라, 외국인 환자 유치를 위한 제한된 장소(공항·무역항· 외국인 전용 판매장 등)에서 외국어로 표기된 의료광고 시 사전심의제 도가 시행될 예정입니다.<br>동개정안은 외국어 표기 의료광고의 기준과 심의에 관하여 의료법 제56 조, 제57조제2항부터 제11항, 제57조의2까지 규정을 준용하도록 하고 있 습니다.(각 협회 자율심의기구가 사전심의) |

| 질 의 내 용 | 의료광고 사전심의 대상 매체 |
|---|---|
| 해석 경향 | 의료광고 사전 심의 대상의 주요매체로는 신문으로 월2회 이상 발행하 는 간행물, 일반일간신문, 특수일간신문, 일반주간신문, 특수주간신문 등 이 해당되며, 인터넷신문, 정기간행물, 천 종이 또는 비닐 등에 문자 도 형 등을 표시하여 건물 등의 벽면 지주 게시 시설 또는 그 밖의 시설물 등에 매달아 표시하는 광고물, 벽보, 전단, 교통시설로 지하도, 철도역, 지하철역, 공항, 항만, 고속국도에 문자 도형 등을 표시하거나 목재·아크 릴·금속재·디지털 디스플레이 등의 게시시설을 설치하여 표시하는 광고 물, 교통수단으로 철도차량, 도시철도차량, 자동차, 선박, 항공기 내 외부 에 문자 도형 등을 아크릴·금속재·디지털디스플레이 판에 표시하여 붙이 거나 직접 도료로 표시하는 광고물 및 영상·음성·음향 및 이들의 조합으 로 이루어지는 광고물, 전광판(LED, LCD, 단색 삼색 풀컬러모니터 등), 인터넷뉴스서비스, 방송법 제2조제3호에 따른 방송사업자가 운영하는 인 터넷 홈페이지 등입니다. |

| 질 의 내 용 | 사전 심의 받지 않아도 되는 의료광고 |
|---|---|
| 해석 경향 | 의료광고로 사전심의 대상에서 제외되는 의료광고는 의료기관의 명칭· 소재지·전화번호·진료과목, 의료기관에 소속된 의료인의 성명·성별 및 면허의 종류, 의료기관 개설자 및 개설연도, 의료기관의 인터넷 홈페이 지 주소, 의료기관의 진료일 및 진료시간, 전문병원으로 지정받은 사실, 의료기관 인증을 받은 사실, 전문의 자격을 인정받은 사실 및 그 전문과 목, 대국민 건강강좌, 옥내 광고물, 원내 비치 목적의 병원 소식지, 소책 자 등 입니다. |

| 질 의 내 용 | 각 지역별 지점에 해당하는 의료기관이 동일한 의료광고를 진행함에 있어 의료법 위반사항이 발생하는 경우 처벌대상 |
|---|---|
| 해석 경향 | 의료광고를 진행함에 있어 의료법령을 준수하는 범위에서 의료기관이 아 |

| | |
|---|---|
| | 닌 제3자가 계약 등에 의해 광고를 대항하는 것은 가능할 것으로, 제3자를 통한 의료광고를 진행하는 경우 의료법상의 책임은 실제 광고를 행한 것으로 보아야 할 의료기관 또는 의료인에 있다고 보아야 할 것입니다. 구체적인 사실관계에 따라 달라질 것이나 지역별 지점에 해당하는 의료기관에서 공동으로 진행하는 광고는 의료법 제33조제2항에 따라 개설된 의료기관 또는 의료인이 공동으로 광고를 하는 것으로서 그 효과는 개별 의료기관 또는 의료인이 광고를 하는 것과 같다고 볼 것입니다. 따라서 인터넷 사이트나 홈페이지 등에 여러 의료기관이 공동으로 의료광고를 하고 그 광고에서 의료법 위반사항이 발생되었을 경우에는 해당 광고의 주체로 명시된 모든 의료기관이 처분의 대상이 되어야 할 것입니다. |
| 질의 내용 | 의료법 제56조제1항 등 의료광고 사전 심의 위헌 결정 |
| 헌재 결정 | 헌법이 특정한 표현에 대해 예외적으로 검열을 허용하는 규정을 두지 않은 점, 이러한 상황에서 표현의 특성이나 규제의 필요성에 따라 언론·출판의 자유의 보호를 받는 표현 중에서 사전검열금지원칙의 적용이 배제되는 영역을 따로 설정할 경우 그 기준에 대한 객관성을 담보할 수 없다는 점 등을 고려하면, 헌법상 사전검열은 예외 없이 금지되는 것으로 보아야 하므로 의료광고 역시 사전검열금지원칙의 적용대상이 된다. 의료광고의 사전심의는 보건복지부장관으로부터 위탁을 받은 각 의사협회가 행하고 있으나 사전심의 주체인 보건복지부장관은 언제든지 위탁을 철회하고 직접 의료광고 심의업무를 담당할 수 있는 점, 의료법 시행령이 심의위원회의 구성에 관하여 직접 규율하고 있는 점, 심의기관의 장은 심의 및 재심의 결과를 보건복지부장관에게 보고하여야 하는 점, 보건복지부장관은 의료인 단체에 대해 재정지원을 할 수 있는 점, 심의기준·절차 등에 관한 사항을 대통령령으로 정하도록 하고 있는 점 등을 종합하여 보면, 각 의사협회는 행정권의 영향력에서 벗어나 독립적이고 자율적으로 사전심의업무를 수행하고 있다고 보기 어렵다. 따라서 이 사건 법률규정들은 사전검열금지원칙에 위배된다(2015. 12. 23. 2015헌바75). 의료법 제57조제1항은 의료광고의 사전심의 의무를 규정하고 있고, 이는 헌법상 사전검열금지원칙에 어긋날 여지가 있다. 특히 헌법재판소는 원심판결 선고 후 2015헌바75 사건에서 의료법(2009. 1. 30. 법률 제9386호로 개정된 것) 제56조제2항제9호 중 '제57조에 따른 심의를 받지 아니한 광고' 부분과 의료법(2010. 7. 23. 법률 제10387호로 개정된 것) 제89조 가운데 제56조제2항제9호 중 '제57조에 따른 심의를 받지 아니한 광고'에 관한 부분이 모두 사전검열금지원칙에 위배된다는 이유로 위헌결정을 선고하였다(대법원 2016. 6. 23. 선고 2014도16577 판결). |

| 질의 내용 | 의료광고 심의대상 인터넷 매체 기준과 부작용 누락 광고 소지 사례에 대한 법적 기준 및 처분 규정 |
|---|---|
| 해석 경향 | 의료법 제56조제1항('18. 3. 27. 개정, '18. 9. 28. 시행)은 의료광고에 대해 의료인등이 신문·잡지·음성·음향·영상·인터넷·인쇄물·간판, 그 밖의 방법에 의하여 의료행위, 의료기관 및 의료인 등에 대한 정보를 소비자에게 나타내거나 알리는 행위로 규정하고 있으며, '18. 3. 27. 개정 공포된 의료법 ('18. 9. 28. 시행)에 따라 의료광고 사전심의제도가 시행되어, 의료법 제57조제1항에 의한 의료광고 사전심의 대상 매체를 통하여 의료광고를 시행하는 경우에는 의료광고자율심의기구를 통하여 심의를 받아야 합니다.<br><br>의료법 제57조제1항에서 규정한 의료광고 사전 심의대상 매체와 함께 대통령령으로 정하는 의료광고 심의 대상 인터넷 매체는 전년도 말 직전 3개월 간 일일 평균 이용자 수가 10만 명 이상인 자가 운영하는 인터넷 매체(모바일 어플리케이션, SNS 포함)로 규정하고 있으며, 인터넷 매체를 이용한 개별광고사례의 의료광고 심의 대상 해당 여부는 심의대상이 되는 인터넷 광고매체(포털사이트 등) 가입자 수, 해당 게시물이 의료광고에 해당하는지 여부 등을 기준으로 심의대상 여부를 판단하여야 할 것으로, 의료행위 정보 게시물의 의료광고 해당 여부, 의료광고 사전심의 관련 세부 기준 및 절차, 사전심의 대상 매체 해당 여부 등에 관한 사항은 각 협회 자율심의 기구에 문의하시는 것이 적절할 것입니다.<br><br>한편, 의료법 제56조에서는 거짓·과장 광고, 치료경험담 등 치료 효과를 오인하게 할 우려가 있는 내용의 광고, 수술 장면 등 직접적인 시술행위를 노출하는 내용의 광고, 심각한 부작용 등 중요 정보 누락 광고 등을 금지하고 있습니다.<br><br>구체적인 사실관계에 따라 달라질 것이나, 의료광고의 내용에 심각한 부작용 등 중요정보를 누락하여 광고하였다면 이는 상기 의료광고의 금지사항에 해당할 소지가 있을 것으로 사료되며, 의료법 제56조제2항을 위반한 의료인등의 기능, 진료방법과 관련하여 심각한 부작용 등 중요한 정보를 누락하는 광고의 경우 같은법 제63조제2항에 의한 시정명령 또는 제89조에 의한 1년 이하의 징역 또는 1천만원 이하의 벌금, 의료관계 행정처분 규칙에 의한 업무정지(1개월) 등에 처해질 수 있음을 알려드립니다. 다만, 질의하신 개별 광고 사례의 위·적법 여부에 대해서는 전체적인 광고의 내용 및 이미지, 구체적인 사실관계 및 상황 등을 종합적으로 고려하여 판단하여야 할 것으로, 이와 관련한 위·적법 여부 판단 등 보건의료인 및 보건의료기관 지도·관리에 관한 사항은 지역보건법 제11조(보건소의 기능 및 업무)에 따라 관할 보건소에서 개별·구체적으로 검토하여야 할 것입니다. |

| 질의 내용 | 비급여 예방접종 할인 전단 광고들을 아파트 게시판에 게시하는 경우 의료광고 심의대상에 해당 여부 |
|---|---|
| 해석 경향 | 의료법 제56조제1항('18. 3. 27. 개정, '18. 9. 28. 시행)은 의료광고에 대해 의료인등이 신문·잡지·음성·음향·영상·인터넷·인쇄물·간판, 그 밖의 방법에 의하여 의료행위, 의료기관 및 의료인등에 대한 정보를 소비자에게 나타내거나 알리는 행위로 규정하고 있으며, 의료법 제56조에서는 거짓·과장광고, 치료경험담 등 치료효과를 오인하게 할 우려가 있는 내용의 광고 등을 금지하고 있습니다. 아울러 '18. 3. 27. 개정된 의료법('18. 9. 28. 시행)에 따라 의료광고 사전심의제도가 시행되어, 의료법 제57조제1항에 따라 정기간행물, 현수막, 벽보, 전단, 교통시설·교통수단 표시 광고, 전광판, 대통령령으로 정하는 인터넷 매체 등을 통하여 의료광고를 시행하는 경우에는 의료광고자율심의기구를 통하여 심의를 받아야 할 것으로, 전단지를 이용한 의료광고의 경우 의료법령에서 규정하고 있는 의료광고 심의대상에 해당할 것으로 사료됩니다. 한편, 의료법 제27조제3항에서는 "누구든지 「국민건강보험법」이나 「의료급여법」에 따른 본인부담금을 면제하거나 할인하는 행위, 금품 등을 제공하거나 불특정 다수인에게 교통편의를 제공하는 행위 등 영리를 목적으로 환자를 의료기관이나 의료인에게 소개·알선·유인하는 행위 등 영리를 목적으로 환자를 의료기관이나 의료인에게 소개·알선·유인하는 행위를 및 이를 사주하는 행위를 하여서는 아니된다"고 규정하고 있습니다. 판례에서는 의료법 제3항의 취지에 대해 "의료기관 주위에서 환자 유치를 둘러싸고 금품수수 등의 비리가 발생하는 것을 방지하고 의료기관 사이의 불합리한 과당경쟁을 방지하려는 데 있는 점"(대법원, 2007도10542)을 들고 있습니다. 의료기관에 내원하는 환자들에게 「국민건강보험법」이나 「의료급여법」에 따른 본인부담금을 감면하는 것은 원칙적으로 금지되며, 의료법령상 저촉되는 비급여 할인율에 대하 명확한 기준이 있는 것은 아니나 할인폭이 과도한 경우 의료법령상 금지하는 환자유인에 해당할 소지가 있을 것으로, 할인 기간이나 할인이 되는 비급여 항목의 범위 혹은 대상자를 제한하지 않고 무차별적으로 비급여 진료비를 할인하는 것은 그 수준에 따라서 금품 등을 제공하는 것과 같은 과도한 유인성으로 의료법 제27조제3항 위반으로 볼 소지가 있을 것으로 사료됩니다. 다만, 개별 사례의 최종적인 위·적법 여부(할인폭이 과도한 비급여 진료비 할인 행위 해당 여부 등)는 구체적인 사실관계 및 상황, 관내 의료기관 간 과당경쟁에 따른 지역보건의료시장 질서에 끼칠 위해성의 정도 등을 종합적으로 고려하여 개별·구체적으로 판단하여야 할 것이며, 이는 해당 의료기관을 직접 지도·감독하는 관할 보건소로 문의하시어 처리하는 것이 적절할 것입니다. |

| 의료법 | 제57조의2(의료광고에 관한 심의위원회) |

① 자율심의기구는 의료광고를 심의하기 위하여 제2항 각 호의 구분에 따른 심의위원회(이하 이 조에서 "심의위원회"라 한다)를 설치·운영하여야 한다.

② 심의위원회의 종류와 심의 대상은 다음 각 호와 같다. <개정 2020. 3. 4.>

 1. 의료광고심의위원회: 의사, 의원, 의원의 개설자, 병원, 병원의 개설자, 요양병원(한의사가 개설한 경우는 제외한다), 요양병원의 개설자, 정신병원, 정신병원의 개설자, 종합병원(치과는 제외한다. 이하 이 호에서 같다), 종합병원의 개설자, 조산사, 조산원, 조산원의 개설자가 하는 의료광고의 심의

 2. 치과의료광고심의위원회: 치과의사, 치과의원, 치과의원의 개설자, 치과병원, 치과병원의 개설자, 종합병원(치과만 해당한다. 이하 이 호에서 같다), 종합병원의 개설자가 하는 의료광고의 심의

 3. 한방의료광고심의위원회: 한의사, 한의원, 한의원의 개설자, 한방병원, 한방병원의 개설자, 요양병원(한의사가 개설한 경우만 해당한다. 이하 이 호에서 같다), 요양병원의 개설자가 하는 의료광고의 심의

③ 제57조제2항제1호에 따른 자율심의기구 중 의사회는 제2항제1호에 따른 심의위원회만, 치과의사회는 같은 항 제2호에 따른 심의위원회만, 한의사회는 같은 항 제3호에 따른 심의위원회만 설치·운영하고, 제57조제2항제2호에 따른 자율심의기구는 제2항 각 호의 어느 하나에 해당하는 심의위원회만 설치·운영할 수 있다.

④ 심의위원회는 위원장 1명과 부위원장 1명을 포함하여 15명 이상 25명 이하의 위원으로 구성한다. 이 경우 제2항 각 호의 심의위원회 종류별로 다음 각 호의 구분에 따라 구성하여야 한다.

 1. 의료광고심의위원회: 제5항제2호부터 제9호까지의 사람을 각각 1명 이상 포함하되, 같은 항 제4호부터 제9호까지의 사람이 전체 위원의 3분의 1 이상이 되도록 구성하여야 한다.

 2. 치과의료광고심의위원회: 제5항제1호 및 제3호부터 제9호까지의 사람을 각각 1명 이상 포함하되, 같은 항 제4호부터 제9호까지의 사람이 전체 위원의 3분의 1 이상이 되도록 구성하여야 한다.

 3. 한방의료광고심의위원회: 제5항제1호·제2호 및 제4호부터 제9호까지의 사람을 각각 1명 이상 포함하되, 같은 항 제4호부터 제9호까지의 사람이 전체 위원의 3분의 1 이상이 되도록 구성하여야 한다.

⑤ 심의위원회 위원은 다음 각 호의 어느 하나에 해당하는 사람 중에서 자율심의기구의 장이 위촉한다.

1. 의사
2. 치과의사
3. 한의사
4. 「약사법」 제2조제2호에 따른 약사
5. 「소비자기본법」 제2조제3호에 따른 소비자단체의 장이 추천하는 사람
6. 「변호사법」 제7조제1항에 따라 같은법 제78조에 따른 대한변호사협회에 등록한 변호사로서 대한변호사협회의 장이 추천하는 사람
7. 「민법」 제32조에 따라 설립된 법인 중 여성의 사회참여 확대 및 복지 증진을 주된 목적으로 설립된 법인의 장이 추천하는 사람
8. 「비영리민간단체 지원법」 제4조에 따라 등록된 단체로서 환자의 권익 보호를 주된 목적으로 하는 단체의 장이 추천하는 사람
9. 그 밖에 보건의료 또는 의료광고에 관한 학식과 경험이 풍부한 사람
⑥ 제1항부터 제5항까지의 규정에서 정한 것 외에 심의위원회의 구성 및 운영에 필요한 사항은 자율심의기구가 정한다. [본조신설 2018. 3. 27.]

| 의료법 | 제57조의3(의료광고 모니터링) |
|---|---|

자율심의기구는 의료광고가 제56조제1항부터 제3항까지의 규정을 준수하는지 여부에 관하여 모니터링하고, 보건복지부령으로 정하는 바에 따라 모니터링 결과를 보건복지부장관에게 제출하여야 한다. [본조신설 2018. 3. 27.]

| 질의 내용 | 각 의료광고심의위원회 심의필의 효과 |
|---|---|
| 해석 경향 | 심의필 내용은 매체 제한 없이 허용이 원칙이며, 한번 심의필을 득한 의료광고는 유효기한 내에는 매체 제한 없이 사용이 가능한 것이 원칙입니다. 다만, 심의필을 받은 의료광고라고 하더라도 의료법 위반행위를 한 경우, 승인한 광고에 대하여 철회나 취소를 할 수 있으며, 인터넷 매체의 경우 심의필을 득한 의료광고와 연결되는 랜딩페이지에 의료법 위반행위가 발견될 경우, 의료광고심의위원회는 기존 승인한 의료광고에 대하여 임의적 철회나 취소를 할 수 있습니다. |

## 유목민의 평화

心傳 권 형 원

광활한 초원에
유목민이 살고 있다

아지랑이 피는
하늘 끝닿은 언덕
파란 하늘엔 뭉게구름 떠 있고
한 마리 독수리 점으로 난다

지축을 구르며
말 달리는 미소년
가슴엔 우직한
기마민족의 정기 품었네

화창한 햇살 아래
염소 젖 짜는 여인
뭐가 바쁠 겐가?

하얀 게르 안으로
평화로운 아이들 웃음소리
뭐가 싫을 겐가?

여기가 어디인가?

하늘이 맞닿아 있네
평화가 펼쳐져 있네
엉킨 세상모르는 사람들이 살고 있네.

( 시사문단 2020-봄의 손짓)

| 의료법 | 제58조(의료기관 인증) |
|---|---|

① 보건복지부장관은 의료의 질과 환자 안전의 수준을 높이기 위하여 병원급 의료기관 및 대통령령으로 정하는 의료기관에 대한 인증(이하 "의료기관 인증"이라 한다)을 할 수 있다. <개정 2020. 3. 4.>

② 보건복지부장관은 대통령령으로 정하는 바에 따라 의료기관 인증에 관한 업무를 제58조의11에 따른 의료기관평가인증원에 위탁할 수 있다. <개정 2020. 3. 4.>

③ 보건복지부장관은 다른 법률에 따라 의료기관을 대상으로 실시하는 평가를 통합하여 제58조의11에 따른 의료기관평가인증원으로 하여금 시행하도록 할 수 있다. <개정 2020. 3. 4.> [전문개정 2010. 7. 23.]

| 의료법 시행령 | 제28조(의료기관 인증의 대상) |
|---|---|

법 제58조제1항에서 "대통령령으로 정하는 의료기관"이란 다음 각 호의 어느 하나에 해당하는 의료기관을 말한다.

1. 「의료 해외진출 및 외국인환자 유치 지원에 관한 법률」 제6조제1항에 따라 등록한 의료기관

2. 「호스피스·완화의료 및 임종과정에 있는 환자의 연명의료결정에 관한 법률」 제25조제1항에 따른 호스피스전문기관 [본조신설 2020. 9. 4.]

| 의료법 시행령 | 제29조(의료기관 인증업무의 위탁) |
|---|---|

① 법 제58조제2항에 따라 보건복지부장관은 법 제58조의11에 따른 의료기관평가인증원(이하 이 조에서 "인증원"이라 한다)에 다음 각 호의 업무를 위탁한다. <개정 2018. 9. 28., 2020. 9. 4.>

1. 법 제58조의3제1항에 따른 인증기준 개발

2. 법 제58조의3제4항에 따른 조건부인증을 받은 의료기관에 대한 재인증

3. 법 제58조의4제1항부터 제3항까지의 규정에 따른 인증신청의 접수

4. 법 제58조의4제4항 전단에 따른 인증기준의 적합 여부 평가

5. 법 제58조의4제5항에 따른 평가 결과와 인증등급의 통보

6. 법 제58조의5에 따른 이의신청의 접수 및 처리 결과의 통보

7. 법 제58조의6제1항에 따른 인증서 교부

8. 법 제58조의7제1항에 따른 인증을 받은 의료기관의 인증기준, 인증 유효기간 및 법 제58조의4제4항에 따라 평가한 결과 등의 인터넷 홈페이지 등에의 공표

9. 법 제58조의7제2항제3호에 따른 교육 및 컨설팅 지원

10. 법 제58조의9에 따른 의료기관 인증의 사후관리

② 인증원의 장은 위탁받은 업무의 처리 내용을 보건복지부령으로 정하는 바에 따라 보건복지부장관에게 보고해야 한다. <개정 2020. 9. 4.>

[전문개정 2011. 1. 24.]

| 의료법 시행규칙 | 제62조(수탁사업 실적 보고) |
|---|---|

① 법 제58조제2항 및 영 제29조제1항에 따라 업무를 위탁받은 법 제58조의 11에 따른 의료기관평가인증원(이하 "인증원"이라 한다)의 장은 영 제29조 제2항에 따라 인증신청 접수·평가결과 등 인증업무의 처리 내용을 별지 제23호의3서식에 따라, 이의신청 처리결과에 관한 내용을 별지 제23호의4 서식에 따라 매 분기마다 보건복지부장관에게 보고해야 한다. <개정 2018. 9. 27., 2020. 9. 4.>

② 영 제29조제2항에 따라 인증원의 장은 법 제58조의4제4항에 따른 의료기관 별 인증기준의 적합 여부에 대한 평가 결과와 법 제58조의3제2항에 따른 인 증등급을 지체없이 보건복지부장관에게 보고해야 한다. <개정 2020. 9. 4.>

[전문개정 2011. 2. 10.]

| 의료법 | 제58조의2(의료기관인증위원회) |
|---|---|

① 보건복지부장관은 의료기관 인증에 관한 주요 정책을 심의하기 위하여 보 건복지부장관 소속으로 의료기관인증위원회(이하 이 조에서 "위원회"라 한다)를 둔다.

② 위원회는 위원장 1명을 포함한 15인 이내의 위원으로 구성한다.

③ 위원회의 위원장은 보건복지부차관으로 하고, 위원회의 위원은 다음 각 호의 사람 중에서 보건복지부장관이 임명 또는 위촉한다. <개정 2016. 5. 29.>

1. 제28조에 따른 의료인 단체 및 제52조에 따른 의료기관단체에서 추천하는 자

2. 노동계, 시민단체(「비영리민간단체지원법」 제2조에 따른 비영리민간단체 를 말한다), 소비자단체(「소비자기본법」 제29조에 따른 소비자단체를 말 한다)에서 추천하는 자

3. 보건의료에 관한 학식과 경험이 풍부한 자

4. 시설물 안전진단에 관한 학식과 경험이 풍부한 자

5. 보건복지부 소속 3급 이상 공무원 또는 고위공무원단에 속하는 공무원

④ 위원회는 다음 각 호의 사항을 심의한다.

1. 인증기준 및 인증의 공표를 포함한 의료기관 인증과 관련된 주요 정책에 관한 사항

2. 제58조제3항에 따른 의료기관 대상 평가제도 통합에 관한 사항

3. 제58조의7제2항에 따른 의료기관 인증 활용에 관한 사항

4. 그 밖에 위원장이 심의에 부치는 사항

⑤ 위원회의 구성 및 운영, 그 밖에 필요한 사항은 대통령령으로 정한다.

[본조신설 2010. 7. 23.]

| 의료법 시행령 | 제30조(의료기관인증위원회의 구성) |
|---|---|

법 제58조의2제1항에 따른 의료기관인증위원회(이하 "인증위원회"라 한다)의 위원은 다음 각 호의 구분에 따라 보건복지부장관이 임명하거나 위촉한다. <개정 2018. 9. 28.>

1. 법 제28조에 따른 의료인 단체 및 법 제52조에 따른 의료기관단체에서 추천하는 사람 5명

2. 노동계, 시민단체(「비영리민간단체지원법」 제2조에 따른 비영리민간단체를 말한다), 소비자단체(「소비자기본법」 제29조에 따른 소비자단체를 말한다)에서 추천하는 사람 5명

3. 보건의료 또는 의료기관 시설물 안전진단에 관한 학식과 경험이 풍부한 사람 3명

4. 보건복지부 소속 3급 이상 공무원 또는 고위공무원단에 속하는 공무원 1명

[전문개정 2011. 1. 24.]

| 의료법 시행령 | 제31조(위원의 임기) |
|---|---|

① 제30조제1호부터 제3호까지의 위원의 임기는 2년으로 한다.

② 위원의 사임 등으로 새로 위촉된 위원의 임기는 전임 위원 임기의 남은 기간으로 한다. [전문개정 2011. 1. 24.]

| 의료법 시행령 | 제31조의2(인증위원회 위원의 해임 및 해촉) |
|---|---|

보건복지부장관은 인증위원회 위원이 다음 각 호의 어느 하나에 해당하는 경우에는 해당 위원을 해임하거나 해촉할 수 있다.

1. 심신장애로 인하여 직무를 수행할 수 없게 된 경우

2. 직무와 관련된 비위사실이 있는 경우

3. 직무태만, 품위손상, 그 밖의 사유로 인하여 위원으로 적합하지 아니하다고 인정되는 경우

4. 위원 스스로 직무를 수행하는 것이 곤란하다고 의사를 밝히는 경우

[본조신설 2016. 9. 29.]

[종전 제31조의2는 제31조의3으로 이동 <2016. 9. 29.>]

| 의료법 시행령 | 제31조의3(인증위원회의 운영) |
|---|---|

① 위원장은 인증위원회를 대표하고 인증위원회의 업무를 총괄한다.

② 인증위원회의 회의는 재적위원 3분의 1 이상의 요구가 있는 때 또는 위

원장이 필요하다고 인정하는 때에 소집하고, 위원장이 그 의장이 된다.

③ 인증위원회의 회의는 재적위원 과반수의 출석으로 개의(開議)하고 출석위원 과반수의 찬성으로 의결한다.

④ 위원장이 부득이한 사유로 직무를 수행할 수 없을 때에는 위원장이 미리 지명한 위원이 그 직무를 대행한다.

⑤ 제1항부터 제4항까지에서 규정한 사항 외에 인증위원회의 운영 등에 필요한 사항은 인증위원회의 의결을 거쳐 위원장이 정한다.

[본조신설 2011. 1. 24.]

[제31조의2에서 이동, 종전 제31조의3은 제31조의4로 이동 <2016. 9. 29.>]

| 의료법 시행령 | 제31조의4(간사) |
|---|---|

① 인증위원회에 인증위원회의 사무를 처리하기 위하여 간사 1명을 둔다.

② 간사는 보건복지부 소속 공무원 중에서 보건복지부장관이 지명한다.

[본조신설 2011. 1. 24.]

[제31조의3에서 이동, 종전 제31조의4는 제31조의5로 이동 <2016. 9. 29.>]

| 의료법 시행령 | 제31조의5(수당 등) |
|---|---|

인증위원회의 회의에 출석한 공무원이 아닌 위원에게는 예산의 범위에서 수당 및 여비를 지급할 수 있다.

[본조신설 2011. 1. 24.] [제31조의4에서 이동 <2016. 9. 29.>]

| 의료법 | 제58조의3(의료기관 인증기준 및 방법 등) |
|---|---|

① 의료기관 인증기준은 다음 각 호의 사항을 포함하여야 한다.

1. 환자의 권리와 안전
2. 의료기관의 의료서비스 질 향상 활동
3. 의료서비스의 제공과정 및 성과
4. 의료기관의 조직·인력관리 및 운영
5. 환자 만족도

② 인증등급은 인증, 조건부인증 및 불인증으로 구분한다. <개정 2020. 3. 4.>

③ 인증의 유효기간은 4년으로 한다. 다만, 조건부인증의 경우에는 유효기간을 1년으로 한다. <개정 2020. 3. 4.>

④ 조건부인증을 받은 의료기관의 장은 유효기간 내에 보건복지부령으로 정하는 바에 따라 재인증을 받아야 한다. <개정 2020. 3. 4.>

⑤ 제1항에 따른 인증기준의 세부 내용은 보건복지부장관이 정한다. <개정 2020. 3. 4.> [본조신설 2010. 7. 23.]

| 의료법 시행규칙 | 제63조(의료기관의 재인증) |

① 법 제58조의3제4항에 따라 재인증을 받으려는 의료기관의 장은 별지 제23
호의5서식의 인증신청서와 별지 제23호의6서식의 의료기관 운영현황을 인
증원의 장에게 제출해야 한다. <개정 2018. 9. 27., 2020. 9. 4.>

② 의료기관의 재인증 절차는 다음 각 호와 같으며, 재인증 절차의 세부적인 사항
은 보건복지부장관의 승인을 받아 인증원의 장이 정한다. <개정 2020. 9. 4.>

1. 인증신청
2. 조사계획 수립
3. 서면 및 현지조사 실시
4. 평가결과 분석 및 인증등급 결정
5. 이의신청 심의 및 처리결과 통보
6. 평가결과 및 인증등급 확정 및 공표 [전문개정 2011. 2. 10.]

| 의료법 시행규칙 | 제64조의4(이의신청의 방법 및 처리 결과 통보) |

① 의료기관의 장은 법 제58조의4제5항에 따라 통보받은 평가 결과 및 인증
등급에 대하여 이의가 있는 경우에는 그 통보받은 날부터 30일 내에 이의
신청의 내용 및 사유가 포함된 별지 제23호의9서식의 이의신청서에 주장
하는 사실을 증명할 수 있는 서류를 첨부하여 인증원의 장에게 제출해야
한다. <개정 2018. 9. 27., 2020. 9. 4.>

② 인증원의 장은 제1항에 따른 이의신청을 받은 경우 그 이의신청 내용을
조사한 후 처리 결과를 이의신청을 받은 날부터 30일 내에 해당 의료기관
의 장에게 통보해야 한다. <개정 2020. 9. 4.> [본조신설 2011. 2. 10.]

| 의료법 | 제58조의4(의료기관 인증의 신청 및 평가) |

① 의료기관 인증을 받고자 하는 의료기관의 장은 보건복지부령으로 정하는
바에 따라 보건복지부장관에게 신청할 수 있다.

② 제1항에도 불구하고 제3조제2항제3호에 따른 요양병원(「장애인복지법」
제58조제1항제4호에 따른 의료재활시설로서 제3조의2에 따른 요건을 갖춘
의료기관은 제외한다)의 장은 보건복지부령으로 정하는 바에 따라 보건복
지부장관에게 인증을 신청하여야 한다. <개정 2020. 3. 4.>

③ 제2항에 따라 인증을 신청하여야 하는 요양병원이 조건부인증 또는 불인
증을 받거나 제58조의10제1항제4호 및 제5호에 따라 인증 또는 조건부인
증이 취소된 경우 해당 요양병원의 장은 보건복지부령으로 정하는 기간
내에 다시 인증을 신청하여야 한다. <개정 2020. 3. 4.>

④ 보건복지부장관은 인증을 신청한 의료기관에 대하여 제58조의3제1항에 따

른 인증기준 적합 여부를 평가하여야 한다. 이 경우 보건복지부장관은 보건복지부령으로 정하는 바에 따라 필요한 조사를 할 수 있고, 인증을 신청한 의료기관은 정당한 사유가 없으면 조사에 협조하여야 한다. <신설 2020. 3. 4.>

⑤ 보건복지부장관은 제4항에 따른 평가 결과와 인증등급을 지체 없이 해당 의료기관의 장에게 통보하여야 한다. <신설 2020. 3. 4.>

[본조신설 2010. 7. 23.] [제목개정 2020. 3. 4.]

| 의료법 시행규칙 | 제64조(의료기관 인증의 신청 등) |

① 법 제58조의4제1항에 따라 인증을 받으려는 의료기관의 장은 별지 제23호의5서식의 인증신청서와 별지 제23호의6서식의 의료기관 운영현황을 인증원의 장에게 제출해야 한다. <개정 2018. 9. 27., 2020. 9. 4.>

② 제1항에 따른 인증 절차는 제63조제2항을 준용한다.

③ 보건복지부장관은 법 제58조의4제2항에 따른 요양병원의 장에게 인증신청기간 1개월 전에 인증신청 대상 및 기간 등 조사계획을 수립·통보하여야 한다.

④ 제3항에 따라 조사계획을 통보받은 요양병원의 장은 신청기간 내에 별지 제23호의5서식의 인증신청서와 별지 제23호의6서식의 의료기관 운영현황을 인증원의 장에게 제출해야 한다. <개정 2018. 9. 27., 2020. 9. 4.>

⑤ 법 제58조의4제3항에 따라 다시 인증을 신청하려는 요양병원의 장은 조건부인증·불인증을 받은 날 또는 인증·조건부인증이 취소된 날부터 90일 이내에 별지 제23호의5서식의 인증신청서와 별지 제23호의6서식의 의료기관 운영현황을 인증원의 장에게 제출해야 한다. <신설 2020. 9. 4.>

⑥ 보건복지부장관은 법 제58조의4제4항 후단에 따라 인증을 신청한 의료기관에 대하여 인증등급을 결정하기 전에 현지조사를 실시할 수 있다. <신설 2020. 9. 4.>

⑦ 인증원의 장은 별지 제23호의7서식의 인증신청 접수대장과 별지 제23호의8서식의 인증서 발급대장을 작성하여 최종 기재일로부터 5년간 보관해야 한다. 이 경우 해당 기록은 전자문서로 작성·보관할 수 있다. <개정 2018. 9. 27., 2020. 9. 4.>

[전문개정 2011. 2. 10.]

| 의료법 시행규칙 | 제64조의2(조사일정 통보) |

인증원의 장은 제64조제1항에 따른 의료기관 인증 신청을 접수한 날부터 30일 내에 해당 의료기관의 장과 협의하여 조사일정을 정하고 이를 통보해야 한다. <개정 2020. 9. 4.> [본조신설 2011. 2. 10.]

| 의료법 시행규칙 | 제64조의3 |
|---|---|

[종전 제64조의3은 제64조의10으로 이동 <2020. 9. 4.>]

| 의료법 시행규칙 | 제64조의4(이의신청의 방법 및 처리 결과 통보) |
|---|---|

① 의료기관의 장은 법 제58조의4제5항에 따라 통보받은 평가 결과 및 인증등급에 대하여 이의가 있는 경우에는 그 통보받은 날부터 30일 내에 이의신청의 내용 및 사유가 포함된 별지 제23호의9서식의 이의신청서에 주장하는 사실을 증명할 수 있는 서류를 첨부하여 인증원의 장에게 제출해야 한다. <개정 2018. 9. 27., 2020. 9. 4.>

② 인증원의 장은 제1항에 따른 이의신청을 받은 경우 그 이의신청 내용을 조사한 후 처리 결과를 이의신청을 받은 날부터 30일 내에 해당 의료기관의 장에게 통보해야 한다. <개정 2020. 9. 4.> [본조신설 2011. 2. 10.]

---

### 벌칙 · 행정처분

△ 제58조의4제2항·제3항을 위반한 경우 : 시정명령

| 의료법 | 제58조의5(이의신청) |
|---|---|

① 의료기관 인증을 신청한 의료기관의 장은 평가결과 또는 인증등급에 관하여 보건복지부장관에게 이의신청을 할 수 있다.

② 제1항에 따른 이의신청은 평가결과 또는 인증등급을 통보받은 날부터 30일 이내에 하여야 한다. 다만, 책임질 수 없는 사유로 그 기간을 지킬 수 없었던 경우에는 그 사유가 없어진 날부터 기산한다.

③ 제1항에 따른 이의신청의 방법 및 처리 결과의 통보 등에 필요한 사항은 보건복지부령으로 정한다. [본조신설 2010. 7. 23.]

| 의료법 | 제58조의6(인증서와 인증마크) |
|---|---|

① 보건복지부장관은 인증을 받은 의료기관에 인증서를 교부하고 인증을 나타내는 표시(이하 "인증마크"라 한다)를 제작하여 인증을 받은 의료기관이 사용하도록 할 수 있다.

② 누구든지 제58조제1항에 따른 인증을 받지 아니하고 인증서나 인증마크를 제작·사용하거나 그 밖의 방법으로 인증을 사칭하여서는 아니 된다.

③ 인증마크의 도안 및 표시방법 등에 필요한 사항은 보건복지부령으로 정한다. [본조신설 2010. 7. 23.]

| 의료법 시행규칙 | 제64조의5(인증서 발급 및 재발급) |

① 인증원의 장은 법 제58조의6제1항에 따라 의료기관 인증을 받은 의료기관에 별지 제23호의10서식의 의료기관 인증서를 발급해야 한다. <개정 2018. 9. 27., 2020. 9. 4.>

② 제1항에 따른 의료기관 인증서를 발급받은 자가 다음 각 호의 어느 하나에 해당하여 의료기관 인증서를 재발급받으려는 경우에는 별지 제23호의11서식의 의료기관 인증서 재발급 신청서에 의료기관 인증서(의료기관 인증서를 잃어버린 경우는 제외한다)와 증명서류(제2호의 경우만 해당한다)를 첨부하여 인증원의 장에게 제출해야 한다. <개정 2015. 5. 29., 2018. 9. 27., 2020. 9. 4.>

1. 인증서를 잃어버리거나 인증서가 헐어 사용하지 못하게 된 경우

2. 의료기관의 개설자가 변경된 경우

③ 제2항에 따른 의료기관 인증서 재발급 신청을 받은 인증원의 장이 의료기관 인증서를 재발급한 때에는 별지 제23호의8서식의 인증서 발급대장에 그 내용을 적어야 한다. <개정 2020. 9. 4.> [본조신설 2011. 2. 10.]

[제목개정 2020. 9. 4.]

| 의료법 시행규칙 | 제64조의6(인증마크의 도안 및 표시방법) |

① 제58조의6제3항에 따른 인증을 나타내는 표시(이하 "인증마크"라 한다)의 도안 및 표시방법은 별표 9와 같다.

② 인증마크의 사용기간은 법 제58조의3제3항에 따른 의료기관 인증의 유효기간으로 한다. <개정 2020. 9. 4.> [본조신설 2011. 2. 10]

---

| 벌칙 · 행정처분 | |

◇ 제58조의6제2항을 위반한 자 : 1년 이하의 징역이나 1천만원 이하의 벌금

---

| 의료법 | 제58조의7(인증의 공표 및 활용) |

① 보건복지부장관은 인증을 받은 의료기관에 관하여 인증기준, 인증 유효기간 및 제58조의4제4항에 따라 평가한 결과 등 보건복지부령으로 정하는 사항을 인터넷 홈페이지 등에 공표하여야 한다. <개정 2020. 3. 4.>

② 보건복지부장관은 제58조의4제4항에 따른 평가 결과와 인증등급을 활용하여 의료기관에 대하여 다음 각 호에 해당하는 행정적·재정적 지원 등 필요한 조치를 할 수 있다. <개정 2020. 3. 4.>

1. 제3조의4에 따른 상급종합병원 지정
2. 제3조의5에 따른 전문병원 지정
3. 의료의 질 및 환자 안전 수준 향상을 위한 교육, 컨설팅 지원
4. 그 밖에 다른 법률에서 정하거나 보건복지부장관이 필요하다고 인정한 사항
③ 제1항에 따른 공표 등에 필요한 사항은 보건복지부령으로 정한다.
[본조신설 2010. 7. 23.]

| 의료법 시행규칙 | 제64조의7(의료기관 인증의 공표) |
| --- | --- |

인증원의 장은 법 제58조의7제1항에 따라 다음 각 호의 사항을 인터넷 홈페이지 등에 공표해야 한다. <개정 2020. 9. 4.>
1. 해당 의료기관의 명칭, 종별, 진료과목 등 일반현황
2. 인증등급 및 인증의 유효기간
3. 인증기준에 따른 평가 결과
4. 그 밖에 의료의 질과 환자 안전의 수준을 높이기 위하여 보건복지부장관이 정하는 사항 [본조신설 2011. 2. 10.]

| 의료법 | 제58조의8(자료의 제공요청) |
| --- | --- |

① 보건복지부장관은 인증과 관련하여 필요한 경우에는 관계 행정기관, 의료기관, 그 밖의 공공단체 등에 대하여 자료의 제공 및 협조를 요청할 수 있다.
② 제1항에 따른 자료의 제공과 협조를 요청받은 자는 정당한 사유가 없는 한 요청에 따라야 한다. [본조신설 2010. 7. 23.]

| 의료법 | 제58조의9(의료기관 인증의 사후관리) |
| --- | --- |

보건복지부장관은 인증의 실효성을 유지하기 위하여 보건복지부령으로 정하는 바에 따라 인증을 받은 의료기관에 대하여 제58조의3제1항에 따른 인증기준의 충족 여부를 조사할 수 있다.
[본조신설 2020. 3. 4.] [종전 제58조의9는 제58조의10으로 이동<2020. 3. 4.>]

| 의료법 시행규칙 | 제64조의8(의료기관 인증의 사후관리 방법) |
| --- | --- |

① 보건복지부장관은 법 제58조의9에 따라 인증을 받은 의료기관에 대하여 법 제58조의3제3항에 따른 의료기관 인증의 유효기간 내에 1회 이상 인증기준의 충족 여부를 조사할 수 있다.
② 제1항에 따른 조사는 서면조사 또는 현지조사의 방법으로 실시할 수 있다.
③ 제1항 및 제2항에서 규정한 사항 외에 의료기관 인증의 사후관리에 관한 세부적인 사항은 보건복지부장관의 승인을 받아 인증원의 장이 정한다.

| 의료법 | 제58조의10(의료기관 인증의 취소 등) |
| --- | --- |

① 보건복지부장관은 인증을 받은 의료기관이 인증 유효기간 중 다음 각 호의 어느 하나에 해당하는 경우에는 의료기관 인증 또는 조건부인증을 취소하거나 인증마크의 사용정지 또는 시정을 명할 수 있다. 다만, 제1호 및 제2호에 해당하는 경우에는 인증 또는 조건부인증을 취소하여야 한다. <개정 2020. 3. 4.>

1. 거짓이나 그 밖의 부정한 방법으로 인증 또는 조건부인증을 받은 경우
2. 제64조제1항에 따라 의료기관 개설 허가가 취소되거나 폐쇄명령을 받은 경우
3. 의료기관의 종별 변경 등 인증 또는 조건부인증의 전제나 근거가 되는 중대한 사실이 변경된 경우
4. 제58조의3제1항에 따른 인증기준을 충족하지 못하게 된 경우
5. 인증마크의 사용정지 또는 시정명령을 위반한 경우

② 제1항제1호에 따라 인증이 취소된 의료기관은 인증 또는 조건부인증이 취소된 날부터 1년 이내에 인증 신청을 할 수 없다.

③ 제1항에 따른 의료기관 인증 또는 조건부인증의 취소 및 인증마크의 사용정지 등에 필요한 절차와 처분의 기준 등은 보건복지부령으로 정한다. <신설 2020. 3. 4.>\[본조신설 2010. 7. 23.] [제목개정 2020. 3. 4.]

[제58조의9에서 이동 <2020. 3. 4.>]

| 의료법 시행규칙 | 제64조의9(의료기관 인증의 취소 등) |
| --- | --- |

① 법 제58조의10제1항에 따라 의료기관 인증 또는 조건부인증이 취소된 의료기관의 장은 지체없이 인증서를 인증원의 장에게 반납하고, 인증마크의 사용을 정지해야 한다. <개정 2020. 9. 4.>

② 법 제58조의10제1항에 따른 의료기관의 인증 또는 조건부인증의 취소 및 인증마크의 사용정지 등에 관한 세부기준은 별표 10과 같다. <신설 2020. 9. 4.>

[본조신설 2011. 2. 10.] [제목개정 2020. 9. 4.]

[제64조의8에서 이동, 종전 제64조의9는 제64조의11로 이동 <2020. 9. 4.>]

| 의료법 | 제58조의11(의료기관평가인증원의 설립 등) |
|---|---|

① 의료기관 인증에 관한 업무와 의료기관을 대상으로 실시하는 각종 평가 업무를 효율적으로 수행하기 위하여 의료기관평가인증원(이하 "인증원"이 라 한다)을 설립한다.

② 인증원은 다음 각 호의 업무를 수행한다.

　1. 의료기관 인증에 관한 업무로서 제58조제2항에 따라 위탁받은 업무

　2. 다른 법률에 따라 의료기관을 대상으로 실시하는 평가 업무로서 보건복지 부장관으로부터 위탁받은 업무

　3. 그 밖에 이 법 또는 다른 법률에 따라 보건복지부장관으로부터 위탁받은 업무

③ 인증원은 법인으로 하고, 주된 사무소의 소재지에 설립등기를 함으로써 성립한다.

④ 인증원에는 정관으로 정하는 바에 따라 임원과 필요한 직원을 둔다.

⑤ 보건복지부장관은 인증원의 운영 및 사업에 필요한 경비를 예산의 범위에 서 지원할 수 있다.

⑥ 인증원은 보건복지부장관의 승인을 받아 의료기관 인증을 신청한 의료기 관의 장으로부터 인증에 소요되는 비용을 징수할 수 있다.

⑦ 인증원은 제2항에 따른 업무 수행에 지장이 없는 범위에서 보건복지부령 으로 정하는 바에 따라 교육, 컨설팅 등 수익사업을 할 수 있다.

⑧ 인증원에 관하여 이 법 및 「공공기관의 운영에 관한 법률」에서 정하는 사항 외에는 「민법」 중 재단법인에 관한 규정을 준용한다.

[본조신설 2020. 3. 4.]

| 의료법 시행규칙 | 제64조의10(인증비용의 승인) |
|---|---|

법 제58조의11제6항에 따라 인증원의 장은 의료기관의 종류 및 규모별로 인 증에 소요되는 비용을 다음 각 호에 따라 산정하여 보건복지부장관의 승인을 받아야 한다. <개정 2020. 9. 4.>

　1. 조사수당, 여비 등 현지조사에 드는 직접비용

　2. 인건비, 기관운영비 등 인증원 운영에 드는 간접비용

　3. 그 밖에 의료기관 인증기준을 충족하도록 지원하는 전문가의 진단 및 기 술 지원 등에 드는 컨설팅 비용

[본조신설 2011. 2. 10.]

[제64조의3에서 이동 <2020. 9. 4.>]

◇ 의료기관 인증제도는 의료기관으로 하여금 환자 안전과 의료의 질 향상을 위해 자발 적이고 지속적인 노력으로 의료소비자에게 양질의 의료서비스를 제공하기 위한 제도 이다. 2010.9월 의료기관 인증기준 마련, 같은 해 10월 의료법 제58조의11에 의해 의

료기관평가인증원이 개원되고 의료기관 인증에 관한 업무를 보건복지부로부터 위탁받아 같은 해 11월부터 의료기관평가 인증조사가 시작되었다. 인증조사는 의료기관의 인증기준 충족 여부를 조사하는 절대평가의 성격을 가지며, 공표된 인증조사 기준의 일정수준을 달성한 의료기관에 대하여 4년간 유효한 인증마크를 부여하는 제도로 상급종합병원, 전문병원, 수련병원, 연구중심병원, 외국인환자 유치 의료기관이나 재활의료기관으로 지정받고자 하는 의료기관과 요양병원, 정신병원은 의료서비스의 특성 및 권익 보호 등을 고려하여 의무적으로 인증신청을 하도록 의료법령 등에 명시하고 있다. 의료기관의 조사결과에 따라 인증, 조건부인증, 불인증 등급으로 분류되며, 일부 영역에서 인증 수준에 미치지 못한 조건부인증의 경우, 1년간 개선 노력을 한 후 다시 인증조사를 받아 최종적인 인증 여부를 판정받게 된다. 의료기관 인증 결과는 의료법 제58조의7(인증의 공표 및 활용)에 따라 인증원 홈페이지에 그 결과를 공표하고 있어 인증원 홈페이지를 통하여 인증을 획득한 의료기관의 정보를 확인할 수 있으며, 인증을 받은 의료기관은 인증유효기간(4년) 동안 인증마크를 사용할 수 있게 된다. 2021.2월 현재 총 인증의료기관은 2,034건, 평가 합격 정신의료기관은 총 500건이다.

◇ 의료기관평가인증원(www.koiha.or.kr)
- 대표번호 02-2076-0600
- 의료기관 평가 인증, 정신의료기관 평가사업, 평가 기준, 평가 신청, 환자 안전, 교육 컨설팅, 인증결과 확인 등 의료기관 인증 관련 제반 업무

| 질의 내용 | 의료기관 인증기준 |
|---|---|
| 해석 경향 | 의료기관 인증기준은 의료법 제58의3제1항에서 규정하고 있는 환자의 권리와 안전, 의료기관의 의료서비스 질 향상 활동, 의료서비스의 제공 과정 및 성과, 의료기관의 조직·인력관리 및 운영, 환자 만족도를 포함하여 4개 영역 ① 기본가치체계(환자안전 보장활동) ② 환자진료체계(진료전달체계와 평가, 환자진료, 의약품관리, 수술 및 마취진정관리, 환자 권리존중 및 보호) ③ 조직관리체계(질 향상 및 환자 안전 활동, 감염관리, 경영 및 조직운영, 인적자원관리, 시설 및 환경관리, 의료정보·의무기록 관리) ④ 성과관리체계(성과관리)로 구성됩니다. |

| 의료법 | 제59조(지도와 명령) |
|---|---|

① 보건복지부장관 또는 시·도지사는 보건의료정책을 위하여 필요하거나 국민보건에 중대한 위해(危害)가 발생하거나 발생할 우려가 있으면 의료기관이나 의료인에게 필요한 지도와 명령을 할 수 있다. <개정 2008. 2. 29., 2010. 1. 18.>

② 보건복지부장관, 시·도지사 또는 시장·군수·구청장은 의료인이 정당한 사유 없이 진료를 중단하거나 의료기관 개설자가 집단으로 휴업하거나 폐업하여 환자 진료에 막대한 지장을 초래하거나 초래할 우려가 있다고 인정할 만한 상당한 이유가 있으면 그 의료인이나 의료기관 개설자에게 업무개시 명령을 할 수 있다. <개정 2008. 2. 29., 2010. 1. 18.>

③ 의료인과 의료기관 개설자는 정당한 사유 없이 제2항의 명령을 거부할 수 없다.

◇ 보건복지부장관 또는 시·도지사는 보건의료정책을 위하여 필요하거나 국민보건에 중대한 위해(危害)가 발생하거나 발생할 우려가 있으면 의료기관이나 의료인에게 필요한 지도와 명령을 할 수 있으며, 의료인이 정당한 사유 없이 진료를 중단하거나 의료기관 개설자가 집단으로 휴업하거나 폐업하여 환자 진료에 막대한 지장을 초래하거나 초래할 우려가 있다고 인정할 만한 상당한 이유가 있으면 그 의료인이나 의료기관 개설자에게 업무개시 명령을 할 수 있다. 업무 개시 명령은 동맹 휴업, 동맹 파업 따위의 행위가 국민 생활이나 국가 경제에 심각한 위기를 초래하거나 초래할 것으로 판단될 때 강제로 영업에 복귀하도록 내리는 명령이다.

벌칙·행정처분

◇ 제59조제3항을 위반한 자 : 3년 이하의 징역이나 3천만원 이하의 벌금
△ 제59조에 따른 명령을 이행하지 아니하거나 정당한 사유 없이 그 명령을 거부한 경우 : 업무정지 15일

| 질의 내용 | 업무개시 명령 |
|---|---|
| 해석 경향 | 의료인이 정당한 사유 없이 진료를 중단하거나 의료기관 개설자가 집단으로 휴업하거나 폐업하여 환자 진료에 막대한 지장을 초래하거나 초래할 우려가 있다고 인정할 만한 상당한 이유가 있고 국민보건에 중대한 위해(危害)가 발생하거나 발생할 우려가 있으면 보건복지부장관 또는 시·도지사는 그 의료인이나 의료기관 개설자에게 업무개시 명령을 할 수가 있습니다. |

| 질의 내용 | 지도와 명령 |
|---|---|
| 판례 경향 | 의료법 제53조 제1항, 제2항, 제59조제1항의 문언과 체제, 형식, 모든 국민이 수준 높은 의료 혜택을 받을 수 있도록 국민의료에 필요한 사항을 규정함으로써 국민의 건강을 보호하고 증진하려는 의료법의 복석 등을 종합하면, 불확정개념으로 규정되어 있는 의료법 제59조 제1항에서 정한 지도와 명령의 요건에 해당하는지, 나아가 요건에 해당하는 경우 행정청이 어떠한 종류와 내용의 지도나 명령을 할 것인지의 판단에 관해서는 행정청에 재량권이 부여되어 있다(대법원 2016. 1. 28. 선고 2013두21120 판결). |

| 의료법 | 제60조(병상 수급계획의 수립 등) |
|---|---|

① 보건복지부장관은 병상의 합리적인 공급과 배치에 관한 기본시책을 5년마다 수립하여야 한다. <개정 2008. 2. 29., 2010. 1. 18., 2019. 8. 27.>

② 시·도지사는 제1항에 따른 기본시책에 따라 지역 실정을 고려하여 특별시·광역시 또는 도 단위의 지역별·기능별·종별 의료기관 병상 수급 및 관리계획을 수립한 후 보건복지부장관에게 제출하여야 한다. <개정 2008. 2. 29., 2010. 1. 18., 2019. 8. 27.>

③ 보건복지부장관은 제2항에 따라 제출된 병상 수급 및 관리계획이 제1항에 따른 기본시책에 맞지 아니하는 등 보건복지부령으로 정하는 사유가 있으면 시·도지사와 협의하여 보건복지부령으로 정하는 바에 따라 이를 조정하여야 한다. <개정 2008. 2. 29., 2010. 1. 18., 2019. 8. 27.>

| 의료법 | 제60조의2(의료인 수급계획 등) |
|---|---|

① 보건복지부장관은 우수한 의료인의 확보와 적절한 공급을 위한 기본시책을 수립하여야 한다.

② 제1항에 따른 기본시책은 「보건의료기본법」 제15조에 따른 보건의료발전계획과 연계하여 수립한다. [본조신설 2015. 12. 29.]

보건의료기본법
[시행 2021. 3. 23] [법률 제17966호, 2021. 3. 23, 일부개정]

제15조(보건의료발전계획의 수립 등) ① 보건복지부장관은 관계 중앙행정기관의 장과의 협의와 제20조에 따른 보건의료정책심의위원회의 심의를 거쳐 보건의료발전계획을 5년마다 수립하여야 한다.

② 보건의료발전계획에 포함되어야 할 사항은 다음 각 호와 같다. <개정 2016. 5. 29.>

1. 보건의료 발전의 기본 목표 및 그 추진 방향
2. 주요 보건의료사업계획 및 그 추진 방법
3. 보건의료자원의 조달 및 관리 방안
4. 지역별 병상 총량의 관리에 관한 시책
5. 보건의료의 제공 및 이용체계 등 보건의료의 효율화에 관한 시책
6. 중앙행정기관 간의 보건의료 관련 업무의 종합·조정
7. 노인·장애인 등 보건의료 취약계층에 대한 보건의료사업계획
8. 보건의료 통계 및 그 정보의 관리 방안
9. 그 밖에 보건의료 발전을 위하여 특히 필요하다고 인정되는 사항
③ 보건의료발전계획은 국무회의의 심의를 거쳐 확정한다.　[전문개정 2010. 3. 17.]

제17조(지역보건의료계획의 수립·시행) 특별시장·광역시장·도지사·특별자치도지사(이하 "시·도지사"라 한다) 및 시장·군수·구청장(자치구의 구청장을 말한다. 이하 같다)은 보건의료발전계획이 확정되면 관계 법령에서 정하는 바에 따라 지방자치단체의 실정을 감안하여 지역보건의료계획을 수립·시행하여야 한다.　[전문개정 2010. 3. 17.]

제18조(계획 수립의 협조) ① 보건복지부장관, 관계 중앙행정기관의 장, 시·도지사 및 시장·군수·구청장은 보건의료발전계획과 소관 주요 시책 추진방안 및 지역보건의료계획의 수립·시행을 위하여 필요하면 관계 기관·단체 등에 대하여 자료 제공 등의 협조를 요청할 수 있다.

② 제1항에 따른 협조 요청을 받은 관계 기관·단체 등은 특별한 사유가 없으면 협조 요청에 따라야 한다. [전문개정 2010. 3. 17.]

제20조(보건의료정책심의위원회) 보건의료에 관한 주요 시책을 심의하기 위하여 보건복지부장관 소속으로 보건의료정책심의위원회(이하 "위원회"라 한다)를 둔다. [전문개정 2010. 3. 17.]

제24조(보건의료자원의 관리 등) ① 국가와 지방자치단체는 보건의료에 관한 인력, 시설, 물자, 지식 및 기술 등 보건의료자원을 개발·확보하기 위하여 종합적이고 체계적인 시책을 강구하여야 한다.

② 국가와 지방자치단체는 보건의료자원의 장·단기 수요를 예측하여 보건의료자원이 적절히 공급될 수 있도록 보건의료자원을 관리하여야 한다. [전문개정 2010. 3. 17.]

◇ 의료인력 및 병상 수급 문제는 의료제도의 근간이 되는 핵심 자원으로 중장기적 계획 수립이 필요한 중요한 제도라 할 수 있다. 이러한 의료인력 및 병상 수급정책에 대하여 보건의료기본법 제15조(보건의료발전계획의 수립 등)에서 보건의료 발전의 기본 목표, 보건의료자원 조달 및 발전방안, 지역별 병상 총량의 관리에 관한 시책 등을 수립하여 보건의료정책심의위원회의 심의를 거쳐 보건의료 발전계획을 5년마다 수립하도록 규정하고 있다. 또한 의료법 제60조, 제60조의2에서 보건복지부장관은 병상 및 의료인의 수급에 관한 기본 시책을 5년마다 수립하고, 시·도지사는 기본시책에 따라 지역실정을 고려하여 지역 의료기관 병상 수급 및 관리계획을 수립하여 보건복지부와 협의하여 조정하도록 하고 있다.

| 의료법 | 제60조의3(간호인력 취업교육센터 설치 및 운영) |

① 보건복지부장관은 간호·간병통합서비스 제공·확대 및 간호인력의 원활한 수급을 위하여 다음 각 호의 업무를 수행하는 간호인력 취업교육센터를 지역별로 설치·운영할 수 있다.

1. 지역별, 의료기관별 간호인력 확보에 관한 현황 조사
2. 제7조제1항제1호에 따른 간호학을 전공하는 대학이나 전문대학[구제(舊制) 전문학교와 간호학교를 포함한다] 졸업예정자와 신규 간호인력에 대한 취업교육 지원
3. 간호인력의 지속적인 근무를 위한 경력개발 지원
4. 유휴 및 이직 간호인력의 취업교육 지원
5. 그 밖에 간호인력의 취업교육 지원을 위하여 보건복지부령으로 정하는 사항

② 보건복지부장관은 간호인력 취업교육센터를 효율적으로 운영하기 위하여 그 운영에 관한 업무를 대통령령으로 정하는 절차·방식에 따라 관계 전문기관 또는 단체에 위탁할 수 있다.

③ 국가 및 지방자치단체는 제2항에 따라 간호인력 취업교육센터의 운영에 관한 업무를 위탁한 경우에는 그 운영에 드는 비용을 지원할 수 있다.

④ 그 밖에 간호인력 취업교육센터의 운영 등에 필요한 사항은 보건복지부령으로 정한다.[본조신설 2015. 12. 29.]

| 의료법 시행령 | 제31조의6(간호인력 취업교육센터 운영의 위탁) |

① 보건복지부장관은 법 제60조의3제2항에 따라 같은 조 제1항에 따른 간호인력 취업교육센터(이하 "간호인력 취업교육센터"라 한다)의 운영을 다음 각 호의 전문기관 또는 단체에 위탁할 수 있다.

1. 법 제28조제1항 또는 제5항에 따른 간호사회 또는 간호사회의 지부
2. 「공공기관의 운영에 관한 법률」 제4조에 따른 공공기관 중 그 설립 목적이 보건의료와 관련되는 공공기관
3. 그 밖에 위탁 업무 수행에 필요한 조직·인력 및 전문성 등을 고려하여 보건복지부장관이 고시하는 전문기관 또는 단체

② 보건복지부장관은 법 제60조의3제2항에 따라 간호인력 취업교육센터의 운영을 위탁하려는 경우에는 그 위탁 기준·절차 및 방법 등에 관한 사항을 미리 공고하여야 한다.

③ 보건복지부장관은 법 제60조의3제2항에 따라 간호인력 취업교육센터의 운영을 위탁한 경우에는 그 위탁 내용 및 수탁자 등에 관한 사항을 관보에 고시하고, 보건복지부 인터넷 홈페이지에 게시하여야 한다.

④ 법 제60조의3제2항에 따라 간호인력 취업교육센터의 운영을 위탁받은 전문기관 또는 단체는 보건복지부장관이 정하는 비에 따라 사업운영계획, 사업집행현황, 자금운용계획 및 자금집행내역 등에 관한 사항을 보건복지부장관에게 보고하여야 한다.

⑤ 제2항부터 제4항까지의 규정에 따른 위탁 기준 등의 공고, 위탁 내용 등의 고시 또는 위탁 업무의 보고 등에 필요한 세부사항은 보건복지부장관이 정하여 고시한다. [본조신설 2016. 9. 29.]

| 의료법 시행규칙 | 제64조의11(간호인력 취업교육센터 운영 등) |
|---|---|

① 법 제60조의3제1항제5호에서 "보건복지부령으로 정하는 사항"이란 다음 각 호의 사항을 말한다.

1. 간호인력에 대한 취업 상담 및 관련 정보 제공
2. 간호인력의 고용 및 처우에 관한 조사·분석 및 연구
3. 간호인력 취업교육 프로그램의 개발·운영 및 홍보
4. 의료기관 및 간호대학 등 관련 기관 간 협력체계 구축·운영
5. 그 밖에 간호인력의 취업교육 지원을 위하여 보건복지부장관이 특히 필요하다고 인정하는 사항

② 법 제60조의3제4항에 따른 간호인력 취업교육센터의 사업연도는 정부의 회계연도에 따른다. [본조신설 2016. 10. 6.]

[제64조의9에서 이동 <2020. 9. 4.>]

| 의료법 | 제61조(보고와 업무 검사 등) |
|---|---|

① 보건복지부장관, 시·도지사 또는 시장·군수·구청장은 의료기관 개설자 또는 의료인에게 필요한 사항을 보고하도록 명할 수 있고, 관계 공무원을 시켜 그 업무 상황, 시설 또는 진료기록부·조산기록부·간호기록부 등 관계 서류를 검사하게 하거나 관계인에게서 진술을 들어 사실을 확인받게 할 수 있다. 이 경우 의료기관 개설자 또는 의료인은 정당한 사유 없이 이를 거부하지 못한다. <개정 2008. 2. 29., 2010. 1. 18., 2011. 8. 4., 2016. 12. 20., 2018. 3. 27., 2019. 8. 27.>

② 제1항의 경우에 관계 공무원은 권한을 증명하는 증표 및 조사기간, 조사범위, 조사담당자, 관계 법령 등이 기재된 조사명령서를 지니고 이를 관계인에게 내보여야 한다. <개정 2011. 8. 4.>

③ 제1항의 보고 및 제2항의 조사명령서에 관한 사항은 보건복지부령으로 정한다. <개정 2008. 2. 29., 2010. 1. 18., 2011. 8. 4.>

◇ 제61조제1항에 따른 검사를 거부·방해 또는 기피한 자(제33조제2항·제10항 위반여부에 관한 조사임을 명시한 경우에 한정한다) : 1년 이하의 징역이나 1천만원 이하의 벌금

◇ 제61조제1항에 따른 보고를 하지 아니하거나 검사를 거부·방해 또는 기피한 자(제89조에4호에 해당하는 경우는 제외) : 200만원 이하의 과태료

△ 제61조에 따른 보고명령을 이행하지 않거나 관계 공무원의 검사 등을 거부한 경우

– 제33조제2항·제10항 위반 여부에 관한 조사임을 명시한 경우 : 업무정지 6개월

– 위의 해당하는 경우를 제외한 경우 : 업무정지 15일

| 질의 내용 | 보고와 업무검사 |
|---|---|
| 해석 경향 | 보건복지부 및 각 시·도, 시·군·구에서는 의료기관 등 지도점검을 담당할 공무원으로 의료지도원으로 임명하여 각 관할지역 소재 의료기관, 약국 등에 대해 지도점검을 실시하여 발생할 수 있는 불편 사항을 개선하거나 시정하는 지도감독을 하도록 하고 있다. 의료지도원이 관내 의료기관 지도점검 시, 의료기관의 개설자 또는 의료인으로 하여금 필요한 사항을 보고하도록 명하거나, 해당 의료기관의 시설 또는 진료기록부·조산기록부·간호기록부 등 관계 서류를 제출받아 검사하거나 관계인에게서 진술을 들어 사실을 확인 할 경우, 해당 의료기관에서는 솔선 협조하여야 한다. |

| 질의 내용 | 현지조사 보건복지부 공무원 지휘 |
|---|---|
| 판례 경향 | 의료법 제61조제1항에서 조사권한을 관계 공무원으로 규정하고 있으므로 보건복지부 소속 공무원이 현지조사에 참여함이 타당하며, 보건복지부 관계 공무원 포함 없이 조사권한이 없는 건강보험심사평가원 직원들만이 행한 현지조사는 적법하지 아니하다고 서울행정법원에서 판결(2020년7월) |

| 의료법 | 제61조2(자료제공의 요청) |
|---|---|

① 보건복지부장관은 이 법의 위반 사실을 확인하기 위한 경우 등 소관 업무를 수행하기 위하여 필요한 경우에는 의료인, 의료기관의 장, 「국민건강보험법」에 따른 국민건강보험공단 및 건강보험심사평가원, 그 밖의 관계 행정기관 및 단체 등에 대하여 필요한 자료의 제출이나 의견의 진술 등을 요청할 수 있다.

② 제1항에 따른 자료의 제공 또는 협조를 요청받은 자는 특별한 사유가 없으면 이에 따라야 한다. [본조신설 2019. 8. 27.]

| 질의 내용 | 업무검사 등 자료 요청 권한 |
|---|---|
| 해석 경향 | 보건복지부에서는 의료법령 위반 사실 확인을 위한 검토 과정에 필요한 경우, 의료인, 의료기관장, 국민건강보험공단 및 건강보험심사평가원, 그 밖의 관계 행정기관 및 단체 등에 대하여 필요한 자료의 제출이나 의견의 진술 등을 요청할 수 있습니다. 그럴 경우 특별한 사유가 없는 한 해당 기관에서는 이에 응하여야 합니다. |

| 의료법 | 제62조(의료기관 회계기준) |
|---|---|

① 의료기관 개설자는 의료기관 회계를 투명하게 하도록 노력하여야 한다.

② 100병상 이상의 병원급 의료기관으로서 보건복지부령으로 정하는 일정 규모 이상의 병원급 의료기관 개설자는 회계를 투명하게 하기 위하여 의료기관 회계기준을 지켜야 한다. <개정 2008. 2. 29., 2010. 1. 18., 2020. 3. 4.>

③ 제2항에 따른 의료기관 회계기준은 보건복지부령으로 정한다. <개정 2008. 2. 29., 2010. 1. 18.> [시행일 : 2021. 3. 5.] 제62조제2항

---

의료기관 회계기준 규칙
[시행 2021. 3. 5] [보건복지부령 제72호, 2021. 2. 1, 일부개정]

제1조(목적) 이 규칙은 「의료법」 제62조에 따라 의료기관의 개설자가 준수하여야 하는 의료기관 회계기준을 정함으로써 의료기관 회계의 투명성을 확보함을 목적으로 한다. <개정 2007. 7. 27.>

제2조(의료기관 회계기준의 준수대상) ①「의료법」 제62조제2항에 따라 의료기관 회계기준을 준수해야 하는 의료기관의 개설자는 다음 각 호의 구분에 따른 병원급 의료기관(이하 "병원"이라 한다)의 개설자를 말한다. <개정 2007. 7. 27., 2011. 2. 10., 2021. 2. 1.>

1. 2022년 회계연도: 300병상(종합병원의 경우에는 100병상) 이상의 병원급 의료기관
2. 2023년 회계연도: 200병상(종합병원의 경우에는 100병상) 이상의 병원급 의료기관
3. 2024년 회계연도 이후: 100병상 이상의 병원급 의료기관

②제1항에 따른 병상 수는 해당 병원의 직전 회계연도의 종료일을 기준으로 산정한다. <신설 2007. 7. 27.>

제3조(회계의 구분) ①병원의 개설자인 법인(이하 "법인"이라 한다)의 회계와 병원의 회계는 이를 구분하여야 한다.

②법인이 2 이상의 병원을 설치·운영하는 경우에는 각 병원마다 회계를 구분하여야 한다.

제4조(재무제표) ①병원의 재무상태와 운영성과를 나타내기 위하여 작성하여야 하는 재무제표는 다음 각 호와 같다. <개정 2015. 12. 31.>
1. 재무상태표
2. 손익계산서
3. 기본금변동계산서(병원의 개설자가 개인인 경우를 제외한다)
4. 현금흐름표
②제1항의 규정에 의한 재무제표의 세부작성방법은 보건복지부장관이 정하여 고시한다. <개정 2008. 3. 3., 2010. 3. 19.>

제5조(회계연도) 병원의 회계연도는 정부의 회계연도에 따른다. 다만, 「사립학교법」에 따라 설립된 학교법인이 개설자인 병원의 회계연도는 동법 제30조의 규정에 의한 사립학교의 학년도에 따른다. <개정 2007. 7. 27.> (이하 6조~12조 생략)

◇ 의료기관을 운영함에 있어 투명한 회계 관리를 규정한 조항으로 100병상 이상의 종합병원을 운영하는 의료기관 개설자는 의료법 제62조 및 의료기관 회계기준 규칙에 의해 법인의 회계와 병원의 회계를 분리하고 매 회계연도 종료일부터 3월 이내에 재무상태표, 손익계산서, 기본금변동계산서, 현금표 등을 첨부한 결산서를 보건복지부장관에게 제출하여 투명한 회계처리를 준수하여야 한다.

---

벌칙 · 행정처분

△ 제62조제2항을 위반한 경우 : 시정명령

---

| 의료법 | 제63조(시정 명령 등) |
|---|---|

① 보건복지부장관 또는 시장·군수·구청장은 의료기관이 제15조제1항, 제16조제2항, 제21조제1항 후단 및 같은 조 제2항·제3항, 제23조제2항, 제34조제2항, 제35조제2항, 제36조, 제36조의2, 제37조제1항·제2항, 제38조제1항·제2항, 제41조부터 제43조까지, 제45조, 제46조, 제47조제1항, 제58조의4 제2항 및 제3항, 제62조제2항을 위반한 때, 종합병원·상급종합병원·전문병원이 각각 제3조의3제1항·제3조의4제1항·제3조의5제2항에 따른 요건에 해당하지 아니하게 된 때, 의료기관의 장이 제4조제5항을 위반한 때 또는 자율심의기구가 제57조제11항을 위반한 때에는 일정한 기간을 정하여 그 시설·장비 등의 전부 또는 일부의 사용을 제한 또는 금지하거나

위반한 사항을 시정하도록 명할 수 있다. <개정 2008. 2. 29., 2009. 1. 30., 2010. 1. 18., 2010. 7. 23., 2011. 4. 28., 2015. 12. 22., 2015. 12. 29., 2016. 5. 29., 2016. 12. 20., 2018. 3. 27., 2020. 3. 4.>

② 보건복지부장관 또는 시장·군수·구청장은 의료인등이 제56조제2항·제3항을 위반한 때에는 다음 각 호의 조치를 명할 수 있다. <신설 2018. 3. 27.>

1. 위반행위의 중지
2. 위반사실의 공표
3. 정정광고

③ 제2항제2호·제3호에 따른 조치에 필요한 사항은 대통령령으로 정한다. <신설 2018. 3. 27.>

| 의료법 시행령 | 제31조의7(위반사실의 공표 및 정정광고) |
|---|---|

① 보건복지부상관 또는 시장·군수·구정장은 법 세63조세2항세2호 또는 제3호에 따라 의료인등에 대하여 위반사실의 공표 또는 정정광고를 명할 때에는 다음 각 호의 사항을 고려하여 공표 또는 정정광고의 내용과 횟수·크기·매체 등을 정하여 명하여야 한다.

1. 위반행위의 내용 및 정도
2. 위반행위의 기간 및 횟수

② 보건복지부장관 또는 시장·군수·구청장은 제1항에 따라 위반사실의 공표 또는 정정광고를 명할 때에는 법 제57조의2제2항 각 호에 따른 심의위원회와 협의하여 공표 또는 정정광고의 내용과 횟수·크기·매체 등을 정할 수 있다. [본조신설 2018. 9. 28.]

---

### 벌칙 · 행정처분

◇ 제63조에 따른 시정명령을 위반한 자 : 500만원 이하의 벌금

△ 제63조에 따른 명령을 위반하거나 그 명령을 이행하지 아니한 의료기관 : 업무정지 15일

| 질의 내용 | 시정 명령 등 |
|---|---|
| 해석 경향 | 의료법 제63조의 '시정 명령'은 의료기관이 인력, 시설, 장비, 관리기준 등의 준수하여야 할 사항에 위반이 있을 경우, 위반사항에 대해 인력 충원 및 시설의 유지·보수, 기준 준수 등을 위해 내리는 행정처분으로 이러한 시정명령을 어길 경우, 500만원 이하의 벌금, 해당 의료기관은 업무정지 15일의 행정처분을 받을 수 있습니다. |

| 위반 사항 | 관련 조항 |
|---|---|
| 종합병원·상급종합병원·전문병원이 각각 요건에 해당하지 아니하게 된 때 | 제3조의3제1항 제3조의4제1항 제3조의5제2항 |
| 의료기관의 장이 의료인 등에게 의료기관에서 명찰패용을 지시·감독하지 아니한 때 | 제4조제5항 |
| 의료인 또는 의료기관 개설자가 정당한 사유 없이 진료 거부 한때 | 제15조제1항 |
| 의료기관에서 세탁물을 적법하게 처리하지 않은 경우 | 제16조제2항 |
| 의료기관에서 환자 자신의 기록 확인요청을 정당한 사유 없이 거부한 때 | 제21조제1항 후단 |
| 의료기관에서 환자가 아닌 다른 사람에게 환자의 기록을 확인할 수 있게 한 경우 | 제21조제2항 |
| · 의료인, 의료기관의 장 및 의료기관 종사자가 기록 열람, 사본 교부 등 그 내용을 확인할 수 있게 하지 아니한 경우(환자의 진료 상 불가피한 경우 예외 | 제21조제3항 |
| 의료인, 의료기관 개설자가 전자의무기록을 안전하게 관리·보존하는 데에 필요한 시설과 장비를 갖추지 아니한 때 | 제23조제2항 |
| 원격의료의 시설과 장비를 갖추지 아니한 경우 | 제34조제2항 |
| 부속의료기관 개설 신고 및 허가에 관한 절차·조건, 그 밖에 필요한 사항을 지키지 아니한 경우 | 제35조제2항 |
| 의료기관의 종류에 따른 시설기준 및 규격, 안전관리시설 기준, 인력기준 등 준수사항을 지키지 아니할 때 | 제36조 |
| 의료기관 개설자가 공중보건의사 또는 병역판정검사전담의사의 고용금지를 위반한 때 | 제36조의2 |
| 진단용 방사선 발생장치를 설치·운영하는 의료기관에서 시장·군수·구청장에게 신고하지 않거나, 안전관리기준에 맞도록 설치·운영하지 아니한 경우 | 제37조제1항 |
| 의료기관 개설자나 관리자가 진단용 방사선 발생장치를 설치하고 안전관리책임자를 선임하지 않고, 정기적으로 검사와 측정을 받지 않거나, 방사선 관계 종사자에 대한 피폭관리(被曝管理)를 하지 아니한 경우 | 제37조제2항 |
| · 의료기관에서 특수의료장비를 설치·운영하면서 시장·군수·구청장 | 제38조제1항 |

| | |
|---|---|
| 에게 등록하지 아니한 경우<br>· 특수의료장비 설치인정기준에 맞게 설치·운영하지 아니한 경우<br>· 특수의료장비를 설치하고 정기적인 품질관리검사를 받지 아니한 경우 | 제38조제2항 |
| 병원에서 당직의료인을 두지 아니하거나 당직의료인의 수와 배치 기준을 지키지 아니한 때 | 제41조 |
| 의료기관 명칭표시를 위반한 때 | 제42조 |
| 의료기관에서 진료과목 표시, 추가 진료과목 설치 등을 위반할 때 | 제43조 |
| 의료기관에서 비급여 진료비용의 고지, 게시, 징수를 위반한 경우 | 제45조 |
| · 의료기관에서 특별한 사유 없이 환자가 선택한 의사·치과의사 또는 한의사가 진료하지 않은 경우<br>· 진료의사 등의 변경요청에 특별한 사유 없이 응하지 않은 경우<br>· 진료의사 선택을 위한 정보제공을 하지 않은 경우<br>· 선택의사 진료 후 추가비용을 징수한 경우 | 제46조 |
| 병원급 의료기관의 장이 감염관리위원회와 감염관리실을 설치·운영하고, 감염관리 업무 전담 인력을 두는 등 필요한 조치를 하지 아니한 경우 | 제47조제1항 |
| 자율심의기구가 심의를 공정하고 투명하게 하지 아니한 경우 | 제57조제11항 |
| 요양병원의 장이 의료기관 인증 신청을 하지 아니한 때 | 제58조의4제2항 |
| 인증, 조건부인증의 취소 시 다시 기간 내 인증 신청을 하지 아니한 경우 | 제58조의4제3항 |
| 100병상 이상의 병원급 의료기관에서 의료기관 회계기준을 지키지 아니한 때 | 제62조제2항 |

| 의료법 | 제64조(개설 허가 취소 등) |
|---|---|

① 보건복지부장관 또는 시장·군수·구청장은 의료기관이 다음 각 호의 어느 하나에 해당하면 그 의료업을 1년의 범위에서 정지시키거나 개설 허가의 취소 또는 의료기관 폐쇄를 명할 수 있다. 다만, 제8호에 해당하는 경우에는 의료기관 개설 허가의 취소 또는 의료기관 폐쇄를 명하여야 하며, 의료기관 폐쇄는 제33조제3항과 제35조제1항 본문에 따라 신고한 의료기관에만 명할 수 있다. <개정 2007. 7. 27., 2008. 2. 29., 2009. 1. 30., 2010. 1. 18., 2011. 8. 4., 2013. 8. 13., 2015. 12. 22., 2015. 12. 29., 2016. 5. 29., 2016. 12. 20., 2018. 8. 14., 2019. 4. 23., 2019. 8. 27., 2020. 3. 4., 2020. 12. 29.>

1. 개설 신고나 개설 허가를 한 날부터 3개월 이내에 정당한 사유 없이 업무를 시작하지 아니한 때

1의2. 제4조제2항을 위반하여 의료인이 다른 의료인 또는 의료법인 등의 명

의로 의료기관을 개설하거나 운영한 때

2. 제27조제5항을 위반하여 무자격자에게 의료행위를 하게 하거나 의료인에게 면허 사항 외의 의료행위를 하게 한 때

3. 제61조에 따른 관계 공무원의 직무 수행을 기피 또는 방해하거나 제59조 또는 제63조에 따른 명령을 위반한 때

4. 제33조제2항제3호부터 제5호까지의 규정에 따른 의료법인·비영리법인, 준정부기관·지방의료원 또는 한국보훈복지의료공단의 설립허가가 취소되거나 해산된 때

4의2. 제33조제2항을 위반하여 의료기관을 개설한 때

4의3. 제33조제8항을 위반하여 둘 이상의 의료기관을 개설·운영한 때

5. 제33조제5항·제7항·제9항·제10항, 제40조, 제40조의2 또는 제56조를 위반한 때. 다만, 의료기관 개설자 본인에게 책임이 없는 사유로 제33조제7항제4호를 위반한 때에는 그러하지 아니하다.

5의2. 정당한 사유 없이 제40조제1항에 따른 폐업·휴업 신고를 하지 아니하고 6개월 이상 의료업을 하지 아니한 때

6. 제63조에 따른 시정명령(제4조제5항 위반에 따른 시정명령을 제외한다)을 이행하지 아니한 때

7. 「약사법」 제24조제2항을 위반하여 담합행위를 한 때

8. 의료기관 개설자가 거짓으로 진료비를 청구하여 금고 이상의 형을 선고받고 그 형이 확정된 때

9. 제36조에 따른 준수사항을 위반하여 사람의 생명 또는 신체에 중대한 위해를 발생하게 한 때

② 제1항에 따라 개설 허가를 취소당하거나 폐쇄 명령을 받은 자는 그 취소된 날이나 폐쇄 명령을 받은 날부터 6개월 이내에, 의료업 정지처분을 받은 자는 그 업무 정지기간 중에 각각 의료기관을 개설·운영하지 못한다. 다만, 제1항제8호에 따라 의료기관 개설 허가를 취소당하거나 폐쇄 명령을 받은 자는 취소당한 날이나 폐쇄 명령을 받은 날부터 3년 안에는 의료기관을 개설·운영하지 못한다.

③ 보건복지부장관 또는 시장·군수·구청장은 의료기관이 제1항에 따라 그 의료업이 정지되거나 개설 허가의 취소 또는 폐쇄 명령을 받은 경우 해당 의료기관에 입원 중인 환자를 다른 의료기관으로 옮기도록 하는 등 환자의 권익을 보호하기 위하여 필요한 조치를 하여야 한다. <신설 2016. 12. 20.>

[시행일 : 2023. 3. 5.] 제64조제1항제5호

◇ 제64조제2항을 위반한 자(제82조제3항에서 준용하는 경우 포함) : 3년 이하의 징역이나 3천만원 이하의 벌금

△ 「약사법」 제24조제2항을 위반하여 담합행위를 한 의료기관

- 1차 위반 : 업무정지 1개월
- 2차 위반(1차 처분일부터 2년 이내에 다시 위반한 경우에만 해당한다) : 업무정지 3개월
- 3차 위반(2차 처분일부터 2년 이내에 다시 위반한 경우에만 해당한다) : 허가취소 또는 폐쇄

◇ 의료기관의 개설자가 거짓으로 진료비를 청구하여 금고 이상의 형을 선고받아 그 형이 확정된 의료기관 : 허가취소 또는 폐쇄

| 질의 내용 | 의료기관 허가 취소 또는 폐쇄 행정처분 |
|---|---|
| 해석 경향 | 의료법령을 위반하여 의료기관을 불법 개설하는 경우 해당 의료기관은 허가취소 또는 폐쇄됩니다. 나아가 의료법인·비영리법인, 준정부기관·지방의료원 또는 한국보훈복지의료공단의 설립허가가 취소되거나 해산된 때, 의료기관이 개설 신고나 개설 허가를 한 날부터 3개월 이내에 정당한 사유 없이 업무를 시작하지 아니한 때, 폐업한 뒤 신고하지 아니한 경우, 의료기관 개설자가 거짓으로 진료비를 청구하여 금고 이상의 형을 선고받고 그 형이 확정된 경우, 약사법을 위반하여 담합행위로 3차 위반한 경우에는 의료기관 허가취소 또는 폐쇄의 행정처분을 받을 수 있습니다. 다만, 제64조제1항에 따른 개설허가 취소나 의료기관 폐쇄 명령을 시행하기 전에는 반드시 제84조의 청문을 거쳐야 합니다. |

| 의료법 | 제65조(면허 취소와 재교부) |
|---|---|

제65조(면허 취소와 재교부) ①보건복지부장관은 의료인이 다음 각 호의 어느 하나에 해당할 경우에는 그 면허를 취소할 수 있다. 다만, 제1호의 경우에는 면허를 취소하여야 한다. <개정 2008. 2. 29., 2009. 1. 30., 2009. 12. 31., 2010. 1. 18., 2015. 12. 29., 2016. 5. 29., 2020. 3. 4., 2020. 12. 29.>

1. 제8조 각 호의 어느 하나에 해당하게 된 경우
2. 제66조에 따른 자격 정지 처분 기간 중에 의료행위를 하거나 3회 이상 자격 정지 처분을 받은 경우
3. 제11조제1항에 따른 면허 조건을 이행하지 아니한 경우
4. 제4조의3제1항을 위반하여 면허를 대여한 경우

5. 삭제 <2016. 12. 20.>
6. 제4조제6항을 위반하여 사람의 생명 또는 신체에 중대한 위해를 발생하게 한 경우
7. 제27조제5항을 위반하여 사람의 생명 또는 신체에 중대한 위해를 발생하게 할 우려가 있는 수술, 수혈, 전신마취를 의료인 아닌 자에게 하게 하거나 의료인에게 면허 사항 외로 하게 한 경우

② 보건복지부장관은 제1항에 따라 면허가 취소된 자라도 취소의 원인이 된 사유가 없어지거나 개전(改悛)의 정이 뚜렷하다고 인정되면 면허를 재교부할 수 있다. 다만, 제1항제3호에 따라 면허가 취소된 경우에는 취소된 날부터 1년 이내, 제1항제2호에 따라 면허가 취소된 경우에는 취소된 날부터 2년 이내, 제1항제4호·제6호·제7호 또는 제8조제4호에 따른 사유로 면허가 취소된 경우에는 취소된 날부터 3년 이내에는 재교부하지 못한다. <개정 2007. 7. 27., 2008. 2. 29., 2010. 1. 18., 2016. 5. 29., 2016. 12. 20., 2019. 8. 27., 2020. 12. 29.>

[ 면허취소 및 재교부 ]

| 위반 사항 | 관련 조항 | 재교부 금지 기간 |
|---|---|---|
| 조건부 면허자가 면허의 조건을 이행하지 아니한 때 | 제11조제1항 | 1년 |
| 자격 정지 처분 기간 중에 의료행위를 하거나 3회 이상 자격 정지 처분을 받은 경우 | 제66조 | 2년 |
| 일회용 주사기 등을 재사용하여 사람의 생명 또는 신체에 중대한 위해를 발생하게 한 경우 | 제4조제6항 | 3년 |
| 다른 사람에게 면허를 대여한 경우 | 제4조의3제1항 | 3년 |
| 의료인 결격사유에 해당 하게 된 때 | 제8조 | 3년 |
| 사람의 생명 또는 신체에 중대한 위해를 발생하게 할 우려가 있는 수술, 수혈, 전신마취를 의료인 아닌 자에게 하게 하거나 의료인에게 면허 사항 외로 하게 한 경우 | 제27조제5항 | 3년 |

| 질의 내용 | 의료인 면허취소 사유 |
|---|---|
| 해석 경향 | ① 의료법 제8조의 결격사유에 해당하게 된 때 ② 자격정지 기간 중에 의료행위를 하거나 3회 이상 자격정지처분을 받은 경우 ③ 조건부 면허에 대해 면허의 조건을 이행하지 아니한 경우 ④ 면허증을 대여한 경우 ⑤ 일회용 주사 의료용품을 재사용하여 사람의 생명 또는 신체에 중대한 위해를 발생하게 한 경우 ⑥ 의료인이 아닌 자에게 의료행위를 하게 하거나 의료인에게 면허 사항 외의 의료행위를 하게 한 경우 입니다. |

| 질의 내용 | 면허 취소 전 청문 |
|---|---|
| 해석 경향 | 보건복지부장관은 의료인이 의료법 제65조제1항에 해당되는 위반사항이 있을 경우, 의료인의 면허를 취소할 수 있습니다.<br>즉, 의료인의 결격사유에 해당된 때, 자격정지 기간 중 의료행위를 하거나 3회 이상 자격정지처분을 받은 때, 조건부 면허조건을 이행하지 아니한 때, 면허를 대여한 경우, 일회용 의료기기 재사용으로 사람의 생명 또는 신체에 중대한 위해를 발생하게 한 경우, 사람의 생명 또는 신체에 중대한 위해를 발생하게 할 우려가 있는 수술, 수혈, 전신마취를 의료인 아닌 자에게 하게 하거나 의료인에게 면허 사항 외로 하게 한 경우는 면허를 취소할 수 있습니다. 다만, 면허를 취소하기 전에 청문절차를 거쳐 당사자의 위반내용을 확인한 후 면허취소 처분을 진행할 수 있습니다. |

| 질의 내용 | 의료인 면허 재교부 |
|---|---|
| 해석 경향 | 의료인의 면허 재교부는 보건복지부장관이 해당 면허 취소의 원인이 된 사유가 없어지거나 개전의 정이 뚜렷하다고 인정되면 재교부 할 수 있으며, 면허취소 사유에 따라 재교부를 신청할 수 있는 기간도 상이한데 이를테면 '조건부 면허의 면허조건을 이행하지 아니하여 취소된 경우' 1년 이내, '자격정지 처분기간 중에 의료행위를 하거나 3회 이상 자격정지 처분을 받은 경우' 2년 이내, 면허증을 대여한 경우, 일회용 주사 의료용품을 재사용하여 사람의 생명 또는 신체에 중대한 위해를 발생하게 한 경우, 의료인 결격사유에 해당하여 면허가 취소 된 경우, 사람의 생명 또는 신체에 중대한 위해를 발생하게 할 우려가 있는 수술, 수혈, 전신마취를 의료인 아닌 자에게 하게 하거나 의료인에게 면허 사항 외로 하게 한 경우에는 3년 이내에는 면허 재교부 할 수 없도록 규정하고 있습니다. 재교부 신청에 대해 '의료인 행정처분심의위원회의 설치 및 운영에 관한 예규'(보건복지부 예규 제66호)에 따라 2020년부터 7인으로 구성된 '면허 재교부 소위원회의' 심사를 거쳐 재교부에 대한 가부가 결정되고 있습니다. |

<table>
<tr><td>의료법</td><td>제66조(자격정지 등)</td></tr>
</table>

① 보건복지부장관은 의료인이 다음 각 호의 어느 하나에 해당하면 1년의 범위에서 면허자격을 정지시킬 수 있다. 이 경우 의료기술과 관련한 판단이 필요한 사항에 관하여는 관계 전문가의 의견을 들어 결정할 수 있다. <개정 2008. 2. 29., 2009. 12. 31., 2010. 1. 18., 2010. 5. 27., 2011. 4. 7., 2011. 8. 4., 2016. 5. 29., 2016. 12. 20., 2019. 4. 23., 2019. 8. 27.>

1. 의료인의 품위를 심하게 손상시키는 행위를 한 때

2. 의료기관 개설자가 될 수 없는 자에게 고용되어 의료행위를 한 때

2의2. 제4조제6항을 위반한 때

3. 제17조제1항 및 제2항에 따른 진단서·검안서 또는 증명서를 거짓으로 작성하여 내주거나 제22조제1항에 따른 진료기록부등을 거짓으로 작성하거나 고의로 사실과 다르게 추가기재·수정한 때

4. 제20조를 위반한 경우

5. 삭제 <2020. 12. 29.>

6. 의료기사가 아닌 자에게 의료기사의 업무를 하게 하거나 의료기사에게 그 업무 범위를 벗어나게 한 때

7. 관련 서류를 위조·변조하거나 속임수 등 부정한 방법으로 진료비를 거짓 청구한 때

8. 삭제 <2011. 8. 4.>

9. 제23조의5를 위반하여 경제적 이익등을 제공받은 때

10. 그 밖에 이 법 또는 이 법에 따른 명령을 위반한 때

② 제1항제1호에 따른 행위의 범위는 대통령령으로 정한다.

③ 의료기관은 그 의료기관 개설자가 제1항제7호에 따라 자격정지 처분을 받은 경우에는 그 자격정지 기간 중 의료업을 할 수 없다. <개정 2010. 7. 23.>

④ 보건복지부장관은 의료인이 제25조에 따른 신고를 하지 아니한 때에는 신고할 때까지 면허의 효력을 정지할 수 있다. <신설 2011. 4. 28.>

⑤ 제1항제2호를 위반한 의료인이 자진하여 그 사실을 신고한 경우에는 제1항에도 불구하고 보건복지부령으로 정하는 바에 따라 그 처분을 감경하거나 면제할 수 있다. <신설 2012. 2. 1.>

⑥ 제1항에 따른 자격정지처분은 그 사유가 발생한 날부터 5년(제1항제5호·제7호에 따른 자격정지처분의 경우에는 7년으로 한다)이 지나면 하지 못한다. 다만, 그 사유에 대하여 「형사소송법」 제246조에 따른 공소가 제기된 경우에는 공소가 제기된 날부터 해당 사건의 재판이 확정된 날까지의 기간은 시효 기간에 산입하지 아니 한다. <신설 2016. 5. 29.>

| 의료법 시행령 | 제32조(의료인의 품위 손상 행위의 범위) |

① 법 제66조제2항에 따른 의료인의 품위 손상 행위의 범위는 다음 각 호와 같다. <개정 2015. 9. 15.>

1. 학문적으로 인정되지 아니하는 진료행위(조산 업무와 간호 업무를 포함한다. 이하 같다)

2. 비도덕적 진료행위

3. 거짓 또는 과대 광고행위

3의2. 「방송법」 제2조제1호에 따른 방송, 「신문 등의 진흥에 관한 법률」 제2조제1호·제2호에 따른 신문·인터넷신문, 「잡지 등 정기간행물의 진흥에 관한 법률」 제2조제1호에 따른 정기간행물 또는 제24조제1항 각 호의 인터넷 매체[이동통신단말장치에서 사용되는 애플리케이션(Application)을 포함한다]에서 다음 각 목의 건강·의학정보(의학, 치의학, 한의학, 조산학 및 간호학의 정보를 말한다. 이하 같다)에 대하여 거짓 또는 과장하여 제공하는 행위

가. 「식품위생법」 제2조제1호에 따른 식품에 대한 건강·의학정보

나. 「건강기능식품에 관한 법률」 제3조제1호에 따른 건강기능식품에 대한 건강·의학정보

다. 「약사법」 제2조제4호부터 제7호까지의 규정에 따른 의약품, 한약, 한약제제 또는 의약외품에 대한 건강·의학정보

라. 「의료기기법」 제2조제1항에 따른 의료기기에 대한 건강·의학정보

마. 「화장품법」 제2조제1호부터 제3호까지의 규정에 따른 화장품, 기능성화장품 또는 유기농화장품에 대한 건강·의학정보

4. 불필요한 검사·투약(投藥)·수술 등 지나친 진료행위를 하거나 부당하게 많은 진료비를 요구하는 행위

5. 전공의(專攻醫)의 선발 등 직무와 관련하여 부당하게 금품을 수수하는 행위

6. 다른 의료기관을 이용하려는 환자를 영리를 목적으로 자신이 종사하거나 개설한 의료기관으로 유인하거나 유인하게 하는 행위

7. 자신이 처방전을 발급하여 준 환자를 영리를 목적으로 특정 약국에 유치하기 위하여 약국개설자나 약국에 종사하는 자와 담합하는 행위

② 삭제 <2012. 4. 27.>

◇ 의료인이 의료법령을 위반할 경우 받을 수 있는 면허자격정지처분 등에 대해서는 「의료관계 행정처분 규칙」 [별표] 「행정처분기준(제4조 관련)」에서 구체적으로 처분내용을 규정하고 있다.

△ 제66조에 따른 자격정지처분기간 중에 의료행위를 하거나 3회 이상 자격정지 처분을 받은 경우 : 면허취소

△ 학문적으로 인정되지 아니하는 진료행위를 한 경우 : 자격정지 1개월

△ 비도덕적 진료행위를 한 경우

– 진료행위 중 「성폭력범죄의 처벌등에 관한 특례법」 제2조제1항제3호의 죄를 범한 경우 : 자격정지 12개월

– 「마약류 관리에 관한 법률」 제32조제1항을 위반하여 처방전에 따르지 아니하고 마약 또는 향정신성의약품을 투약 또는 제공한 경우 : 자격정지 3개월

– 「약사법」에 따른 허가나 신고를 받지 않은 의약품을 사용하거나, 변질·오염·손상되었거나 유효기한 또한 사용기한이 지난 의약품을 사용한 경우 : 자격정지 3개월

– 「형법」 제270조를 위반하여 낙태하게 한 경우 : 자격정지 1개월

– 그 밖의 비도덕적 진료행위를 한 경우 : 자격정지 1개월

◇ 불필요한 검사·투약·수술 등 과잉진료를 한 경우 : 경고

◇ 부당하게 많은 진료비를 요구한 경우

– 1차 위반 : 자격정지 1개월   – 2차 위반 : 자격정지 3개월

◇ 전공의 선발 등 직무와 관련하여 부당하게 금품을 수수한 경우 : 자격정지 2개월

△ 의료기관 개설자가 될 수 없는 자에게 고용되어 의료행위를 한 경우 : 자격정지 3개월

△ 의료기사가 아닌 자에게 의료기사의 업무를 하게 하거나 의료기사에게 그 업무의 범위를 벗어나게 한 경우 : 자격정지 15일

△ 관련 서류를 위조·변조하거나 속임수 등 부정한 방법으로 진료비를 거짓 청구한 경우 : 부표와 같음

| 질의 내용 | 의료인 등 면허 자격정지 행정처분 |
|---|---|
| 해석 경향 | 의료인, 의료기사 등의 면허 자격정지, 의료기관 업무정지처분은 '의료관계 행정처분 규칙'에 근거하여 시행되고 있습니다.<br>의료인의 자격정지 행정처분은 보건복지부 및 관할 지자체의 의료지도원의 정기 점검, 민원 발생 현장 확인 등을 통해 해당 의료인이나 의료기관의 위반사실을 확인 후 해당 의료인(의료기관)의 확인서를 받아 보건복지부에 행정처분을 의뢰하게 되며, 확인서 등을 접수한 보건복지부에서는 해당 위반 의료인에게 의견제출 사전 안내 등 행정처분사전 통지서를 발송하면서 의료인 행정처분 절차가 진행됩니다. |

| 질의 내용 | 행정청의 행정처분 재량 범위 |
|---|---|
| 판례 경향 | 제재적 행정처분이 사회통념상 재량권의 범위를 일탈하였거나 남용하였는지 여부는 처분사유로 된 위반행위의 내용과 당해 처분행위에 의하여 달성하려는 공익 목적 및 이에 따르는 제반 사정 등을 객관적으로 심리하여 공익 침해의 정도와 그 처분으로 인하여 개인이 입게 될 불이익을 비교·형량하여 판단하여야 한다. 이 경우 제재적 행정처분의 기준이 부령의 형식으로 규정되어 있더라도 그것은 행정청 내부의 사무처리준칙을 규정한 것에 지나지 않아 대외적으로 국민이나 법원을 기속하는 효력이 없으므로, 당해 처분의 적법 여부는 위 처분기준만이 아니라 관계 법령의 규정 내용과 취지에 따라 판단하여야 한다. 따라서 그 처분기준에 부합한다 하여 곧바로 당해 처분이 적법한 것이라고 할 수는 없지만, 위 처분기준이 그 자체로 헌법 또는 법률에 합치되지 않거나 그 기준을 적용한 결과가 치분사유인 위반행위의 내용 및 관계 법령의 규정과 취지에 비추어 현저히 부당하다고 인정할 만한 합리적인 이유가 없는 한, 섣불리 그 기준에 따른 처분이 재량권의 범위를 일탈하였다거나 재량권을 남용한 것이라고 판단해서는 안 된다(대법원 2007. 9. 20. 선고 2007두6946 판결 참조). 또한, 행정처분에 있어 수개의 처분사유 중 일부가 적법하지 않다고 하더라도 다른 처분사유로써 그 처분의 정당성이 인정되는 경우에는 그 처분을 위법하다고 할 수 없다(대법원 1997. 5. 9. 선고 96누1184 판결, 대법원 2004. 3. 25. 선고 2003두1264 판결 등 참조). |

| 질의 내용 | 국민건강보험법의 보험급여비용 징수 |
|---|---|
| 헌재 결정 | 국민건강보험법 제57조제1항은 "공단은 속임수나 그 밖의 부당한 방법으로 보험급여를 받은 사람이나 보험급여비용을 받은 요양기관에 대하여 그 보험급여나 보험급여비용에 상당하는 금액의 전부 또는 일부를 징수한다."라고 규정하여 그 문언상 일부 징수가 가능함을 명시하고 있다. 위 조항은 요양기관이 부당한 방법으로 급여비용을 지급청구하는 것을 방지함으로써 바람직한 급여체계의 유지를 통한 건강보험 및 의료급여 재정의 건전성을 확보하려는 데 입법 취지가 있다(헌재 2011. 6. 30. 선고 2010헌바375 전원재판부 결정 참조). |

| 질의 내용 | 행정처분의 승계 |
|---|---|
| 해석 경향 | 국민건강보험법 제98조제3항에 업무정지 처분의 효과는 그 처분이 확정된 요양기관을 양수한 자 또는 합병 후 존속하는 법인이나 합병으로 설립되는 법인에 승계되고, 업무정지 처분의 절차가 진행 중인 때에는 양수인 또는 합병 후 존속하는 법인이나 합병으로 설립되는 법인에 대하여 그 절차를 계속 진행할 수 있다. 다만, 양수인 또는 합병 후 존속하는 법인이나 합병으로 설립되는 법인이 그 처분 또는 위반사실을 알지 못하였음을 증명하는 경우에는 그러하지 아니하다. 또한 의료급여법 제28조제6항에 업무정지처분의 효과는 그 처분이 확정된 의료급여기관을 양수한 자 또는 합병 후 존속하는 법인이나 합병으로 설립된 법인에 승계되고, 업무정지처분의 절차가 진행 중인 때에는 양수인 또는 합병 후 존속하는 법인이나 합병으로 설립되는 법인에 대하여 그 절차를 계속 진행할 수 있다. 다만, 양수인 또는 합병 후 존속하는 법인이나 합병으로 설립되는 법인이 그 처분 또는 위반사실을 알지 못하였음을 증명하는 경우에는 그러하지 아니하다고 규정하고 있어 법인이나 개인이 요양기관 또는 의료급여기관을 양수한 경우, 양수자에게 업무정지처분이 승계되어 진행될 수 있습니다. 의료급여의 경우, 업무정지처분을 받았거나 업무정지처분 절차가 진행 중인 자는 행정처분을 받은 사실 또는 행정처분 절차가 진행 중인 사실을 양수인 또는 합병 후 존속하는 법인이나 합병으로 설립된 법인에 지체없이 알려야 하며, 그러하지 아니하는 자는 500만원 이하의 과태료 부과 대상이 될 수 있습니다. * 2020년 행정법원에서는 의료기관 양수인이 계약체결 당시 동 의료기관의 기존 행정처분에 대한 내용을 전혀 모르고 있었다는 사실이 증명되어 업무정지처분을 할 수 없다는 판결을 내린 바 있습니다. |

| 질의 내용 | 국민건강보험법 및 의료급여법상 업무정지처분의 판단 |
|---|---|
| 판례 경향 | 국민건강보험법(2016. 2. 3. 법률 제13985호로 개정되기 전의 것, 이하 '국민건강보험법'이라 한다)은 국민의 질병·부상에 대한 예방·진단·치료·재활과 출산·사망 및 건강증진에 대하여 보험급여를 실시함으로써 국민보건 향상과 사회보장 증진에 이바지함을 목적으로 제정된 법률이고, 의료급여법은 생활이 어려운 사람에게 의료급여를 함으로써 국민보건의 향상과 사회복지의 증진에 이바지함을 목적으로 제정된 법률로서 의료법 등 다른 개별 행정법률과는 그 입법 목적과 규율대상이 다르다(대법원 2019. 5. 30. 선고 2015두36485 판결 참조). 따라서 다른 개별 행정법률을 위반하여 요양급여·의료급여를 제공하고 급여비용을 수령한 것이 국민건강보험법 제57조제1항에서 부당이득징수의 대상으로, 국민건강보험법 제98조제1항 제1호, 의료급여법 제28조제1항 제1호에서 업무정지처분의 대상으로 각 정한 '속임수나 그 밖의 부당한 방법으로 급여비용을 받은 경우'에 해당하는지는 국민건강보험법·의료급여법과 다른 개별 행정법률의 입법 목적 및 규율대상의 차이를 염두에 두고 국민건강보험법령·의료급여법령상 급여기준의 내용과 취지 및 다른 개별 행정법률에 의한 제재수단 외에 국민건강보험법·의료급여법에 따른 부당이득징수 및 업무정지처분까지 하여야 할 필요성의 유무와 정도 등을 고려하여 판단하여야 한다(대법원 2019. 11. 28. 선고 2017두59284 판결 참조). |

| 질의 내용 | 의료기관의 개설자가 될 수 없는 자 요양급여 청구는 위법 |
|---|---|
| 판례 경향 | 의료기관의 개설자가 될 수 없는 자가 의사를 고용하여 의료기관을 개설한 후 그 고용된 의사로 하여금 진료행위를 하게 한 뒤 원고에게 요양급여대상에 포함되지 아니하는 요양급여비용을 청구하여 이를 지급받는 경우, 이는 보험자인 원고로 하여금 요양급여대상이 아닌 진료행위에 대하여 요양급여비용을 지급하도록 하는 손해를 발생시키는 행위로서, 국가가 헌법상 국민의 보건에 관한 보호의무를 실현하기 위하여 사회보험 원리에 기초하여 요양급여대상을 법정하고 이에 맞추어 보험재정을 형성한 국민건강보험 체계나 질서에 손상을 가하는 행위이므로 보험자에 대한 관계에서는 민법 제750조의 위법행위에 해당한다(대법원 2013. 3. 28. 선고 2009다78214 판결, 대법원 2013. 6. 13. 선고 2012다91262 판결 등 참조). |

| 질의 내용 | 사기죄의 주관적 구성요건 |
|---|---|
| 판례 경향 | 사기죄의 주관적 구성요건인 편취의 범의는 피고인이 자백하지 않는 이상 범행 전후의 피고인의 재력, 환경, 범행의 내용, 거래의 이행과정 등과 같은 객관적인 사정 등을 종합하여 판단할 수밖에 없고, 그 범의는 확정적인 고의가 아닌 미필적 고의로도 족하다(대법원 2008. 8. 21. 선고 2007도8726 판결, 대법원 2008. 9. 25. 선고 2008도5618 판결 등 참조). |

| 질의 내용 | 사기죄 성립 |
|---|---|
| 판례 경향 | 기망행위를 수단으로 한 권리행사의 경우 그 권리행사에 속하는 행위와 그 수단에 속하는 기망행위를 전체적으로 관찰하여 그와 같은 기망행위가 사회통념상 권리행사의 수단으로서 용인할 수 없는 정도라면 그 권리행사에 속하는 행위는 사기죄를 구성한다(대법원 2003. 6. 13. 선고 2002도6410 판결 등 참조). 또한 보험금을 지급받을 수 있는 사유가 있다 하더라도 이를 기화로 실제 지급받을 수 있는 보험금보다 다액의 보험금을 편취할 의사로 장기간의 입원 등을 통하여 과다한 보험금을 지급받는 경우에는 지급받은 보험금 전체에 대하여 사기죄가 성립한다(대법원 2007. 5. 11. 선고 2007도2134 판결 등 참조). |

| 질의 내용 | 건강보험심사평가원 직원들만이 행한 현지조사 처분은 부적법 |
|---|---|
| 판례 경향 | 국민건강보험법령, 의료급여법령 및 의료법 제61조제1항에서 의료기관 현지조사권한을 관계 공무원으로 규정하고 있어 보건복지부 소속 공무원이 보건복지부 장관 명의의 조사명령서와 요양급여 관계서류 제출요구서를 제시하는 것이 타당하며, 건강보험심사평가원 직원이 독자적으로 갖고 있는 보험(의료)급여비용의 심사·조정 및 의료급여 적정성 평가 등의 확인을 위해 필요한 자료를 요청하는 권한을 넘어선 현지조사 권한을 법령상으로 정하는 규정이 존재하지 않는다고 판시했다. 또한 보건복지부 소속 공무원이 현장에 없는 상황에서 관계서류 제출요구에 응하지 않았을 경우 이는 정당하고(대법원 판례) 따라서 보건복지부 공무원이 의료기관 현지조사에 참여함이 타당하며, 보건복지부 관계 공무원 포함 없이 조사권한이 없는 건강보험심사평가원 직원들만이 행한 현지조사는 적법하지 아니하다 판결(서울행정법원, 2020년 12월). |

| 질의 내용 | 의료인이 다른 의료인 면허로 개설·운영 요양급여비용 청구 |
|---|---|
| 판례 경향 | 의료법 제4조제2항은 '의사, 치과의사, 한의사 또는 조산사'(이하 '의료인'이라 한다)가 다른 의료인의 명의로 의료기관을 개설하거나 운영하는 행위를 제한하고 있으나, 이를 위반하여 개설·운영되는 의료기관도 의료기관 개설이 허용되는 의료인에 의하여 개설되었다는 점에서 제4조제2항이 준수된 경우와 본질적 차이가 있다고 볼 수 없다. 또한 의료인이 다른 의료인의 명의로 의료기관을 개설·운영하면서 실시한 요양급여도 국민건강보험법에서 정한 요양급여의 기준에 부합하지 않는 등의 다른 사정이 없는 한 정상적인 의료기관이 실시한 요양급여와 본질적인 차이가 있다고 단정하기 어렵다. 의료법이 의료인의 자격이 없는 일반인이 제33조제2항을 위반하여 의료기관을 개설한 경우와 달리, 제4조제2항을 위반하여 의료기관을 개설·운영하는 의료인에게 고용되어 의료행위를 한 자에 대하여 별도의 처벌규정을 두지 아니한 것도 이를 고려한 것으로 보인다. 따라서 의료인으로서 자격과 면허를 보유한 사람이 의료법에 따라 의료기관을 개설하여 건강보험의 가입자 또는 피부양자에게 국민건강보험법에서 정한 요양급여를 실시하고 국민건강보험공단으로부터 요양급여비용을 지급받았다면, 설령 그 의료기관이 다른 의료인의 명의로 개설·운영되어 의료법 제4조제2항을 위반하였더라도 그 자체만으로는 국민건강보험법상 요양급여비용을 청구할 수 있는 요양기관에서 제외되지 아니하므로, 달리 요양급여비용을 적법하게 지급받을 수 있는 자격 내지 요건이 흠결되지 않는 한 국민건강보험공단을 피해자로 하는 사기죄를 구성한다고 할 수 없다(대법원 2019. 5. 30. 선고 2019도1839 판결). |

| 질의 내용 | 요양급여비용 거짓청구 요양기관 공표 제도 |
|---|---|
| 해석 경향 | 보건복지부는 국민건강보험법 제100조(위반사실의 공표)에 따라 건강보험 요양급여비용을 거짓으로 청구한 요양기관의 명단을 보건복지부(www.mohw.go.kr), 건강보험심사평가원(www.hira.or.kr), 국민건강보험공단(www.nhis.or.kr) 홈페이지에 공표하고 있다. 건강보험 공표제도는 2008. 3. 28. 국민건강보험법 개정에 따라 도입되었으며, 공표 대상기관은 관련 서류 위·변조로 요양급여비용을 거짓 청구하여 행정처분을 받은 요양기관 중 「건강보험공표심의위원회」의 심의·의결을 거쳐 결정된다. 공표대상자에게는 공표대상임을 사전 통지하여 20일 동안 소명 기회를 부여하고, 제출된 소명 자료 또는 진술된 의견에 대하여 건강보험공표심의위원회의 재심의를 거쳐 최종 확정되어 공표하게 된다. |

| 질의 내용 | 국민건강보험공단 '부당청구 요양기관 신고 포상금 제도' 운영 |
|---|---|
| 해석 경향 | 국민건강보험공단은 다양한 형태로 이루어지고 있는 건강보험 부당청구를 근절하여 건강보험 재정누수를 예방하고자 2005년부터 부당청구 요양기관 신고 포상금 제도를 도입해 시행하고 있다.<br>일명 사무장병원 운영, 진료비 거짓, 과다 청구 등 불법행위를 공단 홈페이지, 모바일, 직접 방문, 우편을 통해 신고가 가능하며 내부종사자 등의 신고를 접수하여 신고포상심의위원회를 개최하여 포상금을 지급하고 있습니다. |

국민건강보험법
[시행 2021. 1. 1] [법률 제17758호, 2020. 12. 29, 타법개정]

제98조(업무정지) ① 보건복지부장관은 요양기관이 다음 각 호의 어느 하나에 해당하면 그 요양기관에 대하여 1년의 범위에서 기간을 정하여 업무정지를 명할 수 있다. <개정 2016. 2. 3.>

1. 속임수나 그 밖의 부당한 방법으로 보험자·가입자 및 피부양자에게 요양급여비용을 부담하게 한 경우
2. 제97조제2항에 따른 명령에 위반하거나 거짓 보고를 하거나 거짓 서류를 제출하거나, 소속 공무원의 검사 또는 질문을 거부·방해 또는 기피한 경우
3. 정당한 사유 없이 요양기관이 제41조의3제1항에 따른 결정을 신청하지 아니하고 속임수나 그 밖의 부당한 방법으로 행위·치료재료를 가입자 또는 피부양자에게 실시 또는 사용하고 비용을 부담시킨 경우

② 제1항에 따라 업무정지 처분을 받은 자는 해당 업무정지기간 중에는 요양급여를 하지 못한다.

③ 제1항에 따른 업무정지 처분의 효과는 그 처분이 확정된 요양기관을 양수한 자 또는 합병 후 존속하는 법인이나 합병으로 설립되는 법인에 승계되고, 업무정지 처분의 절차가 진행 중인 때에는 양수인 또는 합병 후 존속하는 법인이나 합병으로 설립되는 법인에 대하여 그 절차를 계속 진행할 수 있다. 다만, 양수인 또는 합병 후 존속하는 법인이나 합병으로 설립되는 법인이 그 처분 또는 위반사실을 알지 못하였음을 증명하는 경우에는 그러하지 아니하다.

④ 제1항에 따른 업무정지 처분을 받았거나 업무정지 처분의 절차가 진행 중인 자는 행정처분을 받은 사실 또는 행정처분절차가 진행 중인 사실을 보건복지부령으로 정하는 바에 따라 양수인 또는 합병 후 존속하는 법인이나 합병으로 설립되는 법인에 지체 없이 알려야 한다.

⑤ 제1항에 따른 업무정지를 부과하는 위반행위의 종류, 위반 정도 등에 따른 행정처분기준이나 그 밖에 필요한 사항은 대통령령으로 정한다.

제99조(과징금) ① 보건복지부장관은 요양기관이 제98조제1항제1호 또는 제3호에 해당하여 업무정지 처분을 하여야 하는 경우로서 그 업무정지 처분이 해당 요양기관을 이용하

는 사람에게 심한 불편을 주거나 보건복지부장관이 정하는 특별한 사유가 있다고 인정되면 업무정지 처분을 갈음하여 속임수나 그 밖의 부당한 방법으로 부담하게 한 금액의 5배 이하의 금액을 과징금으로 부과·징수할 수 있다. 이 경우 보건복지부장관은 12개월의 범위에서 분할납부를 하게 할 수 있다. <개정 2016. 2. 3.>

② 보건복지부장관은 제41조의2제3항에 따라 약제를 요양급여에서 적용 정지하는 경우 국민 건강에 심각한 위험을 초래할 것이 예상되는 등 특별한 사유가 있다고 인정되는 때에는 요양급여의 적용 정지에 갈음하여 대통령령으로 정하는 바에 따라 해당 약제에 대한 요양급여비용 총액의 100분의 60을 넘지 아니하는 범위에서 과징금을 부과·징수할 수 있다. 이 경우 보건복지부장관은 12개월의 범위에서 분할납부를 하게 할 수 있다. <신설 2014. 1. 1., 2018. 3. 27.>

③ 보건복지부장관은 제2항 전단에 따라 과징금 부과 대상이 된 약제가 과징금이 부과된 날부터 5년의 범위에서 대통령령으로 정하는 기간 내에 다시 제2항 전단에 따른 과징금 부과 대상이 되는 경우에는 대통령령으로 정하는 바에 따라 해당 약제에 대한 요양급여비용 총액의 100분의 100을 넘지 아니하는 범위에서 과징금을 부과·징수할 수 있다. <신설 2018. 3. 27.>

④ 제2항 및 제3항에 따라 대통령령으로 해당 약제에 대한 요양급여비용 총액을 정할 때에는 그 약제의 과거 요양급여 실적 등을 고려하여 1년간의 요양급여 총액을 넘지 않는 범위에서 정하여야 한다. <신설 2014. 1. 1., 2018. 3. 27.>

⑤ 보건복지부장관은 제1항에 따른 과징금을 납부하여야 할 자가 납부기한까지 이를 내지 아니하면 대통령령으로 정하는 절차에 따라 그 과징금 부과 처분을 취소하고 제98조제1항에 따른 업무정지 처분을 하거나 국세 체납처분의 예에 따라 이를 징수한다. 다만, 요양기관의 폐업 등으로 제98조제1항에 따른 업무정지 처분을 할 수 없으면 국세 체납처분의 예에 따라 징수한다. <개정 2016. 3. 22., 2018. 3. 27.>

⑥ 보건복지부장관은 제2항 또는 제3항에 따른 과징금을 납부하여야 할 자가 납부기한까지 이를 내지 아니하면 국세 체납처분의 예에 따라 징수한다. <신설 2016. 3. 22., 2018. 3. 27.>

⑦ 보건복지부장관은 과징금을 징수하기 위하여 필요하면 다음 각 호의 사항을 적은 문서로 관할 세무관서의 장 또는 지방자치단체의 장에게 과세정보의 제공을 요청할 수 있다. <개정 2014. 1. 1., 2016. 3. 22., 2018. 3. 27.>
1. 납세자의 인적사항
2. 사용 목적
3. 과징금 부과 사유 및 부과 기준

⑧ 제1항부터 제3항까지의 규정에 따라 징수한 과징금은 다음 각 호 외의 용도로는 사용할 수 없다. <개정 2014. 1. 1., 2016. 3. 22., 2018. 1. 16., 2018. 3. 27.>
1. 제47조제3항에 따라 공단이 요양급여비용으로 지급하는 자금
2. 「응급의료에 관한 법률」에 따른 응급의료기금의 지원
3. 「재난적의료비 지원에 관한 법률」에 따른 재난적의료비 지원사업에 대한 지원

⑨ 제1항부터 제3항까지의 규정에 따른 과징금의 금액과 그 납부에 필요한 사항 및 제8항

에 따른 과징금의 용도별 지원 규모, 사용 절차 등에 필요한 사항은 대통령령으로 정한다. <개정 2014. 1. 1., 2016. 3. 22., 2018. 3. 27.>

제100조(위반사실의 공표) ① 보건복지부장관은 관련 서류의 위조·변조로 요양급여비용을 거짓으로 청구하여 제98조 또는 제99조에 따른 행정처분을 받은 요양기관이 다음 각 호의 어느 하나에 해당하면 그 위반 행위, 처분 내용, 해당 요양기관의 명칭·주소 및 대표자 성명, 그 밖에 다른 요양기관과의 구별에 필요한 사항으로서 대통령령으로 정하는 사항을 공표할 수 있다. 이 경우 공표 여부를 결정할 때에는 그 위반행위의 동기, 정도, 횟수 및 결과 등을 고려하여야 한다.
  1. 거짓으로 청구한 금액이 1천 500만원 이상인 경우
  2. 요양급여비용 총액 중 거짓으로 청구한 금액의 비율이 100분의 20 이상인 경우
② 보건복지부장관은 제1항에 따른 공표 여부 등을 심의하기 위하여 건강보험공표심의위원회(이하 이 조에서 "공표심의위원회"라 한다)를 설치·운영한다.
③ 보건복지부장관은 공표심의위원회의 심의를 거친 공표대상자에게 공표대상자인 사실을 알려 소명자료를 제출하거나 출석하여 의견을 진술할 기회를 주어야 한다.
④ 보건복지부장관은 공표심의위원회가 제3항에 따라 제출된 소명자료 또는 진술된 의견을 고려하여 공표대상자를 재심의한 후 공표대상자를 선정한다.
⑤ 제1항부터 제4항까지에서 규정한 사항 외에 공표의 절차·방법, 공표심의위원회의 구성·운영 등에 필요한 사항은 대통령령으로 정한다.

---

| 의료법 | 제66조의2(중앙회의 자격정지 처분 요구 등) |

  각 중앙회의 장은 의료인이 제66조제1항제1호에 해당하는 경우에는 각 중앙회의 윤리위원회의 심의·의결을 거쳐 보건복지부장관에게 자격정지 처분을 요구할 수 있다. [본조신설 2011. 4. 28.]

| 의료법 시행령 | 제33조(중앙회의 자격정지 처분 요구) |

  법 제66조의2에 따른 자격정지 처분 요구는 윤리위원회의 회의 개최 일시 및 장소와 자격정지 처분 요구의 이유 및 근거 등을 기재한 서류를 보건복지부장관에게 제출하는 방식으로 한다. [전문개정 2012. 4. 27.]

◇ 각 중앙회장은 회원 중 '의료인으로서 품위를 심하게 손상시키는 행위'를 한 것으로 판단될 때에는 중앙회 윤리위원회의 심의·의결을 거쳐 그 결과에 따라 보건복지부장관에게 자격정지 처분을 요구하게 된다. 이는 각 중앙회 차원에서 회원들의 품위와 도덕성을 지키게 하는 긍정적 자정작용의 일환이라고 할 수 있다.

---

| 의료법 | 제67조(과징금 처분) |

  ① 보건복지부장관이나 시장·군수·구청장은 의료기관이 제64조제1항 각

호의 어느 하나에 해당할 때에는 대통령령으로 정하는 바에 따라 의료업 정지 처분을 갈음하여 10억 원 이하의 과징금을 부과할 수 있으며, 이 경우 과징금은 3회까지만 부과할 수 있다. 다만, 동일한 위반행위에 대하여 「표시·광고의 공정화에 관한 법률」 제9조에 따른 과징금 부과처분이 이루어진 경우에는 과징금(의료업 정지 처분을 포함한다)을 감경하여 부과하거나 부과하지 아니할 수 있다. <개정 2008. 2. 29., 2010. 1. 18., 2016. 5. 29., 2019. 8. 27.>

② 제1항에 따른 과징금을 부과하는 위반 행위의 종류와 정도 등에 따른 과징금의 액수와 그 밖에 필요한 사항은 대통령령으로 정한다.

③ 보건복지부장관이나 시장·군수·구청장은 제1항에 따른 과징금을 기한 안에 내지 아니한 때에는 지방세 체납처분의 예에 따라 징수한다. <개정 2008. 2. 29., 2010. 1. 18.>

| 의료법 시행령 | 제43조(과징금의 산정 기준) |
|---|---|

법 제67조에 따른 과징금의 금액은 위반행위의 종류와 위반 정도 등을 고려하여 보건복지부령으로 정하는 의료업 정지처분 기준에 따라 별표 1의2의 과징금 산정 기준을 적용하여 산정한다. <개정 2008. 2. 29., 2009. 4. 20., 2010. 3. 15., 2017. 6. 20

| 의료법 시행령 | 제44조(과징금의 부과·징수 절차) |
|---|---|

① 보건복지부장관, 시·도지사 또는 시장·군수·구청장은 법 제67조에 따라 과징금을 부과하려면 그 위반행위의 종류와 과징금의 금액을 서면으로 명시하여 이를 낼 것을 통지하여야 한다. <개정 2008. 2. 29., 2010. 3. 15.>

② 과징금의 징수 절차는 보건복지부령으로 정한다. <개정 2008. 2. 29., 2010. 3. 15.>

| 의료법 시행령 | 제79조(과징금의 징수 절차) |
|---|---|

영 제44조제2항에 따른 과징금의 징수 절차에 관하여는 「국고금관리법 시행규칙」을 준용한다. 이 경우 납입고지서에는 이의 제기 방법 및 이의 제기 기간을 함께 적어 넣어야 한다. <개정 2008. 9. 5.> [제목개정 2008. 9. 5.]

| 의료법 시행규칙 | 제79조(과징금의 징수 절차) |
|---|---|

영 제44조제2항에 따른 과징금의 징수 절차에 관하여는 「국고금관리법 시행규칙」을 준용한다. 이 경우 납입고지서에는 이의 제기 방법 및 이의 제기 기간을 함께 적어 넣어야 한다. <개정 2008. 9. 5.> [제목개정 2008. 9. 5.]

| 의료법 시행령 | 제44조의2(규제의 재검토) |
|---|---|

① 보건복지부장관은 다음 각 호의 사항에 대하여 다음 각 호의 기준일을

기준으로 3년마다(매 3년이 되는 해의 기준일과 같은 날 전까지를 말한다) 그 타당성을 검토하여 개선 등의 조치를 하여야 한다. <개정 2014. 12. 9., 2015. 9. 15., 2017. 6. 20.>

1. 세43조 및 별표 1의2에 따른 과징금 산정 기준: 2014년 1월 1일

2. 제45조 및 별표 2에 따른 과태료의 부과기준: 2014년 1월 1일

② 보건복지부장관은 제23조에 따른 의료광고 금지기준에 대하여 2015년 1월 1일을 기준으로 2년마다(매 2년이 되는 해의 1월 1일 전까지를 말한다) 그 타당성을 검토하여 개선 등의 조치를 하여야 한다. <신설 2014. 12. 9.>

[본조신설 2013. 12. 30.]

| 의료법 시행규칙 | 제79조의2(규제의 재검토) |

① 보건복지부장관은 다음 각 호의 사항에 대하여 다음 각 호의 기준일을 기준으로 3년마다(매 3년이 되는 해의 기준일과 같은 날 전까지를 말한다) 그 타당성을 검토하여 개선 등의 조치를 하여야 한다. <개정 2015. 1. 5., 2015. 5. 29., 2017. 6. 21.>

1. 제4조에 따른 면허증 발급: 2016년 1월 1일

1의2. 제16조의3 및 별표 2의3에 따른 허용되는 경제적 이익등의 범위: 2014년 1월 1일

2. 삭제 <2017. 6. 21.>

3. 삭제 <2017. 6. 21.>

4. 제29조에 따른 원격의료의 시설 및 장비: 2014년 1월 1일

5. 제32조에 따른 부속 의료기관의 개설 특례: 2014년 1월 1일

6. 제60조에 따른 부대사업: 2014년 1월 1일

7. 제75조에 따른 한지 의료인의 허가지역 변경: 2014년 1월 1일

② 보건복지부장관은 다음 각 호의 사항에 대하여 다음 각 호의 기준일을 기준으로 2년마다(매 2년이 되는 해의 기준일과 같은 날 전까지를 말한다) 그 타당성을 검토하여 개선 등의 조치를 하여야 한다. <신설 2015. 1. 5., 2016. 12. 29., 2018. 12. 28.>

1. 제13조의3에 따른 기록 열람 등의 요건: 2015년 1월 1일

2. 제17조에 따른 의료인의 실태 등의 신고 및 보고: 2015년 1월 1일

3. 제18조에 따라 외국면허 소지자에게 허용되는 의료행위: 2015년 1월 1일

4. 제34조, 별표 3 및 별표 4에 따른 의료기관의 시설기준 및 규격: 2015년 1월 1일

5. 제38조, 별표 5 및 별표 5의2에 따른 의료인 등의 정원: 2015년 1월 1일

6. 제47조에 따른 의료광고 심의 신청 시 제출서류: 2015년 1월 1일

[본조신설 2013. 12. 31.]

■ 의료법 시행령 [별표 1의2] <개정 2020. 2. 25.>

## 과징금 산정 기준(제43조 관련)

1. 일반기준
가. 의료업 정지 1개월은 30일을 기준으로 한다.
나. 위반행위 종별에 따른 과징금의 금액은 의료업 정지기간에 라목에 따라 산정한 1일당 과징금 금액을 곱한 금액으로 한다.
다. 나목의 의료업 정지기간은 법 제68조에 따라 산정된 기간(가중 또는 감경을 한 경우에는 그에 따라 가중 또는 감경된 기간을 말한다)을 말한다.
라. 1일당 과징금의 금액은 위반행위를 한 의료기관의 연간 총수입액을 기준으로 제2호의 표에 따라 산정한다.
마. 과징금 부과의 기준이 되는 총수입액은 의료기관 개설자에 따라 다음과 같이 구분하여 산정한 금액을 기준으로 한다. 다만, 신규 개설, 휴업 또는 재개업 등으로 1년간의 총수 입액을 산출할 수 없거나 1년간의 총수입액을 기준으로 하는 것이 불합리하다고 인정되는 경우에는 분기별, 월별 또는 일별 수입금액을 기준으로 산출 또는 조정한다.
 1) 의료인인 경우에는 「소득세법」 제24조에 따른 처분일이 속하는 연도의 전년도의 의료 업에서 생기는 총수입금액
 2) 의료법인, 「민법」이나 다른 법률에 따라 설립된 비영리법인인 경우에는 「법인세법 시행령」 제11조제1호에 따른 처분일이 속하는 연도의 전년도의 의료업에서 생기는 총수입금액
 3) 법 제35조에 따른 부속 의료기관인 경우에는 처분일이 속하는 연도의 전년도의 의료기 관 개설자의 의료업에서 생기는 총수입금액
바. 나목에도 불구하고 과징금 산정금액이 10억 원을 넘는 경우에는 10억 원으로 한다.

2. 과징금 부과 기준

| 등급 | 연간 총수입액 (단위 : 100만원) | | | 1일당 과징금 금액 (단위 : 원) |
|---|---|---|---|---|
| 1 | 50 이하 | | | 18,000 |
| 2 | 50 초과 | ~ | 100 이하 | 55,000 |
| 3 | 100 초과 | ~ | 200 이하 | 164,000 |
| 4 | 200 초과 | ~ | 300 이하 | 273,000 |
| 5 | 300 초과 | ~ | 400 이하 | 383,000 |
| 6 | 400 초과 | ~ | 500 이하 | 493,000 |
| 7 | 500 초과 | ~ | 600 이하 | 892,000 |
| 8 | 600 초과 | ~ | 700 이하 | 1,054,000 |
| 9 | 700 초과 | ~ | 800 이하 | 1,216,000 |
| 10 | 800 초과 | ~ | 900 이하 | 1,378,000 |
| 11 | 900 초과 | ~ | 1,000 이하 | 1,540,000 |
| 12 | 1,000 초과 | ~ | 2,000 이하 | 2,042,000 |
| 13 | 2,000 초과 | ~ | 3,000 이하 | 3,404,000 |
| 14 | 3,000 초과 | ~ | 4,000 이하 | 4,765,000 |
| 15 | 4,000 초과 | ~ | 5,000 이하 | 6,127,000 |
| 16 | 5,000 초과 | ~ | 6,000 이하 | 6,151,000 |
| 17 | 6,000 초과 | ~ | 7,000 이하 | 7,141,000 |
| 18 | 7,000 초과 | ~ | 8,000 이하 | 8,239,000 |
| 19 | 8,000 초과 | ~ | 9,000 이하 | 9,338,000 |
| 20 | 9,000 초과 | ~ | 10,000 이하 | 9,887,000 |

| 21 | 10,000 초과 | ~ | 20,000 이하 | 10,027,000 | |
| 22 | 20,000 초과 | ~ | 30,000 이하 | 19,068,000 | |
| 23 | 30,000 초과 | | | 23,836,000 | |

◇ 과징금제도는 행정법상의 의무를 위반한 경우에 이를 제재하기 위한 금전적인 벌로써 주로 행성상의 의무를 위반하여 부당한 이득을 챙겼거나 챙기려 한 경우에 부당한 이익을 환수하는 등 불이익을 주어 다시는 같은 일이 발생하지 않도록 하기 위해 징수하는 제도이다. 따라서 의료관계법령을 위반하여 의료법 정지처분을 하는 경우 해당 처분으로 인하여 국민보건에 큰 위해를 가져오거나 가져올 우려가 있는 경우를 방지하기 위해 그 정지 기간에 해당하는 행정처분을 과징금으로 대체할 수 있도록 함으로써 의료기관이 진료를 계속하도록 하여 국민들의 의료기관 이용에 제약이 없도록 하는 데 그 취지가 있다 할 수 있다.

| 의료법 | 제68조(행정처분의 기준) |
| --- | --- |

제63조, 제64조제1항, 제65조제1항, 제66조제1항에 따른 행정처분의 세부적인 기준은 보건복지부령으로 정한다. <개정 2008. 2. 29., 2010. 1. 18.>

◇ 행정 처분이라 함은 행정청이 행하는 구체적 사실에 관한 법 집행으로서의 공권력의 행사 또는 그 거부와 그밖에 이에 준하는 행정작용을 말한다(행정심판법 제2조, 행정소송법제2조). 행정청이 법에 의거하여 사인에 대한 구체적인 사실에 관해 권리의 설정 또는 의무의 부과를 명하거나, 기타 법률상의 효력을 발생하게 하는 행위를 말하며, 여기서는 주로 의료인 등의 경고, 자격정지, 면허취소, 의료기관 등의 시정명령, 업무정지, 허가 취소 등의 행정처분을 말한다.

의료법 및 의료기사 등에 관한 법률을 위반한 의료인·간호조무사·의료유사업자·의료기사·보건의료정보관리사 및 안경사와 의료기관·치과기공소·안경업소·접골시술소 및 침구시술소에 대한 행정처분을 할 때에는 보건복지부령 「의료관계 행정처분 규칙」 [별표] 행정처분 기준(4조 관련)에서 정하는 바에 따른다.

◇ 행정처분의 진행 절차를 보면, 의료인이나 의료기관이 의료법령을 위반할 경우, 보통 관할 지자체에서 현장에 나와 사실관계를 확인하고 관련자로 하여금 확인서를 받은 후 위반사항에 대한 증거서류를 작성하여 처분청에 의료법령 위반사실 등을 통보하여 행정처분 의뢰를 하게 된다. 이를 접수한 처분청에서는 행정처분사전 안내를 통해 처분대상자로 하여금 의견 제출을 받게 되며, 이를 검토한 후 행정처분을 진행하게 된다. 이때 행정처분 대상자 입장에서는 적극적으로 의견을 제출하여 상호 납득할 수 있어야 하며, 처분서를 받은 이후에 이유 없는 처분이라 생각될 때에는 다른 구제방법으로 행정심판이나 행정소송을 통해 권리를 구제 받을 수도 있을 것이다. 다만, 저자의 입장으로는 이러한 행정처분 사전 의견제출 안내를 받게 될 경우, 혹시 나중 교육적인 측면에서라도 위법과 관련된 정확한 상황파악을 위한 담당공무원과의 면담을 권하고 싶다. 따라서 처분사전 의견제출 안내를 받으면 처분청 담당자와 전화 통화하

여 방문일정을 잡아 담당공무원으로부터 처분의 불가피한 위법 상황 등을 들어 보고 민원인의 입장에서 설명을 한 후 이후 처분서가 통보되어 오면 종합하여 소송 등을 진행할 것인지를 판단하는 것이 가장 현실적이며 현명한 방법이라 생각하고 있다.

[ 의료법령 위반 시 주요 행정 처분 ]

| 위반 내용 | 행정처분 |
|---|---|
| ○ 제4조의3제1항을 위반하여 면허증을 빌려준 경우 | 면허 취소 |
| ○ 제4조제6항을 위반하여 일회용 주사 의료용품을 한번 사용한 후 다시 사용하여 사람의 생명 또는 신체에 중대한 위해를 발생하게 한 경우 | 면허 취소 |
| ○ 제8조 각 호의 어느 하나의 결격사유에 해당 된 경우 | 면허 취소 |
| ○ 제66조에 따른 자격정지 처분기간 중에 의료행위를 하거나 3회 이상 자격정지처분을 받은 경우 | 면허 취소 |
| ○ 제11조제1항에 따른 면허의 조건을 이행하지 아니한 경우 | 면허취소 |
| ○ 제27조제5항을 위반하여 사람의 생명 또는 신체에 중대한 위해를 발생하게 할 우려가 있는 수술, 수혈, 전신마취를 의료인 아닌 자에게 하게 하거나 의료인에게 면허 사항 외로 하게 한 경우 | 면허취소 |
| ○ 제4조제6항을 위반하여 일회용 주사 의료용품을 한번 사용한 후 다시 사용한 경우 | 자격정지 6개월 |
| ○ 제24조의2제1항 및 제2항에 따라 환자의 동의를 받은 수술 등에 참여하는 주된 의사, 치과의사 또는 한의사를 변경하면서 같은법 제4항에 따라 환자에게 서면으로 알리지 않은 경우 | 자격정지 6개월 |
| ○ 제17조제1항 또는 제2항에 따른 진단서·검안서 또는 증명서를 거짓으로 작성하여 발급한 경우 | 자격정지 3개월 |
| ○ 제20조를 위반하여 태아의 성 감별 행위 등을 한 경우 | 자격정지 3개월 |
| ○ 제27조제1항을 위반하여 의료인이 아닌 자로 하여금 의료행위를 하게 하거나 의료인이 면허된 것 외의 의료행위를 한 경우 | 자격정지 3개월 |
| ○ 제33조제1항을 위반하여 의료기관 개설과 관련하여 위반한 경우 | 자격정지 3개월 |
| ○ 비도덕적 진료행위를 한 경우<br>가) 진료행위 중 「성폭력범죄의 처벌등에 관한 특례법」 제2조제1항 제3호의 죄를 범한 경우 | 자격정지 12개월 |
| 나) 「마약류 관리에 관한 법률」 제32조제1항을 위반하여 처방전에 따르지 아니하고 마약 또는 향정신성 의약품을 투약 또는 제공한 경우 | 자격정지 3개월 |
| 다) 「약사법」에 따른 허가나 신고를 받지 않은 의약품을 사용하거나 변질·오염·손상되었거나 유효기한 또는 사용기한이 지난 의약품을 사용한 경우 | 자격정지 3개월 |
| 라) 형법 「제270조」를 위반하여 낙태하게 한 경우 | 자격정지 1개월 |
| 마) 그 밖의 비도덕적 진료행위를 한 경우 | 자격정지 1개월 |
| ○ 의료기관의 개설자가 될 수 없는 자에게 고용되어 의료행위를 한 경우 | 자격정지 3개월 |
| ○ 부당하게 많은 진료비를 요구한 경우 | 1차위반 1개월<br>2차위반 3개월 |

| | |
|---|---|
| ○제27조제3항을 위반하여 영리를 목적으로 환자를 의료기관이니 의료인에게 소개·알선 그 밖에 유인하거나 이를 사주하는 행위를 한 경우 | 자격정지 2개월 |
| ○제15조를 위반하여 정당한 사유 없이 진료 또는 조산의 요청을 거부하거나 응급환자에 대한 응급조치를 하지 아니한 경우 | 자격정지 1개월 |
| ○제17조제3항 또는 제4항을 위반하여 정당한 이유 없이 진단서·검안서 또는 증명서의 발급요구를 거절한 경우 | 자격징지 1개월 |
| ○제22조를 위반하여 진료기록부 등을 거짓으로 작성하거나 고의로 사실과 다르게 추가기재·수정한 경우 또는 진료기록부등을 보존하지 아니한 경우 | 자격정지 1개월 |
| ○학문적으로 인정되지 아니하는 진료행위를 한 경우 | 자격정지 1개월 |
| ○의료기사가 아닌자에게 의료기사의 업무를 하게 하거나 의료기사에게 그 업무의 범위를 벗어나게 한 경우 | 자격정지 15일 |
| ○제77조제2항을 위반하여 전문의의 자격인정을 받지 아니한 자가 전문과목을 표시한 경우 | 경고 |
| ○제33조제2항제3호부터 제5호까지의 규정에 따라 의료기관을 개설한 의료법인·비영리법인·준정부기관·지방의료원 또는 한국보훈복지의료공단이 그 설립허가가 취소되거나 해산된 경우 | 허가취소 또는 폐쇄 |
| ○제33조제3항 및 제4항에 따른 의료기관의 개설신고 또는 개설허가를 한 날부터 3개월 이내에 정당한 사유 없이 그 업무를 시작하지 아니한 경우 | 허가취소 또는 폐쇄 |
| ○제40조제1항을 위반하여 폐업한 뒤 신고하지 아니한 경우 | 허가취소 또는 폐쇄 |
| ○의료기관의 개설자가 거짓으로 진료비를 청구하여 금고 이상의 형을 선고받아 그 형이 확정된 경우 | 허가취소 또는 폐쇄 |
| ○제61조에 따른 보고명령을 이행하지 않거나 관계 공무원의 검사 등을 거부한 경우<br> - 제33조제2항·제10항 위반 여부에 관한 조사임을 명시한 경우 | 업무정지 6개월 |
| ○제27조제1항을 위반하여 의료인이나 의료기관 종사자가 무자격자에게 의료행위를 하게 하거나 의료인에게 면허사항 외의 의료행위를 하게 한 경우 | 업무정지 3개월 |
| ○제56조제3항(제56조제2항제7호를 포함한다)을 위반하여 거짓된 내용의 광고를 한 경우 | 업무정지 2개월 |
| ○제56조제3항(제56조제2항제7호를 포함한다)을 위반하여 과장된 내용의 광고를 한 경우 | 업무정지 1개월 |
| ○제56조제4항을 위반하여 의료광고를 한 경우 | 업무정지 1개월 |
| ○제59조에 따른 명령을 이행하지 아니하거나 정당한 사유 없이 그 명령을 거부한 경우 | 업무정지 15일 |
| ○제63조에 따른 명령을 위반하거나 그 명령을 이행하지 아니한 경우 | 업무정지 15일 |

| 질의 내용 | 행정처분 시효 |
|---|---|
| 해석 경향 | 의료법 제66조제6항에 따라 '제1항에 따른 자격정지처분은 그 사유가 발생한 날부터 5년(제1항제5호·제7호에 따른 자격정지처분의 경우에는 7년으로 한다)이 지나면 하지 못한다. 다만, 그 사유에 대하여 「형사소송법」 제246조에 따른 공소가 제기된 경우에는 공소가 제기된 날부터 해당 사건의 재판이 확정된 날까지의 기간은 시효기간에 산입하지 아니한다'고 규정하고 있습니다. |

| 질의 내용 | 형사처벌과 행정처분의 이유 |
|---|---|
| 판례 경향 | 의료법 위반행위에 대한 형사처벌과 의사면허의 취소는 그 보호법익과 목적을 달리하는 것이어서 의료법 위반으로 형사처벌을 받은 사람에 대하여 다시 의사면허취소처분을 하더라도 이를 이중처벌이라고 할 수 없고, 원고들에 대한 형사판결이 다른 사람들과의 형평성을 상실한 것으로서 부당하다는 등의 사유는 의사면허취소처분의 당부를 다투는 이 사건에서 적법한 상고이유가 될 수 없다(대법원 2007. 11. 30. 선고 2007두10051 판결). |

| 질의 내용 | 행정처분의 재량권의 범위 |
|---|---|
| 판례 경향 | 제재적 행정처분이 사회통념상 재량권의 범위를 일탈하였거나 남용하였는지 여부는 처분사유로 된 위반행위의 내용과 당해 처분행위에 의하여 달성하려는 공익목적 및 이에 따르는 제반 사정 등을 객관적으로 심리하여 공익 침해의 정도와 그 처분으로 개인이 입게 될 불이익을 비교·형량하여 판단하여야 한다(대법원 2007. 7. 19. 선고 2006두19297 전원합의체 판결 참조). |

| 질의 내용 | 법률의 위임 및 죄형법정주의 원칙 |
|---|---|
| 판례 경향 | 법률의 시행령은 모법인 법률의 위임 없이 법률이 규정한 개인의 권리·의무에 관한 내용을 변경·보충하거나 법률에서 규정하지 아니한 새로운 내용을 규정할 수 없고, 특히 법률의 시행령이 형사처벌에 관한 사항을 규정하면서 법률의 명시적인 위임 범위를 벗어나 그 처벌의 대상을 확장하는 것은 죄형법정주의의 원칙에도 어긋나는 것이므로, 그러한 시행령은 위임입법의 한계를 벗어난 것으로서 무효이다(대법원 1998. 10. 15. 선고 98도1759 전원합의체 판결, 대법원 1999. 2. 11. 선고 98도2816 전원합의체 판결 참조). |

| 질의 내용 | 재량권 불행사도 재량권 일탈·남용 |
|---|---|
| 판례 경향 | 처분의 근거 법령이 행정청에 처분의 요건과 효과 판단에 일정한 재량을 부여하였는데도, 행정청이 자신에게 재량권이 없다고 오인한 나머지 처분으로 달성하려는 공익과 그로써 처분상대방이 입게 되는 불이익의 내용과 정도를 전혀 비교형량하지 않은 채 처분을 하였다면, 이는 재량권 불행사로서 그 자체로 재량권 일탈·남용으로 해당 처분을 취소하여야 할 위법사유가 된다(대법원 2016. 8. 29. 선고 2014두45956 판결, 대법원 2019. 7. 11. 선고 2017두38874 판결 등 참조). |

| 질의 내용 | 행정처분의 재량권 및 재량권 일탈·남용 |
|---|---|
| 판례 경향 | 행정목적을 달성하기 위한 수단은 그 목적달성에 유효·적절하고, 또한 가능한 한 최소 침해를 가져오는 것이어야 하며, 아울러 그 수단의 도입으로 인한 침해가 의도하는 공익을 능가하여서는 안 된다(대법원 1997. 9. 26. 선고 96누10096 판결 참조).<br>특히 처분상대방의 의무위반을 이유로 한 제재처분의 경우 의무위반의 내용과 제재처분의 양정(양정) 사이에 엄밀하게는 아니더라도 전체적으로 보아 비례 관계가 인정되어야 하며, 의무위반의 내용에 비하여 제재처분이 과중하여 사회통념상 현저하게 타당성을 잃은 경우에는 재량권 일탈·남용에 해당하여 위법하다고 보아야 한다(대법원 2019. 9. 9. 선고 2018두48298 판결 등 참조). |

| 질의 내용 | 행정심판 |
|---|---|
| 해석 경향 | 행정심판이란 행정청의 위법·부당한 처분 그 밖에 공권력의 행사·불 행사 등으로 권리나 이익을 침해 받은 국민이 행정기관에 제기하는 권리구제 절차로, 행정처분이 있음을 안 날부터 90일 이내, 처분이 있음을 모르는 경우라 하더라도 처분이 있는 날부터 180일 이내에 행정심판 청구서, 집행정지 신청서를 작성하여 처분청(처분을 한 행정기관)이나 소관 행정심판위원회로 제출하면 됩니다. 그 절차를 보면, 1.청구서, 집행정지 신청서 제출 2. 행정청 답변서 송달 3. 청구인 보충서면 제출 4. 심리기일 안내 5. 구술심리안내 6. 재결서 송부 순으로 진행되며, 행정심판위원회의 심리·재결에 따른 재결서는 재결일로부터 약 1~2주 후 청구인에게 송달되며, 행정심판의 효력은 재결서가 송달되어야 발생합니다.<br>행정심판청구는 행정청을 피청구인으로 하여 제기하며 엄격한 형식을 요구하지 아니하므로 본인이 직접 행정심판청구서를 작성하여 심판을 청구할 수도 있으며, 법무법인을 통해 행정심판과 행정소송을 따로 진행할 수도 있습니다. |

| 질의 내용 | 행정소송 |
|---|---|
| 해석 경향 | 행정소송은 행정청의 위법한 행정처분을 법원에서 정식으로 다투는 소송절차로 법률에 특별한 규정이 없는 한 처분을 행한 행정청을 피고로 하여 제기하여야 합니다. 주로 행정소송으로 행정청의 위법한 처분을 취소 또는 변경하는 면허취소·정지처분에 대한 취소소송, 업무정지처분에 대한 취소소송 등을 들 수 있으며, 행정소송의 1심법원은 행정법원(독립된 행정법원이 없는 경우 관할지방법원 행정부)이며, 1심 판결에 불복할 시 고등법원, 대법원에 항소, 상고가 가능합니다. 행정소송에서 행정청의 처분이 부당하며 원고의 청구가 이유 있다고 인정되면 행정처분을 취소하는 판결을 하게 됩니다. |

| 질의 내용 | 집행정지 |
|---|---|
| 해석 경향 | 집행정지는 행정소송을 제기한 경우, 본안 판결의 실효성을 확보하고 권리구제를 도모하기 위한 구제제도의 하나로 행정정의 당초 처분이나 집행 또는 절차의 속행으로 인하여 발생할 회복하기 어려운 손해를 예방하기 위하여 긴급하다고 인정할 때에는 당사자의 신청 또는 직권에 의하여 처분의 효력이나 그 집행 또는 절차의 속행의 전부 또는 일부의 정지를 결정하는 재판을 말합니다. 다만, 집행정지는 공공복리에 중대한 영향을 미칠 우려가 있을 때에는 허용되지 않으며, 집행정지의 결정을 한 후에 공공복리에 중대한 영향을 미치거나, 그 정지사유가 없어진 때에는 집행정지의 결정을 취소할 수 있습니다. 집행정지의 결정을 신청함에 있어서는 그 이유에 대한 소명이 있어야 합니다. |

| 질의 내용 | 집행정지 요건 |
|---|---|
| 판례 경향 | 행정소송법 제23조제2항에서 정하고 있는 집행정지 요건인 '회복하기 어려운 손해'란 특별한 사정이 없는 한 금전으로 보상할 수 없는 손해로서 이는 금전보상이 불능인 경우 내지는 금전보상으로는 사회관념상 행정처분을 받은 당사자가 참고 견딜 수 없거나 또는 참고 견디기가 현저히 곤란한 경우의 유형, 무형의 손해를 일컫는다 할 것이고, '처분 등이나 그 집행 또는 절차의 속행으로 인하여 생길 회복하기 어려운 손해를 예방하기 위하여 긴급한 필요'가 있는지 여부는 처분의 성질과 태양 및 내용, 처분상대방이 입는 손해의 성질·내용 및 정도, 원상회복·금전배상의 방법 및 난이 등은 물론 본안청구의 승소가능성의 정도 등을 종합적으로 고려하여 구체적·개별적으로 판단하여야 한다(대법원 2010. 5. 14.자 2010무48 결정 참조). |

| 의료법 | 제69조(의료지도원) |
|---|---|
| | ① 제61조에 따른 관계 공무원의 직무를 행하게 하기 위하여 보건복지부, 시·도 및 시·군·구에 의료지도원을 둔다. <개정 2008. 2. 29., 2010. 1. 18.> |
| | ② 의료지도원은 보건복지부장관, 시·도지사 또는 시장·군수·구청장이 그 소속 공무원 중에서 임명하되, 자격과 임명 등에 필요한 사항은 보건복지부령으로 정한다. <개정 2008. 2. 29., 2010. 1. 18.> |
| | ③ 의료지도원 및 그 밖의 공무원은 직무를 통하여 알게 된 의료기관, 의료인, 환자의 비밀을 누설하지 못한다. |
| 의료법 시행규칙 | 제65조(의료지도원의 자격) |
| | 법 제69조제2항에 따라 보건복지부장관, 시·도지사 또는 시장·군수·구청장이 의료지도원을 임명하려는 경우에는 다음 각 호의 어느 하나에 해당하는 자 중에서 하여야 한다. <개정 2010. 3. 19.><br>1. 의료인 면허를 가진 자<br>2. 의료 관계 업무에 관한 지식과 경험이 풍부한 자 |
| 의료법 시행규칙 | 제66조(의료지도원의 담당 구역) |
| | ① 보건복지부 소속 의료지도원의 담당 구역은 전국으로 한다.<개정 2010. 3. 19.><br>② 시·도 또는 시·군·구(자치구를 말한다) 소속 의료지도원의 담당 구역은 해당 행정구역으로 한다. <개정 2020. 9. 4.> |
| 의료법 시행규칙 | 제67조(의료지도기록부 비치) |
| | 의료지도원은 의료지도기록부를 갖추어 두고 그 직무집행 상황을 기록하여야 한다. |
| 의료법 시행규칙 | 제68조(의료지도에 관한 보고) |
| | 의료지도원이 의료지도를 한 결과 법령에 위반된 사실을 발견한 경우에는 지체 없이 이를 그 소속 기관의 장에게 보고하여야 한다. |
| 의료법 시행규칙 | 제69조(의료지도원의 증표) |
| | 의료지도원임을 증명하는 증표는 별지 제24호서식에 따른다. |

◇ 의료지도원이란 보건복지부장관, 시·도지사 또는 시장·군수·구청장 소속 공무원 중 관할 의료기관, 약국 등 보건의료업무에 관한 사항의 계도, 의료법령의 준수 여부 등을 지도감독하는 공무원으로 출장 시 의료지도원이라는 증표를 휴대한다.

◇ 제69조제3항을 위반한 자 : 3년 이하의 징역이나 3천만원 이하의 벌금

* 다만, 제19조, 제21조제2항 또는 제69조제3항을 위반한 자에 대한 공소는 고소가 있어야 한다.

| 질의 내용 | 의료지도원의 의료지도 방문 |
|---|---|
| 해석 경향 | 의료지도원이 관할 의료기관 등의 지도, 사실 확인 등을 위해 의료기관을 방문할 경우, 의료기관 관계자에게 의료지도원증을 제시하거나 또는 방문 관련 조사공문을 제시하고 방문목적을 설명하고, 필요사항 등을 요청하는 것이 타당합니다. |

| 질의 내용 | 공무원의 직무수행 |
|---|---|
| 판례 경향 | 국가공무원법 제56조 소정의 성실의무는 공무원에게 부과된 가장 기본적인 중요한 의무로서 최대한으로 공공의 이익을 도모하고 그 불이익을 방지하기 위하여 전인격과 양심을 바쳐서 성실히 직무를 수행하여야 하는 것을 그 내용으로 한다(대법원 1989. 5. 23. 선고 88누3161 판결의 취지 참조). |

## 제7장 삭제

제70조(2011.4.7.)
제71조(2011.4.7.)
제72조(2011.4.7.)
제73조(2011.4.7.)
제74조(2011.4.7.)
제75조(2011.4.7.)
제76조(2011.4.7.)

## 그대 이 계절에 숨어라

心傳 권 형 원

그대 보아라
사랑하기에 가을 햇살만큼이나
다정한 이가 어디 있더냐?

추억이 고개 내미는 소슬바람 속
간간이 떨어지는 낙엽을 보고
생각 없이 지나칠 이 또 어디 있으랴?

하등 지나간 그리움이라도 일으켜 세워
코스모스 길로 나서라

흰 구름 노는 강가 언덕에 앉아
어린 추억부터 더듬어 보아라

그대 샘물 같은 미련을 따라가다
아직 뒤돌아보는 여인의 마음 있거든

그녀에게 붉은 노을에 익힌 사랑
모두 주어라

그리곤 단풍이 지기 전
여인의 마음으로 숨어라

바람 부는 동토에서 두 눈을 꼬옥 감고
기다려 더 굵은 뿌리로 새봄을 움트라.

( 2020-북한강문학제 )

# 제8장 보칙

| 의료법 | 제77조(전문의) |
|---|---|

① 의사·치과의사 또는 한의사로서 전문의가 되려는 자는 대통령령으로 정하는 수련을 거쳐 보건복지부장관에게 자격 인정을 받아야 한다. <개정 2008. 2. 29., 2010. 1. 18.>

② 제1항에 따라 전문의 자격을 인정받은 자가 아니면 전문과목을 표시하지 못한다. 다만, 보건복지부장관은 의료체계를 효율적으로 운영하기 위하여 전문의 자격을 인정받은 치과의사와 한의사에 대하여 종합병원·치과병원·한방병원 중 보건복지부령으로 정하는 의료기관에 한하여 전문과목을 표시하도록 할 수 있다. <개정 2008. 2. 29., 2009. 1. 30., 2010. 1. 18.>

③ 삭제 <2016. 12. 20.>

④ 전문의 자격 인정과 전문과목에 관한 사항은 대통령령으로 정한다. <개정 2011. 4. 28.>

[법률 제9386호(2009. 1. 30.) 부칙 제2조의 규정에 의하여 이 조 제2항 단서의 개정규정 중 치과의사에 대한 부분은 2013년 12월 31일까지, 한의사에 대한 부분은 2009년 12월 31일까지 유효함]

[2016. 12. 20. 법률 제14438호에 의하여 2015. 5. 28. 헌법재판소에서 위헌 결정된 이 조 제3항을 삭제함.]

| 의료법 시행규칙 | 제74조(치과의사 및 한의사 전문과목 표시) |
|---|---|

법 제77조제2항 단서에 따라 치과의사전문의 또는 한의사전문의 자격을 인정받은 자에 대하여 전문과목을 표시할 수 있는 의료기관은 다음 각 호와 같다.
 1. 병상이 300개 이상인 종합병원
 2. 「치과의사전문의의 수련 및 자격인정 등에 관한 규정」에 따른 수련치과병원
 3. 「한의사전문의의 수련 및 자격인정 등에 관한 규정」에 따른 수련한방병원

 * 의사·치과의사·한의사 각 전문의 수련 규정 참조

◇ 제77조제2항을 위반한 자 : 500만원 이하의 벌금
△ 제77조제2항을 위반하여 전문의의 자격인정을 받지 아니한 자가 전문과목을 표시한 경우 : 경고

| 질의 내용 | 타 전문과목 전문의가 타 전문과목 영역의 진료도 가능 |
|---|---|
| 해석 경향 | 의료법 제77조의 전문의 제도는 전문영역의 진료에 대해 수련을 받고 증명을 얻어 의사들 스스로 고유 영역의 진료를 담당할 수 있도록 하는 것으로 이는 면허제도가 아닌 자격제도로서 특정 전문과목의 전문의가 아닌 의사가 타 전문과목 영역의 진료를 행하였다 하여도 의료법령을 위반한 행위에 해당되지 아니합니다. |

| 의료법 | 제78조(전문간호사) |
|---|---|

① 보건복지부장관은 간호사에게 간호사 면허 외에 전문간호사 자격을 인정할 수 있다. <개정 2008. 2. 29., 2010. 1. 18.>
② 전문간호사가 되려는 사람은 다음 각 호의 어느 하나에 해당하는 사람으로서 보건복지부장관이 실시하는 전문간호사 자격시험에 합격한 후 보건복지부장관의 자격인정을 받아야 한다. <개정 2018. 3. 27.>
 1. 보건복지부령으로 정하는 전문간호사 교육과정을 이수한 자
 2. 보건복지부장관이 인정하는 외국의 해당 분야 전문간호사 자격이 있는 자
③ 전문간호사는 제2항에 따라 자격을 인정받은 해당 분야에서 간호 업무를 수행하여야 한다. <신설 2018. 3. 27.>
④ 전문간호사의 자격 구분, 자격 기준, 자격 시험, 자격증, 업무 범위, 그 밖에 필요한 사항은 보건복지부령으로 정한다. <신설 2018. 3. 27.>

전문간호사 자격인정 등에 관한 규칙
[시행 2021. 1. 7.] [보건복지부령 제778호, 2021. 1. 7., 타법개정]

제1조(목적) 이 규칙은 「의료법」 제78조에 따라 전문간호사의 자격 구분, 자격 기준, 자격증, 그 밖에 자격인정에 관하여 필요한 사항을 규정함을 목적으로 한다.

제2조(자격구분) 전문간호사 자격은 보건·마취·정신·가정·감염관리·산업·응급·노인·중환자·호스피스·종양·임상 및 아동분야로 구분한다.

제3조(자격인정 요건) 전문간호사 자격인정을 받을 수 있는 자는 다음 각 호의 어느 하나에 해당하는 자로서 보건복지부장관이 실시하는 전문간호사 자격시험(이하 "자격시험"이라 한다)에 합격하여야 한다. <개정 2010. 3. 19.>

1. 제4조에 따른 전문간호사 교육과정을 마친 자
2. 보건복지부장관이 인정하는 외국의 해당 분야 전문간호사 자격이 있는 자

제4조(전문간호사 교육과정) ① 전문간호사 교육과정은 보건복지부장관이 지정하는 전문간호사 교육기관이 실시하고 그 교육기간은 2년 이상으로 한다. <개정 2010. 3. 19.>
② 전문간호사 교육과정을 신청할 수 있는 자는 교육을 받기 전 10년 이내에 별표 1에 따른 해당분야의 기관에서 3년 이상 간호사로서의 실무경력이 있는 자로 한다.

제5조(교육기관 지정의 기준 및 절차) ① 제4조제1항에 따른 전문간호사 교육기관으로 지정받을 수 있는 기관은 다음 각 호의 어느 하나의 기관으로서 별표 2의 전문간호사 교육기관 지정기준에 맞아야 한다.

1. 대학원 과정을 두고 있는 간호학과가 있는 대학
2. 간호학 전공이 있는 특수대학원 또는 전문대학원
② 제1항에 따른 전문간호사 교육기관으로 지정받으려는 자는 별지 제1호서식의 전문간호사 교육기관 지정 신청서에 다음 각 호의 서류를 첨부하여 보건복지부장관에게 제출하여야 한다. <개정 2010. 3. 19.>

1. 교수요원(전공전임교수 및 실습지도 겸직교수)의 성명과 이력이 적혀 있는 서류
2. 실습협약기관 현황 및 협약 약정서
3. 교육계획서 및 교과과정표
4. 해당 전문간호사 교육과정에 사용되는 시설 및 장비 현황
③ 보건복지부장관은 제2항에 따른 신청이 있는 경우 제1항의 지정기준에 맞다고 인정하면 전문간호사 교육기관으로 지정하고, 별지 제2호서식의 전문간호사 교육기관 지정서를 발급하여야 한다. <개정 2010. 3. 19.>

제6조(교육생 정원) ① 보건복지부장관은 제5조제3항에 따라 전문간호사 교육기관을 지정하는 경우에는 제2조에 따른 분야(이하 "전문분야"라 한다)별로 교육생 정원을 정하여 지정하여야 한다. <개정 2010. 3. 19.>
② 전문간호사 교육기관의 장은 제1항에 따라 정하여진 전문분야별 교육생 정원을 변경하려는 경우에는 별지 제3호서식의 정원변경 신청서에 제5조제2항 각 호의 서류를 첨부하여 보건복지부장관에게 제출하여야 한다. <개정 2010. 3. 19.>
③ 보건복지부장관은 제2항의 정원변경 신청이 있는 경우 제5조제1항의 지정기준에 맞다고 인정하면 정원변경을 승인하고 지정서를 재발급하여야 한다. <개정 2010. 3. 19.>

제7조(전문간호사 교육과정의 과목 및 수료증 발급) ① 전문간호사 교육과정의 과목은 공통과목, 전공이론과목 및 전공실습과목으로 구분하고, 과목별 이수학점 기준은 별표 3과 같다.
② 전문간호사 교육기관의 장은 전문간호사 교육과정을 마친 자에게 별지 제4호서식의 수료증을 발급하여야 한다.

제7조의2(전문간호사 교육생 모집현황 및 수료현황 보고) ① 전문간호사 교육기관의 장

은 교육과정 등록마감일부터 30일 이내에 별지 제4호의2서식의 전문간호사 교육생 모집현황 보고서에 전문과목별 교육생 명단 각 1부를 첨부하여 보건복지부장관에게 제출하여야 한다.

② 전문간호사 교육기관의 장은 전문간호사 교육과정 수료일부터 30일 이내에 별지 제4호의3서식의 전문간호사 교육생 수료현황 보고서에 전문과목별 수료생 명단 각 1부를 첨부하여 보건복지부장관에게 제출하여야 한다.

[본조신설 2012. 3. 19.]

제7조의3(지정취소 등) 보건복지부장관은 제5조제3항에 따라 전문간호사 교육기관으로 지정받은 기관이 다음 각 호의 어느 하나에 해당하면 지정을 취소하거나 시정을 명할 수 있다. 이 경우 지정을 취소하려면 청문을 하여야 한다.

1. 제5조제1항에 따른 전문간호사 교육기관의 지정기준에 미달된 경우
2. 제6조제1항에 따른 전문분야별 교육생 정원을 초과하여 교육생을 선발한 경우

[본조신설 2012. 3. 19.]

제8조(자격시험의 시행 및 공고) ① 보건복지부장관은 매년 1회 이상 자격시험을 시행하여야 한다. 다만, 의료인력 수급 등을 고려하여 시험을 시행하는 것이 적절하지 아니하다고 인정하는 경우에는 해당 전문분야에 한정하여 자격시험을 시행하지 아니할 수 있다. <개정 2010. 3. 19.>

② 보건복지부장관은 자격시험의 실시와 관리를 보건복지부장관이 지정하는 기관으로 하여금 대행하게 한다. <개정 2010. 3. 19.>

③ 제2항에 따라 자격시험을 실시하는 자격시험관리기관은 보건복지부장관의 승인을 받아 자격시험의 일시, 시험장소, 시험과목, 시험방법, 응시원서, 서류접수 및 응시수수료의 반환기준 등 시험을 시행하는 데에 필요한 사항을 정하고 이를 시험 실시 30일 전까지 일간신문, 관보, 인터넷 홈페이지나 그 밖의 효과적인 방법으로 공고해야 한다. <개정 2010. 3. 19., 2011. 4. 7., 2021. 1. 7.>

제9조(자격시험의 응시자격 및 응시절차) ① 자격시험에 응시할 수 있는 자는 제3조 각 호의 어느 하나에 해당하는 자로 한다.

② 제1항에도 불구하고 전문간호사 자격의 전문분야가 신설되는 경우 다음 각 호의 어느 하나에 해당하는 자는 그 신설 분야의 전문간호사 교육과정을 이수한 자가 처음으로 응시하는 자격시험일부터 3년 이내의 기간 중 1회에 한하여 그 분야의 자격시험에 응시할 수 있다. <개정 2010. 3. 19.>

1. 신설 분야의 전문간호사 교육과정이 시작되기 이전에 신설분야와 동일하거나 유사한 분야의 석사학위를 취득하였거나 취득을 위한 과정에 있는 자(최초 응시원서 접수일 이전에 석사학위를 취득하는 자만 해당한다)로서 자격시험의 최초 응시원서 접수일 이전에 제4조제2항에 따른 실무경력을 갖춘 자. 이 경우 유사한 분야의 범위는 보건복지부장관이 정한다.
2. 신설 분야의 전문간호사 교육과정의 교수요원으로서 자격시험의 최초 응시원서 접수일 이전 10년 이내에 대학 또는 전문대학에서 간호학 분야의 전임강사 이상의 직에 4년 이상 재직한 경력이 있는 자

③ 자격시험에 응시하려는 자는 별지 제5호서식의 응시원서(전자문서로 된 응시원서를 포함한다)를 자격시험관리기관의 장에게 제출하여야 한다. <개정 2016. 12. 30.>

④ 자격시험에 응시하려는 자는 자격시험관리기관의 장이 보건복지부장관의 승인을 받아 결정한 응시수수료를 내야 한다. <개정 2010. 3. 19., 2011. 4. 7.>

⑤ 제4항에 따른 응시수수료는 다음 각 호의 구분에 따라 반환한다.<신설 2011. 4. 7.>

1. 응시수수료를 과오납한 경우: 그 과오납한 금액의 전부
2. 시험시행기관의 귀책사유로 시험에 응하지 못한 경우: 납입한 응시수수료의 전부

3. 응시원서 접수기간 내에 접수를 취소하는 경우: 납입한 응시수수료의 전부

4. 시험 시행일 20일 전까지 접수를 취소하는 경우: 납입한 응시수수료의 전부

5. 시험 시행일 10일 전까지 접수를 취소하는 경우: 납입한 응시수수료의 100분의 50

제10조(시험과목 및 시험방법 등) ① 자격시험은 1차시험과 2차시험으로 구분하되, 1차시험은 필기시험으로 하고 2차시험은 실기시험으로 한다.

② 2차시험은 1차시험에 합격한 자가 응시할 수 있고, 1차시험에 합격한 자에 대하여는 다음 회의 시험에 한하여 1차시험을 면제한다.

③ 자격시험의 합격자는 1차시험과 2차시험에서 각각 총점의 60퍼센트 이상을 득점한 자로 한다.

④ 자격시험의 출제방법, 배점비율, 그 밖에 시험 시행에 관하여 필요한 사항은 자격시험관리기관의 장이 정한다.

제11조(합격자 발표 등) ① 자격시험관리기관의 장은 합격자를 결정하여 발표한다.

② 제1항의 합격자는 다음 각 호의 서류를 합격자 발표일부터 10일 이내에 자격시험관리기관의 장에게 제출하여야 한다. <개정 2016. 12. 30.>

1. 제7조제2항에 따른 수료증 사본 또는 외국의 전문간호사 자격증 사본

2. 간호사 면허증 사본

3. 응시원서의 사진과 같은 사진(가로 3.5센티미터, 세로 4.5센티미터) 3장

③ 자격시험관리기관의 장은 다음 각 호의 서류를 합격자 발표일부터 15일 이내에 보건복지부장관에게 제출하여야 한다. <개정 2010. 3. 19., 2016. 12. 30., 2017. 3. 28.>

1. 합격자의 성명·생년월일·간호사면허번호 및 면허연월일·수험번호 등이 적혀 있는 합격자 대장

2. 제7조제2항에 따른 수료증 사본 또는 외국의 전문간호사 자격증 사본

3. 응시원서의 사진과 같은 사진(가로 3.5센티미터, 세로 4.5센티미터) 1장

제12조(자격증 발급) 보건복지부장관은 자격시험관리기관의 장으로부터 시험실시 결과보고를 받은 경우에는 전문간호사 자격인정대장에 다음 각 호의 사항을 적고, 합격자에게 별지 제6호서식의 전문간호사 자격증을 발급하여야 한다. <개정 2010. 3. 19.>

1. 성명 및 주민등록번호

2. 전문간호사 자격인정번호 및 자격인정 연월일

3. 전문간호사 자격시험 합격 연월일

4. 간호사 면허번호 및 면허 연월일

제13조(준용 규정) 이 규칙에 정한 것 외에 자격증의 발급·갱신·재발급 및 수수료 등에 관하여는 「의료법 시행규칙」 중 간호사의 면허증에 관한 규정을 준용한다.

　제14조(규제의 재검토) 보건복지부장관은 제3조에 따른 전문간호사 자격인정 요건에 대하여 2014년 1월 1일을 기준으로 3년마다(매 3년이 되는 해의 1월 1일 전까지를 말한다) 그 타당성을 검토하여 개선 등의 조치를 하여야 한다. [본조신설 2013. 12. 31.]

◇ 전문간호사 제도는 간호사의 전문성과 자율성을 높이기 위해 1960년대 미국·캐나다 등에서 도입됐던 제도로, 우리나라는 1973년 '분야별 간호사'로 시작하여 1993년 보건과 마취, 정신 등 3개 분야의 '분야별 간호사'를 도입한 이래 2000년 가정 전문을 더해 총 4개 분야의 '전문간호사'로 명칭을 개정한 것이 그 시초로 2000년부터 의료법에서 전문간호사(Advanced Practice Nurse, APN)제도로 시행되었다. 2003년에는 여기에 응급·산업·노인·호스피스·중환자·감염관리 등 6개 분야가 추가됐고, 2006년에 아동·임상·종양 등 3개 분야가 더해졌다. 교육과정은 보건복지부장관이 지정하는 전문간호사 교육기관(대학원 수준)에서 2년 이상 실시하며, 10년 이내에 해당 분야에서 3년 이상 간호사로 근무한 경험이 있어야 교육과정을 신청할 수 있다. 보건복지부장관이 지정하

는 교육기관에서 해당 전문간호사 교육과정을 이수하거나 외국 전문간호사의 경우 심사를 통과하면 자격시험에 응시할 수 있으며, 1차 시험(필기)과 2차 시험(실기)에서 각각 총점의 60퍼센트 이상을 득점해야 한다. 현재 의료법에서 인정하고 있는 전문간호사 분야는 보건, 마취, 가정, 정신, 감염관리, 산업, 응급, 노인, 중환자, 호스피스, 종양, 임상, 아동으로 총 13개 분야로 15,718명(2019년)의 전문간호사가 배출된 것으로 파악되고 있다.

| 질 의 내 용 | 전문간호사 제도 |
|---|---|
| 해 석 경 향 | 우리나라의 전문간호사(Advanced Practice Nurse, APN)제도는 2000년부터 시행되었으며, 교육과정은 보건복지부장관이 지정하는 전문간호사 교육기관(대학원 수준)에서 2년 이상 실시하며, 10년 이내에 해당 분야에서 3년 이상 간호사로 근무한 경험이 있어야 교육과정을 신청할 수 있습니다. 보건복지부장관이 지정하는 교육기관에서 해당 전문간호사 교육과정을 이수하거나 외국 전문간호사의 경우 심사를 통과하면 자격시험에 응시할 수 있으며, 1차 시험(필기)과 2차 시험(실기)에서 각각 총점의 60퍼센트 이상을 득점해야 합니다.<br>현재 의료법에서 인정하고 있는 전문간호사 분야는 보건, 마취, 가정, 정신, 감염관리, 산업, 응급, 노인, 중환자, 호스피스, 종양, 임상, 아동으로 총 13개 분야로 구성되어 있습니다. |

| 질 의 내 용 | 전문간호사 업무 |
|---|---|
| 해 석 경 향 | 전문간호사는 간호사 면허자로서 일정한 교육과정을 거쳐 자격시험에 합격하여 보건복지부장관의 자격인정을 받은 전문분야 간호사로서 해당 자격분야 간호업무에 더 전문적이고 효율적인 업무수행을 위해 취득하는 자격입니다. 전문간호사 자격자도 간호사 본연의 부여된 업무범위 내 업무를 수행하는 것이 타당하며, 간호사 업무범위를 일탈한 의료행위를 할 경우, 의료인이 면허된 것 이외의 의료행위를 한 경우에 해당되어 처벌 받을 수 있습니다. |

| 질의 내용 | 마취전문간호사의 독자적인 마취 시술행위 × |
|---|---|
| 해석 경향 | 전문간호사가 되기 위하여는 간호사로서 일정한 자격을 가지고 자격시험에 합격하여 보건복지부장관의 자격인정을 받아야 하나, 이러한 전문간호사라고 하더라도 마취분야에 전문성을 가지는 간호사인 자격을 인정받은 것뿐이어서 비록 의사의 지시가 있었다고 하더라도 의사만이 할 수 있는 의료행위를 직접 할 수 없는 것은 다른 간호사와 마찬가지이다. 마취전문 간호사로서 의사의 구체적 지시 없이 독자적으로 마취 약제와 사용량을 결정하여 척수마취시술을 한 경우 무면허 의료행위에 해당되어 처벌받을 수 있습니다. |

| 질의 내용 | 마취전문간호사의 마취 시술행위 |
|---|---|
| 판례 경향 | 의료법 제56조 제1항, 제2항, 구 의료법 시행규칙(2006. 7. 7. 보건복지부령 제364호 '전문간호사의자격인정등에관한규칙' 부칙 제6조에 의하여 개정되기 전의 것) 제54조 제1항, 제2항 등을 종합하면, 전문간호사가 되기 위하여는 간호사로서 일정한 자격을 가지고 자격시험에 합격하여 보건복지부장관의 자격인정을 받아야 하나, 이러한 전문간호사라고 하더라도 마취분야에 전문성을 가지는 간호사인 자격을 인정받은 것뿐이어서 비록 의사의 지시가 있었다고 하더라도 의사만이 할 수 있는 의료행위를 직접 할 수 없는 것은 다른 간호사와 마찬가지이다. 마취액을 직접 주사하여 척수마취를 시행하는 행위는 약제의 선택이나 용법, 투약 부위, 환자의 체질이나 투약 당시의 신체 상태, 응급상황이 발생할 경우 대처능력 등에 따라 환자의 생명이나 신체에 중대한 영향을 미칠 수 있는 행위로서 고도의 전문적인 지식과 경험을 요하므로 의사만이 할 수 있는 의료행위이고 마취전문 간호사가 할 수 있는 진료 보조행위의 범위를 넘어서는 것이다(대법원 2010. 3. 25. 선고 2008도590 판결). |

| 질의 내용 | PA간호사(진료보조 인력)의 의료행위 |
|---|---|
| 해석 경향 | 의료기관 의료현장에서 의사의 업무범위에 속하는 환자의 수술·치료·처방행위 등을 의사로부터 일부 위임받아 PA간호사(Physician Assistant)가 행하는 것은 간호사의 업무범위를 일탈한 행위로 의료법 제27조제1항을 위반한 무면허 의료행위에 해당되어 처벌받을 수 있습니다. |

◇ PA간호사(Physician Assistant의 약자)는 진료보조인력 즉, 의사의 책임하에 일정 업무를 위임받아 진료 보조를 수행하는 간호사를 뜻하며, PA는 의사만이 할 수 있는 의료행위를 지원하는 업무를 수행하는 것으로 외국에서는 제도를 통해 PA의 진료 행위가 공식적으로 인정되는 나라도 있지만 국내에서는 이러한 PA의 행위는 명백한 무면허 의료행위이며 불법행위에 속한다. 대부분은 병원 내 부족한 일손을 충원하기 위

한 목적으로 외과계를 중심으로 흉부외과, 외과, 내과, 산부인과 등 여러 과로 확대되고 있는 상황이며, 수술 보조와 환자에게 처방을 내리는 업무, 대리처치·시술 등을 맡게 되는 것이 일반적이며 이들이 한 행위의 기록은 남지 않는다. 우리나라 병원에서 활동하고 있는 PA간호사는 1만 명 정도로 추산하고 있으며, 2021. 5월 국립대병원 및 사립대병원 26곳에서 일하는 PA간호사만 1,680여 명이라는 발표도 있었다. 이러한 우리나라 PA간호사는 특별한 자격 요건과 표준 교육과정이 없이 각 기관에서 자체 운영하고 있어 전문간호사제도를 활용하는 것이 바람직하다는 의견 등 개선이 불가피하다는 의견들이 일고 있는 상황이다.

---

| 의료법 | 제79조(한지 의료인) |
|---|---|

① 이 법이 시행되기 전의 규정에 따라 면허를 받은 한지 의사(限地 醫師), 한지 치과의사 및 한지 한의사는 허가받은 지역에서 의료업무에 종사하는 경우 의료인으로 본다.

② 보건복지부장관은 제1항에 따른 의료인이 허가받은 지역 밖에서 의료행위를 하는 경우에는 그 면허를 취소할 수 있다. <개정 2008. 2. 29., 2010. 1. 18.>

③ 제1항에 따른 의료인의 허가지역 변경, 그 밖에 필요한 사항은 보건복지부령으로 정한다. <개정 2008. 2. 29., 2010. 1. 18.>

④ 한지 의사, 한지 치과의사, 한지 한의사로서 허가받은 지역에서 10년 이상 의료업무에 종사한 경력이 있는 자 또는 이 법 시행 당시 의료업무에 종사하고 있는 자 중 경력이 5년 이상인 자에게는 제5조에도 불구하고 보건복지부령으로 정하는 바에 따라 의사, 치과의사 또는 한의사의 면허를 줄 수 있다. <개정 2008. 2. 29., 2010. 1. 18.>

| 의료법 시행규칙 | 제75조(한지 의료인의 허가지역 변경) |
|---|---|

① 법 제79조제3항에 따라 한지(限地) 의료인이 그 허가지역을 변경하려는 경우에는 그 소재지를 관할하는 시·도지사의 허가를 받아야 한다. 다만, 다른 시·도로 변경하거나 2개 시·도 이상에 걸쳐있는 지역으로 변경하려는 경우에는 보건복지부장관의 허가를 받아야 한다. <개정 2010. 3. 19.>

② 제1항에 따른 한지 의료인의 허가지역 변경에 관한 허가를 할 때에는 다음 각 호에서 정하는 바에 따라야 한다. <개정 2010. 3. 19., 2019. 9. 27.>

1. 의료취약지인 읍·면으로 한정하여 허가하되, 인구·교통, 그 밖의 지리적 여건에 따라 그 진료구역을 제한할 수 있다.

2. 허가 대상은 변경 전의 허가지역에서 3년 이상 계속하여 의료기관을 개설하고 의료행위를 한 자로 한정한다. 다만, 허가지역에 같은 업종에 해당하

는 다른 의료인이 있거나 벽지(僻地), 오지(奧地) 또는 섬 등 보건복지부
장관이 정하는 지역으로 변경하려는 경우에는 그 기간의 제한을 받지 아
니한다.

③ 제1항에 따라 허가지역 변경허가를 받으려는 자는 변경 희망지와 그 사유
를 적은 신청서에 면허증을 첨부하여 허가관청에 제출하여야 한다.

| 의료법 시행규칙 | 제76조(한지 의료인의 허가지역 변경 보고 등) |
|---|---|

① 시·도지사가 한지의료인에 대하여 그 허가지역의 변경허가를 한 경우에는 그
사실을 해당 면허증에 적어 신청인에게 발급하고, 허가한 날부터 5일 이내에
변경허가사항을 보건복지부장관에게 보고하여야 한다. <개정 2010. 3. 19.>

② 시·도지사는 한지 의료인별 허가지역 일람표를 작성하여 갖추어 두어야 한다.

| 의료법 시행규칙 | 제77조(한지 의료인의 의사면허 등의 신청) |
|---|---|

① 법 제79조제4항에 따라 한지 의료인이 의사, 치과의사 또는 한의사 면허를
받으려는 경우에는 별지 제28호서식의 신청서(전자문서로 된 신청서를 포
함한다)에 다음 각 호의 서류(전자문서를 포함한다)를 첨부하여 현재의 근
무지 또는 최종 근무지의 관할 시·도지사를 거쳐 보건복지부장관에게 제
출하여야 한다. <개정 2008. 9. 5., 2010. 3. 19., 2016. 12. 30.>

1. 한지 의료인 면허증
2. 법 제79조제4항에 따른 경력을 증명하는 서류 각 1부
3. 법 제8조제1호 본문에 해당하는 자가 아님을 증명하는 의사의 진단서 또
는 법 제8조제1호 단서에 해당하는 자임을 증명하는 전문의의 진단서
4. 법 제8조제2호에 해당하는 자가 아님을 증명하는 의사의 진단서
5. 사진(신청 전 6개월 이내에 모자 등을 쓰지 않고 촬영한 천연색 상반신
정면사진으로 가로 3.5센티미터, 세로 4.5센티미터의 사진을 말한다) 5장

② 삭제 <2008. 9. 5.>

③ 제1항의 신청서를 받은 시·도지사는 신청인에게 별지 제28호서식의 접수
증을 발급하여야 한다.

④ 제1항에 따라 면허증 발급신청을 한 자는 그 신청일부터 면허증을 받는 날
까지 제3항의 접수증을 한지 의료인 면허증을 갈음하여 사용할 수 있다.

| 의료법 시행규칙 | 제78조(면허증 등의 갱신신청) |
|---|---|

① 법률 제2533호 의료법중개정법률 부칙 제2조 단서 및 같은법률 부칙 제7
조에 따른 갱신기간이 지난 후에 의사, 치과의사, 한의사, 조산사, 간호사,
전문의 또는 한지 의료인의 면허증 또는 자격증을 갱신하려는 자는 별지
제28호서식의 신청서(전자문서로 된 신청서를 포함한다)에 다음 각 호의

서류를 첨부하여 소속 중앙회의 확인을 받아 해당 면허증 또는 자격증을 발급한 기관(보건복지부장관 또는 시·도지사)에 제출하여야 한다. 이 경우, 보건복지부장관에게 제출하는 신청서는 관할 시·도지사를 거쳐야 한다. <개정 2010. 3. 19., 2016. 12. 30.>

1. 구 면허증 또는 자격증(분실 시 분실사유서)
2. 건강진단서
3. 사진(신청 전 6개월 이내에 모자 등을 쓰지 않고 촬영한 천연색 상반신 정면사진으로 가로 3.5센티미터, 세로 4.5센티미터의 사진을 말한다) 2장
4. 갱신 지연사유서
5. 시민확인서 및 여권사본(외국인만 첨부한다)

② 제1항의 신청서를 받은 시·도지사는 신청인에게 별지 제28호서식의 접수증을 발급하여야 한다.

◇ 한지(限地) 의료인은 의료법이 시행되기 전의 규정에 따라 면허를 받은 한지 의사(限地 醫師), 한지 치과의사 및 한지 한의사를 말하며, 이들은 허가받은 지역에서만 의료업무에 종사하는 의료인으로 태부족한 의료의 보급을 위해 시작된 제도로 보인다. 보통 의사를 도와 조수 일을 하면서 도제식으로 의술을 배운 이들로서 도에서 주관하는 한지 의사 시험을 통과하면 일정한 지역 내에서만 개업활동을 할 수 있었으며, 한지의는 1911년 말부터 1942년 말까지 500여 명이 주로 무의촌 지역에 한하여 제한적으로 허가를 받아 의료 공백을 부족하나마 메우는 역할을 담당했었던 것으로 보이며, 그곳을 떠나면 의료행위를 할 수 없었다.

| 의료법 | 제80조(간호조무사 자격) |
|---|---|

① 간호조무사가 되려는 사람은 다음 각 호의 어느 하나에 해당하는 사람으로서 보건복지부령으로 정하는 교육과정을 이수하고 간호조무사 국가시험에 합격한 후 보건복지부장관의 자격인정을 받아야 한다. 이 경우 자격시험의 제한에 관하여는 제10조를 준용한다. <개정 2019. 8. 27.>

1. 초·중등교육법령에 따른 특성화고등학교의 간호 관련 학과를 졸업한 사람(간호조무사 국가시험 응시일로부터 6개월 이내에 졸업이 예정된 사람을 포함한다)
2. 「초·중등교육법」 제2조에 따른 고등학교 졸업자(간호조무사 국가시험 응시일로부터 6개월 이내에 졸업이 예정된 사람을 포함한다) 또는 초·중등교육법령에 따라 같은 수준의 학력이 있다고 인정되는 사람(이하 이 조에서 "고등학교 졸업학력 인정자"라 한다)으로서 보건복지부령으로 정하는 국·공립 간호조무사양성소의 교육을 이수한 사람

3. 고등학교 졸업학력 인정자로서 평생교육법령에 따른 평생교육시설에서 고등학교 교과 과정에 상응하는 교육과정 중 간호 관련 학과를 졸업한 사람 (간호조무사 국가시험 응시일로부터 6개월 이내에 졸업이 예정된 사람을 포함한다)

4. 고등학교 졸업학력 인정자로서 「학원의 설립·운영 및 과외교습에 관한 법률」 제2조의2제2항에 따른 학원의 간호조무사 교습과정을 이수한 사람

5. 고등학교 졸업학력 인정자로서 외국의 간호조무사 교육과정(보건복지부장관이 정하여 고시하는 인정기준에 해당하는 교육과정을 말한다)을 이수하고 해당 국가의 간호조무사 자격을 취득한 사람

6. 제7조제1항제1호 또는 제2호에 해당하는 사람

② 제1항제1호부터 제4호까지에 따른 간호조무사 교육훈련기관은 보건복지부장관의 지정·평가를 받아야 한다. 이 경우 보건복지부장관은 간호조무사 교육훈련기관의 지정을 위한 평가업무를 대통령령으로 정하는 절차·방식에 따라 관계 전문기관에 위탁할 수 있다.

③ 보건복지부장관은 제2항에 따른 간호조무사 교육훈련기관이 거짓이나 그 밖의 부정한 방법으로 지정받는 등 대통령령으로 정하는 사유에 해당하는 경우에는 그 지정을 취소할 수 있다.

④ 간호조무사는 최초로 자격을 받은 후부터 3년마다 그 실태와 취업상황 등을 보건복지부장관에게 신고하여야 한다.

⑤ 제1항에 따른 간호조무사의 국가시험·자격인정, 제2항에 따른 간호조무사 교육훈련기관의 지정·평가, 제4항에 따른 자격신고 및 간호조무사의 보수교육 등에 관하여 필요한 사항은 보건복지부령으로 정한다.

[전문개정 2015. 12. 29.]

| 의료법 시행령 | 제40조(간호조무사 교육훈련기관 지정을 위한 평가업무 위탁) |

① 보건복지부장관은 법 제80조제2항 후단에 따라 간호조무사 교육훈련기관의 지정을 위한 평가업무를 다음 각 호의 기관에 위탁할 수 있다.

1. 「공공기관의 운영에 관한 법률」 제4조에 따른 공공기관 중 그 설립 목적이 보건의료 또는 인력개발과 관련되는 공공기관

2. 위탁업무 수행에 필요한 조직·인력 및 전문성 등을 갖춘 전문기관으로서 보건복지부장관이 정하여 고시하는 기관

② 보건복지부장관은 법 제80조제2항 후단에 따라 간호조무사 교육훈련기관 지정을 위한 평가업무를 위탁하는 경우 위탁 기준 등의 공고, 위탁 내용 등의 고시 또는 위탁 업무의 보고 등에 관하여는 제31조의6제2항부터 제5항까지의 규정을 준용한다. [본조신설 2016. 12. 27.]

| 의료법 시행령 | 제41조(간호조무사 교육훈련기관 지정 취소사유) |

법 제80조제3항에서 "거짓이나 그 밖의 부정한 방법으로 지정받는 등 대통령령으로 정하는 사유"란 다음 각 호의 사유를 말한다.

1. 거짓이나 그 밖의 부정한 방법으로 지정받는 경우
2. 간호조무사 교육훈련기관의 지정 기준에 미달하는 경우
3. 정당한 사유 없이 교육훈련 업무를 거부하거나 3개월 이상 교육훈련을 실시하지 아니한 경우
4. 거짓이나 그 밖의 부정한 방법으로 교육훈련 졸업증명서 또는 이수증명서를 발급한 경우
5. 교육과정 및 교육내용이 법령에 위반되거나 교육훈련기관의 지정 목적을 달성하기 어렵다고 인정되는 경우

[본조신설 2016. 12. 27.]

---

### 간호조무사 및 의료유사업자에 관한 규칙
[시행 2017. 5. 30] [보건복지부령 제497호, 2017. 5. 30, 타법개정]

제1조(목적) 이 규칙은 「의료법」 제80조, 제80조의2, 제80조의3 및 제81조에 따라 간호조무사·접골사(接骨士)·침사(鍼士) 및 구사(灸士)의 자격과 업무의 한계 등에 필요한 사항을 규정함을 목적으로 한다. <개정 2016. 12. 30.>

제2조(간호조무사 등의 업무 한계) ① 삭제 <2016. 12. 30.>
② 접골사는 뼈가 부러지거나[골절] 관절이 삐거나 겹질린 환자의 환부(患部)를 조정(調整)하고 회복시키는 응급처치 등 접골 시술행위(施術行爲)를 하는 것을 업무로 한다.
③ 침사는 환자의 경혈(經穴)에 침 시술행위를 하는 것을 업무로 한다.
④ 구사는 환자의 경혈에 구(灸 : 뜸질) 시술행위를 하는 것을 업무로 한다.
⑤ 접골사, 침사, 구사(이하 "의료유사업자"라 한다)는 환자에 대하여 외과수술을 하거나 약품을 투여하여서는 아니 된다.

제3조(간호조무사 국가시험) ① 삭제 <2016. 12. 30.>
② 삭제 <2016. 12. 30.>
③ 간호조무사 국가시험의 실시방법과 실시일자는 보건복지부장관이 정한다. <개정 2010. 3. 19., 2016. 12. 30.>
④ 「의료법」(이하 "법"이라 한다) 제80조의3에서 준용하는 법 제9조에 따라 「한국보건의료인국가시험원법」에 따른 한국보건의료인국가시험원(이하 "시험관리기관"이라 한다)이 간호조무사 국가시험을 실시하는 경우에는 보건복지부장관의 승인을 받아 다음 각 호의 사항을 시험 실시 90일 전에 공고하여야 한다. 다만, 시험 장소는 시험실시 30일 전까지 공고할 수 있다. <개정 2010. 4. 23., 2013. 4. 1., 2016. 12. 30.>
1. 시험의 일시 및 장소
2. 응시원서의 제출기간 및 접수 장소
3. 시험과목
4. 응시자격
5. 합격자 발표의 예정일 및 방법
6. 부정행위자의 기준 및 그에 대한 조치

7. 응시자 주의사항
⑤ 삭제 <2010. 4. 23.> [제목개정 2016. 12. 30.]

제3조의2 삭제 <2016. 12. 30.>

제4조(간호조무사 국가시험의 응시자격) ① 법 제80조제1항 전단에서 "보건복지부령으로 정하는 교육과정"이란 다음 각 호의 과정을 말한다.
 1. 법 제80조제2항 전단에 따라 보건복지부장관의 지정을 받은 간호조무사 교육훈련기관(이하 "간호조무사 교육훈련기관"이라 한다)에서 실시하는 740시간 이상의 이론교육 과정
 2. 간호조무사 교육훈련기관의 장이 실습교육을 위탁한 의료기관(조산원은 제외한다) 또는 보건소에서 실시하는 780시간 이상의 실습교육 과정. 이 경우 법 제3조제2항제3호에 따른 병원이나 종합병원에서의 실습교육 과정이 400시간 이상이어야 한다.
② 간호조무사가 되려는 사람은 제1항 각 호의 교육과정을 모두 이수하여야 한다. 다만, 법 제80조제1항제5호 및 제6호에 해당하는 사람은 해당 교육과정을 모두 이수한 것으로 본다. [전문개정 2016. 12. 30.]

제5조(간호조무사 국가시험 과목 등) 간호조무사 국가시험의 시험과목 및 출제범위는 별표와 같다. <개정 2016. 12. 30.>  [전문개정 2013. 4. 1.]  [제목개정 2016. 12. 30.]

제6조(간호조무사 국가시험의 응시원서 등) ① 간호조무사 국가시험에 응시하려는 자는 별지 제1호서식의 응시원서(전자문서로 된 응시원서를 포함한다)를 시험관리기관에 제출하여야 한다. <개정 2010. 4. 23., 2016. 12. 30.>
② 삭제 <2010. 4. 23.>
③ 제1항에 따라 응시원서를 제출할 때에는 보건복지부장관의 승인을 받아 시험관리기관이 정한 수수료를 현금 또는 정보통신망을 이용한 전자화폐·전자결제 등의 방법으로 시험관리기관에 내야 한다. <개정 2010. 4. 23.>  [제목개정 2016. 12. 30.]

제7조(간호조무사 국가시험의 합격자 결정) ① 간호조무사 국가시험의 합격자는 매 과목 만점의 40퍼센트 이상, 전 과목 총점의 60퍼센트 이상 득점한 자로 한다. <개정 2010. 4. 23., 2016. 12. 30.>
② 시험관리기관의 장은 제1항에 따라 합격자를 결정하면 이를 발표하고, 보건복지부장관에게 합격자의 인적 사항을 통보하여야 한다. <신설 2010. 4. 23., 2013. 4. 1., 2016. 12. 30.>  [제목개정 2016. 12. 30.]

제8조(부정행위자에 대한 조치) 제6조에 따른 간호조무사 국가시험의 응시원서에 응시자격에 관한 사항을 거짓으로 적거나 시험을 보는 도중에 부정행위를 한 자에 대하여는 그 시험의 응시를 정지시키거나 시험을 무효로 하고, 그 처분이 있던 날 다음에 치러지는 간호조무사 국가시험에서 두번 응시자격을 정지한다. <개정 2010. 4. 23., 2016. 12. 30.>

제9조(간호조무사자격증 발급) ① 간호조무사 국가시험에 합격한 자는 다음 각 호의 서류를 보건복지부장관에게 제출하여야 한다. <개정 2013. 4. 1., 2016. 12. 30.>
 1. 최종학교 졸업증명서(졸업예정증명서를 포함한다) 또는 학력 인정서
 2. 국공립간호조무사양성소의 장 및 간호조무사 교습과정을 운영하는 학원의 장이 발행한 별지 제2호서식의 간호조무사 교육과정 이수증명서(법 제80조제1항제2호 및 제4호의 경우에만 해당한다)
 3. 실습 의료기관의 장이 발행한 별지 제3호서식의 간호조무사 의료기관 실습이수증명서(법 제80조제1항제1호부터 제4호까지의 경우에만 해당한다)
 4. 「의료법」 제8조제1호 및 제2호에 해당하는 자가 아님을 증명하는 의사의 진단서
 5. 외국의 대학 또는 전문대학 졸업증명서 및 외국의 간호사 면허증 사본(법 제80조제1항제6호에 따른 법 제7조제1항제2호의 경우에만 해당한다)

6. 외국의 간호조무사 교육과정 이수증명서 및 외국의 간호조무사 자격증 사본(법 제80조 제1항제5호 경우에만 해당한다)

7. 사진(제출일 기준 6개월 이내에 모자를 벗은 상태에서 배경 없이 촬영된 상반신 컬러사 진으로 규격은 가로 3.5센티미터, 세로 4.5센티미터로 한다. 이하 같다) 3장

② 보건복지부장관은 간호조무사 국가시험에 합격한 자가 제1항 각 호에 따른 서류를 제 출한 날부터 30일 이내에 별지 제4호서식의 자격증을 발급하여야 한다. <개정 2016. 12. 30.> [전문개정 2010. 4. 23.]

제10조(등록대장) 보건복지부장관 또는 특별시장·광역시장·특별자치시장·도지사 또는 특별자치도지사(이하 "시·도지사"라 한다)는 별지 제5호서식의 등록대장에 따라 간호조 무사 또는 의료유사업자별로 등록대장을 관리하여야 한다.
[전문개정 2016. 12. 30.]

제11조(재발급 및 등록 사항의 정정) ① 간호조무사나 의료유사업자가 자격증이 헐어 못 쓰게 되거나 자격증을 잃어버려 이를 재발급받거나 자격증명 또는 자격증 기재사항을 정정하려는 경우에는 별지 제6호서식의 신청서에 다음 각 호의 서류를 첨부하여 보건복 지부장관 또는 시·도지사에게 자격증의 재발급, 자격증명 또는 자격증 기재사항의 정정 을 신청하여야 한다. <개정 2010. 4. 23., 2016. 12. 30.>

1. 헐어 못쓰게 된 경우 : 자격증 원본

2. 등록 사항을 정정하려는 경우 : 등록 사항을 정정할 필요가 있음을 증명하는 자료

3. 사진 2장

② 제1항에 따른 자격증 재발급 또는 자격증명을 신청하는 경우에는 다음 각 호의 구분에 따라 수수료를 수입인지·수입증지로 내거나 정보통신망을 이용하여 전자화폐·전자결 제 등의 방법으로 내야 한다. <개정 2016. 12. 30.>

1. 간호조무사의 경우: 다음 각목의 구분에 따른 금액

가. 자격증 재발급: 2,000원

나. 등록증명: 500원(정보통신망을 이용하여 발급받은 경우는 제외한다)

2. 의료유사업자의 경우: 특별시·광역시·도 또는 특별자치도의 조례로 정하는 금액

③ 보건복지부장관 또는 시·도지사는 제1항에 따른 자격증 재발급 신청을 받으면 별지 제5호서식의 등록대장에 그 사유를 적고 별지 제4호서식의 자격증을 재발급하여야 한 다. <신설 2010. 4. 23., 2016. 12. 30.>

제12조(간호조무사 교육훈련기관의 평가·지정) ① 법 제80조제1항제1호부터 제4호까지 규 정에 따라 간호조무사 교육훈련기관이 보건복지부장관의 지정을 받기 위한 평가·지정 기준은 다음 각 호와 같다.

1. 교육 운영과정 및 교육 내용의 적절성

2. 교육인력, 교육시설 및 교육장비의 적절성

3. 재정 여건 및 교육훈련 능력의 수준

4. 교육 운영 실적의 수준

5. 제1호부터 제4호까지의 기준에 준하는 것으로서 교육훈련기관의 평가·지정을 위하여 보건복지부장관이 특히 필요하다고 인정하는 사항

② 교육훈련기관은 법 80조제2항에 따라 간호조무사 교육훈련기관의 평가·지정을 받으려 는 경우에는 별지 제7호서식의 간호조무사 교육훈련기관 지정신청서(전자문서로 된 신 청서를 포함한다)에 다음 각 호의 서류(전자문서로 된 서류를 포함한다)를 첨부하여 보건복지부장관에게 제출하여야 한다.

1. 해당기관의 설치 또는 설립 등에 관한 증빙 서류

2. 제1항 각 호의 평가·지정 기준에 관한 증명자료

③ 보건복지부장관은 제2항에 따라 간호조무사 교육훈련기관 지정을 위한 평가를 하는 경우에는 해당 평가에 드는 실비(實費)를 납부하게 할 수 있다.

④ 보건복지부장관은 제2항에 따른 평가·지정을 위하여 필요한 경우에는 관계 기관·법인·단체 및 개인 등에 대하여 필요한 자료의 제출이나 의견의 진술을 요청할 수 있다.

⑤ 보건복지부장관은 제2항에 따른 간호조무사 교육훈련기관의 평가·지정 신청에 대하여 평가를 완료한 경우에는 그 평가결과, 지정여부 및 지정기간 등을 신청인에게 알려야 한다.

⑥ 보건복지부장관은 제5항에 따른 평가결과에 따라 간호조무사 교육훈련기관을 지정한 경우에는 별지 제8호서식의 간호조무사 교육훈련기관 지정서를 발급하고, 그 지정에 관한 사항을 보건복지부 홈페이지 등에 게재하여야 한다.

⑦ 제6항에 따라 지정서를 발급받은 간호조무사 교육훈련기관은 교육생이 그 지정 사실을 알 수 있도록 지정서를 비치하거나 기관 홈페이지에 게시하는 등 필요한 조치를 하여야 한다.

⑧ 제1항부터 제7항까지 규정한 사항 외에 평가·지정 기준, 평가·지정 절차, 평가·지정 방법 및 결과 통보 등에 필요한 세부 사항은 보건복지부장관이 정한다.
[본조신설 2016. 12. 30.] [종전 제12조는 제17조로 이동 <2016. 12. 30.>]

제13조(간호조무사의 취업상황 등 신고) ① 법 제80조제4항에 따라 간호조무사가 그 실태와 취업상황 등을 신고하려면 제9조에 따리 지격증을 발급 받은 날부터 매 3년이 되는 해의 12월 31일까지 보건복지부장관에게 신고하여야 한다. 다만, 법률 제13658호 의료법 일부개정법률 부칙 제4조에 따라 신고하는 경우에는 그 신고를 한 날부터 매 3년이 되는 해의 12월 31일까지 신고하여야 한다.

② 간호조무사가 제1항에 따른 신고를 하려는 경우에는 별지 제9호서식의 간호조무사 취업상황 등 신고서(전자문서로 된 신고서를 포함한다)에 법 제80조제5항에 따른 보수교육의 이수, 유예 또는 면제를 증빙하는 서류를 첨부하여 보건복지부장관에게 제출하여야 한다.

③ 보건복지부장관은 법 제80조제4항에 따른 실태와 취업상황 등의 신고 업무를 효율적으로 처리하기 위하여 필요하다고 인정하는 경우에는 해당 업무를 전자적으로 처리할 수 있는 정보처리시스템을 구축·운영할 수 있다. [본조신설 2016. 12. 30.]

제14조(보수교육) ① 법 제80조제5항에 따른 간호조무사의 보수교육(이하 "보수교육"이라 한다)은 다음 각 호의 구분에 따라 실시한다.

1. 보수교육의 대상: 간호조무사의 자격을 가지고 해당 자격과 관련된 업무에 종사하고 있는 사람

2. 보수교육의 내용: 다음 각 목의 사항
 가. 직업윤리에 관한 사항
 나. 업무 전문성 향상 및 업무 개선에 관한 사항
 다. 의료 관계 법령의 준수에 관한 사항
 라. 그 밖에 보건복지부장관이 보수교육에 특히 필요하다고 인정하는 사항

3. 보수교육의 방법: 대면교육 또는 정보통신망을 활용한 온라인 교육

4. 보수교육의 시간: 매년 8시간 이상. 다만, 1년 이상 간호조무사의 업무에 종사하지 아니하다가 다시 그 업무에 종사하려는 사람의 경우 그 종사하려는 연도의 교육시간에 관하여는 다음 각 목의 구분에 따른다.
 가. 1년 이상 2년 미만 그 업무에 종사하지 아니한 사람: 12시간 이상
 나. 2년 이상 3년 미만 그 업무에 종사하지 아니한 사람: 16시간 이상
 다. 3년 이상 그 업무에 종사하지 아니한 사람: 20시간 이상

② 보건복지부장관은 법 제80조제5항에 따라 보수교육을 받은 사람에게 별지 제10호서식의 간호조무사 보수교육 이수증을 발급하여야 한다.

③ 제1항 및 제2항에 따른 보수교육의 대상·방법·내용 및 시간 등에 필요한 세부 사항

을 보건복지부장관이 정하여 고시한다.
[본조신설 2016. 12. 30.]

제15조(보수교육 면제·유예) ① 보건복지부장관은 다음 각 호의 어느 하나에 해당하는 간호조무사에 대해서는 해당 연도의 보수교육을 면제한다.
1. 법 제7조제1호에 따른 간호학을 전공하는 대학이나 전문대학(구제 전문학교와 간호학교를 포함한다) 재학생
2. 제9조에 따른 신규 자격 취득자
3. 보건복지부장관이 보수교육에 상응하는 교육을 받았다고 인정하는 사람 등 보건복지부장관이 정하여 고시하는 사람
② 보건복지부장관은 본인의 질병이나 그 밖의 불가피한 사유로 보수교육을 받기가 곤란하다고 인정하는 사람에 대해서는 해당 연도의 보수교육을 유예할 수 있다. 이 경우 보수교육이 유예된 사람은 유예사유가 해소(解消)된 후 유예된 보수교육을 추가로 받아야 한다.
③ 제1항 또는 제2항에 따라 보수교육을 면제받거나 유예받으려는 사람은 별지 제11호서식의 보수교육 면제·유예 신청서(전자문서로 된 신청서를 포함한다)에 보수교육 면제 또는 유예의 사유를 증명할 수 있는 서류(전자문서로 된 서류를 포함한다)를 첨부하여 보건복지부장관에게 제출하여야 한다.
④ 보건복지부장관은 제3항에 따른 신청에 대하여 보수교육 면제 또는 유예 여부를 결정한 경우에는 신청인에게 그 결정내용을 알려야 한다. 이 경우 보수교육 면제 또는 유예 대상자에 대해서는 별지 제12호서식의 보수교육 면제·유예 확인서를 발급하여야 한다. [본조신설 2016. 12. 30.]

제16조(보수교육 관계 서류의 보존) 보건복지부장관은 보수교육과 관계된 다음 각 호의 사항에 대한 서류를 3년 동안 보존하여야 한다.
1. 보수교육 대상자 및 이수자
2. 보수교육 면제·유예자
3. 그 밖에 교육 이수자가 교육을 이수하였다는 사실을 확인할 수 있는 서류 [본조신설 2016. 12. 30.]

제17조(준용규정) 이 규칙에 규정된 것 외에 의료유사업자에 대하여는 「의료법 시행령」 중 제11조부터 제15조까지 및 제32조와 「의료법 시행규칙」 중 제6조제2항, 제15조, 제17조, 제20조부터 제24조까지, 제30조, 제40조, 제47조 및 제78조를 준용한다. 이 경우 "보건복지부장관"은 "시·도지사"로 한다. <개정 2010. 3. 19., 2016. 12. 30.> [제12조에서 이동 <2016. 12. 30.>]

부칙 <제497호, 2017. 5. 30.>
제1조(시행일) 이 규칙은 2017년 5월 30일부터 시행한다.

◇ 우리나라 각 의원, 요양병원, 보건기관 등에서 환자의 요양을 위한 간호 및 진료의 보조를 수행하고 있는 간호조무사의 역할 및 비중이 상당한 부분을 차지하고 있다. 간호조무사 면허를 취득한 인원은 80만여 명(2021년)정도이며, 현재 각 의료기관, 보건기관 등에서 종사하는 간호조무사는 21만 600여 명(2021년 5월) 정도로 추산된다.

| 질의 내용 | 간호조무사 제도 및 현황 |
|---|---|
| 해석 경향 | 간호조무사제도는 1963년 7월 31일 제정된 의료보조원법에 근거하여 1966년 7월 25일 개정된 의료보조원법시행령 제1조에서 현행의 의료기사제도와 더불어 규정되었습니다. 1960년부터 1970년 사이 독일을 비롯한 중동지역에 5천여 명이 간호인력으로 파견된 바 있으며, 1973년 의료법을 전면 개정하면서 의료법에도 근거를 두게 되었습니다. 2017년 보건복지부장관 자격으로 격상되었으며, 현재 80여만 명의 간호조무사 자격자가 배출되어 22만여 명이 의료기관, 보건기관, 사회복지시설 등에 근무하고 있어 의료현장에서 차지하는 직종의 비중이 크다 할 수 있습니다. 간호조무사는 간호사를 보조하여 업무를 수행하고 있으며, 의원급 의료기관에서는 의사, 치과 의사, 한의사의 지도하에 환자의 요양을 위한 간호 및 진료의 보조를 수행하고 있습니다. 간호·간병통합서비스 제공 의료기관에서는 병동의 병상 40개당 1명 이상. 다만 40개당의 병상 수를 계산한 후 남은 병상이 40개 미만인 경우에는 1명을 배치하도록 의료법 시행규칙 별표 1의2에서 규정하고 있습니다. |

| 질의 내용 | 간호조무사 응시 자격 |
|---|---|
| 해석 경향 | 간호조무사 응시자격은 고졸 이상의 학력자로 740시간 이상의 학과교육과 의료기관 또는 보건소에서 780시간 이상의 실습과정(종합병원이나 병원에서의 실습시간 400시간 이상)을 이수한 자만이 응시할 수 있습니다. 단 대학 및 전문대학에서 간호 관련 학과를 졸업한 자(해당 연도 졸업예정자 포함)는 위 학과교육 및 실습과정을 이수한 것으로 보며, 보건복지부장관이 인정하는 외국의 간호조무사 훈련과정을 이수하거나 외국의 간호조무사 시험에 합격한 자도 응시할 수 있습니다. 정신보건법 제3조 제1호에 따른 정신질환자(다만, 전문의가 의료인으로서 적합하다고 인정하는 사람은 그러하지 아니하다), 마약·대마·향정신성의약품 중독자, 금치산자·한정치산자 등은 응시할 수 없습니다. |

[ 카 페 창 ]

## 내 누이

心傳 권 형 원

어렸을 적부터
유난히 수돗가에서 살았다

얼굴을 씻고 손을 씻고

걸레를 빨아
콩기름 칠한 종이장판을
반질반질 닦던 누이
늘 상 어른들의 칭찬을 독차지했다

라디오 켜진 방안에 가면
외출을 기다리고 있는 단정한 옷들
말끔히 닦인 거울 앞에 잘 세워진
조그만 화장품들

조용히 놓여 있는 시집 한 권
예쁜 내 누이
그녀는 지금 주름진 손을
따스하게 만지고 있는 병원 간호조무사이다.

(시사문단 2019)

| 의료법 | 제80조의2(간호조무사 업무) |
|---|---|

① 간호조무사는 제27조에도 불구하고 간호사를 보조하여 제2조제2항제5호 가목부터 다목까지의 업무를 수행할 수 있다.

② 제1항에도 불구하고 간호조무사는 제3조제2항에 따른 의원급 의료기관에 한하여 의사, 치과의사, 한의사의 지도하에 환자의 요양을 위한 간호 및 진료의 보조를 수행할 수 있다.

③ 제1항 및 제2항에 따른 구체적인 업무의 범위와 한계에 대하여 필요한 사항은 보건복지부령으로 정한다. [본조신설 2015. 12. 29.]

| 의료법 시행규칙 (별표 5) | 간호조무사 정원에 관한 고시(제90-26호, 1990. 3. 23) |
|---|---|

의료법시행규칙 (별표 5)의 의료기관에 두는 의료인 등을 정원 중 간호사의 정원을 간호조무사로 충당할 수 있는 대상 및 범위는 다음과 같다.

1. 입원환자 5인 이상을 수용하는 의원, 치과의원 및 한의원에 있어서는 간호사 정원의 100분의 50 이내

2. 입원환자 5인 미만 또는 외래환자만을 진료하는 의원, 치과의원 및 한의원에 있어서는 간호사 정원의 100분의 100 이내

| 질의 내용 | 간호조무사의 업무 범위 |
|---|---|
| 해석 경향 | 간호조무사의 업무 및 진료보조와 관련하여 의료법령에서 구체적으로 규정하고 있지는 않으나 대법원 판례 및 보건복지부 유권해석 등에서 일반적으로 판단하기를 진료보조 업무라 함은 의료인의 지시·감독 하에 이루어지는 의료행위 또는 의료행위에 준하는 행위들을 뜻한다 할 것인 바, 이에 따라 이들이 수행할 수 없고 반드시 의사가 행하여야 할 의료행위 영역에 관하여는 각종 판례 및 해석, 현실 상황 및 일반적인 통념, 나아가 해당인의 업무수행능력, 자세한 지시·감독사항 관계 등 정황 및 사실관계에 비추어 판단하여야 할 것입니다. 이러한 행위의 예시로 의사의 지시·감독 하에 수행 가능한 사항으로는 간단한 문진, 활력징후측정, 혈당측정, 채혈 등 진단보조행위, 피하·근육·혈관 등 주사행위, 수술실에서의 마취보조·수술진행 보조 및 병동·진료실에서의 소독·마취·혈관로 확보, 소변로 확보, 관장, 깁스 등 치료보조행위, 입원실이 있는 의료기관에서의 조제, 투약 등을 돕는 약무보조행위 등이 있을 것입니다. 다만 이러한 행위들이 의사의 구체적 지시, 감독 없이 독단적으로 수행되거나, 의료기기 등을 이용한 고난이도의 침습적 시술을 행할 경우에는 무면허의료행위로 처벌받을 수 있으므로 주의하여야 합니다. |

| 질의 내용 | 간호조무사의 업무 |
|---|---|
| 해석 경향 | 간호조무사 업무는 의료법 제80조의2에서 법 제27조에도 불구하고 간호사를 보조하여 제2조제2항제5호가목부터 다목까지(환자의 간호요구에 대한 관찰, 자료수집, 간호판단 및 요양을 위한 간호/의사, 치과의사, 한의사의 지도하에 시행하는 진료의 보조/간호 요구자에 대한 교육·상담 및 건강증진을 위한 활동의 기획과 수행, 그 밖의 대통령령으로 정하는 보건활동)의 업무를 수행할 수 있으며, 간호조무사는 의료법 제3조제2항에 따른 의원급 의료기관에 한하여 의사, 치과의사, 한의사의 지도하에 환자의 요양을 위한 간호 및 진료의 보조를 수행할 수 있습니다. |

| 질의 내용 | 간호조무사의 진료보조업무 |
|---|---|
| 판례 경향 | 간호조무사로서의 '진료보조업무'는 의사가 주체가 되어 행하는 진료행위에 있어 간호조무사가 의사의 지시에 따라 이를 보조하는 행위를 의미하는 것이지 의사가 구두로 지시하였다고 하더라도 실제 의료행위를 간호조무사가 행하였다면 이는 진료보조행위라고 볼 수는 없으므로(대법원 2009. 9. 24. 선고 2009도1337 판결 참조), 위 법령에서 말하는 '진료보조업무'라 함은 어디까지나 의사가 주체가 되어 진료행위를 하고 그 지시에 따라 옆에서 보조하는 것을 의미하는 것이지, 의사가 구두로 지시 내지 설명하거나 입회하였다고 하더라도 실제 의료행위를 간호조무사가 하였다면 이는 진료보조의 범위를 일탈한 것으로서 진료보조행위에 포함시킬 수 없다고 할 것이다. 동 사건은 치아 본뜨기 시술을 간호조무사가 한 행위는 진료보조업무의 범위를 일탈한 것으로서 간호조무사의 진료보조행위에 포함될 수 없다는 이유로, 피고인들에게 유죄를 인정한 제1심 판단을 정당하다고 한 사례(대전지법 2015. 5. 28. 선고 2014노3568 판결). |

| 질 의 내 용 | 간호조무사의 의약품 조제 보조행위 |
| --- | --- |
| 해 석 경 향 | 간호조무사 업무는 의료법 제80조의2에서 법 제27조에도 불구하고 간호사를 보조하여 환자의 간호요구에 대한 관찰, 자료수집, 간호판단 및 요양을 위한 간호, 의사, 치과의사, 한의사의 지도하에 시행하는 진료의 보조, 간호 요구자에 대한 교육·상담 및 건강증진을 위한 활동의 기획과 수행, 그 밖의 대통령령으로 정하는 보건활동의 업무를 수행할 수 있으며, 간호조무사는 제3조제2항에 따른 의원급 의료기관에 한하여 의사, 치과의사, 한의사의 지도하에 환자의 요양을 위한 간호 및 진료의 보조를 수행할 수 있다고 규정하고 있습니다. 이외 의료법상 간호조무사의 진료의 보조 업무에 대하여 구체적으로 그 업무범위를 규정하고 있지는 않으나, 다른 면허자의 업무영역에 속하지 아니하는 의원급 의료기관의 상황에서 의사의 구체적이고 즉각적인 지시나 지도를 받아가며 행하는 의약품 조제행위 보조행위는 가능할 것입니다. |

| 질 의 내 용 | 간호조무사의 의약품 조제 보조행위 |
| --- | --- |
| 판 례 경 향 | 의사가 입원환자의 진료기록지에 의약품의 종류와 용량을 적어 처방을 하면 간호조무사들이 위 의사의 특별한 지시나 감독 없이 진료기록지의 내용에 따라 원무과 접수실 옆 약품진열장에서 종류별로 용기에 들어 있는 약을 꺼내어 배합·밀봉하는 등의 행위를 한 경우, 구 약사법(2007. 4. 11. 법률 제8365호로 전문 개정되기 전의 것) 제21조 제5항에 따라 위 의사가 의약품을 직접 조제한 것으로 볼 수 없다. 의사가 입원환자를 진료한 후 당해 환자의 진료기록지에 의약품의 종류와 용량을 결정하여 처방을 하면 간호조무사들은 피고인의 특별한 지시나 감독 없이 병원 원무과 내 접수실 옆의 약품진열장에서 진료기록지의 내용에 따라 의약품의 종류별(원심은 최소한 4가지 종류라고 하였으나, 기록에 의하면, 진료기록지에 기재된 의약품의 명칭만도 10개 이상이며 그 중에는 효능이 비슷한 것도 포함되어 있음을 알 수 있다)로 용기에 들어 있는 약을 꺼내어 배합하고 이를 밀봉하는 등의 행위를 한 사실을 인정한 다음, 위 인정 사실에 의하면, 피고인이 간호조무사의 조제행위에 대하여 구체적이고 즉각적인 지휘·감독을 하였다거나 그와 같은 지휘·감독이 가능한 상태에서 간호조무사들이 피고인의 조제행위를 단순히 기계적으로 보조하였음에 불과하다고 볼 수는 없다고 판단하였다.<br>앞서 본 법리와 기록에 비추어 살펴보면, 이 부분 원심판결 이유에는 다소 미흡한 점이 없지 않으나 피고인이 의약품을 직접 조제한 것이 아니라고 하여 약사법 위반의 점을 유죄로 인정한 결론은 정당하고, 거기에 상고이유의 주장과 같이 채증법칙을 위반하거나 약사법의 법리를 오해한 위법이 없다(대법원 2007. 10. 25. 선고 2006도4418 판결). |

| 질의 내용 | 한의원 근무 간호조무사 진료보조행위 |
|---|---|
| 해석 경향 | 간호조무사 업무에 관해서는 의료법 제80조의2에서 법 제27조에도 불구하고 간호사를 보조하여 제2조제2항제5호가목부터 다목까지의 업무를 수행할 수 있으며, 제1항에도 불구하고 간호조무사는 제3조제2항에 따른 의원급 의료기관에 한하여 의사, 치과의사, 한의사의 지도하에 환자의 요양을 위한 간호 및 진료의 보조를 수행할 수 있다고 규정하고 있습니다. 따라서 한의원에서 간호조무사는 한의사의 지도하에 간호 및 진료의 보조를 수행할 수 있는 바, 한의사의 침 시술 후의 발침 행위, 한의사가 침을 자입한 후 침병에 전기를 연결하고 자극강도를 조절하는 행위, 한의사가 지정해 준 혈 위에 뜸, 부항기를 부착하는 행위는 한의사의 지도 감독 하에 할 수 있는 진료보조행위라 할 수 있습니다. |

| 의료법 | 제80조의3(준용규정) |
|---|---|
| | 간호조무사에 대하여는 제8조, 제9조, 제12조, 제16조, 제19조, 제20조, 제22조, 제23조, 제59조제1항, 제61조, 제65조, 제66조, 제68조, 제83조제1항, 제84조, 제85조, 제87조, 제87조의2, 제88조, 제88조의2 및 제91조를 준용하며, 이 경우 "면허"는 "자격"으로, "면허증"은 "자격증"으로 본다. <개정 2016. 12. 20., 2019. 8. 27.> [본조신설 2015. 12. 29.] |

| 의료법 | 제81조(의료유사업자) |
|---|---|
| | ① 이 법이 시행되기 전의 규정에 따라 자격을 받은 접골사(接骨士), 침사(鍼士), 구사(灸士)(이하 "의료유사업자"라 한다)는 제27조에도 불구하고 각 해당 시술소에서 시술(施術)을 업(業)으로 할 수 있다. |
| | ② 의료유사업자에 대하여는 이 법 중 의료인과 의료기관에 관한 규정을 준용한다. 이 경우 "의료인"은 "의료유사업자"로, "면허"는 "자격"으로, "면허증"은 "자격증"으로, "의료기관"은 "시술소"로 한다. |
| | ③ 의료유사업자의 시술행위, 시술업무의 한계 및 시술소의 기준 등에 관한 사항은 보건복지부령으로 정한다. <개정 2008. 2. 29., 2010. 1. 18.> |

◇ 우리나라 의료유사업자 현황은 1962년 국민의료법이 폐지되면서 신규자격을 부여할 수 있는 근거규정이 삭제됨에 따라 이전 자격자만 존재하며 자격자들이 연로한 가운데 그 인원이 감소하고 있으며, 2015년 당시 접골사 10여 명, 침사 20여 명, 구사 5명 정도로 추산되었다.

| 질의 내용 | 접골사, 침사, 구사의 업무 범위 |
| --- | --- |
| 해석 경향 | 접골사, 침사, 구사의 의료유사업자제도는 정규 의료인력이 부족한 상황에서 의료를 제공하기 위한 제도의 일환으로 유지되어 오다가 1962년 3월 20일 국민의료법이 폐지되면서 신규자격을 부여할 수 있는 근거규정이 삭제됨에 따라 기존 제도의 자취가 남게 된 제도로 종전 규정에 의해 자격을 받은 접골사·침사·구사에 대해 각 시술소를 개설하여 시술행위를 할 수 있도록 하고 있다.<br>접골사는 뼈가 부러지거나[골절] 관절이 삐거나 겹질린 환자에 대해 환부(患部)를 조정(調整)하고 회복시키는 응급처치 등 접골 시술행위(施術行爲)를 업무로 하고, 침사는 한방치료행위의 일종인 환자의 경혈(經穴)에 침을 놓는 시술을 통해 치료행위를 하고, 구사는 환자의 경혈에 구(灸) 뜸을 놓는 시술행위를 하는 것을 주 업무로 한다. 다만 접골사, 침사, 구사(이하 "의료유사업자"라 한다)는 환자에 대하여 외과수술을 하거나 약품을 투여할 수는 없다. 의료유사업자는 제도 중지에 따른 기존 자격증자 외에 신규 배출이 없는 관계로 계속 감소되고 있는 추세이다. |

| 질의 내용 | 침·구 시술행위 |
| --- | --- |
| 해석 경향 | 침·구술이란 침으로 인체 내의 경락계통에 일정한 자극을 주어 질병을 치료 또는 예방하는 것으로 「의료법」제5조의 규정에 따라 보건복지부장관으로부터 면허를 받은 한의사 및 1962년 이전의 규정에 따라 '침사', '구사'자격증을 소지한 자만이 침·구 시술행위를 할 수 있습니다.<br>침사, 구사의 자격을 소지한 자는 침시술소를 개설하고 개설한 시술소 내에서 침·구 시술행위를 할 수 있으며 의료법령에서 규정하고 있는 예외적용사항 외, 별도의 장소에서 무단 침·구시술을 할 경우, 의료법 제33조의 개설 위반에 해당되어 처벌받을 수 있습니다. |

| 의료법 | 제82조(안마사) |
|---|---|

① 안마사는 「장애인복지법」에 따른 시각장애인 중 다음 각 호의 어느 하나에 해당하는 자로서 시·도지사에게 자격인정을 받아야 한다. <개정 2008. 2. 29., 2010. 1. 18.>

1. 「초·중등교육법」 제2조제5호에 따른 특수학교 중 고등학교에 준한 교육을 하는 학교에서 제4항에 따른 안마사의 업무한계에 따라 물리적 시술에 관한 교육과정을 마친 자

2. 중학교 과정 이상의 교육을 받고 보건복지부장관이 지정하는 안마수련기관에서 2년 이상의 안마수련과정을 마친 자

② 제1항의 안마사는 제27조에도 불구하고 안마업무를 할 수 있다.

③ 안마사에 대하여는 이 법 중 제8조, 제25조, 제28조부터 제32조까지, 제33조제2항제1호·제3항·제5항·제8항 본문, 제36조, 제40조, 제59조제1항, 제61조, 제63조(제36조를 위반한 경우만을 말한다), 제64조부터 제66조까지, 제68조, 제83조, 제84조를 준용한다. 이 경우 "의료인"은 "안마사"로, "면허"는 "자격"으로, "면허증"은 "자격증"으로, "의료기관"은 "안마시술소 또는 안마원"으로, "해당 의료관계단체의 장"은 "안마사회장"으로 한다. <개정 2009. 1. 30.>

④ 안마사의 업무한계, 안마시술소나 안마원의 시설 기준 등에 관한 사항은 보건복지부령으로 정한다. <개정 2008. 2. 29., 2010. 1. 18.>

---

안마사에 관한 규칙
[시행 2019. 1. 1.] [보건복지부령 제606호, 2018. 12. 28., 타법개정]

제1조(목적) 이 규칙은 「의료법」 제82조에 따라 안마사의 자격인정 및 그 업무 한계와 안마시술소 또는 안마원의 시설 기준 등에 관하여 필요한 사항을 규정함을 목적으로 한다.

제2조(안마사의 업무 한계) 안마사의 업무는 안마·마사지·지압 등 각종 수기요법(手技療法)이나 전기기구의 사용, 그 밖의 자극요법으로 인체에 물리적 시술행위를 하는 것으로 한다.

제3조(안마사의 자격인정) ① 안마사의 자격인정을 받으려는 자는 별지 제1호서식의 안마사 자격인정 신청서(전자문서로 된 신청서를 포함한다)에 다음 각 호의 서류(전자문서를 포함한다)를 첨부하여 주소지를 관할하는 특별시장·광역시장·도지사 또는 특별자치도지사(이하 "시·도지사"라 한다)에게 제출하여야 한다. 다만, 「전자정부법」 제36조제1항에 따른 행정정보의 공동이용을 통하여 첨부서류에 대한 정보를 확인할 수 있는 경우에는 그 확인으로 첨부서류를 갈음할 수 있다. <개정 2010. 9. 1.>
1. 「의료법」 제82조제1항 각 호의 어느 하나에 해당하는 자임을 증명하는 서류
2. 「의료법」 제8조제1호 및 제2호에 해당하는 자가 아님을 증명하는 의사의 진단서
3. 사진 2장(신청 전 6개월 이내에 촬영한 탈모 정면 상반신 반명함판)
② 시·도지사는 제1항에 따른 신청에 따라 안마사의 자격을 인정한 경우에는 별지 제2호서식의 안마사 자격증을 발급하고 별지 제3호서식의 안마사 등록대장에 그 내용을

적고 그 등록대장을 갖추어 두어야 한다.

제4조(자격증 재발급) 제3조제2항에 따라 사격증을 발급받은 자가 그 자격증을 잃어버렸거나 자격증이 헐어 못쓰게 되어 재발급받으려는 경우에는 별지 제4호서식의 안마사 자격증 재발급신청서에 다음 각 호의 서류를 첨부하여 시·도지사에게 신청하여야 한다.
1. 자격증 원본(자격증이 헐어 못쓰게 된 경우에만 해당된다)
2. 사진(신청 전 6개월 이내에 촬영한 탈모 정면 상반신 반명함판) 2장

제5조(안마수련기관) ① 「의료법」 제82조제1항제2호에 따른 안마수련기관으로 지정받으려는 자는 보건복지부장관에게 신청하여야 한다. <개정 2010. 3. 19.>
② 보건복지부장관은 제1항에 따른 신청에 따라 안마수련기관을 지정하는 경우에는 비영리법인이 설치·운영하는 기관 중에서 지정하여야 한다. <개정 2010. 3. 19.>
③ 안마수련기관은 다음 각 호의 시설 및 설비를 갖추어야 한다. <개정 2009. 7. 1.>
1. 사무실
2. 강의실(20명 이상을 수용할 수 있을 것)
3. 실습실(실습실당 5명 정도가 실습할 수 있을 것)
4. 안마시술의 실습교육에 필요한 기구
5. 소독시설
6. 화재·전기·가스 등에 대한 안전시설 및 장치

제6조(안마시술소·안마원의 시설 기준) ① 안마시술소·안마원의 시설 기준은 별표 1과 같다.
② 「공중위생관리법」 제2조에 따른 숙박업의 업소 또는 「관광진흥법」 제3조에 따른 호텔업의 업소가 있는 건축물에는 안마시술소나 안마원을 개설할 수 없다. 다만, 다음 각 호의 요건을 모두 갖춘 경우에는 숙박업의 업소가 있는 건축물에 안마시술소나 안마원을 개설할 수 있다.
1. 안마시술소 또는 안마원의 개설자와 숙박업을 하는 자가 동일인이 아닐 것
2. 안마시술소나 안마원을 숙박업의 업소와 같은 층이나 바로 아래층 또는 바로 위층에 개설하지 아니할 것
3. 안마시술소나 안마원을 개설하려는 건축물에 숙박업을 포함하여 5개 이상의 다른 업종의 업소가 있을 것

제7조(안마시술소 또는 안마원 개설자의 준수 사항) 안마시술소 또는 안마원의 개설자는 다음 각 호의 사항을 지켜야 한다. <개정 2010. 3. 19.>
1. 안마시술소나 안마원을 위생적으로 깨끗하게 유지할 것
2. 안마시술소 및 그 부대시설 또는 안마원을 안마시술 목적 외의 다른 용도로 사용하지 말 것
3. 안마사가 아닌 자에게 제2조에 따른 안마사 업무를 하게 하거나 이를 하도록 내버려두지 말 것
4. 부대시설로 설치한 욕실의 욕수(浴水)는 「공중위생관리법」에 따른 목욕장업의 욕조수 수질기준을 유지할 것
5. 안마시술소나 안마원 내에서 퇴폐·음란행위 또는 도박을 하게 하거나 이를 하도록 내버려두지 말 것
6. 안마시술소나 안마원 내부의 손님이 보기 쉬운 곳에 가격표를 붙여 놓을 것
7. 종업원에게 「의료법」 제82조제3항에 따라 설립한 대한안마사협회(이하 "협회"라 한다)가 보건복지부장관의 승인을 받아 실시하는 보수교육 및 소양교육을 받도록 할 것
8. 그 밖에 시·도지사가 공공질서를 유지하기 위하여 특히 필요하다고 인정하여 지시하는 사항을 지킬 것

제8조(안마시술소 또는 안마원에 대한 지도·점검) ① 시장·군수·구청장(자치구의 구청장을 말한다. 이하 같다)은 매 반기(半期) 1회 이상 관계 공무원으로 하여금 안마시술소나 안마원이 제6조에 따른 기준에 맞는지와 제7조에 따른 준수 사항을 지키고 있는지를 지도·점검하도록 하여야 한다.

② 제1항에 따른 지도·점검 결과 보건복지부장관이 정하는 기준에 해당하는 우수업소에 대하여는 1년간 지도·점검을 면제할 수 있다. 이 경우 지도·점검을 면제받은 업소가 우수업소 기준에 해당하지 아니하게 되는 등 특별한 사유가 있을 때에는 제1항에 따른 지도·점검을 다시 실시하여야 한다. <개정 2010. 3. 19.>

③ 제1항에 따른 지도·점검을 하는 관계 공무원은 지도·점검 결과를 별지 제5호서식의 안마시술소 등 지도·점검기록부에 기록하여 그 기록부를 해당 안마시술소나 안마원에 갖추어 두게 하여야 한다.

제9조(행정처분의 기준) 「의료법」 제82조제3항에 따른 안마사·안마시술소 또는 안마원에 대한 행정처분의 세부 기준은 별표 2와 같다.

제10조(안마시술소 또는 안마원 개설신고의 특례) ① 「의료법」 제82조제3항에 따라 안마시술소나 안마원 개설신고를 받은 시장·군수·구청장은 별지 제6호서식의 안마시술소·안마원 개설에 관한 의견서에 따라 협회의 의견을 들은 후 그 신고를 수리(受理)하여야 하며 수리한 후에는 그 사실을 협회에 통보하여야 한다. 이 경우 협회는 안마시술소나 안마원 개설에 대한 의견이 있으면 의견요청을 받은 날부터 7일 이내에 의견을 제출하여야 한다. <개정 2011. 6. 8.>

② 제1항에 따른 안마시술소 개설신고를 받은 시장·군수·구청장은 「다중이용업소의 안전관리에 관한 특별법」 제9조제5항에 따른 안전시설등 완비증명서 발급 여부를 관계기관에 확인하여야 한다. <신설 2011. 6. 8.>

제11조(준용규정) 안마사에 관하여는 「의료법 시행규칙」 중 다음 각 호의 규정을 준용한다. 이 경우 "보건복지부장관"은 "시·도지사"로, "의료인"은 "안마사"로 보며, 「의료법 시행규칙」 제25조에 따른 안마시술소개설신고서의 처리기간에는 제10조 후단에 따라 실제로 의견을 제출하는 데에 걸린 기간은 산입되지 아니하는 것으로 본다. <개정 2010. 3. 19., 2011. 6. 8.>

1. 면허등록대장 등에 관한 제5조
2. 면허증의 재발급에 관한 제6조
3. 면허증의 반환에 관한 제8조
4. 의료기관 개설신고에 관한 제25조
5. 의료기관 개설신고사항의 변경신고에 관한 제26조(제1항제2호는 제외한다)
6. 「의료법」 제28조의 중앙회에 대한 의료법인 규정의 준용에 관한 제73조

제12조(규제의 재검토) 보건복지부장관은 다음 각 호의 사항에 대하여 다음 각 호의 기준일을 기준으로 2년마다(매 2년이 되는 해의 기준일과 같은 날 전까지를 말한다) 그 타당성을 검토하여 개선 등의 조치를 하여야 한다. <개정 2018. 12. 28.>

1. 제5조에 따른 안마수련기관이 갖추어야 하는 시설 및 설비: 2015년 1월 1일
2. 제6조 및 별표 1에 따른 안마시술소·안마원의 시설 기준: 2015년 1월 1일
3. 제7조에 따른 안마시술소 또는 안마원 개설자의 준수 사항: 2015년 1월 1일
4. 제10조에 따른 안마시술소 또는 안마원 개설신고의 특례: 2015년 1월 1일

[본조신설 2015. 1. 5.]

부칙 <제606호, 2018. 12. 28.> 이 규칙은 2019년 1월 1일부터 시행한다.

◇ 보건복지부 통계를 보면, 안마사 자격을 가진 시각장애인은 2016년 기준 9,742명 정도이며, 이 가운데 현업 종사자는 5,000여 명 정도로 추산하고 있다.

◇ 제33조제2항(제82조제3항 준용)에 따른 안마시술소의 개설 관련 사항을 위반한 경우 : 5년 이하의 징역 5천만원 이하의 벌금

◇ 제33조제8항(제82조제3항 준용)을 위반하여 둘 이상의 시술소를 운영한 경우 : 5년 이하의 징역 5천만원 이하의 벌금

◇ 제82조제1항에 따른 안마사의 자격인정을 받지 아니하고 영리를 목적으로 안마를 한 자 : 3년 이하의 징역이나 3천만원 이하의 벌금

| 질의 내용 | 안마사 자격 요건 |
|---|---|
| 해석 경향 | 안마사는 「장애인복지법」에 따른 시각장애인 중 「초ㆍ중등교육법」 제2조제5호에 따른 특수학교 중 고등학교에 준한 교육을 하는 학교에서 제4항에 따른 안마사의 업무한계에 따라 물리적 시술에 관한 교육과정을 마친 자. 중학교 과정 이상의 교육을 받고 보건복지부장관이 지정하는 안마수련기관에서 2년 이상의 안마수련과정을 마친 자로서 시ㆍ도지사에게 자격인정을 받아야 합니다. |

| 질의 내용 | 안마사의 업무 |
|---|---|
| 해석 경향 | 안마사의 업무는 안마사에 관한 규칙 제2조(안마사의 업무 한계)에서 안마ㆍ마사지ㆍ지압 등 각종 수기요법(手技療法)이나 전기기구의 사용, 그 밖의 자극요법으로 인체에 물리적 시술행위를 하는 것으로 규정하고 있으며, 수기요법은 지압, 스포츠마사지, 발 지압, 활법 등 손으로 인체에 물리적 시술을 하는 행위를 포괄합니다. |

| 질의 내용 | 안마나 지압의 의료행위 |
|---|---|
| 판례 경향 | 의료행위라 함은 의학적 전문지식을 기초로 하는 경험과 기능으로 진찰, 검안, 처방, 투약 또는 외과적 시술을 시행하여 하는 질병의 예방 또는 치료행위 및 그 밖에 의료인이 행하지 아니하면 보건위생상 위해가 생길 우려가 있는 행위를 의미한다 할 것이고(대법원 1974. 11. 26. 선고 74도1114 전원합의체 판결, 1999. 3. 26. 선고 98도2481 판결 등 참조), 안마나 지압이 의료행위에 해당하는지에 대해서는 그것이 단순한 피로회복을 위하여 시술하는데 그치는 것이 아니라 신체에 대하여 상당한 물리적인 충격을 가하는 방법으로 어떤 질병의 치료행위에까지 이른다면 이는 보건위생상 위해가 생길 우려가 있는 행위, 즉 의료행위에 해당한다고 보아야 할 것이다(대법원 2000. 2. 25. 선고 99도4542 판결). |

| 질 의 내 용 | 지압행위 보건범죄단속에관한특별조치법 위반 |
|---|---|
| 판례 경향 | 의료법 제25조에서 말하는 의료행위라 함은 의료인이 행하지 아니하면 보건위생상 위해가 생길 우려가 있는 행위를 말한다 할 것인 바, 의료인으로서 갖추어야 할 의학상의 지식과 기능을 갖지 않는 피고인이 지두로서 환부를 눌러 교감신경 등을 자극하여 그 흥분상태를 조정하는 소위 지압의 방법으로 원판시와 같이 소아마비, 신경성위장병 환자 등에 대하여 치료행위를 한 것은 생리상 또는 보건위생상 위험이 있다고 보아야하고, 이와 같은 경우에는 피고인이 위 소위를 위 법조 소정의 의료행위로 봄이 상당하다 할 것인 바, 의료법상의 면허나 자격이 없는 피고인이 위와 같은 의료행위를 하고 그 치료비로서 원판시와 같이 수인으로 부터 금품을 받은 소위에 대하여 보건범죄단속에관한특별조치법 제5조를 적용한 원판결 조치는 정당하며, 원판결에 의료행위에 관한 법리오해나 법률적용을 그릇한 위법 사유 없다. 논지 이유 없다(대법원 1978. 5. 9. 선고 77도2191 판결). |

| 질 의 내 용 | 시각장애인 안마사제도 직업선택의 자유 및 평등권 침해(합헌) |
|---|---|
| 헌재 결정 | 시각장애인에 한하여 안마사 자격인정을 받을 수 있도록 한 의료법(2010. 1. 18. 법률 제9932호로 개정된 것) 제82조제1항 중 '장애인복지법에 따른 시각장애인 중' 부분(이하 '이 사건 자격조항'이라 한다)이 직업선택의 자유 및 평등권을 침해하는지 여부(소극)<br>【결정요지】<br>이 사건 자격조항은 시각장애인에게 안마업을 독점시킴으로써 그들의 생계를 지원하고 직업활동에 참여할 수 있는 기회를 제공하는 것인바, 신체장애자 보호에 대한 헌법적 요청에 의하여 시각장애인의 생계, 인간다운 생활을 할 권리를 보장하기 위한 것으로서 정당한 목적 달성을 위한 적절한 수단이 된다. 시각장애인에게 안마업을 독점시키는 것은 시각장애인의 생존권 보장을 위한 불가피한 선택인 반면에 일반국민은 안마업 외에도 선택할 수 있는 직업이 많다는 점 등을 고려하면 이 사건 자격조항이 최소침해성원칙에 반한다고 할 수 없다. 또한 시각장애인 안마사제도는 생활전반에 걸쳐 시각장애인에게 가해진 유·무형의 사회적 차별을 보상해 주고 실질적인 평등을 이룰 수 있는 수단으로서, 이 사건 자격조항으로 인해 시각장애인과 비시각장애인 사이에 법익 불균형이 발생한다고 할 수 없으므로, 이 사건 자격조항이 비시각장애인을 시각장애인에 비하여 차별하는 것이라고 할 수 없을 뿐 아니라, 비시각장애인의 직업선택의 자유를 침해하여 헌법에 위반된다고 보기도 어렵다(헌재 2017. 12. 28. 2017헌가15). |

| 질의 내용 | 비안마사들의 안마시술소 개설행위 규제(합헌) |
|---|---|
| 헌재 결정 | 시각장애인들에 대한 실질적인 보호를 위하여 비안마사들의 안마시술소 개설행위를 실효적으로 규제하는 것이 필요하고, 이 사건 처벌조항은 벌금형과 징역형을 모두 규정하고 있으나, 그 하한에는 제한을 두지 않고 그 상한만 5년 이하의 징역형 또는 2천만원 이하의 벌금형으로 제한하여 법관의 양형재량권을 폭넓게 인정하고 있으며, 죄질에 따라 벌금형이나 선고유예까지 선고할 수 있으므로, 이러한 법정형이 위와 같은 입법목적에 비추어 지나치게 가혹한 형벌이라고 보기 어렵다. 따라서 이 사건 처벌조항이 책임과 형벌 사이의 비례원칙에 위반되어 헌법에 위반된다고 볼 수 없다(헌재 2017. 12. 28. 2017헌가15). |

| 질의 내용 | 안마사 안마시술소, 안마원 개설 직업선택의 자유 및 평등권 침해 여부(합헌) |
|---|---|
| 헌재 결정 | 안마사 자격인정을 받지 아니한 자는 안마시술소 또는 안마원을 개설할 수 없도록 한 의료법(2009. 1. 30. 법률 제9386호로 개정된 것) 제82조제3항 중 제33조제2항제1호를 준용하는 부분(이하 '이 사건 개설조항'이라 한다)이 직업선택의 자유 및 평등권을 침해하는지 여부(소극) 이 사건 개설조항은 무자격자의 안마시술소 개설로 발생할 수 있는 국민 건강상의 위험을 방지하고, 시각장애인의 생계보호 및 자아실현의 기회부여라는 시각장애인 안마사 제도의 목적을 보다 효과적으로 실현하고자 안마시술소 개설에 관한 독점권을 시각장애인에게 인정하는 것으로서 정당한 목적 달성을 위한 적절한 수단이 되며, 위와 같은 입법목적 달성을 위하여 달리 덜 침익적인 수단을 찾기 어려운 점에서 최소침해성원칙에 반한다고 할 수 없다. 시각장애인 안마시술소 개설 독점제도는 생활전반에 걸쳐 시각장애인에게 가해진 유·무형의 사회적 차별을 보상해 주고 실질적인 평등을 이룰 수 있는 수단이며, 이 사건 개설조항으로 인해 얻게 되는 시각장애인의 생존권 등 공익과 그로 인해 잃게 되는 일반국민의 직업선택의 자유 등 사익을 비교해 보더라도, 법익 불균형이 발생한다고 할 수 없다. 따라서 이 사건 개설조항이 비시각장애인을 시각장애인에 비하여 차별하는 것이라고 할 수 없을 뿐 아니라, 비시각장애인의 직업선택의 자유를 침해하여 헌법에 위반된다고 보기도 어렵다(헌재 2017. 12. 28. 2017헌가15). |

| 의료법 | 제83조(경비 보조 등) |
|---|---|

① 보건복지부장관 또는 시·도지사는 국민보건 향상을 위하여 필요하다고 인정될 때에는 의료인·의료기관·중앙회 또는 의료 관련 단체에 대하여 시설, 운영 경비, 조사·연구 비용의 전부 또는 일부를 보조할 수 있다. <개정 2008. 2. 29., 2010. 1. 18., 2010. 7. 23.>

② 보건복지부장관은 다음 각 호의 의료기관이 인증을 신청할 때 예산의 범위에서 인증에 소요되는 비용의 전부 또는 일부를 보조할 수 있다. <신설 2010. 7. 23., 2020. 3. 4.>

1. 제58조의4제2항 및 제3항에 따라 인증을 신청하여야 하는 의료기관

2. 300병상 미만인 의료기관(종합병원은 제외한다) 중 보건복지부장관이 정하는 기준에 해당하는 의료기관

| 의료법 | 제84조(청문) |
|---|---|

보건복지부장관, 시·도지사 또는 시장·군수·구청장은 다음 각 호의 어느 하나에 해당하는 처분을 하려면 청문을 실시하여야 한다. <개정 2008. 2. 29., 2010. 1. 18., 2010. 7. 23., 2016. 12. 20., 2020. 3. 4.>

1. 제23조의2제4항에 따른 인증의 취소

2. 제51조에 따른 설립 허가의 취소

3. 제58조의10에 따른 의료기관 인증 또는 조건부인증의 취소

4. 제63조에 따른 시설·장비 등의 사용금지 명령

5. 제64조제1항에 따른 개설허가 취소나 의료기관 폐쇄 명령

6. 제65조제1항에 따른 면허의 취소

◇ "청문"이란 행정청이 어떠한 처분을 하기 전에 당사자 등의 의견을 직접 듣고 증거를 조사하는 절차를 말하며, 그 절차 등은 「행정절차법」에 따른다. 청문은 다른 법령 등에서 청문을 하도록 규정하고 있는 경우, 행정청이 필요하다고 인정하는 경우, 의견제출 기한 내에 당사자 등의 신청이 있는 경우, 인허가 등의 취소, 신분·자격의 박탈, 법인이나 조합 등의 설립허가의 취소 건에 청문을 실시하며, 청문을 하려면 청문이 시작되는 날부터 10일 전까지 청문 주재자의 소속·직위 및 성명, 청문의 일시 및 장소, 청문에 응하지 아니하는 경우의 처리방법 등 청문에 필요한 사항을 당사자 등에게 통지하여야 한다. 행정청은 소속 직원 또는 대통령령으로 정하는 자격을 가진 사람 중에서 청문 주재자를 공정하게 선정하여 청문을 진행하고 자신이 해당 처분과 관련하여 증언이나 감정(鑑定)을 한 경우 등에는 청문을 주재할 수가 없다. 청문 주재자가 청문을 시작할 때에는 먼저 예정된 처분의 내용, 그 원인이 되는 사실 및 법적 근거 등을 설명하여야 한다. 청문 주재자는 청문을 마쳤을 때에는 청문조서, 청문 주재자의 의견

서, 그 밖의 관계 서류 등을 행정청에 지체 없이 제출하여야 하며, 행정청은 처분을 할 때에 청문조서, 청문 주재자의 의견서, 그 밖의 관계 서류 등을 충분히 검토하고 상당한 이유가 있다고 인정하는 경우에는 청문결과를 처분에 반영하여야 한다.

◇ 주요절차

청문실시 통지 ⇒ 청문실시 ⇒ 청문조서 작성 ⇒ 청문조서의 열람 및 확인 ⇒ 청문조서의 정정 ⇒ 청문주재자 의견서작성 및 청문 종결 ⇒ 청문의견 반영 ⇒ 처분결정·통지

| 질의 내용 | 청문을 실시하는 경우 |
|---|---|
| 해석 경향 | 보건복지부장관, 시·도지사 또는 시장·군수·구청장이 청문을 실시하여야 하는 경우는, 전자의무기록시스템의 인증의 취소, 의료법인의 설립허가의 취소, 의료기관 인증 또는 조건부인증의 취소, 시설·장비 등의 사용금지 명령, 의료기관 개설허가 취소나 의료기관 폐쇄 명령, 의료인의 면허 취소 시에 청문을 실시하여야 합니다. |

| 질의 내용 | 청문의 필요성 |
|---|---|
| 판례 경향 | 행정절차법 제21조제4항제3호는 침해적 행정처분을 할 경우 청문을 실시하지 않을 수 있는 사유로서 "당해 처분의 성질상 의견청취가 현저히 곤란하거나 명백히 불필요하다고 인정될 만한 상당한 이유가 있는 경우"를 규정하고 있으나, 여기에서 말하는 '의견청취가 현저히 곤란하거나 명백히 불필요하다고 인정될 만한 상당한 이유가 있는지 여부'는 당해 행정처분의 성질에 비추어 판단하여야 하는 것이지, 청문통지서의 반송 여부, 청문통지의 방법 등에 의하여 판단할 것은 아니며, 또한 행정처분의 상대방이 통지된 청문일시에 불출석하였다는 이유만으로 행정청이 관계 법령상 그 실시가 요구되는 청문을 실시하지 아니한 채 침해적 행정처분을 할 수는 없을 것이므로, 행정처분의 상대방에 대한 청문통지서가 반송되었다거나, 행정처분의 상대방이 청문일시에 불출석하였다는 이유로 청문을 실시하지 아니하고 한 침해적 행정처분은 위법하다고 하지 않을 수 없다(대법원 2001. 4. 13. 선고 2000두3337 판결). |

| 질의 내용 | 청문의 취지 및 청문 미실시 처분의 위법성 |
|---|---|
| 판례 경향 | 행정절차법 제22조제1항제1호는, 행정청이 처분을 할 때에는 다른 법령 등에서 청문을 실시하도록 규정하고 있는 경우 청문을 실시한다고 규정하고 있다. 이러한 청문제도는 행정처분의 사유에 대하여 당사자에게 변명과 유리한 자료를 제출할 기회를 부여함으로써 위법사유의 시정가능성을 고려하고, 처분의 신중과 적정을 기하려는 데 그 취지가 있는 것이다. 그러므로 행정청이 특히 침해적 행정처분을 할 때 그 처분의 근거 법령 등에서 청문을 실시하도록 규정하고 있다면, 행정절차법 등 관련 법령상 청문을 실시하지 않아도 되는 예외적인 경우에 해당하지 않는 한, 반드시 청문을 실시하여야 하는 것이며, 그러한 절차를 결여한 처분은 위법한 처분으로서 취소사유에 해당한다(대법원 2001. 4. 13. 선고 2000두3337 판결, 대법원 2004. 7. 8. 선고 2002두8350 판결 등 참조). 행정절차법 제22조 제4항, 제21조 제4항에서 정한 예외 사유에 해당하는 경우에는 청문을 실시하지 아니할 수 있으며, 행정청이 선정한 청문주재자는 청문을 주재하고, 당사자 등의 출석 여부, 진술의 요지 및 제출된 증거, 청문주재자의 의견 등을 기재한 청문조서를 작성하여 청문을 마친 후 지체 없이 청문조서 등을 행정청에 제출하며, 행정청은 제출받은 청문조서 등을 검토하고 상당한 이유가 있다고 인정하는 경우에는 청문결과를 적극 반영하여 행정처분을 하여야 하는바, 이러한 청문절차에 관한 각 규정과 행정처분의 사유에 대하여 당해 영업자에게 변명과 유리한 자료를 제출할 기회를 부여함으로써 위법사유의 시정 가능성을 고려하고 처분의 신중과 적정을 기하려는 청문제도의 취지에 비추어 볼 때, 행정청이 침해적 행정처분을 함에 즈음하여 청문을 실시하지 않아도 되는 예외적인 경우에 해당하지 않는 한 반드시 청문을 실시하여야 하고, 그 절차를 결여한 처분은 위법한 처분으로서 취소 사유에 해당한다고 보아야 할 것이다(대법원 1983. 6. 14. 선고 83누14 판결, 1991. 7. 9. 선고 91누971 판결, 2000. 11. 14. 선고 99두5870 판결 등 참조). |

| 의료법 | 제85조(수수료) |
|---|---|

① 이 법에 따른 의료인의 면허나 면허증을 재교부 받으려는 자, 국가시험등에 응시하려는 자, 진단용 방사선 발생 장치의 검사를 받으려는 자, 진단용 방사선 발생장치 안전관리책임자 교육을 받으려는 자는 보건복지부령으로 정하는 바에 따라 수수료를 내야 한다. <개정 2008. 2. 29., 2010. 1. 18., 2020. 12. 29.>

② 제9조제2항에 따른 한국보건의료인국가시험원은 제1항에 따라 납부받은 국가시험등의 응시수수료를 보건복지부장관의 승인을 받아 시험 관리에 필요한 경비에 직접 충당할 수 있다. <개정 2008. 2. 29., 2010. 1. 18., 2015. 6. 22.> [시행일 : 2021. 6. 30.] 제85조

| 의료법 | 제86조(권한의 위임 및 위탁) |
|---|---|

① 이 법에 따른 보건복지부장관 또는 시·도지사의 권한은 그 일부를 대통령령으로 정하는 바에 따라 질병관리청장, 시·도지사 또는 시장·군수·구청장이나 보건소장에게 위임할 수 있다. <개정 2008. 2. 29., 2010. 1. 18., 2020. 8. 11.>

② 보건복지부장관은 이 법에 따른 업무의 일부를 대통령령으로 정하는 바에 따라 관계 전문기관에 위탁할 수 있다. <개정 2008. 2. 29., 2010. 1. 18.>

| 의료법 시행령 | 제42조(업무의 위탁) |
|---|---|

① 보건복지부장관은 법 제86조제2항에 따라 법 제22조제4항에 따른 의학용어와 진료기록부등의 서식 및 세부내용에 관한 표준 마련에 관한 업무를 다음 각 호의 기관에 위탁할 수 있다. <신설 2020. 2. 25.>

1. 「공공기관의 운영에 관한 법률」 제4조에 따른 공공기관 중 그 설립목적이 보건의료 또는 보건산업과 관련되는 공공기관

2. 위탁업무 수행에 필요한 조직·인력 및 전문성 등을 갖춘 전문기관으로서 보건복지부장관이 정하여 고시하는 기관

② 보건복지부장관은 법 제86조제2항에 따라 법 제23조의2제2항에 따른 전자의무기록시스템의 인증 신청 접수, 인증 결과 통보 및 인증서 발급에 관한 업무와 같은 조 제5항에 따른 전자의무기록시스템의 기술 개발 및 활용 촉진에 관한 업무를 다음 각 호의 기관에 위탁할 수 있다. <신설 2017. 6. 20., 2020. 2. 25.>

1. 「공공기관의 운영에 관한 법률」 제4조에 따른 공공기관 중 그 설립목적이 보건의료 또는 사회보장과 관련되는 공공기관

2. 위탁 업무 수행에 필요한 조직·인력 및 전문성 등을 고려하여 보건복지부장관이 정하여 고시하는 기관

③ 보건복지부장관은 법 제86조제2항에 따라 법 제45조의2제1항에 따른 비급여 진료비용등과 관련된 보고의 접수와 같은 조 제2항에 따른 비급여진료비용 등의 현황에 대한 조사·분석 및 그 결과 공개에 관한 업무를 다음 각 호의 전문기관에 위탁할 수 있다. <개정 2017. 6. 20., 2020. 2. 25., 2021. 6. 15.>

1. 법 제28조에 따른 의사회, 치과의사회 또는 한의사회
2. 「공공기관의 운영에 관한 법률」 제4조에 따른 공공기관 중 그 설립 목적이 보건의료와 관련되는 공공기관
3. 그 밖에 위탁 업무 수행에 필요한 조직·인력 및 전문성 등을 고려하여 보건복지부장관이 고시하는 기관

④ 보건복지부장관은 법 제86조제2항에 따라 법 제62조제2항에 따른 의료 기관 회계기준의 운영에 관한 업무를 다음 각 호의 기관에 위탁할 수 있다. <신설 2018. 9. 28., 2020. 2. 25.>

1. 「공공기관의 운영에 관한 법률」 제4조에 따른 공공기관 중 그 설립 목적이 보건의료 또는 보건산업과 관련되는 공공기관
2. 위탁업무 수행에 필요한 조직·인력 및 전문성 등을 갖춘 전문기관으로서 보건복지부장관이 정하여 고시하는 기관

⑤ 보건복지부장관은 법 제86조제2항에 따라 법 제80조제2항에 따른 간호 조무사 교육훈련기관의 지정 신청 접수 및 지정서 발급에 관한 업무를 다음 각 호의 기관에 위탁할 수 있다. <신설 2016. 12. 27., 2017. 6. 20., 2018. 9. 28., 2020. 2. 25.>

1. 「공공기관의 운영에 관한 법률」 제4조에 따른 공공기관 중 그 설립 목적이 보건의료 또는 인력개발과 관련되는 공공기관
2. 위탁업무 수행에 필요한 조직·인력 및 전문성 등을 갖춘 전문기관으로서 보건복지부장관이 정하여 고시하는 기관

⑥ 보건복지부장관은 법 제86조제2항에 따라 법 제80조제4항에 따른 간호 조무사 실태·취업상황 등에 관한 신고 및 법 제80조제5항에 따른 간호조무사 보수교육에 관한 업무를 다음 각 호의 기관에 위탁할 수 있다. <신설 2016. 12. 27., 2017. 6. 20., 2018. 9. 28., 2020. 2. 25.>

1. 「공공기관의 운영에 관한 법률」 제4조에 따른 공공기관 중 그 설립 목적이 보건의료 또는 인력개발과 관련되는 공공기관
2. 간호조무사를 구성원으로 하여 설립된 기관으로서 전국적 조직을 갖추고 있는 기관
3. 위탁 업무 수행에 필요한 조직·인력 및 전문성 등을 갖춘 전문기관으로서 보건복지부장관이 정하여 고시하는 기관(법 제80조제5항에 따른

간호조무사 보수교육만 해당한다)

⑦ 보건복지부장관이 법 제86조제2항에 따라 제1항부터 제6항까지의 규정에 따른 업무를 위탁하는 경우에 그 위탁 기준 등의 공고, 위탁 내용 등의 고시 또는 위탁 업무의 보고 등에 대해서는 제31조의6제2항부터 제5항까지의 규정을 준용한다. <개정 2016. 12. 27., 2017. 6. 20., 2018. 9. 28., 2020. 2. 25.>

[본조신설 2016. 9. 29.]

인증위원회의 회의에 출석한 공무원이 아닌 위원에게는 예산의 범위에서 수당 및 여비를 지급할 수 있다.

[본조신설 2011. 1. 24.] [제31조의4에서 이동 <2016. 9. 29.>]

| 의료법 시행령 | 제42조의2(민감정보 및 고유식별정보의 처리) |

보건복지부장관(제10조의4제1항, 제11조제2항, 제31조의6제1항 및 제42조제1항부터 제5항까지의 규정에 따라 보건복지부장관의 업무를 위탁받은 자를 포함한다), 질병관리청장, 시·도지사 및 시장·군수·구청장(해당 권한이 위임·위탁된 경우에는 그 권한을 위임·위탁받은 자를 포함한다), 의료인, 의료기관의 장, 의료기관 종사자, 법 제37조에 따른 의료기관 개설자·관리자 또는 국가시험등관리기관은 다음 각 호의 사무를 수행하기 위하여 불가피한 경우 「개인정보 보호법」 제23조에 따른 건강에 관한 정보, 같은법 시행령 제18조제2호에 따른 범죄경력자료에 해당하는 정보, 같은 영 제19조제1호 또는 제4호에 따른 주민등록번호 또는 외국인등록번호가 포함된 자료를 처리할 수 있다. <개정 2012. 4. 27., 2016. 9. 29., 2016. 12. 27., 2017. 2. 28., 2017. 6. 20., 2020. 2. 25., 2020. 9. 11.>

1. 법 제9조(법 제80조의3에서 준용하는 경우를 포함한다)에 따른 국가시험 등의 관리에 관한 사무

2. 법 제10조(법 제80조의3에서 준용하는 경우를 포함한다)에 따른 국가시험등의 응시자격의 확인에 관한 사무

3. 법 제11조에 따른 면허증 발급에 관한 사무

3의2. 법 제17조 및 제18조에 따른 진단서·검안서·증명서 또는 처방전의 작성, 교부 또는 발송(전자처방전만 해당한다)에 관한 사무

3의3. 법 제21조에 따른 환자에 관한 기록의 내용 확인에 관한 사무

3의4. 법 제21조의2제1항에 따른 진료기록의 내용 확인이나 진료기록의 사본 및 환자의 진료경과에 대한 소견 등의 송부 또는 전송에 관한 사무

3의5. 법 제21조의2제2항에 따른 진료기록의 사본 등의 이송에 관한 사무

3의6. 법 제22조에 따른 진료기록부등의 기록에 관한 사무

4. 법 제25조에 따른 의료인의 실태와 취업상황 등의 신고에 관한 사무

4의2. 법 제33조 및 제35조에 따른 의료기관의 개설 등에 관한 사무

5. 법 제37조에 따른 진단용 방사선 발생장치의 방사선 관계 종사자에 대한 피폭관리(被曝管理)에 관한 사무

5의2. 법 제45조의2제2항에 따른 비급여진료비용등의 현황에 대한 조사·분석 및 결과 공개에 관한 사무

5의3. 법 제60조의3제1항제1호부터 제5호까지의 규정에 따른 간호인력 확보에 관한 현황 조사와 간호인력에 대한 취업교육 및 경력개발 지원에 관한 사무

6. 법 제63조부터 제66조까지의 규정에 따른 행정처분에 관한 사무

7. 법 제67조에 따른 과징금의 부과·징수에 관한 사무

8. 법 제77조에 따른 전문의의 자격 인정에 관한 사무

9. 법 제78조에 따른 전문간호사의 자격 인정에 관한 사무

10. 법 제80조제1항에 따른 간호조무사의 자격 인정에 관한 사무

11. 법 제80조제4항에 따른 간호조무사의 실태 및 취업상황 등의 신고에 관한 사무 [본조신설 2012. 1. 6.]

◇ 의료법에 따른 보건복지부장관 또는 시·도지사의 권한은 그 일부를 대통령령으로 정하는 바에 따라 질병관리청장, 시·도지사 또는 시장·군수·구청장이나 보건소장에게 위임할 수 있으며, 보건복지부장관은 의료법에 따른 업무의 일부를 대통령령으로 정하는 바에 따라 관계 전문기관에 위탁할 수 있다. 또한 의료법 시행령 제42조의2에 의해 보건복지부장관(보건복지부장관의 업무를 위탁받은 자를 포함), 질병관리청장, 시·도지사 및 시장·군수·구청장(그 권한을 위임·위탁받은 자를 포함), 의료인, 의료기관의 장, 의료기관 종사자, 법 제37조에 따른 의료기관 개설자·관리자 또는 국가시험등관리기관은 위임·위탁 또는 고유사무를 수행하기 위하여 불가피한 경우 「개인정보 보호법」 제23조에 따른 건강에 관한 정보, 같은법 시행령 제18조제2호에 따른 범죄경력자료에 해당하는 정보, 같은 영 제19조제1호 또는 제4호에 따른 주민등록번호 또는 외국인등록번호가 포함된 민감정보자료 등을 처리할 수 있다.

| 의료법 | 제86조의2(벌칙 적용에서 공무원 의제) |
| --- | --- |

제57조의2제4항에 따른 심의위원회 위원은 「형법」 제129조부터 제132조까지의 규정을 적용할 때에는 공무원으로 본다. [본조신설 2018. 3. 27.]

| 의료법 | 제86조의3(기록의 보존·보관 의무에 대한 면책) |
| --- | --- |

제22조제2항, 제23조제1항 또는 제40조의2제1항에 따라 보존·보관하여야 하는 기록이 천재지변이나 그 밖의 불가항력으로 멸실된 경우에는 해당 기록의 보존·보관의무자는 제64조, 제66조 또는 제90조에 따른 책임을 면한다. <개정 2020. 3. 4.> [본조신설 2019. 4. 23.] [시행일 : 2023. 3. 5.] 제86조의3

# 제9장 벌칙

| 의료법 | 제87조(벌칙) |
|---|---|

제33조제2항을 위반하여 의료기관을 개설하거나 운영하는 자는 10년 이하의 징역이나 1억 원 이하의 벌금에 처한다.
[본조신설 2019. 8. 27.] [종전 제87조는 제87조의2로 이동 <2019. 8. 27.>]

| 의료법 | 제87조의2(벌칙) |
|---|---|

① 제12조제3항을 위반한 죄를 범하여 사람을 상해에 이르게 한 경우에는 7년 이하의 징역 또는 1천만원 이상 7천만원 이하의 벌금에 처하고, 중상해에 이르게 한 경우에는 3년 이상 10년 이하의 징역에 처하며, 사망에 이르게 한 경우에는 무기 또는 5년 이상의 징역에 처한다. <신설 2019. 4. 23.>

② 다음 각 호의 어느 하나에 해당하는 자는 5년 이하의 징역이나 5천만원 이하의 벌금에 처한다. <개정 2009. 1. 30., 2015. 12. 29., 2016. 5. 29., 2016. 12. 20., 2019. 4. 23., 2019. 8. 27., 2020. 3. 4., 2020. 12. 29.>

1. 제4조의3제1항을 위반하여 면허를 대여한 사람

1의2. 제4조의3제2항을 위반하여 면허를 대여받거나 면허 대여를 알선한 사람

2. 제12조제2항 및 제3항, 제18조제3항, 제21조의2제5항·제8항, 제23조제3항, 제27조제1항, 제33조제2항(제82조제3항에서 준용하는 경우만을 말한다)·제8항(제82조제3항에서 준용하는 경우를 포함한다)·제10항을 위반한 자. 다만, 제12조제3항의 죄는 피해자의 명시한 의사에 반하여 공소를 제기할 수 없다.

3. 제27조제5항을 위반하여 의료인이 아닌 자에게 의료행위를 하게 하거나 의료인에게 면허 사항 외의 의료행위를 하게 한 자

4. 제40조의3제3항을 위반하여 직접 보관한 진료기록부등 외 진료기록보관시스템에 보관된 정보를 열람하는 등 그 내용을 확인한 사람

5. 제40조의3제7항을 위반하여 정당한 접근 권한 없이 또는 허용된 접근 권한을 넘어 진료기록보관시스템에 보관된 정보를 훼손·멸실·변경·위조·유출하거나 검색·복제한 사람 [제87조에서 이동 <2019. 8. 27.>]

[시행일 : 2023. 3. 5.] 제87조의2제2항

| 의료법 | 제88조(벌칙) |
|---|---|

다음 각 호의 어느 하나에 해당하는 자는 3년 이하의 징역이나 3천만원 이하의 벌금에 처한다. <개정 2019. 8. 27., 2020. 3. 4.>

1. 제19소, 제21조제2항(제40조의2제4항에서 준용하는 경우를 포함한다), 제22조제3항, 제27조제3항·제4항, 제33조제4항, 제35조제1항 단서, 제38조제3항, 제47조제11항, 제59조제3항, 제64조제2항(제82조제3항에서 준용하는 경우를 포함한다), 제69조제3항을 위반한 자. 다만, 제19조, 제21조제2항(제40조의2제4항에서 준용하는 경우를 포함한다) 또는 제69조제3항을 위반한 자에 대한 공소는 고소가 있어야 한다.
2. 제23조의5를 위반한 자. 이 경우 취득한 경제적 이익등은 몰수하고, 몰수할 수 없을 때에는 그 가액을 추징한다.
3. 제82조제1항에 따른 안마사의 자격인정을 받지 아니하고 영리를 목적으로 안마를 한 자

[전문개정 2016. 12. 20.] [시행일 : 2023. 3. 5.] 제88조

| 의료법 | 제88조의2(벌칙) |
|---|---|

다음 각 호의 어느 하나에 해당하는 자는 2년 이하의 징역이나 2천만원 이하의 벌금에 처한다. <개정 2016. 12. 20., 2020. 3. 4.>

1. 제20조를 위반한 자
2. 제47조제12항을 위반하여 자율보고를 한 사람에게 불리한 조치를 한 자

[본조신설 2009. 12. 31.]

[제88조의3에서 이동, 종전 제88조의2는 삭제 <2016. 12. 20.>]

| 의료법 | 제88조의3 |
|---|---|

[제88조의2로 이동 <2016. 12. 20.>]

| 의료법 | 제89조(벌칙) |

다음 각 호의 어느 하나에 해당하는 자는 1년 이하의 징역이나 1천만원 이하의 벌금에 처한다. <개정 2018. 3. 27., 2019. 8. 27.>

1. 제15조제1항, 제17조제1항·제2항(제1항 단서 후단과 제2항 단서는 제외한다), 제17조의2제1항·제2항(처방전을 교부하거나 발송한 경우만을 말한다), 제23조의2제3항 후단, 제33조제9항, 제56조제1항부터 제3항까지 또는 제58조의6제2항을 위반한 자
2. 정당한 사유 없이 제40조제4항에 따른 권익보호조치를 하지 아니한 자
3. 제51조의2를 위반하여 의료법인의 임원 선임과 관련하여 금품 등을 주고받거나 주고받을 것을 약속한 자
4. 제61조제1항에 따른 검사를 거부·방해 또는 기피한 자(제33조제2항·제10항 위반 여부에 관한 조사임을 명시한 경우에 한정한다)

[전문개정 2016. 12. 20.]

| 의료법 | 제90조(벌칙) |

제16조제1항·제2항, 제17조제3항·제4항, 제17조의2제1항·제2항(처방전을 수령한 경우만을 말한다), 제18조제4항, 제21조제1항 후단(제40조의2제4항에서 준용하는 경우를 포함한다), 제21조의2제1항·제2항, 제22조제1항·제2항(제40조의2제4항에서 준용하는 경우를 포함한다), 제23조제4항, 제26조, 제27조제2항, 제33조제1항·제3항(제82조제3항에서 준용하는 경우를 포함한다)·제5항(허가의 경우만을 말한다), 제35조제1항 본문, 제41조, 제42조제1항, 제48조제3항·제4항, 제77조제2항을 위반한 자나 제63조에 따른 시정명령을 위반한 자와 의료기관 개설자가 될 수 없는 자에게 고용되어 의료행위를 한 자는 500만원 이하의 벌금에 처한다. <개정 2007. 7. 27., 2009. 1. 30., 2011. 4. 7., 2016. 12. 20., 2018. 3. 27., 2019. 8. 27., 2020. 3. 4.>

[시행일 : 2023. 3. 5.] 제90조

# [ 주요 벌칙 ]

| 위반사항 | 벌칙 |
|---|---|
| ○ 제33조제2항(개설 등)을 위반하여 의료인이 의료기관을 개설, 의료 기관을 개설할 수 없는 자가 의료기관을 개설, 운영하는 경우 | 10년 이하의 징역이나 1억 원 이하의 벌금 |
| ○ 제12조제3항(의료기술등에 대한 보호)을 위반하여 의료행위가 이루 어지는 장소에서 의료행위를 행하는 의료인, 간호조무사 및 의료기 사 또는 의료행위를 받는 사람을 폭행·협박하는 죄를 범하여 상해 한 경우<br><br>○ 상기 폭행으로 중상해에 이르게 한 경우<br><br>○ 상기 폭행으로 사망에 이르게 한 경우 | 7년 이하의 징 역 또는 1천만 원 이상 7천만 원 이하의 벌금<br>3년 이상 10년 이하의 징역<br>무기 또는 5년 이상의 징역 |
| ○ 제4조의3제1항(의료인의 면허대여 금지 등)을 위반하여 의료인(의 사·치과의사 및 한의사, 조산사, 간호사)이 면허를 다른 사람에게 대여한 경우<br>○ 제4조의3제2항(의료인의 면허대여 금지 등)을 위반하여 의료인의 면허를 대여 받거나, 면허 대여를 알선한 사람 | 5년 이하의 징 역이나 5천만 원 이하의 벌금 |
| ○ 제12조제2항(의료기술등에 대한 보호)을 위반하여 의료기관의 의료 용 시설·기재·약품, 그 밖의 기물 등을 파괴·손상하거나 의료기 관을 점거하여 진료를 방해하거나, 이를 교사하거나 방조한 경우<br>○ 제12조제3항(의료기술등에 대한 보호)을 위반하여 의료행위가 이루 어지는 장소에서 의료행위를 행하는 의료인, 간호조무사 및 의료기 사 또는 의료행위를 받는 사람을 폭행·협박한 경우 | |
| ○ 제18조제3항(처방전 작성과 교부)을 위반하여 정당한 사유 없이 전자 처방전에 저장된 개인정보를 탐지하거나 누출·변조 또는 훼손한 자 | |
| ○ 제21조의2제5항(진료기록의 송부 등)을 위반하여,<br> - 진료기록전송지원시스템의 구축·운영업무를 위탁받은 전문기관 에서 정보의 누출, 변조, 훼손 등을 방지하기 위하여 접근 권한자 의 지정, 방화벽의 설치, 암호화 소프트웨어의 활용, 접속기록 보 관 등 대통령령으로 정하는 안전성 확보에 필요한 기술적·관리 적 조치를 하지 아니한 경우<br> - 진료기록전송지원시스템 운영 업무를 다른 기관에 재위탁하는 경우<br> - 진료기록전송지원시스템이 보유한 정보를 제3자에게 임의로 제공 하거나 유출한 경우<br>○ 제21조의2제8항(진료기록의 송부 등)을 위반하여 정당한 사유 없이 진 료기록전송지원시스템에 저장된 정보를 누출·변조 또는 훼손하는 자 | |
| ○ 제23조제3항(전자의무기록)을 위반하여 정당한 사유 없이 전자의무 기록에 저장된 개인정보를 탐지하거나 누출·변조 또는 훼손한 자 | |
| ○ 제27조제1항(무면허의료행위 등 금지)을 위반하여 무면허 의료행위 를 한 자<br><br>○ 제27조제5항(무면허의료행위 등 금지) 위반하여 의료인이 아 닌 자 에게 의료행위를 하게 하거나 의료인에게 면허 사항 외의 의료행위 를 하게 한 자 | |

| | |
|---|---|
| ○제33조제2항(개설 등)을 위반하여 의료기관을 개설한 때(제82조제3항 준용으로 안마시술소 개설 등과 관련한 위반 사항)<br>○제33조제8항(개설 등)을 위반하여 둘 이상의 의료기관을 개설·운영한 경우(제82조제3항 준용으로 안마시술소 개설 관련 위반 사항)<br>○제33조제10항(개설 등)을 위반하여 의료기관을 개설·운영하는 의료법인등이 다른 자에게 그 법인의 명의를 빌려주는 경우 | |
| ○제40조의3(진료기록보관시스템의 구축·운영)제3항을 위반하여 진료기록보관시스템에 보관된 정보를 열람하는 등 그 내용을 확인한 사람 (시행 '23. 3. 5.)<br>○제40조의3(진료기록보관시스템의 구축·운영)제7항을 위반하여 정당한 접근 권한 없이 또는 허용된 접근 권한을 넘어 진료기록보관시스템에 보관된 정보를 훼손·멸실·변경·위조·유출하거나 검색·복제한 사람(시행 '23. 3. 5.) | |
| ○제19조(정보 누설 금지)를 위반하여 의료인이나 의료기관 종사자가 의료·조산 또는 간호업무나 진단서·검안서·증명서 작성·교부 업무, 처방전 작성·교부 업무, 진료기록 열람·사본 교부 업무, 진료기록부등 보존 업무 및 전자의무기록 작성·보관·관리 업무를 하면서 또는 의료기관 인증에 관한 업무에 종사하면서 알게 된 다른 사람의 정보를 누설하거나 발표한 경우<br>○제21조제2항(기록 열람 등)을 위반하여 의료인, 의료기관의 장 및 의료기관 종사자가 환자가 아닌 다른 사람에게 환자에 관한 기록을 열람하게 하거나 그 사본을 내주는 등 내용을 확인할 수 있게 한 경우(폐업·휴업시 직접 보관시에도 제21조 및 제22조제2항 준용)<br>○제22조3항(진료기록부 등)을 위반하여 의료인이 진료기록부등을 거짓으로 작성하거나 고의로 사실과 다르게 추가기재·수정한 경우<br>○제27조3항(무면허의료행위 등 금지)을 위반하여 「국민건강보험법」이나 「의료급여법」에 따른 본인부담금을 면제하거나 할인하는 행위, 금품 등을 제공하거나 불특정 다수인에게 교통편의를 제공하는 행위 등 영리를 목적으로 환자를 의료기관이나 의료인에게 소개·알선·유인하는 행위 및 이를 사주하는 행위를 한 경우<br>○제27조제4항(무면허의료행위 등 금지)을 위반하여 보험회사,상호회사, 보험설계사,보험대리점 또는 보험중개사가 외국인 환자 유치 행위를 한 경우<br>○제33조제4항(개설 등)을 위반하여 병원급 의료기관을 시·도 의료기관개설위원회의 심의를 거쳐 시·도지사의 허가를 받지 아니하고 개설한 경우(시설기준에 맞지 아니하고 수급 및 관리계획에 적합하지 아니한 경우 불허)<br>○제35조제1항(의료기관 개설 특례) 단서를 위반하여 부속 의료기관으로 병원급 의료기관을 개설하면서 관할 시·도지사의 허가를 받지 않은 경우<br>○제38조제3항(특수의료장비의 설치·운영)을 위반하여 의료기관개설자나 관리자가 품질관리검사에서 부적합하다고 판정받은 특수의료장비를 사용한 경우<br>○제47조제11항(의료관련감염 예방)을 위반하여 자율보고의 접수 및 분석 등의 업무에 종사하거나 종사하였던 사람이 직무상 알게 된 비밀을 다른 사람에게 누설하거나 직무 외의 목적으로 사용한 경우 | 3년 이하의 징역이나 3천만원 이하의 벌금 |

| | |
|---|---|
| ○ 제59조제3항(지도와 명령)을 위반하여 의료인과 의료기관 개설자가 정당한 사유 없이 업무개시 명령을 거부할 경우 | |
| ○ 제64조제2항(개설허가 취소 등)을 위반하여 개설 허가를 취소당하거나 폐쇄 명령을 받은 자는 그 취소된 날이나 폐쇄 명령을 받은 날부터 6개월 이내에, 의료업 정지처분을 받은 자는 그 업무 정지기간 중에 각각 의료기관을 개설·운영하지 못한다. 제1항제8호(의료기관 개설자가 거짓으로 진료비를 청구하여 금고 이상의 형을 선고받고 그 형이 확정된 때)에 따라 의료기관 개설 허가를 취소당하거나 폐쇄 명령을 받은 자는 취소당한 날이나 폐쇄 명령을 받은 날부터 3년 안에는 의료기관을 개설·운영하지 못한다. 제82조제3항(안마사)에서 준용하는 경우도 포함한다. 위 사항을 위반 한 경우 | |
| ○ 제69조제3항(의료지도원)을 위반하여 의료지도원 및 그 밖의 공무원이 직무를 통하여 알게 된 의료기관, 의료인, 환자의 비밀을 누설한 경우<br>* 제19조(정보누설 금지), 제21조제2항(기록열람 등),(제40조의2제4항 진료기록부 등의 이관에서 준용하는 경우 포함), 제69조제3항(의료지도원) 위반자에 대한 공소는 고소가 있어야 한다. | |
| ○ 제23조의5(부당한 경제적 이익등의 취득 금지)을 위반하여 의료인, 의료기관 개설자(법인의 대표자, 이사, 그 밖에 이에 종사하는 자를 포함) 및 의료기관 종사자는 의약품공급자로부터 의약품 채택·처방 유도·거래유지 등 판매촉진을 목적으로 제공되는 금전, 물품, 편익, 노무, 향응, 그 밖의 경제적 이익을 받거나 의료기관으로 하여금 받게 하여서는 아니 된다. 의료인, 의료기관 개설자 및 의료기관 종사자는 의료기기 제조업자, 의료기기 수입업자, 의료기기 판매업자 또는 임대업자로부터 의료기기 채택·사용유도·거래유지 등 판매촉진을 목적으로 제공되는 경제적 이익등을 받거나 의료기관으로 하여금 받게 하여서는 아니 된다. 위 사항을 위반 한 경우 취득한 경제적 이익등은 몰수하고 몰수할 수 없을 때에는 그 가액을 추징한다. | |
| ○ 제82조제1항(안마사)에 따른 안마사의 자격인정을 받지 아니하고 영리를 목적으로 안마를 한 자 | |
| ○ 제20조제1항(태아 성 감별행위 등 금지)을 위반하여 의료인이 태아 성 감별을 목적으로 임부를 진찰하거나 검사하거나, 같은 목적을 위한 다른 사람의 행위를 도와준 경우<br>○ 제20조제2항(태아 성 감별행위 등 금지)을 위반하여 의료인이 임신 32주 이전에 태아나 임부를 진찰하거나 검사하면서 알게 된 태아의 성(性)을 임부, 임부의 가족, 그 밖의 다른 사람이 알게 한 경우 | 2년 이하의 징역이나 2천만원 이하의 벌금 |
| ○ 제47조제12항(의료관련감염 예방)을 위반하여 자율보고를 한 사람에게 불리한 조치를 한 자 | |
| ○ 제15조제1항(진료거부 금지 등)을 위반하여 진료거부 금지를 위반한 자 | |
| ○ 제17조제1항(진단서 등)을 위반하여 진단서·검안서·증명서를 작성하여 교부한 자(1항 단서 후단 제외) | 1년 이하의 징역이나 1천만원 이하의 벌금 |
| ○ 제17조제2항(진단서 등)을 위반하여 출생·사망 또는 사산 증명서를 교부한 자(2항 단서는 제외) | |
| ○ 제17조의2제1항(처방전)을 위반하여 처방전을 작성하여 환자에게 교 | |

| | |
|---|---|
| 부하거나 발송한 경우 | |
| ○ 제17조의2제2항(처방전)을 위반하여 대리수령 할 수 없는 경우에 처방전을 교부하거나 발송한 경우 | |
| ○ 제23조의2제3항후단(전자의무기록의 표준화 등)을 위반하여 전자의무기록시스템 인증을 받지 아니한 자가 인증의 표시 또는 이와 유사한 표시를 한 경우 | |
| ○ 제33조제9항(개설 등)을 위반하여 의료법인 및 비영리법인이 정관의 변경허가를 얻지 아니하고 그 법인의 주무관청과 의료기관 소재지 시·도지사 또는 시장·군수·구청장이 협의하지 않은 경우 | |
| ○ 제56조제1항(의료광고의 금지 등)을 위반하여 의료기관 개설자, 의료기관의 장 또는 의료인이 아닌 자가 의료광고를 한 경우 | |
| ○ 제56조제2항(의료광고의 금지 등)을 위반하여 금지하고 있는 의료광고를 한 경우 | |
| ○ 제56조제3항(의료광고의 금지 등)을 위반하여 의료광고 할 수 없는 「방송법」 제2조제1호의 방송, 그 밖에 국민의 보건과 건전한 의료경쟁의 질서를 유지하기 위하여 제한할 필요가 있는 경우로서 대통령령으로 정하는 방법으로 의료광고를 한 경우 | |
| ○ 제58조의6제2항(인증서와 인증마크)을 위반하여 인증을 받지 아니하고 인증서나 인증마크를 제작·사용하거나 그 밖의 방법으로 인증을 사칭한 경우 | |
| ○ 제40조제4항(폐업·휴업의 신고)을 위반하여 의료기관 개설자가 의료업을 폐업 또는 휴업하는 경우 입원 중인 환자를 다른 의료기관으로 옮길 수 있도록 하는 등 정당한 사유 없이 환자의 권익을 보호하기 위한 조치를 하지 아니한 경우 | |
| ○ 제51조의2(임원 선임 관련 금품 등 수수의 금지)를 위반하여 의료법인의 임원 선임과 관련하여 금품, 향응 또는 그 밖의 재산상 이익을 주고받거나 주고받을 것을 약속한 경우 | |
| ○ 제61조제1항(보고와 업무 검사 등)을 위반하여 의료기관 개설자 또는 의료인이 검사를 거부·방해 또는 기피한 경우(제33조제2항·제10항 위반 여부에 한정) | |
| ○ 제16조제1항(세탁물 처리)을 위반하여 의료기관에서 나오는 세탁물을 의료인·의료기관 또는 특별자치시장·특별자치도지사·시장·군수·구청장에게 신고하지 않은 자가 처리한 경우 | |
| ○ 제16조제2항(세탁물 처리)을 위반하여 세탁물을 처리하는 자가 위생적으로 보관·운반·처리하지 아니한 때 | 500만원    이하의 벌금 |
| ○ 제17조제3항(진단서)을 위반하여 자신이 진찰하거나 검안한 자에 대한 진단서·검안서 또는 증명서 교부 요구에 정당한 사유 없이 거부한 경우 | |
| ○ 제17조제4항(진단서)을 위반하여 자신이 조산(助産)한 것에 대한 출생·사망 또는 사산 증명서 교부를 요구받고 정당한 사유 없이 거부한 경우 | |
| ○ 제17조의2제1항·제2항(처방전)을 위반하여 환자 또는 대리수령자가 아닌 자가 처방전을 수령한 경우 | |
| ○ 제18조제4항(처방전작성과 교부)을 위반하여 의사 또는 치과의사가 약사 또는 한약사의 처방전 내용문의에 즉시 응하지 않거나 정당한 사유 종료 후에도 이에 응하지 아니한 경우 | |

| |
|---|
| ○제21조제1항(기록 열람 등)을 위반하여 환자가 요청한 기록의 열람 또는 사본의 발급 등 내용의 확인 요청을 거부한 경우(제40조의2제4항의 준용 포함) |
| ○제21조의2제1항·제2항(진료기록의 송부 등)을 위반하여 다른 의료인 또는 의료기관의 장으로부터 진료기록의 내용 확인이나 진료기록의 사본 및 환자의 진료경과에 대한 소견 등을 송부 또는 전송 요청에 응하지 아니한 경우. |
| ○제21조의2제2항(진료기록의 송부 등)을 위반하여 응급환자를 다른 의료기관에 이송하면서 작성된 진료기록의 사본 등을 이송하지 아니한 경우. |
| ○제22조제1항(진료기록부 등)을 위반하여 의료인이 진료기록부 등에 의료행위에 관한 사항과 의견을 상세히 기록하고 서명하지 아니한 경우 |
| ○제22조제2항(진료기록부 등)을 위반하여 의료인이나 의료기관 개설자가 진료기록부 등을 보건복지부령으로 정하는 바에 따라 보존하지 아니한 경우(제40조의2제4항의 준용 포함) |
| ○제23조제4항(전자의무기록)을 위반하여 의료인이나 의료기관 개설자가 전자의무기록에 추가기재·수정을 한 경우 접속기록을 별도로 보관하지 아니한 경우 |
| ○제26조(변사체 신고)을 위반하여 의사·치과의사·한의사 및 조산사가 사체를 검안하여 변사(變死)한 것으로 의심되는 사체를 관할 경찰서장에게 신고하지 아니한 경우 |
| ○제27조제2항(무면허 의료행위 등 금지)을 위반하여 의료인이 아닌 자가 의료인 명칭이나 비슷한 명칭을 사용한 경우 |
| ○제33조제1항(개설 등)을 위반하여 의료인이 의료기관을 개설하지 아니하고 의료업을 하거나 의료기관 외에서 의료업을 한 경우 |
| ○제33조제3항(개설 등)을 위반하여 의원·치과의원·한의원 또는 조산원을 개설하는 자가 시장·군수·구청장에게 신고하지 아니한 경우(제82조제3항 준용 포함) |
| ○제33조제5항(개설 등)을 위반하여 개설된 의료기관이 개설 장소를 이전하거나 개설에 관한 허가사항 중 중요사항을 변경하려는 때 허가를 받지 아니한 경우 |
| ○제35조제1항(의료기관 개설 특례)을 위반하여 부속의료기관을 개설하면서 시장·군수·구청장에게 신고하지 아니한 경우 |
| ○제41조(당직의료인)을 위반하여 규정대로 병원에 당직의료인을 두지 아니한 경우 |
| ○제42조제1항(의료기관의 명칭)을 위반하여 의료기관의 종류에 따르는 명칭 외의 명칭을 사용한 경우 |
| ○제48조제3항(설립 허가 등)을 위반하여 의료법인이 재산을 처분하거나 정관을 변경하면서 시·도지사의 허가를 받지 아니한 경우 |
| ○제48조제4항(설립 허가 등)을 위반하여 의료법인이 아니면서 의료법인이나 이와 비슷한 명칭을 사용한 경우 |
| ○제77조제2항(전문의)을 위반하여 전문의가 아닌 자가 전문과목을 표시한 경우 |
| ○제63조(시정명령 등)의 시정명령을 위반한 자 |
| ○의료기관의 개설자가 될 수 없는 자에게 고용되어 의료행위를 한 자 |

| 의료법 | 제90조의2(「형법」상 감경규정에 관한 특례) |
|---|---|

음주로 인한 심신장애 상태에서 제12조제3항을 위반하는 죄를 범한 때에는 「형법」 제10조제1항을 적용하지 아니할 수 있다.

[본조신설 2019. 4. 23.]

| 관련법 | |
|---|---|

＊ 의료법 제12조(의료기술 등에 대한 보호) ③ 누구든지 의료행위가 이루어지는 장소에서 의료행위를 행하는 의료인, 제80조에 따른 간호조무사 및 「의료기사 등에 관한 법률」 제2조에 따른 의료기사 또는 의료행위를 받는 사람을 폭행·협박하여서는 아니 된다.

＊ 형법 제10조(심신장애인) ①심신장애로 인하여 사물을 변별할 능력이 없거나 의사를 결정할 능력이 없는 자의 행위는 벌하지 아니한다.

| 의료법 | 제91조(양벌규정) |
|---|---|

법인의 대표자나 법인 또는 개인의 대리인, 사용인, 그 밖의 종업원이 그 법인 또는 개인의 업무에 관하여 제87조, 제87조의2, 제88조, 제88조의2, 제89조 또는 제90조의 위반행위를 하면 그 행위자를 벌하는 외에 그 법인 또는 개인에게도 해당 조문의 벌금형을 과(科)한다. 다만, 법인 또는 개인이 그 위반행위를 방지하기 위하여 해당 업무에 관하여 상당한 주의와 감독을 게을리하지 아니한 경우에는 그러하지 아니하다. <개정 2010. 5. 27., 2016. 12. 20., 2019. 8. 27.> [전문개정 2009. 12. 31.]

[ 양 벌 규 정 ]

| | |
|---|---|
| 제87조(벌칙) 제33조제2항을 위반하여 의료기관을 개설하거나 운영하는 자는 10년 이하의 징역이나 1억 원 이하의 벌금에 처한다. | |
| 제87조의2(벌칙) ① 제12조제3항을 위반한 죄를 범하여 사람을 상해에 이르게 한 경우에는 7년 이하의 징역 또는 1천만원 이상 7천만원 이하의 벌금에 처하고, 중상해에 이르게 한 경우에는 3년 이상 10년 이하의 징역에 처하며, 사망에 이르게 한 경우에는 무기 또는 5년 이상의 징역에 처한다. <신설 2019. 4. 23.> ② 다음 각 호의 어느 하나에 해당하는 자는 5년 이하의 징역이나 5천만원 이하의 벌금에 처한다. 1. 제4조의3제1항을 위반하여 면허를 대여한 사람 1의2. 제4조의3제2항을 위반하여 면허를 대여받거나 면허 대여를 알선한 사람 2. 제12조제2항 및 제3항, 제18조제3항, 제21조의2제5항·제8항, 제23조제3항, 제27조제1항, 제33조제2항(제82조제3항에서 준용하는 경우만을 말한다)·제8항(제82조제3항에서 준용하는 경우를 포함한다)·제10항 | 양벌규정 |

을 위반한 자. 다만, 제12조제3항의 죄는 피해자의 명시한 의사에 반하여 공소를 제기할 수 없다.

3. 제27조제5항을 위반하여 의료인이 아닌 자에게 의료행위를 하게 하거나 의료인에게 면허 사항 외의 의료행위를 하게 한 자

4. 제40조의3제3항을 위반하여 직접 보관한 진료기록부등 외 진료기록보관시스템에 보관된 정보를 열람하는 등 그 내용을 확인한 사람

5. 제40조의3제7항을 위반하여 정당한 접근 권한 없이 또는 허용된 접근 권한을 넘어 진료기록보관시스템에 보관된 정보를 훼손·멸실·변경·위조·유출하거나 검색·복제한 사람

제88조(벌칙) 다음 각 호의 어느 하나에 해당하는 자는 3년 이하의 징역이나 3천만원 이하의 벌금에 처한다.

1. 제19조, 제21조제2항(제40조의2제4항에서 준용하는 경우를 포함한다), 제22조제3항, 제27조제3항·제4항, 제33조제4항, 제35조제1항 단서, 제38조제3항, 제47조제11항, 제59조제3항, 제64조제2항(제82조제3항에서 준용하는 경우를 포함한다), 제69조제3항을 위반한 자. 다만, 제19조, 제21조제2항(제40조의2제4항에서 준용하는 경우를 포함한다) 또는 제69조제3항을 위반한 자에 대한 공소는 고소가 있어야 한다.

2. 제23조의5를 위반한 자. 이 경우 취득한 경제적 이익등은 몰수하고, 몰수할 수 없을 때에는 그 가액을 추징한다.

3. 제82조제1항에 따른 안마사의 자격인정을 받지 아니하고 영리를 목적으로 안마를 한 자

[전문개정 2016. 12. 20.][시행일 : 2023. 3. 5.] 제88조

제88조의2(벌칙) 다음 각 호의 어느 하나에 해당하는 자는 2년 이하의 징역이나 2천만원 이하의 벌금에 처한다.

1. 제20조를 위반한 자

2. 제47조제12항을 위반하여 자율보고를 한 사람에게 불리한 조치를 한 자

제89조(벌칙) 다음 각 호의 어느 하나에 해당하는 자는 1년 이하의 징역이나 1천만원 이하의 벌금에 처한다.

1. 제15조제1항, 제17조제1항·제2항(제1항 단서 후단과 제2항 단서는 제외한다), 제17조의2제1항·제2항(처방전을 교부하거나 발송한 경우만을 말한다), 제23조의2제3항 후단, 제33조제9항, 제56조제1항부터 제3항까지 또는 제58조의6제2항을 위반한 자

2. 정당한 사유 없이 제40조제4항에 따른 권익보호조치를 하지 아니한 자

3. 제51조의2를 위반하여 의료법인의 임원 선임과 관련하여 금품 등을 주고받거나 주고받을 것을 약속한 자

4. 제61조제1항에 따른 검사를 거부·방해 또는 기피한 자(제33조제2항·제10항 위반 여부에 관한 조사임을 명시한 경우에 한정한다)

제90조(벌칙) 제16조제1항·제2항, 제17조제3항·제4항, 제17조의2제1항·제2항(처방전을 수령한 경우만을 말한다), 제18조제4항, 제21조제1항 후단(제40조의2제4항에서 준용하는 경우를 포함한다), 제21조의2제1항·제2항, 제22조제1항·제2항(제40조의2제4항에서 준용하는 경우를 포함한다), 제23조제4항, 제26조, 제27조제2항, 제33조제1항·제3항(제82조제3항에서 준용하는 경우를 포함한다)·제5항(허가의 경우만을 말한다), 제35조제1항 본문, 제41조, 제42조제1항, 제48조제3항·제4항, 제77조제2항을 위반한 자나 제63조에 따른 시

| | 정명령을 위반한 자와 의료기관 개설자가 될 수 없는 자에게 고용되어 의료행위를 한 자는 500만원 이하의 벌금에 처한다. <개정 2007. 7. 27., 2009. 1. 30., 2011. 4. 7., 2016. 12. 20., 2018. 3. 27., 2019. 8. 27., 2020. 3. 4.> [시행일 : 2023. 3. 5.] 제90조 |
|---|---|

◇ 양벌규정(兩罰規定)이란, 위법행위에 대하여 행위자를 처벌하는 외에 그 업무의 주체인 법인 또는 개인도 함께 처벌하는 규정으로 쌍벌규정(雙罰規定)이라고도 한다. 법인의 대표자나 법인 또는 개인의 대리인·사용인 및 기타의 종업원이 법인 또는 개인의 업무에 관하여 위법행위를 한 때에 행위자를 처벌하는 외에 그 법인 또는 개인도 처벌하는 것이다.

| 질의 내용 | 양벌규정이란? |
|---|---|
| 해석 경향 | 양벌규정은 쌍벌규정(雙罰規定)이라고도 하며 법인의 대표자나 법인 또는 개인의 대리인·사용인 및 기타의 종업원이 법인 또는 개인의 업무에 관하여 위법행위를 한 때에 행위자를 처벌하는 외에 그 법인 또는 개인도 처벌하는 규정을 말하며, 의료법 제87조, 제87조의2, 제88조, 제88조의2, 제89조 또는 제90조의 위반행위를 하면 그 행위자를 벌하는 외에 그 법인 또는 개인에게도 해당 조문의 벌금형을 과한다. 다만, 법인 또는 개인이 그 위반행위를 방지하기 위하여 해당 업무에 관하여 상당한 주의와 감독을 게을리 하지 아니한 경우에는 그러하지 아니하다고 규정하고 있습니다. |

| 헌재 결정 | 양벌규정에 대한 결정(위헌) |
|---|---|
| 헌재 결정 | 의료법 제91조 양벌규정은 법인의 대표자나 법인 또는 개인의 대리인, 사용인, 그 밖의 종업원이 그 법인 또는 개인의 업무에 관하여 법을 위반하였을 때 ㄱ 위반자를 벌하는 외에 그 법인 또는 개인에게도 해당 조문의 벌금형을 받을 수 있다. 직원이 법을 위반했더라도 법인이 벌금형을 받지 않으려면 법인이 직원이 업무를 수행하며 법을 위반하지 않도록 상당한 주의와 감독을 성실히 이행한 경우에는 양벌규정에 따른 벌금형을 면하게 된다. 평소 법인이 직원에 대해 성실히 주의와 감독을 했지만 직원의 사소하거나 순간적인 잘못으로 인해 법인까지 처벌받는 것은 부당하다는 헌법재판소의 위헌결정이 있다. 법인이 고용한 종업원 등이 업무에 관하여 의료법 제87조제1항제2호 중 제27조제1항의 규정에 따른 위반행위를 저지른 사실이 인정되면, 법인이 그와 같은 종업원 등의 범죄에 대해 어떠한 잘못이 있는지를 전혀 묻지 않고 곧바로 그 종업원 등을 고용한 법인에게도 종업원 등에 대한 처벌조항에 규정된 벌금형을 과하도록 규정하고 있는바, 오늘날 법인의 반사회적 법익침해활동에 대하여 법인 자체에 직접적인 제재를 가할 필요성이 강하다 하더라도, 입법자가 일단 "형벌"을 선택한 이상, 형벌에 관한 헌법상 원칙, 즉 법치주의와 죄형법정주의로부터 도출되는 책임주의 원칙이 준수되어야 한다. 그런데 이 사건 법률 조항에 의할 경우 법인이 종업원 등의 위반행위와 관련하여 선임·감독상의 주의의무를 다하여 아무런 잘못이 없는 경우까지도 법인에게 형벌을 부과될 수밖에 없게 되어 법치국가의 원리 및 죄형법정주의로부터 도출되는 책임주의 원칙에 반하므로 헌법에 위반된다(헌재 2009. 7. 30. 선고 2008헌가16). |

| 의료법 | 제92조(과태료) |
|---|---|

① 다음 각 호의 어느 하나에 해당하는 자에게는 300만원 이하의 과태료를 부과한다. <개정 2015. 1. 28., 2016. 12. 20., 2019. 8. 27.>

1. 제16조제3항에 따른 교육을 실시하지 아니한 자

1의2. 제23조의3제1항을 위반하여 진료정보 침해사고를 통지하지 아니한 자

1의3. 제24조의2제1항을 위반하여 환자에게 설명을 하지 아니하거나 서면 동의를 받지 아니한 자

1의4. 제24조의2제4항을 위반하여 환자에게 변경 사유와 내용을 서면으로 알리지 아니한 자

2. 제37조제1항에 따른 신고를 하지 아니하고 진단용 방사선 발생장치를 설치·운영한 자

3. 제37조제2항에 따른 안전관리책임자를 선임하지 아니하거나 정기검사와 측정 또는 방사선 관계 종사자에 대한 피폭관리를 실시하지 아니한 자

4. 삭제 <2018. 3. 27.>

5. 제49조제3항을 위반하여 신고하지 아니한 자

② 다음 각 호의 어느 하나에 해당하는 자에게는 200만원 이하의 과태료를 부과한다. <개정 2016. 12. 20., 2019. 8. 27., 2020. 12. 29.>

1. 제21조의2제6항 후단을 위반하여 자료를 제출하지 아니하거나 거짓 자료를 제출한 자

2. 제45조의2제1항을 위반하여 보고를 하지 아니하거나 거짓으로 보고한 자

3. 제45조의2제3항을 위반하여 자료를 제출하지 아니하거나 거짓으로 제출한 자

4. 제61조제1항에 따른 보고를 하지 아니하거나 검사를 거부·방해 또는 기피한 자(제89조제4호에 해당하는 경우는 제외한다)

③ 다음 각 호의 어느 하나에 해당하는 자에게는 100만원 이하의 과태료를 부과한다. <개정 2009. 1. 30., 2012. 2. 1., 2015. 1. 28., 2015. 12. 29., 2016. 5. 29., 2020. 3. 4., 2020. 12. 29.>

1. 제16조제3항에 따른 기록 및 유지를 하지 아니한 자

1의2. 제16조제4항에 따른 변경이나 휴업·폐업 또는 재개업을 신고하지 아니한 자

2. 제33조제5항(제82조제3항에서 준용하는 경우를 포함한다)에 따른 변경신고를 하지 아니한 자

2의2. 제37조제3항에 따른 안전관리책임자 교육을 받지 아니한 사람

3. 제40조제1항(제82조제3항에서 준용하는 경우를 포함한다)에 따른 휴업 또는 폐업 신고를 하지 아니한 자

3의2. 제40조의2제1항을 위반하여 진료기록부등을 관할 보건소장에게 넘기지 아니하거나 수량 및 목록 등을 거짓으로 보고한 자

3의3. 제40조의2제2항을 위반하여 변경신고를 하지 아니하거나 거짓으로 변경신고를 한 자

3의4. 제40조의2제2항을 위반하여 진료기록부등의 보존 및 열람을 대행할 책임자를 지정하지 아니하거나 진료기록부등을 관할 보건소장에게 넘기지 아니한 자

3의5. 제40조의2제3항에 따른 준수사항을 위반한 자

4. 제42조제3항을 위반하여 의료기관의 명칭 또는 이와 비슷한 명칭을 사용한 자

5. 제43조제5항에 따른 진료과목 표시를 위반한 자

6. 제4조제3항에 따라 환자의 권리 등을 게시하지 아니한 자

7. 제52조의2제6항을 위반하여 대한민국의학한림원 또는 이와 유사한 명칭을

사용한 자

8. 제4조제5항을 위반하여 그 위반행위에 대하여 내려진 제63조에 따른 시정명령을 따르지 아니한 사람

④ 제1항부터 제3항까지의 과태료는 대통령령으로 정하는 바에 따라 보건복지부장관 또는 시장·군수·구청장이 부과·징수한다. <신설 2009. 1. 30., 2010. 1. 18.> [시행일 : 2023. 3. 5.] 제92조제3항

| 의료법 시행령 | 제45조(과태료의 부과기준) |
|---|---|

법 제92조제1항부터 제3항까지의 규정에 따른 과태료의 부과기준은 별표 2와 같다. <개정 2021. 6. 15.>

[전문개정 2015. 9. 15.] [시행일 : 2021. 6. 30.] 제45조

| 의료법 시행규칙 | 제80조(과태료의 부과기준) |
|---|---|

영 별표 2 제2호가목에서 "보건복지부령으로 정하는 사항"이란 제26조제1항제1호·제2호 또는 제4호에 해당하는 변경사항을 말한다. <개정 2010. 3. 19.>

[전문개정 2009. 4. 29.]

■ 의료법 시행령 [별표 2] <개정 2021. 6. 15.>

과태료의 부과기준(제45조 관련)

1. 일반기준

가. 위반행위의 횟수에 따른 과태료의 부과기준은 최근 1년간 같은 위반행위로 과태료 부과처분을 받은 경우에 적용한다. 이 경우 위반횟수는 위반행위에 대하여 과태료 부과처분을 한 날과 다시 같은 위반행위(과태료 부과처분 후의 위반행위만 해당한다)를 적발한 날을 기준으로 하여 계산한다.

나. 보건복지부장관 또는 시장·군수·구청장(이하 "부과권자"라 한다)은 다음의 어느 하나에 해당하는 경우에는 제2호의 개별기준에 따른 과태료 금액의 2분의 1 범위에서 그 금액을 줄일 수 있다. 다만, 과태료를 체납하고 있는 위반행위자에 대해서는 그러하지 아니하다.

1) 위반행위자가 「질서위반행위규제법 시행령」 제2조의2제1항 각 호의 어느 하나에 해당하는 경우

2) 위반행위가 사소한 부주의나 오류로 인한 것으로 인정되는 경우

3) 위반의 내용·정도가 경미하다고 인정되는 경우

4) 위반행위자가 법 위반상태를 시정하거나 해소하기 위하여 노력한 것이 인정되는 경우

5) 그 밖에 위반행위의 정도, 위반행위의 동기와 그 결과 등을 고려하여 감경할 필요가 있다고 인정되는 경우

다. 부과권자는 위반행위의 정도, 위반행위의 동기와 그 결과 등을 고려하여 제2호의 개별기준에 따른 과태료 금액의 2분의 1 범위에서 그 금액을 늘려 부과할 수 있다. 다만, 늘려 부과하는 경우에도 법 제92조제1항부터 제3항까지에 따른 과태료 금액의 상한을 넘을 수 없다.

2. 개별기준

| 위 반 행 위 | 근거 법조문 | 과태료 금액 (단위: 만원) | | |
|---|---|---|---|---|
| | | 1차 위반 | 2차 위반 | 3차 이상 위반 |
| 가. 법 제16조제3항에 따른 교육을 실시하지 않은 경우 | 법 제92조제1항제1호 | 100 | 150 | 300 |
| 나. 법 제16조제3항에 따른 기록 및 유지를 하지 않은 경우 | 법 제92조제3항제1호 | 15 | 30 | 60 |
| 다. 법 제16조제4항에 따른 변경이나 휴업·폐업 또는 재개업을 신고하지 않은 경우 | 법 제92조제3항제1호의2 | | | |
| 1) 변경·휴업 또는 재개업 신고를 하지 않은 경우 | | 30 | 40 | 50 |
| 2) 폐업 신고를 하지 않은 경우 | | 50 | 75 | 100 |
| 라. 법 제21조의2제6항 후단을 위반하여 자료를 제출하지 않거나 거짓 자료를 제출한 경우 | 법 제92조제2항제1호 | | | |
| 1) 자료를 제출하지 않은 경우 | | 100 | 150 | 200 |
| 2) 거짓 자료를 제출한 경우 | | 200 | 200 | 200 |
| 마. 법 제24조의2제1항을 위반하여 환자에게 설명을 하지 않거나 서면 동의를 받지 않은 경우 | 법 제92조제1항제1호의2 | 300 | 300 | 300 |
| 바. 법 제24조의2제4항을 위반하여 환자에게 변경 사유와 내용을 서면으로 알리지 않은 경우 | 법 제92조제1항제1호의3 | 300 | 300 | 300 |
| 사. 법 제33조제5항(법 제82조제3항에서 준용하는 경우를 포함한다)에 따른 변경신고를 하지 않은 경우 | 법 제92조제3항제2호 | 50 | 75 | 100 |
| 아. 법 제37조제1항에 따른 신고를 하지 않고 진단용 방사선 발생장치를 설치·운영한 경우 | 법 제92조제1항제2호 | | | |
| 1) 진단용 방사선 발생장치의 안전관리기준에 적합하지 않게 설치·운영한 경우 | | 300 | 300 | 300 |
| 2) 진단용 방사선 발생장치의 안전관리기준에 적합하게 설치·운영한 경우 | | 50 | 75 | 100 |
| 자. 법 제37조제2항에 따른 안전관리책임자를 선임하지 않거나 정기검사와 측정 또는 방사선 관계 종사자에 대한 피폭관리를 실시하지 않은 경우 | 법 제92조제1항제3호 | | | |
| 1) 안전관리책임자를 선임하지 않은 경우 | | 50 | 75 | 100 |
| 2) 진단용 방사선 발생장치에 대한 | | 100 | 150 | 200 |

| 위반행위 | 근거 법조문 | 1차 | 2차 | 3차 |
|---|---|---|---|---|
| 검사를 검사기간 이내에 실시하지 않은 경우 | | | | |
| 3) 방사선 방어시설에 대한 검사를 하지 않은 경우 | | 100 | 150 | 200 |
| 4) 방사선 관계 종사자에 대한 피폭선량을 측정하지 않은 경우 | | 100 | 150 | 200 |
| 5) 방사선 관계 종사자에 대한 피폭선량 측정에 있어 선량한도를 넘은 사람에 대한 안전조치를 하지 않은 경우 | | 100 | 150 | 200 |
| 6) 방사선 관계 종사자의 피폭선량 측정에 영향을 미치는 피폭선량계의 파손·분실 등 피폭선량계를 2회 이상 적정하게 관리하지 않은 경우 | | 50 | 75 | 100 |
| 차. 법 제37조제3항에 따른 안전관리책임자 교육을 받지 않은 경우 | 법 제92조제3항제2호의2 | 50 | 75 | 100 |
| 카. 법 제40조제1항(법 제82조제3항에서 준용하는 경우를 포함한다)에 따른 휴업 또는 폐업 신고를 하지 않거나, 법 제40조제2항을 위반하여 진료기록부등을 이관하지 않은 경우 | 법 제92조제3항제3호 | | | |
| 1) 휴업 신고를 하지 않은 경우 | | 50 | 75 | 100 |
| 2) 폐업 신고를 하지 않은 경우 | | 80 | 90 | 100 |
| 3) 진료기록부등을 이관하지 않은 경우 | | 80 | 90 | 100 |
| 타. 법 제42조제3항을 위반하여 의료기관의 명칭 또는 이와 비슷한 명칭을 사용한 경우 | 법 제92조제3항제4호 | 80 | 90 | 100 |
| 파. 법 제43조제5항에 따른 진료과목 표시를 위반한 경우 | 법 제92조제3항제5호 | 80 | 90 | 100 |
| 하. 법 제45조의2제1항을 위반하여 보고를 하지 않거나 거짓으로 보고한 경우 | 법 제92조제2항제2호 | | | |
| 1) 보고를 하지 않은 경우 | | 100 | 150 | 200 |
| 2) 거짓으로 보고한 경우 | | 200 | 200 | 200 |
| 거. 법 제45조의2제3항을 위반하여 자료를 제출하지 않거나 거짓으로 제출한 경우 | 법 제92조제2항제3호 | | | |
| 1) 자료를 제출하지 않은 경우 | | 100 | 150 | 200 |
| 2) 거짓으로 제출한 경우 | | 200 | 200 | 200 |
| 너. 법 제49조제3항을 위반하여 신고하지 않은 경우 | 법 제92조제1항제5호 | 100 | 150 | 300 |
| 더. 법 제52조의2제6항을 위반하여 | 법 제92조제3항제7호 | 80 | 90 | 100 |

| | | | | |
|---|---|---|---|---|
| 대한민국의학한림원 또는 이와 유사한 명칭을 사용한 경우 | | | | |
| 러. 법 제61조제1항에 따른 보고를 하지 않거나 검사를 거부·방해 또는 기피한 경우(법 제89조제4호에 해당하는 경우는 제외한다) | 법 제92조제2항제4호 | | | |
| 1) 보고를 하지 않은 경우 | | 100 | 150 | 200 |
| 2) 검사를 거부·방해 또는 기피한 경우 | | 200 | 200 | 200 |
| 머. 법 제63조에 따른 시정명령(법 제4조제5항의 위반행위에 대한 시정명령만 해당한다)을 따르지 않은 경우 | 법 제92조제3항제8호 | 30 | 45 | 70 |

◇ 과태료는 일정한 직업군에 있는 사람들이 직무상 의무를 위반하였을 경우에 과해지는 금전적인 벌로서 벌금과는 다르게 형벌적인 성격을 띠지 않고 전과로도 남지 않는다. 일반적으로 위반행위에 대하여 행정적으로 제재하고 해당 법률조항을 준수하도록 하는 질서유지를 위한 목적이 강하다고 할 수 있는데 의료법 위반 과태료는 보건복지부 또는 지자체에서 부과·징수한다.

| 질의 내용 | 과태료란? |
|---|---|
| 판례 경향 | 원래 과태료(過怠料)란 행정상의 질서에 장해를 줄 위험성이 있는 정도의 행정법상의 의무 위반에 대한 제재로서 과하여지는 행정질서벌로서 행정법상의 의무위반을 전제로 그 의무위반자에 대하여 과하여지는 것(대구고등법원 1983. 12. 15. 선고 83구150 판결)벌금이나 과료(科料)와 달리 형벌의 성질을 가지지 않는 법령위반에 대하여 과해지는 금전벌(金錢罰). 과태료의 성질을 크게 나누면 다음과 같다. ① 질서벌로서의 과태료:법률에 의하여 과해진 형식적인 의무위반자에 대하여 제재(制裁)로 과해지는 것이다.<br>② 징계벌로서의 과태료:일정한 직업을 가진 사람이 직무상의 의무에 위반하였을 경우에 과해지는 것으로서, 징계벌로서의 과태료는 그 직업을 감독하는 관청이 과하는 것이 통례이다. |

# □ 의료관계 행정처분 규칙

의료관계 행정처분 규칙
[시행 2020. 12. 31.] [보건복지부령 제773호, 2020. 12. 31., 타법개정]

제1조(목적) 이 규칙은 「의료법」 및 「의료기사 등에 관한 법률」의 위반에 관한 행정처분의 기준을 정함으로써 그 처분의 적정을 기함을 목적으로 한다.
제2조(적용 범위) 「의료법」 및 「의료기사 등에 관한 법률」(이하 "의료관계법령"이라 한다)을 위반한 의료인·간호조무사·의료유사업자·의료기사·보건의료정보관리사 및 안경사(이하 "의료인등"이라 한다)와 의료기관·치과기공소·안경업소·접골시술소 및 침구시술소(이하 "의료기관등"이라 한다)에 대한 행정처분을 할 때에는 이 규칙에서 정하는 바에 따른다. <개정 2012. 3. 19., 2018. 12. 20.>
제3조(행정처분기관) ① 의료인·간호조무사·의료유사업자·의료기사·보건의료정보관리사 및 안경사에 대한 행정처분은 보건복지부장관이 한다. <개정 2008. 3. 3., 2010. 3. 19., 2018. 8. 17., 2018. 12. 20.>
② 의료기관·접골시술소 및 침구시술소에 대한 행정처분은 보건복지부장관 또는 시장·군수·구청장(자치구의 구청장을 말한다. 이하 같다)이 하고, 치과기공소 및 안경업소에 대한 행정처분은 특별자치시장·특별자치도지사·시장·군수·구청장이 한다. <개정 2018. 8. 17.>
제4조(행정처분기준) 「의료법」 제68조와 「의료기사 등에 관한 법률」 제25조에 따른 행정처분기준은 별표와 같다.
제5조(처분의 통지) ① 제3조와 제4조에 따라 의료인등 또는 의료기관등에 대하여 행정처분을 하는 기관(이하 "행정처분기관"이라 한다)이 처분을 한 경우에는 지체 없이 해당 의료인등 또는 의료기관등에 서면으로 통지하여야 한다.
② 제1항에 따라 행정처분기관이 처분을 통지하는 경우에는 행정심판을 청구할 수 있다는 뜻과 행정심판을 청구하는 경우의 재결청(裁決廳), 경유절차 및 청구기간을 알려야 한다.
③ 제3조와 제4조에 따라 의료인등에 대하여 면허자격정지 이상의 처분을 하거나 의료기관등에 대하여 업무정지 이상의 처분을 한 행정처분기관은 그 처분 내용을 보건복지부장관, 특별시장·광역시장·특별자치시장·도지사 또는 특별자치도지사, 건강보험심사평가원, 국민건강보험공단 및 근로복지공단에 각각 통보하여야 한다. <개정 2008. 3. 3., 2010. 3. 19., 2018. 8. 17.>
제6조 삭제 <2020. 12. 31.>
부 칙 <보건복지부령 제669호, 2019. 8. 30.>
제1조(시행일) 이 규칙은 공포한 날부터 시행한다.
제2조(행정처분기준에 관한 적용례) 별표 제1호라목4)의 개정규정은 이 규칙 시행 전의 위반행위에 대한 행정처분에 대해서도 적용한다.
제3조(위반행위의 횟수산정에 관한 경과조치) 이 규칙 시행 전의 위반행위로 받은 행정처분은 별표 제1호라목4)의 개정규정에 따른 위반행위의 횟수 산정에 포함하지 않는다.
제4조(행정처분기준에 관한 경과조치) 이 규칙 시행 전의 위반행위에 대하여 행정처분기준을 적용할 때에는 별표 제2호나목26)의 개정규정에도 불구하고 종전의 규정에 따른다.
부 칙 <보건복지부령 제773호, 2020. 12. 31.> (행정규제기본법에 따른 일몰규제 정비를 위한 16개 법령의 일부개정에 관한 보건복지부령)
이 규칙은 공포한 날부터 시행한다.

## 행정처분기준(제4조 관련)

1. 공통기준
  가. 동시에 둘 이상의 위반사항이 있는 경우에는 다음의 구분에 따라 처분한다.
  1) 가장 중한 위반행위에 대한 처분의 기준이 면허자격취소, 허가취소, 등록취소 또는 의료기관 폐쇄인 경우에는 면허자격취소, 허가취소, 등록취소 또는 의료기관 폐쇄처분을 한다.
  2) 각 위반행위에 대한 처분의 기준이 면허자격정지와 면허자격정지, 업무정지와 업무정지, 영업정지와 영업정지인 경우에는 그 중 더 중한 처분기준에 나머지 처분기준의 2분의 1을 각각 더하여 처분한다.
  3) 2)의 규정에도 불구하고 다음의 경우에는 개별 위반행위에 대한 행정처분기준 중 더 중한 행정처분기준을 적용하여 처분하고 행정처분기준을 합산·가중하여 처분하지 아니한다.
   가) 제2호가목15)의 위반행위를 하여 진료기록부 등을 보존하지 아니한 자가 제2호가목5), 6) 또는 11)의 위반행위를 한 경우
   나) 제2호가목15)의 위반행위를 하여 진료기록부 등을 거짓으로 작성한 자가 제2호가목38)의 위반행위를 한 경우
  나. 제2호 각 목의 행정처분기준란에 규정된 경고처분을 받은 의료인등 또는 의료기관등이 그 처분일부터 1년 이내에 같은 위반사항(제2호 각 목에 열거된 위반사항을 기준으로 한다. 이하 같다)을 다시 위반하거나 6개월 이내에 경고처분에 해당하는 다른 위반행위를 한 경우에는 1개월의 면허자격정지처분 또는 1개월의 업무정지처분을 한다. 다만, 같은 위반사항에 대하여 제2호 각 목의 행정처분기준에 2차 처분기준이 있는 경우에는 그 처분기준에 따른다.
  다. 위반사항의 횟수에 따른 행정처분(가중처분)의 기준은 최근에 행한 행정처분을 받은 후 1년(제2호가목16)의 위반행위는 5년) 이내에 다시 개별기준의 같은 위반행위를 하여 행정처분을 행하는 경우에 적용한다. 이 경우 기준 적용일은 같은 위반사항에 대하여 최근에 실제 행정처분의 효력이 발생한 날(업무정지처분에 갈음하여 과징금을 부과하는 경우에는 최근에 과징금처분을 한 날)과 다시 같은 위반행위를 적발한 날을 기준으로 한다.
  라. 행정처분기관은 의료관계법령의 위반행위가 다음 각 호의 어느 하나에 해당하면 이 규칙에서 정하는 행정처분기준에도 불구하고 그 사정을 고려하여 해당 처분의 감경기준 범위에서 감경하여 처분할 수 있다. 다만, 제2호가목8)·10)과 같은 호 다목7)의 위반행위가 다음 2)에 해당하거나 같은 호 가목16)의 위반행위가 다음 1)부터 3)까지의 규정에 해당하는 경우에는 해당 처분을 감경할 수 없다.

| 감경대상 | 감경기준 | | |
|---|---|---|---|
| | 자격정지·업무정지 또는 영업정지 | 면허취소 | 허가취소·등록취소 또는 폐쇄 |
| 1) 해당 사건에 관하여 검사로부터 기소유예의 처분을 받은 경우 | 해당 처분기준의 2분의 1의 범위에서 감경하되, 최대 3개월까지만 감경 | 4개월 이상의 자격정지처분 | 4개월 이상의 업무정지 또는 영업정지 처분 |
| 2) 해당 사건에 관하여 법원으로부터 선고유예의 판결을 받은 경우 | 해당 처분기준의 3분의 1의 범위에서 감경하되, 최대 2개월까지만 감경 | 6개월 이상의 자격정지처분 | 6개월 이상의 업무정지 또는 영업정지처분 |
| 3) 농어촌 등의 의료기관으로서 그 지역 | 1차 위반 : 면제 | 1차 위반 : | 1차 위반 : 면제 |

| | | | |
|---|---|---|---|
| 주민이 이용할 수 있는 의료기관이 1개소만 있는 경우 또는 그 밖에 행정처분기관이 보건의료 시책상 필요하다고 인정하는 경우 | 2차 위반 : 해당 처분기준의 2분의 1의 범위에서 감경 | 면제<br>2차 위반 : 4개월 이상의 자격정지처분 | 2차 위반 : 4개월 이상의 업무정지 또는 영업정지 처분 |
| 4) 다음의 위반행위가 발각되기 전에 수사기관 또는 감독청에 위반행위를 자진하여 신고하고, 관련된 조사·소송 등에서 진술·증언하거나 자료를 제공한 경우 | | | |
| 가) 의료기관 개설자가 될 수 없는 자에게 고용되어 의료행위를 한 경우 | 1차 위반: 면제<br>2차 위반: 해당 처분기준의 2분의 1의 범위에서 감경 | | |
| 나) 「의료법」 제4조제4항을 위반하여 면허증을 빌려준 경우 | | 1차 위반: 면제<br>2차 위반: 6개월 이상의 자격정지처분 | |
| 다) 「의료법」 제23조의3을 위반하여 부당한 경제적 이익등을 받은 경우 | 해당 처분기준의 3분의 2의 범위에서 감경 | | |
| 5) 의료인등이 국민의료에 기여한 공로를 인정받아 「상훈법」 또는 「정부표창규정」에 따라 훈장, 포장 또는 표창을 받고, 위반행위의 발생일을 기준으로 수여일부터 5년이 지나지 아니한 경우(위반행위가 여러 날에 걸쳐 이루어진 경우에는 위반행위가 최초로 발생한 날을 기준으로 한다). 다만, 제2호가목3), 19), 20), 31), 32), 34), 35), 36), 38), 같은 호 나목, 같은 호 다목 2), 4), 10), 14) 및 같은 호 라목은 제외한다.<br>가) 훈장 또는 포장을 받은 경우<br>나) 대통령 표창 또는 국무총리 표창 받은 경우<br>다) 보건복지부장관 표창을 받은 경우 | 1차 위반: 해당 처분기준의 3분의 2범위에서 감경<br>1차 위반: 해당 처분기준의 2분의 1범위에서 감경<br>1차 위반: 해당 처분기준의 3분의 1범위에서 감경 | | |

마. 간호조무사 및 의료유사업자에 대한 처분기준에 관하여는 의료인에 대한 처분기준을, 접골시술소 및 침구시술소에 대한 처분기준에 관하여는 의료기관에 대한 처분기준을 각각 준용한다.

바. 행정처분을 하기 위한 절차가 끝나기 전에 반복하여 같은 사항을 위반한 경우에는 그 위반 횟수를 기준으로 그 중 더 중한 처분기준에 나머지 처분기준의 2분의 1을 더하여 처분한다.

사. 자격정지·업무정지 또는 영업정지기간의 일수를 산정하는 경우 그 소수점 이하의 기간은 버린다.

2. 개별 기준

가. 의료인이 「의료법」(이하 이 표에서 "법"이라 한다) 및 「의료법 시행령」(이하 이 표에서 "영"이라 한다)을 위반한 경우

| 위 반 사 항 | 근 거 법 령 | 행정처분기준 |
|---|---|---|
| 1) 법 제4조제4항을 위반하여 면허증을 빌려준 경우 | 법 제65조제1항제4호 | 면허 취소 |
| 1)의2 법 제4조제6항을 위반하여 일회용 주사 의료용품을 한 번 사용한 후 다시 사용하여 사람의 생명 또는 신체에 중대한 위해를 발생하게 한 경우 | 법 제65조제1항제6호 | 면허 취소 |
| 1)의3 법 제4조제6항을 위반하여 일회용 주사 의료용품을 한 번 사용한 후 다시 사용한 경우[1)의2에 해당하는 경우는 제외한다] | 법 제66조제1항 제2호의2 | 자격정지 6개월 |
| 1)의4 법 제8조 각 호의 어느 하나의 결격사유에 해당된 경우 | 법 제65조제1항제1호 | 면허취소 |
| 2) 법 제11조제1항에 따른 면허의 조건을 이행하지 아니한 경우 | 법 제65조제1항제3호 | 년허취소 |
| 3) 법 제15조를 위반하여 정당한 사유 없이 진료 또는 조산(助産)의 요청을 거부하거나 응급환자에 대한 응급조치를 하지 아니한 경우 | 법 제66조제1항제10호 | 자격정지 1개월 |
| 4) 법 제17조제1항 또는 제2항을 위반하여 진단서·검안서·증명서 또는 처방전을 발급한 경우 | 법 제66조제1항제10호 | 자격정지 2개월 |
| 5) 법 제17조제1항 또는 제2항에 따른 진단서·검안서 또는 증명서를 거짓으로 작성하여 발급한 경우 | 법 제66조제1항제3호 | 자격정지 3개월 |
| 6) 법 제17조제3항 또는 제4항을 위반하여 정당한 이유 없이 진단서·검안서 또는 증명서의 발급 요구를 거절한 경우 | 법 제66조제1항제10호 | 자격정지 1개월 |
| 7) 법 제18조를 위반하여 처방전을 환자에게 발급하지 아니한 경우 | 법 제66조제1항제10호 | · 1차 위반 : 자격정지 15일<br>· 2차 위반(1차 처분일부터 2년 이내에 다시 위반한 경우에만 해당한다) : 자격정지 1개월 |
| 8) 법 제19조를 위반하여 의료·조산 또는 간호를 하면서 알게 된 다른 사람의 비밀을 누설하거나 발표하여 선고유예의 판결을 받거나 벌금형의 선고를 받은 경우 | 법 제66조제1항제10호 | 자격정지 2개월 |
| 9) 법 제20조를 위반하여 태아의 성 감별 행위 등을 한 경우 | 법 제66조제1항제4호 | 자격정지 3개월 |
| 10) 법 제21조제2항을 위반하여 환자에 관한 기록의 열람, 사본 발급 등 그 내용을 확인할 수 있게 하여 선고유예의 판결을 받거나 벌금형의 선고를 받은 때 | 법 제66조제1항제10호 | 자격정지 2개월 |
| 11) 법 제21조제3항을 위반하여 환자에 | 법 제66조제1항제 | 자격정지 15일 |

| | | |
|---|---|---|
| 관한 기록 열람, 사본 발급 등 그 내용 확인 요청에 따르지 아니한 경우 및 법 제21조의2제1항을 위반하여 진료기록의 내용확인 요청이나 진료경과에 대한 소견 등의 송부 요청에 따르지 아니하거나 환자나 환자보호자의 동의를 받지 않고 진료기록의 내용을 확인할 수 있게 하거나 진료경과에 대한 소견 등을 송부한 경우 | 10호 | |
| 12) 법 제21조의2제2항을 위반하여 응급환자의 내원 당시 작성된 진료기록의 사본 등을 이송하지 아니한 경우 | 법 제66조제1항제10호 | 경고 |
| 13) 법 제22조제1항을 위반하여 진료기록부등을 기록하지 아니한 경우 | 법 제66조제1항제10호 | 자격정지 15일 |
| 14) 법 제22조제1항을 위반하여 진료기록부등에 서명하지 아니한 경우 | 법 제66조제1항제10호 | 경 고 |
| 15) 법 제22조를 위반하여 진료기록부등을 거짓으로 작성하거나 고의로 사실과 다르게 추가기재·수정한 경우 또는 진료기록부등을 보존하지 아니한 경우 | 법 제66조제1항제3호 및 제10호 | 자격정지 1개월 |
| 16) 법 제23조의3을 위반하여 부당한 경제적 이익등을 받은 경우 | 법 제66조제1항제9호 | 부표 2와 같음 |
| 16)의2 법 제24조의2제1항 및 제2항에 따라 환자의 동의를 받은 수술등에 참여하는 주된 의사, 치과의사 또는 한의사를 변경하면서 같은법 제4항에 따라 환자에게 서면으로 알리지 않은 경우 | 법 제66조제1항제10호 | 자격정지 6개월 |
| 17) 법 제25조에 따른 신고를 하지 아니한 경우 | 법 제66조제4항 | 면허정지 (신고할 때까지) |
| 18) 법 제26조를 위반하여 변사체를 신고하지 아니한 경우 | 법 제66조제1항제10호 | 경 고 |
| 19) 법 제27조제1항을 위반하여 의료인이 아닌 자로 하여금 의료행위를 하게하거나 의료인이 면허된 것 외의 의료행위를 한 경우 | 법 제66제1항제5호 및 제10호 | 자격정지 3개월 |
| 20) 법 제27조제3항을 위반하여 영리를 목적으로 환자를 의료기관이나 의료인에게 소개·알선, 그 밖에 유인하거나 이를 사주하는 행위를 한 경우 | 법 제66조제1항제10호 | 자격정지 2개월 |
| 21) 법 제30조제3항에 따른 보수교육을 받지 아니한 경우 | 법 제66조제1항제10호 | ·1차 위반 : 경고 ·2차 위반(1차 처분일부터 2년 이내에 다시 위반한 경우에만 해당한다) : 자격정지 7일 |
| 22) 법 제33조제1항을 위반하여 의료기관을 개설하지 아니하고 의료업을 하거나 의료기관 외에서 의료업을 한 경우, 법 제35조제1항을 위반하여 부속의료기관을 개설하지 아니하고 의료업 | 법 제66조제1항제10호 | 자격정지 3개월 |

| | | |
|---|---|---|
| 을 한 경우, 법 제33조제8항을 위반하여 의료기관을 개설·운영한 경우 | | |
| 23) 법 제33조제6항을 위반하여 조산원 개설자가 지도의사를 정하지 아니한 경우 | 법 제66조제1항제10호 | 경 고 |
| 24) 삭제 <2012.8.7> | | |
| 25) 삭제 <2012.8.7> | | |
| 26) 삭제 <2012.8.7> | | |
| 27) 삭제 <2012.8.7> | | |
| 28) 법 제66조에 따른 자격정지처분기간 중에 의료행위를 하거나 3회 이상 자격정시처분을 받은 경우 | 법 제65조제1항제2호 | 면허취소 |
| 29) 법 제77조제2항을 위반하여 전문의의 자격인정을 받지 아니한 자가 전문과목을 표시한 경우 | 법 제66조제1항제10호 | 경고 |
| 30) 삭제 <2018. 8. 17.> | | |
| 31) 학문적으로 인정되지 아니하는 진료행위를 한 경우 | 법 제66조제1항제1호 및 영 제32조제1항제1호 | 자격정지 1개월 |
| 32) 비도덕적 진료행위를 한 경우<br>　가) 진료행위 중 「성폭력범죄의 처벌 등에 관한 특례법」 제2조제1항제3호의 죄를 범한 경우 | 법 제66조제1항제1호 및 영 제32조제1항제2호 | 자격정지 12개월 |
| 　나) 「마약류 관리에 관한 법률」 제32조제1항을 위반하여 처방전에 따르지 아니하고 마약 또는 향정신성의약품을 투약 또는 제공한 경우 | | 자격정지 3개월 |
| 　다) 「약사법」에 따른 허가나 신고를 받지 않은 의약품을 사용하거나, 변질·오염·손상되었거나 유효기한 또는 사용기한이 지난 의약품을 사용한 경우 | | 자격정지 3개월 |
| 　라) 형법 「제270조」를 위반하여 낙태하게 한 경우 | | 자격정지 1개월 |
| 　마) 그 밖의 비도덕적 진료행위를 한 경우 | | 자격정지 1개월 |
| 33) 불필요한 검사·투약·수술 등 과잉 진료를 한 경우 | 법 제66조제1항제1호 및 영 제32조제1항제4호 | 경 고 |
| 34) 부당하게 많은 진료비를 요구한 경우 | 법 제66조제1항제1호 및 영 제32조제1항제4호 | ·1차 위반 : 자격정지 1개월<br>·2차 위반 : 자격정지 3개월 |
| 35) 전공의 선발 등 직무와 관련하여 부당하게 금품을 수수한 경우 | 법 제66조제1항제1호 및 영 제32조제1항제5호 | 자격정지 2개월 |
| 36) 의료기관의 개설자가 될 수 없는 자에게 고용되어 의료행위를 한 경우 | 법 제66조제1항제2호 | 자격정지 3개월 |
| 37) 의료기사가 아닌 자에게 의료기사의 업무를 하게 하거나 의료기사에게 그 업무의 범위를 벗어나게 한 경우 | 법 제66조제1항제6호 | 자격정지 15일 |

| 38) 관련 서류를 위조·변조하거나 속임수 등 부정한 방법으로 진료비를 거짓 청구한 경우 | 법 제66조제1항제7호 | 부표와 같음 |
|---|---|---|

나. 의료기관이 「의료법」(이하 이 표에서 "법"이라 한다) 및 「의료법 시행규칙」(이하 이 표에서 "규칙"이라 한다)을 위반한 경우

| 위 반 사 항 | 근 거 법 령 | 행정처분기준 |
|---|---|---|
| 1) 종합병원·상급종합병원·전문병원이 각각 법 제3조의3제1항, 법 제3조의4제1항 및 법 제3조의5제2항에 따른 요건에 해당하지 아니하게 된 경우 | 법 제63조 | 시정명령 |
| 2) 법 제16조제2항을 위반하여 세탁물을 적법하게 처리하지 아니한 경우 | 법 제63조 | 시정명령 |
| 3) 법 제27조제1항을 위반하여 의료인이나 의료기관 종사자가 무자격자에게 의료행위를 하게 하거나 의료인에게 면허 사항 외의 의료행위를 하게 한 경우 | 법 제64조제1항제2호 | 업무정지 3개월 |
| 4) 법 제33조제2항제3호부터 제5호까지의 규정에 따라 의료기관을 개설한 의료법인·비영리법인·준정부기관·지방의료원 또는 한국보훈복지의료공단이 그 설립허가가 취소되거나 해산된 경우 | 법 제64조제1항제4호 | 허가취소 또는 폐쇄 |
| 5) 법 제33조제3항 및 제4항에 따른 의료기관의 개설신고 또는 개설허가를 한 날부터 3개월 이내에 정당한 사유 없이 그 업무를 시작하지 아니한 경우 | 법 제64조제1항제1호 | 허가취소 또는 폐쇄 |
| 6) 법 제33조제5항을 위반하여 신고하거나 허가받지 아니하고 개설장소를 이전하거나 개설신고 한 사항 또는 허가받은 사항을 변경한 경우 | 법 제64조제1항제5호 | 경 고 |
| 7) 법 제35조제2항을 위반하여 부속 의료기관의 운영에 관하여 정한 사항을 지키지 아니한 경우 | 법 제63조 | 시정명령 |
| 8) 법 제36조를 위반하여 의료기관의 종류에 따른 시설·장비의 기준 및 규격, 의료인의 정원, 그 밖에 의료기관의 운영에 관하여 정한 사항을 지키지 아니한 경우 | 법 제63조 | 시정명령 |
| 9) 법 제37조를 위반하여 의료기관에 진단용 방사선 발생장치를 설치·운영하면서 다음의 어느 하나에 해당하게 된 경우<br>가) 신고하지 아니하고 설치·운영한 경우<br>나) 안전관리기준에 맞게 설치·운영하지 아니한 경우<br>다) 안전관리책임자를 선임하지 아니한 경우<br>라) 정기적으로 검사와 측정을 받지 아니한 경우 | 법 제63조 | 시정명령 |

| | 근거법령 | 행정처분기준 |
|---|---|---|
| 마) 종사자에 대한 피폭관리를 실시하지 아니한 경우 | | |
| 10) 법 제40조제1항을 위반하여 휴업한 뒤 신고하지 아니한 경우 | 법 제64조제1항제5호 | 경　고 |
| 11) 법 제40조제1항을 위반하여 폐업한 뒤 신고하지 아니한 경우 | 법 제64조제1항제5호 | 허가취소 또는 폐쇄 |
| 12) 법 제40조제2항을 위반하여 진료기록부 등의 이관이나 보관 등의 조치를 아니한 경우 | 법 제64조제1항제5호 | 경　고 |
| 13) 법 제41조를 위반하여 병원에 당직의료인을 두지 아니한 경우 | 법 제63조 | 시정명령 |
| 14) 법 제42조를 위반하여 의료기관의 명칭 표시를 위반한 경우 | 법 제63조 | 시정명령 |
| 15) 법 제43조를 위반하여 의료기관의 진료과목 표시를 위반한 경우 | 법 제63조 | 시정명령 |
| 16) 법 제45조를 위반하여 다음의 어느 하나에 해당하게 된 경우<br>　가) 환자 또는 환자의 보호자에게 비급여 진료비용을 고지하지 아니한 경우<br>　나) 제증명수수료의 비용을 게시하지 아니한 경우<br>　다) 비급여 진료비용의 고지 방법을 위반하거나 제증명수수료 비용의 게시 방법을 위반한 경우<br>　라) 고지·게시한 금액을 초과하여 징수한 경우 | 법 제63조 | 시정명령 |
| 17) 법 제46조를 위반하여 다음의 어느 하나에 해당하게 된 경우<br>　가) 「선택진료에 관한 규칙」 제4조제1항을 위반하여 선택진료 담당 의사 등을 지정한 경우<br>　나) 「선택진료에 관한 규칙」 제4조제2항 각 호에 해당하는 자를 선택진료 담당 의사 등으로 지정한 경우<br>　다) 「선택진료에 관한 규칙」 제4조제3항을 위반하여 추가비용을 징수하지 아니하는 의사 등을 진료과목별로 1명 이상 두지 아니하거나 보건복지부장관이 지정하여 고시하는 필수진료과목에 전 진료시간 동안 추가비용을 징수하지 아니하는 의사 등을 1명 이상 두지 아니하는 경우<br>　라) 「선택진료에 관한 규칙」 제6조를 위반하여 선택진료의료기관의 장이 안내문을 게시 또는 비치하지 아니하거나 선택진료 신청서의 사본을 발급해 주지 아니하는 경우<br>　마) 「선택진료에 관한 규칙」 제7조를 위반하여 선택진료의료기관의 장이 | 법 제63조 | 시정명령 |

| | 근거 법조문 | 행정처분기준 |
|---|---|---|
| 신청서 등의 서류를 보존기간까지 보존하지 아니한 경우 | | |
| 바)「선택진료에 관한 규칙」제8조를 위반하여 선택진료 담당 의사 등의 지정 내용 등을 건강보험심사평가원장에게 통보하지 아니한 경우 | | |
| 18) 법 제46조제1항 후단을 위반하여 특별한 사유 없이 환자 또는 그 보호자의 선택진료 요청을 거부한 경우 | 법 제63조 | 시정명령 |
| 19) 법 제46조제2항을 위반하여 선택진료를 받는 환자 또는 그 보호자의 선택진료의 변경 또는 해지 요청에 따르지 아니한 경우 | 법 제63조 | 시정명령 |
| 20) 법 제56조제2항(제7호와 제9호는 제외한다)을 위반하여 의료광고를 한 경우 | 법 제64조제1항제5호 | 업무정지 1개월 |
| 21) 법 제56조제2항제9호를 위반하여 의료광고의 내용 및 방법 등에 대하여 사전에 보건복지부장관의 심의를 받지 아니하거나 심의받은 내용과 다른 내용의 광고를 한 경우 | 법 제64조제1항제5호 | ·1차 위반 : 경고<br>·2차 위반 : 업무정지 15일<br>·3차 위반 : 업무정지 1개월 |
| 22) 법 제56조제3항(제56조제2항제7호를 포함한다)을 위반하여 거짓된 내용의 광고를 한 경우 | 법 제64조제1항제5호 | 업무정지 2개월 |
| 23) 법 제56조제3항(제56조제2항제7호를 포함한다)을 위반하여 과장된 내용의 광고를 한 경우 | 법 제64조제1항제5호 | 업무정지 1개월 |
| 24) 법 제56조제4항을 위반하여 의료광고를 한 경우 | 법 제64조제1항제5호 | 업무정지 1개월 |
| 25) 법 제59조에 따른 명령을 이행하지 아니하거나 정당한 사유 없이 그 명령을 거부한 경우 | 법 제64조제1항제3호 | 업무정지 15일 |
| 26) 법 제61조에 따른 보고명령을 이행하지 않거나 관계 공무원의 검사 등을 거부한 경우 | 법 제64조제1항제3호 | |
| 가) 법 제33조제2항·제10항 위반 여부에 관한 조사임을 명시한 경우 | | 업무정지 6개월 |
| 나) 가)에 해당하는 경우를 제외한 경우 | | 업무정지 15일 |
| 27) 법 제63조에 따른 명령을 위반하거나 그 명령을 이행하지 아니한 경우 | 법 제64조제1항제3호 및 제6호 | 업무정지 15일 |
| 28)「약사법」제24조제2항을 위반하여 담합행위를 한 경우 | 법 제64조제1항제7호 | ·1차 위반 : 업무정지 1개월<br>·2차 위반(1차 처분일부터 2년 이내에 다시 위반한 경우에만 해당한다) : 업무정지 3개월<br>·3차 위반(2차 처분일부터 2년 이내에 다시 위반한 경우에만 해당한다) : 허가취소 또는 폐쇄 |
| 29) 의료기관의 개설자가 거짓으로 진료비를 청구하여 금고 이상의 형을 선고 | 법 제64조제1항제8호 | 허가취소 또는 폐쇄 |

| 위 반 사 항 | 근 거 법 령 | 행정처분기준 |
|---|---|---|
| 받아 그 형이 확정된 경우 | | |

다. 의료기사·보건의료정보관리사 및 안경사(이하 이 표에서 "의료기사등"이라 한다)가 「의료기사 등에 관한 법률」(이하 이 표에서 "법"이라 한다) 및 「의료기사 등에 관한 법률 시행령」(이하 이 표에서 "영"이라 한다)을 위반한 경우

| 위 반 사 항 | 근 거 법 령 | 행정처분기준 |
|---|---|---|
| 1) 의료기사등의 업무범위를 벗어나는 행위를 한 경우<br>가) 의사 또는 치과의사의 지시에 따라 업무범위를 벗어나는 행위를 한 경우<br>나) 의사 또는 치과의사의 지시에 따르지 아니하고 업무범위를 벗어나는 행위를 한 경우 | 법 제22조제1항제1호 및 영 제13조제1호 | 자격정지 15일<br><br><br>자격정지 3개월 |
| 2) 의료기사등의 업무를 하면서 학문적으로 인정되지 아니하거나 윤리적으로 허용되지 아니하는 방법으로 한 경우 | 법 제22조제1항제1호 및 영제13조제3호 | 자격정지 1개월 |
| 3) 의료기사등의 업무를 하면서 검사결과를 사실과 다르게 판시한 경우 | 법 제22조제1항제1호 및 영 제13조제4호 | 자격정지 2개월 |
| 4) 의료기사가 의사 또는 치과의사의 지도를 받지 아니하고 업무를 한 경우 | 법 제22조제1항제1호 및 영 제13조제2호 | 자격정지 2개월 |
| 5) 법 제5조제1호부터 제4호까지의 규정에 해당하게 된 경우 | 법 제21조제1항제1호 | 면허취소 |
| 6) 법 제9조제3항을 위반하여 타인에게 의료기사등의 면허증을 빌려준 경우 | 법 제21조제1항제3호 | 면허취소 |
| 7) 법 제10조를 위반하여 의료기사등이 그 업무상 알게 된 비밀을 누설하여 선고유예의 판결을 받거나 벌금형의 선고를 받은 경우 | 법 제22조제1항제3호 | 자격정지 2개월 |
| 8) 법 제11조를 위반하여 의료기사등이 그 실태와 취업상황을 신고하지 아니한 경우 | 법 제22조제1항제3호 | 경 고 |
| 9) 법 제12조제3항을 위반하여 안경사가 안경업소 개설등록을 하지 아니하고 그 업무를 한 경우 | 법 제22조제1항제3호 | 자격정지 3개월 |
| 10) 법 제14조제2항을 위반하여 영리를 목적으로 특정 안경업소 또는 안경사에게 고객을 알선·소개 또는 유인하는 행위를 한 경우 | 법 제22조제1항제3호 | 자격정지 2개월 |
| 11) 법 제15조제1항을 위반하여 치과기공소 또는 안경업소의 개설자가 보고명령을 이행하지 아니하거나 검사를 거부·기피 또는 방해한 경우 | 법 제22조제1항제3호 | 자격정지 15일 |
| 12) 법 제20조에 따른 보수교육을 받지 아니한 경우 | 법 제22조제1항제3호 | ·1차 위반 : 경고<br>·2차 위반(1차 처분일부터 2년 이내에 다시 위반한 경우에만 해당한다) : 자격정지 7일 |

| 위 반 사 항 | 근 거 법 령 | 행정처분기준 |
|---|---|---|
| 13) 법 제22조제1항에 따른 면허자격정지 기간 중에 의료기사등의 업무를 하거나 3회 이상 면허자격정지처분을 받은 경우 | 법 제21조제1항제4호 | 면허취소 |
| 14) 치과기공소 또는 안경업소의 개설자가 될 수 없는 사람에게 고용되어 치과기공사 또는 안경사의 업무를 한 경우 | 법 제22조제1항제2호 | 자격정지 3개월 |
| 15) 치과기공사가 치과진료를 행하는 의료기관이나 법 제11조의2제3항에 따라 등록한 치과기공소가 아닌 곳에서 치과기공사의 업무를 하거나 법 제11조의2제3항을 위반하여 개설등록을 하지 아니하고 치과기공소를 개설·운영한 경우 | 법 제22조제1항제2호의2 및 제2호의3 | 자격정지 3개월 |
| 16) 법 제11조의3제1항을 위반하여 치과의사가 발행하는 치과기공물제작의뢰서에 따르지 아니하고 치과기공물 제작등 업무를 한 경우 | 법 제21조제1항제3호의2 | 면허취소 |
| 17) 법 제11조의3제2항을 위반하여 치과기공물제작의뢰서를 보존하지 아니한 경우 | 법 제22조제1항제2호의4 | 자격정지 1개월 |
| 18) 법 제11조의3제3항을 위반하여 치과기공물 제작의뢰를 한 치과의사의 확인에 응하지 아니한 때 | 법 제22조제1항제2호의5 | 자격정지 15일 |

라. 치과기공소 또는 안경업소가 「의료기사 등에 관한 법률」(이하 이 표에서 "법"이라 한다)을 위반한 경우

| 위 반 사 항 | 근 거 법 령 | 행정처분기준 |
|---|---|---|
| 1) 법 제11조의2제2항 또는 제12조제2항을 위반하여 2개 이상의 치과기공소 또는 안경업소를 개설한 경우 | 법 제24조제1항제1호 | 등록취소 |
| 2) 법 제11조의2제4항 또는 제12조제4항에 따른 시설 및 장비를 갖추지 아니한 경우 | 법 제23조 | 시정명령 |
| 3) 법 제13조를 위반하여 치과기공소 또는 안경업소의 개설자가 폐업을 하거나 등록사항을 변경한 후 신고하지 아니한 경우 | 법 제23조 | 시정명령 |
| 4) 법 제13조를 위반하여 치과기공소 또는 안경업소의 개설자가 폐업신고를 하지 아니하여 시정명령을 받고도 시정하지 아니한 경우 | 법 제24조제1항제6호 | 등록취소 |
| 5) 법 제14조제1항을 위반하여 치과기공소 또는 안경업소가 거짓 광고를 한 경우 | 법 제24조제1항제2호 | 영업정지 2개월 |
| 6) 법 제14조제1항을 위반하여 치과기공소 또는 안경업소가 과대 광고를 한 경우 | 법 제24조제1항제2호 | 영업정지 1개월 |
| 7) 법 제23조에 따른 시정명령을 받고도(폐업신고를 하지 아니하여 시정명령을 받은 경우는 제외한다) 시정하지 아니한 경우 | 법 제24조제1항제6호 | 영업정지 15일 |

| | | |
|---|---|---|
| 8) 치과기공사 또는 안경사의 면허가 없는 자로 하여금 치과기공사의 업무를 하게 하거나 안경의 조제 및 판매를 하게 한 경우 | 법 제24조제1항제3호 및 제5호 | 영업정지 3개월 |
| 9) 영업정지처분을 받은 치과기공소 또는 안경업소의 개설자가 영업정지기간 중에 영업을 계속한 경우 | 법 제24조제1항제4호 | 등록취소 |

[부표 1]

## 진료비를 거짓청구한 경우의 처분기준

(단위 : 월)

| 월평균 거짓청구금액 | | 거 짓 청 구 비 율 | | | | | |
|---|---|---|---|---|---|---|---|
| 의료기관 | 보건의료원,<br>보 건 원,<br>보 건 지 소,<br>보건진료소 | 0.5%<br>이상<br>1% 미만 | 1% 이상<br>2% 미만 | 2% 이상<br>3% 미만 | 3% 이상<br>4% 미만 | 4% 이상<br>5% 미만 | 5% 이상 |
| 12만원 미만 | 4만원 미만 | - | - | 1 | 2 | 3 | 4 |
| 12만원 이상<br>20만원 미만 | 4만원 이상<br>7만원 미만 | - | 1 | 2 | 3 | 4 | 5 |
| 20만원 이상<br>40만원 미만 | 7만원 이상<br>10만원 미만 | 1 | 2 | 3 | 4 | 5 | 6 |
| 40만원 이상<br>160만원 미만 | 10만원 이상<br>20만원 미만 | 2 | 3 | 4 | 5 | 6 | 7 |
| 160만원 이상<br>700만원 미만 | 20만원 이상<br>35만원 미만 | 3 | 4 | 5 | 6 | 7 | 8 |
| 700만원 이상<br>2,500만원 미만 | 35만원 이상<br>50만원 미만 | 4 | 5 | 6 | 7 | 8 | 9 |
| 2,500만원 이상 | 50만원 이상 | 5 | 6 | 7 | 8 | 9 | 10 |

비 고

1. 월평균 거짓청구금액은 조사의 대상이 된 기간 동안 관련 서류를 위조·변조하거나 거짓 또는 그 밖의 부정한 방법으로 국민건강보험공단 또는 의료보장기관에 진료급여비용을 거짓으로 청구한 금액과 가입자·피부양자 또는 수급권자에게 본인부담액을 거짓으로 청구한 금액을 합산한 금액을 조사의 대상이 된 기간의 월수로 나눈 금액으로 한다.

2. 거짓청구비율(%)은 (총 거짓청구금액/진료급여비용총액)×100으로 산출한다. 다만, 총 거짓청구금액은 확정되었으나 진료급여비용총액을 산출할 수 없는 경우에는 총 거짓청구금액을 기준으로 처분하되, 그 행정처분기준은 다음 표와 같다.

| 총 거짓청구금액 | 행정처분기준 |
|---|---|
| 2,500만원 이상 | 자격정지 10개월 |
| 1,700만원 이상 ~ 2,500만원 미만 | 자격정지 9개월 |
| 1,200만원 이상 ~ 1,700만원 미만 | 자격정지 8개월 |
| 800만원 이상 ~ 1,200만원 미만 | 자격정지 7개월 |
| 550만원 이상 ~ 800만원 미만 | 자격정지 6개월 |
| 350만원 이상 ~ 550만원 미만 | 자격정지 5개월 |
| 200만원 이상 ~ 350만원 미만 | 자격정지 4개월 |
| 100만원 이상 ~ 200만원 미만 | 자격정지 3개월 |
| 30만원 이상 ~ 100만원 미만 | 자격정지 2개월 |
| 30만원 미만 | 자격정지 1개월 |

3. 진료급여비용 총액은 조사의 대상이 된 기간 동안 건강보험심사평가원이나 근로복지공단에서 심사·결정하여 국민건강보험공단 또는 의료보장기관에 통보한 진료급여비용을 모두 합산한 금액으로 한다.

[부표 2] <신설 2013. 3. 29.>

| 부당한 경제적 이익등을 받은 경우의 행정처분기준 | | |
|---|---|---|
| 위반차수 | 수수액 | 행정처분기준 |
| 1차 | 2,500만원 이상 | 자격정지 12개월 |
| | 2,000만원 이상 ~ 2,500만원 미만 | 자격정지 10개월 |
| | 1,500만원 이상 ~ 2,000만원 미만 | 자격정지 8개월 |
| | 1,000만원 이상 ~ 1,500만원 미만 | 자격정지 6개월 |
| | 500만원 이상 ~ 1,000만원 미만 | 자격정지 4개월 |
| | 300만원 이상 ~ 500만원 미만 | 자격정지 2개월 |
| | 300만원 미만 | 경고 |
| 2차 | 2,500만원 이상 | 자격정지 12개월 |
| | 2,000만원 이상 ~ 2,500만원 미만 | 자격정지 12개월 |
| | 1,500만원 이상 ~ 2,000만원 미만 | 자격정지 10개월 |
| | 1,000만원 이상 ~ 1,500만원 미만 | 자격정지 8개월 |
| | 500만원 이상 ~ 1,000만원 미만 | 자격정지 6개월 |
| | 300만원 이상 ~ 500만원 미만 | 자격정지 4개월 |
| | 300만원 미만 | 자격정지 1개월 |
| 3차 | 2,500만원 이상 | 자격정지 12개월 |
| | 2,000만원 이상 ~ 2,500만원 미만 | 자격정지 12개월 |
| | 1,500만원 이상 ~ 2,000만원 미만 | 자격정지 12개월 |
| | 1,000만원 이상 ~ 1,500만원 미만 | 자격정지 12개월 |
| | 500만원 이상 ~ 1,000만원 미만 | 자격정지 8개월 |
| | 300만원 이상 ~ 500만원 미만 | 자격정지 6개월 |
| | 300만원 미만 | 자격정지 3개월 |
| 4차 이상 | - | 자격정지 12개월 |

# 기타 법령 등

## □ 의료기사 등에 관한 법률 · 시행령 · 시행규칙

| 의료기사 등에 관한 법률<br>[시행 2020. 12. 15] [법률 제17643호, 2020. 12. 15, 일부개정] | 제1조(목적) |
| --- | --- |
| 이 법은 의료기사, 보건의료정보관리사 및 안경사의 자격·면허 등에 관하여 필요한 사항을 정함으로써 국민의 보건 및 의료 향상에 이바지함을 목적으로 한다. <개정 2017. 12. 19.> [전문개정 2011. 11. 22.] | |
| 의료기사 등에 관한 법률 시행령<br>[시행 2019. 7. 2] [대통령령 제29950호, 2019. 7. 2, 타법개정] | 제1조(목적) |
| 이 영은 「의료기사 등에 관한 법률」에서 위임된 사항과 그 시행에 필요한 사항을 규정함을 목적으로 한다. [전문개정 2012. 5. 22.] | |
| 의료기사 등에 관한 법률 시행규칙<br>[시행 2019. 9. 27.] [보건복지부령 제672호, 2019. 9. 27., 타법개정] | 제1조(목적) |
| 이 규칙은 「의료기사 등에 관한 법률」 및 같은법 시행령에서 위임된 사항과 그 시행에 필요한 사항을 규정함을 목적으로 한다. [전문개정 2012. 5. 23.] | |
| 의료기사 등에 관한 법률 | 제1조의2(정의) |
| 이 법에서 사용하는 용어의 뜻은 다음과 같다. <개정 2016. 5. 29., 2017. 12. 19.><br>　1. "의료기사"란 의사 또는 치과의사의 지도 아래 진료나 의화학적(醫化學的) 검사에 종사하는 사람을 말한다.<br>　2. "보건의료정보관리사"란 의료 및 보건지도 등에 관한 기록 및 정보의 분류·확인·유지·관리를 주된 업무로 하는 사람을 말한다.<br>　3. "안경사"란 안경(시력보정용에 한정한다. 이하 같다)의 조제 및 판매와 콘택트렌즈(시력보정용이 아닌 경우를 포함한다. 이하 같다)의 판매를 주된 업무로 하는 사람을 말한다. [본조신설 2011. 11. 22.] | |
| 의료기사 등에 관한 법률 | 제2조(의료기사의 종류 및 업무) |
| ① 의료기사의 종류는 임상병리사, 방사선사, 물리치료사, 작업치료사, 치과기공사 및 치과위생사로 한다. <개정 2016. 5. 29.><br>② 의료기사는 종별에 따라 다음 각 호의 업무 및 이와 관련하여 대통령령으로 정하는 업무를 수행한다. <신설 2016. 5. 29.><br>　1. 임상병리사: 각종 화학적 또는 생리학적 검사<br>　2. 방사선사: 방사선 등의 취급 또는 검사 및 방사선 등 관련 기기의 취급 또는 관리<br>　3. 물리치료사: 신체의 교정 및 재활을 위한 물리요법적 치료<br>　4. 작업치료사: 신체적·정신적 기능장애를 회복시키기 위한 작업요법적 치료<br>　5. 치과기공사: 보철물의 제작, 수리 또는 가공<br>　6. 치과위생사: 치아 및 구강질환의 예방과 위생 관리 등 [전문개정 2011. 11. 22.]<br>[제목개정 2016. 5. 29.] | |

| 의료기사 등에 관한 법률 시행령 | 제2조(의료기사, 보건의료정보관리사 및 안경사의 업무 범위 등) |
|---|---|

① 「의료기사 등에 관한 법률」(이하 "법"이라 한다) 제2조제2항에 따른 의료기사의 종류에 따른 업무 및 법 제3조에 따른 의료기사, 보건의료정보관리사 및 안경사(이하 "의료기사등"이라 한다)의 구체적인 업무범위는 별표 1에 따른다.
② 의료기사는 의사 또는 치과의사의 지도를 받아 별표 1에 따른 업무를 수행한다.

| 의료기사 등에 관한 법률 | 제3조(업무 범위와 한계) |
|---|---|

의료기사, 보건의료정보관리사 및 안경사(이하 "의료기사등"이라 한다)의 구체적인 업무의 범위와 한계는 대통령령으로 정한다. <개정 2016. 5. 29., 2017. 12. 19.>
[전문개정 2011. 11. 22.]

| 의료기사 등에 관한 법률 | 제4조(면허) |
|---|---|

① 의료기사등이 되려면 다음 각 호의 어느 하나에 해당하는 사람으로서 의료기사등의 국가시험(이하 "국가시험"이라 한다)에 합격한 후 보건복지부장관의 면허를 받아야 한다. <개정 1997. 12. 13., 1999. 2. 8., 2003. 5. 15., 2008. 2. 29., 2010. 1. 18., 2011. 11. 22., 2016. 5. 29., 2017. 12. 19., 2018. 12. 11.>
  1. 「고등교육법」 제2조에 따른 대학·산업대학·전문대학(이하 "대학등"이라 한다)에서 취득하려는 면허에 상응하는 보건의료에 관한 학문을 전공하고 졸업한 사람. 다만, 보건의료정보관리사의 경우 「고등교육법」 제11조의2에 따른 인정기관(이하 "인정기관"이라 한다)의 보건의료정보관리사 교육과정 인증을 받은 대학등에서 보건의료정보 관련 학문을 전공하고 보건복지부령으로 정하는 교과목을 이수하여 졸업한 사람이어야 한다.
  2. 삭제 <1999. 2. 8.>
  3. 삭제 <1999. 2. 8.>
  4. 외국의 제1호에 해당하는 학교(보건복지부장관이 정하여 고시하는 인정기준에 해당하는 학교를 말한다)와 같은 수준 이상의 교육과정을 이수하고 외국의 해당 의료기사등의 면허를 받은 사람
② 다음 각 호의 구분에 따른 사람으로서 6개월 이내에 졸업할 것으로 예정된 사람은 제1항제1호에 해당하는 사람으로 본다. 다만, 그 졸업예정시기에 졸업하여야 면허를 받을 수 있다. <신설 2020. 12. 15.>
  1. 의료기사·안경사: 대학등에서 취득하려는 면허에 상응하는 보건의료에 관한 학문을 전공한 사람
  2. 보건의료정보관리사: 인정기관의 보건의료정보관리사 교육과정 인증을 받은 대학등에서 보건의료정보 관련 학문을 전공하고 보건복지부령으로 정하는 교과목을 이수한 사람
③ 제1항제1호 단서에도 불구하고 다음 각 호의 어느 하나에 해당하는 경우에는 보건의료정보관리사 국가시험 응시자격을 갖춘 것으로 본다. <개정 2020. 12. 15.>
  1. 입학 당시 인정기관의 인증을 받은 대학등에 입학한 사람으로서 그 대학등에서 보건의료정보 관련 학문을 전공하고 보건복지부령으로 정하는 교과목을 이수하여 졸업하였으나 졸업 당시 해당 대학등이 인정기관의 인증을 받지 못한 경우
  2. 대학등이 인정기관의 인증을 처음 신청한 날부터 그 인증신청의 결과가 나오기 전까지의 기간 동안 해당 대학등에 입학한 사람이 그 대학등에서 보건의료정보 관련 학문을 전공하고 보건복지부령으로 정하는 교과목을 이수하여 졸업한 경우
[제목개정 2011. 11. 22.]

| 의료기사 등에 관한 법률 시행령 | 제7조(면허증의 발급) |
| --- | --- |

① 국가시험에 합격한 사람은 보건복지부령으로 정하는 서류를 첨부하여 보건복지부장관에게 면허증 발급을 신청하여야 한다.
② 보건복지부장관은 제1항에 따라 면허증 발급을 신청한 사람에게 보건복지부령으로 정하는 바에 따라 면허증을 발급한다.　[전문개정 2012. 5. 22.]

| 의료기사 등에 관한 법률 시행규칙 | 제7조(보건의료정보관리사 국가시험 응시 요건) |
| --- | --- |

「의료기사 등에 관한 법률」(이하 "법"이라 한다) 제4조제1항제1호에 따라 보건의료정보관리사 국가시험에 응시하려는 경우에는 별표 1에 따른 보건의료정보 관련 과목을 모두 이수해야 한다. <개정 2018. 12. 20.> [본조신설 2016. 11. 30.] [제목개정 2018. 12. 20.]

| 의료기사 등에 관한 법률 | 제5조(결격사유) |
| --- | --- |

다음 각 호의 어느 하나에 해당하는 사람에 대하여는 의료기사등의 면허를 하지 아니한다. <개정 1999. 2. 8., 2001. 12. 19., 2007. 10. 17., 2007. 12. 14., 2011. 11. 22., 2013. 6. 4., 2017. 9. 19., 2017. 12. 19.>
1. 「정신건강증진 및 정신질환자 복지서비스 지원에 관한 법률」 제3조제1호에 따른 정신질환자. 다만, 전문의가 의료기사등으로서 적합하다고 인정하는 사람의 경우에는 그러하지 아니하다.
2. 「마약류 관리에 관한 법률」에 따른 마약류 중독자
3. 피성년후견인, 피한정후견인
4. 이 법 또는 「형법」 중 제234조, 제269조, 제270조제2항부터 제4항까지, 제317조제1항, 「보건범죄 단속에 관한 특별조치법」, 「지역보건법」, 「국민건강증진법」, 「후천성면역결핍증 예방법」, 「의료법」, 「응급의료에 관한 법률」, 「시체해부 및 보존에 관한 법률 「혈액관리법」, 「마약류 관리에 관한 법률」, 「모자보건법」 또는 「국민건강보험법」을 위반하여 금고 이상의 실형을 선고받고 그 집행이 끝나지 아니하거나 면제되지 아니한 사람
[제목개정 2011. 11. 22.]

| 의료기사 등에 관한 법률 | 제6조(국가시험) |
| --- | --- |

① 국가시험은 대통령령으로 정하는 바에 따라 해마다 1회 이상 보건복지부장관이 실시한다.
② 보건복지부장관은 대통령령으로 정하는 바에 따라 「한국보건의료인국가시험원법」에 따른 한국보건의료인국가시험원으로 하여금 국가시험을 관리하게 할 수 있다. <개정 2015. 6. 22.> [전문개정 2011. 11. 22.]

| 의료기사 등에 관한 법률 시행령 | 제3조(국가시험의 범위) |
| --- | --- |

① 법 제6조에 따른 의료기사등의 국가시험(이하 "국가시험"이라 한다)은 의료기사등의 종류에 따라 임상병리·방사선·물리치료·작업치료·치과기공·치과위생·보건의료정보관리·안경광학 및 보건의료 관계 법규에 대하여 의료기사등이 갖추어야 할 지식과 기능에 관하여 실시한다. <개정 2018. 12. 18.>
② 국가시험은 필기시험과 실기시험으로 구분하여 실시하되, 실기시험은 필기시험 합격자에 대해서만 실시한다. 다만, 보건복지부장관이 필요하다고 인정하는 경우에는 필기시험과 실기시험을 병합하여 실시할 수 있다.
③ 제2항의 필기시험의 과목, 실기시험의 범위 및 합격자 결정, 그 밖에 필요한 사항은 보건복지부령으로 정한다.

| 의료기사 등에 관한 법률 시행령 | 제4조(국가시험의 시행과 공고) |

① 보건복지부장관은 법 제6조제2항에 따라 「한국보건의료인국가시험원법」에 따른 한국보건의료인국가시험원(이하 "국가시험관리기관"이라 한다)으로 하여금 국가시험을 관리하도록 한다. <개정 2015. 12. 22.>

② 국가시험관리기관의 장은 국가시험을 실시하려는 경우에는 미리 보건복지부장관의 승인을 받아 시험일시·시험장소·시험과목, 응시원서 제출기간, 그 밖에 시험 실시에 필요한 사항을 시험일 90일 전까지 공고하여야 한다. 다만, 시험장소는 지역별 응시인원이 확정된 후 시험일 30일 전까지 공고할 수 있다. [전문개정 2012. 5. 22.]

| 의료기사 등에 관한 법률 시행령 | 제5조(시험위원) |

국가시험관리기관의 장은 국가시험을 실시할 때마다 시험과목별로 전문지식을 갖춘 사람 중에서 시험위원을 위촉한다. [전문개정 2012. 5. 22.]

| 의료기사 등에 관한 법률 시행령 | 제6조(국가시험의 응시) |

국가시험에 응시하려는 사람은 국가시험관리기관의 장이 정하는 응시원서를 국가시험관리기관의 장에게 제출하여야 한다. [전문개정 2012. 5. 22.]

| 의료기사 등에 관한 법률 시행령 | 제7조(면허증의 발급) |

① 국가시험에 합격한 사람은 보건복지부령으로 정하는 서류를 첨부하여 보건복지부장관에게 면허증 발급을 신청하여야 한다.

② 보건복지부장관은 제1항에 따라 면허증 발급을 신청한 사람에게 보건복지부령으로 정하는 바에 따라 면허증을 발급한다. [전문개정 2012. 5. 22.]

| 의료기사 등에 관한 법률 시행규칙 | 제8조(시험과목) |

「의료기사 등에 관한 법률 시행령」(이하 "영"이라 한다) 제3조제1항에 따른 의료기사·보건의료정보관리사 및 안경사(이하 "의료기사등"이라 한다) 국가시험의 필기시험과목과 실기시험의 범위는 별표 1의2와 같다. <개정 2016. 11. 30., 2018. 12. 20.>
[전문개정 2012. 5. 23.]

| 의료기사 등에 관한 법률 시행규칙 | 제9조(합격자 결정 등) |

① 영 제3조제1항에 따른 의료기사등의 국가시험(이하 "국가시험"이라 한다)의 합격자는 필기시험에서는 각 과목 만점의 40퍼센트 이상 및 전 과목 총점의 60퍼센트 이상 득점한 사람으로 하고, 실기시험에서는 만점의 60퍼센트 이상 득점한 사람으로 한다.

② 국가시험의 출제방법, 과목별 배점비율, 그 밖에 시험 시행에 필요한 사항은 영 제4조제1항에 따라 보건복지부장관이 지정·고시하는 관계 전문기관(이하 "국가시험관리기관"이라 한다)의 장이 정한다. [전문개정 2012. 5. 23.]

| 의료기사 등에 관한 법률 시행규칙 | 제12조(면허증의 발급) |

① 영 제7조제1항에 따라 의료기사등의 면허증 발급을 신청하려는 사람은 별지 제2호서식의 의료기사등 면허증 발급신청서(전자문서로 된 신청서를 포함한다)에 다음 각 호의 서류를 첨부하여 국가시험관리기관을 거쳐 보건복지부장관에게 제출하여야 한다. <개정 2012. 5. 23., 2015. 2. 3., 2016. 12. 30.>
1. 졸업증명서 또는 이수증명서. 다만, 법 제4조제1항제4호에 해당하는 사람의 경

우에는 졸업증명서 또는 이수증명서 및 해당 면허증 사본

2. 법 제5조제1호 및 제2호의 결격사유에 해당하지 아니함을 증명하는 의사의 진단서

3. 응시원서의 사진과 같은 사진(가로 3.5센티미터, 세로 4.5센티미터) 1장

② 삭제 <1998. 9. 23.>

③ 보건복지부장관은 제1항에 따라 면허증의 발급 신청을 받았을 때에는 그 신청인에게 면허증 발급을 신청받은 날부터 14일 이내에 종류에 따라 각각 별지 제3호서식의 면허증을 발급하여야 한다. 다만, 법 제4조제1항제4호에 해당하는 사람의 경우에는 외국에서 면허를 받은 사실 등에 대한 조회가 끝난 날부터 14일 이내에 발급하여야 한다. <개정 2012. 5. 23.>　　　[제목개정 2012. 5. 23.]

| 의료기사 등에 관한 법률 | 제7조(응시자격의 제한 등) |
|---|---|

① 제5조 각 호의 어느 하나에 해당하는 사람은 국가시험에 응시할 수 없다.

② 부정한 방법으로 국가시험에 응시한 사람 또는 국가시험에 관하여 부정행위를 한 사람에 대하여는 그 시험을 정지시키거나 합격을 무효로 한다.

③ 보건복지부장관은 제2항에 따라 시험이 정지되거나 합격이 무효가 된 사람에 대하여 처분의 사유와 위반 정도 등을 고려하여 보건복지부령으로 정하는 바에 따라 그 다음에 치러지는 국가시험 응시를 3회의 범위에서 제한할 수 있다. <개정 2013. 6. 4.> [전문개정 2011. 11. 22.]

| 의료기사 등에 관한 법률 시행규칙 | 제10조(부정행위자의 국가시험 응시제한) |
|---|---|

법 제7조제3항에 따른 국가시험 응시제한의 기준은 별표 2와 같다. <개정 2016. 11. 30.>

[본조신설 2013. 12. 5.]

| 의료기사 등에 관한 법률 | 제8조(면허의 등록 등) |
|---|---|

① 보건복지부장관은 의료기사등의 면허를 할 때에는 그 종류에 따르는 면허대장에 그 면허에 관한 사항을 등록하고 그 면허증을 발급하여야 한다.

② 제1항에 따른 면허의 등록과 면허증에 관하여 필요한 사항은 보건복지부령으로 정한다. [전문개정 2011. 11. 22.]

| 의료기사 등에 관한 법률 시행규칙 | 제11조(면허대장) |
|---|---|

법 제8조제1항의 의료기사등의 면허대장은 별지 제1호서식에 따른다. <개정 2013. 12. 5.>

[전문개정 2012. 5. 23.]

| 의료기사 등에 관한 법률 | 제9조(무면허자의 업무금지 등) |
|---|---|

① 의료기사등이 아니면 의료기사등의 업무를 하지 못한다. 다만, 대학등에서 취득하려는 면허에 상응하는 교육과정을 이수하기 위하여 실습 중에 있는 사람의 실습에 필요한 경우에는 그러하지 아니하다. <개정 2017. 12. 19.>

② 의료기사등이 아니면 의료기사등의 명칭 또는 이와 유사한 명칭을 사용하지 못한다.

③ 의료기사등은 제4조에 따라 받은 면허를 다른 사람에게 대여하여서는 아니 된다. <개정 2020. 4. 7.>

④ 누구든지 제4조에 따라 받은 면허를 대여받아서는 아니 되며 면허 대여를 알선하여서도 아니 된다. <신설 2020. 4. 7.>　　　[전문개정 2011. 11. 22.]

| 의료기사 등에 관한 법률 | 제10조(비밀누설의 금지) |
|---|---|

　의료기사등은 이 법 또는 다른 법령에 특별히 규정된 경우를 제외하고는 업무상

알게 된 비밀을 누설하여서는 아니 된다.  [전문개정 2011. 11. 22.]

| 의료기사 등에 관한 법률 | 제11조(실태 등의 신고) |

① 의료기사등은 대통령령으로 정하는 바에 따라 최초로 면허를 받은 후부터 3년 마다 그 실태와 취업상황을 보건복지부장관에게 신고하여야 한다.
② 보건복지부장관은 제20조의 보수교육을 받지 아니한 의료기사등에 대하여 제1 항에 따른 신고를 반려할 수 있다.
③ 보건복지부장관은 대통령령으로 정하는 바에 따라 제1항에 따른 신고 업무를 전자적으로 처리할 수 있는 전자정보처리시스템(이하 "신고시스템"이라 한다)을 구축·운영할 수 있다. <신설 2016. 5. 29.>  [전문개정 2011. 11. 22.]

| 의료기사 등에 관한 법률 시행령 | 제8조(실태 등의 신고) |

의료기사등은 법 제11조제1항에 따라 그 실태와 취업상황을 제7조에 따른 면허증을 발급받은 날부터 매 3년이 되는 해의 12월 31일까지 보건복지부령으로 정하는 바에 따라 보건복지부장관에게 신고하여야 한다. 다만, 다음 각 호의 어느 하나에 해당하는 경우에는 그 구분에 따른 날부터 매 3년이 되는 해의 12월 31일까지 신고하여야 한다.
　1. 법 제21조에 따라 면허가 취소된 후 면허증을 재발급받은 경우: 면허증을 재발급받은 날
　2. 법률 제11102호 의료기사 등에 관한 법률 일부개정법률 부칙 제3조제1항에 따라 신고를 한 경우: 신고를 한 날  [전문개정 2014. 11. 19.]

| 의료기사 등에 관한 법률 시행령 | 제8조의2(신고시스템의 구축·운영) |

① 법 제11조제3항에 따른 전자정보처리시스템(이하 "신고시스템"이라 한다)에서 처리할 수 있는 업무는 다음 각 호와 같다. <개정 2016. 11. 29.>
　1. 법 제11조제1항에 따른 의료기사등의 실태와 취업상황에 관한 다음 각 목의 업무
　가. 의료기사등의 실태와 취업상황에 관한 신고 접수 및 신고 자료의 확인·관리
　나. 의료기사등의 실태와 취업상황에 대한 각종 통계의 생산·분석 및 제공
　2. 법 제20조에 따른 보수교육의 이수 여부 확인 및 이수 자료 관리
　3. 그 밖에 법 제11조제1항에 따른 의료기사등의 실태와 취업상황의 신고와 관련된 업무로서 보건복지부장관이 특별히 필요하다고 인정하는 업무
② 보건복지부장관은 신고시스템의 구축·운영을 위하여 필요하다고 인정하는 경우에는 관계 기관, 법인 또는 단체 등에 자료 또는 의견의 제출을 요청할 수 있다. <신설 2016. 11. 29.>
③ 보건복지부장관은 신고시스템의 구축·운영에 관한 업무를 국가시험관리기관으로 하여금 수행하게 할 수 있다. <개정 2016. 11. 29.>  [본조신설 2014. 11. 19.]

| 의료기사 등에 관한 법률 시행규칙 | 제12조의2(실태 등의 신고) |

① 법 제11조제1항 및 영 제8조에 따라 의료기사등의 실태와 취업상황을 신고하려는 사람은 별지 제3호의2서식의 의료기사등의 실태 신고서(전자문서로 된 신고서를 포함한다)에 다음 각 호의 서류를 첨부하여 법 제16조제1항에 따른 중앙회의 장(이하 "각 중앙회의 장"이라 한다)에게 제출해야 한다. <개정 2018. 12. 20.>
　1. 제19조제3항에 따른 보수교육 이수증(이수한 사람만 해당한다)
　2. 제18조제7항에 따른 보수교육 면제·유예 확인서(면제·유예된 사람만 해당한다)
② 제1항에 따라 신고서를 제출받은 각 중앙회의 장은 법 제20조에 따른 신고인의 보수교육 이수 여부 등을 확인해야 한다. <개정 2018. 12. 20.>
③ 각 중앙회의 장은 제1항에 따른 신고 내용과 결과를 분기별로 보건복지부장관

에게 보고해야 한다. 다만, 법 제22조제3항에 따라 면허의 효력이 정지된 의료기사등이 제1항에 따른 신고를 한 경우에는 그 내용과 결과를 지체 없이 보건복지부장관에게 보고해야 한다. <개정 2018. 12. 20.>

[본조신설 2014. 11. 21.] [종전 제12조의2는 제12조의3으로 이동 <2014. 11. 21.>]

| 의료기사 등에 관한 법률 | 제11조의2(치과기공소의 개설등록 등) |
|---|---|

① 치과의사 또는 치과기공사가 아니면 치과기공소를 개설할 수 없다.

② 치과의사 또는 치과기공사는 1개소의 치과기공소만을 개설할 수 있다.

③ 치과기공소를 개설하려는 자는 보건복지부령으로 정하는 바에 따라 특별자치시장·특별자치도지사·시장·군수·구청장(자치구의 구청장에 한한다. 이하 같다)에게 개설등록을 하여야 한다. <개정 2011. 11. 22., 2013. 6. 4.>

④ 제3항에 따라 치과기공소를 개설하고자 하는 자는 보건복지부령으로 정하는 시설 및 장비를 갖추어야 한다. [본조신설 2011. 4. 28.]

| 의료기사 등에 관한 법률 시행규칙 | 제12조의3(치과기공소의 개설등록 등) |
|---|---|

① 법 제11조의2제3항에 따라 치과기공소를 개설하려는 사람은 별지 제4호서식의 치과기공소 개설등록 신청서에 시설 및 장비 개요서를 첨부하여 특별자치시장·특별자치도지사·시장·군수·구청장(자치구의 구청장을 말한다. 이하 같다)에게 제출하여야 한다. <개정 2013. 12. 5., 2014. 11. 21.>

1. 삭제 <2014. 11. 21.>

2. 삭제 <2014. 11. 21.>

② 제1항에 따른 신청을 받은 특별자치시장·특별자치도지사·시장·군수·구청장은 「전자정부법」 제36조제1항에 따른 행정정보의 공동이용(이하 "행정정보의 공동이용"이라 한다)을 통하여 치과의사 면허증(개설자가 치과의사인 경우만 해당한다) 또는 치과기공사 면허증(개설자가 치과기공사인 경우만 해당한다)을 확인하여야 한다. 다만, 신청인이 확인에 동의하지 아니하는 경우에는 신청인이 면허증 사본을 첨부하도록 하여야 하며, 신청인이 면허증 원본을 제시하는 경우에는 담당 공무원의 확인으로 사본 제출을 갈음할 수 있다. <개정 2013. 12. 5., 2014. 11. 21.>

③ 특별자치시장·특별자치도지사·시장·군수·구청장은 제1항에 따라 개설등록 신청을 받았을 때에는 치과기공소 등록대장에 다음 각 호의 사항을 적고 신청인에게 별지 제5호서식의 치과기공소 개설등록증을 발급하여야 한다. <개정 2013. 12. 5.>

1. 개설등록번호와 개설등록 연월일

2. 개설자의 성명, 주소 및 주민등록번호

3. 치과기공소의 명칭과 소재지

[전문개정 2012. 5. 23.] [제12조의2에서 이동, 종전 제12조의3은 제12조의4로 이동 <2014. 11. 21.>]

| 의료기사 등에 관한 법률 시행규칙 | 제12조의4(치과기공소의 시설 및 장비) |
|---|---|

법 제11조의2제4항에서 "보건복지부령으로 정하는 시설 및 장비"란 다음 각 호의 시설 및 장비를 말한다. <개정 2018. 12. 20.>

1. 기공용 레이드(lathe) 1대 이상

2. 전산설계(CAD/CAM), 삼차원(3D)프린터 또는 주조기 1대 이상

3. 기공용 모터 1대 이상

4. 기공용 컴프레서 1대 이상

5. 치과용 프레스 1대 이상
6. 전기로(電氣爐) 1대 이상
7. 포설린로(porcelain furnace) 1대 이상
8. 초음파 청소기 1대 이상
9. 서베이어(surveyor) 1대 이상
10. 진동기 1대 이상
11. 트리머(trimmer) 1대 이상
12. 샌드기(sand blast machine) 1대 이상
13. 진공 매몰기 1대 이상
14. 삭제 <2018. 12. 20.>
[전문개정 2012. 5. 23.]
[제12조의3에서 이동, 종전 제12조의4는 제12조의5로 이동 <2014. 11. 21.>]

| 의료기사 등에 관한 법률 | 제11조의3(치과기공사 등의 준수사항) |
| --- | --- |

① 치과기공사는 제3조에 따른 업무(이하 "치과기공물제작등 업무"라 한다)를 수행할 때 치과의사가 발행한 치과기공물제작의뢰서에 따라야 한다.
② 치과기공물제작등 업무를 의뢰한 치과의사 및 치과기공소 개설자는 보건복지부령으로 정하는 바에 따라 치과기공물제작의뢰서를 보존하여야 한다.
③ 치과기공물제작등 업무를 의뢰한 치과의사는 실제 기공물 제작 등이 치과기공물제작의뢰서에 따라 적합하게 이루어지고 있는지 여부를 확인할 수 있으며 해당 치과기공소 개설자는 이에 따라야 한다.    [본조신설 2011. 4. 28.]

| 의료기사 등에 관한 법률 시행규칙 | 제12조의5(치과기공물제작의뢰서) |
| --- | --- |

① 법 제11조의3제1항의 치과기공물제작의뢰서는 별지 제6호서식에 따른다.
② 법 제11조의3제2항에 따라 치과의사 및 치과기공소 개설자는 치과기공물제작의뢰서를 각자 2년 동안 보존하여야 한다. [전문개정 2012. 5. 23.] [제12조의4에서 이동 <2014. 11. 21.>]

| 의료기사 등에 관한 법률 | 제12조(안경업소의 개설등록 등) |
| --- | --- |

① 안경사가 아니면 안경을 조제하거나 안경 및 콘택트렌즈의 판매업소(이하 "안경업소"라 한다)를 개설할 수 없다.
② 안경사는 1개의 안경업소만을 개설할 수 있다.
③ 안경업소를 개설하려는 사람은 보건복지부령으로 정하는 바에 따라 특별자치시장·특별자치도지사·시장·군수·구청장에게 개설등록을 하여야 한다. <개정 2013. 6. 4.>
④ 제3항에 따라 안경업소를 개설하려는 사람은 보건복지부령으로 정하는 시설 및 장비를 갖추어야 한다.
⑤ 누구든지 안경 및 콘택트렌즈를 다음 각 호의 어느 하나에 해당하는 방법으로 판매 등을 하여서는 아니 된다. <개정 2011. 11. 22., 2016. 5. 29.>
  1. 「전자상거래 등에서의 소비자보호에 관한 법률」 제2조에 따른 전자상거래 및 통신판매의 방법
  2. 판매자의 사이버몰(컴퓨터 등과 정보통신설비를 이용하여 재화 등을 거래할 수 있도록 설정된 가상의 영업장을 말한다) 등으로부터 구매 또는 배송을 대행하는 등 보건복지부령으로 정하는 방법
⑥ 안경사는 안경 및 콘택트렌즈를 안경업소에서만 판매하여야 한다. <신설 2011. 11. 22.>

⑦ 안경사는 콘택트렌즈를 판매하는 경우 콘택트렌즈의 사용방법과 유통기한 및 부작용에 관한 정보를 제공하여야 한다. <신설 2011. 11. 22., 2016. 5. 29.> [전문개정 2011. 11. 22.]

| 의료기사 등에 관한 법률 시행규칙 | 제13조(안경업소의 개설등록 등) |
| --- | --- |

① 법 제12조제3항에 따라 같은 조 제1항에 따른 안경업소(이하 "안경업소"라 한다)를 개설하려는 사람은 별지 제7호서식의 안경업소 개설등록 신청서에 시설·장비 개요서를 첨부하여 특별자치시장·특별자치도지사·시장·군수·구청장에게 제출하여야 한다. <개정 2013. 12. 5., 2015. 2. 3., 2018. 12. 20.>

② 제1항에 따른 신청을 받은 특별자치시장·특별자치도지사·시장·군수·구청장은 행정정보의 공동이용을 통하여 안경사 면허증을 확인하여야 한다. 다만, 신청인이 확인에 동의하지 아니하는 경우에는 신청인이 면허증 사본을 첨부하도록 하여야 하며, 신청인이 면허증 원본을 제시하는 경우에는 담당 공무원의 확인으로 사본 제출을 갈음할 수 있다. <개정 2013. 12. 5.>    [전문개정 2012. 5. 23.]

| 의료기사 등에 관한 법률 시행규칙 | 제14조(안경업소 등록대장과 등록증) |
| --- | --- |

특별자치시장·특별자치도지사·시장·군수·구청장은 제13조에 따라 안경업소 개설등록 신청을 받았을 때에는 안경업소 등록대장에 다음 각 호의 사항을 적고 신청인에게 별지 제8호서식의 안경업소 개설등록증을 발급하여야 한다. <개정 2013. 12. 5.>
1. 개설등록번호 및 개설등록 연월일
2. 개설자의 성명, 주소 및 주민등록번호
3. 안경업소의 명칭과 소재지 [전문개정 2012. 5. 23.]

| 의료기사 등에 관한 법률 시행규칙 | 제15조(안경업소의 시설기준 등) |
| --- | --- |

법 제12조제4항에서 "보건복지부령으로 정하는 시설 및 장비"란 채광과 환기가 잘 되고 청결하며 안경(시력보정용으로 한정한다)의 조제 및 판매와 콘택트렌즈(시력보정용이 아닌 것을 포함한다)의 판매에 적합한 시설과 다음 각 호의 장비를 말한다. <개정 2018. 12. 20.>
1. 시력표(vision chart)
2. 시력검사 세트(phoroptor and unit set)
3. 시험테와 시험렌즈 세트(trial frame and trial lens set)
4. 동공거리계(PD meter)
5. 자동굴절검사기(auto refractor meter)
6. 렌즈 정점굴절력계(lens meter)
[전문개정 2015. 2. 3.]

| 의료기사 등에 관한 법률 시행규칙 | 제15조의2(안경 및 콘택트렌즈의 판매 제한) |
| --- | --- |

법 제12조제5항제2호에서 "구매 또는 배송을 대행하는 등 보건복지부령으로 정하는 방법"이란 해외로부터 구매를 대행하는 방법으로서 다음 각 호의 요건을 모두 충족하는 방법을 말한다. <개정 2019. 9. 27.>
1. 판매자가 법 제12조제5항제2호에 따른 사이버몰에 안경 또는 콘택트렌즈에 대한 상품정보와 가격 등을 게시할 것
2. 판매자가 국내 구매자의 구매요청을 받아 해외 판매자로부터 안경 또는 콘택트렌즈를 수입할 것
3. 판매자가 제2호에 따른 수입거래에 대하여 손익의 위험을 부담하는 수입화물주의 지위에 해당할 것

4. 판매자가 제2호 및 제3호에 따라 수입한 안경 또는 콘택트렌즈를 국내 구매자에게 판매할 것  [본조신설 2016. 11. 30.]

| 의료기사 등에 관한 법률 | 제13조(폐업 등의 신고) |
|---|---|

치과기공소 또는 안경업소의 개설자는 폐업을 하거나 등록사항을 변경한 경우에는 보건복지부령으로 정하는 바에 따라 지체 없이 특별자치시장·특별자치도지사·시장·군수·구청장에게 신고하여야 한다. <개정 2013. 6. 4.>        [전문개정 2011. 11. 22.]

| 의료기사 등에 관한 법률 시행규칙 | 제16조(폐업 등의 신고) |
|---|---|

① 법 제13조에 따라 치과기공소 또는 안경업소의 폐업 또는 등록사항 변경 신고를 하려는 사람은 별지 제9호서식의 치과기공소·안경업소 폐업 또는 등록사항 변경 신고서에 개설등록증을 첨부하여 폐업하거나 등록사항을 변경한 날부터 14일 이내에 특별자치시장·특별자치도지사·시장·군수·구청장에게 제출하여야 한다. <개정 2013. 12. 5.>

② 치과기공소를 양도·양수하여 개설자가 변경된 경우에는 제1항에도 불구하고 양수인이 별지 제10호서식의 치과기공소 양도·양수 신고서에 다음 각 호의 서류를 첨부하여 양도·양수한 날부디 14일 이내에 특별자치시장·특별자치도지사·시장·군수·구청장에게 신고하여야 한다. <개정 2013. 12. 5., 2014. 11. 21.>
1. 치과기공소 개설등록증
2. 양도계약서 사본 등 양도·양수 사실을 증명할 수 있는 서류

③ 제2항에 따른 신고를 받은 특별자치시장·특별자치도지사·시장·군수·구청장은 행정정보의 공동이용을 통하여 양수인의 치과의사 면허증(양수인이 치과의사인 경우만 해당한다) 또는 치과기공사 면허증(양수인이 치과기공사인 경우만 해당한다)을 확인하여야 한다. 다만, 신고인이 확인에 동의하지 아니하는 경우에는 신고인이 면허증 사본을 첨부하도록 하여야 하며, 신고인이 면허증 원본을 제시하는 경우에는 담당 공무원의 확인으로 사본 제출을 갈음할 수 있다. <개정 2013. 12. 5., 2014. 11. 21.>

④ 안경업소를 양도·양수하여 개설자가 변경된 경우에는 제1항에도 불구하고 양수인이 별지 제11호서식의 안경업소 양도·양수 신고서에 다음 각 호의 서류를 첨부하여 양도·양수한 날부터 14일 이내에 특별자치시장·특별자치도지사·시장·군수·구청장에게 신고하여야 한다. <개정 2013. 12. 5.>
1. 안경업소 개설등록증
2. 양도계약서 사본 등 양도·양수 사실을 증명할 수 있는 서류

⑤ 제4항에 따른 신고를 받은 특별자치시장·특별자치도지사·시장·군수·구청장은 행정정보의 공동이용을 통하여 양수인의 안경사 면허증을 확인하여야 한다. 다만, 신고인이 확인에 동의하지 아니하는 경우에는 신고인이 면허증 사본을 첨부하도록 하여야 하며, 신고인이 면허증 원본을 제시하는 경우에는 담당 공무원의 확인으로 사본 제출을 갈음할 수 있다. <개정 2013. 12. 5.>
[전문개정 2012. 5. 23.]

| 의료기사 등에 관한 법률 | 제14조(과장광고 등의 금지) |
|---|---|

① 치과기공소 또는 안경업소는 해당 업무에 관하여 거짓광고 또는 과장광고를 하지 못한다. <개정 2016. 5. 29.>

② 누구든지 영리를 목적으로 특정 치과기공소·안경업소 또는 치과기공사·안경사에게 고객을 알선·소개 또는 유인하여서는 아니 된다.

③ 제1항 및 제2항에 따른 과장광고 등의 금지와 관련하여 필요한 사항은 「표시·광고의 공정화에 관한 법률」 및 「독점규제 및 공정거래에 관한 법률」에서 정하는 바에 따른다. <개정 2016. 5. 29.>  [전문개정 2011. 11. 22.]  [제목개정 2016. 5. 29.]

| 의료기사 등에 관한 법률 | 제15조(보고와 검사 등) |
|---|---|

① 특별자치시장·특별자치도지사·시장·군수·구청장은 치과기공소 또는 안경업소의 개설자에게 그 지도·감독에 필요한 범위에서 보고를 명하거나 소속 공무원으로 하여금 업무 상황, 시설 등을 검사하게 할 수 있다. <개정 2013. 6. 4.>

② 제1항의 경우에 소속 공무원은 그 권한을 나타내는 증표 및 조사기간, 조사범위, 조사담당자 및 관계 법령 등 보건복지부령으로 정하는 사항이 기재된 서류를 지니고 이를 관계인에게 보여주어야 한다. <개정 2016. 5. 29.>

③ 소속 공무원이 제1항에 따라 업무 상황, 시설 등을 검사하는 경우 그 절차·방법 등에 관하여는 이 법에서 정하는 사항을 제외하고는 「행정조사기본법」에서 정하는 바에 따른다. <신설 2016. 5. 29.>  [전문개정 2011. 11. 22.]

| 의료기사 등에 관한 법률 시행규칙 | 제17조(출입·검사를 위한 현장 조사서류) |
|---|---|

법 제15조제2항에서 "조사기간, 조사범위, 조사담당자 및 관계 법령 등 보건복지부령으로 정하는 사항"이란 다음 각 호의 사항을 말한다.
 1. 조사목적·조사기간·조사범위 및 조사내용
 2. 조사담당자의 성명 및 직위
 3. 제출자료 목록
 4. 조사에 대한 근거 법령
 5. 조사의 거부·방해·기피 등에 대한 행정처분 또는 벌칙 등의 내용 및 근거 법령
 6. 그 밖에 제1호부터 제5호까지에 준하는 사항으로서 보건복지부장관이 해당 조사를 위하여 필요하다고 인정하는 사항  [본조신설 2016. 11. 30.]

| 의료기사 등에 관한 법률 | 제16조(중앙회) |
|---|---|

① 의료기사등은 대통령령으로 정하는 바에 따라 그 면허의 종류에 따라 전국적으로 조직을 가지는 단체(이하 "중앙회"라 한다)를 설립하여야 한다. <개정 2017. 12. 19.>

② 중앙회는 법인으로 한다. <개정 2011. 11. 22., 2017. 12. 19.>

③ 중앙회에 관하여 이 법에 규정되지 아니한 사항은 「민법」 중 사단법인에 관한 규정을 준용한다. <개정 2011. 11. 22., 2017. 12. 19.>

④ 중앙회는 대통령령으로 정하는 바에 따라 특별시·광역시·도 및 특별자치도에 지부를 설치하여야 하며, 시·군·구(자치구를 말한다)에 분회를 설치할 수 있다. 다만, 그 외의 지부나 외국에 지부를 설치하려면 보건복지부장관의 승인을 받아야 한다. <신설 2017. 12. 19.>

⑤ 중앙회가 지부나 분회를 설치한 때에는 그 지부나 분회의 책임자는 지체 없이 특별시장·광역시장·도지사·특별자치도지사 또는 시장·군수·구청장에게 신고하여야 한다. <신설 2017. 12. 19.>

⑥ 각 중앙회는 제22조의2에 따른 자격정지 처분 요구에 관한 사항을 심의·의결하기 위하여 윤리위원회를 둔다. <신설 2017. 12. 19.>

⑦ 제6항에 따른 윤리위원회의 구성, 운영 등에 필요한 사항은 대통령령으로 정한다. <신설 2017. 12. 19.>  [제목개정 2017. 12. 19.]

| 의료기사 등에 관한 법률 시행령 | 제9조(중앙회의 설립 등) |
|---|---|

① 법 제16조제1항에 따른 중앙회(이하 "중앙회"라 한다)를 설립하려는 자는 다음 각 호의 서류(전자문서를 포함한다)를 보건복지부장관에게 제출해 설립 인가를 받아야 한다.
 1. 정관
 2. 사업계획서
 3. 자산명세서
 4. 설립결의서
 5. 설립대표자의 선출 경위에 관한 서류
 6. 임원의 취임승낙서와 이력서
② 중앙회는 설립 등기를 한 날부터 3주일 이내에 특별시·광역시·도 및 특별자치도에 각각 지부를 설치해야 한다.
③ 중앙회의 정관에 기재할 사항은 다음 각 호와 같다.
 1. 목적
 2. 명칭
 3. 업무
 4. 중앙회·지부·분회의 소재지
 5. 재산 또는 회계와 그 밖에 관리·운영에 관한 사항
 6. 임원의 선임(選任)에 관한 사항
 7. 회원의 자격 및 징계에 관한 사항
 8. 정관 변경에 관한 사항
 9. 공고 방법에 관한 사항
 10. 법 제16조제6항에 따른 윤리위원회(이하 "윤리위원회"라 한다)의 운영 등에 관한 사항
④ 중앙회는 정관을 변경하려면 다음 각 호의 서류(전자문서를 포함한다)를 보건복지부장관에게 제출해 변경 인가를 받아야 한다.
 1. 정관 변경 이유서
 2. 정관 변경에 관한 중앙회 회의록 사본
 3. 개정될 정관(신·구조문대비표를 포함한다)
 4. 그 밖에 보건복지부장관이 필요하다고 인정하는 서류
⑤ 중앙회의 업무는 다음 각 호와 같다.
 1. 의료기사등의 권익 보호
 2. 국내외 관련 기관·단체 등과의 정보·기술 교류
 3. 의료기사등의 업무에 대한 연구개발
 4. 그 밖에 보건복지부장관이 필요하다고 인정하는 업무
[본조신설 2018. 12. 18.]

| 의료기사 등에 관한 법률 시행령 | 제10조(윤리위원회의 구성) |
|---|---|

① 윤리위원회는 위원장을 포함해 11명의 위원으로 구성한다.
② 위원은 다음 각 호의 어느 하나에 해당하는 사람 중에서 중앙회의 장이 성별을 고려해 위촉하되, 제2호에 해당하는 사람이 4명 이상 포함되어야 한다.
 1. 중앙회 소속 회원으로서 의료기사등의 경력이 10년 이상인 사람
 2. 의료기사등이 아닌 사람으로서 법률, 보건, 언론, 소비자 권익 등에 관한 학식과 경험이 풍부한 사람
③ 위원장은 위원 중에서 중앙회의 장이 위촉한다.
④ 위원의 임기는 3년으로 하며, 한 차례만 연임할 수 있다.  [본조신설 2018. 12.

18.]

| 의료기사 등에 관한 법률 시행령 | 제10조의2(윤리위원회의 운영) |

① 윤리위원회는 다음 각 호의 사항을 심의·의결한다.
  1. 법 제22조의2에 따른 자격정지 처분의 요구에 관한 사항
  2. 중앙회 소속 회원에 대한 자격심사 및 징계에 관한 사항
  3. 그 밖에 회원의 윤리 확립을 위해 필요한 사항으로서 중앙회의 정관으로 정하는 사항
② 윤리위원회의 회의는 제1항제1호 및 제2호의 사항이 있는 경우 및 같은 항 제3호의 사항을 심의·의결하기 위해 위원장이 필요하다고 인정하거나 중앙회의 장 또는 재적위원 3분의 1 이상이 요청하는 경우에 위원장이 소집한다.
③ 위원장은 회의 개최 7일 전까지 회의의 일시·장소 및 안건을 각 위원에게 통보해야 한다. 다만, 긴급히 개최해야 하거나 부득이한 사유가 있을 때에는 회의 개최 전날까지 통보할 수 있다.
④ 윤리위원회의 회의는 재적위원 3분의 2 이상의 출석으로 개의(開議)하고, 출석위원 3분의 2 이상의 찬성으로 의결한다. 다만, 제1항제2호 및 제3호의 사항에 대한 심의·의결에 필요한 정족수는 중앙회의 정관으로 정할 수 있다.
⑤ 위원장은 제1항제1호 및 제2호의 사항에 관하여 심의·의결하려는 경우에는 해당 안건의 당사자에게 구술 또는 서면(전자문서를 포함한다)으로 의견을 진술할 기회를 줘야 한다.
⑥ 윤리위원회는 소관 심의·의결 사항을 전문적으로 검토하기 위해 필요한 경우 보건복지부장관이 정하여 고시하는 기준에 따라 분야별 전문자문단을 구성·운영할 수 있다.
⑦ 제1항부터 제6항까지에서 규정한 사항 외에 윤리위원회 또는 제6항에 따른 분야별 전문자문단의 운영에 필요한 사항은 중앙회의 정관으로 정한다. [본조신설 2018. 12. 18.]

| 의료기사 등에 관한 법률 시행령 | 제10조의3(위원의 제척·기피·회피) |

① 위원이 다음 각 호의 어느 하나에 해당하는 경우에는 윤리위원회의 심의·의결에서 제척(除斥)된다.
  1. 위원 또는 배우자나 배우자였던 사람이 윤리위원회의 심의·의결 안건(이하 이 조에서 "해당 안건"이라 한다)의 당사자가 되거나 그 안건의 당사자와 공동권리자 또는 공동의무자인 경우
  2. 위원이 해당 안건의 당사자와 친족이거나 친족이었던 경우
  3. 위원이 해당 안건에 대해 증언, 진술 또는 자문한 경우
  4. 위원이 현재 소속되어 있거나 소속되었던 기관에 해당 안건의 당사자가 최근 3년 이내에 소속되었던 경우
② 당사자는 위원에게 공정한 심의·의결을 기대하기 어려운 사정이 있는 경우에는 윤리위원회에 기피 신청을 할 수 있고, 윤리위원회는 재적위원 과반수의 출석과 출석위원 과반수의 찬성으로 이를 의결한다. 이 경우 기피 신청의 대상인 위원은 그 의결에 참여하지 못한다.
③ 위원이 제1항 각 호에 따른 제척 사유에 해당하는 경우에는 스스로 해당 안건의 심의·의결에서 회피(回避)해야 한다. [본조신설 2018. 12. 18.]

| 의료기사 등에 관한 법률 시행령 | 제10조의4(위원의 해촉) |

중앙회의 장은 위원이 다음 각 호의 어느 하나에 해당하는 경우에는 해당 위원을

해촉(解囑)할 수 있다.
1. 심신장애로 직무를 수행할 수 없게 된 경우
2. 직무와 관련된 비위사실이 있는 경우
3. 직무태만, 품위손상이나 그 밖의 사유로 위원으로 적합하지 않다고 인정되는 경우
4. 제10조의3제1항 각 호의 어느 하나에 해당하는데도 불구하고 회피하지 않은 경우
5. 위원 스스로 직무를 수행하기 어렵다는 의사를 밝히는 경우 [본조신설 2018. 12. 18.]

| 의료기사 등에 관한 법률 | 제17조(설립 인가 등) |
|---|---|

① 중앙회를 설립하려면 대통령령으로 정하는 바에 따라 정관과 그 밖에 필요한 서류를 보건복지부장관에게 제출하여 설립 인가를 받아야 한다. 중앙회가 정관을 변경하고자 하는 때에도 또한 같다.
② 보건복지부장관은 제1항에 따른 인가를 하였을 때에는 그 사실을 공고하여야 한다.
③ 중앙회의 업무, 정관에 기재할 사항 및 그 밖에 필요한 사항은 대통령령으로 정한다.
[본조신설 2017. 12. 19.]

| 의료기사 등에 관한 법률 | 제18조(협조 의무) |
|---|---|

중앙회는 보건복지부장관으로부터 국민의 보건 및 의료 향상에 관한 협조 요청을 받으면 협조하여야 한다.  [본조신설 2017. 12. 19.]

| 의료기사 등에 관한 법률 | 제19조(감독) |
|---|---|

① 보건복지부장관은 중앙회나 그 지부가 다음 각 호의 어느 하나에 해당하는 때에는 정관의 변경 또는 시정을 명할 수 있다.
1. 정관이 정하는 사업 외의 사업을 한 때
2. 국민의 보건 및 의료향상에 장애가 되는 행위를 한 때
3. 제18조에 따른 요청을 받고 협조하지 아니한 때
② 보건복지부장관은 감독상 필요한 경우 중앙회나 그 지부에 대하여 그 업무에 관한 사항을 보고하게 할 수 있다. [본조신설 2017. 12. 19.]

| 의료기사 등에 관한 법률 | 제20조(보수교육) |
|---|---|

① 보건기관·의료기관·치과기공소·안경업소 등에서 각각 그 업무에 종사하는 의료기사등(1년 이상 그 업무에 종사하지 아니하다가 다시 업무에 종사하려는 의료기사등을 포함한다)은 보건복지부령으로 정하는 바에 따라 보수(補修)교육을 받아야 한다. <개정 2016. 5. 29.>
② 제1항에 따른 보수교육의 시간·방법·내용 등에 필요한 사항은 대통령령으로 정한다. <신설 2016. 5. 29.> [전문개정 2011. 11. 22.]

| 의료기사 등에 관한 법률 시행령 | 제11조(보수교육) |
|---|---|

① 법 제20조제1항에 따른 보수교육(이하 "보수교육"이라 한다)의 시간·방법 및 내용은 다음 각 호의 구분에 따른다. <개정 2018. 12. 18.>
1. 보수교육의 시간: 매년 8시간 이상
2. 보수교육의 방법: 대면 교육 또는 정보통신망을 활용한 온라인 교육
3. 보수교육의 내용: 다음 각 목의 사항
   가. 직업윤리에 관한 사항
   나. 업무 전문성 향상 및 업무 개선에 관한 사항

다. 의료 관계 법령의 준수에 관한 사항

라. 그 밖에 가목부터 다목까지와 유사한 사항으로서 보건복지부장관이 보수교육에 필요하다고 인정하는 사항

② 보건복지부장관은 제1항제1호에 따른 교육시간의 인정과 관련하여 그 인정기준, 운영기준 및 평가기준 등에 관한 사항을 정하여 고시하여야 한다. [본조신설 2016. 11. 29.]

| 의료기사 등에 관한 법률 시행규칙 | 제18조(보수교육) |

① 영 제14조제3항에 따라 의료기사등에 대한 보수교육 업무를 위탁받은 기관(이하 "보수교육실시기관"이라 한다)은 매년 법 제20조 및 영 제11조에 따른 보수교육(이하 "보수교육"이라 한다)을 실시하여야 한다. <개정 2016. 11. 30.>

② 보건복지부장관은 다음 각 호의 어느 하나에 해당하는 사람에 대해서는 해당 연도의 보수교육을 면제할 수 있다. <신설 2018. 12. 20.>

1. 대학원 및 의학전문대학원·치의학전문대학원에서 해당 의료기사등의 면허에 상응하는 보건의료에 관한 학문을 전공하고 있는 사람

2. 군 복무 중인 사람(군에서 해당 업무에 종사하는 의료기사등은 제외한다)

3. 해당 연도에 법 제4조에 따라 의료기사등의 신규 면허를 받은 사람

4. 보건복지부장관이 해당 연도에 보수교육을 받을 필요가 없다고 인정하는 요건을 갖춘 사람

③ 보건복지부장관은 다음 각 호의 어느 하나에 해당하는 사람에 대해서는 해당 연도의 보수교육을 유예할 수 있다. <신설 2018. 12. 20.>

1. 해당 연도에 보건기관·의료기관·치과기공소 또는 안경업소 등에서 그 업무에 종사하지 않은 기간이 6개월 이상인 사람

2. 보건복지부장관이 해당 연도에 보수교육을 받기가 어렵다고 인정하는 요건을 갖춘 사람

④ 보건기관·의료기관·치과기공소 또는 안경업소 등에서 그 업무에 종사하지 않다가 다시 그 업무에 종사하려는 사람은 제3항제1호에 따라 보수교육이 유예된 연도(보수교육이 2년 이상 유예된 경우에는 마지막 연도를 말한다)의 다음 연도에 다음 각 목의 구분에 따른 보수교육을 받아야 한다. <개정 2018. 12. 20.>

가. 제3항에 따라 보수교육이 1년 유예된 경우: 12시간 이상

나. 제3항에 따라 보수교육이 2년 유예된 경우: 16시간 이상

다. 제3항에 따라 보수교육이 3년 이상 유예된 경우: 20시간 이상

⑤ 보건복지부장관은 보수교육실시기관의 보수교육 내용과 그 운영에 대하여 평가할 수 있다. <개정 2018. 12. 20.>

⑥ 제2항 또는 제3항에 따라 보수교육을 면제받거나 유예받으려는 사람은 해당 연도의 보수교육 실시 전에 별지 제12호서식의 보수교육 면제·유예 신청서에 보수교육 면제 또는 유예의 사유를 증명할 수 있는 서류를 첨부하여 보수교육실시기관의 장에게 제출해야 한다. <개정 2018. 12. 20.>

⑦ 제6항에 따른 신청을 받은 보수교육실시기관의 장은 보수교육 면제 또는 유예 대상자 여부를 확인하고, 신청인에게 별지 제12호의2서식의 보수교육 면제·유예 확인서를 발급해야 한다. <개정 2018. 12. 20.> [전문개정 2014. 11. 21.]

| 의료기 등에 관한 법률 시행규칙 | 제19조(보수교육 계획서 및 실적보고서 제출 등) |

① 보수교육실시기관의 장은 매년 12월 31일까지 별지 제13호서식의 다음 연도 보수교육 계획서(전자문서로 된 보수교육 계획서를 포함한다)에 다음 각 호의 서류를 첨부하여 보건복지부장관에게 제출하여야 한다. 이 경우 보수교육 계획서

에는 교과과정, 실시방법, 교육받는 사람의 경비부담액 및 보수교육 이수 인정기준 등 보수교육의 운영에 필요한 사항이 포함되어야 한다. <개정 2019. 9. 27.>

1. 교육받는 사람의 경비부담액 산출근거
2. 과목별 보수교육 인정기준

② 보수교육실시기관의 장은 매년 3월 31일까지 별지 제13호의2서식의 전년도 보수교육 실적보고서(전자문서로 된 보수교육 실적보고서를 포함한다)를 보건복지부장관에게 제출하여야 한다.

③ 보수교육실시기관의 장은 보수교육을 받은 사람에게 별지 제14호서식의 보수교육 이수증을 발급하여야 한다.

[전문개정 2014. 11. 21.]

| 의료기사 등에 관한 법률 시행규칙 | 제20조(보수교육 실시방법 등) |
|---|---|

보수교육의 교과과정, 실시방법, 그 밖에 보수교육의 실시에 필요한 사항은 제18조제5항에 따른 평가 결과를 반영하여 보수교육실시기관의 장이 정한다. <개정 2018. 12. 20.>

[본조신설 2014. 11. 21.]

| 의료기사 등에 관한 법률 시행규칙 | 제21조(보수교육 관계 서류의 보존) |
|---|---|

보수교육실시기관의 장은 다음 각 호의 서류를 3년 동안 보존하여야 한다.

1. 보수교육 대상자 명단(대상자의 교육 이수 여부가 적혀 있어야 한다)
2. 보수교육 면제자 명단
3. 그 밖에 교육 이수자가 교육을 이수하였다는 사실을 확인할 수 있는 서류

[전문개정 2012. 5. 23.]

| 의료기사 등에 관한 법률 | 제21조(면허의 취소 등) |
|---|---|

① 보건복지부장관은 의료기사등이 다음 각 호의 어느 하나에 해당하면 그 면허를 취소할 수 있다. 다만, 제1호의 경우에는 면허를 취소하여야 한다. <개정 1995. 12. 29., 1997. 12. 13., 1999. 2. 8., 2008. 2. 29., 2010. 1. 18., 2011. 4. 28., 2011. 11. 22., 2016. 5. 29., 2020. 4. 7.>

1. 제5조제1호부터 제4호까지의 규정에 해당하게 된 경우
2. 삭제 <1999. 2. 8.>
3. 제9조제3항을 위반하여 다른 사람에게 면허를 대여한 경우

3의2. 제11조의3제1항을 위반하여 치과의사가 발행하는 치과기공물제작의뢰서에 따르지 아니하고 치과기공물제작등 업무를 한 때

4. 제22조제1항 또는 제3항에 따른 면허자격정지 또는 면허효력정지 기간에 의료기사등의 업무를 하거나 3회 이상 면허자격정지 또는 면허효력정지 처분을 받은 경우

② 의료기사등이 제1항에 따라 면허가 취소된 후 그 처분의 원인이 된 사유가 소멸되는 등 대통령령으로 정하는 사유가 있다고 인정될 때에는 보건복지부장관은 그 면허증을 재발급할 수 있다. 다만, 제1항제3호 및 제4호에 따라 면허가 취소된 경우와 제5조제4호에 따른 사유로 면허가 취소된 경우에는 그 취소된 날부터 1년 이내에는 재발급하지 못한다. <개정 2011. 11. 22.> [제목개정 2011. 11. 22.]

| 의료기사 등에 관한 법률 시행령 | 제12조(면허증의 재발급) |
|---|---|

① 법 제21조제2항에 따른 면허증의 재발급 사유는 다음 각 호의 구분에 따른다.

1. 법 제5조제1호부터 제3호까지의 사유로 면허가 취소된 경우: 취소의 원인이

된 사유가 소멸되었을 때

2. 법 제5조제4호의 사유로 면허가 취소된 경우: 해당 형의 집행이 끝나거나 면제된 후 1년이 지난 사람으로서 뉘우치는 빛이 뚜렷할 때

3. 법 제21조제1항제3호 또는 제4호에 따라 면허가 취소된 경우: 면허가 취소된 후 1년이 지난 사람으로서 뉘우치는 빛이 뚜렷할 때

4. 법 제21조제1항제3호의2에 따라 면허가 취소된 경우: 면허가 취소된 후 6개월이 지난 사람으로서 뉘우치는 빛이 뚜렷할 때

② 제1항에 따른 면허증 재발급의 절차·방법 등에 관하여 필요한 사항은 보건복지부령으로 정한다.　[전문개정 2012. 5. 22.]

| 의료기사 등에 관한 법률 시행규칙 | 제22조(면허증의 재발급 신청) |

① 의료기사등이 면허증을 분실 또는 훼손하였거나 면허증의 기재사항이 변경되어 면허증의 재발급을 신청하려는 경우에는 별지 제15호서식의 의료기사등 면허증 재발급 신청서(전자문서로 된 신청서를 포함한다)에 다음 각 호의 서류 또는 자료를 첨부하여 보건복지부장관에게 제출하여야 한다. <개정 2015. 2. 3., 2016. 12. 30.>

1. 면허증(면허증을 분실한 경우에는 그 사유설명서)

2. 사진(신청 전 6개월 이내에 모자 등을 쓰지 않고 촬영한 천연색 상반신 정면 사진으로 가로 3.5센티미터, 세로 4.5센티미터의 사진을 말한다) 1장

3. 변경 사실을 증명할 수 있는 서류(면허증 기재사항이 변경되어 재발급을 신청하는 경우만 해당한다)

② 영 제12조제1항에 따른 사유로 면허증을 재발급받으려는 사람은 별지 제15호서식의 의료기사등 면허증 재발급 신청서에 다음 각 호의 서류 또는 자료를 첨부하여 주소지를 관할하는 특별시장·광역시장·특별자치시장·도지사 및 특별자치도지사(이하 "시·도지사"라 한다)를 거쳐 보건복지부장관에게 제출하여야 한다. <개정 2013. 12. 5., 2015. 2. 3., 2016. 12. 30.>

1. 사진(신청 전 6개월 이내에 모자 등을 쓰지 않고 촬영한 천연색 상반신 정면 사진으로 가로 3.5센티미터, 세로 4.5센티미터의 사진을 말한다) 1장

2. 면허취소의 원인이 된 사유가 소멸하였음을 증명할 수 있는 서류(영 제12조제1항제1호의 사유에 해당하는 경우에만 제출한다)

3. 뉘우치는 빛이 뚜렷하다고 인정될 수 있는 서류(영 제12조제1항제2호부터 제4호까지의 사유에 해당하는 경우에만 제출한다)

③ 의료기사등이 제1항에 따라 면허증을 재발급받은 후 분실된 면허증을 발견하였을 때에는 지체 없이 그 면허증을 보건복지부장관에게 반납하여야 한다. [전문개정 2012. 5. 23.]

| 의료기사 등에 관한 법률 시행규칙 | 제23조(면허증을 갈음하는 증서) |

의료기사등이 제22조제1항에 따라 면허증의 재발급을 신청한 경우에는 면허증을 재발급받을 때까지 그 신청서에 대한 보건복지부장관의 접수증으로 면허증을 갈음할 수 있다.
[전문개정 2012. 5. 23.]

| 의료기사 등에 관한 법률시행규칙 | 제24조(면허증의 회수) |

① 보건복지부장관은 법 제21조제1항 또는 제22조제1항에 따라 면허의 취소 또는 면허자격의 정지처분을 하였을 때에는 그 사실을 주소지를 관할하는 시·도지사에게 통보하여야 하며, 시·도지사(특별자치시장 및 특별자치도지사는 제외한다)

는 지체 없이 시장·군수·구청장에게 통보하여야 한다. <개정 2013. 12. 5.>

② 제1항에 따른 통보를 받은 특별자치시장·특별자치도지사·시장·군수·구청장은 지체 없이 면허의 취소처분을 받은 해당 의료기사등의 면허증을 회수하여 보건복지부장관에게 제출하여야 한다. 이 경우 시장·군수·구청장은 시·도지사를 거쳐 제출하여야 한다. <개정 2013. 12. 5.>   [전문개정 2012. 5. 23.]

| 의료기사 등에 관한 법률 | 제22조(자격의 정지) |
|---|---|

① 보건복지부장관은 의료기사등이 다음 각 호의 어느 하나에 해당하는 경우에는 6개월 이내의 기간을 정하여 그 면허자격을 정지시킬 수 있다. <개정 1997. 12. 13., 2008. 2. 29., 2010. 1. 18., 2011. 4. 28., 2011. 11. 22.>

1. 품위를 현저히 손상시키는 행위를 한 경우
2. 치과기공소 또는 안경업소의 개설자가 될 수 없는 사람에게 고용되어 치과기공사 또는 안경사의 업무를 한 경우
2의2. 치과진료를 행하는 의료기관 또는 제11조의2제3항에 따라 등록한 치과기공소가 아닌 곳에서 치과기공사의 업무를 행한 때
2의3. 제11조의2제3항을 위반하여 개설등록을 하지 아니하고 치과기공소를 개설·운영한 때
2의4. 제11조의3제2항을 위반하여 치과기공물제작의뢰서를 보존하지 아니한 때
2의5. 제11조의3제3항을 위반한 때
3. 그 밖에 이 법 또는 이 법에 따른 명령을 위반한 경우

② 제1항제1호에 따른 품위손상행위의 범위에 관하여는 대통령령으로 정한다. <개정 2011. 11. 22.>

③ 보건복지부장관은 의료기사등이 제11조에 따른 신고를 하지 아니한 때에는 신고할 때까지 면허의 효력을 정지할 수 있다. <신설 2011. 11. 22.>

④ 제1항에 따른 자격정지처분은 그 사유가 발생한 날부터 5년이 지나면 하지 못한다. 다만, 그 사유에 대하여 「형사소송법」 제246조에 따른 공소가 제기된 경우에는 공소가 제기된 날부터 해당 사건의 재판이 확정된 날까지의 기간은 시효기간에 산입하지 아니한다. <신설 2016. 12. 2.>   [제목개정 2011. 11. 22.]

| 의료기사 등에 관한 법률 시행령 | 제13조(의료기사등의 품위손상행위의 범위) |
|---|---|

법 제22조제1항제1호에 따른 품위손상행위의 범위는 다음 각 호와 같다. <개정 2018. 12. 18.>

1. 제2조에 따른 의료기사등의 업무 범위를 벗어나는 행위
2. 의사나 치과의사의 지도를 받지 아니하고 제2조의 업무를 하는 행위(보건의료정보관리사와 안경사의 경우는 제외한다)
3. 학문적으로 인정되지 아니하거나 윤리적으로 허용되지 아니하는 방법으로 업무를 하는 행위
4. 검사 결과를 사실과 다르게 판시하는 행위   [전문개정 2012. 5. 22.]

| 의료기사 등에 관한 법률 | 제22조의2(중앙회의 자격정지 처분의 요구) |
|---|---|

각 중앙회의 장은 의료기사등이 제22조제1항제1호에 해당하는 행위를 한 경우에는 제16조제6항에 따른 윤리위원회의 심의·의결을 거쳐 보건복지부장관에게 자격정지 처분을 요구할 수 있다.   [본조신설 2017. 12. 19.]

| 의료기사 등에 관한 법률 | 제23조(시정명령) |
|---|---|

① 특별자치시장·특별자치도지사·시장·군수·구청장은 치과기공소 또는 안경업소의 개설자가 다음 각 호의 어느 하나에 해당되는 때에는 위반된 사항의 시정

을 명할 수 있다. <개정 2011. 4. 28., 2011. 11. 22., 2013. 6. 4., 2016. 5. 29.>
　　1. 제11조의2제4항 및 제12조제4항에 따른 시설 및 장비를 갖추지 못한 때
　1의2. 제12조제7항을 위반하여 안경사가 콘택트렌즈의 사용방법과 유통기한 및
　　부작용에 관한 정보를 세공하지 아니한 경우
　　2. 제13조에 따라 폐업 또는 등록의 변경사항을 신고하지 아니한 때
② 보건복지부장관은 제28조제2항에 따른 업무의 수탁기관이 제20조제2항에 따른
　보수교육의 시간·방법·내용 등에 관한 사항을 위반하여 보수교육을 실시하거
　나 실시하지 아니한 경우에는 시정을 명할 수 있다. <신설 2016. 5. 29.>　　[제
　목개정 2011. 11. 22.]

| 의료기사 등에 관한 법률 | 제24조(개설등록의 취소 등) |

① 특별자치시장·특별자치도지사·시장·군수·구청장은 치과기공소 또는 안경업소
　의 개설자가 다음 각 호의 어느 하나에 해당할 때에는 6개월 이내의 기간을 정하
　여 영업을 정지시키거나 등록을 취소할 수 있다. <개정 2011. 4. 28., 2011. 11. 22.,
　2013. 6. 4., 2016. 5. 29.>
　　1. 제11조의2제2항 또는 제12조제2항을 위반하여 2개 이상의 치과기공소 또는 안
　　경업소를 개설한 경우
　　2. 제14조제1항을 위반하여 거짓광고 또는 과장광고를 한 경우
　　3. 안경사의 면허가 없는 사람으로 하여금 안경의 조제 및 판매와 콘택트렌즈의
　　판매를 하게 한 경우
　　4. 이 법에 따라 영업정지처분을 받은 치과기공소 또는 안경업소의 개설자가 영
　　업정지기간에 영업을 한 경우
　　5. 치과기공사가 아닌 자로 하여금 치과기공사의 업무를 하게 한 때
　　6. 제23조에 따른 시정명령을 이행하지 아니한 경우
② 제1항에 따라 개설등록의 취소처분을 받은 사람은 그 등록취소처분을 받은 날
　부터 6개월 이내에 치과기공소 또는 안경업소를 개설하지 못한다. <개정 2011.
　11. 22.>
③ 치과기공소 또는 안경업소의 개설자가 제22조에 따른 면허자격정지처분을 받은
　경우에는 그 면허자격정지기간 동안 해당 치과기공소 또는 안경업소는 영업을
　하지 못한다. 다만, 치과기공소의 개설자가 제22조제1항제2호의4 및 제2호의5에
　따른 면허자격정지처분을 받은 경우로서 해당 치과기공소에 그 개설자가 아닌 치
　과의사 또는 치과기공사가 종사하고 있는 경우에는 그러하지 아니하다. <개정
　2011. 4. 28., 2011. 11. 22., 2013. 6. 4.>
④ 제1항에 따른 치과기공소 및 안경업소의 업무정지처분의 효과는 그 처분이 확
　정된 치과기공소 및 안경업소를 양수한 자에게 승계되고, 업무정지처분절차가
　진행 중인 때에는 양수인에 대하여 그 절차를 계속 진행할 수 있다. 다만, 양수
　인이 그 처분 또는 위반사실을 알지 못하였음을 증명하는 때에는 그러하지 아
　니하다. <신설 2011. 4. 28.>
⑤ 제1항에 따른 업무정지처분을 받았거나 업무정지처분의 절차가 진행 중인 자는
　행정처분을 받은 사실 또는 행정처분 절차가 진행 중인 사실을 보건복지부령으
　로 정하는 바에 따라 양수인에게 지체 없이 통지하여야 한다. <신설 2011. 4.
　28.>
　　[제목개정 2011. 11. 22.]

| 의료기사 등에 관한 법률 시행규칙 | 제24조의2(행정처분 사실 등의 통지) |

　법 제24조제5항에 따라 같은 조 제1항에 따른 영업정지처분을 받았거나 영업정지

처분의 절차가 진행 중인 사람은 행정처분을 받은 사실이나 행정처분절차가 진행 중인 사실을 「우편법 시행규칙」 제25조제1항제4호가목에 따른 내용증명으로 양수인에게 지체 없이 알려야 한다. [전문개정 2012. 5. 23.]

| 의료기사 등에 관한 법률 | 제25조(행정처분의 기준) |
|---|---|

제21조부터 제24조까지의 규정에 따른 행정처분의 세부적인 사항은 보건복지부령으로 정한다. [전문개정 2011. 11. 22.]

| 의료기사 등에 관한 법률 | 제26조(청문) |
|---|---|

보건복지부장관 또는 특별자치시장·특별자치도지사·시장·군수·구청장은 다음 각 호의 어느 하나에 해당하는 처분을 하려면 청문을 하여야 한다. <개정 2013. 6. 4.>
    1. 제21조제1항에 따른 면허의 취소
    2. 제24조제1항에 따른 등록의 취소 [전문개정 2011. 11. 22.]

| 의료기사 등에 관한 법률 | 제26조의2(자료 제공의 요청 등) |
|---|---|

보건복지부장관은 이 법에 따른 업무를 수행하기 위하여 필요한 경우에는 지방자치단체의 장에게 치과기공소 또는 안경업소의 설치 및 운영 현황에 관한 자료 제공을 요청할 수 있다. 이 경우 요청을 받은 지방자치단체의 장은 특별한 사유가 없으면 이에 따라야 한다. [본조신설 2013. 6. 4.]

| 의료기사 등에 관한 법률 | 제27조(수수료) |
|---|---|

다음 각 호의 어느 하나에 해당하는 사람은 보건복지부령으로 정하는 바에 따라 수수료를 내야 한다.
    1. 의료기사등의 면허를 받으려는 사람
    2. 면허증을 재발급받으려는 사람
    3. 국가시험에 응시하려는 사람 [전문개정 2011. 11. 22.]

| 의료기사 등에 관한 법률 시행규칙 | 제25조(수수료 등) |
|---|---|

① 국가시험에 응시하려는 사람은 법 제27조제3호에 따라 국가시험관리기관의 장이 보건복지부장관의 승인을 받아 결정한 수수료를 현금이나 정보통신망을 이용한 전자화폐 또는 전자결제 등의 방법으로 내야 한다. 이 경우 수수료의 금액 및 납부방법 등은 영 제4조제2항에 따라 국가시험관리기관의 장이 공고한다.
② 제22조에 따른 면허증의 재발급 신청을 하거나 면허사항에 관한 증명 신청을 하는 사람은 다음 각 호의 구분에 따른 수수료를 수입인지나 정보통신망을 이용한 전자화폐 또는 전자결제 등의 방법으로 내야 한다. <개정 2013. 4. 17.>
    1. 면허증의 재발급 수수료: 2천원
    2. 면허사항에 관한 증명 수수료: 500원(정보통신망을 이용하여 발급받는 경우 무료)
[전문개정 2012. 5. 23.]

| 의료기사 등에 관한 법률 | 제28조(권한의 위임 또는 위탁) |
|---|---|

① 이 법에 따른 보건복지부장관의 권한은 그 일부를 대통령령으로 정하는 바에 따라 소속 기관의 장, 특별시장·광역시장·특별자치시장·도지사·특별자치도지사, 시장·군수·구청장 또는 보건소장에게 위임할 수 있다. <개정 2013. 6. 4.>
② 보건복지부장관은 의료기사등의 실태 등의 신고 수리, 의료기사등에 대한 교육

등 업무의 일부를 대통령령으로 정하는 바에 따라 관계 전문기관 또는 단체 등에 위탁할 수 있다. [전문개정 2011. 11. 22.]

| 의료기사 등에 관한 법률 시행령 | 제14조(업무의 위탁) |
|---|---|

① 법 제28조제2항에 따라 보건복지부장관은 법 제11조제1항에 따른 신고 수리 업무를 법 제16조에 따라 의료기사등의 면허 종류별로 설립된 단체(이하 이 조에서 "중앙회"라 한다)에 위탁한다. <개정 2018. 12. 18.>

② 제1항에 따라 업무를 위탁받은 중앙회는 위탁받은 업무의 처리 내용을 보건복지부령으로 정하는 바에 따라 보건복지부장관에게 보고하여야 한다. <개정 2018. 12. 18.>

③ 법 제28조제2항에 따라 보건복지부장관은 법 제20조에 따른 의료기사등에 대한 보수교육을 다음 각 호의 어느 하나에 해당하는 기관 중 교육 능력을 갖춘 것으로 인정되는 기관에 위탁한다. <개정 2018. 12. 18.>

  1. 「고등교육법」 제2조에 따른 학교로서 해당 의료기사등의 면허에 관련된 학과가 개설된 전문대학 이상의 학교

  2. 중앙회

  3. 해당 의료기사등의 업무와 관련된 연구기관

④ 보건복지부장관은 제3항에 따라 보수교육을 위탁한 때에는 수탁기관 및 위탁 업무의 내용을 고시하여야 한다. [전문개정 2014. 11. 19.]

| 의료기사 등에 관한 법률 시행령 | 제14조의2(민감정보 및 고유식별정보의 처리) |
|---|---|

보건복지부장관, 특별자치시장, 특별자치도지사, 시장, 군수, 자치구의 구청장(해당 권한이 위임·위탁된 경우에는 그 권한을 위임·위탁받은 자를 포함한다) 또는 국가시험관리기관은 다음 각 호의 사무를 수행하기 위하여 불가피한 경우 「개인정보 보호법」 제23조에 따른 건강에 관한 정보, 같은법 시행령 제18조제2호에 따른 범죄경력자료에 해당하는 정보, 같은법 시행령 제19조제1호 또는 제4호에 따른 주민등록번호 또는 외국인등록번호가 포함된 자료를 처리할 수 있다. <개정 2014. 11. 19., 2015. 3. 3.>

  1. 법 제6조에 따른 국가시험의 관리

  2. 법 제7조에 따른 국가시험 응시자격의 확인

  3. 법 제8조에 따른 의료기사등의 면허의 등록과 면허증 발급

  3의2. 법 제11조에 따른 의료기사등의 실태와 취업상황의 신고

  4. 법 제11조의2에 따른 치과기공소의 개설등록

  5. 법 제12조에 따른 안경업소의 개설등록

  6. 법 제13조에 따른 치과기공소 및 안경업소의 폐업 및 등록사항 변경 신고

  7. 법 제21조부터 제26조까지의 규정에 따른 행정처분 등

  8. 제12조에 따른 면허증 재발급

[전문개정 2012. 5. 22.]

| 의료기사 등에 관한 법률 | 제29조(다른 법률과의 관계) |
|---|---|

이 법에 따른 안경업소의 등록 및 그 취소 등에 대하여는 「의료기기법」 제17조와 제36조를 적용하지 아니한다. [전문개정 2011. 11. 22.]

| 의료기사 등에 관한 법률 | 제30조(벌칙) |
|---|---|

① 다음 각 호의 어느 하나에 해당하는 사람은 3년 이하의 징역 또는 3천만원 이하의 벌금에 처한다. <개정 2011. 4. 28., 2011. 11. 22., 2016. 12. 2., 2020. 4. 7.>

  1. 제9조제1항 본문을 위반하여 의료기사등의 면허 없이 의료기사등의 업무를 한 사람

2. 제9조제3항을 위반하여 다른 사람에게 면허를 대여한 사람

2의2. 제9조제4항을 위반하여 면허를 대여받거나 면허 대여를 알선한 사람

3. 제10조를 위반하여 업무상 알게 된 비밀을 누설한 사람

4. 제11조의2제1항을 위반하여 치과기공사의 면허 없이 치과기공소를 개설한 자. 다만, 제11조의2제1항에 따라 개설등록을 한 치과의사는 제외한다.

5. 제11조의3제1항을 위반하여 치과의사가 발행한 치과기공물제작의뢰서에 따르지 아니하고 치과기공물제작등 업무를 행한 자

6. 제12조제1항을 위반하여 안경사의 면허 없이 안경업소를 개설한 사람

② 제1항제3호의 죄는 고소가 있어야 공소를 제기할 수 있다. <개정 2011. 11. 22.>

[제목개정 2011. 11. 22.]

| 의료기사 등에 관한 법률 | 제31조(벌칙) |
| --- | --- |

다음 각 호의 어느 하나에 해당하는 자는 500만원 이하의 벌금에 처한다. <개정 2011. 4. 28., 2011. 7. 14., 2011. 11. 22., 2016. 5. 29., 2016. 12. 2.>

1. 제9조제2항을 위반하여 의료기사등의 면허 없이 의료기사등의 명칭 또는 이와 유사한 명칭을 사용한 자

1의2. 제11조의2제2항을 위반하여 2개소 이상의 치과기공소를 개설한 자

2. 제12조제2항을 위반하여 2개 이상의 안경업소를 개설한 자

2의2. 제11조의2제3항을 위반하여 등록을 하지 아니하고 치과기공소를 개설한 자

3. 제12조제3항을 위반하여 등록을 하지 아니하고 안경업소를 개설한 자

3의2. 제12조제5항을 위반한 사람

3의3. 제12조제6항을 위반하여 안경 및 콘택트렌즈를 안경업소 외의 장소에서 판매한 안경사

4. 제14조제2항을 위반하여 영리를 목적으로 특정 치과기공소·안경업소 또는 치과기공사·안경사에게 고객을 알선·소개 또는 유인한 자    [제목개정 2011. 11. 22.]

| 의료기사 등에 관한 법률 | 제32조(양벌규정) |
| --- | --- |

법인의 대표자나 법인 또는 개인의 대리인, 사용인, 그 밖의 종업원이 그 법인 또는 개인의 업무에 관하여 제30조 또는 제31조의 위반행위를 하면 그 행위자를 벌하는 외에 그 법인 또는 개인에게도 해당 조문의 벌금형을 과(科)한다. 다만, 법인 또는 개인이 그 위반행위를 방지하기 위하여 해당 업무에 관하여 상당한 주의와 감독을 게을리하지 아니한 경우에는 그러하지 아니하다.    [전문개정 2011. 11. 22.]

| 의료기사 등에 관한 법률 | 제33조(과태료) |
| --- | --- |

① 제23조제2항에 따른 시정명령을 이행하지 아니한 자에게는 500만원 이하의 과태료를 부과한다. <신설 2016. 5. 29.>

② 다음 각 호의 어느 하나에 해당하는 자에게는 100만원 이하의 과태료를 부과한다. <개정 1999. 2. 8., 2011. 11. 22., 2016. 5. 29.>

1. 제11조에 따른 실태와 취업 상황을 허위로 신고한 사람

2. 제13조에 따른 폐업신고를 하지 아니하거나 등록사항의 변경신고를 하지 아니한 사람

3. 제15조제1항에 따른 보고를 하지 아니하거나 검사를 거부·기피 또는 방해한 자

4. 삭제 <1999. 2. 8.>

5. 삭제 <1999. 2. 8.>

③ 제1항 및 제2항에 따른 과태료는 대통령령으로 정하는 바에 따라 다음 각 호의

| | 자가 부과·징수한다. <개정 2016. 5. 29.>
1. 보건복지부장관: 제1항에 따른 과태료
2. 특별자치시장·특별자치도지사·시장·군수·구청장: 제2항에 따른 과태료
④ 삭제 <2011. 7. 14.>
⑤ 삭제 <2011. 7. 14.>  [제목개정 2011. 11. 22.] |

| 의료기사 등에 관한 법률 시행령 | 제15조(과태료의 부과기준) |
|---|---|
| | 법 제33조제1항 및 제2항에 따른 과태료의 부과기준은 별표 2와 같다. <개정 2016. 11. 29., 2018. 12. 18.>  [전문개정 2011. 11. 16.] |

◇「의료기사 등에 관한 법률」에서 의료기사, 보건의료정보관리사 및 안경사의 자격·면허 등에 관하여 필요한 사항을 정하고 있다. '의료기사'란 의사 또는 치과의사의 지도 아래 진료나 의화학적(醫化學的) 검사에 종사하는 사람, '보건의료정보관리사'란 의료 및 보건지도 등에 관한 기록 및 정보의 분류·확인·유지·관리를 주된 업무로 하는 사람, '안경사'란 안경(시력보정용에 한정한다. 이하 같다)의 조제 및 판매와 콘택트렌즈(시력보정용이 아닌 경우를 포함한다. 이하 같다)의 판매를 주된 업무로 하는 사람을 말한다. 의료기사의 종류는 임상병리사, 방사선사, 물리치료사, 작업치료사, 치과기공사 및 치과위생사가 있으며, 「의료기사 등에 관한 법률 시행령」 제2조제1항 의료기사 및 같은법 제3조에 따른 보건의료정보관리사, 안경사의 업무범위는 다음과 같다.

## 의료기사, 보건의료정보관리사 및 안경사의 업무 범위(제2조제1항 관련)

1. 임상병리사
  가. 기생충학·미생물학·법의학·병리학·생화학·세포병리학·수혈의학·요화학(尿化學)·혈액학·혈청학 분야, 방사성동위원소를 사용한 검사물 분야 및 기초대사·뇌파·심전도·심폐기능 등 생리기능 분야의 화학적·생리학적 검사에 관한 다음의 구분에 따른 업무
  1) 검사물 등의 채취·검사
  2) 검사용 시약의 조제
  3) 기계·기구·시약 등의 보관·관리·사용
  4) 혈액의 채혈·제제·제조·조작·보존·공급
  나. 그 밖의 화학적·생리학적 검사
2. 방사선사
  가. 방사선 등의 취급·검사 및 방사선 등 관련 기기의 취급·관리에 관한 다음의 구분에 따른 업무
  1) 방사선기기와 부속 기자재의 선택·관리
  2) 방사성동위원소를 이용한 핵의학적 검사
  3) 의료영상진단기와 초음파진단기의 취급
  4) 전리방사선(電離放射線, 물질을 통과할 때에 이온화를 일으키는 방사선)·비전리방사선의 취급
  나. 그 밖에 방사선 등의 취급·검사 및 방사선 등 관련 기기의 취급·관리에 관한 업무
3. 물리치료사
  가. 신체의 교정 및 재활을 위한 물리요법적 치료에 관한 다음의 구분에 따른 업무
  1) 물리요법적 기능훈련·재활훈련
  2) 기계·기구를 이용한 물리요법적 치료
  3) 도수치료: 기구나 약물을 사용하지 않고 손으로 하는 치료
  4) 도수근력(손근력)·관절가동범위 검사
  5) 마사지
  6) 물리요법적 치료에 필요한 기기·약품의 사용·관리
  7) 신체 교정운동
  8) 온열·전기·광선·수(水)치료
  9) 물리요법적 교육
  나. 그 밖에 신체의 교정 및 재활을 위한 물리요법적 치료에 관한 업무
4. 작업치료사
  가. 신체적·정신적 기능장애를 회복시키기 위한 작업요법적 치료에 관한 다음의 구분에 따른 업무
  1) 감각·지각·활동 훈련
  2) 삼킴장애 재활치료
  3) 인지 재활치료
  4) 일상생활 훈련: 일상생활에서 사용하는 물체나 기구를 활용한 훈련
  5) 운전 재활훈련
  6) 직업 재활훈련
  7) 작업수행능력 분석·평가
  8) 작업요법적 치료에 필요한 기기의 사용·관리

9) 팔보조기 제작 및 팔보조기를 사용한 훈련

10) 작업요법적 교육

나. 그 밖에 신체적·정신적 기능장애를 회복시키기 위한 작업요법적 훈련·치료에 관한 업무

5. 치과기공사 가. 치과의사의 진료에 필요한 다음의 구분에 따른 치과기공물을 전산설계(CAD/CAM), 삼차원(3D)프린터 또는 주조기 등을 이용해 디자인, 제작, 수리 또는 가공하는 업무

1) 교정장치·충전물(充塡物)·작업 모형

2) 보철물

3) 임플란트 맞춤 지대주(支臺柱, 인공치관과 인공치근을 연결하는 구조물)·상부구조

나. 그 밖에 치과의사의 진료에 필요한 치과기공물의 디자인, 제작, 수리 또는 가공에 관한 업무

6. 치과위생사

가. 치아 및 구강질환의 예방과 위생 관리 등에 관한 다음의 구분에 따른 업무

1) 교정용 호선(弧線: 둥근 형태의 교정용 줄)의 장착·제거

2) 불소 바르기

3) 보건기관 또는 의료기관에서 수행하는 구내 진단용 방사선 촬영

4) 임시 충전

5) 임시 부착물의 장착

6) 부착물의 제거

7) 치석 등 침착물(沈着物)의 제거

8) 치아 본뜨기

나. 그 밖에 치아 및 구강질환의 예방과 위생 관리 등에 관한 업무

7. 보건의료정보관리사

가. 의료기관에서의 의료 및 보건지도 등에 관한 기록 및 정보의 분류·확인·유지·관리에 관한 다음의 구분에 따른 업무

1) 보건의료정보의 분석

2) 보건의료정보의 전사(轉寫)

3) 암 등록

4) 진료통계 관리

5) 질병·사인(死因)·의료행위의 분류

나. 그 밖에 의료기관에서의 의료 및 보건지도 등에 관한 기록 및 정보의 분류·확인·유지·관리에 관한 업무

8. 안경사

가. 안경(시력보정용에 한정한다. 이하 같다)의 조제(調製) 및 판매와 콘택트렌즈(시력보정용이 아닌 경우를 포함한다. 이하 같다)의 판매에 관한 다음의 구분에 따른 업무

1) 안경의 조제 및 판매. 다만, 6세 이하의 아동을 위한 안경은 의사의 처방에 따라 조제·판매해야 한다.

2) 콘택트렌즈의 판매. 다만, 6세 이하의 아동을 위한 콘택트렌즈는 의사의 처방에 따라 판매해야 한다.

3) 안경·콘택트렌즈의 도수를 조정하기 위한 목적으로 수행하는 자각적(주관적) 굴절검사로서 약제를 사용하지 않는 검사

4) 안경·콘택트렌즈의 도수를 조정하기 위한 목적으로 수행하는 타각적(객관적) 굴절검사로서 약제를 사용하지 않는 검사 중 자동굴절검사기기를 이용한 검사

나. 그 밖에 안경의 조제 및 판매와 콘택트렌즈의 판매에 관한 업무

| 의료기사등 국가시험의 필기시험 과목과 실기시험 범위(제8조관련) | | |
|---|---|---|
| 구분<br>의료기사<br>등의 종별 | 필기시험 과목 | 실기시험<br>범위 |
| 1.임상병리사 | 가. 임상검사이론 Ⅰ<br>: 공중보건학, 해부생리학, 조직병리학(세포학 포함), 임상<br>생리학(순환계, 신경계, 호흡기계 및 기타생리학석 기능<br>검사 포함)<br>나. 임상검사이론Ⅱ<br>: 임상화학(뇨화학, 방사성동위원소를 이용한 검사물 등의<br>검사 포함), 혈액학(수혈검사학 포함), 임상미생물학(진<br>균학, 바이러스학, 기생충학, 면역혈청학 포함)<br>다. 의료관계법규<br>: 「의료법」·「의료기사 등에 관한 법률」·「감염병의<br>예방 및 관리에 관한 법률」·「지역보건법」·「혈액<br>관리법」과 그 시행령 및 시행규칙 | 임상검사에<br>관한 것 |
| 2. 방사선사 | 가. 방사선이론<br>: 방사선물리, 방사선계측, 방사선생물, 방사선관리, 전기<br>전자개론, 방사선장치(기기), 의료영상정보, 인체해부,<br>인체생리, 공중보건<br>나. 방사선응용<br>: 방사선영상, 투시조영검사, 심혈관 및 중재술, 초음파기<br>술, 전산화단층검사, 자기공명영상검사, 핵의학기술, 방<br>사선 치료<br>다. 의료관계법규<br>: 「의료법」·「의료기사 등에 관한 법률」·「지역보건<br>법」과 그 시행령 및 시행규칙 | 방사선<br>임상응용<br>기술에<br>관한 것 |
| 3.물리치료사 | 가. 물리치료 기초<br>: 해부생리, 운동학, 물리적 인자치료, 공중보건<br>나. 물리치료 진단평가<br>: 진단평가원리, 검사와 평가, 임상의사결정, 물리치료 진<br>단평가 문제해결<br>다. 물리치료 중재<br>: 근골격계, 신경계, 심폐혈관계, 피부계, 물리치료중재 문<br>제해결<br>라. 의료관계법규<br>: 「의료법」·「의료기사 등에 관한 법률」·「장애인복<br>지법」·「노인복지법」·「국민건강보험법」과 그 시<br>행령 및 시행규칙 | 물리치료에<br>관한 것 |
| 4.작업치료사 | 가. 작업치료학 기초<br>: 해부생리, 공중보건, 운동/감각, 인지/지각, 심리/사회발 | 작업치료에 |

| | | |
|---|---|---|
| | 달, 전문가자질<br>나. 작업치료학<br> : 측정 및 평가, 작업분석 및 적용, 신체기능장애 작업치료, 정신사회 작업치료, 일상생활 및 여가활동, 학교 작업치료, 직업재활, 지역사회 작업치료, 보조공학(부목(스플린트) 및 보조기기, 환경개조(환경수정), 운전재활), 치료적 도구, 수예/공작활동<br>다. 의료관계법규<br> : 「의료법」·「의료기사 등에 관한 법률」·「장애인복지법」·「정신건강증진 및 정신질환자 복지서비스 지원에 관한 법률」·「노인복지법」과 그 시행령 및 시행규칙 | 관한 것 |
| 5.치과기공사 | 가. 치과기공학 기초<br> : 구강해부학, 치아형태학, 공중구강보건학개론, 치과재료학<br>나. 치과기공학<br> : 관교의치(손상된 치아를 덮어씌우는 치과 장치물)기공학, 치과도재기공학, 총의치기공학, 국소의치(부분틀니)기공학, 치과충전기공학, 치과교정기공학<br>다. 의료관계법규<br> : 「의료법」·「의료기사 등에 관한 법률」과 그 시행령 및 시행규칙 | 치과기공에<br>관한 것 |
| 6.치과위생사 | 가. 치위생학<br> : 기초 치위생, 치위생 관리, 임상 치위생<br>나. 의료관계법규<br> : 「의료법」·「의료기사 등에 관한 법률」·「지역보건법」·「구강보건법」과 그 시행령 및 시행규칙 | 치과위생에<br>관한 것 |
| 7. 보건의료<br>정보관리사 | 가. 보건의료정보관리학<br> : 보건의료 정보관리, 질병 및 의료행위 분류, 의학용어, 기초 및 임상의학, 암 등록, 건강보험, 보건의료 통계분석<br>나. 의료관계법규<br> : 「의료법」·「의료기사 등에 관한 법률」·「감염병의 예방 및 관리에 관한 법률」·「국민건강보험법」·「암관리법」과 그 시행령 및 시행규칙 | 보건의료<br>정보관리실<br>무에 관한<br>것 |
| 8. 안경사 | 가. 시광학이론<br> : 안경광학, 기하광학, 물리광학, 안경재료학, 시기해부학(눈해부학), 시기생리학(눈생리학), 안질환<br>나. 시광학응용<br> : 안경조제/가공 및 이를 위한 굴절검사, 시기능이상, 콘택트렌즈(조제제외), 안광학기기<br>다. 의료관계법규<br> : 「의료법」·「의료기사 등에 관한 법률」과 그 시행령 및 시행규칙 | 시광학<br>실무에 관한<br>것 |

## 과태료의 부과기준(제15조 관련)

### 1. 일반기준

가. 위반행위의 횟수에 따른 과태료 부과기준은 최근 1년간 같은 위반행위로 과태료를 부과받은 경우에 적용한다. 이 경우 같은 위반행위로 과태료 부과처분을 한 날과 다시 같은 위반행위(과태료 부과처분 후의 위반행위만 해당한다)로 적발한 날을 기준으로 하여 위반횟수를 계산한다.

나. 보건복지부장관, 특별자치시장·특별자치도지사 또는 시장·군수·구청장(자치구의 구청장을 말한다)은 다음의 어느 하나에 해당하는 경우에는 제2호에 따른 과태료 금액의 2분의 1의 범위에서 그 금액을 감경할 수 있다. 다만, 과태료를 체납하고 있는 위반행위자의 경우에는 그러하지 아니하다.

1) 위반행위자가 「질서위반행위규제법 시행령」 제2조의2제1항 각 호의 어느 하나에 해당하는 경우

2) 위반행위자가 처음 해당 위반행위를 한 경우로서 1년 이상 해당 영업을 모범적으로 경영한 사실이 인정되는 경우

3) 위반행위가 사소한 부주의나 오류로 인한 것으로 인정되는 경우

4) 위반행위자의 법 위반상태를 시정하거나 해소하기 위한 노력이 인정되는 경우

5) 그 밖에 위반행위의 정도, 위반행위의 동기와 결과 등을 고려하여 감경할 필요가 있다고 인정되는 경우

### 2. 개별기준

(단위: 만원)

| 위반행위 | 근거 법조문 | 과태료 금액 | | |
|---|---|---|---|---|
| | | 1차 위반 | 2차 위반 | 3차 이상 위반 |
| 가. 법 제11조에 따른 실태와 취업 상황을 허위로 신고한 경우 | 법 제33조제2항제1호 | 80 | 90 | 100 |
| 나. 법 제13조에 따른 폐업신고를 하지 않거나 등록사항의 변경신고를 하지 않은 경우 | 법 제33조제2항제2호 | 20 | 30 | 40 |
| 다. 법 제15조제1항에 따른 보고를 하지 않거나 검사를 거부·기피 또는 방해한 경우 | 법 제33조제2항제3호 | 80 | 90 | 100 |
| 라. 법 제28조제2항에 따른 업무수탁기관이 법 제23조제2항에 따른 다음의 시정명령을 이행하지 않는 경우 | 법 제33조제1항 | | | |
| 1) 법 제20조제2항에 따른 보수교육의 시간·방법 및 내용 등에 관한 사항을 위반하여 받은 시정명령을 이행하지 않는 경우 | | 300 | 400 | 500 |
| 2) 법 제20조에 따른 보수교육을 실시하지 않아 받은 시정명령을 이행하지 않는 경우 | | 500 | 500 | 500 |

## [ 주요 벌칙 ]

| 위반사항 | 벌칙 |
|---|---|
| ○ 제9조제1항(무면허자의 업무금지 등)을 위반하여 의료기사등의 면허없이 의료기사 등의 업무를 한 사람<br>○ 제9조제3항(무면허자의 업무금지 등)을 위반하여 다른 사람에게 면허를 대여한 사람<br>○ 제9조제4항(무면허자의 업무금지 등)을 위반하여 면허를 대여 받거나 면허대여를 알선한 사람<br>○ 제10조(비밀누설의 금지)를 위반하여 업무상 알게 된 비밀을 누설한 사람 * 고소가 있어야 공소 제기<br>○ 제11조의2제1항(실태 등의 신고)을 위반하여 치과기공사의 면허 없이 치과기공소를 개설한 자. 다만, 제11조의2제1항에 따라 개설등록을 한 치과의사는 제외한다.<br>○ 제11조의3제1항(치과기공사 등의 준수사항)을 위반하여 치과의사가 발행한 치과기공물 제작의뢰서에 따르지 아니하고 치과기공물 제작등 업무를 행한 자<br>○ 제12조제1항(안경업소의 개설등록 등)을 위반하여 안경사의 면허 없이 안경업소를 개설한 사람 | 3년 이하의 징역 또는 3천만원 이하의 벌금 |
| ○ 제9조제2항(무면허자의 업무금지 등)을 위반하여 의료기사등의 면허 없이 의료기사등의 명칭 또는 이와 유사한 명칭을 사용한 자<br>○ 제11조의2제2항을(치과기공소의 개설등록 등)위반하여 2개소 이상의 치과기공소를 개설한 자<br>○ 제12조제2항(안경업소의 개설등록 등)을 위반하여 2개 이상의 안경업소를 개설한 자<br>○ 제11조의2제3항(치과기공소의 개설등록 등)을 위반하여 등록을 하지 아니하고 치과기공소를 개설한 자<br>○ 제12조제3항(안경업소의 개설등록 등)을 위반하여 등록을 하지 아니하고 안경업소를 개설한 자<br>○ 제12조제5항(안경업소의 개설등록 등)을 위반하여 안경 및 콘택트렌즈를 판매한 사람<br> -「전자상거래 등에서의 소비자보호에 관한 법률」 제2조에 따른 전자상거래 및 통신판매의 방법<br> -판매자의 사이버몰 등으로부터 구매 또는 배송을 대행하는 등 보건복지부령으로 정하는 방법 등으로 판매한 사람<br>○ 제12조제6항(안경업소의 개설등록 등)을 위반하여 안경 및 콘택트렌즈를 안경업소 외의 장소에서 판매한 안경사<br>○ 제14조제2항(과장광고 등의 금지)을 위반하여 영리를 목적으로 특정 치과기공소·안경업소 또는 치과기공사·안경사에게 고객을 알선·소개 또는 유인한 자 | 500만원 이하의 벌금 |
| ○ 벌칙 제30조, 벌칙 제31조 위반 시 그 행위자를 벌하는 외에 그 법인 또는 개인에게도 해당 조문의 벌금형을 과(科)한다. | 양벌규정 |

| 위반사항 | 과태료 | 부과권자 |
|---|---|---|
| ○업무 수탁기관이 보수교육의 시간·방법·내용 등에 관한 사항을 위반하여 보수교육을 실시하거나 실시하지 아니한 경우 내린 시정명령을 이행하지 아니한 자 | 500만원 이하의 과태료 | 보건복지부장관 |
| ○의료기사 면허 실태와 취업 상황을 허위로 신고한 사람<br>○치과기공소 또는 안경업소 폐업신고 및 등록사항의 변경신고를 하지 아니한 사람<br>○치과기공소 또는 안경업소에서 관계공무원에게 보고를 하지 아니하거나 검사를 거부·기피 또는 방해한 자 | 100만원 이하의 과태료 | 지자체장 |

[ 의료기사·보건의료정보관리사 및 안경사의 주요 행정 처분 ]

| 위반 내용 | 행정처분 |
|---|---|
| ○제5조(결격사유)제1호부터 제4호까지의 규정에 해당하게 된 경우 | 면허 취소 |
| ○제9조제3항을 위반하여 타인에게 의료기사등의 면허증을 빌려준 경우 | 면허 취소 |
| ○제22조제1항에 따른 면허자격정지 기간 중에 의료기사등의 업무를 하거나 3회 이상 면허자격정지처분을 받은 경우 | 면허 취소 |
| ○제11조의3제1항을 위반하여 치과의사가 발행하는 치과기공물제작의뢰서에 따르지 아니하고 치과기공물제작등 업무를 한 경우 | 면허 취소 |
| ○의사 또는 치과의사의 지시에 따라 업무범위를 벗어나는 행위를 한 경우<br>○의사 또는 치과의사의 지시에 따르지 아니하고 업무범위를 벗어나는 행위를 한 경우 | 자격정지 15일<br>자격정지 3개월 |
| ○의료기사가 의사 또는 치과의사의 지도를 받지 아니하고 업무를 한 경우 | 자격정지 2개월 |
| ○제10조를 위반하여 의료기사등이 그 업무상 알게 된 비밀을 누설하여 선고유예의 판결을 받거나 벌금형의 선고를 받은 경우 | 자격정지 2개월 |
| ○제11조를 위반하여 의료기사등이 그 실태와 취업상황을 신고하지 아니한 경우 | 경고 |
| ○제12조제3항을 위반하여 안경사가 안경업소 개설등록을 하지 아니하고 그 업무를 한 경우 | 자격정지 3개월 |
| ○제14조제2항을 위반하여 영리를 목적으로 특정 안경업소 또는 안경사에게 고객을 알선·소개 또는 유인하는 행위를 한 경우 | 자격정지 2개월 |
| ○제15조제1항을 위반하여 치과기공소 또는 안경업소의 개설자가 보고명령을 이행하지 아니하거나 검사를 거부·기피 또는 방해한 경우 | 자격정지 15일 |
| ○제20조에 따른 보수교육을 받지 아니한 경우 | 1차 위반 : 경고<br>2차 위반(2년이내) : 자격정지 7일 |
| ○치과기공소 또는 안경업소의 개설자가 될수 없는 사람에게 고용되어 치과기공사 또는 안경사의 업무를 한 경우 | 자격정지 3개월 |
| ○치과기공사가 치과진료를 행하는 의료기관이나 법제11조의2제3항에 따라 등록한 치과기공소가 아닌 곳에서 치과기공사의 업무를 하거나 법제11조의2제3항을 위반하여 개설등록을 하지 아니하고 치과기공소를 개설·운영한 경우 | 자격정지 3개월 |

## [ 치과기공소 또는 안경업소에 대한 주요 행정 처분 ]

| | |
|---|---|
| ○제11조의2제2항 또는 제12조제2항을 위반하여 2개 이상의 치과기공소 또는 안경업소를 개설한 경우 | 등록취소 |
| ○제13조를 위반하여 치과기공소 또는 안경업소의 개설자가 폐업신고를 하지 아니하여 시정명령을 받고도 시정하지 아니한 경우 | 등록취소 |
| ○영업정지처분을 받은 치과기공소 또는 안경업소의 개설자가 영업정지기간 중에 영업을 계속한 경우 | 등록취소 |
| ○제11조의2제4항 또는 제12조제4항에 따른 시설 및 장비를 갖추지 아니한 경우 | 시정명령 |
| ○제13조를 위반하여 치과기공소 또는 안경업소의 개설자가 폐업을 하거나 등록사항을 변경한 후 신고하지 아니한 경우 | 시정명령 |
| ○치과기공사 또는 안경사의 면허가 없는 자로 하여금 치과기공사의 업무를 하게하거나 안경의 조제 및 판매를 하게 한 경우 | 영업정지 3개월 |
| ○제14조제1항을 위반하여 치과기공소 또는 안경업소가 거짓 광고를 한 경우 | 영업정지 2개월 |
| ○제14조제1항을 위반하여 치과기공소 또는 안경업소가 과대 광고를 한 경우 | 영업정지 1개월 |
| ○제23조에 따른 시정명령을 받고도(폐업신고를 하지 아니하여 시정명령을 받은 경우는 제외) 시정하지 아니한 경우 | 영업정지 15일 |

◇ 의료기사, 보건의료정보사, 안경사 등의 연간 배출인원은 대략 물리치료사 3,100명, 임상병리사 1,650명, 작업치료사 1,000명, 방사선사 1,800명, 치과위생사 4,200명, 치과기공사 1,400명, 보건의료정보관리사 2,000명, 안경사 1,400명 정도이다.

◇ 의료기사 등 활동 인력 현황(2021. 5.)

임상병리사 26,858명, 방사선사 28,969명, 물리치료사 45,668명, 작업치료사 8,446명, 치과기공사 2,975명, 치과위생사 45,304명, 보건의료정보관리사 5,568명, 안경사 1,995명 정도로 추산하고 있다.

| 질의 내용 | 의료기사 제도의 취지 |
|---|---|
| 판례 경향 | 의료행위는 의료인만이 할 수 있음을 원칙으로 하되, 의료기사 등에 관한 법률에 의하여 임상병리사, 방사선사, 물리치료사, 작업치료사, 치과기공사, 치과위생사의 면허를 가진 자가 의사, 치과의사의 지도하에 진료 또는 의학적 검사에 종사하는 행위는 허용된다 할 것이나, 의료기사 등에 관한 법률이 의료기사 제도를 두고 그들에게 한정된 범위 내에서 의료행위 중의 일부를 할 수 있도록 허용한 것은, 의료인만이 할 수 있도록 제한한 의료행위 중에서, 그 행위로 인하여 사람의 생명이나 신체 또는 공중위생에 위해를 발생시킬 우려가 적은 특정 부분에 관하여, 인체에 가해지는 그 특정 분야의 의료행위가 가져올 수 있는 위험성 등에 대하여 지식과 경험을 획득하여 그 분야의 의료행위로 인한 인체의 반응을 확인하고 이상 유무를 판단하며 상황에 대처할 수 있는 능력을 가졌다고 인정되는 자에게 면허를 부여하고, 그들로 하여금 그 특정 분야의 의료행위를 의사의 지도하에서 제한적으로 행할 수 있도록 허용한 것이라고 보아야 한다(대법원 2002. 8. 23. 선고 2002도2014 판결). |

| 질의 내용 | 의료기사 등의 업무 |
|---|---|
| 판례 경향 | 의료행위는 의료인만이 할 수 있음을 원칙으로 하되, 간호사, 간호조무사, 의료기사 등에 관한 법률에 의한 임상병리사, 방사선사, 물리치료사, 작업치료사, 치과기공사, 치과위생사의 면허를 가진 자가 의사, 치과의사의 지도하에 진료 또는 의학적 검사에 종사하는 행위는 허용된다 할 것이나(대법원 2002. 8. 23. 선고 2002도2014 판결), 그 외의 자는 의사, 치과의사의 지도하에서도 의료행위를 할 수 없는 것이고, 나아가 의사의 전체 시술과정 중 일부의 행위라 하더라도 그 행위만으로도 의료행위에 해당하는 한 비의료인은 이를 할 수 없으며, 의료행위를 할 면허 또는 자격이 없는 한 그 행위자가 실제로 그 행위에 관하여 의료인과 같은 수준의 전문지식이나 시술능력을 갖추었다고 하더라도 마찬가지이다(대법원 2003. 9. 5. 선고 2003도2903 판결). |

| 질의 내용 | 의료기사 등에 관한 법률 제1조 등 위헌확인 (기각) |
|---|---|
| 헌재 결정 | 의료행위와 한방의료행위를 구분하고 있는 이원적 의료 체계하에서 의사의 의료행위를 지원하는 행위 중 전문적 지식 및 기술을 요하는 부분에 대하여 별도의 자격제도를 마련한 의료기사제도의 입법 취지, 물리치료사 양성을 위한 교육 과정 및 그 업무 영역 등을 고려할 때, 물리치료사의 업무가 한방의료행위와도 밀접한 연관성이 있다고 보기 어렵고, 물리치료사 업무 영역에 대한 의사와 한의사의 지도능력에도 차이가 있으므로, 의사에 대해서만 물리치료사 지도권한을 인정하고 한의사에게는 이를 배제하고 있는 데에 합리적 이유가 있다. 따라서 이 사건 조항은 한의사의 평등권을 침해하지 않는다. 물리치료사의 업무는 서양의학에 기초한 의학지식과 진단 방법을 기초로 근골격계, 신경계, 심폐혈관계, 피부계 질환을 각종 의료기기 및 물리적 요법을 이용하여 치료하는 행위로, 한의학에 기초를 두고 경락과 경혈에 자극의 대상을 두고 있는 한방물리요법과 차이가 있고, 물리치료사 교육 과정 및 시험 과목을 보더라도 물리치료사가 한방물리치료를 할 수 있는 기본지식이나 자격을 갖추고 있다고 보기 어렵다. 따라서 한의사에게 물리치료사에 대한 지도권을 인정하지 아니한 이 사건 조항이 한의사의 직업수행의 자유를 침해한다고 보기 어렵다(헌재 2014. 5. 29. 2011헌마552). |

| 질의 내용 | 의사 지도하의 의료기사의 의료행위 |
|---|---|
| 판례 경향 | 가검물채취 및 방사선촬영은 의료법 제25조 소정의 의료행위에 해당하므로 의료인이 아닌 자는 이를 할 수 없다 할 것이나 의료기사법 제1조, 제3조, 동법시행령 제2조의 규정에 의하면 임상병리사, 방사선사 등의 의료기사는 의사의 지도하에 진료 또는 의화학적 검사에 종사할 수 있도록 되어 있으므로 임상병리사 등 의료기사들이 의사의 지도하에 행한 채혈, 채변 기타 가검물채취 및 방사선촬영 등의 행위는 무자격자로서의 의료행위에 해당하지 아니한다(대법원 1987. 11. 24. 선고 87누117 판결). |

| 질의 내용 | 의료기사의 업무 범위 및 업무범위 일탈 |
|---|---|
| 판례 경향 | 판례(대법원 2018. 6. 19. 선고 2017도19422 판결)에 의하면, 의료기사 등에 관한 법률(이하 '의료기사법'이라고 한다) 제1조, 제2조, 제3조 및 의료기사 등에 관한 법률 시행령(이하 '의료기사법 시행령'이라고 한다) 제2조는 임상병리사, 방사선사, 물리치료사, 작업치료사, 치과기공사, 치과위생사를 의료기사로 분류하고, 의료기사의 면허를 가진 사람에게 의사 또는 치과의사의 지도에 따라 의료행위 중 위 시행령 제2조 제1항에서 정하는 일정한 분야의 업무를 할 수 있도록 허용하고 있다. 이는 의료인만이 의료행위를 할 수 있음을 원칙으로 하되, 의료행위 중에서 사람의 생명이나 신체 또는 공중위생에 위해를 발생시킬 우려가 적은 특정 분야에 관하여, 그 특정 분야의 의료행위가 인체에 가져올 수 있는 위험성 등에 대하여 지식과 경험을 획득하여, 그 의료행위로 인한 인체의 반응을 확인하고 이상 유무를 판단하며 상황에 대처할 수 있는 능력을 기졌다고 인정되는 사람에게 면허를 부여하고, 그들로 하여금 그 특정 분야의 의료행위를 의사의 지도에 따라서 제한적으로 행할 수 있도록 허용하는 취지라고 보아야 한다(대법원 2002. 8. 23. 선고 2002도2014 판결 참조). 따라서 의료기사라 할지라도 의료기사법 및 같은법 시행령이 정하고 있는 업무의 범위와 한계를 벗어나는 의료행위를 하였다면 무면허 의료행위에 해당하고, 이는 비록 의사나 치과의사의 지시나 지도에 따라 이루어졌다고 하더라도 마찬가지이다(대법원 2007. 8. 23. 선고 2007도4655 판결, 대법원 2009. 9. 24. 선고 2009도1337 판결 참조). |

| 질의 내용 | 간호사, 의료기사, 간호조무사 진료의 보조 및 지도감독의 의미 |
|---|---|
| 해석 경향 | 의료기관에서 의사, 치과의사, 한의사의 지도·감독하에 간호사의 진료의 보조행위, 의료기사의 각종 검사행위, 간호조무사의 간호 및 진료의 보조행위가 가능합니다. 이러한 지도감독하의 행위란 통상 의사가 진료실 또는 의료기관내에서 효율적인 진료를 위하여 직종별 업무성격에 따라 가능한 업무범위 내 지시 및 요청한 보조 성격의 업무를 진료의 보조업무라 할 수 있으며, 일반적으로 그 상황 하의 간호사, 의료기사, 간호조무사 등 의료종사자는 지도·감독 하에 있다고 보아야 할 것입니다. |

| 질의 내용 | 의사나 치과의사의 지시하의 의료기사의 업무범위 일탈 |
|---|---|
| 판례 경향 | 의료기사라 할지라도 의료기사법 및 같은법 시행령이 정하고 있는 업무의 범위와 한계를 벗어나는 의료행위를 하였다면 무면허 의료행위에 해당하고, 이는 비록 의사나 치과의사의 지시나 지도에 따라 이루어졌다고 하더라도 마찬가지이다(대법원 2007. 8. 23. 선고 2007도4655 판결, 대법원 2009. 9. 24. 선고 2009도1337 판결 참조). |

| 질의 내용 | 물리치료사의 업무 범위 |
|---|---|
| 판례 경향 | 의료기사 등에 관한 법률시행령 제2조 제1항 제3호에서는 물리치료사의 업무의 범위와 한계로서, 온열치료, 전기치료, 광선치료, 수치료, 기계 및 기구치료, 마사지·기능훈련·신체교정운동 및 재활훈련과 이에 필요한 기기·약품의 사용·관리 기타 물리요법적 치료업무를 규정하고 있는바, 위에서 정하고 있는 업무범위 이외의 의료행위를 물리치료사가 행하였다면 이는 무면허 의료행위라고 보아야 할 것이고, 이 경우 물리치료사가 할 수 있는 업무범위는 위 시행령 조항의 규정에 비추어 볼 때 인체 외부에 물리적인 힘이나 자극을 가하는 물리요법적 치료방법에 한정된다 할 것이며, 약물을 인체에 투입하는 치료나 인체에 생물학적 또는 화학적 변화가 일어날 위험성이 있는 치료 또는 수술적인 치료방법은 이에 포함되지 아니한다(대법원 2002. 8. 23. 선고 2002도2014 판결). |

| 질의 내용 | 물리치료사의 침 사용은 위법행위 |
|---|---|
| 판례 경향 | 물리치료사가 할 수 있는 업무범위는, 의료기사 등에 관한 법률 시행령에 비추어 볼 때, 인체 외부에 물리적인 힘이나 자극을 가하는 물리요법적 치료방법에 한정된다 할 것이며, 약물을 인체에 투입하는 치료나 인체에 생물학적 또는 화학적 변화가 일어날 위험성이 있는 치료 또는 수술적인 치료방법은 이에 포함되지 아니한다고 보아야 할 것이다. 환자의 좌측 옆구리에 길이 약 6cm 가량의 침 4개를 0.5cm 깊이로 꽂는 행위는 물리치료사의 업무 범위를 벗어난 의료행위라고 한 사례(대법원 2002. 8. 23. 선고 2002도2014 판결). |

| 질의 내용 | 치과위생사의 에칭과 본딩 시술 행위 |
|---|---|
| 판례 경향 | 충치치료 과정에서 이루어지는 에칭과 본딩 시술은 의료기사 등에 관한 법률 및 같은법 시행령이 허용하는 치과위생사의 업무 범위와 한계를 벗어나는 의료행위로서 의료인인 치과의사만 할 수 있고, 비록 피고인 을이 피고인 갑의 지도나 감독 아래 이러한 시술을 하였더라도 무면허 의료행위에 해당한다(대법원 2018. 6. 19. 선고 2017도19422 판결). |

| 질의 내용 | 방사선사의 석고부목 고정(깁스)행위 |
|---|---|
| 해석 경향 | 의료행위란 의학적 전문지식을 기초로 하는 경험과 기능으로 진찰, 검안, 처방, 투약 또는 외과적 수술 등을 시행하여 질병의 예방 또는 치료행위와 그밖에 의료인이 행하지 아니하면 보건위생상 위해가 생길 우려가 있는 행위를 말합니다.<br>방사선사의 경우, 의사 또는 치과의사의 지도를 받아 업무범위 내 일정한 의료행위를 의사, 치과의사, 한의사의 지도 감독 하에 허용된 진료보조행위를 할 수 있습니다. 따라서 골절환자에 대한 석고 부목고정(깁스) 행위는 의사가 직접 시행하는 것이 타당하며, 방사선사가 이를 행한 경우, 의료법 제27조제1항 및 의료기사에 관한 법률 제22조제1항제1호 및 영 제13조제1호에 위배되어 처벌받을 수 있습니다. |

| 질의 내용 | 임상병리사가 의료기관이 아닌 곳에서 혈액검사 시행 |
|---|---|
| 해석 경향 | .의료법 제33조제1항에 의료인은 이 법에 따른 의료기관을 개설하지 아니하고는 의료업을 할 수 없으며, 특정한 경우를 제외하고는 당해 의료기관내에서 의료업을 하도록 규정하고 있습니다. 의료기사 등에 관한법률 시행령 제2조제2항에 의료기사는 의사 또는 치과의사의 지도를 받아 규정된 업무를 행하도록 하고 있습니다. 따라서 의료기관이 아닌 곳에서 임상병리사가 의사나 치과의사의 지도 없이 환자에게 채혈한 혈액 등을 각종 화학적 또는 생리학적 검사를 행하는 것은 의료법에 위배되는 행위입니다. |

| 질의 내용 | 안경업소의 홍보 전단 |
|---|---|
| 판례 경향 | 안경사가 홍보이벤트사의 도우미들을 고용하여 자신의 영업소 부근을 지나가는 행인 등을 상대로 홍보전단을 나누어 준 행위가 의료기사 등에 관한 법률 제14조 제2항 소정의 유인행위에 해당하지 않는다고 한 원심의 판단을 수긍한 사례(대법원 2002. 7. 23. 선고 2001도5603 판결). |

| | | |
|---|---|---|
| 헌재 2010. 10. 28. 2009헌마55 | 비급여 진료비는 국민건강보험법이나 의료급여법 본인부담금 할인행위와 무관 | 201 |
| 헌재 2003. 10. 30. 2001헌마700, 2003헌바11 | 의료기관 시설 안 또는 구내 약국 개설 불가 | 226 |
| 헌재 2020. 9. 24. 2020헌바54<br>헌재 2005. 3. 31. 2001헌바87<br>헌재 2020. 2. 27. 2017헌바422 | 의료법 제33조제2항 의료기관을 개설할 수 있는 자 규정 취지 | 227 |
| 헌재 2018. 2. 20. 2018헌바91 | 구 국민건강보험법 제47조의2 제1항 위헌소원(각하) | 231 |
| 헌재 2011. 6. 30. 2010헌바375 | 국민건강보험법 제52조제1항 위헌 소원(합헌) | 232 |
| 헌재 2019. 8. 29. 2014헌바212, 2014헌가15, 2015헌마561, 2016헌바21 | 의료법 제33조제8항 본문 중 '운영'부분에 대한 결정(합헌) | 237 |
| 헌재 2019. 8. 29. 2014헌바212, 2014헌가15, 2015헌마561, 2016헌바21 | 1인1개소 의료기관 개설 | 237 |
| 헌재 2001 .8. 30 2000헌가9<br>헌재 1996. 10. 31. 94헌가6<br>헌재 2005. 2. 3 2004헌가8<br>헌재 2008. 6. 26. 2005헌마506<br>헌재 2001. 8. 30. 헌가9 | 사전검열 금지 원칙 | 372 |
| 헌재 2015. 12. 23. 2015헌바75 | 의료법 제56조제1항 등 의료광고 사전심의 위헌 결정 | 374 |
| 헌재 2011. 6. 30. 2010헌바375 | 국민건강보험법의 보험급여비용 징수 | 410 |
| 헌재 2017. 12. 28. 2017헌가15 | 의료법 제82조제1항 등 위헌제청(시각장애인 안마사제도에 관한 사건)(합헌) | 457 |
| | 비안마사들의 안마시술소 개설행위 규제(합헌) | |
| | 안마사 안마시술소, 안마원 개설 직업선택의 자유 및 평등권 침해 여부(합헌) | 458 |
| 헌재 2009. 7. 30. 2008헌가16 | 의료법 제91조제1항 위헌 제청(양벌규정에 대한 결정)(위헌) | 477 |
| 헌재 2014. 5. 29. 2011헌마552 | 의료기사 등에 관한법률 제1조 등 위헌확인(기각) | 529 |

| | | |
|---|---|---|
| 대법원 1998. 2. 13. 선고 97누18042 판결 | 금고 이상의 형을 선고받고 그 형의 집행이 종료되지 아니하였거나 집행을 받지 아니하기로 확정되지 아니한 자 | 63 |
| 대법원 2007. 11. 30. 선고 2007두10051 판결 | 경합범 금고 이상의 형 | 63 |
| 대법원 2000. 4. 25. 선고 98도2389 판결<br>대법원 2002. 12. 26. 선고2002도5077 판결 | 사회상규에 위배되지 아니하는 정당행위 | 64 |
| 대법원 1992. 5. 2. 선고 91다23707 판결<br>대법원 2007. 5. 31. 선고 2005다5867 판결 | 의료기술등에 대한 보호 | 75 |
| 대법원 1980. 9. 24. 선고 79도1387 판결 | 의료기관의 점거 | 77 |
| 대법원 2008. 11. 27. 선고 2008도7567 판결 | 의료기관의 점거, 진료방해 행위의 정도 | 77 |
| 대법원 1990. 3. 27. 선고 89도2083 판결 | 허위진단서 작성 | 92 |
| 대법원 1990. 3. 27. 선고 89두2083 판결 | 소견서로 표시해도 진난서로 간주하는 경우 | 92 |
| 대법원 2020. 1. 9. 선고 2019두50014 판결 | 재진환자 처방전 교부 | 97 |
| 대법원 2013. 4. 11. 선고 2010도1388 판결 | 전화 통화 진찰 | 97 |
| 대법원 2007. 6. 14 선고 2007도2162 판결<br>대법원 2017. 12. 7. 선고 2017도10122 판결<br>대법원 2018. 5. 11. 선고 2018도2844 판결 | 형벌 법규의 해석 사망한 사람의 개인정보 | 107 |
| 대법원 2002. 10. 25. 선고 2002두4822 판결 | 태아 성 감별 | 109 |
| 대법원 1998. 1. 23. 선고 97도2124 판결<br>대법원 1997. 8. 29.선고 97도1234 판결<br>대법원 1997. 11. 14.선고 97도2156 판결<br>대법원 2016. 6. 23.선고 2014도16577 판결<br>대법원 1997. 11. 14.선고 97도2156 판결 | 진료기록 작성 취지, 의의 및 필요성, 작성 시기, 작성 방법, 작성 상세 정도, 작성의무 주체 | 129 |
| 대법원 2012. 12. 26. 선고 2011다59834, 59858, 59841 판결<br>대법원 1999. 4. 23. 선고 98다41377 판결 | 개인정보 누출 손해 | 139 |
| 서울고등법원 2012. 2. 3. 선고 2010누43466 판결<br>대법원 2011. 8. 25. 선고 2010두26506 판결대법원 2015. 1. 15. 선고 2012두7608 판결 | 리베이트의 폐해 시판 후 조사 의약품 도매상 | 156 |
| 대법원 1996. 4. 9. 선고 95다14572 판결<br>대법원 1991. 2. 12. 선고 90도2547 판결<br>대법원 2005. 4. 29. 선고 2004다64067 판결<br>대법원 2010. 7. 22. 선고 2007다70445 판결<br>대법원 2007. 5. 31. 선고 2007도1977 판결 | 의료인의 요양지도 책임 요양방법 지도 위반 요양방법 지도 설명 환자에 대한 조치 | 159 |
| 대법원 2006. 1. 12. 선고 2004도6557 판결<br>대법원 2007. 6. 15. 선고 2007도2941 판결<br>대법원 2009. 5. 28. 선고 2008도4665 판결 | 입원 여부에 대한 판단 | 160 |

| 대법원 1987. 12. 8. 선고 87도2108 판결 | 한의사의 주사행위 | 185 |
|---|---|---|
| 대법원 2011. 5. 13. 선고 2007도18710 판결<br>대법원 2014. 9. 4. 선고 2013도7572 판결 | 의사가 행한 한방 의료행위 | 185 |
| 서울고등법원 2016. 1. 26. 선고 2015누41229 판결 | 한의사의 약침 시술 | 186 |
| 대법원 2014. 1. 16. 선고 2011도16649 판결<br>대법원 2014. 2. 13. 선고 1010도10352 판결 | 한의사와 의료기기 | 187 |
| 서울고등법원 2006. 6. 30. 2005누1758 판결 | 한의사의 CT기기<br>이용 진단 행위 | 188 |
| 서울행정법원 2016. 6. 23. 선고 2015구합68789 | 한의사 엑스선<br>골밀도측정기 사용 | 189 |
| 대법원 2014. 1. 16. 선고 2011도16649 판결 | 필러시술은 한의사의<br>면허된 것 이외의 의료행위 | 190 |
| 대법원 2016. 7. 21. 선고 2013도850 판결 | 치과의사의 보톡스 시술행위 | 191 |
| 대법원 1988. 9. 13. 선고 84도2316 판결<br>대법원 1988. 9. 20. 선고 86도1694 판결<br>대법원 2007. 9. 6. 선고 2006도2306 판결<br>대법원 2007. 9. 6. 선고 2005도9670 판결 | 조산사의 업무 및<br>업무범위 일탈행위 | 192 |
| 대법원 2007. 9. 6. 선고 2006도2306 판결 | 간호사의 업무범위 일탈 | 192 |
| 대법원 2012. 5. 10 선고 2010도5964 판결 | 보험회사 계약 간호사<br>가정방문 건강검진 행위 | 193 |
| 대법원 1999. 3. 26. 선고 98도2481 판결<br>대법원 1999. 6. 25. 선고 98도4716 판결 | 무자격자 주사행위 | 194 |
| 대법원 2004. 10. 28. 선고 2004도3405 판결<br>대법원 1999. 3. 26. 선고 98도2481 판결 | 보건범죄단속에 관한<br>특별조치법의 '영리의 목적' | 194 |
| 대법원 1999. 3. 26. 선고 98도2481 판결 | 경제적 이익의 귀속 여부 | 195 |
| 대법원 1992. 5. 22. 선고 91도3219 판결 | 비의료인 미용문신행위 | 195 |
| 대법원 2003. 9. 5. 선고 2003도2903 판결 | 피부관리사 크리스탈<br>필링기 피부 박피 | 195 |
| 대법원 2016. 7. 21. 선고 2013도850 판결 | 비의료인의 응급환자 처치 | 196 |
| 대법원 2019. 4. 25. 선고 2018도20928 판결 | 법 제27조제3항의<br>소개·알선·유인·사주 행위 | 197 |
| 대법원 2017. 8. 18. 선고 2017도7134 판결 | 법 제27조제3항의 '영리의 목적' | 197 |
| 대법원 2019. 4. 25. 선고 2018도20928 판결 | 인터넷 성형 쇼핑몰 소개 알선 | 198 |
| 대법원 2008. 2. 28. 선고 200710542 판결<br>대법원 2012. 10. 25. 선고 2010도6527 판결 | 비급여 진료비 할인과<br>환자유인행위 | 199 |
| 헌재 2010. 10. 28. 2009헌마55<br>대법원 2008. 2. 28. 선고 2007도10542 판결 | 비급여 진료비는<br>국민건강보험법이나<br>의료급여법 할인행위와 무관 | 201 |

| | | |
|---|---|---|
| 대법원 2012. 5. 24. 선고 2010다107071, 107088 판결<br>대법원 2020. 4. 29. 선고 2018다263519 판결 | 근로기준법상 임금 및<br>퇴직금 지급 주체 | |
| 대법원 2020. 7. 9. 선고 2020두31668, 31675 판결 | 특수의료장비 관련<br>비전속 전문의 출근과<br>요양급여비용 청구 | 283 |
| 대법원 2017. 2. 16. 선고 2015도16014 판결 | 당직의료인수 지정 의미 | 294 |
| 대법원 1992. 5. 12. 선고 92도686 판결 | 의료기관의 명칭사용 규제 의의 | 297 |
| 대법원 2010. 7. 8. 선고 2007다55866 판결<br>대법원 2018. 5. 11. 선고 2018도2844 판결<br>대법원 2007. 5. 31. 선고 2007도1977 판결 | 의료인의 주의 의무 | 330 |
| 대법원 1996. 9. 10. 선고 95누18437 판결 | 비영리법인 설립허가와<br>주무관청의 재량의 정도 | 337 |
| 대법원 2014. 1. 23. 선고 2011두25012 판결 | 비영리법인의<br>'목적외 사업'에 대한 판단 | 341 |
| 대법원 1968. 5. 28. 선고 67누55 판결 | 비영리법인의 목적달성<br>불능은 해산 사유 | 342 |
| 대법원 2014. 1. 23. 선고 2011두25012 판결<br>대법원 1966. 6. 21. 선고 66누21 판결<br>대법원 1968. 5. 28. 선고 67누55 판결 | 비영리법인이 '공익을 해하는<br>행위를 한때'의 요건 | 343 |
| 대법원 2016. 1. 28. 선고 2013두21120 판결 | 신의료기술의 평가 결과 | 355 |
| 대법원 2016. 6. 23. 선고 2014도16577 판결 | 의료광고 | 361 |
| 대법원 2009. 11. 12. 선고 2009도7455 판결 | 의료광고는 의료행위에 관한 것 | 361 |
| 대법원 2016. 6. 23. 선고 2016도556 판결 | 의료광고에는 의료인의<br>경력 등 의료와 관련된<br>모든 사항 포함 | 362 |
| 대법원 2009. 2. 26. 선고 2006도9311 판결 | 허위·과대광고 의미 | 363 |
| 대법원 2009. 2. 26. 선고 2006도9311 판결 | 허위·과대 광고 | 363 |
| 대법원 2010. 5. 27. 선고 2006도9083 판결 | 거짓·과장 광고 | 363 |
| 대법원 2016. 6. 23. 선고 2014도16577 판결 | 의료기관 내부 게시물 의료<br>광고 | 364 |
| 대법원 2019. 4. 25. 선고 2018도20928 판결 | 의료광고와 환자유인행위 | 368 |
| 대법원 2016. 6. 23.선고 2014도16577 판결 | 의료법 제56조제1항 등 의료<br>광고 사전 심의 위헌 결정 | 374 |
| 대법원 2016. 1. 28. 선고 2013두21120 판결 | 지도와 명령 | 393 |
| 대법원 2007. 9. 20. 선고 2007두6946 판결<br>대법원 1997. 5. 9. 선고 96누1184 판결<br>대법원 2004. 3. 25. 선고 2003두1264 판결 | 행정청의 행정처분<br>재량 범위 | 410 |

## 사랑은 그게 아니다

心傳 권 형 원

진정
너에게 묻고 있다

세월이 흐른다고
사랑이 잊혀지더냐?
계절이 바뀐다고
아픔이 사라지더냐?

세월이 흐르고 계절이 바뀌어
사랑이 잊혀지고
못 보는 고통이 사라진다면

네 사랑은
사랑이 아니었다.

사랑은 옹이처럼
폭포수 소용돌이처럼
가슴속 멍으로 남아 뜨는
장마철 태양이었다.

인생을 신산(辛酸)이라고 하는 것이
만족 못 한 사랑 때문이리라
사랑은 긴 비탈길 언덕
내려다보는 희열까지 힘든 고개이더라.

그래도 네 사랑은
잊혀지더냐?

(문장21 2021-봄)